KURSBUCH
RELIGION
SEKUNDARSTUFE II

KURSBUCH RELIGION
SEKUNDARSTUFE II

Arbeitsbuch
für den Religionsunterricht
in der Oberstufe

calwer
westermann

Kursbuch Religion
Sekundarstufe II

Herausgegeben von Veit-Jakobus Dieterich und Hartmut Rupp

Erarbeitet von Veit-Jakobus Dieterich, Beate Großklaus, Uta Martina Hauf, Henning Hupe, Matthias Imkampe, Dirk Kutting, Ulrich Löffler, Stefan Meißner, Hartmut Rupp und Frank Simon

Beratung: Elke Jüngling und Christina Klumpe

Druck A[2] / Jahr 2022
Alle Drucke der Serie A sind im Unterricht parallel verwendbar.

Redaktion: Dr. Holger Höcke
Umschlaggestaltung: Rainer E. Rühl, Alsheim unter Verwendung von Antony Gormleys *Another Place* (Alamy Stock Photo, Abingdon/Oxfordshire / Marianthi Lainas)
Layout und Seitengestaltung: Rainer E. Rühl, Alsheim
Druck und Bindung: Westermann Druck GmbH, Georg-Westermann-Allee 66, 38104 Braunschweig

ISBN 978-3-7668-**4541**-2 (Calwer)
ISBN 978-3-14-**171150**-9 (Westermann)

Inhaltsverzeichnis

Bibel . . . 152

Vorwort

Liebe Schülerinnen, liebe Schüler,
mit *Kursbuch Religion Sekundarstufe II* haben Sie ein Arbeitsbuch in der Hand, das Sie auf dem Weg durch die Oberstufe des Gymnasiums bis zu einem erfolgreichen Abitur begleiten will. Es lädt ein, in Bezug zu Inhalten des christlichen Glaubens über Grundfragen des Lebens ins Gespräch zu kommen, eigene Überzeugungen und Orientierungen zu formulieren, andere Sichtweisen und Positionen kennenzulernen sowie Herausforderungen und Probleme zu beurteilen.

Anliegen und Voraussetzungen
Wichtiges Anliegen ist, dass Sie Ihre eigenen Vorstellungen vom Menschen, von der Welt, von Gut und Böse, einem guten Leben sowie von dem, worauf Sie sich verlassen, formulieren und reflektieren. Sie sollten kompetent an öffentlichen Diskussionen über religiöse, weltanschauliche und ethische Themen teilnehmen sowie verschiedene Formen des Wissens (wie z.B. naturwissenschaftliches, philosophisches und theologisches Wissen) unterscheiden und zuordnen können.
Dabei geht *Kursbuch Religion Sekundarstufe II* davon aus, dass die offene und kritische Auseinandersetzung mit Inhalten des christlichen Glaubens einen Beitrag zu einem eigenständigen und verantwortungsbewussten Leben bietet. Im Zentrum des christlichen Glaubens steht ja die Botschaft, dass alle Menschen als Personen von Gott bedingungslos anerkannt sind. Das Vertrauen auf diese Zusage macht nach christlicher Überzeugung Menschen frei von dem Druck, sich selbst Anerkennung verschaffen zu müssen, und ermöglicht ihnen, zuversichtlich, tolerant, freundlich, fair und verantwortungsbewusst durch das Leben zu gehen.

Themen und Inhalte
Die neun farblich gekennzeichneten **Kapitel** orientieren sich an den Grundthemen der evangelischen Theologie. Sie nehmen jedes Mal grundlegende Fragen der Menschen auf, geben eigenen Einsichten und Erfahrungen Raum und setzen diese in Bezug zu Inhalten des christlichen Glaubens sowie anderer Religionen und Weltanschauungen, zu philosophischen Konzepten, aber auch zu den Erkenntnissen empirischer Wissenschaften. Dialog und kritische Auseinandersetzung sind konstitutiv für dieses Arbeitsbuch.

Aufbau der Kapitel
Das detaillierte **Inhaltsverzeichnis** gibt einen Überblick über das ganze Arbeitsbuch und erlaubt eine gemeinsame Unterrichtsplanung. Im Blick auf die Anforderungen des Bildungsplans, aber auch auf aktuelle Themen und Fragen (z.B. Digitalisierung, Klimawandel, Dialog mit anderen Religionen) lassen sich Module ausmachen, die zu einem eigenen Kursverlauf zusammengefügt werden können.

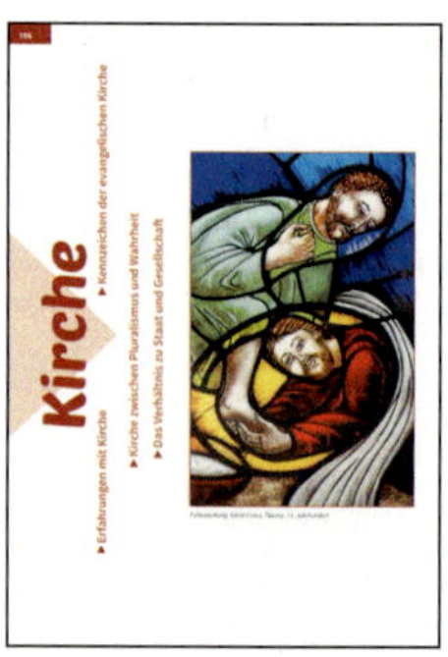

Die **Kapitel** eröffnen mit einem Einzelbild, welches das Thema des ganzen Kapitels anspricht, und einer Bildcollage. Diese Bilder laden zu ersten Entdeckungen ein und ermöglichen eine Lernstandserhebung. Hinzu kommen Lebensfragen, die alle angehen und Anlass geben, eigene Sichtweisen zu entwickeln sowie weiterführende Fragen zu entwerfen. So entsteht ein Horizont, in dem sich der Unterricht bewegt. Am Ende eines Kurses können diese Bilder und die Fragen noch einmal aufgenommen werden.

Check-in

Im **Check-in** werden die Kompetenzen benannt, die in der Auseinandersetzung mit dem Kapitel erworben werden können. Die beigefügten Sprechblasen stellen exemplarische Situationen vor, in denen diese Kompetenzen „angefordert" werden. Die Bearbeitung dieser **„Anforderungssituationen"** lässt erkennen, über welche Kompetenzen Sie schon verfügen. Sie können immer wieder herangezogen werden und erlauben, am Ende den Lernzuwachs einzuschätzen.

Die Rede von Gott in Bibel und Theologie

Jedes Kapitel ist in **Teilkapitel** unterteilt, die für sich bearbeitet, aber bei anderen Themen auch zugeschaltet werden können. So werden z.B. ethische Probleme in verschiedenen Kapiteln zur Bearbeitung vorgelegt.

Team-Aufgaben

1. Stellen Sie eine „Kurzbibel" mit biblischen Aussagen zu Gott zusammen.
2. Stellen Sie einen Artikel für ein Kinder-/ Erwachsenen-/ Internet-Lexikon zusammen zum Thema: Der Gott der Bibel. Beziehen Sie dabei neben Texten auch Bilder und (eigene) Grafiken ein.
3. Entwerfen Sie eine Comicszene: Der biblische Gott stellt sich den Ankömmlingen im Himmel vor.
4. Entfalten Sie weitere biblische Gottesvorstellungen anhand des Teilkapitels S. 88ff. und folgender Texte: 1. Mose 6,5-8 + 9,1-17; 1. Mose 22,1-19; 1. Kön 19,1-13; Mt 19,16-25; Mt 20,1-15; Lk 15,11-32

Die Teilkapitel setzen in der Regel mit farblich unterlegten **Basics-Seiten** ein, die für die folgenden Seiten einen Überblick geben. Die meisten Teilaspekte erschließen sich leichter, wenn man schon einen Gesamtüberblick gewonnen hat. Die angefügten **Team-Aufgaben** schlagen vor, die folgenden Seiten arbeitsteilig zu erschließen und sich die Ergebnisse vorzustellen. Zusätzlich sind manche Team-Aufgaben so formuliert, dass sie eine Vernetzung mit anderen Teilkapiteln oder Kapiteln herstellen und so den Modulcharakter des Buches verstärken. Der Basics-Text ist dann die Grundlage für unterschiedlich arbeitende Gruppen.

Was ist Wahrheit?

Die Einzel- bzw. Doppelseiten werden immer mit einer farbigen **Frage** eröffnet, die elementare Lebensaspekte anspricht, auf die sich die jeweiligen Inhalte beziehen. Anhand dieser Frage soll die Lebensbedeutsamkeit religiösen Lernens zur Entdeckung kommen.

1. Geben Sie mit eigenen Worten wieder, was im ersten Text mit dem „eingeborenen Sohn" gemeint ist.
2. Erläutern Sie die Aussage, wonach die Jungfrauengeburt keine biologische, sondern eine „Beziehungswirklichkeit" zum Ausdruck bringt.
3. Benennen Sie die Figuren auf dem Krippenbild und stellen Sie biblische Bezüge her (→ S. 328).

Die **Aufgaben** auf den einzelnen Seiten operieren immer wieder mit einem Dreischritt, der durch die Verben *beschreiben und wiedergeben, einordnen und erläutern* sowie *beurteilen und gestalten* bezeichnet werden kann.

Landesherrliches Kirchenregiment
In der Reformation werden die Fürsten zu evangelischen Notbischöfen und sind damit gleichzeitig bis 1918 weltliches und geistliches Oberhaupt.

Info-Blöcke definieren Grundwissen und Fachbegriffe, die auf Lernkarten festgehalten und wiederholt werden können.

Erschaffung von Mann und Frau → S. 60
Weibliche Seite Gottes → S. 98f.

Hinweise auf andere Seiten zeigen an, dass die einzelnen Kapitel miteinander vernetzt sind, sodass immer Teile anderer Kapitel herangezogen werden können.

Check-out

Jedes Kapitel schließt mit einer **Check-out-Seite**. Sie liefert Anregungen, den Lernprozess noch einmal zu wiederholen, Kenntnisse und Fähigkeiten anzuwenden, den eigenen Lerngewinn und Lernprozess zu reflektieren sowie Feedback zum Unterricht zu geben.

Weitere Elemente
Die **Methodenseiten** stellen Lernverfahren vor, die einem eigenaktiven, kooperativen, dialogischen und nachhaltigen Unterricht dienlich sind. Sie können am Beginn der Kursstufe in einem überschaubaren Methodenkurs erarbeitet werden. Auf S. 349 finden sich Beschreibungen, wie die Verben (**Operatoren**) in den Aufgaben zu verstehen sind.

Das **Register** (S. 350ff.) erlaubt das rasche Auffinden von Personen und Begriffen innerhalb des Buches.

Zu dem Arbeitsbuch gibt es einen Band **Grundwissen Abitur**, der die zentralen Inhalte in einer überschaubaren Form zusammenfasst und sich zur Sicherung des Gelernten, zur Wiederholung und zur Vorbereitung der Abiturprüfung eignet.

Wirklichkeit

- ▶ Weltbilder
- ▶ Wirklichkeit in Naturwissenschaft und Philosophie
- ▶ Wirklichkeit in der Theologie
- ▶ Das Verhältnis von Naturwissenschaft und Theologie
- ▶ Aus Verantwortung leben und handeln

Shigeo Fukuda (1932-2009): Hundert Lächeln der Mona Lisa, 1970

Schritte auf dem Mond

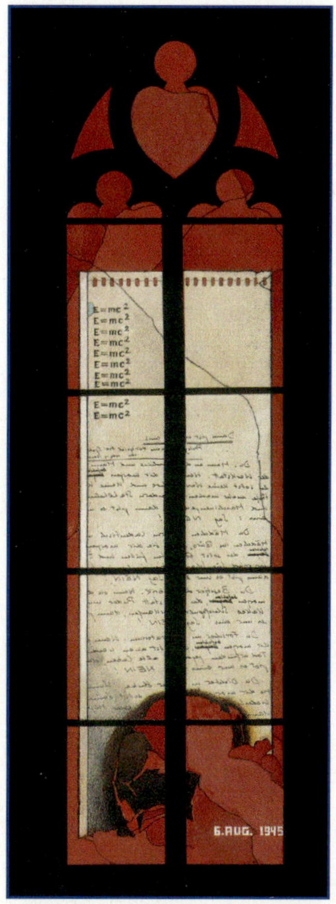

Johannes Schreiter (1930): Physikfenster*

- **Was ist Wirklichkeit?**
- **Wie wirklich ist die Wirklichkeit?**
- **Warum gibt es überhaupt etwas und nicht vielmehr nichts?**
- **Wie entstand die Welt?**
- **Warum entwerfen Menschen Bilder von der Welt?**
- **Was leisten Naturwissenschaften? Was nicht?**
- **Was heißt eigentlich Glauben?**
- **Was versteht die Bibel unter Schöpfung?**
- **Wie können Naturwissenschaftler und Theologen zusammenarbeiten?**
- **Wie sollen wir mit der Welt umgehen?**

Magritte (1898-1967): La condition humaine II, 1935

Teilchenbeschleuniger

Giovanni Domenico Tiepolo (1727-1804): Auferstehung Christi, um 1749

Check-in

In diesem Kapitel finden Sie Beiträge zum Erwerb der folgenden **Kompetenzen**. Sie können …

- unterschiedliche Deutungen der Wirklichkeit in Philosophie, Kultur, Naturwissenschaften und Theologie darstellen und miteinander vergleichen;
- die Deutung der Wirklichkeit als Schöpfung Gottes darstellen und anhand der entsprechenden biblischen Texte belegen;
- Merkmale, Voraussetzungen, Ansprüche und Grenzen naturwissenschaftlicher und theologischer Arbeitsweisen und Methoden darstellen;
- Möglichkeiten unterschiedlicher Verhältnisbestimmungen von Theologie und Naturwissenschaft erörtern und die Chancen der Kooperation beider Bereiche an Beispielen darstellen;
- an Beispielen erläutern, warum christlicher Glaube zu verantwortlichem Leben und Handeln anleitet.

KOMPETENZEN

Was soll ich studieren?
Insgesamt gab es im Wintersemester 2019/2020 an den Hochschulen in Deutschland 20.029 Studiengänge, davon waren 18.423 Bachelor- oder Masterstudiengänge.
Ihr bester Freund / Ihre beste Freundin kommt zu Ihnen und fragt Sie um Rat: „Was soll ich studieren? Ich interessiere mich besonders für Biologie, aber auch für Theologie. Du kennst mich doch gut, kannst du mir einen Rat geben?“

Entwickeln Sie Perspektiven, ob und wie die Studieninhalte einer Geistes- und einer Naturwissenschaft zusammenpassen könnten.

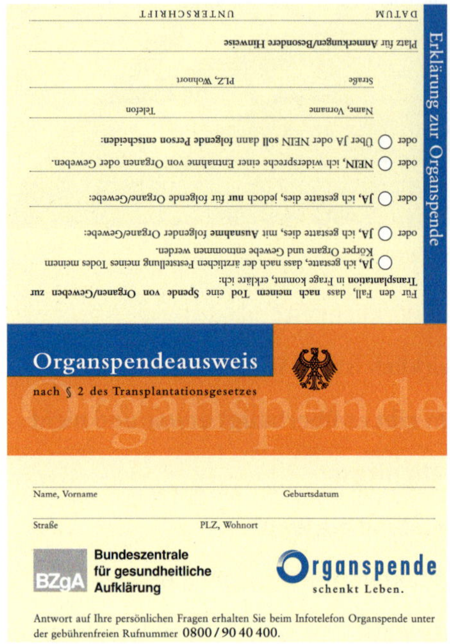
Erklärung zur Organspende

Für den Fall, dass nach meinem Tod eine Spende von Organen/Geweben zur Transplantation in Frage kommt, erkläre ich:

○ **JA**, ich gestatte, dass nach der ärztlichen Feststellung meines Todes meinem Körper Organe und Gewebe entnommen werden.

oder ○ **JA**, ich gestatte dies, mit **Ausnahme** folgender Organe/Gewebe:

oder ○ **JA**, ich gestatte dies, jedoch **nur** für folgende Organe/Gewebe:

oder ○ **NEIN**, ich widerspreche einer Entnahme von Organen oder Geweben.

oder ○ Über JA oder NEIN soll dann **folgende Person** entscheiden:

Name, Vorname · Telefon

Straße · PLZ, Wohnort

Platz für Anmerkungen/Besondere Hinweise

DATUM · UNTERSCHRIFT

Organspendeausweis
nach § 2 des Transplantationsgesetzes
Organspende

Name, Vorname · Geburtsdatum

Straße · PLZ, Wohnort

BZgA Bundeszentrale für gesundheitliche Aufklärung

Organspende schenkt Leben.

Antwort auf Ihre persönlichen Fragen erhalten Sie beim Infotelefon Organspende unter der gebührenfreien Rufnummer 0800 / 90 40 400.

Organspende
In Deutschland gibt es zu wenig Organspender. Daher sollen alle Bürgerinnen und Bürger über 16 Jahre zum Thema „Organspende“ befragt werden. Ihre Schule plant in diesem Zusammenhang eine Informationsveranstaltung für die Kursstufe und fragt bei der SMV um Mitgestaltung an.

Entwerfen Sie einen Plan für diese Veranstaltung und erörtern Sie, welche Fachleute eingeladen werden sollen.

Klimawandel
Sie sind an Ihrer Schule Mentorin/Mentor in der Hausaufgabenbetreuung für die Unterstufe. Vor den Sommerferien gibt es nur noch in geringem Umfang Hausaufgaben und den Schülerinnen und Schülern wird schnell langweilig. In der Vorbereitung für die Betreuung planen sie einen Klima-Aktionsnachmittag.

Entwerfen Sie zielgruppenspezifisch ein Konzept für diesen Nachmittag.

Kinderbibel
Ein Verlag plant eine neue Kinderbibel. Der beauftragte Illustrator legt zur Schöpfungsgeschichte (1. Mose 1) zur Erschaffung des Lebens im Wasser und an Land folgenden Bildentwurf vor:

Bewerten Sie anhand der Schöpfungsgeschichte die zugrundeliegende pädagogische Konzeption dieser Bibel und prüfen Sie, inwiefern Christinnen und Christen diese Kinderbibel jeweils ablehnen bzw. befürworten könnten.

Naturwissenschaftler und Religion
Der Biologe Richard Dawkins (1941) schreibt in seinem Buch „Die Gottes-Illusion“:*
Gedanken und Gefühle der Menschen erwachsen aus den äußerst komplizierten Verflechtungen physischer Gebilde im Gehirn. Ein Atheist oder philosophischer Naturalist in diesem Sinn vertritt also die Ansicht, dass es nichts außerhalb der natürlichen, physikalischen Welt gibt: keine übernatürliche kreative Intelligenz, die hinter dem beobachtbaren Universum lauert, keine Seele, die den Körper überdauert, und keine Wunder außer in dem Sinn, dass es Naturphänomene gibt, die wir noch nicht verstehen. Wenn etwas außerhalb der natürlichen Welt zu liegen scheint, die wir nur unvollkommen begreifen, so hoffen wir darauf, es eines Tages zu verstehen und in den Bereich des Natürlichen einzuschließen. Und wie immer, wenn wir einen Regenbogen entzaubern, wird er dadurch nicht weniger staunenswert.
Wenn große Naturwissenschaftler unserer Zeit religiös zu sein scheinen, so stellt sich bei näherer Betrachtung ihrer Überzeugungen in der Regel heraus, dass sie es nicht sind.

Laut Dawkins kann also ein Naturwissenschaftler nicht wirklich religiös sein. Entwerfen Sie eine Reaktion (Entgegnung) auf seine Aussage unter der Fragestellung, inwieweit das naturwissenschaftlich haltbar ist.

Weltbilder

Wozu brauchen wir ein Bild von der Welt?

Basics

Weltbilder erschließen die Wirklichkeit

Kein Mensch lebt ohne Weltbild. Damit – als einem je nach Reichweite kleinen oder großen, mehr oder minder reflektierten Kosmos von Vorstellungen, Sinnkonstrukten etc. – erschließen sich Menschen die komplexe Wirklichkeit als ihre Welt. Als Inbegriff sinnstiftender Wirklichkeitsauffassung dient es zur Orientierung im Leben. Es umfasst kognitive, affektive und pragmatische Komponenten und entsteht im Zusammenspiel von Wissen aus dem kulturellen Gedächtnis, Gestaltungsfähigkeit und Urteilskraft. Je differenzierter es ist, desto besser kann es Menschen leiten. Im Unterschied zu anderen Lebewesen kann sich der Mensch zur Welt ins Verhältnis setzen und sie begreifen; instinktreduziert und sinnarm geboren, ist er in seiner „Exzentrizität" auf ein ihn leitendes Weltbild angewiesen. Von Kind auf macht er sich angesichts der auf ihn eindringenden Wirklichkeit durch Fragen und Antworten ein Weltbild. Mittels „Realitätssinn" und „Möglichkeitssinn" (Robert Musil) entwerfen Menschen ihre Welt, bilden sie also nicht einfach im Verhältnis 1:1 ab. [...]
Damit Kinder und Heranwachsende ein Weltbild aufbauen können, brauchen sie profilierte, gesprächsfähige Positionen. Christliche Religion überliefert Vorstellungen, die Menschen bei der Ausformung ihres Weltbildes helfen können. Strittig ist, ob es heute nur noch säkulare Weltbilder gibt. Theologie, Sozialwissenschaftler [...] und neuerdings auch Pädagogen [...] weisen auf den unverzichtbaren Beitrag von Religion(en) für die Weltbilder von Menschen hin.

Werner H. Ritter (1945), ev. Theologe und Religionspädagoge*

Es gibt keine voraussetzungslose Wissenschaft

Inwiefern auch wir noch fromm sind. – In der Wissenschaft haben die Überzeugungen kein Bürgerrecht, so sagt man mit gutem Grunde: [...] Finge nicht die Zucht des wissenschaftlichen Geistes damit an, sich keine Überzeugungen mehr zu gestatten? ... So steht es wahrscheinlich: nur bleibt übrig zu fragen, ob nicht, damit diese Zucht anfangen könne, schon eine Überzeugung da sein müsse, und zwar eine so gebieterische und bedingungslose, dass sie alle andern Überzeugungen sich zum Opfer bringt. Man sieht, auch die Wissenschaft ruht auf einem Glauben, es gibt gar keine „voraussetzungslose" Wissenschaft. [...] Doch man wird es begriffen haben, worauf ich hinaus will, nämlich dass es immer noch ein metaphysischer Glaube ist, auf dem unser Glaube an die Wissenschaft ruht – dass auch wir Erkennenden von heute, wir Gottlosen und Antimetaphysiker, auch unser Feuer noch von dem Brande nehmen, den ein jahrtausendealter Glaube entzündet hat [...].

Friedrich Nietzsche (1844-1900, Philosoph)

i

Weltbild
Als Weltbild bezeichnet man die geschlossene und umfassende Vorstellung von der erfahrbaren Wirklichkeit. Weltbilder verändern sich mit dem Wandel in Kultur und Wissenschaften und sind von den vorherrschenden Denkweisen eines Zeitalters beeinflusst.

1. Stellen Sie den Text von Ritter grafisch dar und fassen Sie zusammen, was ein „Weltbild" ist.
2. Erläutern Sie, inwiefern Nietzsche zum Ergebnis kommt, es gebe keine voraussetzungslose Wissenschaft.
3. Untersuchen Sie, inwiefern Sie ein Weltbild haben und inwiefern dieses für Sie die Wirklichkeit erschließt.

Team-Aufgaben

1. Arbeiten Sie den historischen Wandel der Weltbilder (grafisch und/oder tabellarisch) heraus.
2. Erläutern Sie, welche Lebensdeutungen im geozentrischen, kopernikanischen, im klassischen Weltbild der Physik und im modernen Weltbild enthalten sind.
3. Zeigen Sie auf, welche Konsequenzen Ihre eigene Weltsicht hat, und vergleichen Sie diese mit den historischen Modellen.
4. Entwerfen Sie zu den drei Kränkungen der menschlichen Eigenliebe (S. 23) ein Psychogramm des neuzeitlichen Menschen. Welche Kränkungen kommen noch dazu?
5. Gestalten Sie für eine Homepage eine Seite, auf der Sie darstellen, wie Weltbild und Menschenbild zusammenhängen (Sie können dazu den Text → S. 70 zur Hilfe nehmen).

Wie verschieden kann unsere Sicht auf Welt sein?

Hans-Georg Hofmann (1957): Ode marítima 3, Meeres-Ode 3, 2013*

Wirklichkeit und Möglichkeit

Wenn man durch geöffnete Türen kommen will, muss man die Tatsache achten, dass sie einen festen Rahmen haben: dieser Grundsatz, nach dem der alte Professor immer gelebt hatte, ist einfach eine Forderung des Wirklichkeitssinns.

Wenn es aber Wirklichkeitssinn gibt, und niemand wird bezweifeln, dass er seine Daseinsberechtigung hat, dann muss es auch etwas geben, das man Möglichkeitssinn nennen kann.

Wer ihn besitzt, sagt beispielsweise nicht: Hier ist dies oder das geschehen, wird geschehen, muss geschehen; sondern er erfindet: Hier könnte, sollte oder müsste geschehn; und wenn man ihm von irgend etwas erklärt, dass es so sei, wie es sei, dann denkt er: Nun, es könnte wahrscheinlich auch anders sein. So ließe sich der Möglichkeitssinn geradezu als die Fähigkeit definieren, alles, was ebenso gut sein könnte, zu denken und das, was ist, nicht wichtiger zu nehmen als das, was nicht ist. Man sieht, dass die Folgen solcher schöpferischen Anlage bemerkenswert sein können, und bedauerlicherweise lassen sie nicht selten das, was die Menschen bewundern, falsch erscheinen und das, was sie verbieten, als erlaubt oder wohl auch beides als gleichgültig. Solche Möglichkeitsmenschen leben, wie man sagt, in einem feinen Gespinst von Dunst, Einbildung, Träumerei und Konjunktiven; Kindern, die diesen Hang haben, treibt man ihn nachdrücklich aus und nennt solche Menschen vor ihnen Phantasten, Träumer, Schwächlinge und Besserwisser oder Krittler.

Robert Musil (1880-1942), österr. Schriftsteller

1. Beschreiben Sie, was Musil mit dem Begriff „Möglichkeitssinn“ meint.
2. Analysieren Sie, welche Konsequenzen sich daraus für die Erkenntnis der Wirklichkeit ergeben.
3. Untersuchen Sie, in welcher Weise das Bild von Hans-Georg Hofmann zum Thema Wahrnehmung, Weltbilder und Weltsicht passt.
4. Erörtern Sie unter Hinzuziehung von Mk 10,13-16, inwieweit besonders Kinder diesen „Möglichkeitssinn“ haben und so offener sind als Erwachsene.

Welche Ordnungsstrukturen finden sich in der Welt?

Das geozentrische Weltbild

Geozentrisches Weltbild aus der Schedel'schen Weltchronik (1493), das unmittelbar nach der Schilderung der Erschaffung der Welt und der „heyligung des sibenden tags" folgt

Herr, wie sind deine Werke so groß und viel!
Du hast sie alle weise geordnet, und die Erde ist voll deiner Güter.

Ps 104,24

Weisheit

Der hebräische Begriff für Weisheit hat ein breiteres Bedeutungsspektrum als der entsprechende deutsche Ausdruck. Weisheit ist […] die Fähigkeit des Menschen, die Wirklichkeit als geordnetes Sein zu erkennen und sich in diese Ordnung verstehend und handelnd einzufügen. Aus der Einsicht in die Zusammenhänge der Schöpfung resultiert das richtige, d.h. der Situation gemäße Handeln.

Beate Ego (1985), ev. Theologin, Prof. für Altes Testament*

1. Untersuchen Sie das Bild hinsichtlich seines dahinter stehenden Weltbildes.
2. Erläutern Sie anhand von Psalm 104, inwiefern die Welt weise geordnet ist.
3. Erörtern Sie den Begriff der Weisheit allgemein und im Blick auf Weltbilder.

Was heißt eigentlich „Alles ist relativ“?

Das Weltbild der Gegenwart – Drei Kränkungen

Zwei große Kränkungen ihrer naiven Eigenliebe hat die Menschheit im Laufe der Zeiten von der Wissenschaft erdulden müssen. Die erste, als sie erfuhr, dass unsere Erde nicht der Mittelpunkt des Weltalls ist, sondern ein winziges Teilchen eines in seiner Größe kaum vorstellbaren Weltsystems. Sie knüpft sich an den Namen Kopernikus, obwohl schon die alexandrinische Wissenschaft ähnliches verkündet hatte. Die zweite dann, als die biologische Forschung das angebliche Schöpfungsvorrecht des Menschen zunichte machte, ihn auf die Abstammung aus dem Tierreich und die Unvertilgbarkeit seiner animalischen Natur verwies. Die dritte und empfindlichste Kränkung aber soll die menschliche Größensucht durch die heutige psychologische Forschung erfahren, welche dem Ich nachweisen will, dass es nicht einmal Herr ist im eigenen Hause, sondern auf kärgliche Nachrichten angewiesen bleibt von dem, was unbewusst in seinem Seelenleben vorgeht.

Sigmund Freud (1856-1939),
Mediziner, Begründer der Psychoanalyse

Die Verrätselung der Wirklichkeit im 20. Jahrhundert

Einstein erweitert auf ganz unvorhersehbare Weise die Vorstellung davon, was „Wirklichkeit“ sei. Er macht nochmals einen ganz entschiedenen Schritt weg vom „normalen“ Bewusstsein der meisten seiner Mitbürger. Die Kluft zwischen wissenschaftlichem und Alltagsbewusstsein ist seitdem noch tiefer, noch krasser geworden. Gerade dieses Auseinanderklaffen ist ein wesentlicher Ausdruck jener Verrätselung, Verdunkelung, auch: Ohnmachtserfahrung, mit der wir seitdem leben müssen. Sicher spürt jeder bisweilen die Sehnsucht, die Welt (sagen wir bescheidener: seine Umgebung) doch einmal „ganz“ verstehen zu können, was ja nichts anderes heißt als der Wunsch, sich in ihr heimisch zu fühlen. […]

Die entscheidenden Veränderungen der naturwissenschaftlichen Vorstellungswelt betreffen die grundlegenden Begriffe von Raum und Zeit, die Möglichkeit „objektiver“, d. h. vom jeweiligen Beobachter unabhängiger Naturerkenntnis sowie im Zusammenhang damit das Problem der Anwendbarkeit des Gesetzes von Ursache und Wirkung (Kausalgesetz), dem Erklärungsprinzip der Naturwissenschaft überhaupt. […]

Die Naturwissenschaft zur Zeit von Isaac Newton ist […] „voll durchmathematisiert“ […]. Und doch geht in diesem Weltbild der klassischen Physik, wie man es nennt, von heute aus gesehen noch „alles mit rechten Dingen“ zu. D. h. die Vorgänge in der Natur können beobachtet und erklärt werden, weil sich alle Naturwissenschaft in einem festen Bezugssystem von Raum-Zeit-Ursache-Wirkung bewegt. Raum und Zeit sind in dieser Physik etwas Absolutes.

Gehen wir nicht alle davon aus, dass der Raum, wie wir ihn erfahren, und die Zeit, wie sie sich als die vierundzwanzig Stunden eines jeden Tages oder die biblischen siebzig Jahre eines Menschenlebens darstellt, etwas gleichsam Natürliches sind? Und doch hat der Gang der Naturwissenschaft im 19. Jahrhundert diese anschaulich-festen Vorstellungen allmählich aufgeweicht. In steigendem Maße gerieten neue Befunde, vor allem aus den Bereichen der Elektrizitätslehre und Optik, mit den herkömmlichen mechanistischen Deutungen in Widerspruch. Man hat Albert Einstein mit Kopernikus verglichen, einmal wegen seiner Bedeutung, zum andern weil auch Einstein eigentlich keine neuen „Tatsachen“ entdeckte, sondern bekannten Tatsachen eine neue Deutung gegeben hat, die alle früheren Erklärungsversuche überboten hat. Er tat dies in zwei Schritten: 1905 mit der Speziellen Relativitätstheorie und 1916 mit der Allgemeinen Relativitätstheorie. „Spezielle Relativitätstheorie“ ist zu verstehen in direktem Gegensatz zum absoluten Charakter von Raum und Zeit, von dem man ja, wie wir in der Formulierung von Newton sahen, bisher immer ausgegangen war. Ganz knapp als Ergebnis formuliert lag Einsteins Leistung in dem Nachweis, dass Raum und Zeit abhängig sind vom jeweiligen Bewegungszustand des Beobachters (anders ausgedrückt: sie sind relativ zu ihm). „Es gibt“ im Weltraum keine allgemeine Gleichzeitigkeit, sondern immer nur jeweils verschiedene „Ortszeiten“, Raum-Zeit-Systeme. Ebenso kann ein Stab von einem Meter Länge (hier nach unserem irdischen Maß) größer oder kleiner werden, bzw. es „gibt“ überhaupt keinen „Stab von einem Meter Länge“, der immer und überall einen Meter lang wäre.

Christoph Helferich (1950), Philosoph*

1. Fassen Sie zusammen, welche Kränkungen der menschlichen Eigenliebe Freud ausmacht.
2. Erläutern Sie anhand von Helferich, warum die Welt weniger anschaulich sein soll.
3. Erörtern Sie, ob und inwieweit die Veränderungen im modernen Weltbild für Ihr persönliches Leben Konsequenzen haben.

Woher kommen wir?

Evolution – Schicksal oder Zufall

Letztendlich wissen wir, dass Evolution nicht zufällig oder willkürlich geschieht. Die natürliche Selektion schränkt ein, wie sich Spezies entwickeln können, und lässt ihnen bei ähnlichen Lebensumständen oft nur eine Anpassungsmöglichkeit übrig. In manchen Fällen gibt es nur eine optimale biologische Lösung für ein Problem, vor das die Umwelt ein Lebewesen stellt, und in vielen Fällen erreichen Spezies wiederholt dieses Optimum. Zusätzlich haben verwandte Arten viele Gemeinsamkeiten bei allen Aspekten ihrer Biologie – wobei ihre genetischen Ähnlichkeiten und die Art, wie sie sich entwickeln, besondere Bedeutung haben. Auch diese Ähnlichkeiten sorgen dafür, dass nahe Verwandte häufig denselben evolutionären Weg einschlagen. Folglich entsteht konvergente Evolution durch eine Verbindung von einer begrenzten Anzahl optimaler Lösungen und Gemeinsamkeiten bei Genetik, Entwicklung und Ökologie, die die Anpassung in die gleiche Richtung lenken.
Allerdings gibt es unfassbar viele biologische Möglichkeiten. […] Kann man Evolution also vorhersagen? Auf kurze Sicht teilweise ja. Aber je mehr Zeit vergeht und je unterschiedlicher die Vorfahren oder Bedingungen sind, umso weniger zuverlässig werden die Prognosen. […] War unsere Entstehung vorherbestimmt? Kaum.
Wenn nur eines von zahllosen Ereignissen in der Vergangenheit anders verlaufen wäre, hätte es *Homo sapiens* nie gegeben. Unsere Entstehung war keineswegs unvermeidlich, und wir haben Glück, dass wir hier sind, dass sich die Ereignisse so abgespielt haben, wie sie es taten. Welche weiteren Ereignisse, außer Asteroiden, haben den Weg der Evolution zu unseren Gunsten verändert? Der kleinste Unterschied in der Vergangenheit […] – ein Waldbrand, eine Mutation – hätte unserer zukünftigen Existenz ein Ende setzen können. […]
Aber weil die Geschichte so verlief, wie sie es tat, sind wir heute hier, das Ergebnis von Milliarden Jahren natürlicher Selektion und den Textzeilen der Geschichte, die das Leben einen Weg einschlagen ließ und nicht einen anderen. Günstige Fügung? Ja. Bestimmung? Nein. Wir hatten Glück bei der Evolution, und wir sollten das Beste daraus machen.

Jonathan B. Losos (1961), Evolutionsbiologe*

Die Dinge passieren einfach

Bis zur Moderne glaubten die meisten Kulturen, die Menschen würden eine Rolle in irgendeinem groß angelegten kosmischen Plan spielen. Entworfen wurde dieser Plan von den allmächtigen Göttern oder von den ewigen Naturgesetzen, und die Menschheit konnte daran nichts ändern. Der kosmische Plan gab dem menschlichen Leben einen Sinn, schränkte aber auch die Macht der Menschen ein. Die Menschen glichen eher Schauspielern auf einer Bühne. Das Textbuch gab jedem ihrer Worte, jeder Träne und jeder Geste einen Sinn – setzte ihrer Darbietung aber zugleich enge Grenzen. Hamlet kann Claudius nicht im ersten Akt ermorden oder Dänemark verlassen und in einen Ashram nach Indien gehen. Shakespeare würde das nicht erlauben. Ähnlich können Menschen nicht ewig leben, sie können nicht allen Krankheiten entgehen, und sie können nicht tun, wozu sie gerade Lust haben. Es steht nicht im Textbuch. […]
Die moderne Kultur lehnt diesen Glauben an einen großen kosmischen Plan ab. Wir sind keine Darsteller in irgendeinem Drama, das größer ist als das Leben. Das Leben kennt kein Textbuch, keinen Stückeschreiber, keinen Regisseur, keinen Produzenten und keinen Sinn. Unserem wissenschaftlichen Verständnis zufolge ist das Universum ein blinder und zielloser Prozess voller Lärm und Wildheit, aber ohne Bedeutung. Während unseres unendlich kurzen Aufenthalts auf unserem winzigen Planetlein ärgern wir uns über dieses und sind stolz auf jenes, und dann verschwinden wir auf Nimmerwiedersehen.
Da es kein Textbuch gibt und da die Menschen keine Rolle in irgendeinem großen Drama spielen, können uns schreckliche Dinge zustoßen, und keine Macht wird uns retten oder unserem Leid einen Sinn geben. […] Die Dinge passieren einfach, eines nach dem anderen. Die moderne Welt glaubt nicht an einen Zweck, sondern nur an eine Ursache. Wenn die Moderne ein Motto hat, lautet es: „So ist das Leben." Wenn andererseits das Leben einfach so ist […], dann sind die Menschen auch nicht auf irgendeine vorgegebene Rolle beschränkt. Wir können tun, was wir wollen – vorausgesetzt, wir finden eine Möglichkeit.

Yuval Noah Harari (1976), Universität Jerusalem*

Schöpfung und Evolution → S. 76f.

1. Vergleichen Sie die beiden Texte hinsichtlich ihrer Aussagen über den Menschen.
2. Recherchieren Sie, wie die Biologie die Entstehung des Menschen erklärt.
3. „Wir haben Glück, dass wir hier sind" (Text 1, Z. 30f.); „Wir können tun, was wir wollen" (Text 2, Z. 41f.): Gestalten Sie eine Kurzrede (→ S. 334) zu einer der beiden Aussagen.

Wie ändert sich unser Bild von der Welt durch die Digitalisierung?

Digitalisierung soll dem Menschen dienen

Digitalisierung ist technischer Fortschritt im Zeitraffer, da die Technologien, um die es hier geht, sich selbst verbessern und beschleunigen. Deep Learning ist das Zauberwort, mit dem wir im Unterschied zu früher die Systeme nicht nur schneller, sondern auch intelligenter machen.
Im Unterschied zu den linearen Programmierverfahren der Vergangenheit setzte man hier auf neuronale Netze, die der Funktion des menschlichen Gehirns nachempfunden sind. Deep-Learning-Verfahren schaffen eigenständige Verbindungen, erkennen Muster durch Beobachtung und sind in der Lage, sich selbst weiterzuentwickeln. Das ist nicht weniger als die Blaupause der menschlichen Evolution.
Ähnlich Goethes Zauberlehrling rufen wir die Helfer herbei. Die Geräte, die uns umgeben, lernen unsere Gewohnheiten immer besser kennen. Smartphones geben nutzerbasierte Empfehlungen: So erfahren wir ungefragt, wie lange der Weg nach Hause oder zum nächsten Termin dauert. [...] Angenehm, die neue digitale Welt – solange wir sicherstellen können, dass sich die Helferlein nicht verselbstständigen.
Technischer Fortschritt, oder Technologie, war letztlich immer dazu da, dem Menschen zu dienen, die Lebensqualität zu steigern. Fortschritt schafft Produktivität, schafft Wohlstand, schafft Arbeit – das hat bisher noch immer funktioniert, auch wenn man die Entwicklungen mit zeitlichem Abstand bewerten muss.

Kai Anderson, Wirtschaftsingenieur, Bettina Volkens

10 Kernfragen bezüglich der Ambivalenz des Digitalen

1. Welches Bild von der Welt und dem Menschen haben und fördern wir und welchen Einfluss dürfen technologische Entwicklungen darauf haben?
2. Welche Utopien haben wir für die nächsten Jahrzehnte und welche Rolle sollen Digitalisierung, Vernetzung und KI hierbei spielen? Wollen wir beispielsweise, dass immer mehr Entscheidungen, die die menschliche Existenz fundamental betreffen, von Maschinen getroffen werden?
3. Welche (ethischen) Maximen und Grenzen wollen wir für digitale Erweiterungen und vorgebliche ‚Verbesserungen' des Menschen (pränatale genetische Eingriffe, Überwachung und Steuerung der Vitalfunktionen)?
4. Wie können und sollen Wirtschaft, Staat und Gesellschaft den Auf- bzw. Ausbau einer nicht kommerziellen, digitalen Infrastruktur gewährleisten?
5. Wie kann hierdurch die gesellschaftliche Teilhabe Aller gesichert werden?
6. Wie können Nutzen und Mehrwert von digitalen Medien im Unterricht objektiv ermittelt und demokratisch bewertet werden?
7. Wie können elementare Kulturtechniken (Lesen, Schreiben, Rechnen, Musizieren, Werken, Zeichnen u.a.) und die Grundlagen des Wissens und Könnens (logisches Denken, Sprachvermögen, Verstehen von Zusammenhängen, Konzentrationsvermögen, Aufmerksamkeit u.a.) überprüfbar erfolgreich vermittelt und damit bewahrt werden?
8. Wie kann die so bezeichnete vierte industrielle Revolution für soziale Kohäsion (auch im Globalen Süden) und ökologische Erneuerungen genutzt werden? Welche alternativen Modelle zur Integration von Wirtschafts- und Sozialpolitik werden möglich?
9. Wie können Verwerfungen im Strukturwandel (z.B. durch massive Veränderungen von Stellenprofilen) deutlich verringert und sozial verträglich gestaltet, sowie Sozialsysteme effizient weiterentwickelt werden?
10. Wie können wir Manipulationen durch private und staatliche Akteure und Interessen wirkungsvoll bekämpfen und nachhaltig entgegenwirken?

Vereinigung Deutscher Wissenschaftler e.V. (Hg.)

Digitalisierung → S. 292, 298
Künstliche Intelligenz → S. 251

1. Zeigen Sie auf, welche Chancen und Risiken die jeweiligen Autoren in der zunehmenden Digitalisierung der Welt sehen.
2. Beschreiben Sie das Bild und entwerfen Sie ein eigenes Bild, das die Digitalisierung darstellt.
3. Untersuchen Sie, inwieweit das heutige Weltbild sich durch die Digitalisierung verändern wird bzw. sich bereits verändert hat.
4. Erörtern Sie ausgehend von den Fragen der Vereinigung Deutscher Wissenschaftler, ob Sie mehr Gefahren oder mehr Chancen in der Digitalisierung sehen.

Wirklichkeit in Naturwissenschaften und Philosophie

Warum sind Naturwissenschaften heute so wichtig?

Basics

Wie Naturwissenschaften forschen

Nach Sir Karl Popper […] einem der führenden Wissenschaftstheoretiker, sind wissenschaftliche Ergebnisse nur falsifizierbar (widerlegbar), doch prinzipiell nicht verifizierbar (beweisbar) […]. Jede Wissenschaft erfolgt somit in einigen Schritten, die entweder zur Widerlegung und Aufgabe einer Hypothese führen – oder aber zu ihrer Bekräftigung und Anhebung zu einer Theorie, zu einer Regel, die wohl im Allgemeinen als gültig angesehen werden kann (zumindest näherungsweise).
Die üblichen Schritte sind dabei folgende […]: Aufgrund einer Beobachtung werden weitere Daten zu diesem Problem zielgerichtet gesammelt und „Entdeckungen" gemacht […]. Im Folgenden werden die Einzelfakten und „Entdeckungen" zusammengefasst, katalogisiert und eine gemeinsame Basis, eine „Erklärung" dafür gesucht. Bei ausreichender Evidenz entsteht eine Hypothese, die immer etwas Spekulatives an sich hat. […] Zur Überprüfung werden nun Experimente durchgeführt; falls letztere positiv ausfallen, bedeutet dies die Entwicklung einer Theorie (gewisse Verifikation möglich). Stimmen die experimentellen Ergebnisse nicht mit der Hypothese überein (Falsifikation), so kann entweder die Hypothese falsch sein – oder aber die gesammelten Daten sind zu ungenau bzw. nicht ausreichend; weitere Untersuchungen müssen sich anschließen. Man unterscheidet nun bei der wissenschaftlichen Entwicklung prinzipiell zwischen zweierlei Verfahren: einem deduktiven und einem induktiven Vorgehen; meist treten beide Arbeitsweisen gemischt auf.
Bei der Deduktion wird das Besondere aus dem Allgemeinen, dem „höheren Prinzip" oder Axiomen abgeleitet; d. h., eine Theorie wird mit Hilfe von Experimenten überprüft, es werden logische Schlüsse gezogen. Das Ziel sind Voraussagen, Prognosen. […] Bei der Induktion wird hingegen das empirisch gesammelte, aus Einzelbeobachtungen stammende Wissen „nach oben hin" verallgemeinert, eine Hypothese oder Theorie, eine Regel oder ein Naturgesetz abgeleitet. Induktionen gehorchen nicht den Regeln der Logik, sondern stellen eher ein „konstruktives Raten", eine Synthese dar. Man kann sie auch als „Lichtblitze" oder „Aha-Erlebnisse" bezeichnen, die für deduktives Vorgehen allerdings unverzichtbare Voraussetzungen sind.
Eine gute Hypothese muss experimentell überprüfbar sein, mit den bekannten Daten in Einklang stehen und einer Verifikation oder Falsifikation zuführbar sein. […]
[Jeder müsste sich] klar darüber sein, dass Wahrheit und Wirklichkeit nur begrenzt erkennbar sind […] und dass auch einer noch so logischen „Beweisführung" der Glaube an ein Axiom, an ein wissenschaftliches Paradigma zugrunde liegt.
Es darf nicht übersehen werden, dass auch jede wissenschaftliche Aussage (schon aufgrund des Unsicherheits-Prinzips) zum Teil eine Glaubenssache ist.

Walter Nagl (1940), Biologe, Franz M. Wuketis*

1. Benennen Sie die Grundzüge und Grenzen naturwissenschaftlichen Arbeitens.
2. Nehmen Sie Stellung (→ S. 331) zu der Frage, warum die Naturwissenschaften im 20. Jahrhundert einen Siegeszug angetreten haben.
3. Entwerfen Sie eine Unterrichtsstunde, in der Sie Grundschülern beibringen können, was naturwissenschaftliches Arbeiten ist.

Team-Aufgaben

1. Erläutern Sie die wichtigsten Begriffe naturwissenschaftlichen Arbeitens (Hypothese, Axiom, Induktion, Deduktion, Verifikation, Falsifikation) in SMS-Nachrichten.
2. Stellen Sie mithilfe weiterer Recherchen wesentliche Studieninhalte und Fachgebiete naturwissenschaftlicher Studiengänge dar und erklären Sie, wie Naturwissenschaften mit der Wirklichkeit umgehen.
3. Analysieren Sie, wie Erfahrung, Verstand und Gefühl uns verschiedene Zugangswege zur Wirklichkeit erschließen. Beurteilen Sie, für wie verlässlich Sie diese jeweils halten.
4. Entwerfen Sie eine Kurzrede (→ S.334), inwieweit die Naturwissenschaften seit der Aufklärung einen Siegeszug angetreten haben.

Wie kommen wir zu sicherem Wissen?

Objektivität aus feministischer Perspektive

Die feministische Erkenntnistheorie geht davon aus, dass Geschlecht als sozial zugeschriebene Identität einen bedeutsamen Einfluss auf die Wissensbildung sowie Wissensbegründung hat. Sie tritt als Kritik an traditionellen Erkenntnistheorien auf, sofern diese die Existenz geschlechtsspezifischer Faktoren im Wissensprozess im Namen epistemischer [erkenntnistheoretischer] Normen wie Objektivität, Universalität und Neutralität verneinen bzw. ausklammern und damit gerade im Rahmen bereits bestehender Asymmetrien [Schieflagen] im Geschlechterverhältnis männliche Sichtweisen zum Nachteil weiblicher Erkenntnisformen als allgemein gültige instituieren [verfestigen]. [...] Es erhebt sich dann die Frage, in welchem Maße epistemische Normen selbst unhinterfragte geschlechtsspezifische Standards zum Ausdruck bringen. [...] Die Offenlegung androzentrischer [auf die männliche Sichtweise ausgerichtete] Vorurteile kann somit einen Schritt zu größerer Objektivität bedeuten. [...]

Objektivität als epistemische Norm erhält daher die folgenden veränderten Bedeutungen, die nicht unabhängig voneinander gelten müssen: 1. einen möglichst großen Gegenstandsbereich (in Bezug auf das Wissenswerte) umgreifend; 2. möglichst viele Standpunkte und partikulare Werte einbeziehend (in Bezug auf die Wissenden); 3. fair und demokratisch (in Bezug auf die Produktion und den Austausch von Wissen); 4. „realistische“ Begründung von wertgesättigten, kontextuellen und kohärenten Meinungen (in Bezug auf die Produktion von Wissen); 5. sozial, interaktionell und öffentlich (in Bezug auf die Wissenden und die Produktion von Wissen) und 6. empirisch bestätigt (in Bezug auf den Gegenstand des Wissens). Die traditionellen Bedeutungen von Objektivität werden revidiert und den tatsächlichen Prozessen der Meinungsbildung angepasst.

Monika Betzler (1962),*
Prof. für Philosophie

Feministische Bibelauslegung → S. 177

Auguste Rodin: Der Denker, Modell 1889, Bronzeguss 1906

Erkenntnis: Meinung/Überzeugung, die gerechtfertigt und wahr ist.
Wissen: für Personen oder Gruppen verfügbarer Bestand von Tatsachen, Theorien und Regeln, die sich durch einen größtmöglichen Grad an Gewissheit auszeichnen.
Wissenschaft: System menschlichen Wissens, das nach bestimmten Methoden erhoben, gesammelt, aufbewahrt, gelehrt, und überliefert wird. Gesamtheit von Erkenntnissen, die sich auf einen bestimmten Wissens-Bereich beziehen, und in einem nicht an den Einzelnen gebundenen Begründungszusammenhang stehen.
Realität: die vom Subjekt unabhängig existierende Außenwelt.
Wirklichkeit: Synonym für Realität; jedoch hängt die Wahrnehmung dieser Wirklichkeit vom Hintergrund, dem Kulturkreis oder der persönlichen Prägung ab, somit kann man von verschiedenen Wirklichkeiten sprechen, die Personen oder Gruppen je für sich konstruieren.

1. Für die Figur *Der Denker* stand Auguste Rodin ein Ringer Modell. Interpretieren Sie die Skulptur auf diesem Hintergrund.
2. Zeigen Sie auf, warum Betzler zum Ergebnis kommt, dass die männliche Sicht auf die Wirklichkeit aufgebrochen werden muss, und erörtern Sie, welche Konsequenzen sich daraus ergeben.
3. Entwerfen Sie anhand der Begriffe im Info-Kasten Kriterien für objektive Erkenntnis.

Wie hängen Denken und Wirklichkeit zusammen?

Empirismus und Rationalismus –
Descartes: Cogito ergo sum (Ich denke, also bin ich)

Schon vor einer Reihe von Jahren habe ich bemerkt, wie viel Falsches ich in meiner Jugend als wahr habe gelten lassen und wie zweifelhaft alles ist, was ich hernach darauf aufgebaut, und dass ich einmal im Leben alles von Grund aus umstoßen und von den ersten Grundlagen an neu beginnen müsse, wenn ich endlich einmal etwas Festes und Bleibendes in den Wissenschaften ausmachen wolle. [...]

Alles nämlich, was ich bisher am ehesten für wahr angenommen, habe ich von den Sinnen oder durch Vermittlung der Sinne empfangen. Nun aber bin ich dahinter gekommen, dass diese uns bisweilen täuschen, und es ist ein Gebot der Klugheit, niemals denen ganz zu trauen, die auch nur einmal uns getäuscht haben. [...]

Es ist indessen meinem Geiste eine alte Meinung eingeprägt, dass ein Gott sei, der alles vermag, und von dem ich so, wie ich bin, geschaffen sei. Woher weiß ich aber, dass er nicht bewirkt hat, dass es überhaupt keine Erde, keinen Himmel, kein ausgedehntes Ding [...] gibt und dass dennoch dies alles genau so wie jetzt mir da zu sein scheint; oder vielmehr, dass – so wie ich urteile, dass bisweilen auch andere sich in dem irren, was sie aufs vollkommenste zu wissen meinen – so auch ich mich täusche, so oft ich 2 und 3 zusammenzähle oder die Seiten eines Quadrats zähle, oder was man sich noch leichteres denken mag. [...] Was bleibt also Wahres übrig? Vielleicht nur dies Eine, dass es nichts Gewisses gibt. [...] Gibt es etwa einen Gott, [...] der mir diese Vorstellungen einflößt? Einen höchst mächtigen und verschlagenen Betrüger, der mich geflissentlich stets täuscht? – Nur, wenn er mich täuscht, so ist es also unzweifelhaft, dass ich bin. Er täusche mich, soviel er kann, niemals wird er es doch fertig bringen, dass ich nichts bin, solange ich denke, dass ich etwas sei. Und so komme ich, nachdem ich derart alles mehr als zur Genüge hin und her erwogen habe, schließlich zu dem Beschluss, dass dieser Satz: „Ich bin, ich existiere", sooft ich ihn ausspreche oder in Gedanken fasse, notwendig wahr ist.

René Descartes (1596-1650), Philosoph, Mathematiker, Naturwissenschaftler

Die Welt im Kopf

Der menschliche Schädel [...] gleicht der Unendlichkeit des Weltalls, kennt wie sie keine Decke, keinen Boden und bietet Raum für einen Projektionsapparat, der leuchtende Punkte als Sterne im Raum erscheinen lässt. [...] Wie groß auch das Vorgestellte sein mag, es findet Platz im Schädel genau wie im Weltall, obwohl der Raum des Schädels von einer knöchernen Wand umschlossen ist. Was bedeutet dann aber Raum, Größe, Gewicht, wenn alles zusammen in einem so kleinen Behälter Platz findet? Das ist entschieden noch wunderbarer als das Weltall, das doch von keiner Wand eingeengt wird. [...] Alles das ist aber nur möglich, weil es nur Vorstellung und Vermutung ist, die weder Gewicht noch Bewegung haben. So vollziehen sich alle kosmischen Vorgänge im Schädel, wie im Weltall. Dort wie hier lässt sich nichts zerteilen, nichts zusammenfügen, weil alle Vorstellungen und Meinungen immer mein Ganzes sind, überall und nirgends.

Kasimir Malewitsch (1878-1935), russ. Maler, Begründer des Suprematismus

Zwei unterschiedliche Denkrichtungen?

So problematisch verdünnt die seit dem 19. Jahrhundert üblich gewordene Einteilung der Philosophie der Neuzeit in Rationalismus einerseits, Empirismus andererseits ist, so wird in ihr doch die Eigenart zweier grundsätzlich verschiedener Ausgangspunkte philosophischer Theoriebildung überhaupt getroffen. Der Empirismus [...] beruft sich stets auf die möglichst unmittelbare Erfahrung als Basis allen Philosophierens; er misstraut voreiligen, vielleicht gar nicht überprüfbaren Schlussfolgerungen, nur weil es vom Denken her „so sein muss". Ein klassischer Rationalist hingegen wird der Erfahrung, weil sie nur auf Sinnlichkeit beruhendes Wissen sein kann, stets nur eine eingeschränkte Bedeutung zumessen. Und da er der Macht des Denkens, der menschlichen Vernunft als Erkenntnisorgan mehr zutraut als den (möglicherweise trügerischen) Sinnen, ist er gleichsam zuversichtlicher und glaubt viel eher als der Empirist, das Ganze der Welt denkend erfassen zu können.

Christoph Helferich (1950), Philosoph*

1. Skizzieren Sie den Argumentationsgang von Descartes (gegebenenfalls auch grafisch).
2. Untersuchen Sie, wie der Maler Malewitsch das Verhältnis von Weltall und menschlichem Schädel bestimmt. Vergleichen Sie das Bild von Malewitsch (→ **S. 100**) mit seinen Aussagen.
3. Erörtern Sie ausgehend von Helferich, ob Sie sich eher als Empiriker oder als Rationalist bezeichnen würden.

Wer bestimmt, was wirklich ist?

Der Neue Realismus

Der Neue Realismus nimmt an, dass es objektive sowie subjektive Tatsachen gibt, die wir erkennen können. [...] Neu ist dabei, dass nicht mehr angenommen wird, diese Tatsachen gehörten insgesamt zu genau einer Wirklichkeit, der Welt im allumfassenden Sinn dessen, was es überhaupt gibt. Vielmehr sind die Tatsachen in sich vielfältig: Es gibt soziale, mathematische, moralische, physikalische, juristische, historische Tatsachen usw. Entsprechend gibt es eine Vielzahl an Wissensformen und Wissenschaften, die jeweils ihre eigenen Tatsachenbereiche erforschen [...].

Anhänger der Postmoderne halten den Realismus für naiv, und Fürsprecher des Naturalismus möchten ihn allenfalls für die Tatsachenerkenntnis der Naturwissenschaften reservieren. Die Weichenstellungen gehen auf die Eröffnungszüge der neuzeitlichen Philosophie zurück, die unseren Zugang zur Wirklichkeit insgesamt für schwierig erachtet, da zwischen uns und der Wirklichkeit vermittelnde Instanzen stünden wie Sinneseindrücke, das Bewusstsein, die Sprache, die soziokulturellen Bedingungen der Wissensproduktion und anderes mehr. Diese Skepsis kulminiert in der Postmoderne, die uns weiszumachen versucht, dass wir die Wirklichkeit an sich nicht erkennen können [...]. Der Neue Realismus wendet sich gegen diesen Versuchsaufbau. Der Gegner ist im Allgemeinen der Konstruktivismus, der in der heutigen Kultur- und Wissenschaftslandschaft [...] sein Unwesen treibt. Etwa in der Form der angeblich neurowissenschaftlich abgedeckten These, das Gehirn konstruiere die Außenwelt, so dass wir gar keinen direkten Zugang zur Welt „da draußen“ hätten, sondern immer nur interne Halluzinationen wahrnähmen. [...] Einig sind sich Konstruktivisten darin, den Realismus als naiv zu bezeichnen. Reflektiert und aufgeklärt könne man demnach nur sein, wenn man die unaufhebbare Vermitteltheit [...] aller Weltzugänge akzeptiere und es vermeide, sich auf Wahrheitssuche festzulegen. [...]

Der Neue Realismus wendet sich auch gegen das naturalistische Weltbild. Im Partikelbeschleuniger und im Hirnscan sieht man weder Moral, Religion, Republiken, Zahlen noch die Geistesgeschichte. Daraus folgt aber nicht, dass es diese welthistorischen Agenten nicht gibt, sondern nur, dass man sie naturwissenschaftlich prinzipiell nicht erforschen kann. Das Reale ist nicht mit dem Natürlichen identisch, das Gegenstand der naturwissenschaftlichen Erforschung ist. Das Universum als Gegenstandsbereich der Naturwissenschaften ist eine ontologische Provinz unter anderen – was den Wert seiner Erforschung nicht mindert. Wirklich ist vieles. Zwei und zwei ergibt wirklich vier. [...] Menschenwürde kommt wirklich allen Menschen zu, und es ist ein Übel, sie anzutasten. Wirklich sind auch Galaxien und Bosonen, Hände und Albträume. Das Wirkliche ist ein bunter Strauß. Dieser bunte Strauß bildet aber keine riesige Einheit. Die Wirklichkeit, die eine Welt, zu der alles Wirkliche gefälligst zu gehören hat, gibt es gerade nicht.

Markus Gabriel (1980),*
Prof. für Philosophie, Bonn

Salvador Dalí (1904-1989): Raffaelskopf, zerborsten, 1951

1. Dalí malte 1951 unter dem Eindruck der atomaren Bedrohung in Anlehnung an Raffaels *Madonna del cardellino* seinen *Tête raphaëlesque éclaté* (Raffaelskopf, zerborsten). Beschreiben Sie das Bild und prüfen Sie, inwieweit es sich zum Text von Malewitsch (S. 28) in Beziehung setzen lässt.
2. Untersuchen Sie, was der Philosoph Markus Gabriel unter „Neuem Realismus“ versteht.
3. Erörtern Sie, ob wir die Welt sehen, wie sie ist, oder ob es sich um eine Konstruktion unserer Sinnesorgane und des Gehirns handelt.

Inwieweit machen Naturwissenschaften Religion überflüssig?

Thomas Plaßmann

Der naturwissenschaftliche Fortschritt und seine Folgen

Im Kriminalroman „Illuminati“ von Dan Brown geht es um die Geschichte der Auseinandersetzung zwischen den Naturwissenschaften und der Religion. Ein Kirchenvertreter (der Camerlengo) hält eine Rede:

[... A]n die Adresse derjenigen, die sich den Wissenschaften verschrieben haben, sage ich: [...] Sie haben den Krieg gewonnen. [...] Ihr Sieg war letzten Endes unausweichlich. [...] Die Wissenschaften sind der neue Gott. [...] Medizin, elektronische Kommunikation, Raumfahrt, genetische Manipulation ... das sind die Wunder, von denen wir von heute an unseren Kindern erzählen. [...] Die alten Geschichten von der unbefleckten Empfängnis, von brennenden Sträuchern und sich teilenden Ozeanen sind bedeutungslos geworden ... Gott selbst ist obsolet geworden! Die Wissenschaft hat den Kampf gewonnen. [...]

Doch der Sieg der Wissenschaft [...] hat uns alle einen Preis gekostet. [...] Die Wissenschaft mag das tägliche Elend und die Arbeit erleichtert und gelindert und uns eine Vielzahl von Geräten gebracht haben, die uns das Leben bequem und unterhaltsam gestalten, doch sie hat uns zugleich eine Welt ohne jede Ordnung beschert. Unsere Sonnenuntergänge bestehen nur noch aus Wellenlängen und Frequenzen. Die Komplexität unseres Universums ist aufgeteilt in eine Reihe mathematischer Gleichungen. Sogar unser Selbstwert als menschliche Wesen wurde zerstört. Die Wissenschaft behauptet, dass die Erde und die Menschen darauf nichts weiter sind als ein bedeutungsloser Fleck in einem viel größeren Ganzen. [...] Die Technologie, die uns zu vereinen versprach, teilt uns. Jeder von uns ist heutzutage elektronisch mit der ganzen Welt verbunden, und doch fühlen wir uns unsäglich einsam. Wir werden bombardiert mit Gewalt, Zwist, Teilung und Betrug. Skeptizismus hat sich zu einer Tugend entwickelt. Zynismus und die ständige Forderung nach Beweisen sind zu aufgeklärtem Gedankengut avanciert. [...]

Der alte Krieg zwischen Wissenschaft und Religion ist vorbei. [...] Sie haben gewonnen, weil Sie die menschliche Gesellschaft so radikal verändert haben, dass die Wahrheiten, die wir einst als leuchtende Wegweiser betrachteten, heute als unzutreffend dastehen. Die Religion kann nicht mithalten. Die Wissenschaft wächst explosionsartig [...]. Jeder neue Durchbruch öffnet Türen für weitere Durchbrüche. Die Menschheit benötigte Jahrtausende, um vom Rad zum Automobil fortzuschreiten, doch vom Automobil zur Weltraumfahrt waren es nur ein paar Jahrzehnte. [...W]eil die Religion auf der Strecke bleibt, finden wir uns in einem spirituellen Nichts wieder. [...]

Die Wissenschaftler, sagen Sie, werden uns retten. Die Wissenschaft, sage ich, hat uns zerstört. [...] Die Wissenschaft hat ihre Versprechen nicht eingelöst. Diese Versprechen haben nichts weiter hervorgebracht als Umweltverschmutzung und Chaos. Wir sind eine zerrüttete und hektische Spezies, und wir bewegen uns auf einem Weg, der zu unserer eigenen Zerstörung führt. [...]

Wer ist dieser Gott der Wissenschaft? Was ist das für ein Gott, der seinem Volk Macht anbietet, aber kein moralisches Rahmenwerk, das ihm sagt, wie diese Macht benutzt werden soll?

Dan Brown (1964), brit. Bestseller-Autor*

Umwelt(schutz), Klimawandel → S. 292

1. Zeigen Sie die Position auf, die Brown dem Camerlengo zuschreibt.
2. Entfalten Sie die angedeuteten naturwissenschaftlichen und die theologischen Aussagen.
3. Entwerfen Sie einen Kommentar (→ S. 331) zu der Rede des Kirchenvertreters.
4. „Gott selbst ist „obsolet [überflüssig] geworden“ (Z. 11f.). Interpretieren Sie die Karikatur von Thomas Plaßmann.

Wirklichkeit in der Theologie

Worum geht es in der Theologie?

Basics **Theologie als Erfahrungswissenschaft**

Theologie ist Erfahrungswissenschaft. Sie verknüpft die in den biblischen Schriften bezeugten Erfahrungen der Geschichte Gottes mit unseren alltäglichen, lebensweltlichen und wissenschaftlichen Erfahrungen. Gottes Geschichte wird erzählt in den vielen Geschichten der biblischen Tradition. In ihrer Mitte steht das Kreuz Jesu Christi. […] Die Meditation eines biblischen Textes […] macht das anschaulich. Die eigenen Erfahrungen werden ins Gespräch gebracht mit den Erfahrungen eines biblischen Textes, und die Erfahrungen dieses Textes provozieren ihrerseits Erfahrungen in Situationen heute. Das ist ein vielschichtiger Vorgang über Zeiten, Räume und konkrete Lebenswelten hinweg. Die Erfahrungen in den Texten werden historisch-exegetisch erhoben. Dabei zeigt sich, dass die biblischen Geschichten auch schon dadurch entstanden sind, dass Erfahrungen von Menschen in und mit der über Generationen hin tradierten Geschichte Gottes geformt und erzählt wurden. […]

Was aber ist Erfahrung? […] In Erfahrungen zeigt sich uns die Welt und mit Erfahrungen bauen wir unsere Welt, indem wir unsere Erlebnisse, die widerfahrende Wirklichkeit, verarbeiten. Erfahrung ist vielfältig: selbst erlebte Szenen, empirische Forschung, wissenschaftliche und religiöse Erfahrung. Erfahrung ist das gesamte Ensemble lebensweltlicher Zusammenhänge, in dem wir leben. […] Ein Erfahrungen veränderndes Geschehen kann auch die Rede von Gott sein, mit der ein Mensch angesprochen wird. […]

Erfahrungen sind geschichtlich, situationsgebunden, kontextuell. Sie gehören in einen bestimmten Zusammenhang, in eine bestimmte Zeit und Situation. Was ein Christ in Europa erfährt, unterscheidet sich von dem, was eine afroamerikanische Christin in den USA, ein Straßenkind in Brasilia oder ein Christ in Armenien erfahren. Weil Theologie es mit Erfahrung zu tun hat, ist sie nicht über alle Zeiten und über alle Orte gleich, sondern zeit- und ortsgebunden.

Dennoch knüpfen alle Christen an die Erfahrungen der Bibel an, weil sie die Bibel als Zeugnis der Erfahrung der Geschichte Gottes lesen. […] Die Erfahrungen, von denen die Texte der Bibel erzählen, entstammen einer langen Erzähltradition, die ihrerseits schon auf der Verknüpfung von Erfahrungen in der Geschichte Gottes beruht. Diese Erfahrungen verändern heutige Erfahrungen und Erkenntnisperspektiven und provozieren neue. Sie wecken wiederum Fragen an die Texte und entdecken mitunter neue Dimensionen in ihnen. Das Verknüpfen von Erfahrungen ist also kein eindimensionales Geschehen. Die Erfahrung, mit der es die […] Theologie zu tun hat, kommt immer schon her von der überlieferten, erzählten Geschichte Gottes. […] Theologie ist Erfahrungswissenschaft, die die in den biblischen Schriften bezeugte Geschichte Gottes bedenkt und sie zusammenerzählt mit gegenwärtigen, alltäglichen, lebensweltlichen und wissenschaftlichen Erfahrungen. […] Wer Gott ist, wissen wir aus den von ihm in der biblischen Tradition erzählten Geschichten, die auf die eine Geschichte Gottes verweisen, in die Menschen heute verwickelt sind und die ihnen Wirklichkeit neu erschließt.

Gunda Schneider-Flume (1941), ev. Theologin*

1. Gestalten Sie zum Text eine Grafik, die die Begriffe Bibel, Erfahrungen, Gott, Kontext und Theologie enthält.
2. Zeigen Sie anhand des Textes auf, wie Theologie arbeitet.
3. Formulieren Sie Gründe für die These der Autorin, dass Theologie eine „Erfahrungswissenschaft“ ist.

Team-Aufgaben

1. Arbeiten Sie heraus, wie Theologen die Wirklichkeit verstehen. Prüfen Sie, inwieweit die historisch-kritische Methode (→ S. 168f.) dabei notwendig ist.
2. Stellen Sie mithilfe weiterer Recherchen wesentliche Studieninhalte theologischer Fakultäten dar.
3. Ein Unterstufenschüler sagt, dass das mit der biblischen Schöpfungsgeschichte gar nicht stimmen kann, er glaube an den Urknall. Entwerfen Sie eine (dialogische) Antwort auf seine Einwände.
4. Gestalten Sie eine 90-sekündige Morgenandacht zum Thema Schöpfung.
5. Überprüfen Sie, ob und gegebenenfalls wie die Wahrheitsfrage auch zwischen den einzelnen Religionen verhandelbar ist.

Warum soll Glaube reflektiert werden?

Gott als Architekt des Kosmos im Codex Vindobonensis, um 1250

Theologie und Glaube

Seid allezeit bereit zur Verantwortung vor jedermann, der von euch Rechenschaft fordert über die Hoffnung, die in euch ist, und das mit Sanftmut und Ehrfurcht [...]. *1. Petrus 3,15f.*

Wie ist das Verhältnis von Theologie und Glaube zu bestimmen?

Christliche Theologie ist [...] eine Funktion des Glaubens. Das sagt zweierlei:

Erstens: Es gibt christliche Theologie nur, weil, solange und sofern es christlichen Glauben gibt. Die Wirklichkeit des christlichen Glaubens ist also einerseits die Begründung und zeitliche Begrenzung für die Existenz einer christlichen Theologie, und sie ist andererseits der Aspekt, unter dem die christliche Theologie sich mit den Inhalten und Vollzügen des Christentums beschäftigt, nämlich um des christlichen Glaubens willen. Gäbe es keinen christlichen Glauben mehr, so bliebe das Christentum zwar als ausgestorbene Religion ein möglicher Gegenstand wissenschaftlicher Untersuchung, aber einer christlichen Theologie wäre damit der Boden entzogen.

Zweitens: Christliche Theologie dient dem christlichen Glauben, indem sie ihn jeweils in ihrer Zeit zu verstehen versucht und auf seinen Wahrheitsgehalt hin überprüft. Das ist ihr Erkenntnisinteresse. Weil und sofern diese Überprüfung die Tragfähigkeit des christlichen Glaubens bestätigt, hat die Theologie über das Erkenntnisinteresse hinaus ein Erhaltungsinteresse. Insofern ist sie (und zwar als jüdische, christliche, islamische etc. Theologie) nicht neutral, sondern geschieht aus der Perspektive des Glaubens heraus, [...] um des christlichen Glaubens willen.

Wilfried Härle (1941), Prof. für ev. Theologe*

Theologie nach Martin Luther

Es ist nur ein Artikel und eine Regel in der Theologie; wer diesen Artikel und diese Regel nicht innehält, der ist kein Theologe: nämlich rechter Glaube oder Vertrauen auf Christus. In den Artikel fließen und gehen wieder heraus die andern alle, und ohne diesen sind die andern nichts. Der Teufel hat von Anfang der Welt diesen Artikel zu hintertreiben versucht, und an seiner Stelle seine Klugheit aufgerichtet. Den Betrübten, Elenden, Geplagten und Angefochtenen, denen schmeckt dieser Artikel und sie sind's, die das Evangelium verstehen.

Martin Luther (1483-1546)

Theologie und Bibel

Die Bibel und deren sachgemäße Auslegung nach wissenschaftlichen Kriterien gehören konstitutiv zum Verständnis christlicher Theologie. Die Bibelwissenschaft hat seit dem 19. Jh. in einem langen Prozess die historisch-kritische Methode entwickelt, die zur Wahrnehmung der Wirklichkeit in der Theologie gehört.

Historisch-kritische Methode → S. 168f.

1. Zeigen Sie Härles Verhältnisbestimmung von Theologie und Glaube auf und vergleichen Sie sie mit Luthers Verständnis von Theologie.
2. Arbeiten Sie heraus, welches Bild von Gott als Schöpfer die Eingangsillustration der Bible moralisée (Codex Vindobonensis) vertritt. Beachten Sie die Bildüberschrift: „Hier schafft Gott Himmel und Erde, Sonne und Mond und alle Elemente".
3. Interpretieren Sie die Bibelstelle 1. Petr 3,15 und prüfen Sie, welche Konsequenzen sich daraus für die Theologie ergeben.
4. Erörtern Sie, welche Probleme zwischen einer wissenschaftlich verantworteten Theologie und dem Glauben auftreten können.

Wie verstehen wir vergangene Wirklichkeit?

Biblische Hermeneutik – die Lehre vom Verstehen der Bibel

Die Auslegung der Bibel als heilige Schrift ist von zentraler Bedeutung für das Christentum. […] Da jedes Verstehen die Differenz von Eigenem und Anderem voraussetzt, ist jeder Versuch, eine Sache zu verstehen, abhängig von der Wechselwirkung zwischen dem Ausleger und dem auszulegenden Gegenstand. Im Umgang mit Texten bildet Hermeneutik folglich den Rahmen, innerhalb dessen die Interaktion zwischen Auslegern und Text analysiert und begründet wird. Biblische Hermeneutik ist die Theorie der Bibelauslegung. […]

Das Verstehen eines Textes wird als Kommunikationsprozess gesehen, bei dem verschiedene Faktoren beteiligt sind: 1. Ein **Autor**, der aus einer bestimmten persönlichen und historischen Situation heraus etwas mit einer bestimmten Intention mitteilen will, 2. der **Text** als das Medium, in dem diese Kommunikation festgehalten und durch das die Kommunikation vermittelt wird, 3. die **Sache**, die der Autor kommuniziert, der Text festhält und der Leser in der Beschäftigung mit dem Text aufnimmt und 4. ein **Leser**, der sich mit diesem Text beschäftigt. Je nachdem, welcher dieser Faktoren das Interesse der Ausleger weckt, wird der hermeneutische Zugang zum Text unterschiedlich ausfallen. Die vier Faktoren sind jedoch bei der Auseinandersetzung mit dem Text nicht gleichwertig. Da die Sache des Textes nur durch eine Beschäftigung mit dem Text ermittelt werden kann, ist der Text ein Primärfaktor, aus dem die Sache als Sekundärfaktor abgeleitet werden kann. Dasselbe gilt für Informationen über den Autor oder die ursprünglichen Leser biblischer Texte, die in Abwesenheit externer Informationen nur durch die Interpretation des Textes postuliert werden können. Somit ergibt sich ein hermeneutisches Modell, das die unterschiedlichen Ansätze zur Auslegung folgendermaßen darstellt:

Auf die Primärinteraktion zwischen dem Ausleger und dem Text als Auszulegendem folgt eine sekundäre Entscheidung, mit welchem der Faktoren, die den Kommunikationsprozess des Lesens ausmachen, sich die jeweiligen Ausleger beschäftigen wollen. […So] können die verschiedenen Interpretationsansätze anhand ihrer Fragestellungen bzw. Interessen am Text klassifiziert werden, also als Zugänge, die sich mit dem Autor selbst, dem Text selbst, der Sache des Textes oder dem Leser beschäftigen.

Joachim Vette (1970), ev. Theologe*

Der hermeneutische Zirkel

Die Bibel berichtet jedoch nicht objektiv aus kritischer Distanz über historische Tatsachen. Sie erzählt von Ereignissen, die zu dem, der sie aufmerksam genug wahrnimmt, „sprechen", und von Worten, die „Ereignisse" sind.

Die Bibel versteht Ereignisse in Geschichte und Natur als „Worte", die anzeigen, was Gott bewirken will. Moderne Bibelauslegung hat die Aufgabe, Texte zu verstehen, die von inzwischen fremd gewordenen Denkvoraussetzungen geprägt sind.

Die Hermeneutik (Übersetzungslehre) erklärt, wie das möglich ist. Um überhaupt irgendetwas wahrzunehmen, muss man schon eine gewisse Vorstellung davon haben; wer eine Sache bemerkt, bringt also immer schon ein „Vor-Urteil" mit. Dem Verstehen nähert sich, wer in der Auseinandersetzung mit dem Gegenstand seines Interesses seine Vorurteile und Denkgewohnheiten zu korrigieren bereit ist.

In einem solchen „hermeneutischen Zirkel" bewegt sich jedes Nachdenken über Mensch und Welt. Die Reformatoren ließen sich auf eine solche Kreisbewegung des Denkens ein, als sie das überlieferte christliche Bibelverständnis am biblischen Grundtext prüften. Aber auch die biblischen Texte selber sind Zeugnisse eines Denkens, das sich in einem solchen Zirkel bewegt. In der Bibel reden Menschen, die von ihren begrenzten Erfahrungen aus verstehen wollen, wie der unfassbare Gott handelt. Sie sehen in irdischen Ereignissen Zeichen, die auf den weltüberlegenen Gott hinweisen, weil sie überzeugt sind, dass er sich gerade so zu erfahren gegeben hat.

Annemarie Ohler (1937), kath. Theologin*

Wege der Auslegung → S. 166ff.

1. Geben Sie wieder, was Vette und Ohler unter biblischer Hermeneutik bzw. dem hermeneutischen Zirkel verstehen, und stellen Sie es grafisch dar.
2. Wenden Sie die aufgezeigten Sachverhalte (Autor, Text, Sache, Leser) auf die biblischen Schöpfungserzählungen in 1. Mose 1 und 2 an. Beziehen Sie dabei auch das Bibel-Kapitel ein (→ S. 170f.).
3. Prüfen Sie die Ergebnisse, wenn Sie einem Partner / einer Partnerin eine von Ihnen erlebte und aufgeschriebene Geschichte lesen und interpretieren lassen.

Wie geht Glauben?

Caravaggio (1571-1610): Der ungläubige Thomas, 1595

Die Eigenart des Glaubens

Insofern es dem persönlichen Glauben eigentümlich ist, sich über sich selbst, und sei es auch nur in ganz elementarer Weise, Rechenschaft zu geben, ist dies ein Nachdenken über Grund und spezifischen Inhalt des Glaubens; und mithin ist auch im individuellen Glaubensleben mehr im Spiel als lediglich ein unmittelbarer Glaube im Sinne eines vorreflexiven Gefühls. Zum Glauben gehört auch ein Glaubenswissen, wie Luther nachdrücklich betont und zum Zweck einer volkspädagogischen Maßnahme in Sachen Grundkenntnis des christlichen Glaubens den Großen und Kleinen Katechismus verfasst hat. Indem der Glaube sich auf seinen Grund und seine spezifische Bestimmtheit besinnt, ist er gleichsam im Übergang zur Reflexion begriffen; ja er ist, indem er auf den Grund des Glaubens bezogen ist, wie er sich durch das Evangelium worthaft selbst bezeugt und in der Kraft des Heiligen Geistes im Glauben existenzbestimmend ergriffen wird, nie nur ein unbestimmtes, vorreflexives Gefühl. Der Glaube ist nicht ohne eine in ihm mitgesetzte Gotteserkenntnis, mit der ein neues Selbst- und Weltverstehen einhergeht. Die reflexive Selbsterfassung des Glaubens ist nichts, was ihm äußerlich ist. Sie ist auch nichts, was ihm abträglich ist. Es gehört genuin zum Glauben dazu, sich über seinen Grund und Inhalt in elementarer Weise zu verständigen, sich selbst durchsichtig zu werden. Der Glaube drängt aus sich selbst heraus zum Verstehen seiner selbst – fides quaerens intellectum [Glaube fragt nach dem Verstehen].

Gemeint ist hiermit nicht schon diejenige Reflexionsgestalt, die den Gegenstand des Glaubens nach allen seinen Bestimmungen im Zusammenhang entfaltet und seinen Wahrheitsanspruch in der Auseinandersetzung mit den anderen Wissenschaften bewährt. Dies bildet die spezifische Aufgabe der wissenschaftlich betriebenen Theologie. Gemeint ist vielmehr, dass der Glaube über das, was seinen Grund und sein Wesen ausmacht, eine elementare Kenntnis und Einsicht hat. Was heißt es, an Jesus Christus zu glauben? Was hat es mit der Freiheit auf sich, zu der der Christenmenschen Glauben befreit ist? Welches Verständnis von Gott ist im Glauben eröffnet? Was bedeutet es, sich in seinem Leben auf den christlichen Gott zu verlassen? Was heißt es, ein gottwohlgefälliges Leben zu führen und das Gute zu tun? Wie können wir mit der Fragmentarität unseres Lebens und unserer Schuldverhaftetheit umgehen?

Durch Taufe und Glauben ist jeder Christenmensch zu einem mündigen Christsein berufen. Über das, was Grund und Wesen des Glaubens ist, soll er zu einer elementaren Einsicht gelangen. Damit geht einher, dass der Glaubende das Recht und die Pflicht hat, die kirchliche Lehre zu prüfen […]. Es verbindet sich damit des Weiteren das Recht und die Aufgabe für den Christenmenschen, den Glauben eigenverantwortlich vor der Welt zu bezeugen. Dies geschieht mittels sprachlicher Kommunikation, die elementares Verstehen vorausgesetzt und auf Verstehen beim anderen hin ausgerichtet ist. Der Glaube ist kein Geheimwissen, das nur unter Eingeweihten oder gar überhaupt nicht kommuniziert wird und im Selbstgenuss aufgeht.

Christine Axt-Piscalar (1959), ev. Theologin*

Glaube an Gott → S. 90f. → S. 197

Glaube und Skepsis

Man hört oft, „glauben“ heiße: „nicht so genau wissen.“ Das ist spöttisch und religionskritisch gemeint – aber in einer bestimmten Hinsicht trifft es den Sachverhalt exakt. Glauben heißt in der Tat: nicht so tun, als wüsste man genau. Glauben heißt: zugeben, ja, damit rechnen, dass man es nicht so genau weiß. Es heißt folglich auch: die vorfindliche Wirklichkeit und das vermeintliche Wissen über sie in Frage stellen, sie nicht in letzter Instanz und mit einem letzten Anspruch gelten lassen. Glaube macht skeptisch! „Skepsis“ geht von der Annahme aus, dass Menschen sich täuschen können und dass unhinterfragbares Wissen ihnen letztlich nicht zur Verfügung steht. Der christliche Glaube wagt Skepsis.
Er wagt sie, weil er ein Vertrauen darstellt, das sich durch die vordergründige Wahrnehmung von Fakten nicht erschüttern lässt und Gutes erwartet auch angesichts von offensichtlich Bösem. Solches Vertrauen äußert sich in Gelassenheit und in einem Gefühl der Geborgenheit oder in Lebensschwung und Tatendrang. Wie kann sich der Glaube davor schützen, von der Skepsis, die er provoziert, zugleich unterminiert und zerstört zu werden?
Skepsis wirkt sich in unterschiedlichen Hinsichten aus. Sie hat für den Glaubenden eine positive Funktion: Er wird einerseits kritisch gegenüber dem, was klar zutage zu liegen scheint. Das Vertrauen trägt die Skepsis, lässt sie gewähren. Der Fundamentalist hat dieses Vertrauen nicht; er ist nur gegenüber dem, was seinem Glauben widerspricht, skeptisch, ja, er lehnt es ab. Für den Glaubenden aber bekommt die Skepsis, die er sich leisten kann, eine potentiell bereichernde und im Endeffekt stabilisierende Funktion. So kann Glaube wachsen und sich vertiefen. Diese Glaubenshaltung macht das Gespräch zwischen Glaubenden unterschiedlicher Auffassungen und den Dialog mit Anhängern und Anhängerinnen anderer Religionen möglich, interessant und ertragreich.
Die Skepsis wird sich aber auch auf den Glauben selbst richten. Sie rüttelt dann an seinen Fundamenten, die entweder wanken und stürzen – oder aber sich nicht erschüttern lassen. Auch dabei ist eine positive Funktion der Skepsis für den Glauben zu erkennen, die offenbar ohne ihre negative, destruktive, den Glauben einer bestimmten Ausformung um seine Existenz bedrohende Seite nicht zu haben ist. Der Glaube selbst löst die Skepsis aus. Er lockert die Verbindung nicht nur zur sogenannten Wirklichkeit, sondern auch zur Wirklichkeit seiner selbst. Er „traut“ – jedenfalls im Blick auf bestimmte Inhalte – „sich selbst nicht über den Weg“. […]
Der Skepsis zulassende Glaube stellt eine Grundhaltung dar, die es einerseits verhindert, dass ich mir durch angebliche Argumente oder wissenschaftliche Erkenntnisse oder auch durch konkrete Lebensumstände allzu rasch imponieren lasse, und die mich andererseits vor einer Selbstimmunisierung meines Glaubens bewahrt. Christlicher Glaube ist nicht Fundamentalismus! […]
Christlicher Glaube weiß sich durch seinen Bezugspunkt bestimmt und definiert: durch den dreieinen Gott. Gott ist dabei nicht einfach als „Objekt“ des Glaubens, sondern zugleich als dessen „Subjekt“ gedacht. Gott steht dem Glaubenden gegenüber und ist doch zugleich in diesem selbst gegenwärtig und wirksam. […] Wenn Glaube Zweifel und Skepsis impliziert, hat Gott als „Objekt“ und „Subjekt“ des Glaubens auch mit diesen zu tun. Sie können dann als „Anfechtung“ verstanden werden, die den Glauben zu vertiefen und zu korrigieren, zu bereichern und zu bewähren vermag.

Hans-Martin Barth (1939), ev. Theologe,*
Prof. in Marburg

Glaube, Vertrauen und Zweifel → S. 88f., 90f.
Fundamentalismus → S. 167, 174

1. Beschreiben Sie die unterschiedlichen Sichtweisen von Axt-Piscalar und Barth auf das Thema „Glauben“.
2. Vergleichen Sie den Begriff der Skepsis, den Barth verwendet, mit dem Begriff des radikalen Zweifels von Descartes (S. 28).
3. Beschreiben Sie das Bild Caravaggios und vergleichen Sie es mit Joh 20,24-29.
4. Prüfen Sie, inwieweit sich die Texte sowie Caravaggio auf die Aussagen zum Thema Auferstehung (→ S. 134f., 138f.) beziehen lassen.
5. Gestalten Sie ein Plakat (→ S. 334), auf dem Sie zusammentragen und grafisch darstellen, was elementar zum Glauben dazugehört bzw. auch gegen ihn spricht.

Wann brauchen wir Bilder und Geschichten?

Ich bin der Weg, die Wahrheit und das Leben.
Niemand kommt zum Vater denn durch mich.

Joh 14,6

Veritas est adaequatio intellectus et rei – Wahrheit ist die Übereinstimmung von erkennendem Verstand und Sache.

Thomas von Aquin (1225-1274),
bedeutendster Theologe der Hochscholastik

Wahrheit und Faktizität

Wahrheit ist nicht gleich Faktizität, ist insbesondere nicht gleich historischer Wahrheit. Wie es verschiedene Weisen und Schichten der Wirklichkeit gibt, so gibt es verschiedene Weisen der Wahrheit: und oft in der einen und selben Erzählung verschiedene Schichten der Wahrheit. Man überlege: Kann mich nicht eine tatsächlich geschehene Geschichte völlig gleichgültig lassen? Und kann mich nicht umgekehrt eine nur fingierte („fiktionale") und historisch nicht geschehene Geschichte unter Umständen tief betroffen machen? Eine Zeitungsmeldung von einem auf dem Weg von Jerusalem nach Jericho überfallenen Reisenden wird mich unter Umständen völlig gleichgültig lassen: obwohl sie – leider – wahr, historisch wahr ist. Umgekehrt wird mich die erfundene Geschichte vom barmherzigen Samariter auf demselben Weg unmittelbar in Bewegung setzen: weil sie mehr Wahrheit enthält. Die erste Geschichte sagt mir eine Wahrheit, die mich nichts angeht oder zumindest nicht anzugehen scheint, die für mich nicht bedeutsam ist: ein pures Faktum, eine rein historische Wahrheit. Die andere Geschichte sagt mir eine Wahrheit, die, obwohl kein Faktum, mich zutiefst betrifft: eine für mich bedeutsame Wahrheit, eine für meine Existenz relevante („existentiale") Wahrheit. Gegenüber einer Geschichte wie der des barmherzigen Samariters oder des verlorenen Sohnes ist die Frage des Historikers, „wie es eigentlich gewesen ist", fehl am Platz: die Frage nach historisch Richtig oder Falsch ist inadäquat, ohne Interesse. Die Poesie, die Parabel, die Legende hat ihre eigene Vernunft. Sie unterstreicht, setzt Akzente, hebt heraus, konkretisiert: Sie kann relevantere Wahrheit künden als der historische Bericht. Die Bibel ist primär nicht an der historischen Wahrheit, sondern an der für unser Wohl, unser Heil relevanten Wahrheit, an der „Heilswahrheit" interessiert.

Hans Küng (1928), kath. Theologe,*

Hieronymus Bosch (ca. 1450-1516):
Der Heuwagen (li. Flügel: Paradies), um 1500

Die Wahrheit der Bilder

Vielleicht wird mancher Leser jetzt empfinden, was er christlichen Autoren gegenüber schon oft empfunden hat, dass mit einem großen Aufwand die schlichte Tatsache verschleiert wird, dass die Bibel Dinge über die Natur sagt, die einfach falsch sind, und dass man diese Tatsache durch noch so viel Gerede über alte und neue Naturkunde nicht aus der Welt schafft. Die Welt wurde nun einmal nicht in sechs Tagen erschaffen, wie die heutige Astrophysik zeigt, und die Vögel entstanden aus Dinosauriern, nicht aus einem Schöpfungsakt, was die Biologie beweist. Ein solcher Leser hätte in gewisser Hinsicht recht. Wenn man sie als Naturkunde auffasst, ist die Genesis aus heutiger Sicht im Irrtum, wo sie den tatsächlichen Ablauf der Weltentstehung beschreibt. Wenn man so will, bleibt also vom biblischen Schöpfungsbericht der religiöse Teil übrig. Warum – so wird der Leser fragen – soll dann die religiöse Aussage wahr sein, obwohl die Bilder, in die sie gefasst wurde, überholt sind? [... D]er skeptische Leser sollte aber [...] Folgendes bedenken:

Ein moderner Mensch versteht die Aussage „das ist bildhaft gemeint" leicht falsch. Er glaubt, wenn etwas bildhaft gemeint sei, sei es so gut wie gar nicht gemeint, es handle sich um Märchen oder allegorische Figuren. Darin liegt aber ein tiefes Missverständnis. Im Gegenteil: Allgemeine Wahrheiten lassen sich häufig durch Bilder besser und sinnlich fassbarer darstellen als in scheinbar realistischen, abstrakten Worten.

Wenn in der Zeitung steht, dass uns die atomare Rüstung an den Rand des Abgrunds bringt, so wird bildhaft geredet. Die Menschheit steht nicht wirklich am Rand des Grand Canyon aufgereiht und wartet auf den Absturz. Trotzdem handelt es sich nicht um eine undeutliche, unverbindliche Aussage, der jedermann milde lächelnd zustimmen kann. Das Bild spricht von harter Wirklichkeit, es rüttelt auf, es macht betroffen, es geht jeden an. Die biblische Ursprungsgeschichte, bildhaft genommen, ist genauso umstritten, provozierend und aufregend wie in irgendeinem wörtlichen Sinn. Es wird nichts hinwegerklärt, es wird etwas erklärt, was sehr viele Menschen seit Tausenden von Jahren unglaubhaft und andere eben solange glaubhaft und extrem wichtig finden. Man hätte es den Hebräern vor 3000 Jahren nicht anders als bildlich erklären können; man kann es selbst heute der Mehrzahl der Menschen nicht anders erklären. Aber was da erklärt wird – der Glaube an den Schöpfergott, der eine Geschichte mit der Welt und mit jedem Menschen hat, spricht von einer Wirklichkeit. Und diese bleibt als Bild und als abstrakte Theologie gleich provozierend. Ein Bild ist alles andere als unverbindlich. Es stellt eine mögliche Form dar; wichtige Dinge auszudrücken, und zwar eine Form, mit der wir nur schlecht umgehen können. Aber das ist – historisch gesehen – unser Problem, nicht ein Problem der Bibel.

Hansjörg Hemminger (1948), Biologe u. Psychologe;*
Wolfgang Hemminger (1942), Physiker*

Die Wahrheit des Mythos

Bereits im Neuplatonismus wurde der Mythos als bildliche Darstellung eines unanschaulichen Sachverhalts angesehen. Sicher muss zugegeben werden: Die Mythen stellen die transzendente Wirklichkeit nicht so dar, wie sie ist. Sie verändern die ewige Wahrheit in zweierlei Weise: Sie stellen 1. die unanschauliche bildlose Wahrheit in Bildern dar, und sie erzählen 2. eine immerseiende, ewige Wahrheit in dem zeitlichen Nacheinander einer Geschichte. Grund dafür ist die Anpassung an den Menschen. Mythen veranschaulichen die transzendente Wahrheit, weil wir Menschen als Sinnenwesen auf Veranschaulichungen angewiesen sind. Mythen erzählen die ewige Wahrheit in einem zeitlichen Nacheinander, weil die Seele des Menschen die Ewigkeit nicht direkt erfassen kann, sondern diese normalerweise in eine Abfolge verschiedener Zeiten auseinanderlegt. [...] Der Neuplatoniker Sallust schreibt [...]: Was die Mythen erzählen, „ist niemals geschehen, ist aber immer; der Geist sieht alles zugleich, die Erzählung bringt das eine zuerst, das andere danach."

Martin Leiner (1960), ev. Theologe*

Religiöse Wahrheit → S. 202f. → S. 278

Mythos: Erzählung, die die Welt in ihrer Gesamtheit und die Rolle des Menschen in ihr sinnstiftend erklären will. Mythen sind in der Regel Götter- und Ursprungserzählungen. Sie erheben einen Wahrheitsanspruch jenseits von wissenschaftlicher Beweisbarkeit. → S. 160

1. Formulieren Sie, wie Joh 14,6 verstanden werden kann.
2. Arbeiten Sie die verschiedenen Aussagen zur Wahrheitsfrage von Küng, Hemminger und Leiner heraus.
3. Ordnen Sie Joh 14,6 und das Zitat von Thomas von Aquin den Aussagen der Texte zu.
4. Erörtern Sie anhand des Bildes von Hieronymus Bosch, inwieweit bildhafte Redeweise wahrer sein kann als die wissenschaftlich belegbare Realität.

Warum reden wir noch von Schöpfung?

Juli Gudehus (1968): Schöpfung in Piktogrammen, 1992*

Die biblische Schöpfungsgeschichte (1. Mose 1-11)

Obwohl die Bibel in [...] dem „Alten Testament“, nur von der Geschichte eines einzelnen, kleinen Volkes handelt, beginnt sie mit der Erschaffung der Welt und mit einer „Urgeschichte“ [1. Mose 1-11], die alle Völker betrifft. Damit stellt sie die Geschichte dieses Volkes in einen gesamt-menschheitlichen Rahmen und macht deutlich, dass das, was hier geschieht, für alle Menschen von Bedeutung ist. Diese universale Sicht ist nicht selbstverständlich [...]. Die Geschichte des Volkes Israel beginnt mit der Befreiung aus Ägypten und der Errettung am Schilfmeer (2. Mose 1-15). Sein Urbekenntnis ist demgemäß nicht das Bekenntnis zu Gott als dem Schöpfer der Welt, sondern zu Gott als dem Retter, der sein Volk vor dem Untergang bewahrt und in das Land gebracht hat, in dem „Milch und Honig fließt“ (2. Mose 3,8). Alles andere ist von hier aus gesehen Vorgeschichte [...].

Aus diesem Entstehungsprozess heraus ist es zu verstehen, dass hier nicht einfach uralte, seit Urzeiten feststehende Kunde überliefert wird, sondern [...] ein Bild der Urzeit entworfen wird, das ohne Anspruch auf buchstäbliche „Richtigkeit“, aus einem Grundverständnis von Gott und Mensch heraus, die Voraussetzungen aller Geschichte aufdeckt.

Bei näherem Zusehen zeigt sich, dass wir [...] gleich zwei urgeschichtliche Darstellungen der gekennzeichneten Art vor uns haben. So wird jedem aufmerksamen Leser auffallen, dass von 2,4b ab die Schöpfung noch einmal in abweichender Form und Reihenfolge geschildert wird, und auch weiterhin werden ihm immer wieder Doppelungen und „Widersprüche“ begegnen [...].

Der „Redaktor“, der die beiden urgeschichtlichen Darstellungen in dieser Weise zu einer spannungsvollen Einheit verbunden hat, war offenbar nicht der Meinung, dass die eine Darstellung „richtiger“ sei als die andere; er hat auch nicht den Versuch gemacht, sich aus jeder das ihm „richtig“ Erscheinende auszuwählen. Er lässt sie ruhig nebeneinander gelten. Während wir meinen, es könne doch nur so oder so „gewesen sein“, sieht er in den beiden Stimmen Bezeugungen einer Wahrheit, der man mit dem Entweder-oder von richtig und falsch nicht gerecht werden kann. *Stuttgarter Erklärungsbibel*

Der Zauber der Anfänge

Warum lesen wir die Schöpfungsgeschichte? Sie gibt uns keine Information über die Entstehung der Welt. Sie erklärt nichts, obwohl sie manchmal zur Welterklärung verkommen ist, wenn Menschen glaubten, sie müssten sie wörtlich nehmen. Wir nehmen sie ernst, aber wir nehmen sie nicht wörtlich. Wir brauchen die Schöpfungsgeschichte, weil sie die große Erzählung vom guten Anfang allen Lebens ist. Die Hoffnung der Menschen singt zwei Lieder, das eine: Einmal wird es sein! Einmal wird es sein, dass die Lahmen tanzen und die Stummen singen. Einmal wird es sein, dass die Tyrannen von ihren Thronen gestürzt sind und dass die Toten leben. Das andere Lied der Hoffnung ist das Lied „Es war einmal“. Das Leben ist nicht eisigen Zufällen entsprungen, es hat einen guten Anfang. Nicht gigantische Götterkämpfe haben zum Anfang der Welt geführt, Gott hat die Welt, die Pflanzen, die Tiere und schließlich die Menschen ins Leben gerufen mit zärtlicher Stimme. Die Schöpfung ist ein Liebesakt, nicht ein Machtakt Gottes. Gott war seiner Einsamkeit müde, er wollte lieben, und er wollte geliebt werden. Die Schöpfung ist die Geschichte vom guten Anfang. *Fulbert Steffensky (* 1933), Benediktinermönch, später ev. Theologe*

1. Vergleichen Sie die Piktogramme von Gudehus mit den Eingangsversen von 1. Mose 1.
2. Zeigen Sie auf, wie die biblischen Schöpfungserzählungen zu verstehen sind.
3. Entwerfen Sie einige Piktogrammzeilen für eine Ursprungsgeschichte, die heutigen Erkenntnissen zur Weltentstehung entspricht.

Das Verhältnis von Naturwissenschaft und Theologie

Wie führt man konstruktiv Gespräche, wenn man verschieden denkt?

Basics **Möglichkeiten der Verhältnisbestimmung**

Wenn Biologen über die Frage des Lebens nachdenken, dann gehen sie selbstverständlich von naturwissenschaftlichen Fakten aus. Und natürlich lassen sich auch Naturwissenschaftler nicht daran hindern, sich auf ihre Erkenntnisse einen Reim zu machen: Sie beginnen zu philosophieren – und geraten dabei in die Gefahr, nicht mehr den Punkt zu erkennen, an dem sich diese Folgerungen nicht mehr zwingend aus den Fakten ergeben, sondern ihre in ihrer je eigenen Lebensgeschichte erworbenen Wertvorstellungen spiegeln.
Andererseits: Wenn Theologen sich mit der Frage beschäftigen, wann das menschliche Leben beginnt, tun sie dies nicht, indem sie allein die Bibel befragen. Sie nehmen vielmehr die Ergebnisse der Biologie zur Kenntnis und versuchen sie theologisch zu interpretieren. Dabei geraten sie immer in die Gefahr, der Täuschung zu erliegen, als würden die Fakten der Biologie, die sie sich mühsam erarbeitet haben, ihre theologischen Folgerungen erzwingen. Mindestens hinsichtlich dieser beiden Fehlschlüsse lässt sich also eine überraschende strukturelle Ähnlichkeit feststellen.
Insofern Naturwissenschaftler [...] ein offenes Ohr für die Theologie haben, suchen sie in der Regel nach Andockmöglichkeiten. [...]
So erstrebenswert es ist, die Konfliktlösung des vergangenen Jahrhunderts zu überwinden – sie lag darin, dass sich beide Disziplinen in die je eigene Provinz des Geistes zurückzogen –, es ist doch nicht zu verkennen, dass es nicht um Harmonisierung geht, sondern um zwei verschiedene Kompetenzfelder, deren Grenze eben nach wie vor zwischen Natur- und Geistes- (Sozial-Kultur-) Wissenschaft verläuft: Hier die naturwissenschaftlich stringente Ermittlung und Anordnung von Fakten, da die Auslegung der Welt und der menschlichen Existenz unter Berücksichtigung dieser Fakten. Dagegen, dass sich Naturwissenschaftler an letzterer beteiligen, ist sowenig einzuwenden wie dagegen, dass Pfarrer sich in biochemische Forschungen stürzen – nur heißt es jeweils, sich den im anderen Lager geltenden Regeln unterwerfen. In dieser Perspektive entwickelt der Begriff der „Anschlussfähigkeit" erst seinen wahren Charme. [...]
Allein, der Graben zwischen diesen beiden Lagern muss nicht ein garstiger bleiben; vielmehr liegt schon im gegenseitigen aufgeschlossenen Zuhören für beide Seiten ein unbestreitbarer, wenn auch unwägbarer Gewinn, der sich durchaus auf der Handlungs- oder eher Denkebene – auswirkt: Schon die Kenntnis des Reflexionshorizonts der anderen Seite beeinflusst mit einiger Sicherheit das Denken auf eigenem Feld.

Helmut Kremers (1950), ev. Theologe*

Grundregeln für den Dialog → S. 209

1. Erläutern Sie anhand der Begriffe Konflikt, Harmonisierung, Rückzug, Graben und Zuhören verschiedene Verhältnisbestimmungen von Naturwissenschaft und Theologie.
2. Zeigen Sie auf, wie es zu Gefahren und Fehlschlüssen kommen kann.
3. Untersuchen Sie, was mit „Anschlussfähigkeit" gemeint ist.
4. Erörtern Sie, warum ein Rückzug in die „je eigene Provinz des Geistes" keine Lösung sein kann.

Team-Aufgaben

1. Benennen und vergleichen Sie die unterschiedlichen Zugangs- und Arbeitsweisen von Theologie und Naturwissenschaften.
2. Entfalten Sie anhand von Beispielen, wie sich Sachverhalte aus unterschiedlichen Perspektiven wahrnehmen lassen.
3. Stellen Sie nach einer Recherche den Prozess der katholischen Kirche gegen Galilei dar und bewerten Sie das Ergebnis.
4. Gestalten Sie einen Podcast, der zwischen Vertretern unterschiedlicher Wissenschaftsgebiete vermittelt.

Wer bestimmt, wie wir denken?

Darstellung aus Stephen Hawkings Buch

Grenzüberschreitungen: Das Geheimnis des Seins

[D]er Mensch ist eine neugierige Spezies. Wir staunen und suchen nach Antworten. Da die Menschen nun einmal in dieser riesigen [...] Welt leben und in den unermesslichen Himmel über ihnen blicken, stellen sie sich von jeher eine Fülle von Fragen. Wie können wir die Welt verstehen, in der wir leben? Wie verhält sich das Universum? Was ist das Wesen der Wirklichkeit? Woher kommt das alles? Braucht das Universum einen Schöpfer? [...]

Traditionell sind das Fragen für die Philosophie, doch die Philosophie ist tot. Sie hat mit den neueren Entwicklungen in der Naturwissenschaft, vor allem in der Physik, nicht Schritt gehalten. Jetzt sind es die Naturwissenschaftler, die mit ihren Entdeckungen die Suche nach Erkenntnis voranbringen. [...]

Nach der traditionellen Auffassung vom Universum bewegen sich Objekte auf genau bestimmten Bahnen [...]. Wir können ihren exakten Aufenthaltsort zu jedem Zeitpunkt angeben. Zwar reicht diese Beschreibung für alltägliche Zwecke aus, doch in den zwanziger Jahren entdeckte man, dass dieses „klassische" Bild das scheinbar bizarre Verhalten auf der atomaren und subatomaren Ebene unserer Welt nicht erklären konnte. Man brauchte also einen anderen Erklärungsrahmen, die sogenannte Quantenphysik. [...]

Vor Anbruch der modernen Physik war man allgemein der Meinung, alles Wissen über die Welt lasse sich durch direkte Beobachtung gewinnen, die Dinge seien so, wie sie erscheinen, das heißt so, wie sie durch unsere Sinne wahrgenommen werden. Doch der spektakuläre Erfolg der modernen Physik [...] hat diese Annahme widerlegt. Das naive Wirklichkeitsverständnis ist nicht mit der modernen Physik zu vereinbaren. [... Wir] gehen [...] von der Überlegung aus, dass unsere Gehirne den Input von unseren Sinnesorganen interpretieren, indem sie ein Modell der Welt anfertigen. Wenn es einem solchen Modell gelingt, Ereignisse zu erklären, billigen wir in der Regel ihm sowie den Elementen und Konzepten, aus denen es besteht, den Status der Wirklichkeit oder absoluten Wahrheit zu. Doch es kann verschiedene Möglichkeiten zur Modellierung ein und derselben physikalischen Situation geben, wobei jeweils verschiedene fundamentale Elemente und Konzepte verwendet werden. Wenn zwei solche physikalischen Theorien oder Modelle dieselben Ereignisse exakt vorhersagen, lässt sich nicht behaupten, das eine sei realer als das andere, daher steht es uns frei, uns an das praktikablere zu halten.

Im Laufe der Wissenschaftsgeschichte haben wir eine Folge immer besserer Theorien oder Modelle entdeckt [...]. Da liegt die Frage nahe: Wird diese Folge irgendwann ihren Endpunkt erreichen, die endgültige Theorie des Universums, die alle Kräfte umfasst und jede mögliche Beobachtung vorhersagt, oder werden wir fortwährend auf immer bessere Theorien stoßen, aber nie auf die eine, die sich nicht mehr verbessern lässt? Noch kennen wir keine verbindliche Antwort auf diese Frage, aber wir haben eine Kandidatin für eine endgültige Theorie von Allem, wenn es sie denn gibt: die sogenannte M-Theorie*. Sie ist das einzige Modell, das alle Eigenschaften besitzt, welche die letztgültige Theorie unserer Meinung nach haben müsste.

Die M-Theorie ist keine Theorie im üblichen Sinne. Sie besteht aus einer ganzen Familie verschiedener Theorien, deren jede nur für einen Teilbereich physikalischer Situationen eine gute Beschreibung liefert. Sie hat damit eine gewisse Ähnlichkeit mit einer Landkarte.

Stephen Hawking (1942-2018), engl. Astrophysiker

** M-Theorie: Versuch in der Theoretischen Physik, die Stringtheorie so zu erweitern, dass es eine einheitliche Theorie aller bekannten Naturkräfte ergibt.*

Grenzüberschreitungen: Die biblische Urgeschichte – mit naturwissenschaftlichem Denken vereinbar?

Folgende Ursprungslehren zur Entstehung der Welt, des Lebens und des Menschen werden heute vor allem vertreten:

1. Naturalistisch-atheistische Evolutionslehre. Nach dieser Position soll der Ursprung der Welt, des Lebens und des Menschen gänzlich ohne Rückgriff auf übernatürliche Faktoren erklärt werden. Sie wird von der überwältigenden Mehrheit der Biologen [...] i.d.R. mit Absolutheitsanspruch als einzige wissenschaftlich vertretbare Ansicht gelehrt und dominiert alle Medien.

2. Kreationismus [...]. Hier wird der Schöpfungsbericht der Bibel als quasi-naturwissenschaftlicher Text aufgefasst. Es wird explizit ein astronomisch-geologisch-biologisches Verständnis dieser Texte vertreten. Ein sehr niedriges Alter der Erde und des Lebens sowie die Tatsache der Schöpfung wird häufig für wissenschaftlich bewiesen angesehen. In der Regel wird ein Absolutheitsanspruch vertreten und jedes andere Verständnis der biblischen Texte und der naturwissenschaftlichen Daten grundsätzlich abgelehnt.

3. Theistische Evolutionslehre. Evolution wird zwar akzeptiert, aber nicht als naturalistisch-ungesteuerter Vorgang betrachtet, sondern: Gott erschuf die Welt und das Leben durch den Evolutionsprozess. Diese Position wird besonders, aber nicht ausschließlich, in den großen Kirchen in Deutschland vertreten.

4. Intelligent Design (ID). Nach dem Ansatz des ID soll durch wissenschaftliche Analyse nachgewiesen werden, dass aus der Struktur des Kosmos und des Lebens auf einen „Designer“ (Planer, Schöpfer) geschlossen werden kann. [...]

5. Biblische Schöpfungslehre. Die biblischen Schilderungen der Urgeschichte im Buch Genesis werden als historisch zuverlässig betrachtet. Das heißt, sie werden nicht nur theologisch verstanden, sondern auch als zwar nicht detaillierte, aber allgemeinverständliche, wirkliche Beschreibungen grundlegender Ereignisse der Schöpfung und Urzeit. Es handelt sich also um Texte, die auch bezüglich ihrer Aussagen über die Natur zutreffend sind, aber es sind keine naturwissenschaftlichen Texte (z.B. mit einer spezifisch-exakten Fachsprache) im neuzeitlichen Sinn. Auf der Grundlage eines theologisch-heilsgeschichtlichen Verständnisses der gesamten Bibel wird versucht, naturwissenschaftliche Daten, welche die Herkunft der Welt und des Lebens betreffen, im Kurzzeitrahmen der biblischen Urgeschichte zu deuten. Dieses Verständnis der biblischen Schöpfungstexte entspricht für Vertreter der biblischen Schöpfungslehre am ehesten der Aussageabsicht der Urgeschichtstexte. Sie sind aber bereit, ihr theologisches, historisches und naturkundliches Verständnis der Urgeschichte auf den jeweiligen wissenschaftlichen Fachebenen zu diskutieren. Sie erheben keinen wissenschaftlichen Absolutheitsanspruch für ihre Hypothesen und Theorien.

Die Studiengemeinschaft Wort und Wissen e.V. ist ein Zusammenschluss von Christen aus vorwiegend wissenschaftlichen Berufen. Unsere Mitarbeiter vertreten die biblische Schöpfungslehre. Wir vertrauen Jesus Christus als Sohn Gottes und der Bibel als Wort Gottes an den Menschen. Das Verständnis des Menschen als Geschöpfe Gottes und des ganzen Kosmos als Schöpfung betrifft nach unserer Überzeugung auch alle Wissenschaften, die sich mit dem Menschen und der ganzen Schöpfung und ihrer Geschichte befassen [...]

In der Biologie setzen wir uns kritisch mit naturalistischen Hypothesen auseinander und arbeiten an Alternativen, die Bezug auf das schöpferische Wirken Gottes nehmen.

In den Geowissenschaften befassen wir uns mit Fragen der geologischen Zeiträume und zeigen, dass zahlreiche Befunde auf eine kurze Erdgeschichte hinweisen.

In der Physik interessieren uns Fragen der Strukturbildung und Selbstorganisation, und speziell auf dem Gebiet der Astrophysik Theorien zur Entstehung und Geschichte des Kosmos.

Studiengemeinschaft Wort und Wissen

Fundamentalistische Bibelauslegung → S. 174

1. Skizzieren Sie die Hauptaussagen des Physikers Stephen Hawking und setzen Sie seine Aussagen in Beziehung zur Abbildung in seinem Buch.
2. Zeigen Sie anhand des Textes der Studiengemeinschaft auf, welche „Ursprungslehren“ vertreten werden und welche die Studiengemeinschaft Wort und Wissen vertritt.
3. Vergleichen Sie wiederholend die Methoden und Arbeitsweisen einer Naturwissenschaft mit der der Theologie (Tabelle, Mindmap ...)
4. Erörtern Sie, inwieweit man sowohl bei Stephen Hawking als auch bei der Studiengemeinschaft von Grenzüberschreitung sprechen kann.

Inwiefern ist Wirklichkeit vieldimensional?

Die Vieldimensionalität der Wirklichkeit: Zwei fiktive Liebesbriefe

Lieber Lukas,
Seitdem ich Dich das erste Mal gesehen habe, schlägt mein Herz nur für Dich.
Ich brauche nur an Dich denken, und schon habe ich Millionen an Schmetterlingen im Bauch.
Mit Dir schwebe ich auf Wolke 7.
Deine Sina

Liebe Sina,
zuallererst danke ich Dir für Deine Mühe, mir einen Brief zu schreiben. Ich habe mich sehr gefreut.
Auch ich kann mich gut an unser 1. Treffen erinnern. Leider muss ich Dich dennoch in einigen Punkten berichtigen:
1. Dein Herz schlägt nicht für mich, sondern nur für Dich selbst, da es für den lebensnotwendigen Transport von Sauerstoff, Kohlenstoffdioxid und Nährstoffen verantwortlich ist.
2. Du solltest wissen, dass unser Magen-Darm-Trakt sehr empfindlich auf Glücks- sowie Stresshormone reagiert. Dein Bauchgefühl hat rein gar nichts mit Schmetterlingen zu tun, denn diese könnten in der Magensäure nicht überleben.
3. Zu Deiner Vorstellung, dass Du Dich auf einer mit einer Zahl versehenen Wolke befindest, möchte ich an dieser Stelle schweigen.
Du solltest Dich jedoch einmal mit den Gesetzen der Schwerkraft und der Anatomie des Menschen beschäftigen.
Dennoch: danke für den Brief. Auch ich fühle mich körperlich zu Dir hingezogen.
Lukas

Janine Griese

Komplementarität

Der Begriff stammt von Niels Bohr (1927) und ist von ihm ursprünglich zum Verständnis der in der Quantentheorie aufgetretenen Schwierigkeiten in die Philosophie eingeführt worden. […] Der Sache nach handelt es sich jedoch von Anfang an keineswegs um einen physikalischen Begriff […].
Komplementarität heißt die Zusammengehörigkeit verschiedener Möglichkeiten, dasselbe Objekt als verschiedenes zu erfahren. Komplementäre Erkenntnisse gehören zusammen, insofern sie Erkenntnis desselben Objekts sind; sie schließen einander jedoch insofern aus, als sie nicht zugleich und für denselben Zeitpunkt erfolgen können. Die Struktur des Objekts, die darin zum Ausdruck kommt, dass es komplementär erfahren und beschrieben wird, kann mit Bohr als Individualität oder Ganzheit bezeichnet werden.

Klaus Michael Meyer-Abich (1938-2018), Physiker und Philosoph

Zusammenwirken verschiedener Bereiche

Die Naturwissenschaften sind heute frei von Theologie. Sie machen keine Aussagen über Gott. Und die Theologie formuliert keine Naturgesetze und steht in ihren Aussagen in keinem Widerspruch zu den plausiblen und reproduzierbaren Aussagen der Naturwissenschaften. Es handelt sich um verschiedene Erkenntniswege, die von uns je einzeln wahrgenommen und nicht nur akzeptiert, sondern fruchtbar für unser Leben in Verbindung gebracht werden sollten. […]
Mit keiner der beiden Erkenntniswelten allein, mit keiner einzelnen Wissenschaft allein kann die existierende Wirklichkeit hinreichend erklärt werden. Ihre jeweiligen Beschränktheiten sind offenkundig. Zum Beispiel beim Hören von Musik von Bach […] obliegt der Physik und Technik die Konstruktion der Instrumente, die Steuerung der Erzeugung und die Weiterleitung der Schallwellen, die Erzeugung der Schwingungen im Trommelfell und Signalübertragung in das Gehirn. Das eigentliche Hören der Musik und die damit verbundenen Empfindungen werden auf diese Weise aber nicht erfasst. Hier werden Wahrnehmungen angestoßen, die über die materiellen Abläufe hinausgehen. Das wahrnehmende Hören mit seinen Sinnesassoziationen ist ebenso Teil der Wirklichkeit, wie auch die den Ton abstrahlende schwingende Saite oder eine Orgelpfeife. Erst die messbaren Abläufe und die emotionalen Empfindungen zusammen ergeben die Realität der Musik. […]

Naturwissenschaften und Theologie befassen sich mit unterschiedlichen Aspekten der Wirklichkeit, die für sich genommen keinen berechtigten Anspruch auf die Erfassung der Gesamtwirklichkeit dieser Welt erheben können. Erst das Zusammenwirken beider Bereiche in Kenntnis ihrer jeweiligen Begrenztheit bringt uns weiter im Verstehen und Gestalten unserer Lebenswirklichkeit. [...]
Die metaempirische, philosophisch-theologische Betrachtung ist gleichberechtigt mit der naturwissenschaftlichen. Eine Monopolisierung im Sinne der Erkenntnis auf Seiten der Naturwissenschaften oder der Religionen führt zur Verabsolutierung von Teilwahrheiten, zu Intoleranz und zur Einschränkung der menschlichen Erkenntnismöglichkeiten. [...]

Evangelische Akademikerschaft in Deutschland e.V.

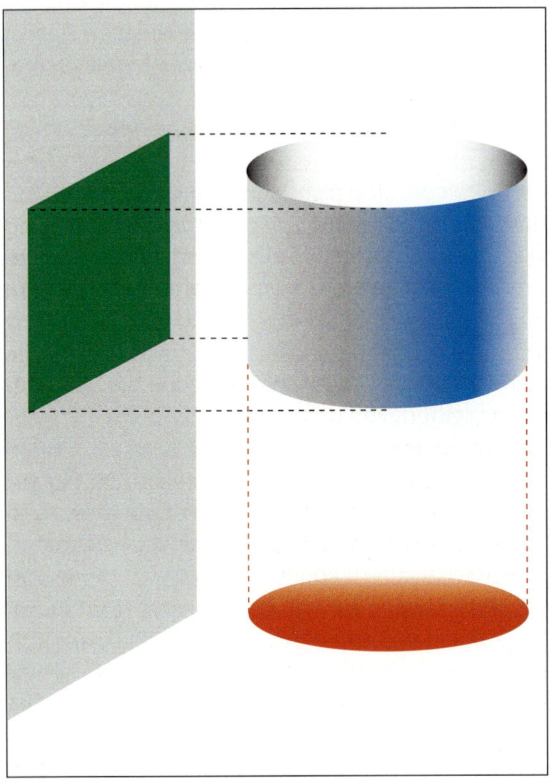

Vieldimensionale Wirklichkeit
Eine vieldimensionale und komplexe Wirklichkeit, die für uns nie voll fassbar sein kann, wird – bedingt durch die gewählte Methode – auf eine niedrigere Ebene hinunterprojiziert, so etwa, wie wenn ein Zylinder vertikal und horizontal projiziert wird und wir als Abbild dieses Zylinders ein Quadrat bzw. einen Kreis bekommen. Es kann dabei sogar zu (scheinbar) widersprüchlichen Aussagen kommen, weil hier ein Phänomen aus einer höheren Ebene (Raumdimension) auf eine niedrigere Ebene (Ebenendimension) projiziert und abgebildet wird.
Dieses erkenntnistheoretische Problem auf die Vieldimensionalität des Menschen angewandt, findet gerade in der Auseinandersetzung zwischen Evolution und Schöpfung ein Paradebeispiel, weil es sich auch von der methodischen Seite her schön veranschaulichen lässt. [...]
Die einzelnen Fachwissenschaften beleuchten eine bestimmte Seite des Menschen. Zum Beispiel fragt die Evolutionstheorie nach der Entwicklungsgeschichte des Menschen und den dabei wirksamen Faktoren. [...] Dem scheint die biblische Aussage, der Mensch sei von Gott geschaffen, zu widersprechen. Der Widerspruch ist aber nur scheinbar und liegt in den oben aufgezeigten verschiedenen Perspektiven einer komplexen Wirklichkeit: auf der einen Seite die kausalanalytische Frage: „Wie wurde der Mensch?“ (Evolutionsperspektive), auf der anderen Seite die existenzielle Wesensfrage: „Was ist der Mensch?“ – eine Frage, die um metaempirische Überlegungen nicht herumkommt (Glaubensperspektive). So haben wir in der Gegenüberstellung beider Sichtweisen, der Mensch als Geschöpf Gottes und als Produkt der Evolution, keinen Widerspruch, wohl aber eine notwendige komplementäre Sichtweise, die dem Geheimnis Mensch eher gerecht wird und einem biologischen Reduktionismus vorbeugen kann.

Wolfgang Bange (1944), kath. Theologe*

Mensch als Geschöpf Gottes → S. 56f., 58

1. Erörtern Sie, wie es mit Sina und Lukas weitergeht, und benennen Sie Gründe dafür.
2. Zeigen Sie am Text der Evangelischen Akademiker auf, wie diese das Zusammenwirken von Theologie und Naturwissenschaften verstehen.
3. Erläutern Sie anhand der Grafik, wie Bange die „Vieldimensionalität“ der Wirklichkeit versteht.
4. Erläutern Sie sich gegenseitig den Begriff „Komplementarität“ und wenden Sie ihn auf den Zusammenhang von Theologie und Naturwissenschaft an.
5. Gestalten Sie eine Kurzpräsentation zum Thema „Die Rose“ aus der Perspektive eines Biologen, eines Physikers, eines Künstlers, eines Gärtners, eines Dichters, eines Verliebten.
6. Sie betreuen als Mentor/Mentorin eine 8. Klasse. Sina kommt mit ihrem Antwortbrief zu Ihnen und fragt Sie um Rat. Gestalten Sie einen Dialog mit Sina (alternativ Lukas mit dem Liebesbrief).

Aus Verantwortung leben und handeln

Wem gehört mein Körper?

Hirntod
Als Hirntod wird der Zustand der irreversibel erloschenen Gesamtfunktion des Großhirns, des Kleinhirns und des Hirnstamms bezeichnet. Die Bundesärztekammer erkennt im Hirntod das sichere innere Todeszeichen des Menschen. Nach Prüfung zweier nicht mit der Transplantation verbundenen Ärzte dürfen dem hirntoten Menschen bei Vorliegen eines Spenderausweises bzw. bei Zustimmung der nahen Angehörigen Organe entnommen werden.

**Organtransplantation:
Stimmen von Betroffenen und Experten**

Angehörige: „Einen Sinn musste dieses Sterben doch haben […] Mein Mann besaß zwar keinen Spenderausweis, aber wir hatten gerade in letzter Zeit hin und wieder über das Thema Organspende gesprochen. Ich hege überhaupt keine Zweifel, im Sinne meines Mannes entschieden zu haben. […] Für mich war, trotz all dem Schmerz und Leid, die Hoffnung tröstlich, dass Menschen durch die Organspende meines Mannes lebenswertere Lebenszeit geschenkt werden konnte."

Patient auf der Warteliste: „Fast jeden Morgen wache ich mit dem Gedanken auf, dass vielleicht heute das Transplantationszentrum anruft. Mein Arzt sagt, dass dies bereits morgen geschehen, aber auch noch einige Jahre dauern könnte. Die Möglichkeit, dass es irgendwann so weit sein wird, gibt mir Mut und Hoffnung."

Organempfängerin: „Es war im Sommer 2015, […] da kam morgens um sechs der Anruf: ‚Wir haben eine Niere für Sie.' […] Wir sind direkt nach Berlin gefahren. Um 8 Uhr morgens bin ich in der Charité angekommen und die Maschinerie ist angelaufen. […] Die Transplantations-OP war so gegen 20 Uhr am Abend. Nach knapp über zwei Stunden war die OP vorbei und ich bin im Aufwachraum zu mir gekommen. Ich erinnere mich noch, dass mich die Krankenschwester direkt mit der guten Nachricht begrüßte: ‚Frau Speyer, Ihre Niere produziert Urin.' Zwei Wochen war ich danach im Krankenhaus, dann noch 3 Monate zu Hause. Danach konnte ich wieder arbeiten."

Eine Psychologin: „Ging es vorher darum, Patienten zu helfen, den Augenblick zu leben und nicht zu weit in die Zukunft zu denken, so kommt es bei den Transplantationswilligen darauf an, zu hoffen, Zukunft zu visualisieren, zu überleben und durchzuhalten unter allen Umständen. Das ist eine andere Dynamik als die des Sterbens. […] Die Transplantationsmedizin scheint ihre eigene Ethik zu haben. Sie schätzt die Organspende höher ein als die Unversehrtheit des Leichnams, und sie hält das Leben mit einer schweren Krankheit für ‚nicht lebenswert'. Sie setzt das Heilen mit Reparatur gleich und lässt den Menschen oft zu einem Apparat werden. Sie räumt der Machbarkeit einen Wert an sich ein, und sie setzt den Erfolg an die oberste Stelle, ohne darauf zu achten, mit welchen Opfern von Seiten der Menschen, die daran beteiligt sind, er erkauft wurde."

Elisabeth Wellendorf (1936)*

Ein Theologe: „Nach christlichem Verständnis sind das Leben und damit der Körper des Menschen ein Geschenk Gottes. Diesen kann und darf er aus Liebe zum Nächsten und aus Solidarität mit Kranken einsetzen. Eine Entnahme von Organen verletzt nicht die Würde des Menschen und stört nicht die Ruhe der Toten. Unsere Hoffnung auf die Auferstehung bleibt davon unberührt.
Es gibt keine christliche Verpflichtung zur Organspende. Christinnen und Christen können der Organspende zustimmen; sie können sie aber auch ablehnen. Sie müssen sich auch gar nicht entscheiden, sondern können die Frage unbeantwortet lassen, wenn sie sich gegenwärtig nicht in der Lage zu einer Entscheidung sehen. Alle diese Optionen sind christlich verantwortbar und ethisch zu respektieren."

Nikolaus Schneider (1947), ev. Theologe, von 2010-14 Ratsvorsitzender der EKD*

Ein Journalist: „Innerhalb der Ärzteschaft, vor allem unter Neurochirurgen, Neuroradiologen und Psychiatern, sowie unter Philosophen, Theologen, Politikern und Juristen gehen die Fronten quer durch die Reihen und Konfessionen. Überall sind gleichermaßen Kritiker wie Befürworter des Hirntod-Kriteriums zu finden. Die gegenläufigen Haltungen hängen allesamt an der einen großen Frage: Ist ein hirntoter Mensch wirklich tot? […] Die

Grenze zwischen Tod und Leben ist biologisch nicht definierbar. Bestimmbar ist nur der Hirntod. [...]

Ein neuer Todesbegriff würde sich erst dann herausbilden, wenn sich der Geist der Zeit umkehrt. Der ist aber nach Lage der Dinge auf ein glückseliges, schmerzfreies, stets reparables Leben ausgerichtet – im Sinne eines pragmatischen Materialismus [...] und einer Unterscheidung in entweder Glück oder Pech. Wer ein Organ erhält, heißt das im Umkehrschluss, erhält damit das Glück, sein Unglück zu beenden.

Der Hirntod fungiert als Rechtsbegriff dieser Transplantations-Metaphysik, deren höchste Wertsetzungen freilich auch Forschungsinteresse, Ärztekunst und letztlich die Ökonomisierung des Menschlichen sind. Und doch ist der Hirntod weit mehr: die Grundlage einer Ethik der Solidarität, indem durch das geschenkte Organ Sinn im Tod entsteht – ein ‚Akt der Liebe'."

Christian Schüle (1979), Journalist*

Eine junge Frau überreicht ihrem Partner, der an Mukoviszidose leidet und ein Beatmungsgerät braucht, eine Schweinelunge. Aus einer Fotoserie des Weidener Vereins „Stimme für Mukoviszidose".

Eine Theologin und Organempfängerin: „Wie viele Theologinnen [...] pochte mein Herz für jeden Menschen, dessen Gehirn für tot erklärt worden war. Ich bestand auf dessen Recht, ‚normal', also am Stillstand des eigenen Pulses zu sterben. Vor allem verlangte ich für seine Angehörigen die Chance, sich von dem geliebten Menschen zu verabschieden. Ich wusste, wie eine Mutter sich fühlte, die sich vor ihrem Kind in einer Intensivstation wiederfand und gefragt wurde, ob das Herz, die Lunge, die Leber aus diesem atmenden, schwitzenden Körper gerupft und in einen anderen verpflanzt werden dürfen. [...] Eine Niere, die an fremde Adern genäht wurde, verachtete ich als Ersatzteil, und die Gier nach solchen Werkstücken, die uns ewiges Leben verhießen, fand ich anmaßend [...].

Mit der Diagnose ‚finales Nierenversagen' wanderte das Thema Organspende aus dem akademischen Elfenbeinturm aus und nistete sich unter meiner Haut ein. Ohne die Niere eines fremden Toten hatte ich kaum eine Chance zum Überleben. [...] Der Grund, dass ich [...] zustimmte, mich auf eine Liste zur Nieren- und Bauchspeicheldrüsen-Transplantation eintragen zu lassen, war der grausame, verzweifelte Durst einer Diabetikerin, der das Trinken untersagt worden war.

Hirntod ist keine traditionelle Feststellung des Todes, sondern eine medizinische Definition der Moderne. [...] Der Hirntod wurde aus einer Not des medizinischen Fortschritts geboren, die auch vor und ohne Transplantationsmedizin bestand. Wie lange sollte man Herz und Kreislauf einer Patientin maschinell aufrechterhalten, wenn ihr Gehirn nur noch Nullkurven auf den Monitor schrieb? [...] Wer sagt, das Ende des menschlichen Gehirns falle mit dem Ende der Person zusammen, vertritt mit dieser Gleichsetzung eine weltanschauliche Überzeugung, nicht die sogenannte Wahrheit. Die Wahrheit ist, dass ein Körper, der atmet, Reflexe hat, schwitzt und ausscheidet, sein Lebendigsein nicht bloß spielen kann.

Die Wahrheit ist aber auch, dass ein hirntoter Patient nicht ins Leben zurückkehrt. [...] Es gibt kein Zurück. Es gibt keine Hilfe mehr. Die Geräte werden ausgeschaltet [...]. Ein letztes Ausatmen – und Schluss.

Susanne Krahe (1959), ev. Theologin*

1. Beschreiben Sie die unterschiedlichen Sichtweisen zum Thema Organspende und vergleichen Sie sie.
2. Wenden Sie die Schritte zur ethischen Urteilsfindung (→ **S. 246**) auf das Thema Organtransplantation an.
3. Prüfen Sie, inwieweit sich aus naturwissenschaftlicher und aus theologischer Perspektive unterschiedliche Sichtweisen ergeben und ob diese für sich genommen vollständig sind.
4. Analysieren Sie das Bild und entwerfen Sie ein eigenes Plakat zum Thema Organspende.
5. Gestalten Sie eine Podiumsdiskussion zum Thema Organspende.

Wem gehört die Erde?

Rhonegletscher 1890/1900 (koloriertes Postkartenmotiv),

Rhonegletscher um das Jahr 2000

Klimawandel: Erdüberlastungstag rückt vor

Die Menschheit hat die Ressourcen, welche die Natur in einem Jahr wiederherstellen kann, 2019 in sieben Monaten verbraucht. Die Organisation Global Footprint Network berechnet den Earth Overshoot Day mithilfe des Ökologischen Fußabdrucks. Dieser ist ein Indikator für den Ressourcenverbrauch und die Auswirkungen menschlichen Handelns auf die Umwelt. Denn die Ressourcen auf der Erde sind endlich: Wir stoßen beispielsweise mehr Kohlendioxid aus, als Wälder und Ozeane absorbieren können, fischen schneller, als sich die Bestände erholen, oder fällen mehr Bäume als nachwachsen.

Bildlich gesprochen lebt die Weltbevölkerung derzeit so, als hätte sie 1,75 Erden zur Verfügung. Die Menschen nutzen die Natur also 1,75-mal schneller, als Ökosysteme sich generieren können. Mit vielfältigen Folgen für die Umwelt, wie u.a. Klimawandel, Artensterben oder schrumpfende Wälder. Noch 1987 fiel der Earth Overshoot Day auf den 19. Dezember. Durch das hohe Konsumniveau in Industrie- und Schwellenländern sowie das schnelle Bevölkerungswachstum ist der Tag im Kalender immer weiter nach vorne gerückt. Der deutsche Overshoot Day war bereits am 3. Mai. Mehr als 3 Erden wären nötig, wenn die gesamte Weltbevölkerung auf dem hohen Konsumniveau von Deutschland leben würde.

Umweltbundesamt

Klimagipfel 2018 in Katowice

Sie reden nur deswegen vom ewigen Wirtschaftswachstum, weil Sie Angst haben, unpopulär zu sein. Sie sprechen immer nur davon weiterzumachen, mit denselben schlechten Ideen, die uns in diese Misere gebracht haben. Dabei wäre es das einzig Sinnvolle, die Notbremse zu ziehen. Sie sind nicht erwachsen genug, um das so zu formulieren. Selbst diese Bürde überlassen Sie uns Kindern. [...] Unsere Zivilisation wird für die Chancen einer kleinen Gruppe von Menschen geopfert, die immer mehr Geld verdienen wollen. Unsere Biosphäre wird geopfert, damit reiche Menschen in Ländern wie meinem in Luxus leben können. Es sind die Leiden der Vielen, die für den Luxus der Wenigen bezahlen.

2078 werde ich meinen 75. Geburtstag feiern. Wenn ich Kinder habe, werden sie vielleicht den Tag mit mir verbringen. Vielleicht werden sie mich nach Ihnen fragen. Vielleicht werden sie fragen, warum Sie nichts unternommen haben, obwohl noch Zeit dazu war. Sie sagen, dass Sie Ihre Kinder mehr als alles andere lieben, aber gleichzeitig stehlen Sie ihnen ihre Zukunft vor den Augen weg. Bis zu dem Zeitpunkt, an dem Sie beginnen, sich auf das zu konzentrieren, was getan werden muss und nicht was politisch möglich ist, wird es keine Hoffnung geben. [...] Wir müssen die fossilen Brennstoffe im Boden lassen. Wir müssen den Fokus auf Gerechtigkeit lenken. Wenn es unmöglich ist, Lösungen im bestehenden System zu finden, sollten wir das System an sich ändern. Wir sind nicht hierhergekommen, um vor Weltpolitikern darum zu betteln, dass sie sich kümmern. Sie haben uns in der Vergangenheit ignoriert und Sie werden uns wieder ignorieren. Uns gehen langsam die Ausreden aus, uns läuft die Zeit davon! Wir sind hierhergekommen, um Ihnen mitzuteilen, dass ein Wandel kommen wird, egal, ob Sie es wollen oder nicht. [...]

Greta Thunberg (2003), Klima-Aktivistin*

Das Ende der Welt, wie wir sie kannten

Der Klimawandel ist deswegen ein Kulturschock, weil es immer schwieriger wird, zu ignorieren, wie stark sich unsere Wirklichkeit bereits verändert hat und wie sehr sie sich noch verändern muss, um zukunftsfähig zu sein. Was Techniker decarbonization (Entkohlung) und Ökonomen als Low Carbon Economy (karbonarme Wirtschaft) ausmalen, kann nicht auf die Veränderung einiger Stellschrauben der Energiewirtschaft beschränkt bleiben – 80 Prozent unseres komfortablen Lebensstils ruhen auf fossilen Energien. Am Horizont der Großen Transformation steht eine postkarbonale Gesellschaft mit radikal veränderten sozialen, politischen und kulturellen Parametern. [...]

Das ist alles andere als ein Weltuntergangsszenario. [... B]ei aller Absturzgefahr bieten Wirtschaftskrise und Klimawandel Spielräume für individuelles Handeln, für demokratische Teilhabe und globale Kooperation. Diesem Großexperiment unter Zeitdruck ist alle Welt unfreiwillig, aber wissend ausgesetzt.

Claus Leggewie (1950), Politikwissenschaftler, und Harald Welzer (* 1958), Soziologe*

Umkehr zu einem nachhaltigen Lebensstil

Das Leben auf unserem Planeten hat Grenzen. Wir Menschen sind dabei, sie zu übertreten. „Weiter so“ geht nicht mehr. In vielen Fällen wäre weniger mehr: weniger Feinstaub, weniger Müll, weniger Lärm, weniger betonierte Flächen, weniger Ausgrenzung, weniger Antibiotika in der Tierhaltung, weniger Zerstörung der Artenvielfalt. Die alte Weisheit einer „Ethik des Genug“ wird neu verständlich. Der christliche Glaube gibt die Freiheit zur Begrenzung. Er hilft uns, die aktive Begrenzung eigener Möglichkeiten und Interessen als einen Ausdruck christlicher Befreiung zu erkennen, der wohltut. Gelegentlich wird solche „Ethik der Selbstbegrenzung“ als Freudlosigkeit und Kasteiung karikiert, als Schwäche oder Entbehrung. Richtig ist: Selbstbegrenzung aus Freiheit ermöglicht eine Haltung inspirierten Fragens: Wovon habe ich im Überfluss zu wenig? Wovon habe, nutze oder konsumiere ich zu viel? Wo kann Verzicht Gewinn sein? Was ist das rechte Maß? Wann wird mein Handeln zur Belastung für andere und für unsere Umwelt? Was fehlt Menschen weltweit, um existenzielle Grundbedürfnisse zu befriedigen und in Sicherheit und Würde zu leben? Was hat das mit mir zu tun? Was fehlt den Tieren, was der gesamten geschaffenen Welt? Bei der Beschäftigung mit diesen Fragen entdecken viele Menschen wieder, dass vieles, was keinen Preis hat, von großem Wert ist: Zeitwohlstand, geglücktes Leben, Nächstenliebe, Gemeinschaft, Spiritualität, Begegnungen mit anderen Menschen und mit den Geschöpfen in der Natur. So vieles von dem, was nicht käuflich ist, ist wertvoll. Die Frage nach dem rechten Maß, nach Mitgefühl (Compassion) und Barmherzigkeit mit allen Menschen und der gesamten Schöpfung eröffnet uns den Weg, in dieser Welt dankbar, in Freude und in verantwortlicher Freiheit mitzuwirken. [...]

Die Weltgemeinschaft steht vor großen Herausforderungen. Für die Transformation zu einer zukunftsfähigen Entwicklung, [...] müssen alle gesellschaftlichen Gruppen ihren Beitrag leisten: Politik und Wirtschaft, Gesellschaft und Familie. Auch die EKD – die als Institution für Humanität und Achtung vor der Natur einsteht – sieht sich in der Pflicht, Bildungsprozesse und eine solidarische Praxis anzustoßen und damit die Transformation und die Umsetzung der Ziele für nachhaltige Entwicklung zu fördern. Auch wir sind gefragt, an unserer Stelle Verantwortung zu übernehmen. „Wir“, das ist in diesem Fall die Kirche mit ihren Gemeinden sowie kirchlichen und diakonischen Einrichtungen. Wir können und müssen mehr tun. Vom biblischen Auftrag kommt uns die besondere Verantwortung zu, Mahner, Mittler und Motor für eine nachhaltige Entwicklung im Dienst der Bewahrung der Schöpfung zu sein und für diese Aufgabe zu werben.

Impulspapier der Evangelischen Kirche in Deutschland, 2018

Greta Thunberg → S. 260f. → S. 320
Schöpfung bewahren → S. 58f., 60f. → S. 319

1. Zeigen Sie anhand der Texte auf, in welchen Bereichen sich unsere Gesellschaft ändern muss, um die Herausforderungen des Klimawandels als Chance wahrnehmen zu können.
2. Prüfen Sie die These, die neuzeitliche Naturwissenschaft und Technik und auch der biblische Herrschaftsauftrag seien für die gegenwärtige Naturausbeutung und Umweltkrise (mit) verantwortlich.
3. Entwickeln Sie anhand biblischer Texte (1. Mose 1+2; 1. Mose 6-9; 1. Mose 11 und ggf. weitere Bibelstellen) Perspektiven für ein heute angemessenes Verständnisses des Schöpfungsauftrages.
4. Analysieren Sie Ihren ökologischen Fußabdruck und zeigen Sie notwendige Konsequenzen auf, damit Ihr/unser Leben nachhaltig wird.

Was muss sich alles ändern in der Welt?

Ein Hoffnungsbekenntnis: Wuppertaler Erklärung vom 25.6.2019

Wir erkennen die Dringlichkeit der vor uns liegenden Jahre und wollen trotzdem in dieser Situation Mut zur Hoffnung haben. Wir wissen uns verpflichtet, die globale ökumenische Bewegung zu einer umfassenden ökologischen Transformation der Gesellschaften aufzurufen. […]

Im Herzen der ökologischen Transformation steht die Notwendigkeit einer ökologischen Umkehr […], eine tiefe Veränderung in den Herzen, Köpfen, Einstellungen, Gewohnheiten und im Handeln (Röm 12,1-2). Diese Veränderung hat Auswirkungen auf alle Aspekte des christlichen Lebens: auf Liturgie und Anbetung, auf das Lesen der Bibel, auf die Verkündigung und auf die Sakramente, auf die Gemeinden und ihr Glaubensleben, auf Beten, Fasten, Spiritualität, Lehre, Ethos, Bildung, Kunst, Musik, Ämter und missionarische Projekte. In dieser ökologischen Reformation des gesamten Christentums wurden und werden wir von unseren Vätern und Müttern im christlichen Glauben, durch Beispiele von unseren Glaubensgeschwistern weltweit und von Kirchenleitenden aus der gesamten Ökumene ermutigt […].

Wir rufen die globale ökumenische Bewegung, christliche Weltbünde und alle anderen Kirchen dazu auf, gemeinsam eine 10jährige Dekade des ökologischen Lernens, Bekennens und Handelns angesichts des Klimawandels zu planen, um die folgenden Punkte zu Prioritäten der Kirchen weltweit zu machen:

1. Die ganze Breite der liturgischen und spirituellen Formen und altkirchlichen Traditionen mit Bezug zur Schöpfung im Licht des gegenwärtigen ökologischen Kairos bewusst zu machen und zu erneuern;
2. Die biblischen Texte unter dem Aspekt der ökologischen Sensibilität neu zu lesen und zu interpretieren;
3. Rahmenprogramme zu erstellen, welche das Klimabewusstsein in Kirchengemeinden stärken und ihnen das dafür benötigte Personal, das Knowhow und die finanziellen Ressourcen bieten und die schon existierenden Basisinitiativen unterstützen;
4. Gendergerechtigkeit in Kirchen und Gesellschaften zu fördern, da sie auf vielen Ebenen mit dem Klimawandel verknüpft ist;
5. Junge Menschen zu ermutigen, Führungsrollen in Kirchen und Gesellschaften zu übernehmen und dort für ihre Zukunft einzutreten;
6. Schöpfungstheologische und nachhaltigkeitsbezogene Reflektionen in allen Ebenen der Bildung zu etablieren;
7. Ökologische Werte zu kultivieren und nachhaltige Lebensstile in Haushalten und Gemeinschaften zu fördern;
8. Laien für ihre Berufung so auszustatten, dass sie ökologische Verantwortung übernehmen können, wo auch immer sie leben, arbeiten und beten;
9. Sich in multi-disziplinären Dialogen zu engagieren, die die Erkenntnisse der Naturwissenschaften, der indigenen Traditionen und diverser Theologien zusammenbinden;
10. Für interdisziplinäre Verbindungen, Netzwerke und Partnerschaften mit allen Bereichen der Regierung, mit Wirtschaft und Industrie, mit der Zivilgesellschaft, mit interreligiösen ökologischen Netzwerken, mit anderen Glaubensgemeinschaften und mit allen Menschen einzutreten, die die Verpflichtung mit uns teilen, nachhaltige Alternativen zu den aktuell dominanten Produktions- und Konsumformen zu finden. […]

Das nächste Jahrzehnt wird entscheidend sein, um der Erde eine Zeit der Erholung zu ermöglichen. Die biblischen Motive des Sabbats und des Jobeljahres bieten eine einzigartige Quelle der Hoffnung und Inspiration, auf eine Unterbrechung im Kreislauf von Ausbeutung und Gewalt hinzuarbeiten, ausgedrückt in der Vision, dass: „für das Land ein Jahr der Sabbatruhe sein“ soll (Lev 25,5). Komm, Heiliger Geist, erneuere unsere Schöpfung!

Große Transformation → S. 297

1. Zeigen Sie anhand des Textes auf, welche Aufgaben die Wuppertaler Erklärung sowohl der Kirche und Theologie als auch den Naturwissenschaften zuweist.
2. Beschreiben Sie das Titelbild des Comicbandes und recherchieren Sie im Internet weiter, wie dort das Thema aufgearbeitet wird (vgl. auch → S. 297).
3. Entwerfen Sie Bausteine für einen Projekttag „Nachhaltigkeit“ an Ihrer Schule (Projekte für die Schülerinnen und Schüler, Informationen für Eltern, Vorträge, Podiumsdiskussionen usw.).

Check-out

Wiederholen – Zusammenfassen – Sichern

- Formulieren Sie für fünf selbstgewählte Einzel- bzw. Doppelseiten jeweils eine SMS (140 Zeichen), in der die für Sie wichtigste Aussage enthalten ist. Suchen Sie sich einen Partner / eine Partnerin, die möglichst andere Seiten ausgewählt hat, und tragen Sie sich gegenseitig Ihre Ergebnisse mit Begründung vor.
- Erläutern Sie folgende Begriffe: Weltbild – philosophisches bzw. naturwissenschaftliches Wirklichkeitsverständnis – Theologie – Schöpfung – Evolution – Komplementarität – verantwortliches Handeln.
- Rekapitulieren Sie den Weg durch das Kapitel anhand der Bilder und Darstellungen. Wählen Sie anschließend ein Bild aus, das die Aussagen dieses Kapitels am besten auf den Punkt bringt.
- Gestalten Sie anhand des abgebildeten Schemas eine Lernlandkarte mit den für Sie wesentlichen Aussagen und stellen Sie sie einem Partner / einer Partnerin vor. Vergleichen Sie Ihre Ergebnisse und nehmen Sie gegebenenfalls Ergänzungen vor.

Anwenden – Verknüpfen

- In der Lokalzeitung wird in den Leserbriefen um Windräder gestritten. Formulieren Sie einen Leserbrief, in dem Sie Ihre Sicht als junge Menschen zur Sprache bringen.
- Erläutern Sie, inwieweit das Thema Menschenbild mit dem jeweiligen Bild von der Welt zusammenhängt. Sie können im Kapitel Mensch (→ **S. 50ff.**) Anregungen suchen.
- Benennen Sie aus den anderen Kapiteln des Buches drei Impulsfragen (wie z.B. „Wem gehört die Erde" auf S. 46), die sich mit dem Thema Wirklichkeit verknüpfen lassen. Begründen Sie Ihre Auswahl.

Einschätzung des Lerngewinns und des Lernprozesses

- Überprüfen Sie Ihren Lernzuwachs anhand der eingangs vorgestellten Situationen (S. 18/19).
- Formulieren Sie Fragen, in denen zur Sprache kommt, was für Sie a) offen geblieben, b) nicht beantwortet worden ist und c) noch zu klären ist.

Feedback

- Bewerten Sie die verschiedenen Unterrichtsabschnitte:
  Wo ich ganz bei der Sache war …
  Was ich besonders interessant fand …
  Was mich eher nicht angesprochen hat …
  Wo ich immer noch Klärungsbedarf sehe …
  Was ich grundsätzlich beim Thema ändern würde …
  Was zu diesem Thema dringend hinzugenommen werden sollte …

Mensch

▶ Menschenbilder im Alltag ▶ Andere Menschenbilder

▶ Aspekte des biblisch-christlichen Menschenbildes

▶ Ethische Fragestellungen

Albrecht Dürer „Selfie" im Pelzrock 1500 · In Latein eingefügt: Albertus Durerus Noricus ipsum me proprijs sic effingebam coloribus aetatis anno XXVIII" („So malte ich, Albrecht Dürer aus Nürnberg, mich selbst mit den mir eigentümlichen Farben im Alter von 28 Jahren.")

- Was ist der Mensch? Wozu ist er da?
- Was ist Freiheit? Was macht frei?
- Warum töten Menschen?
- Warum zerstören sie die Umwelt?
- Welche Geschlechter gibt es und warum?
- Wann schämen sich Menschen?
- Wann ist der Mensch wirklich Mensch?
- Warum wollen Menschen wissen, woher sie kommen?
- Warum machen Menschen Selfies?

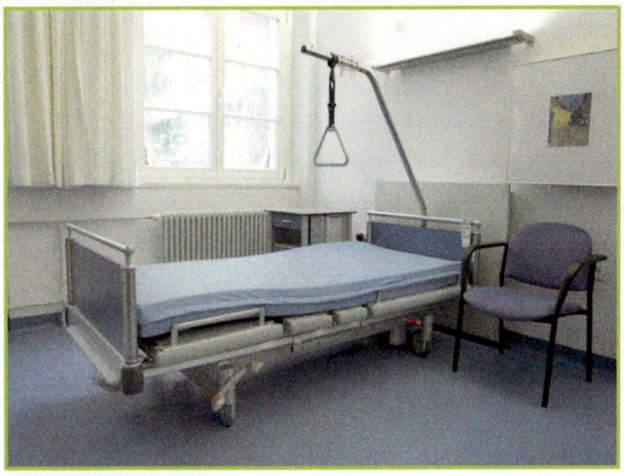

Check-in

KOMPETENZEN

In diesem Kapitel finden Sie Beiträge
zum Erwerb der folgenden Kompetenzen:
Sie können …

- Menschenbilder im Alltag herausarbeiten und beurteilen;
- Aspekte des biblisch-christlichen Menschenbildes erläutern und mit anderen Sichtweisen vom Menschen vergleichen;
- das christliche Verständnis von Freiheit mit einem nicht-christlichen Freiheitsverständnis vergleichen;
- Handlungssituationen benennen und erörtern, in denen sich die Verantwortung des Menschen bewähren muss.

Organspendeausweis automatisch
In einer politischen Diskussion wird vorgeschlagen, die Empfängerinnen und Empfänger neuer Führerscheine automatisch bei der Übergabe als mögliche Organspenderinnen und -spender zu registrieren. Die Fahranfängerinnen und -anfänger haben jedoch die Möglichkeit, durch Streichung ihrer Registrierung zu widersprechen.

Entwerfen Sie zu diesem Vorschlag eine Stellungnahme (→ S. 331).

Martha Nussbaum: Gefühle
Gefühle wie Angst, Hass, Zorn und Ekel sowie Hoffnung und Liebe spielen eine wichtige Rolle in einem akzeptablen Gemeinwesen. Sie können eine Gemeinschaft destabilisieren und fragmentieren. Sie können aber auch eine bessere Zusammenarbeit und ein energisches Streben nach Gerechtigkeit zur Folge haben. Diese Gefühle sind jedoch nicht von Geburt an festgelegt, sondern werden durch soziale Kontexte und Normen auf zahllose Weise geprägt. Es gibt deshalb nichts Unvermeidliches oder gar „Natürliches" an Rassenhass, Angst vor Einwanderern, der Leidenschaft, Frauen als zweitrangig zu behandeln oder dem Ekel vor den Körpern von Menschen mit Behinderung. (Text leicht verändert)

Überprüfen Sie diese These und formulieren Sie Konsequenzen für die Gestaltung des Zusammenlebens.

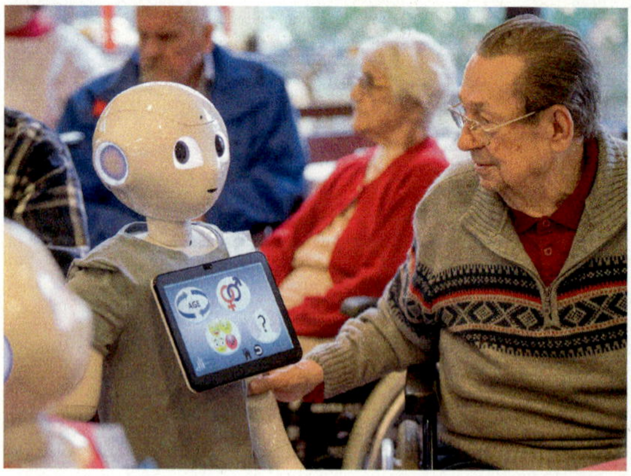

Pepper
Der 121 Zentimerter große und 28 Kilogramm schwere humanoide Roboter „Pepper" kann mithilfe moderner künstlicher Intelligenz und mit mehr als einem Dutzend Sensoren Stimmlagen, Gesichtsausdrücke und Gesten erkennen. Mithilfe eines Cloud-Dienstes kann er diese Daten speichern und mit anderen Robotern austauschen. Pepper soll in der Pflege die menschlichen Kräfte unterstützen, indem er alten und vereinsamten Menschen als Partner zur Verfügung steht. Er kann alte Menschen dazu anregen, zu kommunizieren oder beim Essen fröhlicher sein.

Eine Pflegeeinrichtung steht vor der Frage, ob sie Pepper anschaffen soll und was sie dabei beachten muss. Entwerfen Sie eine Stellungnahme (→ S. 331).

Hilfe zum Suizid
Frau K. liegt mit fortgeschrittenem Krebs auf einer onkologischen Station. Bei den Besuchen klagt sie über unerträgliche Schmerzen. Der behandelnde Oberarzt sagt, sie sei schmerzmäßig gut eingestellt. Wiederholt äußert sie, sie möchte tot sein. Nachdem eine vertrauensvolle Beziehung entstanden ist, sagt sie eines Abends: „Herr Pfarrer, ich kann und will nicht mehr. Es soll da eine Organisation geben, die einem hilft zu sterben. Da kann man Mittel bekommen. Können Sie mir die besorgen!?"

Entwerfen Sie, was der Pfarrer antworten sollte.

Kirchliche Trauung

Nicole und Markus wollen heiraten. Sie möchten auch kirchlich getraut werden. Natürlich ganz in Weiß. Bei der Vorbereitung bekommen sie einen Auszug aus der Trauagende vorgelegt. Darin stehen folgende Worte: „Diese Worte der Heiligen Schrift bezeugen, dass die Gemeinschaft in der Ehe eine gute Gabe Gottes ist. Gott vertraut euch einander an. Gott will eure Ehe schützen und segnen. So frage ich euch nun vor Gott und dieser Gemeinde:

N.N. willst du N.N., die Gott dir anvertraut, als deine Ehefrau/deinen Ehemann lieben und ehren, Freude und Leid mit ihr teilen und ihr die Treue halten, bis der Tod euch scheidet, so antworte: Ja mit Gottes Hilfe."

Nicole und Markus überlegen sich, ob sie dazu wirklich Ja sagen können. Sind solche Sätze nicht schon längst überholt? Bewerten Sie die Worte der Trauagende.

Christen und das Gericht

Hat sich Ihr Menschenbild in der langen Zeit, in der Sie als Gerichtsreporterin tätig sind, verändert?

Ja sicher. Dass der Mensch zu allem fähig ist, weiß man – theoretisch. Aber wenn man es dann konkret erlebt, wenn man Menschen vor sich hat, Täter wie Opfer, wenn man sieht, was Menschen anrichten, was sie einander antun und wie schwer es auf der anderen Seite ist, darüber zu richten zu müssen oder irgendwie zu einer Lösung zu kommen, sieht man die Welt mit ganz anderen Augen. […]

Sie haben in München eine katholische Schule besucht, eine Einrichtung der „Englischen Fräulein". Spielt das Christentum, das, was es zu Schuld und Vergebung sagt, eine Rolle für Sie?

Ja, das christliche Menschenbild hilft selbst – oder soll ich sagen: gerade – im Umgang mit dem schlimmsten Straftäter."

Gerichtsreporterin Gisela Friedrichsen

Jemand fragt Sie: „Und was heißt das?" Erarbeiten Sie eine Argumentation aus der Perspektive der Gerichtsreporterin.

Menschenbilder im Alltag

Warum suchen Menschen Lebensberatung?

Ratgeber Angst

[...] Es geht nicht darum, Angst zu bewältigen – denn das ist mit Gewalt verbunden. Man muss sie vielmehr mitnehmen auf die Lebensreise.

Am eindrücklichsten ist es, wenn man [...] ein Seil in die Hand nimmt und mit allen Fasern spürt, wie anstrengend und schmerzhaft es ist, immer an einer Seite des Seils zu ziehen, während das Angstmonster auf der anderen Seite dagegenhält. Denn genau das erleben Menschen, die unter starken Ängsten leiden. Sie liefern sich ein Tauziehen mit der Angst. [...] Die Lösung ist vielmehr, das Seil fallenzulassen.

Was passiert, wenn Ihre Patienten das Seil fallenlassen?

Sie sind unendlich erleichtert und überrascht, dass die Entspannung, die sie sich immer erhofft haben, plötzlich da ist. Wenn sie körperlich erfahren, dass es sich gut anfühlt, den fruchtlosen Kampf zu beenden und loszulassen, sind sie offen dafür, weiterzugehen und einen sanfteren Umgang mit sich selbst zu lernen. Es wird dann auch leichter zu verstehen, warum der Kampf, den sie bisher gekämpft haben, ihnen keine Besserung beschert hat. Wenn ich die Angst als Erzfeindin betrachte, erkläre ich einen Teil von mir selbst zum Feind. Ich befinde mich dann in einem permanenten Krieg mit mir selbst. Erst wenn ich diesen Krieg beendet habe, kann ich nach vorne gehen. [...]

Auch wenn ich gelernt habe, sie nicht mehr bekämpfen zu müssen, ist die Angst immer noch da. [...] Was ist dann hilfreich?

Wir bringen unseren Patienten Übungen bei, die ihnen helfen, angstvolle Gedanken zu beobachten und sich davon zu distanzieren. Sie lernen, unangenehme Körperempfindungen wie Schweißausbrüche, Herzklopfen oder Zittern einfach nur wahrzunehmen, ohne sie verändern zu wollen. Der Kern der Achtsamkeitsübungen ist Meditation. Und das Wesen der Meditation ist, alles zuzulassen und nicht auf sein Erleben zu reagieren. [...] Wenn Menschen dann die Erfahrung machen, dass sie genügend Raum in sich haben, alle Gedanken, Gefühle und Körperempfindungen zuzulassen, erleben sie eine neue Freiheit. [...]

In der zweiten Phase geht es darum, sich zu fragen: Was will ich eigentlich aus meinem Leben machen? Was ist mir wichtig? Was wollte ich immer schon mal tun? Wer seit Jahren unter Ängsten leidet, hat manchmal vollkommen vergessen, was das sein könnte. Ich frage dann beispielsweise: Wenn Sie einen Zauberstab hätten und die Angst mit einem Strich beseitigen könnten, was würden Sie dann gerne tun? [...]

Georg Eifert, Diplompsychologe, Prof. für Psychologie im Gespräch mit Birgit Schönberger

Ratgeber Glück

[...] Wir Menschen sind nicht dazu bestimmt, dauerhaft glücklich und zufrieden zu sein. Im Gegenteil. Glück ist eine „Nebenwirkung" eines gelingenden Lebens. Es ständig direkt anzusteuern, es steigern oder optimieren zu wollen, macht es kaputt. Glück geht vorbei, um Platz zu schaffen für neues Glück. Stirb und werde, das alte Spiel.

Wir sind endlich. Und wenn das Leben endlich ist – wann fangen wir endlich an zu leben? Glück ist die Zeit, in der man die Zeit vergisst. Das ist die kürzeste und beste Definition. [...] Es gibt das Glück der Gemeinschaft, des Zufalls, des Moments, der Selbstüberwindung und der Fülle. [...] Wenn Sie glücklich sein wollen, engagieren Sie sich für etwas Sinnvolles. Glück macht Sinn und Sinn macht Glück. [...]

Eckart von Hirschhausen (1967), Arzt, Wissenschaftsjournalist und Gründer der Stiftung „Gesunde Erde – Gesunde Menschen"*

Menschenbilder im Alltag

Wenn Menschen etwas tun und gestalten, geben sie implizit Hinweise auf das, was den Menschen bewegt und ausmacht. Explizite Menschenbilder finden sich in der Begründung von Handlungen, Urteilen und Empfehlungen.

1. Arbeiten Sie heraus, was Eifert zu Angst empfiehlt, und untersuchen Sie darin sein Bild des Menschen.
2. Arbeiten Sie heraus, was von Hirschhausen zum Glück empfiehlt, und analysieren Sie darin sein Menschenbild.
3. Skizzieren Sie auf dem Hintergrund der Texte Ihre Sicht des Menschen.

Was bestimmt das menschliche Verhalten?

Piano-Treppe in China: Indem beim Betreten der Treppe Töne erzeugt werden, ziehen mehr Menschen die Treppe der Rolltreppe vor.

Nudging

Nudges sind „Anstupser" oder Denkhilfen. Ein guter politischer Nudge ist – kurz gefasst – ein Programm zur Verhaltensänderung im alltäglichen Bereich: zur Abfallvermeidung, Verringerung der Energieverschwendung, zur gesünderen Ernährung etc. Dies wird erreicht, indem gut verständliche Informationen und Anreize mit „motivierender Hilfe" verbunden werden, sanfter Druck nicht ausgenommen. Werden in Kantinen Obst und Gemüse frei ausgelegt, während Süßigkeiten aus einem Schrank genommen werden müssen, lässt sich bereits von einer Verhaltenssteuerung sprechen. Der in Eile befindliche Mensch scheut im Zweifel den Mehraufwand und greift zu dem, was leicht verfügbar ist. […]

„Nudging" bedeutet also die absichtsvolle Führung von Individuen bei gleichzeitiger Aufrechterhaltung ihrer Wahlfreiheit. Nudging arbeitet mit motivierender Steuerung und nicht mit Zwang oder Verboten. Dies lässt sich erreichen durch das Ausnutzen des menschlichen Bedürfnisses nach Zugehörigkeit, bspw. durch das aktive Einbeziehen individueller Beziehungen zum sozialen Umfeld […].

Während die traditionelle Theorie der „rational choices" […] davon ausgeht, dass jedes Individuum entsprechend des eigenen Willens und der eigenen Ziele und Einschätzungen zukünftiger Entwicklungen handelt, haben verhaltenspsychologische Studien ergeben, dass die Vielfalt externer Einflüsse deutlich größer ist: Soziale Normen, Traditionen und Regeln ebenso wie die Facetten der eigenen Persönlichkeit, die eigenen Hoffnungen und Ängste – all diese formen den Hintergrund täglicher Entscheidungen von Menschen – ganz zu schweigen vom Gewicht der Sphäre öffentlicher Meinung inkl. Politik, Bildung und Medien. Da das menschliche Verhalten nicht rational ist, werden auch vernünftige oder gebotene (und verbotene) Optionen nicht rein rational bewertet, sondern stehen im Konflikt mit Vorurteilen, Angewohnheiten, Bequemlichkeit usw. […]

Ein Nudging-Ansatz würde nicht mit dem Zwang zu einem vegetarischen Gericht arbeiten, sondern eher mit Hilfe einer besseren Präsentation oder einer optimierten Angebotsauswahl, bei der vegetarische Menüs durchaus den Hauptteil des Angebots ausmachen dürften. Auch Fahrverbote sind nicht im Sinne erfolgreichen Nudgings, sondern flexible Fahrpreise je nach Tages- bzw. Stoßzeit oder flexible Haltestellen und kürzere Taktraten, die das Leben der Bürgerinnen und Bürger erleichtern und sie gleichzeitig in ihrer Individualität ernst nehmen. Auch gamifizierende [spielerische] Elemente, die das Verhalten unterhaltsam steuern, können erwogen werden. Trotzdem stellt bereits die Planung von Handlungsoptionen eine Manipulation des Willens von Menschen dar, die sich dessen nicht bewusst sind, und bringt sie damit möglicherweise in Dilemmata, die für sie nicht absehbar sind. […]

Die Implementation [Einführung] von Nudges gerade mit Hilfe digitaler Werkzeuge ist auch aus bürgerrechtlicher Sicht nicht unproblematisch. Soziale Netzwerke, Polls, Votings jederzeit und überall fragen nicht nur Positionen und Meinungen ab, sie gestalten, schärfen und steuern sie auch. Politische Akteurinnen und Akteure entziehen sich durch Nudging teils harten Auseinandersetzungen mit Lobbygruppen und inhaltlichen Gegnerinnen und Gegnern und setzen ihre Agenda eher unterschwellig durch.

Stefan Piasecki,
Prof. für Soziologie und Politische Wissenschaften in NRW

1. Zeigen Sie das Menschenbild hinter der Piano-Treppe auf.
2. Vergleichen Sie anhand des Textes die Theorie der „rational choices" mit dem Ansatz des Nudging und bewerten Sie deren Realitätsgehalt.
3. Benennen Sie Beispiele eines digitalen Nudging.
4. Entwerfen Sie Regeln für das Nudging.

Aspekte des biblisch-christlichen Menschenbildes

Michelangelo (1475-1564): Die Erschaffung Adams, Sixtinische Kapelle, 1508-1512

Wozu ist der Mensch bestimmt?

Basics

Das christliche Menschenbild

Das christliche Menschenbild geht davon aus, dass der Mensch in einem Beziehungsgefüge existiert: zu Gott, zu seinen Mitmenschen und Mitgeschöpfen sowie zu sich selbst, und dass diese Relationalität für sein Dasein konstitutiv ist. [...]

Solche Bezogenheiten sind auch charakteristisch für Tiere und andere Lebewesen, und je höher entwickelt solche Lebewesen sind, umso klarer können wir bei ihnen auch Beziehungen im Sinne von gewählten Relationen feststellen.

Was aber offensichtlich spezifisch menschlich ist, sind bestimmte Formen der Selbstbeziehung, wie wir sie erstens in Form ethischer Reflexionen kennen, [...] (z.B. [...] in den Fragen: „Was soll ich tun?“ „War das richtig, was ich gemacht habe?“ „Dürfen wir das zulassen?“), und wie wir sie zweitens in Form weltanschaulich religiöser Reflexionen und Orientierungen kennen (in den Fragen: „Was darf ich hoffen?“ „Worauf kann ich vertrauen?“ „Woher komme ich? Wohin gehe ich? Was ist der Sinn meines Daseins?“ [...]). [...]

Der Mensch als endliches Geschöpf

Als Geschöpf ist der Mensch ein endliches Wesen. Das heißt nicht nur, dass er ein zeitlich begrenztes Wesen ist, dessen Lebenszeit irgendwann begonnen hat und irgendwann endet (im Unterschied etwa zur Vorstellung einer ewig existierenden Seele, die sich immer wieder neu inkarniert). Es heißt auch, dass der Mensch ein räumlich begrenztes sowie ein in seinem Wissen und seinen Fähigkeiten begrenztes Wesen ist. Das teilt er mit allen anderen Geschöpfen. Das Besondere des Menschen in dieser Hinsicht besteht darin, dass er um diese Endlichkeit weiß oder jedenfalls wissen kann, dass er zu seinem Tod gedanklich und gefühlsmäßig vorauslaufen und ihn so antizipieren, aber auch, dass er ihn bewusst herbeiführen kann. Die biblische Weisheit sieht im menschlichen Wissen um die Unvermeidlichkeit des eigenen Sterbens und Todes die Chance, „klug“ zu werden (Ps 90,12).

Die Gottebenbildlichkeit des Menschen

[...] Der Mensch ist nach christlichem Verständnis ein Wesen, das konstitutiv zur Gemeinschaft, und zwar zur Gemeinschaft in Zuwendung und Liebe, bestimmt ist. [...] Als ein solches Beziehungswesen trägt er zugleich in einer Weise Verantwortung für sich selbst und für seine Mitgeschöpfe, wie dies von keinem anderen Geschöpf gesagt werden kann. Weil er in der Lage ist, seine Geschöpflichkeit und die aller anderen Geschöpfe zu erkennen und sich zu ihr zu verhalten, darum kommt ihm dieser Auftrag zu. Das ist zugleich der Grund dafür, dass dem Menschen die Freiheit zur Wahl seiner Handlungen als wesentliches Element seiner Bestimmung zugesprochen werden muss. Nur weil der Mensch zur Freiheit bestimmt ist, kann er Verantwortung tragen und übernehmen.

Die Bibel und die christliche Lehre sprechen in diesem Zusammenhang davon, dass der Mensch zum Ebenbild Gottes geschaffen ist, d.h. nicht mit gleichen Eigenschaften ausgestattet, sondern zu Gottes Gegenüber und Beauftragten auf der Erde bestimmt. Das verleiht dem Menschen eine unverlierbare und unantastbare Würde. [...]
Der Mensch kann freilich dieser ihm verliehenen Bestimmung und Würde widersprechen und sich ihr verweigern, und er tut dies vielfältig. Insofern ist die Rede von der Gottebenbildlichkeit und Würde keine Idealisierung des Menschen, sondern ist verbunden mit dem Wissen um seine Versuchlichkeit, Fehlbarkeit und Entfremdung. Gleichwohl bleibt auch der entfremdete Mensch, der damit zugleich von seinen Mitgeschöpfen und von sich selbst entfremdet ist, dazu bestimmt, als Gottes Ebenbild zu existieren. Darum kann er weder einem anderen Menschen dessen Menschenwürde, selbst wenn er sie mit Füßen tritt, nehmen, noch kann er seine eigene Menschenwürde verlieren oder loswerden. Daran erinnern nicht nur die alttestamentlichen Aussagen über die Gottebenbildlichkeit des Menschen nach dem „Sündenfall“ (z.B. Gen 9,6 und Jak 3,9), sondern vor allem die neutestamentlichen Aussagen über Christus Jesus als das Ebenbild Gottes, in dem die ursprüngliche Bestimmung des Menschen so verwirklicht ist, dass dies zugleich allen anderen Menschen zugute kommt. [...]
Von daher legt es sich nahe, nicht nur die Lehre von der Gottebenbildlichkeit des Menschen, sondern auch und insbesondere die Lehre von der Rechtfertigung des Sünders für die Entfaltung der Menschenwürde fruchtbar zu machen. Denn durch sie wird unübersehbar deutlich, dass Menschenwürde jedem Menschen unabhängig von seiner Beschaffenheit oder seinen Leistungen zukommt, ja, dass der Mensch gerade in seiner Unvollkommenheit, Bedrohtheit und Fehlbarkeit darauf angewiesen ist, dass er an diese unantastbare und unverlierbare Würde erinnert und ihm ihr Gegebensein zugesagt wird. Damit erhält schon die Aussage über den Menschen als Geschöpf Gottes im christlichen Glauben eine spezifische Gestalt. Zu ihr gehört das Wissen um die menschliche Verfehlung, aber auch um die Möglichkeit der Versöhnung und um die Hoffnung auf Erlösung und Vollendung des Menschen durch Gott und im ewigen Leben.

*Wilfried Härle (*1941), ev. Theologe, Prof. für Syst. Theologie, Heidelberg*

1. Erläutern Sie in Partnerarbeit die Begriffe Relationalität, Endlichkeit, Gottebenbildlichkeit, Entfremdung, Rechtfertigung.
2. Fassen Sie die biblisch-christliche Sicht des Menschen zusammen (→ **S. 326**) und vergleichen Sie diese mit dem Bild.
3. Bewerten Sie diese Sicht und formulieren Sie offene Fragen.

Team-Aufgaben

1. Gestalten Sie eine Podiumsdiskussion über unterschiedliche Menschenbilder mit je einem Vertreter der Positionen von Sartre (S. 73), Evolutionsbiologie (S. 76f.), sowie zum christlichen (S. 56f.) und zum hinduistischen (S. 78) Menschenbild.
2. Zeigen Sie anhand von Bildern aus der darstellenden Kunst (S. 56, 58, 59, 60, 63, 64, 65) wichtige Aspekte des biblischen Menschenbildes auf.
3. Entfalten Sie für Ihre muslimischen Mitschüler/-innen die biblisch-christliche Sicht des Menschen.
4. Entfalten Sie den Inhalt, den Aufbau und den inneren Zusammenhang von 1. Mose 1-11 (S. 58-63 und → **S. 170f.**) mit Hilfe einer Lernlandkarte, visuellen Notizen (→ **S. 326**) oder einem Erklärvideo.
5. Gestalten Sie eine Ausstellung zum Thema Willensfreiheit mit Plakaten zu Sartre (S. 73), Neurobiologie (S. 74), Homo oeconomicus (S. 75) und zur evangelischen Theologie (S. 62).
6. Formulieren Sie eine Stellungnahme (→ **S. 331**) zur Frage des Einsatzes von Robotern bei der Pflege (S. 52), des assistierten Suizids (S. 81), zur nichtinvasiven Pränataldiagnostik (S. 80) oder zum Transhumanismus (S. 82).

Worüber kann ich nicht verfügen?

Der Mensch als Geschöpf Gottes (1. Mose 2,7)

Der Begriff der Geschöpflichkeit lokalisiert das Menschsein wie alles Geschaffene im Gegenüber zur Schöpfermacht Gottes. Das Verständnis menschlichen Daseins als ein geschöpfliches beinhaltet, dass menschliches Dasein immer in zwei Grundbeziehungen steht: im Verhältnis zu Gott als dem Ursprung allen Daseins und im Verhältnis zu allem anderen Geschaffenen. [...]

Geschöpfliches Dasein ist ein gegebenes, empfangenes; es steht nicht zu unserer Disposition. Diese Unverfügbarkeit des Daseins ist eine entscheidende Bedingung menschlicher Gesellschaft. Auf ihr ruht das Tötungsverbot, sie ist Grundlage der Personenwürde des Menschen, seiner Unantastbarkeit und seiner Freiheit. Dabei ist nicht zu übersehen, dass dem Menschen sein Dasein unverfügbar gegeben ist, damit er es gestaltet.

Am deutlichsten wird die Endlichkeit des Geschöpfes in seiner Sterblichkeit. Sie zeigt, dass geschöpfliches Dasein immer ein erschöpfliches ist, das mit seinen endlichen Ressourcen haushalten muss. Doch die begrenzte Quantität der Lebenszeit ist die Voraussetzung für die Qualität des Lebens. [...]

Dass wir den Tod zu verdrängen versuchen, ist Teil des umfassenderen Versuchs, unsere Geschöpflichkeit zu verdrängen. Es besteht kein Zweifel, dass der wissenschaftlich-technische Fortschritt die Grenzen der Verfügbarkeit, der Nutzbarmachung der Natur weit ausgedehnt hat. Können sie so weit gedehnt werden, dass Anfang und Ende des Lebens verfügbar werden? Das Streben nach Aufhebung der Grenzen und der Glaube an eine progressive Verfügbarkeit des menschlichen Lebens, der hinter vielen Ausprägungen des modernen Fortschrittsoptimismus steht, sind Hintergründe für die Verdrängung der Geschöpflichkeit. [...]

Menschlich sein bedeutet, dass wir uns von Gott unterschieden sein lassen als seine Geschöpfe, die nicht seine Nachfolger sein wollen. Menschliches Handeln bewahrt dann seine geschöpfliche Sachlichkeit, wenn es nicht versucht, Heil zu schaffen, sondern sich auf das Menschenmögliche beschränkt: das Wohl des Menschen zu fördern.

Christoph Schwöbel (1955), ev. Theologe; Prof. für Syst. Theologie, Universität Tübingen*

Meister Bertram (1340-1414/15): Die Erschaffung des Menschen, ca. 1380

Martin Luther (1483-1546): Auslegung des ersten Glaubensartikels

Ich glaube, dass mich Gott geschaffen hat samt allen Kreaturen, mir Leib und Seele, Augen, Ohren und alle Glieder, Vernunft und alle Sinne gegeben hat und noch erhält; dazu Kleider und Schuhe, Essen und Trinken, Haus und Hof, Weib und Kind, Acker, Vieh und alle Güter; mit allem, was Not tut für Leib und Leben, mich reichlich und zeitlich versorgt, in allen Gefahren bestürmt und vor allem Übel behütet und bewahrt; und das alles aus lauter väterlicher, göttlicher Güte und Barmherzigkeit, ohne all mein Verdienst und Wirklichkeit: für all das ich ihm zu danken und zu loben und dafür zu dienen und gehorsam zu sein schuldig bin. Das ist gewisslich wahr.

Die Seele

Was also ist die Seele eigentlich? Sie ist das Organ, in dem alle Angst und Bedrängnis erfahren wird, die Sehnsucht nach Befreiung und entsprechend stark auch die erfahrene Befreiung und Erlösung. So konzentrieren sich in der Seele Emotionen: Sehnsucht und Angst, Bitterkeit und Liebe, Verlangen und Glück. Sie ist nicht nur Empfängerin, sondern verursacht selbst Erregung und Bewegung; die Seele ist das Zentrum meiner Emotionalität. In ihr ist alles versammelt, aktiv und passiv, das meinem Leben Wärme und Farbe gibt. Sie ist eigentlich mein Leben.

Ingo Baldermann (1929), ev. Theologe und Religionspädagoge*

1. Interpretieren Sie das Bild von Meister Bertram und ordnen Sie es 1. Mose 2,4b-17 zu.
2. Arbeiten Sie an dem Text von Schwöbel zentrale Aussagen über den Menschen heraus und stellen Sie deskriptive und normative Aussagen in einer Tabelle dar.
3. Untersuchen Sie, wie Luther seine Geschöpflichkeit sieht, und bewerten Sie seine Lebenshaltung.
4. Erläutern Sie anhand des Textes von Baldermann, wie die Bibel „Seele" deutet, und vergleichen Sie diese Sicht mit der von Plato (S. 71).
5. Fassen Sie die Sicht des Menschen zusammen (→ **S. 326**), die in den Texten zum Ausdruck kommt.

Was ist das Besondere des Menschen?

Statuengruppe des Prinzen Rahotep und seiner Frau Nofret, um 2620 v. Chr.

Der Mensch als Ebenbild Gottes (1. Mose 1,26-28)

Fragt man nun unter Berücksichtigung beider Schöpfungserzählungen, warum dem Menschen in ihnen ein so hoher Rang eingeräumt wird, dann treten drei Gesichtspunkte in den Vordergrund. Der Mensch ist ein antwortendes Wesen; sein Leben gewinnt in der Beziehung Gestalt; er trägt Verantwortung für die Welt, in der er lebt.

Zunächst wird der Mensch als antwortendes Wesen beschrieben. Er gilt als dasjenige Lebewesen, das auf Gottes Anrede antworten und seinem Wort entsprechen kann. In dieser Fähigkeit zu entsprechen liegt die Gottebenbildlichkeit des Menschen begründet (1. Mose 1,26f.). Weil Gott den Menschen nach seinem Bilde erschafft, ist er das Gott entsprechende Wesen. Mit dieser Entsprechung zwischen Gott und dem Menschen ist von vornherein auch die Möglichkeit gegeben, dass der Mensch das darin liegende Verhältnis zu Gott verfehlt. Er kann Gott, der ihm die Fähigkeit zur Antwort verleiht, auch die Antwort verweigern, wie die Geschichte vom Sündenfall anschaulich darlegt. Er kann aus einem Gott entsprechenden zu einem Gott widersprechenden Wesen werden. Die Freiheit des Menschen enthält aus einer solchen biblischen Perspektive beide Möglichkeiten: die Möglichkeit zur Entsprechung wie die Möglichkeit zum Widerspruch.

Weite Teile der christlichen Tradition haben die Vorstellung von der Gottebenbildlichkeit des Menschen unter der Frage, betrachtet, was den Menschen als Gottes Ebenbild auszeichne. Dabei lag es nahe, die Vernunftbegabung des Menschen als dasjenige Merkmal anzusehen, in dem sich die Erschaffung des Menschen zum Ebenbild Gottes zeigt. [...]

Ist es denn richtig, die Gottebenbildlichkeit an einem bestimmten Merkmal des Menschen festzumachen? Wenn man dafür die Vernunft des Menschen in Anspruch nimmt, liegt die Folgerung nahe, dass Menschen, die nicht über Vernunft verfügen, auch nicht Ebenbilder Gottes sind. Der nächste Schritt besteht darin, ihnen das Menschsein abzusprechen.

Wolfgang Huber (1942), ev. Theologe,*
ehem. Bischof in Berlin-Bandenburg-Oberlausitz

Gott als Vater und Mutter → S. 98f.

Ebenbild Gottes

In der altorientalischen Königsideologie war der König Repräsentant und Stellvertreter der Gottheit. Diese tritt in Erscheinung, wo der König auftritt und handelt. Der König lässt die Gegenwart Gottes erspüren und wiederholt dessen Taten. Israel hat diese Sicht des Königs auf alle Menschen übertragen. In diesem Sinne kann man sagen: „Alle Menschen sind Könige".

1. Geben Sie 1. Mose 1,26-28 schauspielerisch wieder.
2. Erarbeiten Sie den Text mithilfe des kooperativen Lesens (→ S. 332).
3. Beschreiben Sie die Statuengruppe und ordnen Sie sie der Sicht des Menschen als Ebenbild Gottes zu.
4. Vergleichen Sie die Sicht des Menschen als Ebenbild Gottes mit der Sicht von Pico della Mirandola (S. 71) und Friedrich Nietzsche (S. 79).
5. Nehmen Sie Stellung zu der Kritik von Behindertenverbänden, eine solche Auslegung der Gottebenbildlichkeit stelle das Menschsein von schwerstbehinderten Menschen in Frage.

Warum brauchen Menschen Sex?

Michelangelo (1475-1564): Erschaffung der Frau, Sixtinische Kapelle, 1508-1512

Die Erschaffung von Mann und Frau (1. Mose 2,18-25)
Frau und Mann sind durch göttliche Kreativität und Arbeit gleichzeitig entstanden. In der Schöpfungserzählung ist eine Rangfolge von Frau und Mann nicht zu erkennen. Aus der Tatsache, dass die Frau aus einem Teil der Erdkreatur (nicht des Mannes!) gebaut wird, lässt sich keine geringere Stellung der Frau ableiten. Schließlich ist die aus Erde geformte Erdkreatur ja auch nicht der Erde untergeordnet.
Da es für die Erdkreatur nicht gut ist, allein zu sein, will Gott ihr eine Hilfe („ezer") schaffen, die zu ihr passt. Hilfe („ezer") ist im Hebräischen ein Wort, das vor allem für die umfassende Hilfe Gottes verwendet wird (2. Mose 18,4; 5. Mose 33,7.26.29; Psalm 33,20; 115,9-11, 121,2; 124,8; 146,5). Es bezeichnet gerade nicht eine untergeordnete Tätigkeit, sondern die Frau wird „ezer" des Mannes, wie Gott „ezer" für den Menschen ist.
Diese herausgehobene Stellung der Frau, Hilfe zu sein, wie Gott Hilfe ist, wird allerdings eingeschränkt durch die Aussage, dass die Hilfe der Erdkreatur entsprechen soll, ihr ein Gegenüber sein soll. Dies betont die Wechselseitigkeit und Gleichrangigkeit von Frau und Mann, die durch Gottes Eingriff beide aus der einen Erdkreatur geschaffen werden. Nach der Erschaffung der Frau erkennt der Mann in einem Jubelruf, der sogenannten Verwandtschaftsformel (1. Mose 2,23), wie sehr Frau und Mann sich gleichen. Wenn gesagt wird, Mann und Frau werden „ein Fleisch", heißt dies, es entsteht eine zweckfreie, nicht nur sexuelle Gemeinschaft zwischen Frau und Mann.

Hanne Köhler (1958), ev. Theologin*

Die Erschaffung der Frau
Im zweiten Schöpfungsbericht [richtiger: Schöpfungserzählung, Hg.] der Bibel begründet Gott die Erschaffung der Frau nicht mit der Fortpflanzungsfähigkeit, sondern mit dem Alleinsein des Menschen. Es ist nicht gut, dass der Mensch allein sei (Gen 2,18). Der Mensch ist von der Schöpfung her ein soziales Wesen. Er benötigt eine Hilfe, weil er nicht allein zurechtkommen kann. Die Frau ist stark genug, um dem Mann helfen zu können, aber umgekehrt bedarf auch sie der Hilfe. Einsamkeit bedeutet Hilfslosigkeit (Pred 4,9f.). In dieser übergeordneten Beziehungsperspektive haben dann durchaus auch im engeren Sinne sexuelle Aspekte ihren Platz. Die Erkenntnis, dass Mann und Frau „fleischlich" zusammengehören, dient als Begründung dafür, dass sie diese schöpfungsgemäße Zusammengehörigkeit auch aktuell im Geschlechtsakt vollziehen. „Darum wird ein Mann seinen Vater und seine Mutter verlassen und seinem Weib anhangen, und sie werden sein ein Fleisch" (Gen 2,24). Diese Bibelstelle galt lange Zeit und gilt zum Teil noch heute als wichtigste Belegstelle für die biblische Begründung der Ehe. Erst die moderne Bibelexegese hat bemerkt, dass dort gar nicht von der Ehe die Rede ist. Hier handelt es sich um eine sogenannte Ätiologie, also um die Erklärung des Zustandekommens eines gegenwärtigen Sachverhalts – allerdings nicht um eine Ätiologie der Ehe, wie man lange Zeit selbstverständlich voraussetzte. Die geschlechtliche Vereinigung des Ein-Fleisch-Werdens ist dabei eingebettet in einen umfassenden Zusammenhang personaler Begegnung. Der Mensch im Urzustand ist kein asexuelles Wesen, und die Sexualität kommt nicht erst als Folge der Sünde hinzu.

Frank Surall (1966), ev. Theologe*

1. Mose 1-11 → S. 170f.

1. Interpretieren Sie das Bild von Michelangelo und vergleichen Sie es mit dem Bild auf S. 56.
2. Untersuchen Sie, wie in 1. Mose 1 und 2 von der Erschaffung der Frau erzählt wird, und erklären Sie die Unterschiede.
3. Vergleichen Sie, wie Köhler und Surall 1. Mose 2,18-25 interpretieren.
4. Trotz der Einführung einer kirchlichen Trauung von gleichgeschlechtlichen Paaren in der evangelischen Kirche kommt es in einer Gemeinde zu einer Diskussion, ob dies mit der Bibel übereinstimmt. Entwerfen Sie dazu einen Kommentar für eine Tageszeitung (→ S. 331).

Was ist unser „Ding“ in dieser Welt?

Der biblische Herrschaftsauftrag (1.Mose 1,26-28; 2,15)

Noch Ende der 60er Jahre konnte man selbst den Lexika und den Lehrbüchern fast durchgängig die so genannte Information entnehmen: „Wasser und Luft sind unendliche Ressourcen“. Die um die natürliche Ökologie Besorgten galten weithin als „grüne Spinner“, und viele akademisch anerkannte Theologien verkündigten: Der Mensch ist zum freien „Subjekt“ der Welt bestimmt, und die Welt (oft gleichgesetzt mit „der Natur“) sei das Material, mit dem der mündige Mensch „verantwortlich“ umzugehen habe. In den letzten zwanzig Jahren hat sich die kulturelle und religiöse Sensibilität und damit auch das schöpfungstheologische Denken radikal verschoben. Mit dieser Verschiebung einher ging eine anhaltende Problematisierung des berüchtigten Herrschaftsauftrags im priesterschriftlichen Schöpfungsbericht. […]

Die Verben […] herrschen und unterwerfen sind […] in der Tendenz eindeutig. Es handelt sich um Ausdrücke aus der Eroberer- und Sklavenhaltersprache. […] Darüber hinaus hat es allerdings zahlreiche Versuche gegeben, diesen Befund zu relativieren mit Rückbezug auf den älteren Schöpfungsbericht [besser: Schöpfungserzählung, Hg.] Gen 2, in dem es Vers 15 heißt: „Gott nahm also den Menschen und setzte ihn in den Garten von Eden, damit er ihn bebaue und bewahre.“ Bebauen und bewahren […] gegen Herrschen und Unterwerfen! Mit diesen theologischen Schachzügen, die sich heute als theologische Vertuschungsversuche erweisen, wurde allerdings der schöpfungstheologische Ernst der Texte verstellt. Es wird verkannt, dass sich der ältere Schöpfungsbericht auf die Stellung des Menschen zur pflanzlichen Vegetation bezieht, der jüngere Schöpfungsbericht aber auch – und sogar primär – die Tierwelt ins Auge fasst.

Dabei zeichnet sich ein schöpfungstheologisches Problem ab, auf das der Text mit dem Herrschaftsauftrag präzise reagiert. Menschen und Tieren wird eine gemeinsame Lebenssphäre und eine gemeinsame Sphäre der Nahrungsbeschaffung zugewiesen. Damit sind Konflikte absehbar. Genau auf diese Konflikte antwortet der Herrschaftsauftrag.

Die Menschen werden eindeutig gegenüber den Tieren privilegiert. Die Sklavenhaltersprache bringt diese Privilegierung nüchtern zum Ausdruck. Zugleich balanciert die Bestimmung des Menschen zur Imago Dei [Ebenbild Gottes] diese Eroberer- und Sklavenhalterstellung. In der Imago Dei kommt altorientalisches Königsethos zum

Tragen, das die Menschen auf Gerechtigkeit und Barmherzigkeit, auf Gerechtigkeit und Schutz der Schwachen verpflichtet. In dieser Spannung bekommt der Herrschaftsauftrag eine klare Orientierung. Einerseits darf kein Mensch zugunsten eines Tieres geopfert werden. Andererseits sollen die Menschen gegenüber den Pflanzen und Tieren Gottes Bild darstellen, sie sollen auch ihnen gegenüber Gerechtigkeit und Barmherzigkeit üben.

Ein komplexes Ethos wird hier grundgelegt, das auch heute noch unser Umweltverhalten zu orientieren vermag. Allerdings müssen die Spannungen in diesem Ethos wahrgenommen werden. Und darüber hinaus ist das katastrophale Versagen der Menschen gegenüber der göttlichen Wohlordnung mitzubedenken.

Michael Welker (1947), Prof. für Syst. Theologie, Universität Heidelberg*

Schöpfungsverantwortung → S. 46f.
Tierethik, Schöpfung → S. 252
Umwelt → S. 292

1. Vergleichen Sie die Aufgaben des Menschen in 1. Mose 1 und 2.
2. Entfalten Sie die Argumentation von Welker.
3. Entwerfen Sie Kriterien für ein Verhalten, das dem biblischen Schöpfungsauftrag gerecht wird.
4. Interpretieren Sie das Bild und gestalten Sie ein eigenes Plakat für eine Aktion zur „Bewahrung der Schöpfung“.

Worin besteht die Würde eines Menschen?

Menschenwürde als Anrecht

„Würde" ist zu verstehen als das Anrecht auf Achtung. Und „Menschenwürde" ist folglich das Anrecht auf Achtung des Menschseins jedes Menschen, das seinerseits Achtung verdient. […] Grundlegend an dem damit gegebenen Definitionsversuch ist zweierlei:

Menschenwürde ist ein Anrecht. Das unterscheidet Menschenwürde sowohl von subjektiven Ansprüchen, […] als auch von Rechten, die von ihnen […] erworben oder ihnen von anderen […] verliehen wurden. Ein Anrecht auf Achtung als Mensch ist demgegenüber etwas, das jedem Menschen mit seinem Dasein gegeben ist. Und ein solches Anrecht verlangt von anderen (und sogar vom Träger selbst) Anerkennung und Respektierung.

Menschenwürde ist das Anrecht auf Achtung als Mensch. [… Es] umschließt aber in jedem Fall ein Wahrnehmen und Ernstnehmen des Menschen und einen respektvollen Umgang mit ihm und zwar gerade mit ihm in seiner Eigenheit und Eigenart. Insbesondere besteht Achtung in der Anerkennung und Respektierung der Rechte (Menschenrechte), die mit dem Dasein des Menschen gegeben sind. […]

*Wilfried Härle (*1941), ev. Theologe.*
Prof. für Syst. Theologie, Heidelberg

Menschenwürde ist begründungsoffen

[…] In einem säkularen Verfassungsstaat und einer säkularen Völkerrechtsgemeinschaft muss die gleichberechtigte Pluralität von Religionen und weltanschaulichen Überzeugungen geachtet werden. Von Staats wegen ist der Bezug zwischen Menschenrechten und Menschenwürde deshalb begründungsoffen zu formulieren. Die christliche Begründung der unantastbaren Würde des Menschen in seiner Gottesbeziehung – in der Erschaffung zu Gott entsprechenden Lebewesen ebenso die Erneuerung der Gottesbeziehung durch Gottes vergebende Gnade in Jesus Christus – kann nicht für alle Bürgerinnen und Bürger verpflichtend gemacht werden. Doch Glaubens- und Überzeugungsgemeinschaften können solche Begründungen einbringen, um so dem egalitären Universalismus des Menschenrechtsdenkens Substanz und Tiefe zu verleihen. Solche Begründungen können bei aller Differenz der Perspektiven Gemeinsames erkennen lassen und einen Lernprozess auslösen, der für alle Beteiligten einen Gewinn darstellt. […] Dass die Menschen trotz ihrer offenkundigen und tief reichenden Verschiedenheiten hinsichtlich ihrer Würde gleich sind, gewinnt dann an Plausibilität, wenn diese Würde nicht als etwas vom Menschen selbst Hervorgebrachtes verstanden, sondern in der Selbsttranszendenz* des Menschen verankert und als dem Menschen von Gott her zugeeignet verstanden wird. Dass Menschen unabhängig von ihrem Tun – und sei dieses würdelos – ihrer Würde gemäß zu behandeln sind, wird dann nachvollziehbar, wenn – der Rechtfertigung des Sünders gemäß – zwischen dem Täter und seiner Tat unterschieden wird und deshalb aus der Verurteilung einer Tat nicht die Entwürdigung des Täters folgt. […]

Wolfgang Huber (1942), ev. Theologe,*
ehem. Bischof in Berlin-Bandenburg-Oberlausitz

**Selbsttranszendenz = Umstand, dass das Menschsein über sich selbst auf etwas hinweist, das es selbst nicht ist*

Menschenwürde → S. 242

1. Beschreiben Sie Ihre Gedanken zu dem Bild.
2. Stellen Sie die Argumentation von Härle grafisch dar.
3. Erörtern Sie, ob und inwiefern sich Tier- und Menschenwürde unterscheiden.
4. Entwerfen Sie auf der Grundlage der beiden Texte ein Rollup oder ein Banner für den Tag der Menschenrechte, der alljährlich am 10. Dezember begangen wird.

Wie sind Menschen wirklich?

Der „Sündenfall“ (1. Mose 2-3)

1. Mose 2 und 3 verwenden das Wort „Sünde“ nicht. Vielmehr geht es hier im grundlegenden Sinn um das Streben nach Autonomie. Im Übertreten des göttlichen Ge- und Verbots erlangt der Mensch die Autonomie, selbst entscheiden zu müssen, was gut und böse ist. Diese Autonomie ist nur um den Preis eines beschwerlichen Lebens zu haben. [...] Die unangenehmen Folgen für Adam, Eva und die Schlange sind Grunderfahrungen rollenspezifischer Beschränkungen: Für die Schlange mühseliges Kriechen, für die Frau beschwerliche Schwangerschaften, für den Mann beschwerliche Arbeit. Das heißt: Das Essen vorn Baum der Erkenntnis von gut und böse bringt lebenslange Beschwerlichkeiten für Männer und Frauen mit sich. Aber damit finden die Übertretung und ihre Ahndung auch ihren Abschluss. Der Erzähl- und Spannungsbogen, der mit dem Ge- und Verbot beginnt, endet mit den Strafen. Von nun an ist der Mensch an einem Punkt wie Gott: Er weiß um Gut und Böse, mehr noch: er muss nun selbst entscheiden, was gut ist und was böse. Menschsein ist ohne diese Autonomie nicht denkbar, diese Autonomie ist aber zugleich eine lebenslange Last. Würde der biblische Autor dieses Geschehen als Sünde bezeichnet haben, dann hätte er damit ethisches Urteilsvermögen als Sünde diffamiert und nicht als conditio humana. Das Reden vom „Sündenfall“ ist ein Sündenfall der Auslegungsgeschichte.

Jürgen Kegler (1944), ev. Theologe, Prof. für Altes Testament in Heidelberg*

Das Gefühl der Scham

Man schämt sich immer für etwas, und zumeist vor jemandem. [...] wir schämen uns für eine Norm, die wir übertreten haben, aber mit dem Gefühl der Scham erkennen wir sie zumindest ambivalent an. [...]

Damit dies überhaupt möglich ist, gehört zur Scham ein plötzlicher Perspektivwechsel: Das Überschreiten der einem bis dahin vielleicht gar nicht bewussten Norm fällt einem plötzlich auf, und man schämt sich – aber wodurch eigentlich? Oft sind es die Blicke der anderen, die in der Situation anwesend sind, welche diesen Perspektivwechsel bewirken – eben diejenigen, *vor* denen man sich schämt. Die Entstehung von Scham ist allerdings nicht immer an andere gebunden. Die intensivste Scham ist zweifellos die vor sich selbst, eine Scham, die nicht von Bewertungen anderer abhängt, ob andere nun Zeuge dieser Scham sind oder nicht. [...] Wenn sich der Betreffende [...] vor sich selbst schämt, ganz unabhängig von möglichen Entdeckungen des Normverstoßes durch andere, so handelt es sich um eine Norm, die für ihn oder sie in einem moralischen Sinne gilt. An dieser Stelle zeigt sich, dass Scham [...] dazu beitragen kann zu bestimmen, was für jemanden Moral ist. [...]

Scham ist ebenso wie Angst ein leiblich einengendes Gefühl: Alles zieht sich zusammen, man möchte im Boden versinken, ohne dass dies möglich ist, der Blick wird gesenkt. Die Blicke des Sichschämenden sind auf den Boden oder – metaphorisch gesprochen – „nach innen“ in die eigene leibliche Enge gerichtet; es ist für ihn ausgeschlossen, im Augenblick der Scham jemanden anderen direkt anzusehen. [...] Wer sich schämt, müsste sich am liebsten verstecken – vor sich selbst und vor anderen; er möchte fortlaufen, ohne dass dies möglich wäre oder auch nur helfen würde, da Flucht die Scham oft nur verschärfen würde; er möchte im Staub oder im Nichts oder einfach im Boden versinken.

Hilge Landweer (1956), Prof. für Philosophie in Berlin*

Lucas Cranach d.Ä. (1472-1553): Der Sündenfall, 1532

1. Beschreiben Sie das Bild und vergleichen Sie dieses mit 1. Mose 2-3.
2. Untersuchen Sie in 1. Mose 3, warum das Menschenpaar nach der Frucht greift.
3. Erläutern Sie anhand des ersten Textes, warum die Rede vom Sündenfall ein Sündenfall der Auslegungsgeschichte ist.
4. Erörtern Sie ausgehend von dem zweiten Text, was Scham über den Menschen aussagt.
5. Entwerfen Sie meditative Gedanken für eine Führung zu dem Bild von Lucas Cranach.

Was ist Sünde?

Peter Paul Rubens (1577-1640): Kain und Abel, 1608/09

Grunderfahrungen der Sünde (1. Mose 4,1-16)

Das erste Mal redet das Buch Genesis von Sünde in Gen 4,7. Gott spricht hier zu Kain, der eifersüchtig auf Abel ist, weil Abel erfolgreicher ist und mehr Zuwendung bekommt: „Ist's nicht also: Wenn du fromm bist, so kannst du frei den Blick erheben. Bist du aber nicht fromm, so lauert die Sünde vor der Tür, und nach dir hat sie Verlangen; du aber herrsche über sie." Schaut man sich die Bildsprache genauer an, dann erscheint hier die Sünde wie ein Wesen, das – einem Menschen oder Tier ähnlich – vor der Tür lauert und Verlangen nach dem Menschen hinter der Tür hat. Es will ihn. Der Mensch hat nun die Möglichkeit, dem Verlangen nachzugeben oder dieses lauernde und verlangende Wesen zu beherrschen. Sünde ist eine Macht, die Macht über den Menschen erlangen möchte, aber der Mensch hat die Macht, dieser Macht seine Macht entgegenzusetzen. [...]
Die erste Grunderfahrung von dem, was wir Sünde nennen, ist die Erfahrung von Gewalt, die Menschen an Menschen verüben. Das ist gleichsam die Ur-Sünde. Die Bereitschaft zur Gewalt steckt in jedem, von Jugend auf. [...] Unterdrückung, Ausbeutung, die Armen und Witwen, Waisen zu übervorteilen, haben als gemeinsamen sozialen Hintergrund die Erfahrung von Gewalt und Gewaltmissbrauch. [...] Gewalt durchdringt alle Beziehungen. Gewalt geschieht verbal und körperlich, Gewalt kann durch Strukturen und Institutionen ausgeübt werden. [...] Neben der Sünde in Gestalt von Gewalt zwischen Menschen findet sich im Alten Testament eine weitere Grunderfahrung, die den Schlüssel zum Verständnis des Sündenbegriffs liefern kann: die Erfahrung des Bruchs von Beziehungen. [...] Beziehungsbrüche kommen in allen Sozialformen vor: zwischen Eltern und Kindern, zwischen Geschwistern, zwischen Freunden, zwischen Familien, Sippen und Stämmen, zwischen Völkern und vor allem zwischen Mensch und Gott.

Jürgen Kegler (1944), ev. Theologe*

Sünde bei Paulus (Röm 7,15-22)

Wenn Paulus schreibt, dass der Mensch dem Gesetz Gottes durch seine Vernunft zustimmt und dennoch in seinen Gliedern ein anderes, dem ersten widerstreitendes Gesetz erfährt (Röm 7,22 f.), dann wird man das nicht so verstehen dürfen, als ob der Mensch in seiner vernünftigen Einsicht dem Gesetz Gottes immer und überall zustimmt, während gleichzeitig sein Handeln im Gegensatz dazu steht. [...] Vielmehr stimmen wir – vielleicht – im Augenblick nüchterner Überlegung dem Gesetz Gottes zu, neigen aber dazu, seine Anweisungen als auf unsere Situation nicht zutreffend zu betrachten oder an ihrer göttlichen Autorisierung überhaupt zu zweifeln („sollte Gott gesagt haben?"), sobald dem Inhalt seiner Forderungen eine feste, triebhafte Verhaltensorientierung entgegensteht. Nur die Macht der Lüge, die das Gute als schlecht und das Schlechte als gut hinstellt und uns das Leben vorgaukelt als Lohn der Sünde – während ihre tatsächliche Wirkung doch der Tod ist – nur dieses betrügerische Wesen der Sünde macht verständlich, dass bei formal intaktem Wahlvermögen dennoch Menschen das objektiv Schlechte wollen können, und zwar nicht nur versehentlich, sondern zwanghaft. Das ist die Unfreiheit des Willens. [...]

Wolfhart Pannenberg (1928-2014), ev. Theologe

Kain und Abel → S. 175

1. Interpretieren Sie das Bild und vergleichen Sie Ihre Interpretation mit 1. Mose 4,1-16.
2. Fassen Sie zusammen (→ S. 326), wie Kegler Sünde bestimmt.
3. Arbeiten Sie die Deutung Pannenbergs von Sünde heraus und vergleichen Sie diese mit Röm 7,15-22.
4. Entwerfen Sie einen Kommentar zu dem Stichwort „Sünde" für eine Jugendzeitschrift (→ S. 331).

Warum brauchen Menschen Anerkennung?

Rembrandt van Rijn (1606-1669): Rückkehr des verlorenen Sohnes, 1636

Rechtfertigung des Sünders
Rechtfertigung im theologischen Sinne meint die unbedingte Anerkennung des Menschen vor Gott, wobei das Leben und Tun des Menschen diese – weil eben unbedingte Anerkennung – nicht begründen können. […] Auf der Seite der Erfahrung bedeutet dies ein Bewusstsein des unbedingten Angenommenseins, das den Menschen frei macht von belastender Vergangenheit und der Sorge vor dem, was er in Zukunft noch leisten wird. […]
Theologisch gesehen ist eine solche Anerkennung des Menschen durch Gott keine Selbstverständlichkeit, weil der Mensch seine Bestimmung als Gottes Ebenbild nicht erfüllt und somit als Sünder vor Gott auf der Basis seines Tuns und Lassens nicht bestehen kann. Vor dem Hintergrund dieser Gegebenheit ist die Rechtfertigung „der Inbegriff für Gottes Heilshandeln durch Jesus Christus, insofern er unerwartet und unverdient die Sünde des Menschen aufhebt" (Pesch). Der christliche Glaube wagt demnach „trotz des unbestreitbaren Zusammenhangs von Person und Tat in der Person mehr zu sehen als nur einen Täter: nämlich ein menschliches Ich, das von der Anerkennung Gottes lebt" (Jüngel).

Gelebte Rechtfertigung
Wenn das Heilshandeln Gottes durch diesen Glauben die Person erfüllen kann, dann kann dies weitreichende Konsequenzen haben.

- Rechtfertigung heißt: Gott ist für mich; ich bin geliebt bei Gott. Wenn das so ist und ich es glaube, gibt es nichts in der Welt, was mir noch schaden könnte. Das gilt […] für soziale Verurteilungen, Lebensgefahr, Leid und Schmerzen, Sorgen, materielle Not und Tod. […]
- Gegenüber dem „Kannste was, haste was, biste was" kann die Rechtfertigungsbotschaft zur Geltung bringen, dass das Sein des Menschen […] auf Geschenkerfahrungen zurückgeführt werden kann. Sie kann daher dem Leistungsprinzip und der Idee, Schöpfer der eigenen Identität zu sein, Gottes Fürsorge in allen seinen Facetten korrigierend beiseite stellen: „Du bist mehr, als du leistest!"
- Die Idee, man könne Glück durch richtige Kaufentscheidungen erwerben, hat insofern Leistungscharakter, als eben das eigene Tun – die Kaufentscheidung – bedeutsam wird für die soziale Anerkennung. Gelebte Rechtfertigung macht den Erwerb einer anerkannten Identität durch Stilinszenierungen nicht mehr notwendig. Ich kann mich der Stilprägung überlassen, in der ich mich bereits befinde. Ich kann andere Stilvarianten ausprobieren. […]
- Wenn der Glaube an die Rechtfertigung von der Definition des Wertes von Menschen über den Lebensstil befreit, dann können andere auch in ihrem Anderssein toleriert werden.
- Wer sich von Gott angenommen weiß, kann sich auch selbst annehmen. […]

Carsten Gennerich (1969), Theologe und Psychologe*

Simul iustus et peccator
(Gerechter und Sünder zugleich): Formel, mit der Martin Luther die reformatorische Sicht des Menschen zusammenfasst. Wenn Menschen auf sich schauen, stellen sie fest, ich bin ein Sünder. Wenn sie aber auf Christus schauen, dürfen sie auf Rechtfertigung hoffen.
Rechtfertigung → S. 129, 130

1. Geben Sie das Gleichnis vom verlorenen Sohn in Lk 15,11-32 mithilfe des Bildes wieder.
2. Entwerfen Sie Empfindungen und Gedanken des Sohnes in den Armen des Vaters.
3. Erörtern Sie, inwieweit man in dem Gleichnis von Sünde und Erlösung sowie von dem verlorenen Sohn als „Gerechtfertigter und Sünder zugleich" sprechen kann.
4. Geben Sie Zeile 34-73 in Ich-Sätzen wieder.
5. Beurteilen Sie, ob und wie der Text dem Gleichnis entspricht.
6. Nach Mobbingfällen in der Schule hat die SMV erreicht, dass die Schüler/-innen eine Wand für Graffiti zur Verfügung gestellt bekommen. Entwerfen Sie dafür ein Graffito zum Thema „unbedingte Anerkennung".

Was ist Freiheit?

Ein Christenmensch ist ein freier Herr aller Dinge und niemandem untertan
Ein Christenmensch ist ein dienstbarer Knecht aller Dinge und jedermann untertan.

Martin Luther, 1520

Die Freiheit eines Christenmenschen

[...] Eigentlich sind es vier große Prinzipien, die den evangelischen Glauben prägen [sola scriptura, solus Christus, sola gratia, sola fide]. Alle haben viel Freiheit in sich. Exemplarisch sei hier eines genannt. Sola fide – allein durch Glauben. Nicht wir entscheiden uns für Gott, sondern wir erkennen, dass er sich für uns entschieden hat. Es gibt keine Vorbedingung und keine Haken im Kleingedruckten. Wir brauchen Gott nur Recht geben, dass er uns als Sünder liebt und gerecht macht. [...] Das macht frei – ungeheuer frei. Frei von der Angst vorm Leben und vorm Sterben, denn immer sind wir umgeben von Gottes Liebe. Was für ein Versprechen, was für eine Freiheit! Nun, auch ich will gar nicht so tun, als hätte ich nicht auch Angst und Furcht. Natürlich kennt das jeder von uns. Aber wir haben dieses Versprechen: ein angstfreies Leben und Sterben ist möglich. Und jeden Tag wieder können wir es stückchenweise mehr einüben. Jeden Tag auf Neue ein Stück weiter in unsere Taufe „hineinkriechen", wie Luther es sagt. [...]
Die Evangelischen sind frei, weil sie dem Evangelium von Gottes Gnade durch Jesus Christus trauen. In seiner großen Freiheitsschrift beschreibt Luther die Freiheit eines Christenmenschen bekanntermaßen so: „Ein Christenmensch ist ein freier Herr über alle Dinge und niemand untertan". In seinem Verhältnis zu den Menschen wird der rechtfertigende Gott zum befreienden Gott. In ihrem Verhältnis zu Gott werden die gerechtfertigten Menschen zu freien Menschen. Also, „alles Freiheit, oder was"?
Nun, wenn es denn so einfach wäre, denn da gibt es ja noch etwas, was diese ganze Freiheit gewaltig stört. Denn, zum Glück, sind wir ja nicht allein auf der Welt, auch, wenn das neoliberale Weltbild so tut. So, als ob wir alle freie Atome sind, die ohne Bindung an andere frei im Raum schweben. Oder Inseln. So wie z.B. Will Freeman, der Held in Nick Hornbys Roman „About a boy". [...] Finanziell durch eine Erbschaft gut ausgestattet, ist er der coole freie Yuppie. Schicke Mode, angesagte Musik, tolle Autos, attraktive Frauen. Als dieser im Fernsehen den Spruch „Niemand ist eine Insel" hört, protestiert er: „Doch, ich! Ich bin eine Insel. Ich bin Ibiza." Und sicher würde ihm der Satz von Luther auch gut gefallen. Folgte diesem nicht gleich auch ein zweiter. Dieser aber wird gern häufig unterschlagen und Sie werden gleich merken, warum. Denn zusammen lauten die Sätze so: „Ein Christenmensch ist ein freier Herr über alle Dinge und niemand untertan. Ein Christenmensch ist ein dienstbarer Knecht aller Dinge und jedermann untertan." Frei ist der Mensch vor Gott. Ein dienstbarer Knecht aber für seinen Nächsten, in der Liebe. Denn zu Jesu höchstem Gebot gehört ja auch noch, dass wir unseren Nächsten lieben sollen, wie uns selbst.
Das nun aber hört sich im ersten Augenblick gar nicht mehr so frei an. Aber auch das ist ein wichtiger Teil der Freiheit, nur andersherum. Lassen Sie es uns so denken: Wir sind eben nicht allein auf der Welt und unser Menschsein vollzieht sich in Beziehungen. Wir mögen ja als Menschen alles Mögliche sein, aber wir sind jedenfalls keine Inseln! Und ich sage: zum Glück. Wie wäre es denn, wäre jeder von uns völlig allein? So wie Robinson Crusoe auf seiner Insel. Wären wir denn dann frei? Wann ist man frei? Wenn man sich jeden Tag selbst sein Essen einsammeln und kochen muss, oder wenn es da auch noch jemanden gibt, an dessen Kühlschrank ich ungefragt gehen darf?
Der liebevolle Umgang miteinander macht uns Menschen frei. Wenn ich weiß, ich muss nicht allein für mich sorgen. Freiheit ohne andere macht einsam und unglücklich. Denn da gibt es die anderen, die mir im Fall der Not helfen. [...]

Katrin Göring-Eckardt (1966),*
Bundestagsabgeordnete der Grünen,
von 2009-2013 Präses der Synode der EKD

1. Setzen Sie sich mit der Doppelthese Luthers auseinander.
2. Arbeiten Sie heraus, wie die Verfasserin Luthers Doppelthese erläutert.
3. Vergleichen Sie das evangelische Verständnis von Freiheit mit dem Freiheitsverständnis von Sartre und Honneth (S. 73).
4. Erklären Sie in einem Leserbrief aus der Perspektive des evangelischen Freiheitsverständnisses ein Handeln aus einem Nutzenkalkül (S. 75).

Was ist Verantwortung?

Freiheit und Verantwortung

Freiheit verwirklicht sich nach christlichem Verständnis […] in der Gemeinschaft von Menschen, die einander in vorbehaltloser Anerkennung und Liebe begegnen. Freiheit hat ihren genuinen Ort in wechselseitiger Verständigung und gemeinsamem Handeln; sie trägt also den Charakter kommunikativer und kooperativer Freiheit. Kommunikative Freiheit meint dabei eine Freiheit, die ihre Erfüllung in der zweckfreien Verständigung und Gemeinschaft findet. Kooperative Freiheit dagegen ist diejenige Freiheit, in der zweckrationale Kooperation sich auf der Grundlage intersubjektiver Verständigung und damit in der freien Übereinstimmung der Beteiligten vollzieht. […]

Der Begriff der Verantwortung trägt eine Doppelstruktur. Der Aspekt der „Verantwortung für" verbindet sich in ihm mit dem Aspekt der „Verantwortung vor". Die Frage, vor wem Rechenschaft abzulegen ist, gehört mit der anderen Frage, wem unsere Fürsorge gilt, zusammen. Die Zusammengehörigkeit beider Aspekte erklärt sich aus der theologischen Herkunft des Begriffs. Gott ist die Instanz, der wir Rechenschaft über unser Leben schulden; um dieses Verantwortungshorizonts willen reicht unsere Verantwortung weiter, als um des individuellen Lebens willen notwendig wäre. Eine Fürsorge für den Nächsten, die über das Eigeninteresse hinausgeht, hat in der so verstandenen Rechenschaftspflicht für unser Leben ihren Grund. […]

[D]er Begriff der kommunikativen und kooperativen Freiheit [verbindet sich] mit einem Verständnis von Verantwortung, das sich auf Wechselseitigkeit aufbaut. Die Bereitschaft, füreinander einzutreten, schließt die Bereitschaft ein, wechselseitige Verbindlichkeiten zu schaffen und anzuerkennen. […]

Verantwortung hat es […] damit zu tun, dass die Einzelnen sich nicht auf das beschränken, wozu sie rechtlich verpflichtet sind. Das Recht kann wechselseitige Anerkennung und damit wechselseitige Verantwortung ermöglichen und schützen, aber nicht ersetzen. Eben deshalb ist es nötig, ein gesellschaftliches Leitbild kommunikativer und kooperativer Freiheit zu entwickeln, aus dem sich Strukturen wechselseitiger Verantwortung begründen lassen.

Fragt man nun nach dem Rahmen, in dem ein solches Leben aus Freiheit Gestalt gewinnen kann, so bieten die ethischen Weisungen der biblischen Überlieferung eine höchst aufschlussreiche Antwort. […] Eine der Antworten auf diese Frage findet sich im […] Doppelgebot der Liebe, eine weitere in der „Goldenen Regel", nach der man anderen zukommen lassen soll, was man für sich selbst erwartet. An anderer Stelle charakterisiert Jesus das Wichtigste im Gesetz mit den drei Begriffen Gerechtigkeit, Barmherzigkeit und Glauben und fügt hinzu: „Man muss das eine tun, ohne das andere zu lassen".

Betrachtet man die alttestamentlichen Weisungen, die Tora, auf diesem Hintergrund, so findet man in der Tat diese Trias in der Struktur der altisraelitischen Gesetzescorpora wieder. Behandelt werden in ihnen zunächst Fragen des Glaubens, also die Wahrheitsorientierung menschlichen Lebens [i.S. der Auskunft, woran das Herz hängt]. Zum Thema werden sodann Fragen der Gerechtigkeit, also der wechselseitigen Anerkennung von Personen, die Aufmerksamkeit richtet sich schließlich auf Fragen der Barmherzigkeit, also einer Fürsorge für sozial Marginalisierte, die über bloße Gerechtigkeitsforderungen hinausgeht.

Wolfgang Huber (1942), ev. Theologe, ehem. Bischof in Berlin-Bandenburg-Oberlausitz*

Philipp Heinisch

Verantwortungsethik → S. 234
Doppelgebot/Dreifachgebot der Liebe → S. 242

1. Interpretieren Sie die Karikatur.
2. Setzen Sie Hubers Ausführungen in Beziehung zu Luthers Freiheitsverständnis (S. 66).
3. Erläutern Sie anhand des Textes die Begriffe kommunikative und kooperative Freiheit, Verantwortung, Gerechtigkeit, Wahrheit und Barmherzigkeit.
4. Entwerfen Sie zehn Regeln für verantwortliches Handeln in der Schule oder in einem Verein.

Wie kommt es zu meinen Einstellungen?

Der (un)freie Wille

Die Reformation hat die Freiheit des Menschen ins Zentrum gestellt – die „Freiheit eines Christenmenschen" von der Vermittlung durch kirchliche Amtsträger, von der Werkgerechtigkeit und zu guten Werken. Gleichzeitig haben die Reformatoren, allen voran Martin Luther, eine fundamentale Unfreiheit des Menschen ausgemacht. Luther war überzeugt: Der Mensch hat gegenüber Gott keinen freien Willen, er ist nicht in der Lage, sich für oder gegen Gott zu entscheiden.

Diese Vorstellung trifft heute auf viel Unverständnis, weil sie dem modernen Freiheitsdenken widerspricht. In manchen evangelischen Traditionen wird sie ausdrücklich abgelehnt, weil es gerade die Entscheidung eines Menschen für Gott sei, die ihn zum Christen mache.

Luther hingegen meinte, an der Unfreiheit des Willens hänge seine Rechtfertigungslehre. Die zentrale Einsicht bei ihr ist ja, dass der Mensch durch kein gutes Werk, weder ein moralisches noch ein religiöses, seine Annahme durch Gott bewirken kann. Gott nimmt den Menschen allein aus Gnade an. Das Einzige, was der Mensch tun kann, ist diese gnädige Annahme geschehen zu lassen, das heißt zu glauben. [...]

In seinem sonstigen Handeln ist der Mensch aber frei. Luther war überzeugt, dass der Mensch gegenüber den Dingen, „die unter ihm sind", also in Bezug auf alles, was zur Welt gehört, einen freien Willen hat. [...]

Luthers Vorstellung vom unfreien Willen, das gilt es nüchtern einzugestehen, steht in Spannung zum modernen Freiheitsdenken und zur Selbstbestimmung, wie sie seit der Aufklärung betont werden. Luther hat jedoch gut gesehen, dass nicht alles im Leben unserer Selbstbestimmung unterliegt. Mit dem Glauben ist es wie mit der Liebe: Auch hier kann man gar nicht anders, als den anderen lieben. Man ist wie gefangen vom anderen – und fühlt sich doch frei.

So auch der Glaube: Dass man an Gott glaubt, entsteht nicht dadurch, dass man wie bei einem Autokauf alle Vor- und Nachteile vernünftig abwägt und sich dann entscheidet. Nein, an Gott zu glauben, stellt sich so ein, dass Gott sich dem Menschen bekannt macht und der Mensch von ihm, von seiner Liebe, Gnade und Treue, überwunden und begeistert wird – und darum nicht anders kann, als Ja dazu zu sagen.

Christiane Tietz (1967) Prof. für Systematische Theologie an der Universität Zürich*

Edward Hopper (1882-1977): Zimmer in New York, 1931

Freiheit in katholischer Sicht

[...] Die wahre Freiheit [...] ist ein erhabenes Kennzeichen des Bildes Gottes im Menschen: Gott wollte nämlich den Menschen „in der Hand seines Entschlusses lassen", so dass er seinen Schöpfer aus eigenem Entscheid suche und frei zur vollen und seligen Vollendung in Einheit mit Gott gelange. Die Würde des Menschen verlangt daher, dass er in bewusster und freier Wahl handle, das heißt personal, von innen her bewegt und geführt und nicht unter blindem innerem Drang oder unter bloßem äußerem Zwang. Eine solche Würde erwirbt der Mensch, wenn er sich aus aller Knechtschaft der Leidenschaften befreit und sein Ziel in freier Wahl des Guten verfolgt sowie sich die geeigneten Hilfsmittel wirksam und in angestrengtem Bemühen verschafft. Die Freiheit des Menschen, die durch die Sünde verwundet ist, kann nur mit Hilfe der Gnade Gottes die Hinordnung auf Gott zur vollen Wirksamkeit bringen. Jeder aber muss vor dem Richterstuhl Gottes Rechenschaft geben von seinem eigenen Leben, so wie er selber Gutes oder Böses getan hat.

Papst Franziskus: 2. Vatikanisches Konzil: Die pastorale Konstitution über die Kirche in der Welt von heute

1. Interpretieren Sie das Bild mit den beiden Personen.
2. Arbeiten Sie an dem Text Luthers Vorstellungen vom unfreien Willen heraus.
3. Vergleichen Sie Luthers Sicht mit der der Katholischen Kirche sowie mit der Sicht des Hirnforschers Gerhard Roth (S. 74).
4. Gestalten Sie auf dem Hintergrund der Texte ein Erklärvideo oder eine Kurzrede (→ S. 334) zum Thema „Unfreiheit und Freiheit".

Was ist das Gewissen?

Gewissen in evangelischer Sicht

Das Gewissen bezeichnet das den Einzelnen begleitende reflexive „Mit-Wissen" (griechisch syneidesis; lateinisch con-scientia) um die sittliche Qualität seines Handelns, wobei dieses Handeln entweder in der Vergangenheit [...] oder als gedanklich antizipiertes in der Zukunft liegen kann [...]. Das Gewissen ist ein auf eigene Handlungen bezogenes reflexives Selbstbewusstsein, in das unterschiedliche Elemente eingehen:

Erstens fungiert das Gewissen [...] als Normbewusstsein, als an der Unterscheidung von richtig und falsch orientiertes moralisches Selbstbewusstsein. [...] Der im Gewissen erfahrene Widerspruch zwischen moralischer Norm und eigenem Handeln könnte gar nicht als Gegensatz erfahren werden, wenn ihm nicht eine zweite und elementare Funktion zukäme, nämlich die der Bewahrung personaler Identität und Integrität. [...] Als Identitätsbewusstsein bezeugt das Gewissen auf einer für das betroffene Individuum unbestechliche Weise, dass es sich durch sein Handeln mit sich selbst entzweit hat oder zu entzweien droht. Das Gewissen meldet sich warnend, wenn Einheit und Ganzheit selbst auf dem Spiel stehen. Diese Einheit kann gefährdet sein, weil eine Handlung dem moralischen Sollen widerspricht oder aber weil einem allgemeingültigen Sollen ein individuelles Nichtkönnen entgegensteht, da es im Selbstverständnis und den identitätsbildenden Überzeugungen des Einzelnen begründet ist. [...] Drittens steht das Gewissen herkömmlich auch für die Fähigkeit zum fallbezogenen Urteilen und Entscheiden. Anders als das, was das Gewissen dem Einzelnen untrüglich über sich selbst sagt, kann das situative Gewissensurteil allerdings irren. [...]

Das Gewissen ist nicht per se die Stimme Gottes in uns. Wie Luther mit der Unterscheidung von Gesetz und Evangelium hervorgehoben hat, ist das Gewissen als das über die eigenen Taten beurteilende Vermögen zunächst eine innere Instanz der Anklage, die den Menschen in Verzweiflung und Anfechtung treibt, weil er als Handelnder hinter der moralischen Forderung des Gesetzes zurückbleibt. Damit ist das Gewissen aber auch der Ort, an dem der Einzelne von einem Urteil getroffen werden kann, über das er nicht selbst verfügt, weil hier nicht über die Tat, sondern über die Person geurteilt wird: durch das frei sprechende Wort des Evangeliums, die Rechtfertigung allein aus Gnade, wird dem Gewissen seine anklagende Macht genommen und Person vom Täter unterschieden. Person ist immer mehr als die Summe ihrer Taten und Handlungen, ja sogar mehr als die Summe ihrer Untaten und Verfehlungen. Sie bleibt nicht auf das festgelegt, was sie aus sich gemacht hat. Im Gewissen werden das rechtfertigende Wort und der es an- und aufnehmende Glaube – wie Luther sagt – ein Kuchen. Der Glaube ist Antwort auf ein Wort, das von dem auf die Taten fixierten Gewissen befreit. Das gute Gewissen ist identisch mit dem Glauben als dem Akt, in dem der Mensch sein Vertrauen nur auf Gott, nicht auf sich selbst richtet. Es zeichnet sich gerade dadurch aus, dass es „sich als Gewissen nicht (mehr) bemerkbar macht" (Jüngel). Denn im Akt des Antwortens korrespondiert der Glaubende dem von der Selbstbeurteilung befreienden Wort eben so, dass er von jeder Selbstreflexion ablässt. Dieses mit dem Glauben identische „gute Gewissen" ist niemals Folge guter Werke, es ist aber ihre Voraussetzung. [...]

Hans-Richard Reuter (1947),*
Prof. für Theol. Ethik in Münster

Gewissen in katholischer Sicht

Im Innersten der Person wirkt das Gewissen. Es gebietet zum gegebenen Zeitpunkt, das Gute zu tun und das Böse zu unterlassen. Es urteilt auch über die konkreten Entscheidungen; indem es den guten zustimmt, die schlechten missbilligt. Es bezeugt die Wahrheit im Hinblick auf das höchste Gut, auf Gott, von dem der Mensch angezogen wird und dessen Gebote er empfängt. Wenn er auf das Gewissen hört, kann der kluge Mensch die Stimme Gottes vernehmen, die darin spricht.

Katechismus der katholischen Kirche

1. Benennen Sie Alltagsbeispiele zu dem Bild.
2. Stellen Sie die Funktionen des Gewissens grafisch dar (Z. 1-39).
3. Erläutern Sie Luthers Sicht des Gewissens (Z. 40-78) und vergleichen Sie dieses mit der katholischen Sicht.
4. Entwerfen Sie zwei Verkehrsschilder für den Weg zu einem guten Gewissen.

Andere Menschenbilder

Was unterscheidet Theologie von Philosophie und den Naturwissenschaften?

Basics

Der Dialog der Theologie mit der Philosophie und mit den empirischen Wissenschaften

Neben den Religionen und der Theologie beschäftigen sich auch die Philosophie, die Natur- und die Sozialwissenschaften sowie die Kulturwissenschaften mit dem Menschen und entwerfen ihr Bild vom Menschen. Philosophische Anthropologie fragt nach dem Wesen des Menschen oder offener, was den Menschen zum Menschen macht. Sie sucht diese Frage durch gründliches Nachdenken und unter Einbezug wissenschaftlicher Forschungsergebnisse umfassend zu beantworten. Ziel ist das Selbstverständnis und die Selbstverwirklichung des Menschen. Im Wissen um sich selbst sollen Menschen ein Leben gestalten, das ihrem Wesen entspricht.

Philosophische und theologische Anthropologie haben es mit der gleichen Frage zu tun: Was ist der Mensch? Sie haben jedoch unterschiedliche Ausgangspunkte. Theologie nimmt ihren Ausgangspunkt bei den Erfahrungen mit Gott, wie sie in der Bibel bezeugt sind. Philosophische Anthropologie nimmt ihren Ausgangspunkt bei dem menschlichen Nachdenken, kommt jedoch ohne „metaphysische“ Vorannahmen nicht aus. Bei einem Dialog von Theologie und Philosophie kann nach Gemeinsamkeiten und Unterschieden gefragt werden. Eine wichtige Rolle spielen dabei immer die Folgen bei dem Umgang mit konkreten Anforderungssituationen (S. 52f.).

Grundsätzlich kann man vier Typen einer philosophischen Anthropologie unterscheiden:

- eine Anthropologie „von oben“, die von einer göttlichen Bestimmung oder vom Geist ausgeht und z.B. den Menschen als Vernunftwesen (animal rationale) ansieht,
- eine Anthropologie „von unten“, die von der Natur ausgeht und z.B. das Wesen des Menschen aus seiner Herkunft aus dem Tierreich oder von seinen Gehirnprozessen erkennen will,
- eine Anthropologie „von innen“, die das Wesentliche des Menschen in Trieben, Gefühlen oder Interessen sieht,
- eine Anthropologie „von außen“, die von den gesellschaftlichen Verhältnissen ausgeht und z.B. den Menschen als Gemeinschaftswesen (animal sociale) bestimmt.

Die Auseinandersetzung mit dem Menschen in den Natur- oder Sozialwissenschaften (Biologie, Neurologie, Psychologie, Soziologie, Ökonomie) konzentriert sich auf kausale Zusammenhänge und will diese erklären. Leitfragen sind z.B.: Wie kam es zum Menschen? Was bestimmt das Handeln von Menschen? Die Antwort wird durch die plausibelste Erklärung von Fakten (z.B. Funde) in Form von Theorien oder durch experimentelle Überprüfung von Hypothesen gesehen (→ **S. 26**). In die Hypothesen- und Theoriebildung fließen jedoch jedes Mal grundlegende Annahmen vom Wesen des Menschen ein, die immer der kritischen Prüfung bedürfen.

Aufgrund der unterschiedlichen Leitfragen von Theologie und den empirischen Wissenschaften kann von einem komplementären Verhältnis gesprochen werden (→ **S. 42**), wonach Erkenntnisse sich sowohl widersprechen, aber gleichzeitig auch ergänzen. Die Voraussetzung für einen echten Dialog besteht darin, dass man die unterschiedlichen Zugangsweisen zur Wirklichkeit als relativ selbständig anerkennt und diese im Gespräch aufeinander bezieht.

1. Entwerfen Sie zum Verhältnis von Philosophie und Theologie eine Grafik.
2. Ordnen Sie Ihre eigene Sicht des Menschen den vier Typen einer philosophischen Anthropologie zu.
3. Gestalten Sie zu dem Verhältnis von theologischer und naturwissenschaftlicher Anthropologie eine Grafik unter Verwendung von → **S. 42**.

Team-Aufgaben

1. Ordnen Sie die Positionen von S. 71-73 den vier Typen einer philosophischen Anthropologie zu und entwerfen Sie dazu ein Schaubild.
2. Benennen Sie aus den „anderen Menschenbildern“ eine Sichtweise, die Ihnen persönlich am meisten entspricht, und eine, die nach Ihrer Auffassung dem christlichen Menschenbild am meisten widerspricht.
3. Entwerfen Sie aufgrund S. 71-73 Ihr eigenes Menschenbild und erläutern Sie das Verhältnis zur christlichen Sicht des Menschen.
4. Entwerfen Sie zu S. 71-78 ein Lernplakat (→ **S. 334**).

Welche Kräfte wirken in einem Menschen?

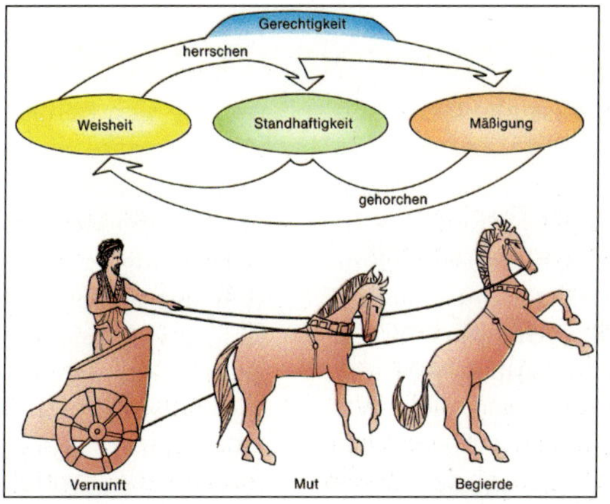

Plato (428-347 v. Chr.):
Der Seelenwagen

Der Körper begehrt, wünscht, strebt. Aber strenggenommen kann der Körper ja gar nicht in dieser Weise tätig sein, sondern nur die Seele. Sie ist das, was im Menschen handelt, und zwar nicht nur, wenn der Mensch den Trieben entgegentritt, sondern auch, wenn er diesen Trieben folgt. [...] Die Triebe sind [...] als Kräfte der Seele anzusehen, und zwar einer Seele, die an den Körper gebunden ist.

Diese Einsicht hat nun aber bestimmte Folgen: Die Seele muss so weit gefasst werden, dass sie alle Handlungsmöglichkeiten des Menschen, also vernünftige und urvernünftig-triebhafte umfasst. Plato legt in der „Politeia“ eine entsprechende Einteilung der Teile der Seele vor. Er setzt den vernünftig überlegenden Teil der Seele als Oberstes an [Vernunft]. Ihm kommt die Weisheit, das heißt die Sicht der Ideen, zu. Hier wird [...] deutlich: die Seele muss durch das Erkennen der Ideen in Ordnung kommen. Dieser Teil ist der Gegensatz zum Begehrungsvermögen, den Affekten [Begierde]. Dass Vernunft und Affekte nicht eins sein können, geht aus der Tatsache hervor, dass der Mensch den Affekten entgegentreten kann; wenn er Durst hat, vermag er sich das Trinken zu versagen. Dies Versagen muss [...] durch einen anderen Teil der Seele als dem Teil, der durch die Begehrlichkeit bestimmt ist, bedingt sein. Es gibt also offensichtlich zwei Grundkräfte im Menschen, die auf zwei entgegengesetzte Teile der Seele zurückgeführt werden müssen.

Plato setzt nun aber außer den beiden genannten noch einen dritten Teil an: das Drangartige [Mut]. Das Drangartige ist von der Begierde zu unterscheiden, denn das Dranghafte entrüstet sich des Öfteren gerade dann, wenn der Mensch den Begierden und Trieben folgt. Auf der anderen Seite ist aber das Dranghafte auch nicht mit dem Vernünftigen identisch [...].

Walter Schulz (1912-2000), Philosoph

Giovanni Pico della Mirandola (1463-1494):
Der Mensch als Bildhauer und Dichter

Bereits hatte Gottvater, der höchste Baumeister, dieses irdische Haus der Gottheit, das wir jetzt sehen, diesen Tempel des Erhabensten, nach den Gesetzen einer verborgenen Weisheit errichtet [...]. Aber als er dieses Werk vollendet hatte, da wünschte der Baumeister, es möge jemand da sein, der die Vernunft so hohen Werkes nachdenklich erwäge, seine Schönheit liebe, seine Größe bewundere.

Daher ließ sich Gott den Menschen gefallen als ein Geschöpf, das kein deutlich unterscheidbares Bild besitzt, stellte ihn in die Mitte der Welt und sagte zu ihm: „Wir haben dir keinen bestimmten Wohnsitz noch ein eigenes Gesicht, noch irgend eine besondere Gabe verliehen, o Adam, damit du jeden beliebigen Wohnsitz, jedes beliebige Gesicht und alle Gaben, die du dir sicher wünschst, auch nach deinem Willen und nach deiner eigenen Meinung haben und besitzen mögest. Den übrigen Wesen ist ihre Natur durch die von uns vorgeschriebenen Gesetze bestimmt und wird dadurch in Schranken gehalten. Du bist durch keinerlei unüberwindliche Schranken gehemmt, sondern du sollst nach deinem eigenen freien Willen, in dessen Hand ich dein Geschick gelegt habe, sogar jene Natur dir selbst vorherbestimmen. [...] Wir haben dich weder als einen Himmlischen noch als einen Irdischen, weder als einen Sterblichen noch als einen Unsterblichen geschaffen, damit du als dein eigener, vollkommen frei und ehrenhalber schaltender Bildhauer und Dichter dir selbst die Form bestimmst, in der du zu leben wünschst. Es steht dir frei, in die Unterwelt des Viehs zu entarten. [...]

1. Interpretieren Sie die Grafik u.a. mithilfe des Textes über Plato.
2. Entwerfen Sie Konsequenzen für die persönliche Lebensgestaltung.
3. Gestalten Sie eine Zeichnung zu dem Text von Pico della Mirandola und recherieren Sie, welche historischen Erfahrungen dahinter stehen.
4. Vergleichen Sie das Bild des Menschen bei Pico della Mirandola mit 1. Mose 1 (S. 59) und Luther (S. 66), aber auch mit Sartre (S. 73) und Nietzsche (S. 79).
5. Wenden Sie beide Bilder des Menschen auf einen der ethischen Konfliktfälle an (S. 80-82).

Warum gibt es Feindschaft, Gewalt und Krieg?

Thomas Hobbes (1588-1679):
Menschen streben nach Macht

Zunächst wird angenommen, dass alle Menschen ihr ganzes Leben hindurch bemüht sind, sich eine Art der Macht nach der anderen zu verschaffen; nicht deshalb, weil sie nach immer größerer Macht streben, sondern weil sie fürchten, die Mittel ihrer gegenwärtigen Macht und Glückseligkeit zu verlieren, wenn sie diese nicht noch vermehren.

Der Wunsch nach Reichtum, Ehre, Herrschaft und Macht jeder Art facht den Menschen zum Streit, zur Feindschaft und zum Kriege an; denn dadurch, dass man seinen Mitbewerber tötet, überwindet und auf jede mögliche Art schwächt, bahnt man sich den Weg zur Erreichung seiner eigenen Wünsche. [...]

Hieraus ergibt sich, dass ohne Einschränkung der Macht der Zustand der Menschen so ist, wie er zuvor beschrieben wurde, nämlich ein Krieg aller gegen alle. Denn der Krieg dauert ja nicht nur so lange, als tatsächliche Feindseligkeiten geübt werden, sondern solange der Vorsatz herrscht, Gewalt mit Gewalt zu vertreiben. [...]

Solange die Menschen nur ihren eigenen Vorteil oder Nachteil zum Maßstabe nehmen, leben sie in einem allgemeinen Krieg. Der Friede wird von allen als etwas Gutes und Wünschenswertes betrachtet, und folglich muss alles, was zum Frieden führt, auch als etwas Gutes angesehen werden. [...]

Um aber eine allgemeine Macht zu gründen, unter deren Schutz gegen auswärtige und innere Feinde die Menschen ihren Unterhalt finden können, gibt es nur einen einzigen Weg: jeder muss alle seine Macht und Kraft einem oder mehreren Menschen übertragen, wodurch der Wille aller gleichsam in einem Punkt vereinigt wird, sodass dieser eine Mensch oder diese eine Gesellschaft der Stellvertreter jedes Einzelnen wird, und jeder ihre Handlungen so betrachtet, als habe er sie selbst getan, weil er sich ihrem Willen und Urteile freiwillig unterworfen hat. [...]

Thomas Hobbes: Leviathan (1651)

Jean-Jacques Rousseau (1712-1778):
Als Einzelner frei und glücklich

Das erste Gefühl des Menschen war das seiner Existenz, seine erste Sorge die seiner Erhaltung. Der Hunger und andere Begierden brachten ihn dazu, auf die verschiedensten Weisen zu versuchen, wie man existieren könnte.

In dem Maße, wie das menschliche Geschlecht sich ausdehnte, vermehrten sich auch seine Sorgen. Je mehr sich der Geist des Menschen aufhellte, um so mehr verbesserte sich seine Handfertigkeit. Es ist wahrscheinlich, dass die Stärksten die Ersten waren, die sich Behausungen bauten; man kann annehmen, dass es die Schwächeren am besten und sichersten fanden, dies ihnen nachzuahmen. [...]

Solange die Menschen sich mit ihren eigenen Hütten begnügten, selbst ihre Kleider aus Fell nähten, sich mit Federn und Muscheln schmückten, mit Hilfe von Steinen Fischerboote und primitive Musikinstrumente zurechtbastelten, mit einem Wort nur Werke vollbrachten, welche ein Einzelner machen konnte, lebten sie frei, gesund, gut und glücklich. Aber von dem Augenblick an, wo ein Mensch die Hilfe eines anderen nötig hatte, verschwand die Gleichheit, entstand das Eigentum, wurde Arbeit notwendig, und die weiten Wälder verwandelten sich in lachende Felder, die man mit dem Schweiß der Menschen bewässern musste und in denen man bald die Sklavenarbeit keimen sah.

Aus der Bebauung des Bodens folgte mit Notwendigkeit seine Teilung, und nachdem das Eigentum einmal anerkannt war, die Entstehung der ersten Rechtssätze. Nachdem die Dinge einmal so weit gediehen waren, kann man sich leicht den Rest vorstellen. Es begann je nach dem Charakter Herrschaft und Sklaventum, Gewalt und Raub. [...] So ist es gekommen, dass die Gewaltanmaßung der Reichen die Menschen habgierig, ehrgeizig und boshaft gemacht hat [...].

Man muss eine Form der Vergesellschaftung finden, die mit gemeinsamer Kraft aller Person und Güter jedes Genossen verteidigt und beschützt, und durch die jeder, indem er sich mit allen zusammenschließt, doch nur seinem eigenen Willen untertan wird und so frei bleibt, wie er vorher war. Das ist das Grundproblem, für das der Gesellschaftsvertrag die Lösung gibt. [...]

Jean-Jacques Rousseau: Abhandlung über die Ungleichheit (1754) und Contrat Social (1762)

1. Stellen Sie grafisch dar, wie Hobbes und Rousseau die Gewalt zwischen Menschen erklären und welche Konsequenzen sie ziehen.
2. Arbeiten Sie heraus, wie die beiden Philosophen argumentieren, und erläutern Sie den Zusammenhang zwischen Menschenbild und Handlungsempfehlung.
3. Vergleichen Sie die beiden Sichtweisen mit dem Bild des Menschen in der Bibel.
4. Gestalten Sie eine Talkshow mit Hobbes und Rousseau.

Warum bin ich so, wie ich bin?

Jean-Paul Sartre (1905-1980): Die Existenz geht der Essenz voraus

Der atheistische Existentialismus, für den ich stehe, [...] erklärt, dass, wenn Gott nicht existiert, es mindestens ein Wesen gibt, bei dem die Existenz der Essenz vorausgeht, ein Wesen, das existiert, bevor es durch irgendeinen Begriff definiert werden kann, und dass dieses Wesen der Mensch oder, wie Heidegger sagt, die menschliche Wirklichkeit ist. Was bedeutet hier, dass die Existenz der Essenz vorausgeht? Es bedeutet, dass der Mensch zuerst existiert, sich begegnet, in der Welt auftaucht und sich danach definiert.

Wenn der Mensch, so wie ihn der Existentialist begreift, nicht definierbar ist, so darum, weil er anfangs überhaupt nichts ist. Er wird erst in der weiteren Folge sein, und er wird so sein, wie er sich geschaffen haben wird. Also gibt es keine menschliche Natur, da es keinen Gott gibt, um sie zu entwerfen. Der Mensch ist lediglich so, wie er sich konzipiert – ja nicht allein so, sondern wie er sich will. [...] Aber wenn wirklich die Existenz der Essenz vorausgeht, so ist der Mensch verantwortlich für das, was er ist. Somit ist der erste Schritt des Existentialismus, jeden Menschen in Besitz dessen, was er ist, zu bringen und auf ihm die gänzliche Verantwortung für seine Existenz ruhen zu lassen. Indem wir sagen, dass der Mensch sich wählt, verstehen wir darunter, dass jeder unter uns sich wählt [...].

Jean-Paul Sartre: Der Mensch ist dazu verurteilt, frei zu sein

Die wesentliche Konsequenz unserer vorangehenden Ausführung ist, dass der Mensch, dazu verurteilt, frei zu sein, das Gewicht der gesamten Welt auf seinen Schultern trägt: Er ist für die Welt und für sich selbst als Seinsweise verantwortlich. Wir nehmen das Wort „Verantwortlichkeit" in seinem banalen Sinn von „Bewusstsein davon, der unbestreitbare Urheber eines Ereignisses oder eines Gegenstands zu sein", denn die schlimmsten Übel oder die schlimmsten Gefahren, die meine Person zu treffen drohen, haben nur durch meinen Entwurf einen Sinn; und sie erscheinen auf dem Grund des Engagements, das ich bin. Es ist also unsinnig, sich beklagen zu wollen, weil ja nichts Fremdes darüber entschieden hat, was wir fühlen, was wir erleben oder was wir sind. [...]

Axel Honneth: Autonomie braucht Anerkennung

Mit „Autonomie" bezeichnen wir [...] eine bestimmte Art der individuellen Selbstbeziehung, die es erlaubt, seinen eigenen Bedürfnissen zu vertrauen, zu den eigenen Überzeugungen zu stehen und die eigenen Fähigkeiten als wertvoll zu empfinden; solche Formen der Selbstachtung können mit Hilfe von Gütern zwar artikuliert und dargestellt, nicht aber durch sie erworben und so aufrechterhalten werden. Zur Autonomie gelangen wir vielmehr auf intersubjektiven Wegen, indem wir uns nämlich durch die Anerkennung seitens anderer Personen als Wesen zu verstehen lernen, deren Bedürfnisse, Überzeugungen und Fähigkeiten es wert sind, verwirklicht zu werden; das allerdings begreifen wir wiederum an uns nur, wenn wir es gleichzeitig auch den uns anerkennenden Personen einräumen, weil wir an deren Verhalten uns gegenüber ja wie in einem Spiegel unseren eigenen Wert erkennen können sollen. Insofern bedarf die individuelle Autonomie, um entstehen und gedeihen zu können, der wechselseitigen Anerkennung zwischen Subjekten; wir erwerben sie nicht allein durch uns selbst, sondern einzig in der Beziehung zu anderen Personen, die uns ebenso bereit sind wertzuschätzen, wie wir sie wertschätzen können müssen.

Axel Honneth (1949),*
Prof. für Philosophie in New York

1. Erläutern Sie die Auffassung von Sartre, die Existenz gehe der Essenz voraus und der Mensch sei dazu verurteilt, frei zu sein.
2. Vergleichen Sie Sartres Bestimmung von Verantwortung und Wille mit den Einsichten der evangelischen Theologie (S. 66f.) und beziehen Sie dazu Stellung.
3. Arbeiten Sie heraus, wie Honneth Autonomie versteht und wie diese entsteht.
4. Entwerfen Sie, was Sartre und Honneth zu Martha Nussbaum (S. 52) sagen würden

Wie kommt es zu einer Entscheidung?

Gerhard Roth:
Neurobiologie und die Willensfreiheit

Der amerikanische Neurobiologe Benjamin Libet konnte Anfang der achtziger Jahre nachweisen, dass das einer Körperbewegung spezifisch vorausgehende so genannte Bereitschaftspotential zeitlich dem Willensentschluss stets vorausgeht und weder mit ihm zeitlich zusammenfällt noch ihm folgt. [...]

Aufgrund dieser Befunde sieht es so aus, dass unter den gegebenen und zugegebenermaßen laborhaften Bedingungen der subjektiv empfundene Willensakt oder -ruck dem Beginn des Bereitschaftspotentials nachfolgt, und zwar in einem relativ festen zeitlichen Abstand, und ihm nicht vorausgeht. Dies würde die Vermutung bestärken, dass der Willensakt nicht die Ursache, sondern vielmehr eine direkte oder indirekte Folge des Bereitschaftspotentials und der mit ihm zusammenhängenden Hirnprozesse ist. Hierdurch wird garantiert, dass alles, was wir tun, im Lichte vergangener (auch der einmal bewussten und nunmehr unbewussten) Erfahrung geschieht. Allerdings entwickelt sich das limbische Erfahrungsgedächtnis vom Mutterleib an in höchst individueller, zuweilen idiosynkratischer* Weise. Dies erklärt, warum das eigene Handeln höchst rational, anderen jedoch oft nicht nachvollziehbar erscheint. [...]

Das Gefühl, bei der Willensbildung und der Handlungsentscheidung frei zu sein (d.h. nicht aus Ursachen, sondern aus Gründen zu handeln und im Prinzip auch anders entscheiden zu können), ist eine Illusion, wenngleich eine für unser komplexes Handeln notwendige Illusion. Menschen fühlen sich [...] dann frei, wenn sie tun können, was sie wollen; die Bedingtheit ihres Willens wird dabei gar nicht thematisiert.

Bewusste Prozesse spielen eine wichtige Rolle beim Abwägen von Alternativen und deren Konsequenzen, aber sie entscheiden nichts. Die Ausformung des Willens und die Handlungsentscheidung werden im Wesentlichen durch unbewusste Prozesse bestimmt, die unter der Kontrolle des limbischen Erfahrungsgedächtnisses stehen. [...]

Gerhard Roth (1942),*
deutscher Biologe und Hirnforscher

*idiosynkratisch= spezifisch für ein Individuum

Benjamin Libet (1916-2007):
Menschen haben eine Veto-Möglichkeit

Wir konnten jedoch zeigen, dass die Versuchspersonen eine Handlung unterdrücken konnten, die zu einem vorher festgelegten Zeitpunkt stattfinden sollte. Sie waren in der Lage, ihr Veto innerhalb des Intervalls von 100 bis 200 ms vor dem festgelegten Zeitpunkt auszuüben Ein starkes BP [Bereitschaftspotential] ging dem Veto voraus, was bedeutete, dass die Versuchsperson tatsächlich eine Handlung vorbereitete, auch wenn die Handlung von der Versuchsperson abgebrochen wurde.

Wir alle, und nicht nur die Versuchspersonen des Experiments, haben die Erfahrung gemacht, dass wir einen spontanen Drang zu irgendeiner Handlung unterdrücken können. [...]

Die Rolle des bewussten freien Willens wäre also nicht, eine Willenshandlung einzuleiten, sondern vielmehr zu kontrollieren, ob die Handlung stattfindet. Wir können die unbewussten Initiativen zu Willenshandlungen als ein „Hochsprudeln" im Gehirn verstehen. Der bewusste Wille entscheidet dann, welche dieser Initiativen sich in einer Handlung niederschlagen soll oder welche verhindert und abgebrochen werden sollen, ohne dass es zur Handlung kommt.

Benjamin Libet,
Prof. für Neurobiologie in Kalifornien

1. Fassen Sie die zentralen Thesen des Hirnforschers Gerhard Roth zusammen (→ S. 326).
2. Zeigen Sie Konsequenzen für das eigene Selbstverständnis und für das Strafrecht auf und beurteilen Sie diese.
3. Entwerfen Sie einen Brief von Libet an Roth.
4. Vergleichen Sie die reformatorische Sicht vom unfreien Willen (S. 68) mit der Sicht von Roth.

Was bestimmt die Entscheidungen eines Menschen?

Duane Hanson (1925-1996): Super market Lady, 1970

Der „homo oeconomicus"

Die moderne Wirtschaftswissenschaft beruht auf einer Theorie, nach der Menschen „rationale Nützlichkeitsmaximierer" sind, also Individuen, die ihre beeindruckenden kognitiven Fähigkeiten für ihr Eigeninteresse einsetzen. Mit dieser Theorie sind mehrere zusätzliche Annahmen verknüpft. Eine besagt, dass das Individuum maßgeblich ist – im Gegensatz zu einer Familie, einem Stamm, einer Nation oder einer sonstigen sozialen Gruppe. Wenn Menschen miteinander kooperieren, dann nur, weil sie sich ausrechnen, dass Zusammenarbeit ihrem Eigeninteresse eher dient als individuelles Handeln. Die zweite Annahme betrifft den Charakter der „Nützlichkeit", das heißt, die individuellen Präferenzen – ein neues Auto, sexuelle Befriedigung, ein erholsamer Urlaub –, die laut Ökonomen die „Nützlichkeitsfunktion" einer Person ausmachen. Viele Ökonomen beharren darauf, dass ihre Theorien nichts über die letztlich von Menschen gewählten Präferenzen oder Nützlichkeiten aussagen, denn die Entscheidung treffe stets der Einzelne. Die Ökonomik widme sich nur den Methoden, mit denen Präferenzen rational verfolgt würden. Folglich maximieren ein Hedgefonds-Manager, der sich bemüht, eine weitere Milliarde zu verdienen, und ein Soldat, der sich auf eine Granate fallen lässt, um seine Kameraden zu retten, jeweils ihre unterschiedlichen Präferenzen. [...]

Die Ökonomik ist heute zu einer dominierenden und renommierten Sozialwissenschaft geworden, da die Menschen ihr Verhalten oftmals tatsächlich an der von ihr vertretenen restriktiveren Variante der menschlichen Motivation ausrichten. Materielle Anreize sind durchaus von Belang. Im kommunistischen China war die Agrarproduktivität auf Staatsgütern stets niedrig, da die Bauern den von ihnen erwirtschafteten Überschuss nicht behalten durften. Also drückten sie sich lieber vor der Arbeit, als sich abzurackern. Ein bekannter Ausspruch in der kommunistischen Welt lautete: „Sie tun so, als würden sie uns bezahlen, und wir tun so, als würden wir arbeiten." Als man die Anreize in den späten siebziger Jahren änderte und den Bauern gestattete, ihren Überschuss zu behalten, verdoppelte sich der Agrarertrag innerhalb von vier Jahren. Eine der Ursachen der Finanzkrise von 2008 bestand darin, dass Investmentbanker für kurzfristige Profite belohnt, doch nicht dafür bestraft wurden, wenn ihre riskanten Anlagen ein paar Jahre später platzten. Um das Problem zu lösen, müsste man die Anreize ändern.

Während das herkömmliche Wirtschaftsmodell unzweifelhaft ein Gutteil des menschlichen Verhaltens erklärt, weist es auch etliche Schwächen auf. Im Laufe der beiden vergangenen Jahrzehnte haben Verhaltensökonomen und -psychologen [...] die Grundvoraussetzungen des Modells attackiert, indem sie aufzeigten, dass Menschen in der Praxis nicht rational sind, sondern zum Beispiel Standardverhaltensweisen den Vorzug gegenüber geeigneteren Strategien geben oder sich die schwere Arbeit des Nachdenkens ersparen, indem sie die Aktivitäten anderer in ihrer Umgebung nachahmen.

Francis Fukuyama, (1952),*
US-amerikanischer Politikwissenschaftler

i

Homo oeconomicus: dt. „Wirtschaftsmensch"; bezeichnet in den Wirtschaftswissenschaften und der Spieltheorie das Modell des Nutzenmaximierers, der in allen Lebensbereichen den eigenen Nutzen rational abwägt und danach handelt.

1. Interpretieren Sie die Plastik von Duane Hanson.
2. Erklären Sie mithilfe des Textes das Modell des „rationalen Nutzenmaximierers".
3. Erläutern Sie Stärken und Schwächen des „homo oeconomicus" (vgl. auch S. 55).
4. Klimaschützer fordern eine Veränderung menschlichen Konsumverhaltens (→ **S. 46f.**). Offen ist, wie es zu dieser Veränderung kommen kann. Entwerfen Sie dazu eine Kontroverse (→ **S. 331**) mit Positionen aus den Wirtschaftswissenschaften, der Verhaltenspsychologie und der Theologie.

Was meint Evolution?

Die Evolution des Menschen

Februar 1871: [...] Seit mehr als einem Jahrzehnt empören sich Darwins Gegner über die ungeheure Kränkung, die er der Menschheit 1859 mit seinem revolutionären Werk „On the Origin of Species by Means of Natural Selection" [...] zugefügt habe. Darin hat Darwin erklärt, dass Arten nicht konstant seien: Sie wandelten sich, und die natürliche Auslese im Kampf ums Dasein regele die Entstehung und Veränderung aller Lebewesen, auch des Menschen.
Damit hat sich der Forscher radikal gegen die herrschende Überzeugung gestellt, die besagt: Alle Arten sind von Gott geschaffen; sie sind unveränderlich, und der Mensch nimmt als „Krone der Schöpfung" eine Sonderstellung ein.
Mit der „Abstammung des Menschen" heizt Darwin die Debatte um die vermeintliche Einzigartigkeit des Menschen nun weiter an. Der sei nicht Gottes Geschöpf; vielmehr hätten Mensch und Tier gemeinsame Ahnen, und die Menschheit habe sich auf natürliche Weise aus affenähnlichen Wesen entwickelt. Darüber hinaus stellt er die These auf, die Evolution des Homo sapiens sei den gleichen Prinzipien unterworfen wie die anderer Organismen [...].
Im zweiten Teil seines Werkes erläutert Darwin darüber hinaus seine These einer im Tierreich weit verbreiteten sexuellen Selektion. Darunter versteht er die Auswahl des Fortpflanzungspartners – in der Regel durch das Weibchen. Wenn zum Beispiel die Hennen des Pfaus den Hahn mit den jeweils längsten, schillerndsten Schwanzfedern am attraktivsten finden, wird sich eben dieses Merkmal von Generation zu Generation stärker ausprägen, obwohl es, anders als nach dem Prinzip der natürlichen Selektion zu erwarten, keinen direkten Vorteil beim Kampf ums Überleben bringt. Es steige aber die Chancen für die Paarung und damit den Fortpflanzungserfolg.
Diesem zweiten Evolutionsmechanismus schreibt Darwin eine wichtige Rolle für die Entwicklung der menschlichen „Rassen" zu: All die Unterschiede etwa der Hautfarbe, Behaarung oder Gesichtszüge ließen sich nicht allein mit dem Prinzip der natürlichen Auslese erklären.
Er legt [sodann] dar, dass die entscheidenden Merkmale des Menschlichen – etwa der aufrechte Gang, die Werkzeugherstellung und das soziale Wechselspiel im Gruppenverband – auch die treibenden Kräfte für den Übergang vom Affen zum Menschen waren: „Wenn es für den Menschen ein Vorteil war, Arme und Hände frei zu haben und sicher auf den Füßen zu stehen – und daran kann nach seinem ausgezeichneten Erfolg im Kampf ums Überleben kein Zweifel bestehen –, dann kann ich keinen Grund erkennen, warum es nicht auch für die Vorläufer des Menschen vorteilhaft gewesen sein soll, stärker aufrecht oder auf zwei Beinen zu gehen. Sie wären dann leichter in der Lage gewesen, sich mit Steinen oder Keulen zu verteidigen, ihre Beute anzugreifen oder sich auf andere Weise Nahrung zu beschaffen."

Matthias Glaubrecht (1962),*
Zoologe und Wissenschaftsjournalist

Darwin zu Mann und Frau

Für Darwin gab es keinen Zweifel, dass [...] auch die bedeutendere Größe und Stärke des Mannes im Vergleich mit der Frau, in Verbindung mit seinen breiteren Schultern, seiner entwickelteren Muskulatur, seinen eckigen Körperumrissen und seinem größeren Mut durch den Erfolg der stärksten und kühnsten Männer in ihren Streitigkeiten um Frauen entstand, welcher ihnen das Hinterlassen einer zahlreicheren Nachkommenschaft als ihren weniger begünstigten Brüdern sicherte.
Darwin vermutete also, dass der Mensch durch Vererbung von seinen frühen halbmenschlichen Urerzeugern zur Vielweiberei neigt, was über weite Strecken die Kulturgeschichte etwa des Alten Orients, der Antike und des Islam bestätigt.
Von diesen Befunden ausgehend, ist es zunächst wahrscheinlicher, dass polygyne oder promiske Paarungssysteme die frühhominide Ausgangsbasis stellten, und nicht die Monogamie, geschweige denn die Polyandrie.

Christian Vogel (1933-1994), dt. Anthropologe;
Volker Sommer (1954),*
Prof. für Evolutionäre Anthropologie in London

1. Fassen Sie die Thesen von Darwin zusammen. Ziehen Sie auch Ihr Biologiebuch heran.
2. Interpretieren Sie die Karikatur zu Darwin aus dem Jahre 1874.
3. Erläutern Sie, warum die Thesen von Darwin als „ungeheure Kränkung" aufgefasst wurden.
4. Untersuchen Sie, welche Aspekte Darwins Sicht von Mann und Frau ausblendet.
5. Entwerfen Sie das Lebenskonzept eines Menschen, der sich ganz an der Evolutionslehre orientiert.

In welchem Verhältnis stehen Schöpfung und Evolution?

Schöpfung und Evolution: Deutungen der Stammesgeschichte des Menschen

Der eine Mensch nimmt die Stammesgeschichte als einen großen, sich entfaltenden Lebensstrom wahr, in dem ein Weltgeist, eine ursprüngliche Lebensenergie, zu seinem Ziel hindrängt. Er kann sich vor Augen führen, dass er an diesem großen Geschehen teilnimmt, und so sein kleines und vergängliches Dasein in eine größere Ordnung einfügen. Der Trost wird noch tiefer wurzeln, wenn er zusätzlich annimmt, ihm stünden viele weitere Lebenszeiten bevor, in denen er sich mit dem Weltganzen von Stufe zu Stufe höherentwickeln könne. […]

Ein anderer sieht in der Stammesgeschichte das blinde Tasten eines unvernünftigen Zufalls, von dem der Mensch sinn- und hoffnungslos in ein kurzes und leidvolles Dasein hineinentwickelt wurde, das ebenso sinnlos und schmerzlich enden wird, sobald die planlose Evolution eine andere Richtung einschlägt. Er wird von daher allen Trost ablehnen müssen, der auf einer ewigen Weltordnung oder der persönlichen Zuwendung eines Gottes beruht. Aber er wird sich in der Rolle des tragischen, wissenden Helden sehen können, der um das unvermeidliche Scheitern weiß und trotzdem weiter mit dem Universum ringt. […] Der Dritte sieht in der Evolution die Hand des allmächtigen Gottes, der auf den für den Menschen undurchschaubaren, verflochtenen Wegen von Stammesgeschichte und Weltgeschichte zu seinen Heilszielen gelangt. Er wird diesen Gott, den Herrn der Erd- und Weltgeschichte, auch in der Geschichte seines persönlichen Lebens suchen und finden. Und er wird den Trost davontragen, dass er seine Geschichte nicht aus eigener Kraft mit ihrem tiefen, ewigen Sinn erfüllen muss, sondern dass dieser Sinn als Geschenk aus der Hand Gottes kommt.

Aber welche Haltung entspricht der biologischen Evolutionstheorie nun wirklich?

Hansjörg Hemminger (1948), Biologe und Psychologe; Wolfgang Hemminger (* 1941) Physiker*

1. Beurteilen Sie anhand des ersten Textes, welche Sinndeutung der Evolution entspricht, und benennen Sie weitere mögliche Sinndeutungen.
2. Arbeiten Sie in dem Gedicht von Fischer die theologischen sowie die biologischen Aussagen heraus.
3. Stellen Sie das Verhältnis von biologischen und theologischen Aussagen im Text von Fischer grafisch dar.
4. Entwerfen Sie eine Kurzrede zu dem Verhältnis von Schöpfung und Evolution (→ **S. 334**).

Gott wollte den Menschen

Und Gott wollte den Menschen,
ein sichtbares Bild seiner Herrschaft auf Erden.
Nicht als einen Sklaven ohne Ich wollte er ihn,
sondern frei,
nicht als Marionette,
sondern als bündnisfähigen Partner.
Und Gott beschenkte den Menschen
mit Intelligenz und eigenem Willen,
mit Phantasie und Gefühlen,
mit Selbstvertrauen und Tatkraft
und mit der Fähigkeit zur Liebe.

Und Gott ließ die Menschheit werden
über Millionen Jahre hinweg.
Aus niederen Stufen stieg auf das Menschenwesen
mit höher entwickeltem Gehirn
und mit erwachendem Bewusstsein.
Und Gott ließ die Menschen aufwachsen
im Dunkel undurchdringbarer Vorgeschichte
aus den Vormenschen, Halbaffenmenschen,
aus Lebewesen, die ihren Gang aufrichteten.
Aus Urwäldern, aus dem Dschungel kamen sie
und drangen vor in die Savannen,
in offene Landschaften,
mit ersten Werkzeugen und Waffen.
In Gruppen lebten sie – füreinander
und gaben sich Schutz und Hilfe.

So wurde der Mensch ein Ebenbild Gottes.
Und Gott verlieh ihm die Gabe,
Laute zu bilden und Worte zu formen,
Begriffe zu ersinnen und Namen zu geben,
um seine Erfahrungen auszuwerten.
Und Gott schenkte dem Menschen das Vermögen,
sich mitzuteilen,
einem anderen zuzuhören und ihn zu verstehen.

So schuf Gott den Menschen: ein offenes, entwicklungsfähiges Wesen in der Gemeinschaft,
begabt, die Natur zu beobachten,
ihre Gesetze zu erkennen
und sich dienstbar zu machen.
Und der Mensch wurde ein Partner Gottes,
frei zu verantwortlichem Leben,
geschaffen, Gottes Größe und Liebe zu erahnen,
seine Stimme zu vernehmen und ihn zu erkennen
im Glauben.

Manfred Fischer (1933-2010), ev. Pfarrer, ehem. Direktor der Akademie Bad Boll

Warum werden die einen krank und andere genießen unbeschwert ihr Leben?

Wiedergeburt und Erlösung im Hinduismus

Der Karmagedanke versucht, die jetzigen Lebensumstände mit Bezug auf die früheren Handlungen (einschließlich derjenigen von vor der Geburt) zu erklären, bietet für die gegenwärtigen Aktionen eine Orientierung auf die künftigen Ziele hin (einschließlich derjenigen nach dem Tod) und schafft schließlich eine moralische Grundlage für die Prädizierung [Zuschreibung] der vergangenen und gegenwärtigen Handlungen. Das Karma wird als eine feinmaterielle Potenz gedacht, die sich an eine Person, an ihren Atman heftet und über den Tod hinaus bestehen bleibt und weiter wirkt. Auf diese Weise kommt es zur Wiederverkörperung, die einen Menschen im Wesenskreislauf festhält. Durch diesen „Bewusstseinsstoff" werden für ein künftiges Leben festgelegt: die Art des Körpers (Tier oder Mensch usw.), die Lebensdauer und die generelle Gemütsstimmung (angenehm/schmerzhaft). […] Auch gutes Karma holte einen wieder in den Kreislauf der Wiedergeburten zurück. Es kam also darauf an, weder schlechtes noch gutes Karma anzuhäufen. Die schien grundsätzlich auf zwei unterschiedlichen Wegen möglich: Entweder man zieht sich gänzlich aus dem irdischen Leben zurück. […] Oder […]: Nicht im Nichthandeln, sondern im absichtslosen und auf Resultate verzichtenden Handeln liege die Lösung. […]

Eine […] Frage, die zwischen hinduistischem und christlichem Denken zu klären wäre, ist die, inwiefern das Ergehen eines Menschen durch vorausliegende Prozesse oder auch das Verhalten vorangegangener Generationen bedingt sein könnte. Die biblische Tradition kennt hier zwei Optionen. Das […] Wissen um die Heimsuchung der Missetaten der Väter „bis ins dritte und vierte Glied an den Kindern derer, die mich hassen" (Dtn 5,9), spricht zwar solche Zusammenhänge an, sieht sie aber unendlich überragt von der Barmherzigkeit Gottes, die sich über Tausende von Generationen erstreckt. Die zweite Option, die des Neuen Testaments, bestreitet hier überhaupt einen Zusammenhang; das Ergehen im Guten oder Bösen steht von Gott her unter anderen Gesichtspunkten: an einem Blindgeborenen sollen die Werke Gottes offenbar werden (Joh 9,3). Ein Rückschlussverfahren von leidvollem Geschick auf eigene Schuld oder die Schuld vergangener Generationen wird damit grundsätzlich unmöglich; denn nicht ein automatisch sich vollziehender Prozess, sondern Gott bestimmt den Verlauf der Dinge. Dass Gott dabei auch natürliche Vorgegebenheiten berücksichtigen oder sich auswirken lassen kann, ist eine andere Frage.

Hans-Martin Barth (1939), Prof. für Syst. Theologie und Religionsphilosophie in Marburg*

i

Atman: Der vom Leib unabhängige, von Leben zu Leben wandernde Seelengrund und inneren Kern des Menschen, der jeden Untergang des menschlichen Lebens überdauert und mit Brahman, der Weltseele identisch ist, die alles Sein durchdringt. Der Seelengrund ist von einer feinstofflich-leiblichen Substanz, der Lebensseele, ummantelt, in der das Karma gespeichert ist.
Samsara: wörtlich „Herumkreisen", der ewige Kreislauf von Geburt, Tod und Wiedergeburt.
Yoga: wörtl. anspannen, anschirren, zusammenbinden mit dem Ziel, mit dem Selbst eins zu werden und dieses aus der Umklammerung mit der Materie zu befreien.
Erlösung: Befreiung von dem, was Menschen an einem erfüllten Leben hindert. Der Hinduismus versteht darunter letztlich „mokscha", die Herauslösung aus dem Kreislauf der Wiedergeburten.

Auferstehung/Wiedergeburt → S. 150 → S. 314f.

1. Erläutern Sie anhand des Textes die Begriffe Karma, Karmagedanke, Atman und Wesenskreislauf.
2. Beschreiben Sie das Bild und setzen Sie es in Beziehung zur Lehre von Atman und Karma.
3. Arbeiten Sie den Unterschied zwischen dem Karmagedanken und dem biblischen Glauben heraus.
4. Entwerfen Sie eine Stellungnahme (→ S. 331) zur Karmalehre aus der Perspektive des verlorenen Sohnes (S. 65) nach der Heimkehr.

Ethische Fragestellungen

Woran erkennt man moralisches Handeln?

Basics

Moralische Entscheidungen
Menschen können moralische Entscheidungen treffen und damit zwischen Gut und Böse unterscheiden. Sie sind zudem in der Lage, ihre moralischen Entscheidungen zu reflektieren und kritisch zu überprüfen. Das unterscheidet sie von Tieren.
Die Frage nach Gut und Böse stellt sich im alltäglichen Leben, in herausfordernden Lebenssituationen und in verschiedenen Lebensbereichen. Dabei kann man verschiedene Perspektiven unterscheiden. Ein Schwangerschaftskonflikt stellt sich aus der Perspektive der Betroffenen (Individualethik) anders dar als aus der Perspektive von Ärzten (Professionsethik) oder dem Gesetzgeber (Institutionenethik).
Moralische Urteile sind von verschiedenen Faktoren bestimmt: von den eigenen Fähigkeiten (Wille, Gefühle, Verstand), von der Beteiligung anderer Personen, von eigenen Erwartungen und Zielen, von den zur Verfügung stehenden Mitteln, von überprüfbaren Fakten und vor allem Normen und Werten. Sie sind aber auch von religiösen oder weltanschaulichen Überzeugungen über den Ursprung, die Bestimmung und Beschaffenheit von Mensch und Wirklichkeit geprägt.

Friedrich Nietzsche (1844–1900): Der Übermensch
Und Zarathustra sprach also zum Volke: Ich lehre euch den Übermenschen. Der Mensch ist etwas, das überwunden werden soll. Was habt ihr getan, ihn zu überwinden?
[...] Was ist der Affe für den Menschen? Ein Gelächter oder eine schmerzliche Scham. Und ebendas soll der Mensch für den Übermenschen sein: ein Gelächter oder eine schmerzliche Scham. Ihr habt den Weg vom Wurme zum Menschen gemacht, und vieles ist in euch noch Wurm. Einst wart ihr Affen, und auch jetzt noch ist der Mensch mehr Affe als irgendein Affe. [...] Der Übermensch ist der Sinn der Erde. Euer Wille sage: der Übermensch sei der Sinn der Erde! Ich beschwöre euch, meine Brüder, bleibt der Erde treu und glaubt denen nicht, welche euch von überirdischen Hoffnungen reden! Giftmischer sind es, ob sie es wissen oder nicht. Verächter des Lebens sind es, Absterbende und selber Vergiftete, deren die Erde müde ist: so mögen sie dahinfahren! Einst war der Frevel an Gott der größte Frevel, aber Gott starb, und damit starben auch diese Frevelhaften. An der Erde zu freveln ist jetzt das Furchtbarste, und die Eingeweide des Unerforschlichen höher zu achten als den Sinn der Erde! [...]
Die Stunde, wo ihr sagt: „Was liegt an meiner Vernunft! Begehrt sie nach Wissen wie der Löwe nach seiner Nahrung? Sie ist Armut und Schmutz und ein erbärmliches Behagen!“
Die Stunde, wo ihr sagt: „Was liegt an meiner Tugend! Noch hat sie mich nicht rasen gemacht. Wie müde bin ich meines Guten und meines Bösen! Alles das ist Armut und Schmutz und ein erbärmliches Behagen!“
Die Stunde, wo ihr sagt: „Was liegt an meiner Gerechtigkeit! Ich sehe nicht, dass ich Glut und Kohle wäre. Aber der Gerechte ist Glut und Kohle!“
Die Stunde, wo ihr sagt: „Was liegt an meinem Mitleiden! Ist nicht Mitleid das Kreuz, an das der genagelt wird, der die Menschen liebt? Aber mein Mitleiden ist keine Kreuzigung.“

Friedrich Nietzsche: Also sprach Zarathustra

1. Untersuchen Sie an einem selbstgewählten Beispiel die Entstehung, die Voraussetzungen und die Folgen eines moralischen Urteils.
2. Erklären Sie den Unterschied von Individual-, Professions- und Institutionenethik.
3. Untersuchen Sie, wie Nietzsche den Übermenschen bestimmt, und vergleichen Sie diesen mit Superman.
4. Entwickeln Sie Konsequenzen der Lehre vom Übermenschen für ethisches Handeln.

Team-Aufgaben

1. Arbeiten Sie aus den ethischen Ansätzen von Kant (→ **S. 230f.**), Mill (→ **S. 232**), Schweitzer (→ **S. 235**) und Weber (→ **S. 234**) das jeweilige Menschenbild heraus und erläutern Sie den Zusammenhang von Menschenbild und Ethik.
2. Wenden Sie die Schritte ethischer Fallanalyse (→ **S. 246**) an auf eine der ethischen Fragestellungen (S. 80-82), die Friedensfrage (→ **S. 217**), das bedingungslose Grundeinkommen (→ **S. 300**), den Klimawandel (→ **S. 46f.**) oder die Organtransplantation (→ **S. 44f.**). Entwerfen Sie ein ethisches Kurz-Gutachten.
3. Entwerfen Sie unter Aufnahme des Pflegeroboters (S. 52), Nudging (S. 55) und Transhumanismus (S. 82) einen Kommentar zum Thema „Digitalisierung und Ethik“.

Wie kommt es zu einem Schwangerschaftskonflikt?

Aus einer Anzeige:

Der Pränatal-Test kann aus mütterlichem Blut folgende Veränderungen im Erbgut Ihres ungeborenen Kindes, sogenannte Chromosomenstörungen bestimmen:
• **Trisomie 21** (Down-Syndrom) • **Trisomie 18** (Edwards-Syndrom) • **Trisomie 13** (Pätau-Syndrom) • **Fehlverteilungen der Geschlechtschromosomen X und Y** (Turner-, Triple X-, Klinefelter- und XYY-Syndrom) • **22q11.2 Mikrodeletion** – DiGeorge-Syndrom
Auf Wunsch erfahren Sie auch, ob Sie ein Mädchen oder einen Jungen erwarten. Das kindliche Geschlecht teilt Ihnen Ihr Arzt gemäß gesetzlicher Vorgaben ab der zwölften Schwangerschaftswoche nach Empfängnis mit.

EKD: Stellungnahme zur nichtinvansiven Pränataldiagnostik

Werdende Eltern nehmen die pränatale genetische Diagnostik primär deshalb in Anspruch, weil sie sich die Gewissheit wünschen, dass ihr Kind ohne Fehlbildungen oder Erkrankungen, insbesondere ohne autosomale Trisomien, geboren wird. Lassen sich diese aufgrund der Untersuchungsbefunde nicht ausschließen, stellt sich für die schwangeren Frauen die Frage, ob sie auch unter diesen Umständen bereit sind, das in ihrem Körper heranwachsende Kind auszutragen. Das bedeutet zugleich, dass die Frage nach einem möglichen Schwangerschaftsabbruch eng mit der Inanspruchnahme pränataler genetischer Diagnostik verbunden ist.

Dieser Zusammenhang weist zugleich darauf hin, dass das subjektiv empfundene und das objektiv feststellbare Risiko bei einer Schwangerschaft nicht deckungsgleich sein müssen, möglicherweise auch nicht deckungsgleich sein können. Die Perspektive der schwangeren Frau kann nur von ihr selbst eingenommen werden, ebenso wie die entsprechenden Entscheidungen zur Inanspruchnahme pränataler Diagnostik nur von ihr getroffen werden können. [...]

Dieser Sachverhalt entspricht dem Respekt vor der Freiheit und dem Selbstbestimmungsrecht der schwangeren Frau, gleichzeitig aber weist jede Schwangerschaft und damit eben auch jeder pränataldiagnostische Befund über deren Perspektive hinaus: Hier ist das ungeborene Kind mitbetroffen, sodass die schwangere Frau nicht nur eine Entscheidung über ihre eigenen Vorstellungen, sondern möglicherweise auch über das Leben des sich entwickelnden Kindes treffen muss. [...]

Die im Internet angebotenen Tests lassen die mögliche Konsequenz eines Schwangerschaftskonflikts grundsätzlich unerwähnt, ja, sie verschleiern diese Konsequenz mit Beschreibungen der Test als „ungefährlich", „risikolos", „schonend" und „sicher". Zudem wird verdeckt, dass die Ratio einer möglichst frühen Testung im Rahmen der NIPD darauf zielt, eventuelle Abbrüche unter den für die ersten zwölf Wochen geltenden Regeln durchzuführen und dadurch einer möglichen rechtlichen Regulierung für Schwangerschaftsabbrüche nach einem auffälligen pränataldiagnostischen Befund zu entgehen. [...]

Allerdings ist unbestreitbar, dass auch ein solcher nicht rechtswidriger Schwangerschaftsabbruch das Lebensrecht des ungeborenen Kindes negiert. Die schweren inneren Konflikte, vor die sich betroffene Paare und vor allem schwangere Frauen immer wieder gestellt sehen, resultieren aus diesem Sachverhalt. [...]

Aufgrund der Konflikte, in die werdende Eltern geraten können, sollte die Möglichkeit pränataler genetischer Tests in jedem Fall mit einer umfassenden Aufklärung und Beratung verbunden sein, die über die medizinischen Aspekte hinaus auch die psychosoziale und ethische Dimension umfasst. [...] [Diese Beratung soll] in den Leistungskatalog der GKV aufgenommen werden [...] In diese Beratung sollen auch die möglichen Folgen und Konflikte, die mit der Pränataldiagnostik und einem möglichen auffälligen Ergebnis verbunden sein können, angesprochen und reflektiert werden. [...]

Kammer für Öffentliche Verantwortung der EKD

1. Erläutern Sie aufgrund einer Recherche die Unterschiede von Präimplantationsdiagnostik, invasiver und nichtinvasiver Pränataldiagnostik.
2. Beurteilen Sie, ob eine nichtinvasive Pränataldiagnostik allen Schwangeren angeboten und von den Gesetzlichen Krankenkassen (GKV) bezahlt werden sollte, und benennen Sie die anthropologischen Annahmen Ihrer Beurteilung.
3. Bewerten Sie die nichtinvasive Pränataldiagnostik aus der Perspektive von Frauen, Ärzten, Pharmaunternehmen und Menschen mit Behinderung.
4. Erarbeiten Sie den Argumentationsgang der Evangelischen Kirche und stellen Sie ihn grafisch dar.

Warum wollen Menschen ihrem Leben selber ein Ende setzen?

Assistierter Suizid

Erica Bolinger war eine lebenslustige, feinfühlige und kreative Frau. [...] Das reale Leben dagegen schien ihr allmählich zu entgleiten, die Alltagsbewältigung wurde beschwerlich. Sie vergaß Dinge, hielt Abmachungen nicht mehr ein, wurde depressiv. [...] Im November 2008 erhielt sie die Diagnose Alzheimer. Für Erica Bolinger war von diesem Moment an klar, dass sie das fortgeschrittene Stadium dieser Krankheit sich selbst, Walter und ihrem verwandtschaftlichen und freundschaftlichen Umfeld nicht zumuten wollte. [...]

„Sie haderte nicht", sagt Walter Bolinger heute, „sie akzeptierte, ja dominierte die Krankheit – und lebte intensiv. Bis zuletzt. Doch sie fürchtete sich davor, abhängig zu sein, nicht mehr selbst bestimmen oder zumindest mitbestimmen zu können." [...]

Den [...] Tag des Abschieds verbrachten Erica und Walter Bolinger gemeinsam mit ihrem Sohn [...]. Gegen Abend trafen sie sich mit den beiden Frauen von Exit und mit Ericas bester Freundin in Ericas Malatelier. Man habe nochmals lange miteinander geredet, und die Exit-Vertreterinnen hätten Erica dreimal gefragt, ob es nach wie vor ihr fester Wille sei zu sterben. „Für sie", sagt Walter Bolinger, „war das klar." Ihrem Wunsch entsprechend, habe man eine CD mit Kuhglockengeläut aufgelegt. Sich dann umarmt. Dabei habe sie [...] nochmals zum Pinsel gegriffen und auf dem Bild mit den Vögeln einige bunte Tupfer angebracht. Dann habe sie „mit beeindruckender Leichtigkeit und Selbstverständlichkeit" nach dem Glas gegriffen, das die Frauen von Exit bereitgestellt hatten – und gelächelt. „Nach einigen Minuten", sagt Walter Bolinger, „fühlte sie sich müde, dann schlief sie ein. Friedlich. Harmonisch. Ihr Atem wurde schwächer – bis er aufhörte."

Walter Däpp, Journalist

Autonomistisches und personal-relationales Menschenbild

Dem [...] Wertewandel entspricht [...], dass die Autonomie, im Sinne einer uneingeschränkten Selbstbestimmung, immer mehr als grundlegender oder gar alleiniger Inhalt der Menschenwürde nach Art. 1 des Grundgesetzes (GG) angesehen wird. Daraus wird abgeleitet, dass der Mensch nicht nur ein Recht hat, sich gegen die Eingriffe anderer in sein Leben zu wehren, sondern auch ein uneingeschränktes Verfügungsrecht über sein Leben besitzt und daher auch ein Recht, den Zeitpunkt seines Todes selbst zu bestimmen. [...]

Aber der Mensch begründet sich weder in seinem Dasein noch in seiner Würde durch sein Entscheiden und Handeln. Er wird ohne sein Zutun ins Dasein „geworfen", ob er es will oder nicht. Er empfängt sein Leben von seinen Eltern, letztlich aber aus dem schöpferischen Handeln Gottes. Leben gründet daher primär im Angewiesensein auf andere. Der Mensch ist, um überhaupt leben zu können [...], auf Beziehungen zu anderen Menschen angewiesen. Er lebt in und aus ihnen und nicht aus sich selber, er verdankt ihnen und damit in erster Linie anderen und nicht sich selbst sein Leben. [...] Dem Angewiesensein entspricht das „Für-Sein" der Anderen, ohne das Leben nicht sein [...] kann. [...]. Der autonome Mensch, der selbst in schweren Krisensituationen sich nur selbst bestimmt und aus und durch sich selber leben kann, ist weitgehend ein theoretisches Konstrukt. [...]

Jeder Suizidversuch ist mit einer Einengung des Blickwinkels auf sich selbst verbunden, der zu dem Urteil des Suizidanten führt, dass sein Leben nicht mehr wert ist, gelebt zu werden, weil es z.B. für ihn und im Grunde auch für die anderen Menschen nur eine Last sei. Aufgabe derer, die in Beziehungen zu derart lebensmüden Menschen stehen und die zur Hilfe verpflichtet sind, ist es nicht, ein derartiges Urteil [...] einfach zu übernehmen und zur Leitlinie des eigenen Handelns werden zu lassen. Vielmehr sind sie herausgefordert, diesem Urteil als Anwalt des Lebens zu begegnen, [...] dadurch, dass man dem Menschen das anbietet, was ihm fehlt, um das Leben auch in schweren Krisen bestehen zu können. [...]

Ulrich Eibach (1942), Prof. für Syst. Theologie in Bonn und Krankenhausseelsorger*

1. Beurteilen Sie den Wunsch der Frau, sterben zu wollen.
2. Recherchieren Sie zur Schweizer Organisation Exit und vergleichen Sie die aktuelle Rechtslage in Deutschland.
3. Arbeiten Sie an dem Text von Eibach die beiden gegensätzlichen Menschenbilder heraus und zeigen Sie auf, wie sich diese in dem Fall von Frau K. (S. 52) auswirken.
4. Entwerfen Sie Empfehlungen für die Begleitung von todkranken und lebensmüden Menschen.

Wann wird der Mensch zur Maschine?

Neil Harbisson (1984). Durch die implantierte Antenne kann er Bilder als Klänge hören*

Transhumanismus

Transhumanisten gehen davon aus, dass die nächste Evolutionsstufe der Menschheit durch die Fusion mit Technologie erreicht wird. Die Technologien, die wir heute in Form von Wearables an unseren Körpern tragen, werden wir künftig in uns tragen; an die Stelle des Menschen sollen Cyborgs treten. Die Wissenschaft tut ihr Bestes, um diese Vision Wirklichkeit werden zu lassen. [Große Unternehmen forschen] an smarten Kontaktlinsen, die über Augmented-Reality-Features und medizinische Anwendungsmöglichkeiten verfügen, etwa das Messen des Blutzuckers von Diabetikern. Über eine integrierte Antenne funkt die Linse entsprechende Daten an das Smartphone.

Gerade im medizinischen Bereich gibt es eine Vielzahl von Entwicklungen, die eine transhumanistische Veränderung der Gesellschaft durchaus plausibel erscheinen lassen. Zum Beispiel elektronische Gehirn-Implantate: Über Sensoren oder Elektroden können sie die Aktivitäten des Gehirns überwachen und Prozesse im neuronalen Netzwerk stimulieren oder blockieren. Jüngste Errungenschaften in diesem Bereich sind Implantate in Form eines flexiblen Netzes, die mit einer Spritze minimalinvasiv direkt in das Gehirn injiziert werden können. Das Netz kann dazu benutzt werden, neurologische Krankheiten wie Parkinson oder durch Schlaganfälle verursachte Gehirnschäden zu behandeln.

Herztransplantationen mit Roboter-Herzen, 3D-Druck von Organen und Gliedmaßen, Implantate, die Blinde zu Sehenden machen und Taube wieder hören lassen – all das ist bereits möglich. Warum also nicht noch einen Schritt weiter gehen und mit Hörgeräten Körpertemperatur und Puls überwachen und gleichzeitig Musik abspielen? [...] Superreiche Technologie-Gurus in den USA gehen noch einen Schritt weiter: Sie wollen sich experimentelle Implantate in ihre Gehirne einsetzen lassen, die ihnen eine direkte Kommunikation mit einfachen Formen Künstlicher Intelligenz ermöglichen. In eine ähnliche Richtung zielen smarte digitale Tattoos: [Ein großes Software-Unternehmen] hat einen NFC-Chip entwickelt, der durch einen Tattoo-ähnlichen Prozess in den Finger gestochen wird. Der Träger kann damit zum Beispiel Autos öffnen oder Codes per Fingerzeig eingeben.

Technologische Fortschritte kreieren neue Symbiosen zwischen Mensch und Maschine. Sie redefinieren, was wir sind und können. Doch das ist nichts Neues, sondern eine Konstante in der Geschichte der Menschheit: Schon immer haben wir Technologie genutzt, um unsere Sinne und unser Selbst zu erweitern. Insofern bildet der Transhumanismus eine logische Fortsetzung – in einem neuen Kontext mit völlig neuen technologischen Möglichkeiten.

Marina Lordick, Soziologin

Der Traum vom Übermenschen (vgl. S. 79)

Der zeitgenössische Transhumanismus ist die Konkretisierung eines uralten Menschentraums, nämlich sich über die conditio humana hinwegsetzen zu können, alle Beschränkungen der Menschennatur zu sprengen, übermenschliche Kräfte und Fähigkeiten zu entwickeln. Manche Transhumanisten erhoffen sich auch, den kindlichen Wunsch nach Unsterblichkeit über digitale Technologien erfüllen zu können. [...] Aus psychoanalytischer Sicht muss ein solcher Wunsch als regressiv und narzisstisch charakterisiert werden, denn es gehört zu den elementarsten Bedingungen des Erwachsenseins, die Beschränkung als Mensch und auch die eigene Sterblichkeit zu akzeptieren. [...]

Julian Nida-Rümelin (1954), Philosoph in München; Nathalie Weidenfeld (*1970), Kulturwissenschaftlerin*

Maschinenintelligenz → S. 298
Homo Deus → S. 105

1. Erläutern Sie die Bewegung des Transhumanismus und benennen Sie Chancen und Risiken.
2. Geben Sie aufgrund einer Recherche wieder, was den Cyborg Neil Harbisson bewegt.
3. Untersuchen Sie ausgehend von dem Text von Nida-Rümelin und Weidenfeld die anthropologischen Hintergründe des Transhumanismus.
4. Entwerfen Sie einen Kommentar (→ S. 331) zum Transhumanismus in einem Jugendmagazin, das an Schulen Ihrer Umgebung kostenlos verteilt wird.

Check-out

Wiederholen – Zusammenfassen – Sichern

- Formulieren Sie fünf Merksätze, die sich für Sie in der Auseinandersetzung mit den Bildern vom Menschen als zentral erwiesen haben.
- Formulieren Sie Ihre persönliche Sicht des Menschen und stellen Sie diese anderen vor. Wem schließen Sie sich an? Von wem grenzen Sie sich ab?
- Legen Sie in Partnerarbeit aus den Begriffen Mensch, Tier, Gehirn, Geschöpf Gottes, Sünder, Ebenbild Gottes, Schöpfungsauftrag, Willensfreiheit, Lebenskunst, Gewissen, Seele, Verstand, Trieb sowie weiteren Begriffen Ihrer Wahl eine Lernlandkarte oder ein Begriffsnetz an. Erläutern Sie dieses anderen.
- Skizzieren Sie das christliche Menschenbild und formulieren Sie dazu Ihren eigenen Standpunkt.
- Ordnen Sie mindestens drei verschiedene Sichtweisen des Menschen in die Mindmap ein.

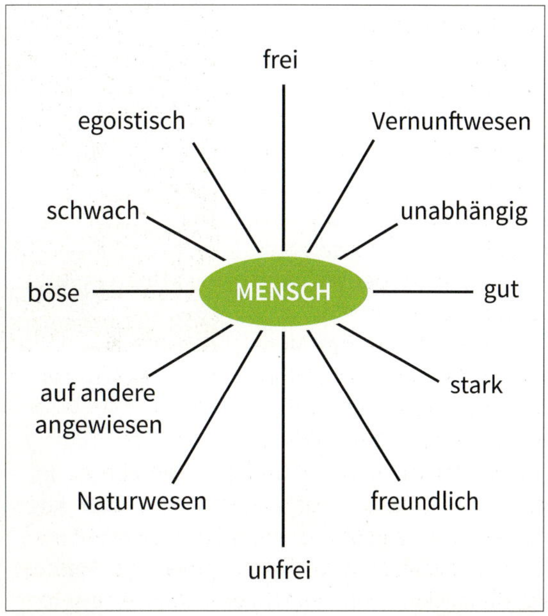

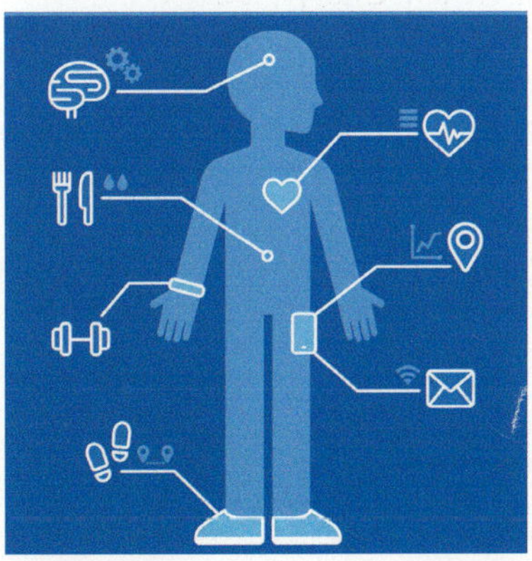

Anwenden – Verknüpfen

- Zeigen Sie auf, was die Auseinandersetzung mit dem christlichen Menschenbild und anderen Menschenbildern für das persönliche und gemeinsame Leben „bringen“ kann.
- Bewerten Sie Chancen und Risiken des Self-Tracking mithilfe von Wearables und begründen Sie Ihre Beurteilung.
- Überprüfen Sie, was das christliche Menschenbild für den Umgang mit der Corona-Krise beitragen kann.

Einschätzung des Lerngewinns und des Lernprozesses

- Vergegenwärtigen Sie sich noch einmal den Kursverlauf. Was hat Sie besonders angesprochen? Was blieb unverständlich? Was lehnen Sie ab? Welche Fragen blieben unbeantwortet? Wie beurteilen Sie Ihren Lernprozess? Sie können auch Punkte verteilen.
- Setzen Sie sich noch einmal mit dem biblischen Menschenbild auseinander (S. 56f.). Markieren Sie mit Emojis, was für Sie einleuchtend, unklar, problematisch oder nichtssagend ist.
- Überprüfen Sie Ihre Antworten auf die eingangs dargestellten Anforderungssituationen (S. 52f.). Was sehen Sie jetzt anders?

Feedback

- Benennen Sie die Fragen, die Sie am meisten interessiert haben.
- Beurteilen Sie, wie Inhalt und Unterricht zusammengepasst haben.
- Bewerten Sie den Lernverlauf mit dem Fünf-Finger-Feedback.

Lob: Besonders gut fand ich …
Hinweis: Mir ist aufgefallen …
Tadel: Überhaupt nicht gefallen hat mir …
Verbindung: Für meinen Alltag nehme ich mit …
Mangel: Zu kurz gekommen ist …

Gott

- Erfahrungen mit Gott
- Leben und Handeln vor Gott
- Die Rede von Gott in Bibel und Theologie
- Streit um die Wirklichkeit Gottes
- Gott im Gespräch der Religionen

Paul Klee (1879-1940): Polyphon gefasstes Weiß, 1930

- Warum glauben Menschen an Gott?
- Warum glauben nicht alle Menschen an Gott?
- Wo bleibt Gott angesichts des Leids auf der Welt?
- Wie kann sich Gott uns Menschen zeigen?
- Wodurch kann Gott den Menschen helfen?
- Wie ändert sich unser Leben, wenn wir an Gott glauben?
- Wie lässt sich unser modernes Denken mit dem Glauben an Gott verbinden?
- Warum glauben Christen an Gott, Juden an Jahwe und Muslime an Allah?
- Wodurch kann sich meine Einstellung zum Gottesglauben ändern?

Check-in

KOMPETENZEN

In diesem Kapitel finden Sie Beiträge zum Erwerb der folgenden **Kompetenzen**. Sie können …

- eigene Aussagen zum Gottesglauben, zu Gottesbildern und Gottesvorstellungen formulieren, begründen und mit denen anderer Jugendlicher vergleichen;
- unterschiedliche Einstellungen zum Glauben und Vorstellungen von Gott beschreiben und mit Lebenserfahrungen in Beziehung setzen;
- biblische und theologische Aussagen zu Gott darstellen und interpretieren sowie durch die Auslegung biblischer Texte belegen und begründen;
- die Auswirkungen von Gottesglauben und Gottesvorstellungen an einem konkreten Themenbereich erläutern und dazu selbst Perspektiven entwerfen;
- Ansätze, die Existenz Gottes zu beweisen oder zu widerlegen, in ihren Begründungen und Begrenzungen beschreiben sowie dazu aus theologischer Perspektive Stellung beziehen;
- die biblisch-christlichen Aussagen zu Gott mit den eigenen Vorstellungen vergleichen sowie mit anderen Gottesvorstellungen in unserer Kultur und in anderen Religionen in Beziehung setzen.

Gott im Alltag

In seinem Roadmovie „Und vorne hilft der liebe Gott" besucht Filmemacher David Kadel Fußballprofis zu Hause, um mit ihnen über ihr Erfolgs-Geheimnis zu sprechen. Jürgen Klopp [FIFA-Trainer des Jahres 2019] verrät, warum er immer so gut drauf ist, plaudert über seinen Glauben an Gott und schmettert ungeniert Beatles-Lieder. Sein Plädoyer zur Flüchtlingskrise, absolut sehenswert.
David Alaba steht ihm mit seinem Wiener Schmäh in nichts nach, spricht über seine Streiche mit Ribery und erzählt vom kuriosen FC Bayern Bibelkreis.

Aus einer Internet-Werbung: www.undvornehilftderliebegott.de

Fußballfans diskutieren, ob solche Buchtitel und religiöse Aussagen von Profis über Gottes Hilfe beim Fußball
• sinnvoll oder unsinnig
• aus biblisch-christlicher Sicht als Blasphemie (Gotteslästerung) einzuordnen sind.
Nehmen Sie aus verschiedenen Perspektiven Stellung.

Gott und das Leid

Wir alle kennen die Kreuze am Straßenrand. Die meisten sind umrahmt von Blumen, manche auch von Grablichtern oder Kränzen. Manchmal hängen dort auch Gegenstände wie Briefe oder Fotos als Zeichen einer sehr persönlichen Erinnerung. In Deutschland sterben im Jahr über 3.000 häufig junge Menschen bei Verkehrsunfällen.

Entwerfen Sie eine Ansprache der Schulseelsorgerin oder der Schülersprecherin in der Schulaula anlässlich einer Gedenkstunde für einen beim Verkehrsunfall verunglückten Mitschüler.

Auswirkungen des Gottesglaubens im Alltag

Eine weitere Gruppe von Asylsuchenden soll in Ihrem Heimatort einquartiert werden.

Gestalten Sie eine Sitzung
a) des Gemeinderates,
b) des Kirchengemeinderates,
c) einer Jugendgruppe,
d) einer Gruppe von Anwohnerinnen der vorgesehenen Unterkunft zum Thema.

Vorstellungen von Gott

Erläutern Sie einem Jugendlichen aus einem fremden Kulturkreis die biblischen bzw. christlichen Vorstellungen von Gott. Wie würden Sie dabei Ihr eigenes Verhältnis zu diesen Vorstellungen beschreiben?

Gott – Allah

Allah ist das arabische Wort für Gott. [...] Das Wort wird ebenso von arabischsprachigen Juden und Christen als Gottesbezeichnung gebraucht und wird daher auch in arabischen Bibelübersetzungen verwendet. In westlichen Ländern (mit Ausnahme Maltas) jedoch wird das Wort Allah ausschließlich als Bezeichnung für Gott nach der islamischen Gottesvorstellung verstanden.

Aus dem wikipedia-Artikel zu „Allah".

Nach dem Lesen dieses Artikels stellt ein Klassenkamerad die Behauptung auf, dann sei doch klar, dass Juden, Christen und Muslime an denselben Gott glauben. Formulieren Sie eine Antwort.

Atheismus

Die „Atheist Bus Campaign" war international eine der meistbeachteten und umstrittensten Werbekampagnen 2009. In Deutschland haben wir mehr als 20 Millionen Menschen mit unserer Botschaft erreicht, dass Nichtreligiöse eine stärkere Präsenz in öffentlichen Debatten einfordern. Dass sie positive Werte haben und im Zentrum der Gesellschaft stehen. [...] Die Kampagne hat mittlerweile Eingang in Museen und Schulbücher gefunden.

Neben harscher Kritik haben wir haufenweise lebhafte Zustimmung erfahren. Für einige Monate sind wir zu Aktivisten in Sachen „Unglauben" geworden – für ein Thema, das vor Jahren kaum eine Erwähnung wert gewesen wäre. Ein neuer religiöser Fundamentalismus hat sich etabliert und den „neuen Atheismus" als entschiedene Gegenwehr auf den Plan gerufen. Evangelikale, Kreationisten und Islamisten beherrschen die öffentliche Wahrnehmung mit ihren Themensetzungen nicht länger allein – und das ist gut so.

http://www.buskampagne.de/ (Siehe auch Bild Buskampagne: S. 112)

Formulieren Sie Aussagen und Argumente der Bus-Crew sowie mögliche Gegenpositionen. Nehmen Sie Stellung aus der Sicht einer evangelischen Religionslehrerin.

Erfahrungen mit Gott

Holzskulptur am Augustinusweg des Klosters Messelhausen

Wie kann man Gott erfahren?

Basics

Glaube und Zweifel

Ich glaube an Gott … Wer genauer nachfragt, stößt auf neue Fragen: Welcher Gott ist es eigentlich, der geglaubt wird? Manche reden davon, dass sie „ihren“ Gott in der Natur finden, andere erleben Gott als personales Gegenüber, wieder andere als eine unbestimmte höhere Kraft. Bereits unter den Kirchenmitgliedern selbst zeigen sich Unterschiede. Dass es einen Gott gibt, der sich in Jesus Christus zu erkennen gegeben hat, glaubt zwar fast die Hälfte der Evangelischen in Ost und West. Jede/r Vierte aber stimmt dem Satz zu: „Ich glaube an eine höhere Kraft, aber nicht an einen Gott, wie ihn die Kirche beschreibt.“ Und noch ein weiteres Viertel antwortet: „Ich glaube an Gott, obwohl ich immer auch Zweifel habe und unsicher werde.“ Es scheint, als sei Gott auch für die Gemeinschaft der Glaubenden nicht eindeutig zu fassen. Das macht vorsichtig vor schnellen Antworten auf die Frage: „Wer ist Gott?“ […]
Vom christlichen Glauben kann man sagen: Er verdankt sich der Offenbarung Gottes. Dies ist ein steiler Satz. Er beschreibt bereits eine Glaubenseinsicht und will zunächst sagen: Gotteserkenntnis fällt dem Menschen zu, er kann sie nicht selbst bewerkstelligen und er kann sich Gott nicht von sich aus erschließen. […] Wenn Gott sich offenbart, dann erschließt sich Gott selbst einem Menschen. Dieses ist aufgrund von Erfahrung nicht vorhersehbar. Nicht der Mensch gibt den Anstoß dazu, sondern Gott selbst. Doch dazu braucht es keine übernatürlichen Phänomene. Gottes Selbsterschließung kann „alltäglich“ sein. […]
Für Martin Luther war grundlegend: Wenn wir von Gott sprechen, geht es um die Grundfrage unseres Lebens, um das, woran unser Herz hängt. Gott und Glaube gehören deshalb zusammen, Gott ist „Vertrauenssache“. […]
Die Geschichte Gottes mit den Menschen, wie sie die Bibel bezeugt, ist konkret. Sie bleibt nicht im Allgemeinen. Dies zeigt sich besonders darin, dass Gott als personales Gegenüber begegnet: Gott wird persönlich. Gerade dadurch werden Menschen in ihrem Personsein und in ihrer Personenwürde gegründet, bestärkt und bestätigt. Indem Gott persönlich wird, kommt er Menschen nahe und können Menschen ihm nahe kommen, ihn im Gebet anrufen. […] Doch soll mit der Rede von dem „persönlichen Gott“ kein „naives“ anthropomorphes (menschengestaltiges) Gottesbild verbunden, sondern vielmehr in Sprache gefasst werden: Gott ist das, was Menschen in dem, was sie ausmacht, d.h. in ihrer Personalität, „unbedingt angeht“ (Paul Tillich). […]
Es gibt keinen Glauben ohne Zweifel. Dies zeigt schon der Blick in die Bibel. […]
Es gibt ein zweifelndes Nachdenken über Gott, dem jeder ausgesetzt ist, der nicht gedankenlos glauben will. Denn Gottes Wirklichkeit und seine heilvolle Zuwendung erschließt sich dem Denken nicht von selbst. Doch es gibt auch das, dass Menschen an Gott verzweifeln. Diesen Zweifel nennt Martin Luther Anfechtung. Sie ist eine ständige Begleiterin des Glaubens.
„Man leidet […] am Schweigen Gottes, dem großen Einwand gegen den Lebensglauben. Man leidet daran, dass unsere Gebete in dunkle Abgründe fallen, wie ein Stein in einen tiefen Schlund fährt, und man hört nicht mehr, wo er aufschlägt. Gott macht einem das Beten schwer. Man schlägt ihm täglich die Welt

und die eigenen Nöte um die Ohren, und er schweigt. Gerade wenn man der Empörung fähig ist. Wenn man fähig ist, das Augenlicht der Blinden und das Recht für die Armen zu vermissen, dann vermisst man das Wunder und den starken Arm Gottes, von dem die Psalmen so viel wissen" (Fulbert Steffensky). Anfechtung wird im Glauben nicht einfach aufgelöst. Dazu ist sie mit dem Glauben zu sehr verbunden: In ihr drücken sich ja Glaube und Gotteserwartung besonders drängend und bedrängend aus. Glaube ist deshalb immer auch ein „Dennoch" im Angesicht der Anfechtung.

Evangelischer Erwachsenenkatechismus

Gottesglauben und Theologie

Glaube: der Glaubensinhalt, das, was geglaubt wird (lat. „fides quae creditur"), also ein Für-Wahr-Halten, oder auch der Glaubensakt, mit dem geglaubt wird (lat. „fides qua creditur"), also ein Vertrauen.

Theologie: Das Nachdenken über Gott und das vernünftige Reden von ihm. In einem engeren Sinne die wissenschaftliche Reflexion des Gottesglaubens (griechisch: theós = Gott; logos = Wort, Vernunft, Lehre).

Theodizee: Frage nach der Rechtfertigung eines allmächtigen, liebenden Gottes angesichts des Leids in der Welt (griech. dike = Gerechtigkeit).

Gottesvorstellungen

Theismus: Glaube an einen überweltlichen (transzendenten) persönlichen Gott (von griech. theós = Gott).

Deismus: Glaube an einen überweltlichen (transzendenten) Schöpfer, der sich nach der Schöpfung von der Welt zurückgezogen habe (von lat. deus = Gott).

Pantheismus: Glaube, dass Gott und Welt, insbesondere die schöpferische Natur, identisch sind (von griech. pan = alles, das All).

Panentheismus: sieht Gott in Allem oder Alles in Gott, ohne beides gleichzusetzen.

Mystik: Strömungen, die Gotteserfahrungen im Innern des Menschen betonen (griech. mystikós = geheimnisvoll, myein = Augen schließen).

Verborgener Gott: Besonders bei Luther findet sich die Unterscheidung von zwei Seiten Gottes: Der offenbar(t)e Gott zeigt sich den Menschen, der verborgene nicht.

1. Ich glaube (nicht) an Gott, weil ... / Gott ist für mich ... / Wie stellen Sie sich Gott vor? / Woran denken Sie bei dem Wort „Gott"? Formulieren Sie Ihre Sicht zu einer dieser Themenstellungen.
2. Fassen Sie die zentralen Aussagen der einzelnen Abschnitte des Textes aus dem Erwachsenenkatechismus mit eigenen Worten zusammen und setzen Sie Ihren selbst verfassten Text mit den Aussagen in Beziehung.
3. Erläutern Sie anhand des Textes und der Infobox, was Gottesglaube bedeuten kann. Ziehen Sie dabei die Unterscheidung von belief und faith im Englischen hinzu.
4. Nehmen Sie Stellung zur Frage, ob Gott auf der Holzskulptur zu konkret dargestellt ist. Interpretieren Sie mögliche Aussagen des Bildes.

Glaube und Skepsis → S. 34f.

Team-Aufgaben

1. Entwerfen Sie im Kurs / in Gruppen Texte zum Thema: Ich glaube (nicht) an Gott, weil ... Formulieren Sie auf einen fremden Text einen Antwortbrief und stellen Sie die Texte in einem „Kursbuch zur Gottesfrage" zusammen.
2. Gestalten Sie zu den Texten dieses Teilkapitels eine Art Portfolio mit Einstellungen (linke Seite) und dahinter stehenden Erfahrungen (rechte Seite) zur Gottesfrage.
3. Skizzieren Sie in einer Galerie (Bilder/Grafiken/Standbilder) mögliche Körper- bzw. Ausdruckshaltungen von Menschen bei unterschiedlichen Lebenserfahrungen.
4. Benennen Sie aus dem gesamten Buch unterschiedliche Bilder von Gott. Entwerfen Sie Kriterien für die Würdigung dieser Bilder in einer Preisverleihung oder Vernissage.
5. Entwerfen Sie in einer Art „Gebetbuch" Gebete in unterschiedlichen Lebenslagen (linke Seite) und mögliche Antworten Gottes (rechte Seite).
6. Gestalten Sie in kreativer Weise (Plakate, Comicszene, Posts ...) unterschiedliche Positionen zur Gottesfrage. Ziehen Sie weitere Texte hinzu: Paul Tillich (S. 102), Ehepaar Ladenburger (S. 106), Jutta Flatters (S. 107); Psalmen (z.B. Ps. 139,1-18).

Warum glauben Menschen (nicht) an Gott?

Richard McBee (1947): Betender Abraham*

Glauben und Nichtglauben

Als mein Vater wusste, dass er nur noch wenige Tage zu leben hatte, lud er seine Kinder und seine engsten Mitarbeiter ein, machte ein paar Flaschen Champagner auf und nahm Abschied. „Auf ein heiteres Ende“, sagte er und hob das Glas. Ich kann mir die Szene immer wieder ansehen, denn ich habe die Abschiedsgesellschaft auf Video aufgenommen. Als Erinnerung an meinen Vater. Und immer sagt er zum Schluss: „Auf ein heiteres Ende.“ Dann bricht der Film ab.

Mein Vater war ein Pfarrer und ein frommer Mann. Deshalb starb er ruhigen Herzens, fast guter Dinge, obwohl er zuletzt viel hat leiden müssen. [...] „Wo geh ich jetzt wohl hin?“, fragte sich mein Vater, damals, als er starb. „Wo bin ich gewesen, bevor ich zu dir gekommen bin?“, fragt mich meine kleine Tochter heute. Das sind Fragen, die kein Wissenschaftler beantworten kann, die sich die Wissenschaft auch gar nicht stellt. Es sind aber fundamentale Fragen für jedes Menschenleben, und allein die Religion versucht Antworten darauf.

Wenn ich mich recht erinnere, war es ungefähr zu dieser Zeit, als mein Vater starb, dass ich anfing, an Gott zu glauben. Vielleicht habe ich es auch schon vorher getan und es bloß nicht gemerkt.

Sabine Rückert (1961), Journalistin und Autorin*

Mein kindlicher Glaube ist irgendwann verschwunden

Existiert Gott?

Ich weiß nicht, wann ich mir das letzte Mal sicher war, dass es ihn gibt.

Ich habe mich wirklich lange bemüht, an ihn zu glauben. Doch Gott stand für mich irgendwann nicht mehr nur für Ausmalbilder, Kindergottesdienste, Kommunionsvorbereitung und Sternsingen, für die Adventszeit und die Bilderbücher über das Jesuskind. Gott verband ich irgendwann auch mit Menschen, die LKWs in Fußgängergruppen rasen lassen, von Brücken springen, Sekten gründen, Kinder missbrauchen und Kriege anfangen.

Mein kindlicher Glaube ist irgendwann verschwunden, zusammen mit einer generellen Unbekümmertheit, die nicht auf ihn bezogen war.

Was ich vermisste, war seine Reaktion auf die Dinge. [...]

Ich hätte gerne einen halbjährigen Check-up, um zu sehen, ob Gott noch für mich da ist, wie einen Arzttermin. Mein Glaube existiert nur dann, wenn Gott für mich einen Mehrwert hat. Ich muss in diesem Leben durch den Glauben an Gott glücklicher sein, um ihn überhaupt als Gott zu akzeptieren. Ich glaube, wenn Gott überall ist, kann er nicht auf meiner Seite sein.

Ich bin nicht gut im Glauben. [...]

Wenn Gott wie mein Handy funktonieren würde, würde ich öfter beten. Aber mit Gott ist es komplizierter. [...]

Mein Internet ist schneller als Gott, nur: Ich möchte wieder nicht erreichbar sein. Ich möchte wieder Zeit für Langsamkeit haben.

Was mir fehlt:

Ein Update von Gott.

Ein Adblocker für meine Gedanken.

Eine Lesebestätigung für meine Gebete.

Sophia Fritz (1997), Studentin (Studium Drehbuch an einer Hochschule für Film und Fernsehen)*

1. Geben Sie die in beiden Texten erzählten Erfahrungen und die vertretenen Einstellungen zur Gottesfrage wieder und prüfen Sie den Zusammenhang.
2. Vergleichen Sie die Schülertexte (S. 89) Ihrer Klasse mit den hier vorgebrachten Einstellungen.
3. Gestalten Sie mit Sabine Rückert und Sophia Fritz eine Podiumsdiskussion in Ihrer Klasse (real, virtuell, durch RepräsentantInnen ...) und stärken Sie beiden durch weitere Erfahrungen und Argumente den Rücken.
4. Beschreiben Sie das Gemälde von Richard McBee spontan. Ziehen Sie zur Interpretation dann folgende Bibeltexte über Abraham (der im Juden- und Christentum sowie im Islam als „Vater“ bzw. Prototyp des Gottesglaubens gilt) hinzu: 1. Mose 12,1-9; 15,1-6; 17, 1-22; 18,1-15.
5. Zeigen Sie auf, wie im Hebräerbrief (Kap. 11) Personen und Ereignisse aus dem Alten Testament als Glaubenszeugen bzw. -zeugnisse gedeutet werden.

Was heißt: An Gott glauben?

Glaube und Vertrauen

Mein Name ist Lisa, und ich bin siebzehn Jahre alt. [...] Im Gymnasium bin ich eher sprachlich begabt, Naturwissenschaften sind nicht so meins. [...]
Am vergangenen Sonntag habe ich mit meiner besten Freundin, sie ist auch jüdisch, lange über Weltentstehung, Religion und Gott gesprochen [...] und wie wir ihn uns vorstellen. Die Frage nach Gott ist eine schwierige Frage. Ich stelle sie mir oft und weiß trotzdem nicht, wer er oder es ist. An Gott glaub ich recht stark. Und daran, dass über uns etwas existiert.
Ich glaube an ihn, selbst wenn es ihn nicht gibt. Aber ist nicht genau das der Glaube, dass man einfach an Gott glaubt, ohne sich seiner Existenz sicher zu sein? Ich benötige für meinen Glauben keinen Gottesbeweis. Er existiert für mich einfach. [...]
Wenn ich an Gott denke, dann kommen mir positive, neutrale und auch negative Gefühle in den Sinn. Negative dann, wenn ich wütend auf ihn bin und ihn nicht verstehe. Neutrale, wenn er mich unspektakulär im Leben begleitet und für mich da ist. Positive, wenn es mir gut geht oder etwas Besonderes gelungen ist. Dann sind da noch diese unerklärlichen Momente im Alltag, in denen ich mich ohne Grund einfach happy fühle und Gott mir nahe ist.
Zurzeit hab ich neutrale Gefühle gegenüber Gott, er ist einfach da. Das hängt vielleicht auch damit zusammen, dass ich nicht in einer Situation bin, in der ich Hilfe benötige oder es mir schlecht geht. Der Mensch ist halt schon so, dass er eher an Gott denkt, wenn er etwas von ihm benötigt. Ich sehe meine Gottesbeziehung wie eine Freundschaft, die gepflegt sein will. Man kann nicht einfach plötzlich kommen und opportunistisch verlangen, dass es einem wieder gut geht. Darum hat man auch Verpflichtungen gegenüber Gott. [...]
Angenommen, ich bete „Bitte mach, dass ich eine gute Note habe", dann glaub ich nicht, dass da jemand mit dem Zauberstab sitzt und mir eine gute Note auf das Prüfungsblatt zaubert. Viel eher erhalte ich die Kraft und Hoffnung, um für eine gute Note zu lernen. Es hilft mir, eine innere Einstellung zu finden, um eine gute Prüfung schreiben zu können, eine Art psychische Hilfestellung. Die göttliche Kraft wirkt in mir drinnen.

Lisa, Schülerin, 17 Jahre

Martin Luther (1483-1546):
Was heißt „einen Gott haben"?

Was heißt „einen Gott haben", bzw. was ist „Gott"? Antwort: Ein „Gott" heißt etwas, von dem man alles Gute erhoffen und zu dem man in allen Nöten seine Zuflucht nehmen soll. „Einen Gott haben" heißt also nichts anderes, als ihm von Herzen vertrauen und glauben; in diesem Sinn habe ich schon oft gesagt, dass allein das Vertrauen und Glauben des Herzens einem etwas sowohl zu Gott als zu einem Abgott macht. Ist der Glaube und das Vertrauen recht, so ist auch dein Gott der rechte Gott, und umgekehrt, wo das Vertrauen falsch und unrecht ist, da ist auch der rechte Gott nicht. Denn die zwei gehören zusammen, Glaube und Gott. Das nun, sage ich, woran du dein Herz hängst und worauf du dich verlässest, das ist eigentlich dein Gott. [...]
Darum sage ich noch einmal, dass die rechte Auslegung dieses Stückes das ist: „einen Gott haben" heißt etwas haben, worauf das Herz gänzlich vertraut.

Wenn ihr nicht beständig vertraut

In der „Bibel in gerechter Sprache" heißt, was herkömmliche Übersetzungen „Glaube" nennen, meistens „Vertrauen". Das kommt mir entgegen. Der Satz „Wenn ihr nicht beständig vertraut, werdet ihr keinen Bestand haben" (Jes 7,9) hat einen ganz anderen Klang als derselbe Satz in den traditionellen Übersetzungen Martin Luthers und Huldrych Zwinglis: „Glaubt ihr nicht, so bleibt ihr nicht." Wie hätte mein Leben Bestand haben können ohne das Vertrauen, dass die Matrix, in der ich mich vorfand, einen SINN ergab, dass es sich also zu leben lohnte? Wie könnte mein Dasein heute Bestand haben ohne diese grundlegende Zustimmung?

Ina Praetorius (1956), ev. Theologin*

Glaube → S. 34

1. Beschreiben Sie Lisas Einstellung zur Gottesfrage sowie ihre Vorstellungen über Gott (vgl. S. 100) und vergleichen Sie diese mit Vorstellungen in Ihrem Kurs (Kurstexte).
2. Stellen Sie dar, auf wen oder was Sie sich unbedingt verlassen können, und setzen Sie Ihre Positionen in Beziehung zu den Texten von Martin Luther und Ina Praetorius.
3. Nehmen Sie einen begründeten Standpunkt ein zur Frage, ob sich Christen mit Recht auf Gott verlassen.
4. Verfassen Sie Leserbriefe von Lisa an Luther und Praetorius sowie je einen Leserbrief des Theologen und der Theologin an Lisa.

Wo erfahren wir (Gottes) Nähe?

Gottes Schweigen

„Keine Gotteserfahrung? Sie vielleicht!“, werden einige antworten. „Ich spüre seine Gegenwart ständig, ich fühle, dass er da ist, dass er mich hört, dass er mich liebt.“

Was kann ich Ihnen entgegnen, außer dass ich noch nie Derartiges empfunden habe? Das liegt nicht daran, dass ich nicht danach gesucht oder nicht daran geglaubt hätte. Aber der Glaube konnte mir nicht seine Gegenwart ersetzen. Welch eine Leere in vollen Kirchen! Welch ein Schweigen zu unserem Gemurmel! Als Junge habe ich mich einmal dem Religionslehrer an meinem Gymnasium anvertraut: „Soviel ich auch bete, Gott spricht nicht mit mir!“ Der Priester, ein Mann mit Herz und Hirn, gab mir die schöne Antwort: „Gott spricht nicht, weil er zuhört.“ Das hat mich lange beschäftigt. Aber auf Dauer wurde ich des Schweigens überdrüssig und schließlich misstrauisch. Woher sollte ich wissen, dass das Schweigen vom Zuhören kam und nicht von seiner Abwesenheit? Dazu fällt mir ein Witz ein, den Woody Allen irgendwo erzählt: „Ich bin am Boden zerstört! Gerade habe ich erfahren, dass mein Analytiker schon seit zwei Jahren tot ist – und ich hab es gar nicht bemerkt!“ Den Analytiker kann man ja wechseln. Aber Gott, wenn es nur einen gibt oder wenn alle Götter schweigen? Jedem seine Erfahrung. [...]

Andere, die nicht weniger aufrichtig sind als ich, scheinen in der Tat eine Gegenwart, eine Liebe, eine Kommunikation, einen Austausch zu erleben. Umso besser für sie, wenn's ihnen hilft. Die Menschen sind zu schwach und das Leben zu schwer, als dass man es sich erlauben dürfte, auf den Glauben eines anderen zu spucken. Fanatismus ist mir fremd, auch der atheistische.

Trotzdem bleibt eine Erfahrung, die nicht alle teilen, die nicht von anderen nachprüfbar oder wiederholbar ist, etwas fragwürdig. [...] Wenn Gott sich nicht zeigt – jedenfalls nicht mir und nicht allen –, dann vielleicht weil er es nicht will. Kann aber auch sein, und diese Hypothese scheint mir naheliegender, dass er nicht existiert.

André Comte-Sponville (1952), Philosoph*

Ich erlebe den Glauben als Befreiung

Mit Comte-Sponville würde ich gern disputieren. Denn er ist kein Verächter der Religion, sondern ein Kämpfer für die Aufklärung. Und er unterscheidet sehr scharf zwischen Gott und Religion. Das halte ich als Christin für einen guten Ansatz. Diskutieren würde ich mit ihm darüber, dass er den Verlust des Glaubens als Befreiung erlebt hat, wie er schreibt. Ich selbst erlebe – gerade umgekehrt – den Glauben als Befreiung von all den Zwängen und dem Druck, den die Gesellschaft ausübt. Mein christlicher Glaube macht mich unabhängig von den Urteilen von Menschen, vom Druck des Zeitgeistes, von Zwängen des Denkens – so empfinde ich es.

Margot Käßmann (1958),*
evangelische Theologin

Gott ist in allen Dingen und an allen Orten

Ein Mensch gehe auf dem Felde und spreche sein Gebet und erkenne Gott, oder er sei in der Kirche und erkenne Gott: wenn er Gott darum, weil er an einem Ruheplatz ist, eher erkennt, so kommt das von seiner Schwäche, nicht von Gott, denn Gott ist in allen Dingen und an allen Orten gleich und ist bereit, soweit es an ihm ist, sich überall in gleicher Weise zu geben, und der erkennte Gott richtig, der ihn überall in gleicher Weise erkennte.

Meister Eckhart (um 1260-1328),*
Theologe und Mystiker

Da sah ich mit den Augen meiner Seele ...

Zuerst wurde mein Geist aus dem Gebet gerissen und zwischen den Himmel und die Luft entrückt. Da sah ich mit den Augen meiner Seele in himmlischer Herrlichkeit die Menschennatur unseres Herrn Jesus Christus in ihrer Schönheit. Und ich erkannte in seinem erhabenen Antlitz die Heilige Dreifaltigkeit, die Ewigkeit des Vaters, das Leiden des Sohnes, die Liebe des Heiligen Geistes.

Mechthild von Magdeburg (um 1207-1282),
Mystikerin

1. Skizzieren Sie die Entwicklung der Einstellung zu Gott und Glauben bei Comte-Sponville.
2. Entwerfen Sie ein Gespräch zwischen Comte-Sponville und Käßmann.
3. Setzen Sie Comte-Sponvilles Erfahrungen und Auffassungen in Beziehung zu denen von Sabine Rückert, Sophia Fritz (beide S. 90) und Lisa (S. 91 und 100).
4. Belegen Sie, dass Eckhart und Mechthild zur Mystik gehören (vgl. Info S. 89). Skizzieren Sie aufgrund einer Recherche, welche spirituellen Erfahrungen Menschen bei ihrer Suche nach Gott machen.

Wie weit kann ich Gott und die Welt erklären?

HAP Grieshaber (1909-1981): Der Kampf Jakobs am Jabbok

Martin Luther (1483-1546): Der geoffenbarte und der verborgene Gott

Anders ist von Gott und seinem Willen zu disputieren, sofern er uns gepredigt, offenbart, dargeboten und von uns verehrt wird, als von Gott, sofern er uns nicht gepredigt, nicht offenbart, nicht dargeboten und von uns nicht verehrt wird. Insofern sich Gott also verbirgt [sese abscondit] und von uns nicht gekannt werden will, geht er uns nichts an. Hier nämlich gilt wahrhaftig jener Spruch: Was über uns ist, geht uns nichts an.

Der verborgene Gott

Die Rede von Gottes unverständlicher Verborgenheit ist für den „Alttestamentler" Luther unausweichlich. [...]

Im Wesentlichen sind es für Luther und für uns zwei Hauptfragen, die die Rede von dieser dunklen Seite Gottes, dem deus absconditus [verborgenen Gott] unausweichlich machen. Zum einen: Ist Gott auch im Sünder am Werk? [...]

Die zweite Frage, die zur Rede vom deus absconditus führt, lautet: Wirkt Gott auch im Bösen, das nicht Sünde ist? [...]

Der springende Punkt im Widerfahrnis des Deus absconditus liegt nicht allein im Widerfahrnis des Bösen, sondern in dessen undurchsichtiger Vermischung mit dem Guten, also in der Uneindeutigkeit und Ungewissheit: darin, dass Gott „Leben und Tod und alles in allem wirkt." [...] Schönheit und Grausamkeit sind in Natur und Geschichte für uns unentwirrbar ineinander verschlungen.

Graphisch hat dieses Durcheinander HAP Grieshaber in seiner Darstellung des Kampfes Jakobs am Jabbok (Gen 32) eindrücklich vor Augen gestellt. [...] Grieshabers Aquarellskizze [lässt] die beiden Gestalten so ineinander verwickelt, verflochten und verkeilt sein, dass der Betrachter sie auch bei längerem Hinsehen nicht voneinander unterscheiden kann. [...] Die Farbigkeit des Aquarells tut ein Übriges. Die Uneindeutigkeit und Unentwirrbarkeit des Geschehens, das mir widerfährt – das ist der Deus absconditus. Klar wird es erst am Ende. Erst im Rückblick erkennt Jakob, dass es Gott war, mit dem er gekämpft hat (Gen 32,31f.) – und dann geht ihm die Sonne auf.

Oswald Bayer (1939),*
ev. Theologe und Lutherspezialist

Gott als Geheimnis – katholische Position

Gott ist ein tiefes Geheimnis. Er ist kein Gegenstand, den man wie andere Gegenstände feststellen könnte. Er ist nicht irgendwo ‚da oben'. Sein Geheimnis umfängt uns überall. [...]

Die Bibel nennt ihn den verborgenen Gott, der im unzugänglichen Lichte wohnt (vgl. 1. Tim 6,16). Als endliche Wesen können wir den Unendlichen, alles Umfassenden nie begreifen. [...]

So ist Gott nicht nur eine Antwort, sondern auch eine Frage an uns. Er fragt uns, wie wir das Geheimnis unseres Lebens verstehen wollen: als Hoffnung auf eine durch uns selbst zu vollbringende künftige Vollendung, als Laune des Schicksals, als flüchtigen Windhauch des Nichts oder als Geschenk, das aus der Fülle des Seins kommt und in diese Fülle zurückstrebt.

Katholischer Erwachsenen-Katechismus (1985)

1. Erläutern Sie Luthers These vom „verborgenen Gott" und entfalten Sie diese anhand von Beispielen und an Grieshabers Darstellung.
2. Skizzieren Sie die „geoffenbarte", gepredigte, „verehrte" Seite Gottes. An welchen Gott soll und kann sich der Mensch halten?
3. Vergleichen Sie die beiden Denkfiguren vom „verborgenen Gott" und von „Gott als Geheimnis" miteinander und nehmen Sie selbst begründet Stellung.
4. Gestalten Sie einen Kirchen- oder Andachtsraum, in dem sowohl die offenbar(t)e als auch die verborgene Seite Gottes zum Ausdruck kommt (→ **S. 201**).

Warum gibt es Leid und Unglück?

Theodizee: Gott und das Leid

Entweder will Gott die Übel beseitigen und kann es nicht, oder er kann es und will es nicht, oder er kann es nicht und will es nicht, oder er kann es und will es. Wenn er nun will und nicht kann, so ist er schwach, was auf Gott nicht zutrifft. Wenn er kann und nicht will, so ist er missgünstig, was ebenfalls Gott fremd ist. Wenn er nicht will und nicht kann, dann ist er sowohl missgünstig wie auch schwach und dann auch nicht Gott. Wenn er aber will und kann, was allein sich für Gott ziemt: Woher kommen dann die Übel, und warum nimmt er sie nicht weg?

Epikur (um 341-271), griechischer Philosoph

Léon Bonnat (1833-1922): Hiob, 1880

Wo ist Gott?

Als wir eines Tages von der Arbeit zurückkamen, sahen wir auf dem Apellplatz drei Galgen. Antreten. Ringsum die SS mit drohenden Maschinenpistolen, die übliche Zeremonie. Drei gefesselte Todeskandidaten, darunter der kleine Pipel [ein jüdischer Junge], der Engel mit den traurigen Augen.
Die SS schien besorgter, beunruhigter als gewöhnlich. Ein Kind vor Tausenden von Zuschauern zu hängen, war keine Kleinigkeit. Der Lagerchef verlas das Urteil. Alle Augen waren auf das Kind gerichtet. Es war aschfahl, aber fast ruhig und biss sich auf die Lippen. Der Schatten des Galgens bedeckte es ganz. Diesmal weigerte sich der Lagerkapo, als Henker zu dienen. Drei SS-Männer traten an seine Stelle.
Die drei Verurteilten stiegen zusammen auf ihre Stühle. Drei Hälse wurden zur gleichen Zeit in die Schlingen eingeführt.
„Es lebe die Freiheit!", riefen die beiden Erwachsenen. Das Kind schwieg.
„Wo ist Gott, wo ist er?", fragte jemand hinter mir. Auf ein Zeichen des Lagerchefs kippten die Stühle um. Absolutes Schweigen herrschte im ganzen Lager. Am Horizont ging die Sonne unter.
„Mützen ab!" brüllte der Lagerchef: Seine Stimme klang heiser. Wir weinten. „Mützen auf!"
Dann begann der Vorbeimarsch. Die beiden Erwachsenen lebten nicht mehr. Ihre geschwollenen Zungen hingen bläulich heraus. Aber der dritte Strick hing nicht reglos: der leichte Knabe lebte noch …
Mehr als eine halbe Stunde hing er so und kämpfte vor unseren Augen zwischen Leben und Sterben seinen Todeskampf. Und wir mussten ihm ins Gesicht sehen. Er lebte noch, als ich an ihm vorüberschritt. Seine Zunge war noch rot, seine Augen noch nicht erloschen. Hinter mir hörte ich denselben Mann fragen: „Wo ist Gott?"
Und ich hörte eine Stimme in mir antworten: „Wo ist er? Dort – dort hängt er am Galgen …"
An diesem Abend schmeckte die Suppe nach Leichnam.

Elie Wiesel (1928-2016), Schriftsteller und Hochschullehrer, Überlebender der Schoah

Hiob – Schoah

Das biblische Buch **Hiob** stellt die Frage, warum Leid und Unglück auch unschuldige und fromme Menschen trifft (Hiobsbotschaften: Kap. 1,1-5 + 13-22; 2,7-10). Hiobs Freunde suchen die Schuld bei ihm selbst (u.a. Kap. 4,1-8). Hiob aber beteuert seine Unschuld (Kap. 29; 31,6) und bittet Gott um Antwort (31,33-36). Er stellt den Zusammenhang von Gutsein und Wohlergehen, den sogenannten Tun-Ergehen-Zusammenhang, in Frage (u.a. Kap. 12,1-6). Schließlich klagt er Gott an (u.a. Kap. 30,20-23). Gott antwortet und verteidigt sich vor allem durch den Hinweis auf die Großartigkeit seiner Schöpfung (u.a. Kap. 38,1-11). Die **Theodizee**problematik spitzt sich zu angesichts der **Schoah**, der Vernichtung der europäischen Juden durch die Nationalsozialisten (hebr. großes Unglück/Unheil, Katastrophe – treffender als das häufig verwendete Wort Holocaust = vollständig verbrannt bzw. „Ganzopfer").

1. Gestalten Sie zu einem der Bilder oder Texte der Doppelseite einen eigenen Text (Gebet, Meditation, Gedicht o.Ä.) oder ein eigenes Bild.
2. Gestalten Sie Abschnitte des Hiobbuches in der biblischen sowie in einer alternativen Variante in Form einer Inszenierung.
3. Prüfen Sie Elie Wiesels Antwort auf die Frage, wo Gott angesichts der Schoah ist.
4. Entwerfen Sie eine aktuelle Hiob-Geschichte sowie eine mögliche Antwort Gottes.

Kann Gott alles machen, was er will?

Guido Rocha (1947-2007): Der gemarterte Christus, Skulptur, 1975

Und zu der neunten Stunde rief Jesus laut: Eli, Eli, lama asabtani?
Das heißt übersetzt: Mein Gott, mein Gott, warum hast du mich verlassen? *Mk 15,34*

Mein Gott, mein Gott, warum hast du mich verlassen?
Ich schreie, aber meine Hilfe ist ferne. *Ps 22,2*

Kreuzigung → S. 134ff.

Theodizee: Gott und das Kreuz Christi

Christus hat Gottes Rolle in der Welt übernommen, aber in dieser Übernahme wurde sie verändert zu einer Rolle des ohnmächtigen Gottes. […] Dietrich Bonhoeffer spricht in seinen letzten Briefen wiederholt von dieser Ohnmacht Gottes in der Welt. „Gott lässt sich aus der Welt herausdrängen ans Kreuz. Gott ist ohnmächtig und schwach in der Welt, und gerade und nur so ist er bei uns und hilft uns. Hier liegt der entscheidende Unterschied zu allen Religionen. Die Religiosität des Menschen weist ihn in seiner Not an die Macht Gottes in der Welt, Gott ist der deus ex machina [Gott aus der Maschine]. Die Bibel weist den Menschen an die Ohnmacht und das Leiden Gottes; nur der leidende Gott kann uns helfen." […]
Dass Gott in der Welt beleidigt und gefoltert, verbrannt und vergast wurde und wird, das ist der Fels des christlichen Glaubens, dessen Hoffnung darauf geht, dass Gott zu seiner Identität komme. Dieser Schmerz ist unauslöschlich, und diese Hoffnung kann nicht vergessen werden. Was den Christen gemeinsam ist, ist „das Teilhaben am Leiden Gottes in Christus. Das ist ihr Glaube." [Bonhoeffer] Darin wissen sie, dass Gott ohnmächtig ist und Hilfe braucht.

Dorothee Sölle (1929-2003), evangelische Theologin und Dichterin

1. Ordnen Sie die Aussage von Psalm 22,2 dem Schrei Jesu am Kreuz und dem Bild von Guido Rocha zu.
2. Vergleichen Sie mit Psalm 22 die Passionsgeschichte: Mk 14-16 (in Auszügen); Joh 19 (in Auszügen).
3. Prüfen Sie Dorothee Sölles Antwort auf das Theodizeeproblem.
4. Setzen Sie sich mit Luthers Aussage auseinander: „Der heißt mit Recht ein Theologe, der das, was von Gottes Wesen sichtbar und der Welt zugewandt ist, als in Leiden und im Kreuz dargestellt begreift."
5. Entwerfen Sie mögliche Antworten auf die Theodizeefrage und nehmen Sie selbst Stellung.

Die Rede von Gott in Bibel und Theologie

Was ist vom Gott der Bibel zu halten?

Basics

Der Gott der Bibel

Gott ist in der Bibel der absolute Schöpfer und Herr des Kosmos, der alles Räumliche und Zeitliche übersteigt. […] Kenntnis von Gott gewinnt der Mensch ausschließlich aus der Selbstmitteilung oder Offenbarung Gottes. Für das Gottesverständnis des jüdischen Glaubens spielt die Selbstoffenbarung seines Namens Jahwe – meist übersetzt mit „Ich werde sein, der ich sein werde", (2. Mose 3,14) – und der Komplex der Gesetzgebung am Berg Sinai mit der Offenbarung der Zehn Gebote (2. Mose 20,1-7) eine zentrale Rolle. Gott ist der Herr, der Heilige, der Eine, der Barmherzige, der Zornige. Der Mensch soll und kann sich kein Bild von ihm machen [2. Mose 20,4]. Gott wird als der Gott des Volkes Israel beschrieben.
Nach christlichem Gottesverständnis hat sich Gott als der Gott aller Völker in einmaliger und vollkommener Weise in JESUS CHRISTUS offenbart. Dieser ist nach neutestamentlichem Verständnis das alleinige Erscheinungsbild Gottes und nur in ihm kann der Mensch Gott erkennen. In CHRISTUS ist Gott Mensch bzw. „Fleisch" geworden (Joh 1,14). Von zentraler Bedeutung für das christliche Gottesverständnis ist die Beschreibung Gottes als liebender Vater, der denen, die an ihn glauben, durch seinen Sohn JESUS CHRISTUS ewiges Leben schenkt.

Schülerduden Religion und Ethik

Ein Schatz, der von Gott zu erzählen weiß

Christlicher Glaube […] lebt aus der Gewissheit, dass Gott sich in einer Geschichte bekannt gemacht hat: in der Geschichte Israels und in dem Menschen Jesus von Nazaret. Dort sucht der Glaube die Antwort auf die Frage: Wer ist Gott? […]
Die Reformation ist den Weg gegangen, ihre Erkenntnis Gottes aus dem biblischen Gottesglauben und der konkreten Geschichte Jesu Christi zu gewinnen. Die Geschichte Jesu wurde zur Norm und zum Maßstab für alles Reden über Gott. Wer Gott ist und was Gott ist, erschließt sich in den biblischen Erzählungen. Damit ist jedoch ein Weg verbunden, der Aufmerksamkeit fordert für die Fülle der biblischen Geschichte(n), sie zu lesen als einen Schatz, der von Gott zu erzählen weiß. […]
Das Besondere an diesen Geschichten ist, dass sie nicht veralten. Weil Gott sich mit ihnen verbunden hat, werden sie immer wieder zu neuen Geschichten, in denen sich Menschen mit ihren Fragen und Nöten entdecken. Die christliche Kirche verkündet darum die Geschichte, in der sich Gott offenbart, nicht bloß als ein Ereignis der Vergangenheit. Sie redet von der Offenbarung Gottes als einem aktuellen Geschehen, in dem Gott uns heute angeht.

Kleiner Evangelischer Erwachsenenkatechismus

i

Biblische Aussagen zu Gott
Jahwe/JHWH: Die im Ersten (Alten) Testament häufigste Gottesbezeichnung, wegen der vier Buchstaben (j-h-w-h) auch „Tetragramm" genannt (von griech. tetra = vier sowie gramma = Buchstabe). Übersetzt wird die Bezeichnung mit einem rätselhaften Wortspiel: „Ich bin, der ich bin" oder „Ich werde sein, der ich sein werde" (2. Mose 3,13f.).

1. Stellen Sie anhand des Textes aus dem Schülerduden das biblische Gottesbild dar.
2. Erläutern Sie anhand der beiden Texte, wie sich Gott in (der) Geschichte(n) zeigt.
3. Zeigen Sie mögliche Konsequenzen auf, die unterschiedliche Aspekte des biblischen Gottesbildes für den christlichen Gottesglauben von heute haben können.
4. Nehmen Sie Stellung zur These, dass der Gottesglaube den Kern sowohl des Judentums als auch des Christentums darstellt.

Team-Aufgaben

1. Stellen Sie eine „Kurzbibel" mit biblischen Aussagen zu Gott zusammen.
2. Stellen Sie einen Artikel für ein Kinder-/ Erwachsenen-/ Internet-Lexikon zusammen zum Thema: Der Gott der Bibel. Beziehen Sie dabei neben Texten auch Bilder und (eigene) Grafiken ein.
3. Entwerfen Sie eine Comicszene: Der biblische Gott stellt sich den Ankömmlingen im Himmel vor.
4. Entfalten Sie weitere biblische Gottesvorstellungen anhand des Teilkapitels S. 88ff. und folgender Texte: 1. Mose 6,5-8 + 9,1-17; 1. Mose 22,1-19; 1. Kön 19,1-13; Mt 19,16-25; Mt 20,1-15; Lk 15,11-32

Wie sieht eine gelungene Selbst-Präsentation aus?

Gottes Selbstoffenbarung – „Ich bin da“

Du: So lässt sich das Wort „Gott“ an vielen Stellen der Bibel wiedergeben. Denn hier rufen Menschen den an, der ihnen mit seinem Ich begegnet, der ihnen entgegengekommen oder entgegengetreten ist.

„Ich bin da“: So übersetzt der jüdische Gelehrte Martin Buber das Gotteswort aus dem brennenden Dornbusch an Mose (2.Mose 3,14). Der hatte nach dem Namen [Gottes] gefragt. [...] Die Antwort bleibt seltsam dunkel. Einen Namen, mit dem man diesen Gott beschwören könnte, sooft er gebraucht wird, verrät sie sicherlich nicht. Gott ist da, wo und wie er will, unvermutet und überwältigend, er bleibt aber verborgen, das heißt: Er ist auf seine ureigene Weise gegenwärtig. Die Antwort auf die Frage nach dem Gottesnamen ist eine Zusage, das Versprechen der Gegenwart und Zukunft dessen, der hier „ICH“ sagt. Sein Name lässt einen Freiraum offen, den Menschen nicht ausfüllen, wenn sie das Wort „Gott“ in den Mund nehmen. Wer Gott erwartet, wirklich ihn in aller seiner Treue und Freiheit, der weiß auch zu sagen, wer Gott ist. Gewiss nicht in Form einer möglichst vollständigen Beschreibung wie in einem Gutachten oder gar in einem Steckbrief. In der Bibel wird von Gott vorzugsweise erzählt: in Geschichten mit Gott, die zeigen, wie Gott sich erwiesen hat, und die zugleich umreißen, was er weiter zu tun verheißt. [...] Er ist treu, barmherzig, voller überströmender Güte und zugleich die Gerechtigkeit selbst, gerade in seiner Liebe. [...] Wenn er richtet, dann rettet er zugleich – mit seiner Rettung bringt er zurecht, doch dies kann menschliche Wünsche durchkreuzen. Wenn er heilt, ist dies oft schmerzhaft. Wie ein Vater sorgt er, vorausschauend auf das, was Not tut. Er erzieht und schenkt Freiheit. Wie eine Mutter bietet er Schutz, tröstet und umfängt er (Jesaja 66,13). Wer Gott ist – das lässt sich also nicht auf die Reihe bringen.

Was wir von Gott zu sagen wissen, sollte jedoch helfen, auf Gottes Kommen vorzubereiten und zu ihm zu führen. Dies lässt sich von Jesus Christus lernen, der wahrhaft zu sagen wusste, wer Gott ist, weil er in Gottes Willen einwilligte, bis hin zu Leiden und Tod. Er hat gelehrt, Gott als „Unser Vater“ anzurufen (Vaterunser) und in diesem Gebet recht von Gott zu reden. Wie sein Volk hat er vom „Gott der Väter“ gesprochen, vom „Gott der Lebendigen“ (Matthäus 22,32): Leben wird, wem er sich zugesagt hat, wen er beruft und rettet (Rechtfertigung).

Gerhard Sauter (1935), evangelischer Theologe*

Marc Chagall (1887-1985): Mose vor dem brennenden Dornbusch

Ich bin, was ich bin

Der Verweis auf den Namen Gottes beinhaltet eine die Androzentrik [Zentrierung auf den Mann] übersteigende Gottesvorstellung. Obwohl der Erzähler GOTT sonst nur mit maskulinen Pronomen und Verben verbindet, enthält [2. Mose] 3,14 eine Definition, die GOTT nicht auf eine geschlechtliche Bestimmung festlegt. Zudem ist die Gottesidee hier nicht statisch und unwandelbar gedacht, sondern dynamisch und fließend, da nach hebräischer Grammatik die Verbformen keine eindeutigen Zeitformen zulassen. Deshalb kann der Gottesname in 3,14 auch mit der Gegenwartsform übersetzt werden: ‚Ich bin, was ich bin.‘ Eine Kombination von Gegenwart und Zukunft ist ebenfalls möglich: ‚Ich bin, was ich sein werde‘. Oder umgekehrt: ‚Ich werde sein, was ich bin.‘ Die erste Person Singular ist im Hebräischen geschlechtsunspezifisch. Daher kann das Relativpronomen in 3,14 [anstelle von ‚was‘] auch als ‚die‘ oder ‚der‘ übersetzt werden.

Susanne Scholz, Theologin

1. Entfalten Sie Aspekte des Bildes von Chagall in einem Brainstorming.
2. Gestalten Sie zur Erzählung vom Dornbusch (2. Mose 3,1-15) einen Comic.
3. Geben Sie wieder, wie die beiden Texte Gottes Selbstvorstellung „Ich bin, der ich bin“ deuten, und setzen Sie diese Deutung in Beziehung zu Chagalls Bild.
4. Stellen Sie weitere in Sauters Text aufgeführte Aspekte des biblischen Gottesbildes dar.

Ist Gott männlich, weiblich oder noch einmal anders?

Sebastian Dayg: Heilsbronner Rechtfertigungsbild, 1511

Gott als Vater (Mt 6,5-15)

Dieses mittelalterliche Altarbild zeigt zunächst eine typische Vaterfigur. Gott ist als alter Vater mit langem Bart dargestellt. Er blickt eher streng drein. In der Hand hält er den Reichsapfel, das Symbol der Weltherrschaft. Aber obwohl es Gott selbst ist, entgleitet ihm die Weltkugel. Das gefällt mir. Denn mir wird immer klarer, dass Gott nicht im herkömmlichen Sinne „allmächtig" ist und alles in der Hand hat. […] Das hängt mit seiner Liebe zusammen. Liebe erlaubt der Gegenseite, selbständig zu sein und die Spielregeln zu bestimmen. Der fallende Reichsapfel ist ein ehrlicheres Bild als das Bild eines Gottes, der alles im Griff hat.
In der anderen Hand hält der Vater das Schwert. […] Gegenüber dem Vater steht – Auge in Auge – Jesus. Er ist fast nackt und blutet. Den Daumen bohrt er geradezu in seine Seitenwunde […]. Jesus symbolisiert jenen Teil Gottes, der nicht siegreich ist, sondern scheitert, den Verlierergott, den Gott, der sich mit dem Gebrochenen, dem Lahmen, dem Zukurzgekommenen, dem Schwachen identifiziert. Mit der zweiten Hand hält Jesus das Schwert fest, das der Vater schwingt. […] Der Vater repräsentiert die Machtlosigkeit der Macht, der Sohn die Macht der Machtlosigkeit. Gerade darin ergänzen die beiden einander. Auf dem Schwert zwischen beiden sitzt die Taube, das Symbol des Heiligen Geistes. […] Der Heilige Geist bezeichnet die Beziehung zwischen Stärke und Verwundbarkeit.

Richard Rohr (1943),*
Franziskanerpater, Prediger und Autor

Die Väterlichkeit Gottes

Was meine ich, wenn ich Gott Vater nenne? Ich meine zunächst die Andersheit, die Fremdheit Gottes. Gott ist nicht, wie ich bin. Er hat sein nicht eroberbares Geheimnis, er ist er selbst. Wenn er nur wäre wie ich selber, dann könnte ich nicht von ihm lernen. Ich hätte bei ihm nicht mehr Hoffnung, als ich mit mir selber habe. Nein, Gott ist nicht aus meiner Seele herauszukitzeln, dass er nur mein Ebenbild wäre. Er wohnt im „unzugänglichen Licht". […]
Die Überlegenheit Gottes macht mich selber nicht klein. Sie will meine Größe. Er will, dass ich fliegen lerne und dass ich erwachsen werde. […]
Gott ist bedürftig, und er braucht unsere Liebe. Ein unbedürftiger Gott, der nur aus Überlegenheit besteht, ist ein unerträglicher Gott. Wir müssen den Gedanken neu lernen, dass Gott um unsere Liebe bettelt, wie es jeder Liebende tut. Nur der Teufel ist sich selbst genug.

Fulbert Steffensky (1933),*
zuerst Benediktinermönch,
dann evangelischer Theologe

> **i**
> **Gottesbilder:**
> Sprachliche oder künstlerische Bilder von Gott, etwa Gott als Vater (Mt 6,9) oder der Vergleich Gottes mit einer fürsorglichen Mutter (Jes 66,13).

Darum sollt ihr so beten:
Unser Vater im Himmel!
Dein Name werde geheiligt.
Dein Reich komme.
Dein Wille geschehe
wie im Himmel so auf Erden.
Unser tägliches Brot gib uns heute.
Und vergib uns unsere Schuld,
wie auch wir vergeben unsern Schuldigern.
Und führe uns nicht in Versuchung,
sondern erlöse uns von dem Bösen.
[Denn dein ist das Reich und die Kraft
und die Herrlichkeit in Ewigkeit. Amen.]
Mt 6,9-13

Ich will euch trösten, wie einen seine Mutter tröstet. *Jes 66,13*

Gott als Mutter: Gott – die gebärende

Im Anfang war Gott,
im Anfang die Quelle von allem, was ist,
im Anfang die Sehnsucht: Gott.

Gott – die stöhnende,
Gott – die in Wehen liegende,
Gott – die gebärende,
Gott – die jubelnde,
Gott, voller Liebe für ihr Geschöpf,
sprach: Es ist gut!

Dann hielt Gott zärtlich die Erde im Arm,
wissend, dass alles Gute geteilt sein will.
Gott sehnte sich nach Verbundenheit.
Gott wollte die gute Erde teilen mit andern,
und die Menschheit ward geboren aus Gottes Verlangen.
Wir wurden geboren, die Erde zu teilen.

Carter Heyward (1945), feministische Theologin (übersetzt von Dorothee Sölle)*

Nähren, was mich nährt

So endet der Psalm 104:
DIE EINE freue sich an ihren Geschöpfen. […]
Segne DIE EINE, du meine Lebenskraft!
Hallelujah! Lobt Jah!
(Ps 104,31b+35) […]
Nichts von allem, was ich zum Leben brauche, kann ich selbst herstellen, aber ich kann gestalten und so leben, dass die Harmonie des unermesslichen Lebensraums, in dem ich mich vorfinde, möglichst wenig gestört wird. Das ist der eigentliche SINN des Vertrauens in GOTT, DIE ALLMÄCHTIGE: dass ich demütig werde, nichts zerstöre und nichts gewaltsam an mich reiße:
Möge IHR gefallen, was ich ersinne –
Ich will mich freuen über DIE EINE! (Ps 104,34)

Ina Praetorius (1956), ev. Theologin und freie Autorin*

Frida Kahlo (1907-1954): Die Sonne und das Leben, 1947

Über geschlechtsspezifische Bilder hinaus

Feministische Theologinnen entwickeln eine Vielzahl neuer Gottesbilder, die nicht nur die Engführungen androzentrischer [männlich-zentrierter] Bilder überwinden sollen, sondern auch über die Geschlechtsspezifik hinausweisen. Neben eher abstrakte, nicht-personale Begriffe wie *Gott als dynamisches Verb*, als *Gott/in* – ein Begriff, der die nicht-hierarchische Einheit von Männlichem und Weiblichem, von Transzendenz und Immanenz im Gottesbild verdeutlichen will, als *umfassendes Geheimnis, in dem wir leben und sind*, treten Bilder aus der Natur (*Wasser, Quelle, Fels, Licht*) oder die Metapher von der *Welt als Leib Gottes*, welche die Präsenz Gottes in der Schöpfung betont. Ein relationales Gottesbild kommt zum Ausdruck im trinitarischen Modell von *Gott als Mutter, Liebende/r und Freund/in* oder im Versuch, *Gott als Macht-in-Beziehung* zu verstehen, als transpersonale schöpferische Macht, die unter uns und durch unser Handeln erfahrbar wird.

Silvia Strahm Bernet und Doris Strahm (1953), römisch katholische Theologinnen*

Feministische Bibelauslegung → S. 177

1. Erläutern Sie die in den beiden Gemälden – explizit oder implizit – enthaltenen Bilder und Vorstellungen vom Göttlichen und vergleichen Sie diese miteinander.
2. Geben Sie die Aussagen der Texte zur Väterlichkeit, Mütterlichkeit und Nicht-Geschlechtlichkeit Gottes wieder und setzen Sie diese zu den Bildern in Beziehung.
3. Vergleichen Sie biblische Schöpfungshymnen (1. Mose 1,1-2,4a; Ps 104; Ps 148) mit dem Gedicht von Carter Heyward.
4. Benennen Sie eigene Gottesbilder ihrer Kindheit und Jugendzeit und zeigen Sie auf, wie sich Gottesbilder im Lebenslauf verändern können. Ziehen Sie Aussagen von Lisa hinzu (S. 91, 100).
5. Nehmen Sie Stellung zur Frage, ob die biblische Charakterisierung einer „Gottebenbildlichkeit des Menschen" (1. Mose 1,27 → S. 59) auch eine Bedeutung für die Gottesbilder des Menschen haben kann.

Warum lässt Gott sich nicht blicken?

Kasimir Malewitsch (1878-1935): Das schwarze Quadrat, 1913

Mein Glaube hat sich verändert

Als Kind habe ich mir Gott als Mann mit einem weißen langen Bart vorgestellt, der oben auf einem Stuhl sitzt. Dann hab ich mit vierzehn für kurze Zeit gar nicht an Gott geglaubt, weil ich ihn mir einfach nicht habe vorstellen können. Mit dem Gedanken, dass da einfach nichts ist, kam ich nicht klar. Ich begann, mir diese göttliche Kraft vorzustellen und konnte sie gut mit meinem Leben vereinen. Mein Glaube hat sich in den vergangenen Jahren verändert und wird sich vermutlich auch in Zukunft weiterverändern. Sicher sogar. [...]

Im jüdischen Glauben nennt man eine intensive Verbindung zwischen Gott und einem Menschen „Kawana“. Sie entsteht während des Gebets. Solch eine Verbindung hab ich noch nie erlebt. Ein Rabbiner, er ist um die fünfzig, erzählte mir, dass er sie zweimal in seinem Leben erfahren durfte. Es ist also etwas, das nicht oft passiert. Aber ich habe ja noch ein wenig Zeit.

Lisa, Schülerin, 17 Jahre

Eine neue, „andere“ Rede von Gott und ihre Auswirkungen

Nun ist jede Rede von Gott analog [vergleichend, bildlich, nicht-wörtlich], wobei die Unähnlichkeit größer ist als die Ähnlichkeit. Dies bedeutet für Frauen und für Männer, in ihrer Rede von Gott darauf aufmerksam zu machen, dass Gott/in anders ist als unsere Vorstellungen. Dieses Ganz-Andere ist für Frauen lebenserweiternd, es umfasst auch weibliche Bilder und weibliche Erfahrungen. Gott ist körpernah und geerdet, Gott ist Schöpferin und ruach [Geist, im Hebr. weiblich], Gott ist auch im Weiblichen repräsentiert, Gott/in führt zur eigenen Person und umgekehrt, Gott/in ist in Beziehungen, im „Du“ erfahrbar – und bleibt auch fremd. [...]

Dies kann Frauen einen neuen Blick auf die christliche Tradition eröffnen: Gott ist mehr als Vater und Mutter, Gott/in ist „power to empower ourselves and others“ [...].

Herlinde Pissarek-Hudelist (1932-1994) und Helga Kohler-Spiegel (1962), römisch-katholische Theologinnen und Religionspädagoginnen*

Das Bilderverbot
Das in der Tora enthaltene Verbot, gegenständliche Abbilder von Gott zu machen (2. Mose 20,2-4).

1. Beschreiben Sie das Gemälde von Malewitsch und dessen Wirkung. Ziehen Sie dann Informationen über das Werk hinzu.
2. Nehmen Sie Stellung zu diesem Werk unter folgenden Leitfragen: Ist das ein Kunstwerk? Ist es ein konkretes oder abstraktes Bild? Was sagt es über unser Sehen, die Kunst, die Welt? Ist es ein religiöses Bild? Eine Ikone? Was sagt es über Gott?
3. Gestalten Sie das biblische Bilderverbot in einer farbigen Grafik (2. Mose 20,2-5a).
4. Nehmen Sie Stellung zur Frage, warum sich die Israeliten trotz einer konkreten Befreiungserfahrung kein Bild von Gott machen sollen.
5. Geben Sie den Inhalt von Lisas Schilderung wieder und analysieren Sie dann ihren Beitrag für das Thema des Bilderverbots. Vgl. auch S. 91.
6. Zeigen Sie anhand des Textes der beiden Theologinnen auf, wie das Bilderverbot Begriffe und Bilder von Gott zugleich verbietet und in neuer Form wiederum ermöglicht.

Was hat Jesus mit Gott zu tun?

Ich bin der gute Hirte.
Der gute Hirte lässt sein Leben für die Schafe.
Joh 10,11

Ich bin das Licht der Welt.
Wer mir nachfolgt,
der wird nicht wandeln in der Finsternis,
sondern wird das Licht des Lebens haben.
Joh 8,12

Ehemaliger Raum der Stille im Stiftsgymnasium Admont

Gott in Jesus Christus

Ecce homo [sehet: der Mensch] – seht den menschgewordenen Gott, das unergründliche Geheimnis der Liebe Gottes zur Welt. Gott liebt den Menschen. Gott liebt die Welt. Nicht einen Idealmenschen, sondern den Menschen, wie er ist, nicht eine Idealwelt, sondern die wirkliche Welt. Was uns verabscheuungswürdig ist in seiner Widergöttlichkeit, wovor wir uns zurückziehen in Schmerz und Feindschaft, der wirkliche Mensch, die wirkliche Welt, das ist für Gott Grund unergründlicher Liebe, damit vereint er sich aufs Innigste. Gott wird Mensch, wirklicher Mensch. Während wir uns bemühen, über unser Menschsein hinauszuwachsen, den Menschen hinter uns zu lassen, wird Gott Mensch, und wir müssen erkennen, dass Gott will, dass auch wir – Menschen, wirkliche Menschen seien. Während wir unterscheiden zwischen Frommen und Gottlosen, Guten und Bösen, Edlen und Gemeinen, liebt Gott unterschiedslos den wirklichen Menschen. Er duldet es nicht, dass wir die Welt und die Menschen einteilen nach unseren Maßstäben und uns zu Richtern über sie aufwerfen. […]

Aber es ist nicht genug damit gesagt, dass Gott sich der Menschen annimmt. Dieser Satz ruht auf einem unendlich viel tieferen, in seinem Sinn undurchdringlicheren, nämlich: dass Gott in der Empfängnis und Geburt Jesu Christi die Menschheit leibhaftig angenommen hat. Gott überhebt seine Liebe zu den Menschen jedes Vorwurfs der Unechtheit und des Zweifels und der Ungewissheit, indem er selbst in das Leben der Menschen eingeht als Mensch, indem er Natur, Wesen, Schuld und Leiden des Menschen leibhaftig auf sich nimmt und trägt. Aus Liebe zum Menschen wird Gott Mensch. Er sucht sich nicht den vollkommensten Menschen, um sich mit ihm zu verbinden, sondern er nimmt menschliches Wesen an, wie es ist. Jesus Christus ist nicht die Verklärung hohen Menschentums, sondern das Ja Gottes zum wirklichen Menschen, nicht das leidenschaftslose Ja des Richters, sondern das barmherzige Ja des Mitleidenden. In diesem Ja ist das ganze Leben und die ganze Hoffnung der Welt beschlossen. […] Der Name Jesus schließt die ganze Menschheit und den ganzen Gott in sich.

Dietrich Bonhoeffer (1906-1945),
ev. Theologe und Widerstandskämpfer

Christologie im Johannesevangelium → S. 163
Inkarnation → S. 144

1. Benennen Sie in zwei Spalten Ihre Anfragen und Zustimmungen zu Bonhoeffers Text. Entfalten Sie dann gemeinsam mögliche Interpretationen und arbeiten Sie die Bedeutung des Schlusssatzes heraus.
2. Vergleichen Sie Bonhoeffers Text mit Aussagen zum verborgenen Gott und zu Gott als Geheimnis (S. 93).
3. Beschreiben Sie das Bild, ziehen Sie zur Deutung Jesu Worte am Kreuz (Mk 15,34; S. 95) und Gottes Selbstoffenbarung am Dornbusch hinzu (2. Mose 3,14; S. 97). Gestalten Sie hierzu (auch unter Einbezug von Passagen aus Bonhoeffers Text) einen Flyer für einen Gottesdienst.
4. Interpretieren Sie die „Sichtbarkeit" Gottes in Jesus Christus, auch in seinem Kreuzestod, mithilfe der Aussagen aus dem Johannesevangelium: Joh 1,14 → S. 144; Joh 3,16 → S. 163.
5. Gestalten Sie Ich-bin-Worte Jesu kalligrafisch (s.o., ferner: Joh 6,35; 10,9; 11,25f.; 14,6) und entwerfen Sie damit – auch unter Einbeziehung des Prologs (Vorworts) des Johannes-Evangeliums (Joh 1,1-18) – eine Info-Broschüre über Jesus Christus und die christliche Kirche.

Was leisten Definitionen?

Gottes-Vorstellungen und -Definitionen: Liebe

Die Erkenntnis des Wesens Gottes, die aus der Person und dem Werk Jesu Christi gewonnen ist, lässt sich verdichten in dem Satz „Gottes Wesen ist Liebe“. [In] der Aussage: „Gott ist Liebe“ verdichtet sich eine Fülle biblischer, kirchlicher und theologischer Aussagen über Gott. [Sie bringt] das Wesentliche des christlichen Gottesverständnisses zum Ausdruck. [...]

Die Worte „Liebe“ und „lieben“ weisen ebenso wie die Worte „Glaube“ und „glauben“ eine große Vielfalt an Bedeutungen auf. So etwas wie eine allgemein anerkannte Definition von „Liebe“ gibt es nicht. [...] Einerseits werden mit dem deutschen Wort „Liebe“ (bzw. „lieben“) ganz unterschiedliche Phänomene bezeichnet [...].

Andererseits ist Liebe offenbar etwas, das sich von seinem Wesen her nicht begrifflich erfassen und definieren lässt. Sie ist etwas Lebendiges und in die Tiefe des Gefühls Reichendes, das sich jedem Zugriff entzieht. Sie ist frei und sie lässt frei. Liebe kann nur von innen, also aus der Situation persönlicher Begegnung und Beteiligung, erkannt werden. Jeder Versuch einer begrifflichen Definition geschieht aber von einer Außenperspektive her und kann darum nicht mehr leisten, als den Begriff „Liebe“ abzugrenzen. Letztlich gilt auch von der Liebe – wie von Gott –: definiri nequit [sie bzw. er kann nicht definiert – also begrifflich eindeutig festgelegt – werden]. [...]

Dann ist Liebe das, was Gott zu Gott macht – und demzufolge auch von anderem unterscheidet. Alle kreatürlichen Verwirklichungsformen von Liebe werden dadurch im doppelten Sinn des Wortes relativiert, d.h. von der Liebe selbst, also von Gottes Wesen, unterschieden, aber eben damit auch zu dieser Liebe in Beziehung gesetzt. Wer liebt, ist nicht Gott, aber er „bleibt in Gott und Gott in ihm“ [1. Joh 4, 16].

Wilfried Härle (1941), ev. Theologe*

... was euch unbedingt angeht

Das meiste in unserem Leben bewegt sich an der Oberfläche. Wir sind von Routine umgeben – in unserem Alltag, bei der Arbeit, beim Vergnügen, im Beruf und in der Entspannung. Wir werden mehr getrieben, als dass wir treiben. [...] Wir reden und reden und hören nie auf die Stimmen, die zu unserer Tiefe und aus unserer Tiefe sprechen. [...]

Deshalb verfehlen wir unsere Tiefe und unser wahres Leben. [...] Der Name dieser unendlichen Tiefe und dieses unerschütterlichen Grundes alles Seins ist Gott. Jene Tiefe ist es, die mit dem Wort Gott gemeint ist. Und wenn das Wort für euch nicht viel Bedeutung besitzt, so übersetzt es und sprecht von der Tiefe in eurem Leben, vom Ursprung eures Seins, von dem, was euch unbedingt angeht, von dem, was ihr ohne irgendeinen Vorbehalt ernst nehmt. Wenn ihr das tut, werdet ihr vielleicht einiges, was ihr über Gott gelernt habt, vergessen müssen, vielleicht sogar das Wort selbst. Denn wenn ihr erkannt habt, dass Gott Tiefe bedeutet, so wisst ihr viel von ihm.

Paul Tillich (1886-1965), ev. Theologe

Die „Zoe-Diversität Gottes“

Wir sind also angehalten, eine plurale Rede von Gott oder von dem Geheimnis, das unser Leben bestimmt, zu entwickeln. Aus diesem Grund schlage ich den Ausdruck ‚Zoe-Diversität Gottes‘ vor [von griech. zoe = Leben]. [...]

Die ‚Zoe-Diversität Gottes‘ meint in erster Linie das Leben mit seinem außerordentlichen Reichtum, das sich in der Komplexität eines lebendigen Geheimnisses entfaltet. Dieses Lebensgeheimnis ist nicht außerhalb von uns selber – wir sind vielmehr in ihm, in ihm leben wir und entwickeln wir uns. Dieses Geheimnis lebt in uns und übersteigt uns zugleich. [...] Die Zoe-Diversität Gottes ist eine Metapher, die im Zusammenhang steht mit der Relationalität, der Verbundenheit von allem mit allem. Alles kommt von Gott, und Gott lebt in allem.

Ivone Gebara (1944), kath. Philosophin und feministische Theologin*

1. Entwerfen Sie in Gruppenarbeit Spielszenen, die Gottes Wesen als Liebe (Härle) veranschaulichen.
2. Setzen Sie die Ausführungen von Härle in Beziehung zu den Bibeltexten 1. Joh 4,7-21 sowie Röm 8,31-39 und interpretieren Sie die Texte wechselseitig.
3. Skizzieren und interpretieren Sie Tillichs Unterscheidung von „Oberfläche“ und „Tiefe“ anhand von Beispielen. Prüfen Sie einen möglichen Zusammenhang von „Gott“ zur „Tiefe“ und zur „Oberfläche“.
4. Erörtern Sie den Einwand des Philosophen Bernard Williams gegen Tillich: „Will Tillich wirklich sagen, dass an Gott zu glauben dasselbe ist wie nicht oberflächlich zu sein?“
5. Vergleichen Sie die Gottes-Definitionen bei Härle, Tillich und Gebara und gestalten Sie zu Ihrer „Lieblings-Definition“ einen Spot, Kurzfilm, Internetbeitrag o.Ä.

Leben und Handeln vor Gott

Worüber reden wir? Was verschweigen wir lieber?

Basics **Die Schwierigkeit der Rede von Gott**

Die Rede von Gott – problematisch, fraglich, zudringlich, unverzichtbar.

Die erste These lautet: Es fällt uns – zu Recht – schwer, von „Gott“ zu reden, weil das Wort „Gott“ Scherben und Trümmer in der Menschheitsgeschichte hinterlassen hat. […]

Die zweite These lautet: Von Gott zu reden fällt uns – vielleicht ebenso zunächst zu Recht – schwer, weil wir trotz der diagnostizierten Wiederkehr der Religion kaum mehr Anknüpfungspunkte in unsrer säkularisierten Gesellschaft für eine solche Redeweise sehen.

Die dritte These lautet: Von Gott zu reden fällt uns gerade deshalb schwer, weil dieses Reden auch uns selbst gegenüber zudringlich ist, weil wir damit letztlich Einblick geben in das, was uns im Innersten bewegt.

Dieser Einblick ist zunächst von der Angst begleitet, unser Sprechen von „Gott“ möge allzu naiv erscheinen […].

Rede von Gott ist jedoch mehr noch deshalb schwer, weil „Gott“ nicht einfach ein problematisierter Begriff ist, sondern aus christlicher Sicht ein Name. Dieser Name kommt mir auch schwer über die Lippen, weil ich mit ihm Einblick gebe in die Beziehung, die mich hält. Ich zeige damit, von wem her ich mich verstehe, mit wem ich ringe, auf wen ich hoffe. In nur wenigen anderen Zusammenhängen lasse ich mir so sehr in mein Herz blicken wie dann, wenn ich von Gott spreche. […]

Christiane Tietz (1967), ev. Theologin*

Hans-Georg Hofmann (1957): Ein abstraktes Nichtwissen / eins mit Sternen und Himmel, 2013*

1. Geben Sie die drei von Tietz aufgestellten Thesen in einer für Sie stimmigen Reihen- bzw. Rangfolge wieder und begründen Sie diese.
2. Benennen Sie weitere Argumente für die Schwierigkeit, offen bzw. öffentlich von Gott zu reden.
3. Gestalten Sie ein Gespräch zwischen Befürwortern und Gegnern öffentlicher Bekenntnisse des persönlichen Gottesglaubens.

Team-Aufgaben

1. Setzen Sie Gotteserfahrungen und die dazu gehörenden Gottesvorstellungen (S. 88ff.) in Beziehung und prüfen Sie, ob auch andere Konstellationen möglich wären.
2. Arbeiten Sie die in den Bildern des Kapitels zur Darstellung gebrachten Gottesvorstellungen auf einer konkreten und auf einer abstrakten bzw. symbolischen Ebene heraus. Erörtern Sie Vorteile und Probleme der unterschiedlichen Vorstellungen.
3. Interpretieren Sie biblische Aussagen zu möglichen Auswirkungen von Gottesglaube und Gottesbildern auf das menschliche Leben (1. Joh 4,7-21; Phil 2,13). Zeigen Sie anhand von Beispielen auf, welche Konsequenzen und Lebensperspektiven sich aus Gottesbeziehungen ergeben können.
4. Gestalten Sie eine hochkarätig besetzte Podiumsdiskussion zur angemessen Rede von Gott und lassen Sie dabei auch Gott selbst zu Wort kommen.

Was bestimmt unser Leben?

Alltagsglaube

In den alltäglichen Grabenkämpfen des Erwachsenendaseins gibt es keinen Atheismus. Es gibt keinen Nichtglauben. Jeder betet etwas an. Aber wir können wählen, was wir anbeten. Und es ist ein äußerst einleuchtender Grund, sich dabei für einen Gott oder ein höheres Wesen zu entscheiden – ob das nun Jesus ist, Allah, Jahwe, die „vier edlen Wahrheiten“ oder eine Reihe unantastbarer ethischer Prinzipien –, denn so ziemlich alles andere, was Sie anbeten, frisst Sie bei lebendigem Leib auf.

Wenn Sie Geld und Güter anbeten – wenn hierin für Sie der wahre Sinn des Lebens liegt –, dann können Sie davon nie genug kriegen.

Wenn Sie Ihren Körper, die Schönheit und erotische Reize anbeten, dann werden Sie sich immer hässlich finden [...].

Wenn Sie die Macht anbeten, werden Sie sich schwach und ängstlich fühlen und immer mehr Macht über andere brauchen, um die Angst in Schach zu halten.

Wenn Sie Ihren Intellekt anbeten und als schlau gelten wollen, werden Sie sich am Ende dumm vorkommen, als Hochstapler, dem man jeden Augenblick auf die Schliche kommen wird.

Und so weiter.

Wissen Sie, das Heimtückische an diesen Formen der Anbetung ist nicht, dass sie böse oder sündig wären, sondern dass sie so unbewusst sind.

Sie sind Standardeinstellungen.

Sie sind Glaubensformen, in die man nach und nach einfach so hineinschlittert, jeden Tag ein bisschen mehr [...].

Es gibt natürlich verschiedene Formen der Freiheit, und die kostbarste wird in der großen, weiten Welt des Siegens, Leistens und Blendens selten erwähnt. Die wirklich wichtige Freiheit erfordert Aufmerksamkeit und Offenheit und Disziplin und Mühe und die Empathie, andere Menschen wirklich ernst zu nehmen und Opfer für sie zu bringen, wieder und wieder, auf unendlich verschiedene Weisen, völlig unsexy, Tag für Tag.

Das ist wahre Freiheit.

Das heißt es, Denken zu lernen.

Die Alternative ist die Gedankenlosigkeit, die Standardeinstellung, die Tretmühle – das ständige Nagen, etwas Unendliches gehabt und verloren zu haben.

Ich weiß, dass das alles nicht so witzig, flott und inspirierend klingt, wie zentrale Thesen von Abschlussreden klingen sollten.

Aus einer Rede des Schriftstellers David Foster Wallace (1962-2008) bei der Verabschiedung von Absolventen eines US-College

Martin Luther (1483-1546): Gott und Abgott

Es ist mancher, der meint, er habe Gott und alles zur Genüge, wenn er nur Geld und Gut hat; er verlässt sich darauf und brüstet sich damit so unentwegt und zuversichtlich, dass er auf niemand etwas gibt. Sieh, ein solcher hat auch einen Gott: der heißt Mammon, d. h. Geld und Gut; darauf setzt er sein ganzes Herz. Das ist ja auch der allergewöhnlichste Abgott auf Erden. Wer Geld und Gut hat, der weiß sich in Sicherheit und ist fröhlich und unerschrocken, als sitze er mitten im Paradies; und umgekehrt, wer keins hat, der zweifelt und verzagt, als wisse er von keinem Gott. [...]

Ebenso ist's auch mit einem, der darauf vertraut und trotzt, dass er großes Wissen, Klugheit, Macht, Beliebtheit, Freundschaft und Ehre hat. Der hat auch einen Gott, aber nicht diesen rechten, alleinigen Gott. Das siehst du wiederum daran, wie vermessen, sicher und stolz man auf Grund solcher Güter ist, und wie verzagt, wenn sie nicht vorhanden sind oder einem entzogen werden.

Aus der Erklärung zum Ersten Gebot im Großen Katechismus

1. Geben Sie die Hauptaussagen der beiden Texte wieder und erläutern Sie die Begriffe „Standardeinstellung“, Glaube bzw. Nichtglaube sowie „Gott“ und „Abgott“.
2. Stellen Sie (in einer Tabelle) dar, was beide Texte als weit verbreitete, aber falsche und was sie als seltene, aber sinnvolle Einstellungen anführen. Entwerfen Sie zu diesem Problem einen Chat mit Wallace, Luther und Ihnen selbst.
3. Entfalten Sie, wovon Menschen abhängig sein, was sie inständig hoffen und was sie zutiefst fürchten können. Wählen Sie dabei die für Sie passende Ausdrucksform (z.B. Standbild, Grafik, Gedicht u.a.).
4. Zeigen Sie anhand unterschiedlicher Bibelstellen auf, dass es auch in der Bibel eine heftige Kritik an einem falschen Gottesglauben gibt (z.B. Jes 44, 6-20; Am 5, 21-24).
5. Gestalten Sie einen Taufbrief für ein Patenkind: Was ich Dir auf Deinen Lebensweg im Blick auf Gottesglauben und Lebenseinstellungen mitgeben möchte ...

Wie göttlich kann der Mensch werden?

Waldemar Mandzel: Die Erschaffung

Homo Deus – Vergöttlichung des Menschen

Die gesamte Geschichte hindurch sprach man den meisten Göttern nicht Omnipotenz, sondern eher ganz bestimmte übermenschliche Fähigkeiten zu: etwa Lebewesen zu formen und zu schaffen, den eigenen Körper zu verändern, die Umwelt und das Wetter zu steuern, Gedanken zu lesen und aus der Ferne zu kommunizieren, mit hoher Geschwindigkeit unterwegs zu sein und natürlich dem Tod zu entgehen und ewig zu leben. Die Menschen sind gerade eifrig dabei, diese Fähigkeiten zu erlangen und noch ein paar mehr. [...]

Im 21. Jahrhundert werden wir wirkmächtigere Fiktionen und totalitärere Religionen als jemals zuvor schaffen. Mit Hilfe von Biotechnologie und Computeralgorithmen werden diese Religionen nicht nur jede Minute unseres Daseins kontrollieren, sondern auch in der Lage sein, unseren Körper, unser Gehirn und unseren Geist zu verändern sowie durch und durch virtuelle Welten zu erschaffen. [...]

Die Antworten auf die [mit der technologischen Entwicklung entstehenden] Fragen wird man nicht im Koran oder in der Scharia, nicht in der Bibel oder den Analekten des Konfuzius finden, denn im Mittleren Osten des Mittelalters und im alten China wusste niemand etwas von Computern, Genetik oder Nanotechnologie.

Yuval Noah Harari (1976), Historiker*

Digital Mensch bleiben

Hararis Buch provoziert. Es provoziert, sich mit den von ihm beschriebenen Szenarien auseinanderzusetzen, vor allem aber mit dem, was durch die Digitalisierung geschieht. [...]

Die Digitalisierung vergöttlicht den Menschen und sie beraubt ihn damit zugleich seiner selbst. [...] Hararis Verdienst ist es, die Digitalisierung in den Zusammenhang grundlegender philosophischer und theologischer Fragen gestellt zu haben. [...] Unklar bleibt in Hararis Konstruktion, welche Handlungsspielräume wirklich gegeben sind. [...]

Harari hat recht, wenn er sagt, dass uns die religiöse Überlieferung für viele Fragen keine unmittelbare Handlungsanleitung gibt. Er hat aber nicht recht, wenn er denkt, religiöse Überlieferung habe keine Substanz, die hilft, diese Welt und das Leben zu deuten, zu verstehen und so Menschen zu orientieren. Christinnen und Christen lesen und hören biblische Texte [...] nicht so, dass sich für alle neuen Fragen direkte Handlungsanweisungen in den alten Texten finden ließen. Aber sehr wohl so, dass Menschen durch die alten Texte hindurch, von Gottes Geist geleitet, auch heute erkennen können, was menschliches Leben ist und was gut für dieses Leben ist und was nicht. [...]

Die biblischen Texte schärfen den Blick für die besondere Würde des Menschen. [...] Zugleich markiert die Bibel auch deutlich, dass Menschen verführbar sind, gerade weil sie Kraft haben, die Welt zu gestalten. [...] Die Auflösung des Dilemmas liegt nicht darin, dass der Mensch sich selbst erlöst. Es ist nötig, dass Menschen ihre Grenzen erkennen und veranwortlich handeln [...].

Ich plädiere dafür, sich pragmatisch mit der Digitalisierung auseinanderzusetzen. [...] In dieser Perspektive geht es darum, Digitalisierung nicht einfach geschehen zu lassen, sondern zu gestalten. Ich finde es wichtig, dass Christinnen und Christen dabei ihre Sicht in die gesellschaftliche Debatte einbringen.

Volker Jung (1960), ev. Theologe*

Digitalisierung → S. 25 → S. 82 → S. 298f.
Wege der Bibelauslegung → S. 166ff.

1. Interpretieren Sie die Karikatur (→ S. 329). Ziehen Sie auch Michelangelos Bild hinzu (→ S. 56).
2. Entfalten Sie Hararis Bild von der Zukunft.
3. Legen Sie dar, wie Jung sich mit Harari auseinandersetzt. Gestalten Sie ein „TV-Duell" zwischen beiden Autoren.
4. Überprüfen Sie Jungs theologische Argumentation anhand der Bibelstellen, auf die er sich bezieht: Ps 8,5f; 1. Mose 2,15; 1. Mose 11,1-8.
5. Entwerfen und erörtern Sie Zukunftsszenarien, die die zukünftige Göttlichkeit und Menschlichkeit des Menschen im a) Idealfall; b) „worst case" und c) „realistischen" Fall aufzeigt.

Wie menschlich kann der Mensch werden?

Gott und Menschlichkeit

Friederike und Clemens Ladenburger, die Eltern der 2016 in Freiburg von einem afghanischen Asylbewerber ermordeten Medizinstudentin Maria, haben einige Zeit nach ihrem Tod die „Maria-Ladenburger-Stiftung" gegründet, zur Unterstützung bedürftiger – ausdrücklich auch ausländischer bzw. geflüchteter – Studierender.

Woher nehmen Sie die Kraft, auf nur allzu verständliche Gefühle wie Wut, vielleicht sogar Hass und Rachegelüste zu verzichten?

CL: Ich würde nicht von Hass oder Rache sprechen. Aber dass wir keine Momente der Bitterkeit, der Wut, auch der Niedergeschlagenheit und Resignation gehabt hätten, könnte ich sicher auch nicht behaupten.

FL: Ohne Zweifel mussten und müssen wir als trauernde Eltern einen schwierigen Weg gehen – wie viele andere Eltern auch. Größte Kraftquelle war und ist – Maria selber. So jung sie auch war, sie hatte eine sehr reife und starke Art, den Blick auf das Positive zu lenken, auf das Tragende, auf den Halt in aller Zerrissenheit und allem Leid. Das haben wir gespürt, als dieses Leid sie selbst und damit auch uns aufs Grausamste getroffen hat.

Was ist dieser Halt?

FL: Unser Glaube. Wir sind Christen, und als Christen waren wir vom Moment der Todesnachricht an gewiss, dass es ihr gut geht, dass sie gut aufgehoben ist. Für diese Gewissheit sind wir sehr, sehr dankbar. Genauso wie für die starke, zukunftszugewandte Haltung unserer Tochter und für die große Solidarität und Unterstützung durch unsere Familie, durch wunderbare Freunde und Kollegen. In Momenten in denen wir das Gefühl hatten, die Welt steht still, haben wir eine Liebe, eine Nähe, eine Kraft guter Menschen erfahren, für die es eigentlich keine Worte gibt.

CL: Wir haben gespürt, Gott gibt uns Kraft, dieses Schicksal zu meistern. Er ist bei uns, er begleitet uns. Wir haben gemerkt: Es ist uns jetzt eine neue Lebensaufgabe zugewachsen, mit dem gewaltsamen Tod unserer Tochter zu leben, und wir können das schaffen. Das haben wir uns von Anfang an gesagt, und wir sagen es uns immer wieder. Und das Gefühl der Dankbarkeit, von der wir schon sprachen, hilft uns, all die anderen Gefühle nicht so sehr hochkommen zu lassen, dass sie die Oberhand gewinnen.

FL: Dankbarkeit, das ist unsere Erfahrung, gibt uns Halt. Aber daraus kann auch eine Haltung werden – ein Perspektivenwechsel, der es erlaubt, auf das Positive zu schauen. Maria hat uns das vorgelebt. Sie war eine Mutmacherin. […]

Ein Geschenk, das Ihnen jäh und vor der Zeit entrissen wurde. Führt das nicht zwangsläufig auf die Frage: Wie kann Gott das zulassen?

CL: Gott wollte das nicht, was Maria angetan wurde. Gott will das Böse nicht. Aber er hat uns als freie Menschen erschaffen – und uns damit auch die Möglichkeit gegeben, Böses zu tun.

FL: Und das kann er dann auch nicht immer verhindern. Er hat nicht eingegriffen. Warum nicht? Ich weiß das nicht zu sagen. Noch am Abend des 16. Oktober 2016, an dem wir von Marias Tod erfuhren, haben wir uns gesagt: Wir werden nicht nach dem Warum fragen, weil es darauf keine Antwort gibt.

Sie haben einmal gesagt, Ihnen sei in der Aufarbeitung der Tat wichtig, dass es möglichst nicht wieder zu solchen Verbrechen kommt, denen dann andere Menschen zum Opfer fallen. Schwingt für Sie im Begriff vom ‚Opfer' die Möglichkeit mit, dass es für all das einen tieferen verborgenen Sinn geben könnte?

FL: Wenn Sie so vom ‚Opfer' sprechen, fällt auch das in den Kontext des Glaubens. Das entspricht aber so nicht unserem Gottesbild. An dem, was Maria widerfahren ist, ist an sich nichts Gutes. Für uns nicht, aber auch für Gott nicht. Ob im Leben nach und mit Marias Tod etwas Gutes wachsen kann, das ist dann freilich eine andere Frage.

CL: Kann man diesem Tod einen Sinn abgewinnen? Das ist ja die Frage, um die es hier geht. Ich glaube, so sollten wir als Betroffene nicht fragen. Die Frage muss vielmehr sein: Was erwächst daraus für uns als Aufgabe, als Auftrag?

Aus einem Interview

1. Stellen Sie das Interview im Klassenraum in Form einer Re-Inszenierung dar.
2. Zeigen Sie den im Interview zum Ausdruck kommenden Zusammenhang zwischen Gottesglaube, Gottesvorstellung und Auswirkungen dieser Einstellungen auf den Lebensalltag auf.
3. Formulieren Sie Leserbriefe an das Ehepaar.
4. Vergleichen Sie die Erfahrungen und Einstellungen des Ehepaars mit denen anderer Menschen (S. 88ff.).
5. Gestalten Sie eine Plakataktion, Ausstellung oder Internetseite mit überzeugenden Beispielen eines humanitätsfördernden Gottesglaubens.

Wie wollen wir zusammenleben?

Gott und Inklusion

Das Bild ist eine Verfremdung des Verkündigungsengels von Leonardo da Vinci. […] Ganz selbstverständlich hat da Vinci die Verkündigungsszene in seine Welt übertragen: toskanische Landschaft, vornehme, höfische Kleidung und ein stattliches Haus (Maria auf einer großen Veranda). Der Engel beugt ein Knie und neigt sich so in würdevoller, spannungsreicher Körperhaltung Maria zu. So das Original.

Und nun: der Engel im Rollstuhl. […] Ein Engel mit Behinderung also.

Engel sind Boten Gottes, Streiter, Vermittler, Erscheinungsweisen Gottes; Zwischenwesen, meist mit menschlichem Antlitz, aber ohne Füße, dafür mit Flügeln dargestellt. Hier nun hat der Engel ein weiteres Attribut, einen Rollstuhl, der so zu einem himmlischen Attribut wird. Ausgerechnet ein Rollstuhl. Wie passt das Charakteristikum für Behinderung, der Rollstuhl, zu unseren Vorstellungen von Himmel als ganz und gar göttlichem Bereich – und vom beginnenden Reich Gottes auf Erden? Verbinden wir nicht gerade damit die Befreiung von allem Leid, allem Schmerz, allen Tränen, zu einem Leben in Vollkommenheit und unbehinderter Glückseligkeit?

Das angesagte Kind, schon Schreck genug, aber verkündet durch einen Engel im Rollstuhl – womöglich ein behindertes Kind! Soll das noch Frohe Botschaft sein?

Und hätte dieses Kind in derselben Weise wie ein gesundes verkörpern können, was gottgemäß ist? Vielleicht hätte der Engel ja hinzugefügt:

„Du wirst dieses Kind lieben, egal, wie es ist, einfach, weil es Dein Kind ist. Und es wird Euch lehren, viele Dinge neu zu sehen, und Euch erinnern, dass Gott immer wieder anders ist, als wir denken."

Jutta Flatters, Theologin und Mutter einer schwerbehinderten Tochter

Verfremdung des Verkündigungsengels von Leonardo da Vinci – Realisierung: Stephan Schlensog

Dieser Gott reißt meine Vorurteile nieder

Was gibt nun mir […] das Recht, mich in das Ergehen eines unglücklichen Asylbewerbers einzumischen, ihm einen Anwalt für den Widerspruch gegen seine Ablehnung zu verschaffen […]? Ich möchte mich auf höhere Gebote als nur auf Abschreckungsverordnungen berufen dürfen, auf einen HERRN der Herren.

Gott braucht mich nicht unbedingt, aber ich brauche Ihn als meine Freiheit, meine Rückenstärkung, meine Widerrede […].

Es ist meine große, biblisch begründete Annahme, dass jeder Mensch – nicht nur theoretisch, sondern auch praktisch – ein gleich wertvolles Geschöpf ist, gewollt von einem unfassbar erhabenen Schöpfer […]. Wer immer die Würde eines seiner Geschöpfe bedrängt oder missachtet, verletzt die Würde des Schöpfers selbst. Dieser Gott reißt meine Vorurteile gegenüber anderen Menschen und Kulturen nieder. Er hat am Anfang nicht den ersten Deutschen, Afghanen oder Afrikaner erschaffen, sondern den Adam überhaupt, den Menschen aus Staub und Ackerboden.

Manfred Köhnlein, ev. Theologe

Menschenwürde → S. 62
Verkündigungsengel im Original → S. 183
Migration → S. 198 → S. 301

1. a) In einer Integrationsklasse taucht die Frage auf: „Ist Gott behindert?" bzw. b) in einer Klasse mit Migrantenkindern die Frage: „Ist Gott auf der Flucht?" Gestalten Sie eine Klassendiskussion. Ziehen Sie zur Vertiefung den entsprechenden Text (1 oder 2) hinzu.
2. Vergleichen Sie das verfremdete Bild mit dem Original (→ S. 183).
3. Bewerten Sie biblische Migrationssituationen aus der Perspektive der Migranten/ Migrantinnen sowie der inkludierenden bzw. exkludierenden Gesellschaften: Josef in Ägypten (1. Mose 39ff.); Israel in Ägypten (2. Mose 1); Ruth in Moab (Ruth 1); Babylonisches Exil (Ps 137 + 126); Jesus in Ägypten (Mt 2,13-23).
4. Formulieren Sie ein Gebet, eine Meditation oder eine Internet-Botschaft aus Sicht eines Jugendlichen mit Handicap (Text 1) bzw. Migrationshintergrund (Text 2).
5. Entwerfen Sie Regeln für eine Gesellschaft, die allen Menschen gerecht wird.

Streit um die Wirklichkeit Gottes

Was spricht für, was gegen die Existenz Gottes?

Basics

Gott im Widerstreit

Thomas von Aquin stellte im 13. Jahrhundert in Anknüpfung an die Philosophie des Aristoteles (384-322 v. Chr.) und im Blick auf mögliche Einwände gegen die Existenz Gottes die sogenannten Gottesbeweise vor:

Der kosmologische Gottesbeweis folgert aus der bewegten und veränderten Welt (Kosmos), dass es ein erstes unbewegtes Bewegendes und eine erste Ursache geben muss [...].

Der teleologische Gottesbeweis geht davon aus, dass alles in der Welt durch Zweckmäßigkeit ausgezeichnet und auf ein Ziel (telos) hin ausgerichtet ist. Weil die nicht mit Vernunft begabten Dinge und Lebewesen sich aber nicht selbst auf ein Ziel hin ausrichten können, müssen sie von einem mit Vernunft begabten Wesen geleitet werden. [...]

Immanuel Kant (1724-1804) hat in seiner umfassenden Kritik der Metaphysik schließlich zutreffend aufgewiesen, dass der menschliche Verstand seine Grenzen überschreitet, wenn er Gott zu einem gewissermaßen naturwissenschaftlichen Sachverhalt macht. Unser Verstand ist nur geeignet, über Dinge und Sachverhalte in Raum und Zeit zu urteilen, aber nicht über ein Jenseits von Raum und Zeit. [...]

Alle Versuche einer metaphysischen Gotteserkenntnis können nicht erklären, warum dieser Gott mit den Menschen eine gemeinsame Geschichte haben sollte und inwiefern er den Menschen und der Welt selber nahekommt und sich bis in den Tod eines Menschen hinein für sie erniedrigt. Der Gott der Metaphysik ist darum nicht der offenbare Gott des christlichen Glaubens [...].

Wenn Menschen an Gott glauben, obgleich nicht zu beweisen ist, dass es ihn gibt, dann muss das einen Grund im menschlichen Leben haben. Der religionskritische Atheismus meint, diesen Grund aufspüren zu können. Er erkärt das Entstehen der Religion so, dass mit dem Glauben an einen Gott oder an Götter ein bestimmter Mangel des menschlichen Lebens bewältigt werden soll. Gott oder Götter sollen die Sehnsüchte und Wünsche erfüllen, die im Leben auftreten, aber mit menschlichem Vermögen nicht realisiert werden können.

Diese Anschauung ist der Kern der so genannten Projektionstheorie L[udwig] Feuerbachs (1804-1872), die eine große Bedeutung für die Ausbreitung des Atheismus gewonnen hat. [...]

[Ähnliche] Kritiker werden seit dem Jahr 2006 auch als „neue Atheisten" bezeichnet. [...] Viel Aufmerksamkeit fand der englische Biologe Richard Dawkins (*1941) mit seinem 2006 erschienen[en] Buch „Der Gotteswahn". Dawkins fordert dort, den „falschen Respekt" abzulegen, der viele Intellektuelle bisher von der Kritik der negativen Seiten der Religion abgehalten habe.

Evangelischer Erwachsenenkatechismus

1. Stellen Sie die beiden im Text genannten Positionen der „Gottesbeweise" sowie der „Gotteswiderlegungen" mit ihren Vertretern, Grundpositionen und Argumenten in zwei Spalten dar.
2. Nehmen Sie zu den Gottesbeweisen und den Gotteswiderlegungen sowohl aus Sicht eines an Gott glaubenden als auch eines nicht glaubenden Menschen Stellung.
3. Entfalten Sie Argumente, weshab auch ein moderner, aufgeklärter Mensch (noch) an Gott glauben kann.

Team-Aufgaben

1. Vergleichen Sie die hier vertretenen Einstellungen und Argumentationen mit den Positionen (in den Texten) Ihres Kurses.
2. Entwerfen Sie kleine fiktive Interviews mit den Autor/innen mit der Einstiegsfrage: „Was müsste geschehen, dass sich Ihre Einstellung in der Gottesfrage radikal ändern würde?" Gestalten Sie daraus in der Klasse eine Gesamt-Reportage.
3. Geben Sie Argumente zum Thema „Gottes Existenz lässt sich beweisen/widerlegen" wieder, veranstalten Sie eine Pro-Kontra-Diskussion und gestalten Sie einen Internet-Artikel.
4. Vergleichen Sie biblische und nachbiblische Erzählungen zu Gotteserfahrungen (S. 96-102) mit der Logik von „Gottesbeweisen" bzw. „Gotteswiderlegungen".
5. Analysieren und erörtern Sie die Wechselwirkungen zwischen Lebenserfahrungen, Berufseinstellungen sowie perspektivischen Standpunkten mit den jeweils vertretenen Einstellungen zur Gottesfrage.

Was ist ein Beweis?

Gottesbeweise: Eine Fotografie Gottes?

Der US-amerikanische Hirnforscher und Religionswissenschaftler Andrew Newberg (* 1966), einer der Begründer der sogenannten „Neurotheologie", beobachtete mit Hilfe von Gehirnscans bei Meditations- und Transzendenzerlebnissen eine Reduktion der Hirnaktivität in einem Bereich, der für die menschliche Orientierung in Raum und Zeit zuständig ist. Er schloss daraus, dass es nicht nur religiöse Erlebnisse, sondern auch „Gott" immer geben werde. So lautet der Originaltitel seines Buches: „Why God Won't Go Away. Brain Science and the Biology of Belief". Der Klappentext der deutschen Übersetzung behauptete dann sogar: „Kann man Gott durch Strommessungen am Gehirn nachweisen? Die Antwort ist: ja."

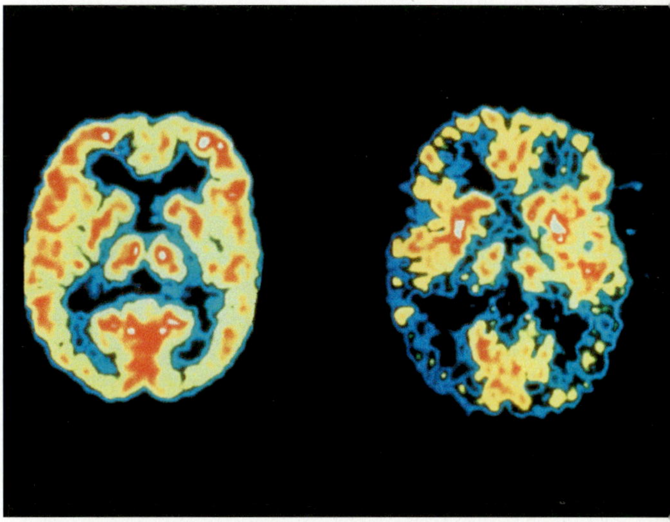

Mit solchen Gehirnscans untersuchte Newberg die Tätigkeit des Gehirns während einer Meditation

Der Mensch ist „gottfähig" – katholische Position

Wie kann man Gott mit dem bloßen Licht der Vernunft erkennen?

Ausgehend von der Schöpfung, das heißt von der Welt und von der menschlichen Person, kann der Mensch mit der bloßen Vernunft Gott gewiss als Ursprung und Ziel aller Dinge und als höchstes Gut, als Wahrheit und als unendliche Schönheit erkennen.

Genügt das bloße Licht der Vernunft, um das Mysterium Gottes zu erkennen?

Der Mensch stößt beim Erkennen Gottes mit dem bloßen Licht der Vernunft auf viele Schwierigkeiten. Außerdem kann er nicht von allein ins Innerste des göttlichen Mysteriums eintreten. Deshalb wollte Gott ihn mit seiner Offenbarung erleuchten [...].

Katechismus der Katholischen Kirche – Kompendium

Gott beweisen?

Niemand kann die Existenz Gottes beweisen. Das ist in der Geschichte sehr oft versucht worden [...]. All diese Versuche, mit logischem Weiter-Denken Gottes Existenz zu beweisen, sind faszinierend, finde ich. Beim Anblick der wunderbaren Natur kann ich den Gedanken gut nachvollziehen: Das muss erschaffen worden sein! Solche Schönheit kann kein Zufall sein, kann sich auch nicht nur biologischen Abläufen verdanken. Auch den Gedanken, dass es einen Ursprung des Lebens gibt, der gewollt war, dass sich das Leben einer guten Idee verdankt, finde ich einleuchtend. Solche Überlegungen sind ja letzten Endes Gedanken zum Sinn des Lebens. Allerdings sind sie kein Beweis für Gott.

Margot Käßmann (1958), ev. Theologin*

i

Gottesbeweise: Versuche, die Existenz Gottes mit Hilfe der menschlichen Vernunft zu beweisen.

Der Gott der Philosophen ist ein Gott bzw. eine Gottesvorstellung, die mit Hilfe des menschlichen Denkens gewonnen werden kann, während sich der Gott der Bibel primär in menschlichen Erfahrungen manifestiert, die dann einer kritischen Reflexion unterzogen werden.

1. Geben Sie die in den beiden Quellentexten (Katechismus, Käßmann) vertretenen Positionen zur Möglichkeit von „Gottesbeweisen" wieder und vergleichen Sie diese.
2. Benennen Sie Argumente für bzw. gegen Gottesbeweise und nehmen Sie selbst begründet Stellung.
3. Setzen Sie die beiden Positionen (Katechismus, Käßmann) in Beziehung zum Basistext über die Gottesbeweise aus dem Evangelischen Erwachsenenkatechismus (S. 108, erste Texthälfte).
4. Gestalten Sie eine Internet-Seite zu Aussagekraft sowie Bedeutung von Gehirnscans (Bild) und zu den Möglichkeiten, Grenzen und möglichen Denkfehlern von Versuchen, Gott mit Hilfe der Hirnforschung nachzuweisen.
5. Nehmen Sie Stellung zu Dietrich Bonhoeffers Aussage: „Einen Gott, den es gibt, gibt es nicht."

Welche Bedeutung haben Projektionen?

Klassischer Atheismus: Feuerbach

Aus seinem Gotte erkennst du den Menschen. Wie der Mensch denkt, wie er gesinnt ist, so ist sein Gott [...]. Aus seinem Gotte erkennst du den Menschen, und wiederum aus dem Menschen seinen Gott; beides ist eins. Was dem Menschen Gott ist, das ist sein Geist, seine Seele, und was des Menschen Geist, seine Seele, sein Herz, das ist sein Gott: Gott ist das offenbare Innere, das ausgesprochne Selbst des Menschen [...]. Das göttliche Wesen ist nichts anderes als das menschliche Wesen oder besser: das Wesen des Menschen, abgesondert von den Schranken des individuellen, d.h. wirklichen, leiblichen Menschen, vergegenständlicht, d.h. angeschaut und verehrt als ein andres, von ihm unterschiednes, eignes Wesen – alle Bestimmungen des göttlichen Wesens sind darum Bestimmungen des menschlichen Wesens. [...]

Du glaubst an die Liebe als eine göttliche Eigenschaft, weil du selbst liebst, du glaubst, dass Gott ein weises, ein gütiges Wesen ist, weil du nichts Besseres von dir kennst als Güte und Verstand, und du glaubst, dass Gott existiert, dass er also Subjekt oder Wesen ist, weil du selbst existierst, selbst Wesen bist. [...]

Die Religion ist die Entzweiung des Menschen mit sich selbst: Er setzt sich Gott als ein ihm entgegengesetztes Wesen gegenüber. Gott ist nicht, was der Mensch ist – der Mensch nicht, was Gott ist. Gott ist das unendliche, der Mensch das endliche Wesen; Gott vollkommen, der Mensch unvollkommen; Gott ewig, der Mensch zeitlich; Gott allmächtig, der Mensch ohnmächtig; Gott heilig, der Mensch sündhaft. Gott und Mensch sind Extreme: Gott das schlechthin Positive, der Inbegriff aller Realitäten, der Mensch das schlechtweg Negative, der Inbegriff aller Nichtigkeiten. [...]

Wir haben bewiesen, dass der Inhalt und Gegenstand der Religion ein durchaus menschlicher ist, bewiesen, dass das Geheimnis der Theologie die Anthropologie, des göttlichen Wesens das menschliche Wesen ist. Aber die Religion hat nicht das Bewusstsein von der Menschlichkeit ihres Inhalts; sie setzt sich vielmehr dem Menschlichen entgegen, oder wenigstens sie gesteht nicht ein, dass ihr Inhalt [ein] menschlicher ist. Der notwendige Wendepunkt der Geschichte ist daher dieses offne Bekenntnis und Eingeständnis, dass das Bewusstsein Gottes nichts andres ist als das Bewusstsein der Gattung [...]. Homo homini Deus est – dies ist der oberste praktische Grundsatz – dies der Wendepunkt der Weltgeschichte.

Ludwig Feuerbach (1804-1872), Philosoph

Meinen Glauben klären

[Die Existenz Gottes lässt sich nicht beweisen.] Doch genauso wenig kann bewiesen werden, dass Gott nicht existiert. Auch das wurde versucht, etwa durch Religionskritiker wie Ludwig Feuerbach. Glaube und Religion aber entziehen sich naturwissenschaftlicher Beweisführung; es geht um ganz andere Kategorien wie Erfahrung, Vertrauen und auch Tradition. Glaube und Religion sind eben auch eine Sache des Herzens – und das „Herz hat Gründe, die der Verstand nicht kennt", wie Blaise Pascal sagt.

Christinnen und Christen sollten den Dialog darüber nicht scheuen – einen Dialog, der mit Herz und Verstand geführt werden kann. Denn in der Auseinandersetzung kann ich meinen Glauben klären.

Margot Käßmann (1958), ev. Theologin in verschiedenen kirchlichen Ämtern*

i

Die Projektionsthese des Philosophen *Ludwig Feuerbach (1804-1872)* besagt, dass sich der Mensch (als „Gattungswesen") aus seinen Wünschen und Ängsten heraus Götter bzw. Gott erschafft: „Nicht Gott schuf den Menschen nach seinem Bilde, sondern der Mensch schuf Gott nach seinem Bilde."

Die Charakterisierung der Religion als **Opium des Volkes** machte *Karl Marx (1818-1883)* bekannt. (Die Formulierung Opium fürs Volk stammt von Lenin.)

Der Arzt und Psychoanalytiker *Sigmund Freud (1856-1939)* hielt Religion und Gottesglaube für einen **„Infantilismus"**, den der erwachsene Mensch überwinden müsse.

Die Rede vom **Tod Gottes** („Gott ist tot!") stammt vom Philosophen *Friedrich Nietzsche (1844-1900)*.

Stammt Gott vom Menschen ab?

Der menschliche Befund

1. Überlegung: Es gibt keine Möglichkeit einer absoluten Reinigung von dem Verdacht der Projektion. – Dies gilt nicht nur für den Gottesglauben, sondern für jeden Glauben, jede Liebe, jede Hoffnung, überhaupt für jede menschliche Erfahrung.

2. Überlegung: Angesichts des Problems der Projektion befinden wir uns in einem Dilemma, das wir nicht rational lösen, sondern nur existentiell bestehen können. – Zum Beispiel: Wenn ich einen Freund habe – soll ich mir von ihm ein Bild machen oder nicht? Beides scheint gleich unmenschlich zu sein. Mache ich mir von dem Freund kein Bild, so bleibt unsere Freundschaft rein im Abstrakten […]. Mache ich mir hingegen von dem Freund ein Bild, so laufe ich Gefahr, ihn zu fixieren oder gar zu manipulieren […].

3. Überlegung: Der Mensch ist das fragende Wesen in der Welt, das nicht aufhören kann, immer neu über sich hinaus zu fragen und so sich ständig zu transzendieren. – Zuletzt fragt er nach der letzten Wirklichkeit: Was ist der Grund und Sinn allen Seins? Wozu bin ich da? Warum ist überhaupt etwas da? […]

Der biblische Befund

6. Überlegung: Dieselbe Bibel, die es dem Menschen strikt verbietet, sich irgendein Bild von Gott zu machen, ist zugleich voller menschlicher Bilder und Vorstellungen von Gott. – Wie sollten Menschen von Gott auch anders reden als eben menschenförmig?

Der theologische Befund

7. Überlegung: So gewiss sich die Offenbarung Gottes an Menschen wendet, so gewiss geht das menschliche Reden von Gott nicht ohne Projektionen ab. – Wo immer sich Göttliches offenbart, da geht es ein „ins Fleisch", d.h. in menschliche Bilder und Begriffe und in gesellschaftliche Vorstellungen und Verhältnisse.

8. Überlegung: Die Möglichkeit von Projektionen schließt den Anhalt an der Wirklichkeit nicht aus, sondern ein. – Nehmen wir an, ein Mensch werde sein Leben lang von einem einzigen großen Wunsch bewegt – bedeutet dies schon, dass es den Gegenstand seines Wünschens nicht gibt?

9. Überlegung: Der Vorwurf der Projektion fordert und ermöglicht die [Reinigung] der menschlichen Vorstellungen von Gott. – Im Grunde haben Feuerbach, Marx und Freud mit ihrer Religionskritik der Theologie einen Dienst erwiesen. Sie haben sie dazu angehalten, das erste und zweite Gebot: sich neben Gott keine anderen Götter und von Gott selbst keine Bilder und Gleichnisse zu machen – strenger zu beachten als zuvor. Dadurch hat eine Art theologischer Hygiene stattgefunden […].

10. Überlegung: Die entscheidende Antwort auf die Herausforderung durch die moderne Religionskritik besteht darin, dass die Theologie sich bemüht, den Glauben an Gott in der Wirklichkeit der Welt zu bewahrheiten […].

Der human-gesellschaftliche Befund

11. Überlegung: In der Auseinandersetzung zwischen Gottesglaube und Atheismus entscheidet sich Recht oder Unrecht des Redens von Gott am Verständnis des Menschen, daran, was der Glaube an Gott für die Menschlichkeit des Menschen austrägt. […]

12. Überlegung: Die Christen haben die Welt nicht nur im Sinne Jesu von Nazaret theologisch zu interpretieren, sie haben sie auch sozial zu verändern.

Heinz Zahrnt (1915-2003),
ev. Theologe und Publizist

Atheismus: Verneinung der Existenz Gottes (von griech. á = nicht, ohne; sowie theós = Gott), unreflektiert im Alltag (Praktischer A.), gedanklich begründet (Theoretischer A.) oder zur Gewinnung nichtreligiöser, wissenschaftlicher Welterklärungen (Methodischer A.).
Religionskritik: Kritik der Aussagen von Religionen oder der Religion selbst mit den Mitteln der menschlichen Vernunft.
Religionskritik in der Bibel: Auch die Bibel übt Kritik an Götterbildnissen (Jes 44,6.9-20; 2. Mose 32) und Gottesvorstellungen (Bilderverbot – S. 100)

1. Skizzieren Sie die Positionen sowie Argumente von Feuerbach, Käßmann und Zahrnt. Stellen sie diese einander gegenüber und gestalten sie die Positionen grafisch.
2. Entwerfen Sie Antwortbriefe an Feuerbach sowie an Zahrnt.
3. Erläutern Sie das Bild. Setzen Sie es mit anderen Bildern des Kapitels in Beziehung.
4. Setzen Sie sich mit der Aussage aus Nietzsches „tollem Menschen" auseinander: „Gott ist tot. Und wir haben ihn getötet."
5. Entwerfen Sie einen Kommentar zur Aussage des Theologen Hans Küng: „Der Glaube an die gute Menschennatur und den menschlichen Fortschritt steht selber unter Projektionsverdacht."
6. Zeigen Sie mögliche Konsequenzen eines radikal projektionslosen Vorgehens für das menschliche Denken, Fühlen und Handeln auf.

Warum können wir nach dem Warum fragen?

Die „Atheist Bus Campaign" und die Gegenkampagne

Neuer Atheismus: Dawkins

1. Eine der größten Herausforderungen für den menschlichen Geist war über viele Jahrhunderte hinweg die Frage, wie im Universum der komplexe, unwahrscheinliche Anschein von gezielter Gestaltung entstehen konnte.
2. Es ist eine natürliche Versuchung, den Anschein von Gestaltung auf tatsächliche Gestaltung zurückzuführen. Bei Produkten der Menschen, beispielsweise einer Uhr, war der Gestalter tatsächlich ein intelligenter Ingenieur. Man ist leicht versucht, die gleiche Logik auch auf ein Auge oder einen Flügel, eine Spinne oder einen Menschen anzuwenden.
3. Diese Versuchung führt in die Irre, denn die Gestalterhypothese wirft sofort die umfassendere Frage auf, wer den Gestalter gestaltet hat. Das Problem, von dem wir ausgegangen waren, betraf die Erklärung der statistischen Unwahrscheinlichkeit. Zu diesem Zweck etwas noch Unwahrscheinlicheres zu postulieren ist offenkundig keine Lösung. Wir brauchen keinen „Himmelshaken", sondern eine „Kran-Konstruktion", denn nur der Kran kann die Aufgabe erfüllen, von etwas Einfachem auszugehen und dann allmählich und auf plausible Weise eine ansonsten unwahrscheinliche Komplexität aufzubauen.
4. Der genialste und leistungsfähigste „Kran", den man bisher entdeckt hat, ist die darwinistische Evolution durch natürliche Selektion. Darwin und seine Nachfolger haben uns gezeigt, wie Lebewesen mit ihrer ungeheuren statistischen Unwahrscheinlichkeit und ihrer scheinbaren Gestaltung sich langsam und allmählich aus einfachen Anfängen heraus entwickelt haben. Heute können wir mit Sicherheit sagen, dass die Illusion der gezielten Gestaltung von Lebewesen genau das ist: eine Illusion.

Richard Dawkins (1941), Evolutionsbiologe und Autor populärwissenschaftlicher Bestseller*

Zur Auseinandersetzung mit Richard Dawkins

1. Der atheistische Naturalismus suggeriert, seine Aussagen seien Erkenntnisse der Physik und der Biologie. Im Grunde wird aber vorausgesetzt, was angeblich erst mit naturwissenschaftlichen Methoden bewiesen werden soll, dass es nämlich keine von der materiellen Welt zu unterscheidende geistige Wirklichkeit geben kann, die in dieser materiellen Welt irgendeinen Einfluss hat. […]
2. Die monistisch-naturalistische Weltsicht geht davon aus, dass sich alles Sein ‚von unten nach oben' durch sich selbst organisiert, geistiges Sein mithin ein Produkt eines bestimmten Komplexitätsgrades biologischer Systeme ist. […]
3. Es ist zu bedenken, dass gerade biologische Systeme keine ‚geschlossenen', sondern ‚offene Systeme' sind, die mit wachsender Komplexität eine immer größere Offenheit zeigen, und dass es durchaus nicht geklärt ist, woher das ‚Neue' und ‚Höhere' in der Evolution kommt […]. Der hier von Biologen gerne eingesetzte Begriff ‚Emergenz' suggeriert gerade im Bereich der Biologie ein naturwissenschaftliches Wissen, verschleiert aber im Grunde, dass er über das ‚Neue' in der Evolution, das ‚Woher', ‚Wie' und ‚Warum' des neu ‚Auftauchenden' wenig naturwissenschaftlich Gesichertes aussagt, ebenso wenig wie über das ‚Selbst' in der Selbstorganisation. […]
4. Bei den vorausgegangenen Überlegungen geht es nicht darum, die Existenz Gottes mit naturwissenschaftlichen Methoden plausibel zu machen, denn Gott ist kein Kausalfaktor in dieser Welt neben anderen, den man empirisch erforschen und in mathematisch-physikalischen Formeln beschreiben kann.

Ulrich Eibach (1942), ev. Theologe*

Atheist Bus Campaign → S. 324
Naturwissenschaft und Theologie → S. 39-43

1. Entwerfen Sie eine Diskussion zwischen den Mitfahrern sowie Sympathisanten der beiden Busse und beziehen Sie selbst Stellung.
2. Skizzieren Sie die Positionen von Dawkins und Eibach und nehmen Sie selbst begründet Stellung
3. Gestalten Sie eine Podiumsdiskussion mit Dawkins und Eibach.
4. Stellen Sie sich eine Welt vor, in der es keine Religion gibt … Gestalten Sie dazu einen Text, eine Bildcollage, eine Comic-Folge o.Ä.

Warum können auch klar denkende Menschen an Gott glauben?

Ein Paradoxon

Glauben Sie, dass Gott allmächtig und allwissend ist? Kennt Gott die Zukunft? (Gehört das zum Allwissen?) Denn wenn er sie kennt, wäre sie für uns bestimmt. Allerdings könnte er sie ändern, da er ja allmächtig ist, was aber bedeuten würde, dass er sie nicht kennen kann, da sie ja erst aufgrund seiner Handlungen bestimmt ist. Ein Paradoxon. Gibt es also keinen allmächtigen, allwissenden Gott zusammen mit einer bestimmten Zukunft? Oder ist die Zukunft letzten Endes nur das, was Gott sich unter ihr vorstellt? Ist Gott dann die Natur mit ihren Naturgesetzen und gar kein Wesen im eigentlichen Sinn, das ein Ziel verfolgt? Wenn Gott allwissend ist, warum tut er dann überhaupt etwas? Herr W. hat einmal gesagt: „Gott hat keinen Vater, er hat auch keine Familie, er ist allein, deshalb hat er uns geschaffen." Aber warum tut er das, wenn er allwissend ist? Weiß er nicht sowieso schon, was wir tun werden? Angeblich hat er uns ja einen freien Willen gegeben. Ist dieser freie Wille dann die Fähigkeit, sich seinem Allwissen zu entziehen? Nach meinem Verständnis dürfte das aber gar nicht möglich sein, erinnert an: „Kann Gott einen Stein erschaffen, der so schwer ist, dass nicht einmal er selbst ihn heben kann?" (Gibt's einen Artikel in Wikipedia dazu). Ich danke Ihnen für Ihre Zeit und wünsche Ihnen die nötige Ruhe vor dem Sturm nächste Woche. Schönes Wochenende.

Gott will uns Menschen als Partner

Warst Du schon mal richtig verliebt? Weißt Du denn vorher, wie das dann alles werden wird? Würdest Du Dich verlieben können, wenn Du diese Beziehung bis in die kleinsten Winkel berechnen, vorhersagen, durchblicken, überblicken, vollständig steuern könntest – bis zu Ihrem Ende? ... Das wäre keine Partnerschaft! So ging es nicht mal in den Beziehungen zwischen mir und meinen beiden Hunden, obwohl ich die auch sehr mochte. Gott will uns Menschen als Partner, gerade damit er nicht allein ist! Deshalb sind wir ganz ähnlich wie er. Ausgestattet mit Freiheit wie er. Keine Marionetten, die an seinen Fäden hängen, nach Belieben steuerbar. Mit dem Sexappeal einer Gummipuppe.
Wir wünschen uns, dass der Partner, den wir lieben, „Ja" sagt zu uns. Freiwillig, von sich aus, obwohl er auch „Nein" sagen und weggehen könnte. Dieses „Nein" ist das Risiko! Der Preis der Freiheit. Der Stein, den man geschaffen hat und sich jetzt dran „verhebt", weil unerfüllte Liebe fast nicht zu schultern ist, seelisch, nicht physikalisch – das weißt Du ja. So geht es Gott auch manchmal mit uns. Er leidet an den negativen Möglichkeiten unserer Freiheit, die er uns gibt, weil wir anders nicht seine Partner sein können. Wenn er leidet, heißt Gott „Jesus". Er leidet genauso wie jeder Mensch, dessen Liebe nicht erwidert wird, dessen Persönlichkeit verletzt ist. Das wäre im dunkelsten Punkt wie ein Karfreitag. Aber wir sind Christen. Wir glauben an Ostern, an die Auferstehung. Wir glauben daran, dass Gott diesen „Stein" heben – „wegheben" kann, entweder weil wir ihm alle dabei helfen, oder weil eine Zeit kommen wird, in der nichts und niemand mehr der Schwerkraft unterworfen sein wird – Du verstehst diese Metapher hoffentlich ...

E-Mail-Diskussion zwischen einem Schüler der Kursstufe und seinem Religionslehrer

Mit Big Data nicht/noch an Gott glauben?

Ist Gott digital? Oder ist Digital Gott?
Hier begebe ich mich auf dünnes Eis. Ich bin Atheist. Kein orthodoxer Atheist, eher ein liberaler Atheist. Wenn es so etwas gibt.
Aber wenn ich als Atheist zwischen Algorithmen und Gott wählen müsste, würde ich Gott wählen. Gott hat die bessere Story. Gott ist mehr als digital, irgendwie aber auch analog, aber dann überanalog. [...]
Wir schaffen mit der Datengesellschaft den Geist, der alles zusammenhält, und verkaufen diesem für ein bisschen Bling unsere Seele.
Was hat's gebracht? Automation, Unselbständigkeit, nicht mehr Glück, übermächtigen Staat, übermächtige Wirtschaft? Wo bleiben wir zum Schluss? Und gibt es noch einen Platz für Gott?
Oder vielleicht reagiere ich über und es pendelt sich alles ein. [...] Maybe.

Andre Wilkens (1963), Politikwissenschaftler in EU-Organisationen*

1. Skizzieren Sie den Argumentationsgang des E-Mail-Austauschs und entwerfen Sie eine Fortsetzung.
2. Nehmen Sie aus eigener sowie Wilkens' Sicht Stellung zur Gottesfrage angesichts von „Big Data".
3. Gestalten Sie Werbespots für den Gottesglauben und den Atheismus.
4. Entwerfen Sie in einer Geschichte, Comicszene oder Internetpräsentation ein Gespräch Gottes mit Gläubigen und Atheisten.

Gott im Gespräch der Religionen

Was haben Juden, Christen und Muslime gemeinsam?

Basics

Drei Religionen – ein Gott?

Charakteristisch [für den jüdischen Gottesglauben] ist die bei Ezechiel berichtete Episode: Älteste waren vor dem Propheten erschienen, „den Herrn zu befragen“. Der Prophet aber soll ihnen mitteilen: „So spricht Gott der Herr: Seid ihr gekommen, mich zu befragen? So wahr ich lebe: ich will mich nicht von euch befragen lassen, spricht der Herr …“ (Ez 20,3-4). Pinchas Lapide übersetzt: „Ich will Mich nicht von euch erforschen lassen, spricht Gott, der Herr!“, und folgert, von diesem Ansatz her könne es im Judentum nicht eigentlich „Theologie“ geben: „Das bloße Wort hat schon einen fast lästerlichen Klang für jüdische Ohren.“ […]
Gotteserfahrung ist für Juden untrennbar mit Erfahrung von Geschichte, insbesondere mit der Erfahrung von Befreiung und Landgabe verbunden. […]
Dem Islam geht es dezidiert um die rechte Gotteserkenntnis, und zwar von vornherein polemisch zugespitzt: […] Das islamische Bekenntnis beginnt mit einer Negation: „La ilaha …“ – „nicht gibt es einen Gott außer Gott.“ Der Islam versteht sich als Vorkämpfer für die wahre Gotteserkenntnis und gegen die Abirrungen der Polytheisten. Dies lässt sich aus der Entstehungssituation des Islam leicht erklären. Tragisch ist es, dass der Islam dann auch den christlichen Glauben in Folge von dessen trinitarischem Bekenntnis in die Nähe polytheistischer Verirrung rücken zu sollen meinte. […]
Ausgangspunkt für jegliche Gotteserkenntnis ist im Islam immer die Annahme der Botschaft des Propheten bzw. der Propheten, die ihm vorausgegangen waren. […]
Ein auf Muhammad zurückgeführter Ausspruch lautet: „Die Religion ist Vernunft“. […] Der Koran selbst empfiehlt, die in der Schöpfung gegebenen Zeichen mit Hilfe der Vernunft zu erschließen (Sure 3,190f.). Er legt darüber hinaus generell den Gebrauch der Vernunft nahe (Sure 17,36). […]
Christlicher Gottesglaube ist von vornherein Glaube an den dreieinigen Gott. Wenn der Christ von Gott spricht, tut er dies nur dann sachgemäß, wenn er zugleich an den Schöpfer, an Jesus Christus und den Heiligen Geist zu denken versucht – in dem Wissen, dass dieser dreieine Gott zugleich der Gott ist, von dem man sich kein Bild machen darf. Von Gott „und“ Christus zu reden, macht keinen Sinn – weder im Blick auf Gott noch im Blick auf Christus; denn auch von Christus zu reden hat, wenn es um das Bekenntnis des Glaubens geht, nur Sinn, wenn zugleich an Gott, den „Vater“, und den Heiligen Geist gedacht wird. Das Entsprechende gilt von der Rede vom „Heiligen Geist“.

*Hans-Martin Barth (*1939), ev. Theologe*

Religion im Gespräch → S. 278–286

i

Monotheismus: Glaube an einen einzigen Gott (von griech. mónos = allein, einzig, einer; theós = Gott). Die drei großen, miteinander verwandten monotheistischen Religionen sind Judentum, Christentum und Islam.
Allah: Gottesbezeichnung im Islam, arabisches Wort für Gott.
Polytheismus: Glaube an viele Gottheiten.

1. Nehmen Sie Stellung zur Frage, ob Juden, Christen und Muslime an denselben Gott glauben.
2. Beschreiben Sie anhand des Textes die zentralen Merkmale der drei großen monotheistischen Religionen.
3. Belegen Sie anhand verschiedener Textstellen, dass Gottes Barmherzigkeit und die „Versöhnung“ zwischen Gott und Mensch in den drei großen monotheistischen Religionen Judentum, Christentum und Islam eine zentrale Bedeutung hat (3. Mose 16; Ps 103,1-13; 2. Kor 5,17-21; Sure 1 + 6,54).

Team-Aufgaben

1. Arbeiten Sie die spezifischen Gottesvorstellungen der drei großen monotheistischen Religionen heraus.
2. Gestalten Sie ein Spiel oder Infomaterial zu den Gottesvorstellungen der drei großen monotheistischen Religionen mit Text und Bild für ältere Kinder (10- bis 12-Jährige).
3. Formulieren Sie aus jüdischer, christlicher, muslimischer und eigener Sicht eine Stellungnahme zur Frage, ob Juden, Christen und Muslime an denselben Gott glauben. Ziehen Sie auch das in allen drei Religionen wichtige Bilderverbot (2. Mose 20,2-4) und Gottes Selbstoffenbarung vor Mose (2. Mose 3, 1-15) heran (S. 100 + 97).

Wer ist Allah?

Gebet im Islam

Gott im Islam: Allah

1 Im Namen des barmherzigen und gnädigen Gottes. 2 Lob sei Gott, dem Herrn der Menschen in aller Welt, 3 dem Barmherzigen und Gnädigen, 4 der am Tag des Gerichts regiert! 5 Dir dienen wir, und dich bitten wir um Hilfe. 6 Führe uns den geraden Weg, 7 den Weg derer, denen du Gnade erwiesen hast, nicht (den Weg) derer, die d(ein)em Zorn verfallen sind und irregehen.

Sure 1 – Eröffnung / Al Fatiha

Ihr Leute der Schrift! Treibt es in eurer Religion nicht zu weit und sagt gegen Gott nichts aus als die Wahrheit! Christus Jesus, der Sohn Marias, ist nur der Gesandte Gottes [...].
Darum glaubt an Gott und seine Gesandten und sagt nicht von Gott, dass er in einem drei sei! Hört auf, so etwas zu sagen! Das ist besser für euch. Gott ist nur ein einziger Gott. Gepriesen sei er! Er ist darüber erhaben, ein Kind zu haben. Ihm gehört vielmehr alles, was im Himmel und auf der Erde ist.

Sure 4,171

Heil sei über euch! Euer Herr hat sich zur Barmherzigkeit verpflichtet. Wenn einer von euch in Unwissenheit etwas Böses tut und dann später umkehrt und sich bessert, findet er Gnade. Gott ist barmherzig und bereit zu vergeben. *Sure 6,54*

1 Sag: Er ist Gott, ein Einziger, 2 Gott, durch und durch, der, an den man sich wendet. 3 Er hat weder gezeugt, noch ist er gezeugt worden. 4 Und keiner ist Ihm ebenbürtig. *Sure 112*

Gott ist die Barmherzigkeit

Die Eigenschaft Gottes, mit der Gott sich im Koran am häufigsten beschreibt, ist die Barmherzigkeit. Das arabische Wort rahma (Barmherzigkeit) leitet sich von rahim (Mutterleib) ab. Die Bedeutung von Barmherzigkeit gewinnt dadurch eine physische und emotionale Konnotation mütterlicher Liebe.
Der Koran verwendet zwei Begriffe, um die Barmherzigkeit Gottes auszudrücken: ar-Rahmān (wird in der Regel mit „der Allbarmherzige" übersetzt) und ar-Rahīm (meist mit „der Allerbarmer" wiedergegeben). Es besteht ein wichtiger qualitativer Unterschied zwischen beiden Begriffen [...].
Wenn hier also die Rede von Gottes Barmherzigkeit ist, dann nicht bloß im Sinne von Gottes grenzenloser Vergebungsbereitschaft und Gnade gegenüber menschlichen Sünden. Das ist in der Eigenschaft Gottes ar-Rahīm wiedergegeben. Göttliche Barmherzigkeit ist darüber hinaus eine Wesenseigenschaft Gottes, sie gehört zum Sein Gottes unabhängig von menschlichem Handeln; das meint die Bezeichnung ar-Rahmān. Die Formulierung „Gott ist die Barmherzigkeit" ist daher zutreffender als „barmherziger Gott".

Mouhanad Khorchide (1971, Islamwissenschaftler und Religionspädagoge*

Der Gedanke der Einheit als Postulat

Die Annahme der Verehrung desselben Gottes bzw. des Glaubens an denselben Gott tendiert dazu, die Differenzen zu überdecken; und mehr noch zeigt sich die Behauptung des Glaubens an den einen, einzigen Gott in allen (Welt)Religionen eher als ein den sehr vielfältigen religiösen Traditionen von außen auferlegter Glaube. [...]
Dennoch ist der Gedanke der Einheit als Postulat festzuhalten. Demzufolge gilt es [...], die jeweiligen Sichtweisen im interreligiösen Dialog weiterzuentwickeln, und d.h. nicht zuletzt, sie einander anzunähern, ohne die vorläufigen und vielleicht auch bleibenden Differenzen zu überdecken.

Wolfgang Pfüller (1951), ev. Pfarrer und Dozent*

1. Benennen Sie anhand der Koranverse wesentliche Merkmale des Gottesbildes des Islam und arbeiten Sie heraus, gegen welches Gottesbild sich der Koran wendet.
2. Erläutern Sie anhand des Textes von Khorchide Sinn und Bedeutung der Aussage „Allah ist Barmherzigkeit".
3. Vergleichen Sie aufgrund einer Recherche Gebetshaltungen im Islam und weiteren Religionen und zeigen Sie Empfindungen und Einstellungen auf, die in den Haltungen zum Ausdruck kommen (können).
4. Stellen Sie in einer Grafik dar, welche Gottesvorstellungen und -prädikate in den monotheistischen – und weiteren – Religionen eher auf eine „Einheit" bzw. „Gemeinsamkeit" und welche eher auf „Differenz" zielen (siehe auch: Folgeseite).

Wie kann ein Gott dreifach sein?

Trinitätsdarstellung von Luca Signorelli (1441-1523). Solche Trinitätsdarstellungen sind für die westkirchliche oder lateinische Tradition typisch.

Gott im Christentum: Trinität

Wer bei der Konkurrenz das Doppelte zum selben Preis bekommt, greift natürlich gleich zu. Im Christentum bekommen Sie, wenn Sie sich auf den einen Gott einlassen, sogar einen dreifachen. Das nennt man Trinität. Das sind nicht drei Götter, aber es ist ein Gott dreifach.

Wie das zugeht, kann man am besten verstehen, wenn man sich ansieht, wie diese Erkenntnis vor knapp 2000 Jahren entstanden ist. Da trat Jesus auf und erzählte den Menschen von Gott, lebte mit ihnen zusammen, vergab ihnen ihre Sünden und heilte Kranke. Nach einer Weile sprach es sich bei immer mehr Menschen herum: Dieser Jesus tut das, was wir uns von Gott erhoffen. Er gleicht Gott. Ja, er verkörpert offenbar Gottes Wesen in Menschengestalt.

Da hatten sie Gott zweifach. Und um sie unterscheiden zu können, nannten sie Jesus den Sohn und Gott den Vater. Denn häufig gleichen die Söhne ja ihren Vätern.

Aber damit nicht genug. Als sie darüber nachdachten, wie ihnen das bewusst geworden war, merkten sie: Das haben wir uns nicht ausgedacht, sondern das hat uns eingeleuchtet. Und ihnen wurde bewusst: Das wirkt derselbe Gott, der uns in Jesus begegnet. Er hat uns das klar werden lassen. Und diese dritte Form der Begegnung mit Gott nannten sie den Heiligen Geist. Denn durch den Geist werden uns Dinge klar.

Aber immer war und ist es derselbe eine Gott. Trinität ist also: dreimal auf unterschiedliche Weise derselbe Gott. Und dieser Gott meint es gut mit uns. Vielleicht gilt ja auch hier: Alle guten Dinge sind drei.

Wilfried Härle (1941), evangelischer Theologe*

Credo – Glaubensbekenntnis

ich glaube an gott [...]
der den widerspruch des lebendigen will
und die veränderung aller zustände
durch unsere arbeit, durch unsere politik –
ich glaube an jesus christus,
der recht hatte als er [...]
an der veränderung aller zustände arbeitete
und darüber zugrunde ging [...]
der aufersteht in unser Leben
dass wir frei werden [...]
und seine revolution weitertreiben
auf sein reich hin –
ich glaube an den geist
der mit jesus in die welt gekommen ist
an die gemeinschaft aller völker
und die verantwortung für das
was aus unserer Erde wird [...].

Dorothee Sölle (1929-2003), ev. Theologin und Dichterin

Trinität → S. 126 → S. 147f. → S. 196 → S. 332
Glaubensbekenntnis → S. 327
Judentum, Christentum, Islam → S. 334

Trinität (Dreieinigkeit, Dreifaltigkeit): Wesenseinheit von Gott dem Vater, dem Sohn und dem Heiligen Geist in der christlichen Theologie (von lat. trinitas = Dreizahl).

1. Geben Sie wieder, wie die beiden Texte (Härle, Sölle) die Trinität deuten.
2. Beschreiben Sie das Bild und zeigen Sie auf, wie hier Dreieinigkeit dargestellt und gedeutet wird. Vergleichen Sie auch das Bild von Sebastian Dayg (S. 98).
3. Man kann Dreieinigkeit sowohl von „innen" (opera ad intra) als auch von „außen" (opera ad extra) betrachten. Ordnen Sie das Bild – sowie die Texte – diesen beiden Perspektiven zu und begründen Sie ihre Zuordnung.
4. Interpretieren Sie anhand des 3. Artikels im apostolischen Glaubensbekenntnis und mittels der Erzählung von Apg. 2 die Eigenart des Heiligen Geistes (→ **S. 195f.**).
5. Eine muslimische Mitschülerin erklärt Ihnen, dass sie im Gegensatz zu Ihnen nur an einen einzigen Gott glaube. Entwerfen Sie eine Antwort.

Check-out

Wiederholen – Zusammenfassen – Sichern

- Formulieren Sie Ihre Einstellung zur Gottesfrage und Ihre Vorstellungen zu Gott. Begründen Sie diese im Gespräch.
- Legen Sie das Gottesbild bzw. mögliche Gottesbilder im Judentum, Christentum, Islam und Atheismus dar und lassen Sie jeweilige Vertreter/-innen miteinander ins Gespräch kommen.
- Definieren Sie folgende Begriffe, stellen Sie diese grafisch in einem Zusammenhang dar: Gottesbilder – Bilderverbot – Liebe – Geheimnis – Verborgener Gott – Gotteserscheinung (Epiphanie) – Offenbarung – Tiefe des Seins – Jesus Christus.

Anwenden – Verknüpfen

- Tragen Sie wichtige Stichworte zum Gottesglauben in das abgebildete Schema ein. Erläutern Sie dieses dann einem Mitschüler/einer Mitschülerin und lassen Sie sich von ihm/ihr seine/ihre Zuordnung erklären.
- Notieren Sie auf Karteikarten drei Fragen an Gott und versuchen Sie, möglichst prägnant auf der Rückseite der Karte zu jeder Frage eine Antwort zu geben. (In Gruppen werden nach Mischen und Neuverteilen der Karten die Antworten diskutiert und gemeinsam neue Antwortversuche formuliert.)

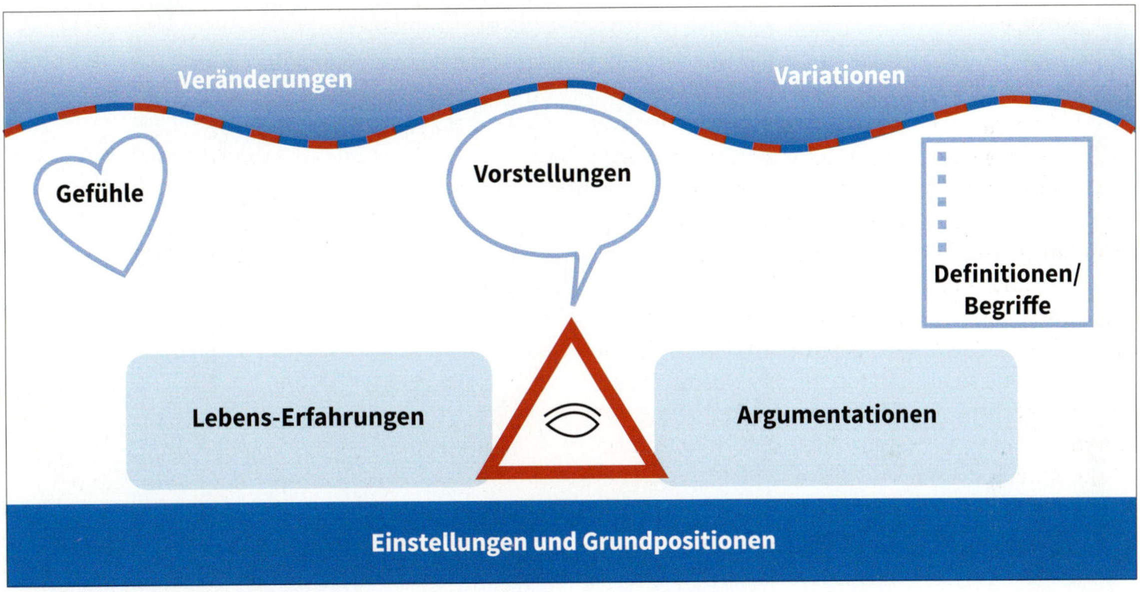

Einschätzung des Lerngewinns und des Lernprozesses

- Woran denken Sie bei dem Wort „Gott“? – Entwerfen Sie erneut einen Text zu einer der Aufgabenstellungen (S. 89, Aufg. 1) und vergleichen Sie den jetzigen mit dem zu Beginn der Einheit verfassten.
- Entwerfen Sie grafisch (manuell oder digital) eine „Kurskurve“ (Start; Rennstrecken; Haarnadelkurven; Stopps; Ruhepausen; Kursteilnehmer/-innen; Ziel) des Verlaufs der Beschäftigung Ihres Kurses mit dem Thema „Gott“ aus der Sicht a) von Ihnen; b) einer/-s Kurskameradin/-en; c) der Lehrkraft; d) der Kirchenleitung; e) des Papstes; f) der „Humanistischen Union“ (Internet) bzw. Richard Dawkins; g) Gottes.
- Beantworten Sie erneut die Anforderungssituationen (S. 86f.), vergleichen Sie die Antworten vor und nach dem Kurs miteinander und bewerten Sie die Veränderungen.

Feedback

- Erstellen Sie eine Rangliste der Texte und Bilder des Kapitels. Prämieren Sie jeweils die drei besten und entwerfen Sie eine kurze Laudatio.
- Nehmen Sie einen Text/ein Bild Ihrer Wahl und „optimieren“ Sie es nach eigenem Geschmack. Begründen Sie Ihre Veränderungen.
- Nehmen Sie zwei Fragen: eine, die Sie besonders angesprochen, und eine, die Sie irritiert hat. Suchen Sie mit einem Partner/einer Partnerin nach möglichen Antworten (und alternativen Frageformulierungen).
- Erstellen Sie einen idealen Kursverlauf zum Thema und analysieren Sie, wie und wodurch sich der reale Kursverlauf Ihrem idealen hätte annähern können.

Jesus Christus

- Leben und Botschaft Jesu
- Tod und Auferstehung Jesu
- Jesus im christlichen Bekenntnis
- Nicht-christliche Perspektiven auf Jesus

Andrei Rubljow (um 1370-1430): Der Erlöser, orthodoxe Ikone

Der gute Hirte, Calixtus-Katakombe in Rom, 3. Jh.

Christus als Weltenherrscher, byzantinisches Fresko, 12. Jh., „Dunkle Kirche" von Göreme (Türkei)

- **Wer war Jesus?**
- **Woher weiß man, ob Jesus gelebt hat?**
- **Wofür hat Jesus gelebt?**
- **Wer ist Jesus für uns heute?**
- **Wie kann unser Leben gelingen?**
- **Was können wir von Jesus lernen?**
- **Was hat Jesus mit Gott zu tun?**
- **Wie kann man von Leid profitieren?**
- **Was kommt nach dem Tod?**
- **Wie sehen Angehörige anderer Religionen Jesus?**

Alexej von Jawlensky (1864-1941): Große Meditation, 1936

Maggi Hambling (1945): Christus in Venedig, 1987*

Giampietrino (1. Hälfte 16. Jh.): Christus mit dem Symbol der Trinität

Check-in

KOMPETENZEN

In diesem Kapitel finden Sie Beiträge zum Erwerb der folgenden **Kompetenzen**. Sie können …

- den Unterschied und die Beziehung zwischen dem historischen und dem geglaubten Christus erläutern und aufzeigen, wie Jesus Christus mit Gott in Verbindung steht;
- Jesu Reich-Gottes-Botschaft in seinem Reden und Handeln entfalten und ihre ethischen Konsequenzen herausarbeiten;
- künstlerische Darstellungen von Jesus Christus beschreiben und ihre theologische Bedeutung aufzeigen;
- die Frage nach Jesu Opfertod erörtern und erklären, wie der Kreuzestod Jesu im christlichen Verständnis die Sicht auf menschliches Leid verändert;
- biblische Auferstehungstexte interpretieren und darstellen, inwiefern der österliche Glaube Lebenshoffnungen eröffnet;
- Perspektiven anderer Religionen auf Jesus beschreiben und sich daraus ergebende Konsequenzen für den interreligiösen Dialog aufzeigen.

Das ertrage ich nicht

Ein Pfarrer fragt eine Frau seiner Gemeinde, warum sie zwar die Bibelabende, aber nie den sonntäglichen Gottesdienst besucht. „Ich bin aus Überzeugung Christin", antwortet die Frau. „Ich glaube an Gott. Beten und in der Bibel lesen – das bedeutet mir wirklich sehr viel, und ich praktiziere es, sooft es geht. Ich brauche das", sagt sie, „um Abstand von den Alltagsdingen und eine neue Sicht auf mein Leben zu bekommen. Doch eine Kirche betreten – nein, das kann ich nicht. Den Anblick des Kruzifixes da vorne auf dem Altar ertrage ich einfach nicht. Ich kann nicht verstehen, warum Jesus als ein hilfloses Opfer sinnloser menschlicher Gewalt an diesem schrecklichen Folterkreuz für alle sichtbar zur Schau gestellt werden muss."

Nach einer Handreichung der EKHN zu Karfreitag (leicht verändert)

Was könnte der Pfarrer der Frau antworten?

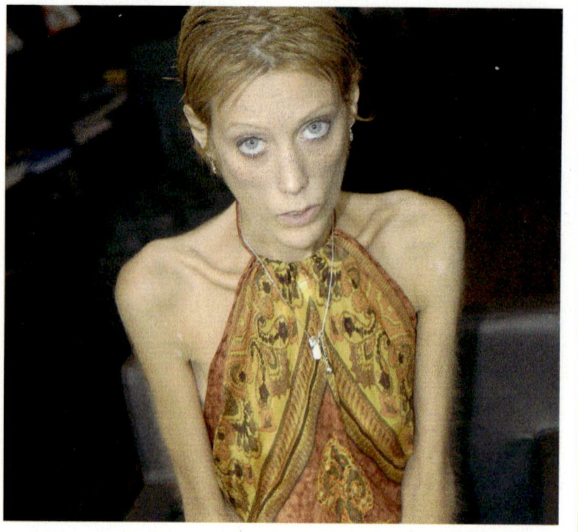

Hat Jesus sich für mich geopfert?

Isabelle Caro wurde nur 28 Jahre alt. Sie litt seit ihrem 13. Lebensjahr an Magersucht und wurde ein erfolgreiches Model. Wenige Zeit vor ihrem Hungertod ließ sie sich von dem Starfotografen Oliviero Toscani fotografieren, um eine Kampagne gegen Anorexie zu starten. Damit protestierte sie gegen den Magerwahn in der Modewelt. Als sie an einer Lungenentzündung starb, wog sie nur noch 25 Kilogramm.

Im Reliunterricht sagt ein Mitschüler: „Jeder ist allein für sein Leben verantwortlich! So leid mir die Frau tut, letztlich hat sie ihren Tod selbst verschuldet!"

Eine Mitschülerin sagt: „Nein, sie ist Opfer unserer Gesellschaft mit ihrem Schönheitskult!"

Die Lehrerin hat zugehört und mischt sich ein: „Für Jesus muss sich niemand schön machen, um Anerkennung zu finden!"

„Wie meinen Sie denn das schon wieder?", kommt gleichzeitig aus beider Mund.

Formulieren Sie eine Antwort der Religionslehrerin.

Der Himmel auf Erden

Im Internet finden Sie einen Spruch, der Sie schmunzeln lässt: „Wer den Himmel auf Erden sucht, hat in Erdkunde gepennt."

Einer fragt Sie: „Was würde Jesus dazu sagen?"

Sie stutzen und versuchen, die Frage zu beantworten.

Drei Götter?
Im Religionsunterricht sind auch muslimische Schüler. Als einmal Jesus als Gottes Sohn bezeichnet wird, meldet sich einer von ihnen und sagt: „Ihr Christen glaubt an drei Götter. Wir aber glauben an den einen Gott. Jesus ist nicht Gottes Sohn, sondern ein Prophet."

Formulieren Sie, was Christinnen und Christen darauf antworten müssten.

Gekreuzigter Frosch
Ein Theaterplakat des Münchner Volkstheaters zeigte einen gekreuzigten Frosch, dem die Zunge heraushängt und der einen gefüllten Bierkrug in der Hand hält. Auf dieses Foto der Holzskulptur von Martin Kippenberger haben Münchner Katholiken mit Empörung reagiert.

Überprüfen Sie, ob es sich hier um Kunst oder um Blasphemie handelt.

Lebt Jesus?
Karla hat sich schon immer viele Gedanken gemacht. Vor fünf Jahren, als sie noch im Kindergarten war, hatte sie gehört, dass Jesus von den Toten auferstanden sei. „Ist er jetzt tot oder lebt er?", fragte sie ihre Mutter damals. „Er lebt", hatte die Mutter gesagt. „Wo denn?", wollte Karla wissen. „Bei Gott", sagte die Mutter, womit sich Karla zufriedengab.
Nun geht Karla in die vierte Klasse, und ihr kommen Zweifel. „Wie kann das sein?", fragte sie kürzlich. „Entweder Jesus ist tot – oder er lebt."
Ihre Mutter wusste auch keine einfache Antwort. „Was glaubst du denn?", fragte sie zurück. „Ich glaube, er ist tot", sagte Karla. Irgendetwas wollte ihre Mutter dagegensetzen. Aber was?

Formulieren Sie eine mögliche Erklärung der Mutter.

Ostermärsche
2019 gab es in Deutschland mehr als hundert Ostermärsche. Zentrale Forderungen waren Abrüstung, eine atomwaffenfreie Welt und ein Stopp der deutschen Rüstungsexporte. Gegenüber früheren Jahren war die Zahl der Teilnehmer gestiegen. Jemand fragt: „Warum immer an Ostern?"

Beurteilen Sie den Zusammenhang von Ostern und der Demonstration für Frieden und Abrüstung.

Leben und Botschaft Jesu

Wer war Jesus?

Rembrandt van Rijn (1606-1669): Ein Christus nach dem Leben, 1648. Der Maler stellt Jesus nach dem Vorbild eines jüdischen Modells seiner Amsterdamer Nachbarschaft dar.

Basics

Jesu Auftreten und Wirken

Jesus war Jude aus Galiläa. In Galiläa spielten sich auch wesentliche Teile seiner öffentlichen Wirksamkeit ab. Was bedeutet das für das Bild des historischen Jesus? Jüngere archäologische und historische Forschungen haben die Kenntnisse über Galiläa im 1. Jahrhundert auf eine neue Grundlage gestellt. Durch die Eroberungen der Makkabäer am Ende des 2. vorchristlichen Jahrhunderts wurde Galiläa dem jüdischen Herrschaftsbereich eingegliedert und anschließend von Judäa her neu besiedelt. Zur Zeit Jesu war es deshalb eine überwiegend jüdisch geprägte Region, der Einfluss griechisch-römischer Kultur hielt sich dagegen deutlich in Grenzen. Das Auftreten Jesu muss in diesen Kontext eingezeichnet werden.

Dann ergibt sich: Sein Wirken ist nicht in erster Linie als Reaktion auf soziale und politische Spannungen zu verstehen. Im Zentrum seines Wirkens stand vielmehr die Erneuerung Israels. Heiden kommen dagegen nur punktuell als Adressaten seiner Botschaft in den Blick – als Menschen, die an ihn glauben, obwohl sie nicht zu Israel gehören. Jesus wollte den Menschen die heilvolle Nähe Gottes vermitteln und sie mit seinem Anspruch auf ihr ganzes Leben konfrontieren. Markant kommt dies im Vaterunser zum Ausdruck: Die Anrede Gottes als „Vater", der Vorausblick auf die Aufrichtung seines Reiches, die Bitte, Gott möge für das Alltägliche sorgen und die Sünden vergeben, fassen das Gottesverhältnis Jesu und die daraus erwachsenden Konsequenzen brennpunktartig zusammen.

Wichtige Impulse empfing Jesus von dem Umkehrprediger Johannes. Johannes trat als Wüstenprediger auf und forderte das Untertauchen im Jordan als symbolische Versiegelung vor der Vernichtung beim nahe bevorstehenden Hereinbrechen des Zornes Gottes. Jesus teilte die Sicht des Johannes vom nahen Gericht Gottes, er machte allerdings einen wichtigen Unterschied: Nur seine eigenen Exorzismen beurteilte er als Anbruch der Gottesherrschaft (Lk 11,20), nur in seiner Nachfolge nahm man an ihrer Aufrichtung teil (Mk 6,7-13). Die Ordnung des Gottesreiches wurde durch Symbolhandlungen veranschaulicht: Jesu Mahlgemeinschaften waren zeichenhafte Verwirklichungen des Mahles im Gottesreich, der Zwölferkreis stand symbolisch für die Vollzahl der Stämme Israels.

Das Gottesreich konnte auch in Bildworten und

Gleichnissen veranschaulicht werden: Es ist wie ein Senfkorn, das sich zu einer großen Pflanze auswächst: der Beginn ist unscheinbar, das Ende gewaltig (Mk 4,30-32). In Bildern und Symbolhandlungen führte Jesus seinen Zeitgenossen auf diese Weise die Wirklichkeit des Reiches Gottes vor Augen und lud sie dazu ein, in seiner Gemeinschaft bereits gegenwärtig an dieser Wirklichkeit teilzuhaben. Ziel seines Wirkens war eine nach außen – zu den Sündern, manchmal sogar zu Heiden – hin offene Reinheit des Gottesvolkes.

Jesus trat mit dem Anspruch auf, der entscheidende Repräsentant Gottes zu sein. Dabei hat er sich vermutlich nicht selbst als „Gesalbter“ (Messias, Christus) bezeichnet, auch nicht als „Sohn Gottes“ [vgl. zu den Hoheitstiteln S. 146f.]. Kennzeichnend für sein Selbstverständnis sind vielmehr diejenigen Worte, in denen er von sich selbst als „Menschensohn“ spricht: Der Menschensohn wirkt in der Vollmacht Gottes (Mk 2,10.28), er wird von vielen seiner Zeitgenossen abgelehnt (Lk 7,34) und hat keinen festen Wohnort (Lk 9,58), an ihm entscheidet sich, ob man im Gericht gerettet oder verurteilt wird (Lk 12,8f.).

Mit seinem Auftreten hat Jesus also polarisiert und dadurch Unruhe unter seinen Zeitgenossen gestiftet. Seine Anhänger sahen in ihm den Gesalbten Gottes, der das jüdische Volk von der römischen Fremdherrschaft befreien wird. Bei seinem Einzug in Jerusalem wird er deshalb, der Darstellung der Evangelien zufolge, als der künftige König Israels begrüßt, der die Herrschaft Davids wieder aufrichten wird (Mk 11,10). Es war vermutlich dieser politisch brisante Hintergrund, der den jüdischen Hohen Rat den Beschluss fassen ließ, Jesus an die Römer auszuliefern, um die Gefahr einer Strafaktion gegen das eigene Volk abzuwenden (vgl. Joh 11,49-51). Dass Jesus als politischer Aufrührer hingerichtet wurde, wird auch durch die Kreuzesinschrift „König der Juden“ bestätigt.

Jesus hat seinen sich abzeichnenden Tod dagegen vermutlich als Vollendung des ihm von Gott gewiesenen Weges aufgefasst, der ihn in die Gottesherrschaft führt (Mk 14,25). Von diesem Selbstverständnis Jesu her lässt sich schließlich eine Verbindung zur Entstehung der frühchristlichen Christologie ziehen: In seiner Überzeugung, Gottes letzter und entscheidender Repräsentant zu sein, liegt die Wurzel für das frühchristliche Bekenntnis zu seiner zugleich göttlichen und menschlichen Natur.

Jens Schröter (1961), ev. Prof. für Neues Testament in Berlin (leicht verändert)*

1. Skizzieren Sie aufgrund Ihres derzeitigen Wissensstandes einen tabellarischen Lebenslauf Jesu.
2. Vergleichen Sie den Lebenslauf mit den Aussagen Schröters und stellen Sie Unterschiede heraus.
3. Vergleichen Sie die beiden Jesus-Bilder von Dürer (→ S. 50) und Rembrandt (S. 122) und beziehen Sie persönlich Stellung dazu.

Team-Aufgaben

1. Fassen Sie die zentralen Inhalte des Lebens und Wirkens Jesu zusammen, indem Sie eine Word-Cloud erstellen (→ S. 327).
2. Arbeiten Sie mit Hilfe des Spiels „Jesus fragen“ (http://www.bibel-spiele.net/jesus_fragen/) heraus, wie Jesus in Bibel und Bekenntnis bezeugt wird.
3. Gestalten Sie mit Hilfe einer App oder eines Online-Tools ein interaktives Quiz zu Begriffen aus diesem Kapitel wie Reich Gottes, historischer Jesus, geglaubter Christus, Messias, Menschensohn, Passion oder Zwei-Naturen-Lehre.
4. Arbeiten Sie anhand der Bilder in diesem Kapitel heraus, wie sich das Jesusbild in der Kunst verändert hat.
5. Gestalten Sie das Leben Jesu als Manga-Comic für Jugendliche.

Was sind verlässliche Quellen?

Domenico Fetti (1589?-1623): Das Schweißtuch der heiligen Veronika, um 1620

Quellen des Lebens Jesu

Die ältesten Texte des Neuen Testaments stammen vom Apostel Paulus (um 50). Freilich hält sich sein Interesse am historischen Jesus in Grenzen. Auch das Johannes-Evangelium taugt zur Rekonstruktion des historischen Jesus nur bedingt, da sein Bild stark von religiösen Interessen geprägt ist. So kommen vor allem die synoptischen Evangelien als Quellen in Frage. Relativ unbekannt ist die Tatsache, dass es auch jüdische und römische Quellen über Jesus gibt.

Nichtchristliche Quellen

Der Wert der voneinander unabhängigen außerchristlichen Nachrichten über Jesus ist ein doppelter. Zunächst ist festzuhalten: Gegner wie neutrale oder sympathisierende Beobachter des Christentums setzen die Geschichtlichkeit Jesu voraus und lassen nicht die Spur eines Zweifels daran erkennen. Darüber hinaus erlauben die nicht-christlichen Notizen die Kontrolle einzelner Daten und Fakten der urchristlichen Jesusüberlieferung. So bestätigt Josephus [= Flavius Josephus, jüdischer Historiker, 1. Jh.], dass Jesus einen Bruder namens Jakobus hatte. Jesu gewaltsamen Tod überliefern Josephus, Tacitus [römischer Historiker, um 100] und Mara [= Mara Bar Serapion, syrischer Philosoph, 1. Jh.?] (und die Rabbinen), wobei der Römer allein Pilatus, Mara (und die rabbinischen Quellen) allein die Juden, Josephus vermutlich die Römer in Kooperation mit den jüdischen Autoritäten verantwortlich macht. Von Wundern Jesu berichten Josephus und die Rabbinen, jener wertneutral, diese unter dem Vorwurf der Zauberei. Dass Jesus als Lehrer gewirkt hat, wissen Josephus, der ihn einen „weisen Mann“ und „Lehrer“ nennt, und Mara, der die „neuen Gesetze“ des „weisen Königs“ erwähnt. An Jesus zugeschriebenen Titeln begegnet „Christus/Messias“ bei Josephus – die römischen Historiker verwenden Christus bereits als Eigenname – und „weiser König“ bei Mara.

Gerd Theißen (1943) und Annette Merz (* 1965), beide ev. Prof. für Neues Testament*

Biblische Quellen

Ein Überblick über die christlichen Quellen zu Jesus [...] zeigt zunächst, dass wir auch in den ältesten verfügbaren Quellen nicht dem historischen Jesus begegnen, sondern Jesusbildern, gestalteten Erinnerungen, die durch theologische und soziale Interessen und Überzeugungen sowie die Geschichte ihrer Trägergruppe mit geformt wurden. Außerdem sind die frühesten uns vorliegenden und etwas umfangreicheren Quellen erst in der zweiten christlichen Generation niedergeschrieben worden. Trotz vereinzelter gegenteiliger Behauptungen ist auch keine der nicht-kanonischen Quellen älter als das MkEv. [...] Am irritierendsten ist vielleicht die Erkenntnis, dass wir, wie die große Zahl fragmentarisch erhaltener Evangelien beweist, nur einen kleinen Ausschnitt aus der Palette der etwa im Jahr 150 n.Chr. vorliegenden Jesusüberlieferungen kennen – und dass dieser wohl keinen „repräsentativen Querschnitt“ darstellt! Denn die heute verfügbare Auswahl verdankt sich nur zum kleineren Teil dem „blinden Zufall“, ist erheblich stärker von kirchenpolitischen Prozessen wie der Kanonisierung der Synoptiker und des JohEv sowie der gezielten Eliminierung „apokrypher“ Evangelien bestimmt worden.

Gerd Theißen (1943) und Annette Merz (* 1965), beide ev. Prof. für Neues Testament*

Kanon → S. 156f.

1. Erläutern Sie, worin der besondere Wert der nichtchristlichen Quellen über Jesus besteht.
2. Begründen Sie, warum sich mit den vorhandenen Quellen nicht ohne weiteres eine Jesusbiografie schreiben lässt.
3. Überprüfen Sie, ob das „Schweißtuch der Veronika“ eine verlässliche Quelle für das Aussehen Jesu darstellt. Informationen finden Sie im Internet.

Wie verlässlich sind Erinnerungen?

Historischer Jesus und geglaubter Christus

Bis ins 18. Jahrhundert hätte man die Frage, was vom Leben und Werk des Jesus von Nazareth als historisch gesicherte Erkenntnis gelten kann, als unverständlich abgetan, wenn nicht gar als Blasphemie [= Gotteslästerung] verurteilt. Die Texte des Neuen Testaments und insbesondere die Evangelien lieferten Geschichten und Daten, die als göttlich offenbart galten. Eine Unterscheidung zwischen dem historischen Jesus als Vorbild eines an Gott glaubenden Menschen und dem Christus, an den selbst geglaubt wurde, schien unmöglich. Erst die westeuropäische Aufklärung mit ihrer Betonung der Vernunft ließ einen analytischen Vergleich der einzelnen Evangelien zu, der Unterschiede und Gemeinsamkeiten zwischen ihnen offenlegte und damit auch immer stärker zwischen der historischen Person und dem Inhalt des Glaubens unterschied. Ziel dieser Bemühung sollte der Nachweis sein, dass die biblische Überlieferung nicht unvernünftig sei, sondern dass die beschriebenen Geschichten zumindest in ihren Grundaussagen auch der Historie entsprächen. Insofern sollte historische Sicherheit auch die Sicherheit im Glauben fördern. Dieses Anliegen war nicht ungefährlich.

Wolfgang Pauly (1954), kath. Theologe*

Die Vielfalt der biblischen Jesusbilder

Die Verschiedenartigkeit, mit der Jesusüberlieferungen ‚rezipiert' wurden, lässt sich auf mindestens zwei Gründe zurückführen. Aus der Perspektive der kognitiven Neurowissenschaften [= Erforschung des Denkens] ist zunächst darauf zu verweisen, dass das menschliche Gedächtnis vergangene Ereignisse nicht einfach nur erinnert, sondern sie nach bestimmten Gesichtspunkten rekonstruiert. Es vermag den Kern eines Ereignisses oder einer Aussage zu bewahren, neigt aber gleichzeitig zur Abwandlung, Ergänzung oder Auslassung von Einzelheiten bzw. dazu, die Erinnerung nach Bedarf an neue Situationen und Kontexte anzupassen [...]. Weiter ist das kollektive Gedächtnis von Erinnerungsgemeinschaften in der Lage, den Kern bestimmter Erinnerungen über längere Zeiträume zu bewahren, aber es kann Erinnerungen auch durch Erfindungen ausschmücken, sie zur leichteren Weitergabe bestimmten Mustern anpassen und im Lichte dominanter Gegenwartsinteressen verändern [...]. Die erhaltenen Jesustraditionen bewahren also wohl zum Teil die grundlegenden Konturen seiner Worte und Taten, in vielen, wenn nicht in den meisten Fällen, ist es aber schlicht unmöglich zu ergründen, was Jesus genau gesagt und getan hat oder welche Absichten er mit seinen Worten und Taten verfolgt hat. Zudem muss mit der Existenz erfundener Traditionen gerechnet werden, die durch bloße Wiederholung zu stabilen Elementen der Überlieferung geworden sind [...]. Statt eines einheitlichen Bildes des historischen Jesus haben wir es demnach mit einer Reihe von mehr oder weniger divergenten ‚Rezeptionen' der Figur Jesu in einer Vielzahl von Evangelienquellen zu tun.

John S. Kloppenborg (1951), kanadischer Religionswissenschaftler*

1. Erläutern Sie den Unterschied zwischen dem historischen Jesus und dem Christus des Glaubens.
2. Erklären Sie anhand des Textes die Verschiedenartigkeit der biblischen Jesustraditionen.
3. Vergleichen Sie die Aussage des Textes mit der der Grafik.

Wie jüdisch ist das Christentum?

Jesus der Jude

Jesus hatte eine jüdische Identität. Er hat die Zeichensprache des Judentums [...] von einem zentralen Inhalt her neu belebt – vom Glauben an den einen und einzigen Gott. Wir beobachten bei ihm eine Historisierung des jüdischen Mythos von der Königsherrschaft Gottes, eine doppelte Radikalisierung des jüdischen Ethos als Normverschärfung und Normentschärfung. Seine Konflikte mit Zeitgenossen waren Konflikte im Judentum und nicht mit dem Judentum. Er repräsentierte keinen Exodus aus dem Judentum, sondern eine Erneuerungsbewegung in ihm. Damit gehört er in eine Kette von innerjüdischen Erneuerungsbewegungen seit der Makkabäerzeit [165 v.Chr. bis 63 v.Chr.] – in eine nie abreißende Reihe von Versuchen, die jüdische Religion zu revitalisieren [= wiederzubeleben].

Gerd Theißen (1943),*
ev. Prof. für Neues Testament

Johann Heinrich Schönfeld (1609-1684): Heilige Dreifaltigkeit mit anbetenden Engeln, 1656

Das jüdische Evangelium

Während mittlerweile fast jeder [...] Jesus [...] als Juden bezeichnet, möchte ich einen Schritt weiter gehen. Ich möchte, dass wir erkennen, dass auch Christus – der göttliche Messias – ein Jude ist. Die Christologie oder die frühen Vorstellungen über Christus sind ebenfalls eine jüdische Erörterung und überhaupt keine – wie erst viel später – antijüdische Abhandlung. Viele Israeliten der Zeit Jesu erwarteten einen Messias, der göttlich wäre und auf die Erde in Gestalt eines Menschen käme. Daher waren die grundlegenden Gedanken, aus denen sowohl die Trinität [S. 148] als auch die Inkarnation [S. 144] erwuchs, in eben jener Welt vorhanden, in die Jesus hinein geboren und in der zuerst über ihn in den Evangelien des Markus und des Johannes geschrieben wurde. [...] Einerseits werden Christen nicht länger in der Lage sein zu behaupten, dass Juden in Gänze Jesus als Gott starrsinnig ablehnten. [...] Viele antike Juden nahmen Jesus einfach als Gott an, [...] weil ihre Vorstellungen und Erwartungen sie dahin geführt hatten. Andere, obwohl sie ähnliche Vorstellungen über Gott hatten, hielten es für schwer zu glauben, dass dieser bestimmte, anscheinend gewöhnliche Jude derjenige wäre, auf den sie warteten. Andererseits werden Juden aufhören müssen, die christlichen Vorstellungen über Gott einfach als Sammlung „unjüdischer", vielleicht heidnischer und allemal bizarrer Phantasien zu verunglimpfen. Gott wirklich in einem menschlichen Leib! Wenn wir diese Vorstellungen als in dem antiken Geflecht religiöser Vorstellungen tief verwurzelt wissen, mag uns Juden das nicht dazu führen, sie anzuerkennen, aber es sollte uns helfen, zu erkennen, dass christliche Ideen uns nicht wesensfremd sind; sie sind unsere eigenen Kinder und manchmal – vielleicht – unter den ältesten aller israelitisch-jüdischen Ideen. [...] Ich vermute, dass Jesus und Christus eins waren vom allerersten Augenblick der Jesusbewegung an. Ich werde nicht länger in der Lage sein, an einen ethisch-religiösen Lehrer zu denken, der später unter dem Einfluss fremder griechischer Auffassungen zur Göttlichkeit erhoben wurde, wobei seine so genannte ursprüngliche Botschaft entstellt wurde und verloren gegangen ist; die Vorstellung von Jesus als einem göttlich-menschlichen Messias reicht zurück bis an den allerersten Beginn der christlichen Bewegung, bis an Jesus selbst und sogar vor ihn.

Daniel Boyarin (1946),*
amerikanisch-jüdischer
Religionswissenschaftler

Mythos → S. 36f. Trinität → S. 116

1. Benennen Sie einige Indizien dafür, dass Jesus Jude war.
2. Arbeiten Sie heraus, inwiefern Boyarin über Theißen hinausgeht.
3. Untersuchen Sie, wie der Maler Schönfeld das Verhältnis von Gott und Jesus darstellt.
4. Die Redaktion eines Verlags überlegt, ob man das Bild von Schönfeld in einem Bildband zur „Geschichte des Judentums" abdrucken kann. Entwerfen Sie dazu eine Stellungnahme (→ S. 331).

Was wird aus dieser Welt?

Die Botschaft vom Reich Gottes (Mk1,14f.)

Nachdem aber Johannes überantwortet wurde, kam Jesus nach Galiläa und predigte das Evangelium Gottes und sprach: Die Zeit ist erfüllt, und das Reich Gottes ist nahe herbeigekommen. Tut Buße und glaubt an das Evangelium! *Mk 1,14f.*

Die Gottesherrschaft ist in vielen Gleichnissen Jesu das bestimmende Thema. Die Reaktion auf das Gottesreich wird verglichen mit dem Samen, der gesät ist (1). Die Bitte um das Kommen der Gottesherrschaft ist das Grundthema des Herrengebets (2). Das Streben nach der Gottesherrschaft hat die oberste Priorität; es ist über alle Maßen kostbar (3). Die Gesegneten werden in das Gottesreich gelangen (4), egal um welchen Preis. Reichtum, Habgier, Heuchelei, mangelnde Vergebungsbereitschaft und Gleichgültigkeit gegenüber den Armen und Hungernden verhindern den Zugang zum Gottesreich (5). Auch geteilte Loyalität, Torheit und mangelnde Vorbereitung kann eine Person aus dem Gottesreich ausschließen (6). Das Gottesreich ist ein zentrales Element in den Einsetzungsworten beim letzten Abendmahl [...] (7). Das Gottesreich steht gewiss bevor, es schließt allerdings auch Kämpfe ein (8) und der genaue Zeitpunkt seines Kommens ist unbekannt (9). Die Kreuzigung Jesu wegen der Behauptung, er sei der „König der Juden“ (10), ist eine düstere Bestätigung seiner früheren Verkündigung des Gottesreiches.

Craig A. Evans, Jeremiah J. Johnston,
zeitgen. amerikanische Bibelwissenschaftler
(leicht verändert)

Zwölf Partisanen eines anderen Reiches

In dem Buch „Der Schatten des Galiläers“ werden die Ergebnisse der Jesusforschung in erzählender Form präsentiert. Ein junger Jude sammelt im Auftrag des Pilatus Material über die Jesus-Bewegung:
Das Volk raunte sich zu: Er ist der Messias [S. 146]! Konnte er der Messias sein? Nichts deutete darauf hin, dass er die Römer mit Gewalt vertreiben wollte! Aber strebte er nicht nach der Herrschaft? Nur weniges war durchgesickert. Er muss seinen Jüngern tatsächlich versprochen haben, dass sie auf zwölf Thronen sitzend mit ihm zusammen Israel regieren würden! Gerüchtweise hatte ich auch gehört, es habe ein Gerangel im Jüngerkreis darüber gegeben, wer die Ehrenplätze zu seiner Rechten und Linken einnehmen durfte. Aber Jesus habe solche Überlegungen schroff zurückgewiesen. In der neuen Herrschaft Gottes gebe es keine Hierarchie. [...] Wohl aber gebe es ein wiederhergestelltes Volk: Die zwölf Stämme Israels würden wieder gesammelt. Sie würden – zusammen mit den Heiden – von allen vier Windrichtungen nach Palästina strömen. Ein neuer Tempel würde im Mittelpunkt des Reiches stehen. Es würde ein großes Freudenmahl geben. Die Armen würden reich, die Hungernden satt, die Trauernden voll Freude sein. [...] Jesus würde bei der großen Wende mit seinen Jüngern eine entscheidende Rolle spielen. Vielleicht würde er jener Menschensohn [S. 146] sein, von dem er hin und wieder sprach. Jetzt zog er mit seiner Schar durch das Land wie die Partisanentruppe eines anderen Reiches. Einmal nannte er seine Jünger sogar Räuber, die mit Gewalt die Gottesherrschaft an sich rissen. Kein Wunder: Für das Volk war er in die Rolle des Messias getreten!

Gerd Theißen (1943), ev. Prof.*
für Neues Testament

Nachfolge

Jesus erwartete von seinen Jüngern, dass sie auf Besitz und Familie verzichteten und sich ganz dem Gottesreich widmeten. Neben „Wandercharismatikern“, die ständig auf Achse waren, gab es ortsfeste Sympathisanten, zu denen auch Frauen gehörten. Die zwölf Apostel sind sicher symbolisch zu verstehen als das erneuerte Zwölf-Stämme-Volk Israel. Nach dem Tod Jesu scheinen dann in den Gemeinden erste Institutionen entstanden zu sein wie die drei Säulen in Jerusalem (Jakobus, Petrus und Johannes) und die Ältestenräte (Presbyterien).

1. Interpretieren Sie Mk 1,14f. und übersetzen Sie die Worte in Jugendsprache.
2. Ordnen Sie die folgenden Bibelstellen einer der Zahlen im Text oben zu: Mk 13,31f.; Mt 11,12; Mk 15,26; Mk 4,3-20; Mt 6,10; Mt 5,3.10; Mk 14,25; Mt 18,23-35; Mt 6,33; Lk 9,61f.
3. In der Verkündigung Jesu gibt es eine Spannung. Auf der einen Seite ist das Reich Gottes „schon da“ (präsentische Eschatologie), auf der anderen Seite ist es „noch ausstehend“ (futurische Eschatologie). Arbeiten Sie heraus, wie Lk 11,20 und Lk 6,20-23 zusammenpassen könnten (**Eschatologie → S. 302f.**).
4. Entwerfen Sie einen fiktiven Bericht eines Spions an den römischen Statthalter über die Jesusbewegung.

Wie offen sind wir für Wunder?

August Macke (1887–1914): Jesus im Nachen

Die Wunder Jesu (Mk 2,1-12; Mk 4,35-41)

Alles Geschehen in der Welt ist offen für wunderhafte Ereignisse, die alle Erwartungen durchkreuzen. Nichts ist völlig determiniert [= festgelegt]. Gott und Mensch, Glauben und Gebet bewirken wunderbare Änderungen. Wunder sind zugleich Zeichen, die über sich hinausweisen. Jesus ist Träger solcher Wundermacht. Das Wunder ist des Glaubens liebstes Kind. Aber für viele ist es ein illegitimes Kind, dessen man sich schämt. Und doch steckt eine lebensbejahende ‚Botschaft' in den Wundern: Nichts ist so festgelegt, dass es nicht durch Wundermacht durchkreuzt werden kann. [...] Jesus und seine Jünger gehören einer Heilungsbewegung an. [...] In den Wundergeschichten spürt man einen intensiven Protest gegen alles Leid. Eher werden normale Erwartungen an den Gang des Geschehens in Frage gestellt als das Recht eines Menschen auf Hilfe. [...]

Gleichzeitig begegnen Wunder im Neuen Testament als Zeichen, die Ereignisse interpretieren. [...] Der symbolische Mehrwert an Sinn leuchtet hinter dem unmittelbaren Geschehen auf, ohne es in Frage zu stellen. [...] Alle Wunder sind Bilder für Erlösung und Offenbarung: für die Speisung mit himmlischer Weisheit, für das Aufgehen des Glaubenslichtes und den Anbruch eines neuen Lebens schon hier und jetzt. Wer nur das unmittelbare Geschehen wahrnimmt, hat die Wunder missverstanden. Diese Intensität der symbolischen Deutung von Wundergeschichten unterscheidet neutestamentliche Wunder von ihren zeitgenössischen Parallelen. [...]

Das Wundermotiv ist in unserem Leben noch immer elementar gegenwärtig: Es lässt die Wirklichkeit unter dem Aspekt des Unvorhergesehenen betrachten: Nichts ist so völlig festgelegt, dass die Ereignisse überraschungsfrei ablaufen. Es ist dazu nicht notwendig, Durchbrechungen der Naturgesetze für möglich zu halten. Wohl aber ist mit dem Wundermotiv die Verheißung mitgegeben, dass der menschliche Wunsch nicht von vornherein ohne Chance ist. Der Wunsch kann sich im Gebet artikulieren oder im Stoßseufzer. Er gibt auch in aussichtsloser Lage Hoffnung auf eine Wende. Vor allem kann ein solches Wundermotiv Menschen verbinden: Sie bringen zum Ausdruck, dass niemand endgültig aufgegeben wird. Es kann noch im letzten Augenblick eine Wende zum Guten geschehen. Auch die Aussichtslosigkeit, allen Menschen Brot zu geben, darf nicht das letzte Wort bleiben. Noch darf uns die Aussichtslosigkeit einer Krankheit dazu bewegen, innerlich vom anderen Menschen abzurücken. Über allem strahlt die Gewissheit, dass das Leben auch in Extremsituationen in der Macht Gottes geborgen ist. Es gibt keinen Fatalismus. Es gibt ein elementares Wundererleben.

Gerd Theißen (1943), ev. Prof. für Neues Testament*

1. Zeigen Sie auf, inwiefern die Wunder Jesu Zeichen sind, die über sich hinausweisen.
2. Erörtern Sie anhand eigener Beispiele, ob es auch in unserem Leben wunderhafte Ereignisse gibt.
3. Zeigen Sie an Mk 2,1-12; 4,35-41; 8,1-10 und 10,46-52 auf, in welchen unterschiedlichen Erfahrungen sich das Reich Gottes zeigen kann.
4. Interpretieren Sie das Bild von der Sturmstillung und setzen Sie es in Beziehung zu Erfahrungen in Ihrem eigenen Leben.

Warum reden Menschen so oft in Bildern?

Rembrandt van Rijn (1606-1669): Die Heimkehr des verlorenen Sohnes, 1668

Die Gleichnisse Jesu (Lk 15)

Es ist in der Forschung unbestritten, dass der historische Jesus von Gottes neuer Welt in Gleichnissen (Parabeln) erzählt hat. Aber auch die Gemeinden nach seinem Tod haben sich dieser Gattung bedient, um das Evangelium metaphorisch zum Ausdruck zu bringen. Gleichnisse sind Erzählungen mit einem „doppeltem Boden" (K. Erlemann). Sie verweisen auf etwas, was nicht unmittelbar im Text steht. Auf der Bildebene wird eine Geschichte erzählt, die sich meist der Bilder aus der Erfahrungswelt der Hörerinnen und Hörer bedient. Das eigentlich Gemeinte findet sich in einer Tiefendimension „hinter" dem Erzählten, auf der Sachebene. Verstanden hat man ein Gleichnis, wenn sich der entscheidende Vergleichspunkt, die „Pointe" des Textes, erschließt.

Gleichnisse als Sprachereignis

Gleichnisse Jesu begegnen im Neuen Testament in literarischen Texten, in denen der Protagonist Jesus kurze fiktionale, gleichwohl realistisch anmutende Geschichten erzählt, die metaphorischen Charakter tragen. Dieser metaphorische Charakter zeigt sich zum einen darin, dass sie menschliche Lebenserfahrung und göttliche Wirklichkeit in einen spannungsvollen Zusammenhang bringen, der sowohl Gott als auch die eigene Lebenswirklichkeit noch einmal neu entdecken lässt. Dabei ist vorausgesetzt, dass man von der Wirklichkeit Gottes nur mit menschlichen Bildern und damit immer nur begrenzt sprechen kann.

Der metaphorische Charakter zeigt sich zum anderen in ihrem Ereignis-Charakter. Gleichnisse wollen Menschen in Bewegung bringen und das Wirklichkeitsverständnis in Lesenden bzw. Hörenden zwanglos verändern. Sie ziehen den Rezipienten in die erzählte Welt hinein und lösen eigene Deutungsprozesse aus. In diesem Sinne „erinnern" sie nicht nur an die Verkündigung Jesu, sondern sie „vergegenwärtigen" diese. Diese Einsicht nimmt auf, was Eberhard Jüngel so formuliert: „Die Gleichnisse Jesu bringen die Gottesherrschaft als Gleichnis zur Sprache." Von daher fällt noch einmal Licht auf die Identität Jesu. Er ist der Erzähler dieser „bewegenden" Geschichten. Diese Erzählungen entsprechen seinem Handeln (wie die Zuwendung zu „Zöllnern und Sündern" zeigt), so dass er als „das Reich Gottes in Person" (Welker) bezeichnet werden kann. Durch sein Handeln fordert er Menschen dazu heraus, sich selbst, die Welt und ihr Leben neu und anders wahrzunehmen.

Hartmut Rupp (1947),*
ev. Religionspädagoge (leicht verändert)

Verlorener Sohn, Rechtfertigung → S. 65
Gleichnisse → S. 164

1. Untersuchen Sie das Gleichnis vom verlorenen Schaf (Lk 15,3-7), indem Sie die Bild- und Sachebene sowie den Vergleichspunkt bestimmen, auf den Jesus hinaus will.
2. Erläutern Sie anhand des Textes von Rupp, warum man von der „Wirklichkeit Gottes nur mit menschlichen Bildern" sprechen kann.
3. Arbeiten Sie heraus, was mit dem „Ereignischarakter" der Gleichnisse gemeint ist.
4. Gestalten Sie zu Lk 15,1-2 und 11-32 ein Soziogramm, das veranschaulicht, wie die dort angesprochenen Gruppen zueinander stehen und wie Jesus vorgeht, damit diese das Reich Gottes erleben.
5. Entwerfen Sie die Szene, wie der Vater seinen Sohn wieder aufnimmt. Orientieren Sie sich dabei u.a. an dem Rembrandt-Bild hier und → S. 65.
6. Entwerfen Sie ein modernes Gleichnis nach dem Vorbild der Gleichnisse Jesu.

Wie sollten Christen leben?

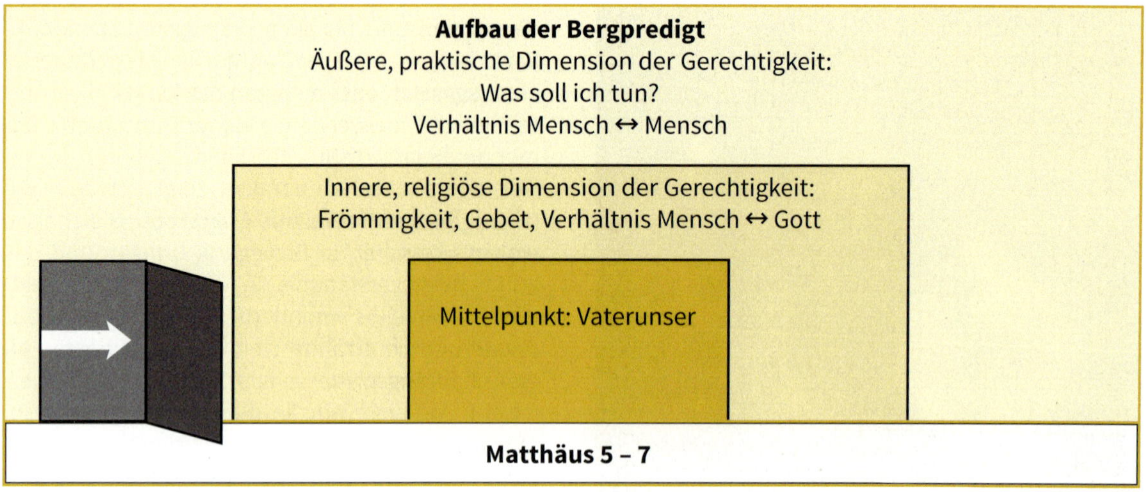

Die Ethik Jesu: Bergpredigt (Mt 5-7)

Sind die zentralen Forderungen der Bergpredigt erfüllbar, oder sind sie unrealistisch? Die Frage wurde in der Alten Kirche kaum gestellt. Seit dem Hochmittelalter wurde sie so beantwortet, dass einige Forderungen der Bergpredigt als sogenannte „Evangelische Räte“ verstanden wurden; sie galten dann nicht als Forderungen, die an alle Christ/-innen gerichtet waren, sondern als „Räte“, die Kleriker und Mönche zu befolgen hatten. Die Reformatoren unterschieden zwischen der Gemeinde und der Welt; im Reich der Welt können Christ/-innen, die dort ihr „Amt“ als Politiker/-innen, Eltern, Soldaten oder Geschäftsleute innehaben, nicht nach der Bergpredigt leben, sondern müssen versuchen, auf indirekte Weise die Liebe zum Maßstab ihres Lebens zu machen. Dies hat dazu geführt, dass die Bergpredigt verinnerlicht wurde; sie wurde zum Inbegriff der christlichen Gesinnung oder zeigte den Menschen, was eigentlich Gottes Wille sei, und machte ihnen so ihre eigene Sünde bewusst. Hinter all diesen Versuchen steht die Überzeugung, dass die Bergpredigt nicht erfüllbar sei, wenn man sie wörtlich verstehe.

Ist die Bergpredigt nicht ein gnadenloses Dokument, insofern sie vom Menschen scheinbar Unmögliches fordert und ihn am Ende mit dem Gericht konfrontiert? Eine Gewichtsverlagerung ist bei Matthäus unverkennbar: Selig gepriesen werden Menschen um einer bestimmten Haltung, ja um eines bestimmten Handelns willen. Das Licht der Welt, das die Jünger sind, besteht in ihren guten Werken, die in der Welt leuchten, so dass die Menschen den Vater preisen (5,13-16). Ist Matthäus also der klassische Vertreter einer Werkgerechtigkeit? Die Bergpredigt ist weder bloß „Heilszusage“ noch bloß „Anspruch“, sondern sie stellt eine Bewegung dar, die die Menschen, „mit“ denen Gott einen Weg gehen will, vor seinen Anspruch stellt und sie gerade in dieser Beanspruchung wiederum hinführt zur Erfahrung der Zusage desjenigen Gottes, der bei den Menschen ist, bevor sie bei ihm sind. Man könnte sagen: In der Bergpredigt geht es um die Rechtfertigung allein aus Gnade für die, die sich um Gerechtigkeit mühen. Gnade und Gehorsam, Zuspruch und Anspruch sind bei Matthäus ineinander verschränkt. Der Wille Gottes ist Wille des Vaters, sein Anspruch ist Anspruch dessen, der mit uns ist. Auch für die Frage nach der Erfüllbarkeit der Bergpredigt haben sich Antwortelemente ergeben: Der Mensch ist bei seinem Streben nach der besseren Gerechtigkeit und der Vollkommenheit nicht auf sich allein gestellt. Er ist getragen von Gott. Er darf beten.

Text und Schaubild nach Ulrich Luz (1938-2019), ev. Professor für Neues Testament (verändert)

Vaterunser → S. 98
Protestantische Ethik → S. 238f.

1. Benennen Sie in Mt 5-7 Aussagen, die Sie als aktuell bzw. nicht mehr aktuell sowie als erfüllbar bzw. als unerfüllbar beurteilen.
2. Erklären Sie mit Hilfe des Schaubildes den Aufbau der Bergpredigt.
3. Arbeiten Sie an dem Text heraus, wie man in der Geschichte des Christentums mit der scheinbaren Unerfüllbarkeit der Bergpredigt umging.
4. Erläutern Sie, wie der Verfasser den Zusammenhang von Beten und Handeln bestimmt.

Wie wird die Welt friedlicher?

Stein am Eingang des „Tent of Nations", einer „Education & Environmental Family Farm" im Westjordanland

Das Gebot der Feindesliebe (Mt 5,38-48)

Ich behaupte: den Feind zu hassen ist auf Dauer anstrengender als den Feind zu lieben. Den Feind lieben heißt ja nicht, dass ich mich zum Opfer feindlicher Menschen mache. Die Feindesliebe ist etwas Aktives. Feindschaft entsteht normalerweise durch Projektion. Da der andere sich selbst nicht annehmen kann, bekämpft er in mir das, was er bei sich selbst so schlimm findet. Wenn ich auf dieses feindliche Verhalten empört reagiere, hat mir der Feind die Spielregeln aufgezwungen. Den Feind zu lieben heißt nicht, mir alles gefallen zu lassen. Zuerst bedeutet es, dass ich die Projektion durchschaue: Wie verletzt muss der andere sein, dass er mich ständig verletzen muss? Wie zerrissen muss er sich fühlen, wenn er mich am liebsten zerreißen möchte? Ich sehe also im Feind den verletzten und gekränkten Menschen. Ich übernehme seine Projektion nicht, sondern überlege, was er braucht, um mit sich in Frieden zu kommen. Ich gebe ihm keine Macht. Die andere Frage ist dann: Wie reagiere ich konkret auf seine feindlichen Attacken? Feindesliebe verbietet mir nicht, mich zu wehren. Aber ich wehre mich nicht gegen einen Feind, sondern gegen den, der innerlich zerrissen ist und mit dem ich mitfühle. Ich wehre mich, damit er mit seiner eigenen Wahrheit in Berührung kommt. Aber ich vermittle ihm, dass ich ihn nicht als Mensch ablehne.

Anselm Grün (1945), Benediktinerpater und Buchautor*

Sie sagen

Sie sagen
Idealismus ist ein Intelligenzdefekt.
Ich glaube es nicht

Sie sagen
die Bergpredigt wäre nicht so gemeint.
Ich glaube es nicht

Sie sagen
Du sollst nicht töten ist so zu verstehn, dass …
Ich glaube es nicht

Sie sagen
Bei etwas gesundem Menschenverstand müsste
doch jeder …
Ich glaube es nicht

Sie sagen
Selbst Christus würde, wenn er heute …
Ich glaube es nicht

Und wenn man mir Berge
schwarzen und roten Goldes verspricht
Ich glaube es nicht

Hanns Dieter Hüsch (1925-2005), Kabarettist, Schriftsteller und Liedermacher

Friedensethik → S. 217
Feindesliebe → S. 199 → S. 318
Christentum und Gewalt → S. 277

1. Erläutern Sie anhand des Textes, warum Feindesliebe nicht wehrlos macht.
2. Überprüfen Sie, ob Mt 5,38-48 tatsächlich „Antithesen" (so die traditionelle Bezeichnung) zu den alttestamentlichen Geboten darstellen oder eher deren Auslegung.
3. Geben Sie das Gedicht als Lesung wieder und benennen Sie die Botschaft von Hüsch.
4. Interpretieren Sie den Satz auf dem Stein vor dem Hintergrund der Geschichte des Projekts (www.tentofnations.org).
5. Gestalten Sie Kurzreferate über christliche Pazifisten wie z.B. Martin Luther King, die Quäker oder Amish People, die sich auf die Bergpredigt beriefen (und berufen).
6. Nehmen Sie Stellung zu der Frage, ob Feindesliebe heute in der Politik umzusetzen ist.

Wie hängen Selbstliebe und Nächstenliebe zusammen?

Jana Highholder (1998), Medizinerin, Poetry-Slammerin und gläubige evangelische Christin. Sie hatte einen eigenen Kanal auf einer großen Videoplattform. Der Kanal wurde 2020 eingestellt, die Videos sind aber weiter verfügbar.*

Das Gebot der Nächstenliebe (Mt 22,36-40; Lk 10,25-37)

Jesus aber sprach zu ihm: „Du sollst den Herrn, deinen Gott, lieben von ganzem Herzen, von ganzer Seele und von ganzem Gemüt“ (5. Mose 6,5). Dies ist das höchste und erste Gebot. Das andere aber ist dem gleich: „Du sollst deinen Nächsten lieben wie dich selbst.“ (3. Mose 19,18)
Mt 22,37-39

Sich selbst lieben, das hat etwas damit zu tun, sich anzunehmen und zu akzeptieren, so wie man vom Schöpfer gemacht ist. Ich glaube ja, dass wir Geschöpfe Gottes sind und dass er uns so gemacht hat, wie es seinem Plan entsprach, und dass wir das annehmen dürfen als Geschenk und uns darin lieben dürfen. [...] Also es ist kein Narzissmus [= Selbstverliebtheit], ich muss mich auch nicht die ganze Zeit um mich drehen und mich fragen: „Bin ich genug“ und „Bin ich fähig“ und „Bin ich dies und bin ich das?“, sondern ich darf mich – genauso wie ich gemacht bin und gedacht bin von meinem Schöpfer – darf ich mich richtig und geliebt wissen. Aus dieser Sicherheit heraus kann ich jemand anderem zum Nächsten werden und kann ich jemand anderen lieben, denn in meiner Tat suche ich keine Bestätigung, sondern ich weiß darum, dass ich geliebt bin. Und ich nehme mich an und liebe mich – und aus dieser Liebe heraus liebe ich dich. [...] Die Bibel sagt uns: „Gott will uns das Leben im Überfluss geben“ (Joh 10,10b). Und wenn wir uns vorstellen, dass wir so ein Gefäß sind, dann geht es nicht darum, dass wir den letzten Tropfen, den wir noch haben, dem anderen geben, und das letzte Hemd. Sondern im Gegenteil: Es soll überfließen von mir zu dir. Das heißt: Ich habe genug und das mehr als das und davon fließt das über. Und ich glaube, das ist ganz wichtig: Dienst ist keine Aufopferung, keine schwere Last. In Gottes Ruf zu laufen, ist nicht etwas, was mich selbst irgendwie kleiner macht, als du bist, sondern was dich aufblühen lässt. Und das muss man sich ganz bewusst machen und sich selbst diese Zeit zum Auftanken nehmen.

Jana Highholder (1998),*
Influencerin in vielen
sozialen Netzwerken

Gebot der Nächstenliebe → **S. 242**

1. Beschreiben Sie, wie Jana das Verhältnis von Selbst- und Nächstenliebe sieht. Passt dazu das Bild?
2. Einer der Follower fragt: „Was ist, wenn man sich selbst nicht liebt? Wenn man sich hasst, sich hässlich findet, soll man dann das Gleiche über seinen Nächsten denken?“ Formulieren Sie eine Antwort aus Janas Perspektive.
3. Eine jüdische Übersetzung des Gebots der Nächstenliebe lautet: „Liebe deinen Nächsten, denn er ist wie du!“ Vergleichen Sie diese Sicht mit dem Text anderer Bibelübersetzungen.
4. Vergleichen Sie das Doppelgebot der Liebe mit der Goldenen Regel: „Alles nun, was ihr wollt, dass euch die Leute tun sollen, das tut ihr ihnen auch!“ (Mt 7,12)
5. Arbeiten Sie heraus, wie das Gleichnis vom barmherzigen Samariter (Lk 10,25-37) Nächstenliebe bestimmt.
6. Zum Reformationsjubiläum 2017 führte die Evangelische Kirche in Hessen-Nassau eine Bierdeckel-Aktion durch. Man wollte die 30.442 Verse der Bibel in drei Sätzen zusammenfassen. Gestalten Sie dazu einen Bierdeckel.

Was würde Jesus heute sagen?

Die Botschaft Jesu heute (Joh 13,1-17)

NICHT DIE POLIS, nicht die Nation, nicht der Staat – der Mensch mit seiner in Gott begründeten unantastbaren Würde wird zum Mittelpunkt des politischen Geschehens.

DIE WÜRDE DES MENSCHEN und die aus ihr resultierenden Menschenrechte sind der Maßstab der „Gesetze“ und die Grundlage für das gleichberechtigte und multikulturelle Zusammenleben der Menschen.

DIE LIEBE zum NÄCHSTEN hat gleichen Rang wie die Liebe zu Gott. Die Liebe zu Gott ist ohne Liebe zum Nächsten wertlos.

DIE LIEBE ZUM NÄCHSTEN ist nicht platonisch und keine Sache des Gefühls. Sie bedeutet Pflicht zum Handeln für denjenigen, der in Not ist, auch für den Feind. Sie sprengt nationale, kulturelle und religiöse Grenzen, sie gilt allen Menschen unabhängig von Klasse, Rasse, Geschlecht, Nation.

AUCH FÜR DEN FEIND wird jeder Mensch zum Nächsten, wenn er in Not gerät.

VERSÖHNUNG, Entspannung und friedliche Lösung von Konflikten haben Vorrang vor Gewalt und Krieg.

FREMDENFEINDLICHKEIT ist mit dem Evangelium unvereinbar.

DIE FRAU ist dem Mann ebenbürtig. Die Diskriminierung der Frauen in der Politik und der Kirche steht im Gegensatz zum Evangelium. Das Verbot der Frauenordination und das Gebot des Zölibates haben kein Fundament im Evangelium.

DIE INTERESSEN der Menschen sind wichtiger als die Interessen des Kapitals. Die kapitalistische Wirtschaftsordnung widerspricht dem Evangelium und ist ein Verbrechen an Milliarden von Menschen, die in Armut, Krankheit und Unwissenheit leben müssen.

ZWEI MILLIARDEN CHRISTEN sind die größten „global players“ der Welt. Sie müssen die treibende Kraft für eine neue, gerechte Weltwirtschaftsordnung sein.

Jesus VERKÖRPERT das Ideal der Glaubwürdigkeit, d. h. die Einheit von Ideen, Reden und Handeln, also die Einheit von Anspruch und Wirklichkeit. So wie er die Menschen damals gegen die Machthaber vertreten hat – unabhängig, freimütig, selbstbewusst, furchtlos –, wäre er auch in einem heutigen Parlament der ideale Abgeordnete und Sprecher des Volkes.

DAS JÜDISCHE VOLK trägt keine Schuld am Tode Jesu. Der Antisemitismus ist eine Perversion der menschlichen Zivilisation und Kultur.

DIE BOTSCHAFT verlangt die Realisierung in dieser Welt.

Heiner Geißler (1930-2017), CDU-Politiker und bekennender Katholik, der sich immer wieder zu theologischen Fragen äußerte

Papst Franziskus wäscht am Gründonnerstag 2018 zwölf Häftlingen eines römischen Regina-Coeli-Gefängnisses die Füße

Menschenwürde → S. 62
Armut → S. 243
Antisemitismus → S. 272f.

1. Bewerten Sie die Sätze Geißlers, indem Sie Schulnoten von 1 bis 6 vergeben.
2. Beurteilen Sie mit Bezug zur Bibel, inwieweit sich Geißler tatsächlich auf Jesus berufen kann.
3. Nach dem Vorbild Jesu (Joh 13,1-17) wäscht Papst Franziskus zwölf Häftlingen die Füße. Gestalten Sie einen inneren Monolog, der die Gedanken und Gefühle dieser Menschen zum Ausdruck bringt.
4. Entwerfen Sie eine Stellungnahme (→ S.331), inwiefern Jesus heute ein Vorbild sein kann.

Tod und Auferstehung Jesu

Wie kann eine Niederlage zu einem Sieg werden?

Blutspende-Kampagne des Deutschen Roten Kreuzes

Basics **Biblische Deutungen von Tod und Auferstehung Jesu**

Der Tod

Die Passionsberichte der Evangelisten verschweigen den „anstößigen" Tod am Kreuz nicht, der im Übrigen auch durch außerbiblische Quellen überliefert ist, sondern deuten ihn als ein heilvolles Geschehen, so dass die Evangelien als situationsspezifische Verkündigung zu verstehen sind. Und auch die Auferstehungserzählungen bieten keine exakten Protokolle der Geschehnisse, sondern interpretieren das Wunder der Auferstehung im Licht und Horizont des Glaubens und wollen solchen bei den Adressaten ebenfalls hervorrufen.

Die Passionsberichte der Evangelien umfassen eine Fülle von Details über die letzten Ereignisse im Leben Jesu: Sein letztes Mahl mit den Jüngern, das Gebet Jesu im Garten Gethsemane, den Verrat durch Judas, den Prozess vor dem jüdischen Gerichtshof sowie dem römischen Prokurator Pontius Pilatus, die Verurteilung, die Kreuzigung und seinen Tod. Die Evangelien unterscheiden sich dabei hinsichtlich ihrer Angaben zu Zeiten, Ort, Verlauf und Urteil. Je nachdem, wie man die einzelnen Quellen bewertet und einschätzt, kommt man so zu unterschiedlichen Rekonstruktionen des Verlaufs der letzten Ereignisse im Leben Jesu.

Als Interpretationskonzepte, die man aufgrund von Überschneidungen nicht eindeutig bestimmten Evangelien zuordnen kann und die sich auch in den Briefen des Neuen Testaments finden, kann man unterscheiden:

- *Stellvertretungsgedanke*: Dieser kann einen kultischen Bezug aufweisen (z.B. Passa-Lamm), er kann aber auch artikulieren, dass Jesus Folgen des menschlichen Handelns oder Verhaltens übernimmt. Als Existenzstellvertretung schließlich spielt er darauf an, dass jemand etwas für einen anderen macht.

- *Heilsnotwendigkeit*: An unterschiedlichen Stellen wird davon gesprochen, dass es eine Notwendigkeit oder einen Plan dafür gibt, dass Jesus sterben musste. Dabei steht dahinter der Gedanke, dass das Sterben und der Tod Jesu von Gott gewollt sind.

- *Teilhabeidee*: Hierbei liegt der Schwerpunkt der Interpretation darauf, mit dem eigenen Leben am Sterben und Tod Jesu teilzuhaben. In der Nachfolge wird die Passion nachvollzogen.

- *Paradoxes Kreuzesverständnis:* Die Anstößigkeit und Schmach des Todes am Kreuz Jesu wird an einigen Stellen des NT positiv beurteilt und in der Wirksamkeit entgegengesetzt gedeutet.

- *Kreuz als Entäußerung Gottes*: Gott gibt all seine Macht und Herrlichkeit in seiner Menschwerdung in Jesus Christus preis, weil er nur so den Menschen mit seiner Liebe wirklich nahe kommen kann. Vollkommener Ausdruck der vorbehaltlosen Liebe Gottes zu den Menschen ist Jesu Tod am Kreuz.

- *Kreuzestod als Konsequenz des Handelns Jesu*: Jesu Hinwendung zu den Ausgestoßenen, Rechtlosen, Kranken und Sündern ist ein Grund für heftige Kontroversen sowie seine Passion und seinen Tod.

- *Kreuzestod als Prophetenschicksal*: Verschiedene Stellen deuten den Tod Jesu am Kreuz in Analogie zu den gewaltsamen Prophetenschicksalen des Alten Testaments. Sein Tod ist der Beweis für das Unverständnis der Menschen, die den guten Propheten verfolgen.

Die oben skizzierte Vielfalt neutestamentlicher Interpretationskonzepte zur Passion Jesu geht im Laufe der Kirchengeschichte weitgehend verloren. Der zweite Aspekt des Stellvertretungsgedankens, dass Jesus ein bestimmtes Handeln oder Verhalten übernimmt, tritt dominierend in den Vordergrund. Diese soteriologische Deutung findet ihre prägnante Form in der „Satisfaktionstheorie“ von Anselm von Canterbury. Er deutet Jesu Tod als Opfer, das Gott Genugtuung (Satisfaktion) für die Ehrverletzung der Sünde der Menschen gibt. Auch wenn es im Laufe der Zeit immer wieder Kritik an dieser Konzeption gab, ist sie gleichwohl prägend und wirksam bis in unsere Zeit geblieben. So leiten sich zum Teil die Worte der Gottesdienstliturgie sowie die Abendmahlsfeier bis heute daher.

Die Auferstehung

Vergleichbar mit der Passion finden sich auch hinsichtlich der Auferstehung Jesu sehr unterschiedliche Deutungen und Interpretationen im Neuen Testament. Dabei zieht sich durch alle Schilderungen, dass die Auferstehung nicht direkt dargestellt und beschrieben wird, sondern Menschen ihre Erfahrungen mit diesem alle Vorstellungskraft sprengenden Phänomen bekennen und erzählen. Dies sind also mitnichten nüchterne Reportagen über die Ereignisse, sondern Glaubenszeugnisse.

Die unterschiedlichen Vorstellungen und Interpretationskonzepte kann man gut anhand der verschiedenen Texttypen identifizieren: Als älteste Überlieferungen gelten die stereotypen christologischen Formeln, die die Auferstehung vor allem in der neutestamentlichen Briefliteratur bezeugen. Als eingliedriger Satz lautet der Inhalt: Gott hat Jesus von den Toten auferweckt. Die Ostererzählungen der Evangelisten inszenieren und veranschaulichen das, was die Formeln bekenntnishaft und konzentriert benennen. Dabei ist als Basis die Version des Markus (15,42-16,8) anzunehmen. Sie enthält Grablegung, Entdeckung des leeren Grabes durch die Frauen und den deutenden Jüngling. Dies findet sich auch bei Matthäus und Lukas, allerdings variiert. Johannes bietet eine eigene Version. Davon zu unterscheiden sind die Erscheinungserzählungen. Diese finden sich in unterschiedlichsten Versionen in den Evangelien.

Anders als bei der Kreuzigung ist die historische Faktizität der Auferstehung von Anfang an und bis in unsere Zeit umstritten. Der Streit um die Auferstehung durchzieht die gesamte Kirchengeschichte. Inhaltlich geht es um zwei Schwerpunkte. Auferstehung hat einerseits einen christologischen Aspekt. Das meint, dass durch die Auferstehung ein für alle Mal deutlich wird, dass Jesus zu Gott gehört und Gott den Weg Jesu, der der Weg der Liebe zu allen Menschen ist, bestätigt hat. Andererseits hat die Auferstehung einen eschatologischen [= endzeitlichen] Aspekt. In Jesu Auferstehung haben wir ein unübersehbares Signal, dass wir ihm in diese ewige Gottesnähe folgen werden. Seine Auferstehung begründet die Hoffnung auf die allgemeine Totenauferstehung.

Christian Butt (1964), Pädagogischer Studienleiter im Prediger- und Studienseminar der Nordkirche (verändert)*

1. Arbeiten Sie die Anspielungen heraus, die das Bild enthält, und vergleichen Sie Ihr Ergebnis mit 1. Kor 11,23-25.
2. Formulieren Sie die verschiedenen Deutungskonzepte des Todes Jesu in eigenen Worten und benennen Sie diejenigen, die für Sie am ehesten nachvollziehbar sind.
3. Fassen Sie die Aussagen über Auferstehung in wenigen Sätzen zusammen und benennen Sie eine Deutung, die Sie für bedenkenswert halten.
4. Eine Kirchengemeinde plant den Umbau ihres Kirchenraumes und überlegt, ob und wie Tod und Auferstehung Jesu im Raum zum Ausdruck kommen sollen. Man bittet Sie, Gestaltungsvorschläge zu machen und diese zu begründen.

Team-Aufgaben

1. Analysieren Sie mit Hilfe des Internets, welche Meinungen es im Judentum zur Zeit Jesu zum Thema Auferstehung gab.
2. Arbeiten Sie mit Hilfe der Texte in diesem Teilkapitel heraus, wie Glaube und Historizität bei der Frage nach Tod und Auferstehung Jesu zusammenhängen.
3. Nehmen Sie auf einem Placemat Stellung zu einer der beiden Fragen:
   a. „Jesus Christus – für mich gestorben?“
   b. „Jesus Christus – auferstanden am dritten Tage?“
4. Gestalten Sie eine Passionsandacht für Schüler und Schülerinnen Ihres Alters mit Bildern eines Kreuzwegs, passenden biblischen Texten und selbstverfassten Gebeten.
5. In Horrorfilmen wimmelt es von Zombies. Nehmen Sie einen begründeten Standpunkt ein zu der Frage, wie sich diese Untoten zur christlichen Auferstehungshoffnung verhalten.

Warum gibt es Leid?

Mathias Grünewald (ca. 1480-1530): Kreuzigung (Isenheimer Altar, Colmar). Die Personen unter dem Kreuz sind:
- *Johannes der Täufer: Mt 3,1-12; Joh 3,30 (Dieser Vers steht auf Lateinisch über seiner Hand: Illum oportet crescere, me autem minui. (= Jenem gebührt zu wachsen, mir aber kleiner zu werden.)*
- *Maria, die Mutter Jesu: Mt 1,18.20; 2,11; Lk 1,26-38*
- *Maria Magdalena: Lk 8,2f.; Joh 20,11-18*
- *Der Lieblingsjünger: Joh 13,23; 19,26f.; 20,2-10; 21,7.20*

Der leidende Gott (Mt 27,31-56; Joh 19,16b-37) – Oskar und die Dame in Rosa

Oskar hat Leukämie, er hat nur noch kurze Zeit zu leben. Seine einzige Freundin ist die ehemalige Catcherin Oma Rosa. Seine Gespräche mit ihr hält er in Briefen an den lieben Gott fest:

„Wollen wir nicht den lieben Gott besuchen?“

„Ach, haben Sie seine Adresse?“

„Ich glaube, er ist in der Kapelle.“

Die beiden gehen in die in die Kapelle, stehen unter einem großen Kruzifix. Oskars Gedanken richten sich an Gott:

Ich habe natürlich einen Riesenschreck bekommen, als ich Dich dort hängen sah, als ich Dich in diesem Zustand gesehen habe, fast nackt, ganz mager an Deinem Kreuz, überall Wunden, die Stirn voller Blut durch die Dornen, und der Kopf, der Dir nicht mal mehr gerade auf den Schultern saß. – Das hat mich an mich selbst erinnert. Ich war empört. Wär‘ ich der liebe Gott, wie Du, ich hätte mir das nicht gefallen lassen.

„Oma Rosa, im Ernst: Sie als Catcherin, Sie als ehemaliger Superchamp, Sie werden doch so einem nicht vertrauen!“

„Warum nicht, Oskar? Würdest du dich eher einem Gott anvertrauen, wenn du einen Bodybuilder vor dir hättest, mit wohlgeformten Fleischpaketen, prallen Muskeln, eingeölter Haut, kahlgeschoren und im vorteilhaften Tanga?“

„Ähm …“

„Denk nach, Oskar. Wem fühlst du dich näher? Einem Gott, der nichts fühlt, oder einem Gott, der Schmerzen hat?“

„Einem, der Schmerzen hat, natürlich. Aber wenn ich er wäre, wenn ich der liebe Gott wäre, wenn ich so wie er alle Möglichkeiten hätte, würde ich mich um die Schmerzen drücken.“

„Niemand kann sich um Schmerzen drücken. Weder Gott noch du. Weder deine Eltern noch ich.“

„Gut, einverstanden. Aber wozu gibt es überhaupt Schmerzen?“

„Jetzt kommen wir der Sache näher. Es gibt Schmerzen und Schmerzen. Schau dir mal sein Gesicht an. Schau mal ganz genau hin. Sieht er aus, als ob er Schmerzen hätte?“

„Nee. Komisch. Er sieht nicht so aus, als ob ihm etwas weh täte.“

„Eben. Siehst du, Oskar, man muss zwischen zwei Arten von Schmerzen unterscheiden, dem körperlichen und dem seelischen Schmerz. Den seelischen Schmerz hat man sich selbst ausgewählt.“

„Versteh‘ ich nicht.“

„Wenn man dir Nägel in die Hände haut oder in die Füße, dann kannst du nicht verhindern, dass dir das weh tut. Das musst du aushalten. Dagegen muss dir der Gedanke zu sterben nicht weh tun. Du weißt ja nicht, was das bedeutet. Also hängt es ganz allein von dir ab.“

Eric-Emmanuel Schmitt (1960), franz. Schriftsteller*

1. Fassen Sie zusammen, wie Oma Rosa Oskar zu einem Erkenntnisfortschritt verhilft. Beurteilen Sie, ob das eine Lebenshilfe ist.
2. Interpretieren Sie das Bild und recherchieren Sie seine Entstehung sowie die biblische Bezüge zu den einzelnen Personen.
3. Benennen Sie auf dem Bild eine Person Ihrer Wahl und formulieren Sie für sie Worte, die zu ihrer Haltung passen.
4. Ordnen Sie dem Gemälde ein passendes Musikstück zu.

Warum gibt es immer wieder Sündenböcke?

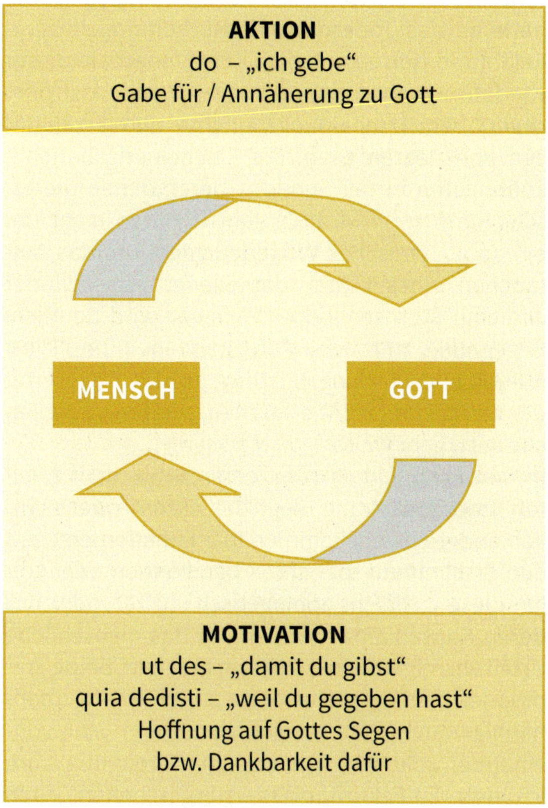

Jesu Tod als Opfer (Hebr 9,26)

René Girard, Religionswissenschaftler und Kulturanthropologe (20. Jh.) behauptet, Menschen machen einander nach. Sobald einer ein Objekt begehrt, weckt er das Begehren des anderen. So entsteht eine Rivalität, und wenn niemand innehält, steigert sie sich bis zum gewaltsamen Exzess. Erst wenn Blut fließt, wenn Opferrauch aufsteigt und Sündenböcke gefunden werden, herrscht für eine Weile Frieden. Der Journalist Thomas Assheuer fasst die Position Girards so zusammen:

Den monotheistischen Religionen wurde bewusst, dass antike Gesellschaften ihre inneren Konflikte auf unbeteiligte Dritte abwälzten. Sie bestraften Unschuldige und Minderheiten oder erfanden Sündenböcke, um ihnen die Schuld an Streit und Aufruhr aufzuhalsen und sie „in die Wüste zu jagen". Erst durch eine mythische Opferhandlung beziehungsweise durch überschießende Rache wurde der Frieden der Gemeinschaft wiederhergestellt. Erst die Bibel macht radikal Schluss mit der Verklärung des Opfers; sie durchschaut die mythische Gewalt und den menschlichen Anteil daran. Die Bibel delegitimiert den archaischen Glauben, wonach es erst der Opferung Unschuldiger bedürfe, um die Eintracht der Gemeinschaft wiederherzustellen.

Damit ist klar, welch grandiose weltgeschichtliche Bedeutung die christliche Passion besitzt: Das Kreuz symbolisiert das Opfer gegen das Opfer. Pilatus liefert Jesus der tobenden Menge aus, um ihren „Tumult" zu beenden, doch alle wissen, dass der Verurteilte unschuldig ist. So bringt sich Jesus selbst zum Opfer, um der Welt die Augen zu öffnen. Seht her, so seid ihr – euer Frieden beruht auf dem Opfer Unschuldiger! Jesus entzieht der mythischen Opferlogik die Grundlage und beendet die Spirale aus Gewalt und Rache und neuer Gewalt. Er weiß, dass man die mimetische [= auf Nachahmung fixierte] Natur des menschlichen Lebens nicht ändern kann; wohl aber könne man seine Energien umlenken. Deshalb sollen Menschen nicht die Gewalt, sondern sie sollen ihn, den machtlosen Messias, nachahmen; wetteifern sollen sie nicht um das Böse, sondern um das Gute.

Thomas Assheuer (1955), deutscher Journalist (leicht verändert), Schaubild nach Ruben Zimmermann (* 1968), ev. Theologe (leicht verändert)*

1. Erklären Sie mit Hilfe des Schaubildes, wie ein Opfer „funktioniert".
2. In der englischen Sprache gibt es zwei Wörter für „Opfer": victim und sacrifice. Prüfen Sie, welcher der beiden Begriffe besser für den Tod Jesu passt.
3. Erläutern Sie, warum nach Girard gemäß Hebr 9,26 die Passion Jesu das „Ende aller Opfer" ist.
4. Gestalten Sie eine Kurzrede (→ **S. 334**), warum es nach dem „Ende des Opfers" immer noch „Opfer ohne Ende" auf dieser Welt gibt.
5. In dem Kirchenlied von Paul Gerhard *O Haupt voll Blut und Wunden* (EG 85) heißt es:
   „Nun, was du, Herr, erduldet, ist alles meine Last;
   ich hab es selbst verschuldet, was du getragen hast."
   Entwerfen Sie Pro- und Kontra-Argumente zu diesem Vers.

Ist Jesus wirklich auferstanden?

Nikolai Nikolajewitsch Ge (1831-1894): Boten der Auferstehung, 1867

Zeugnisse der Auferstehung Jesu: Das Jesus-Video

In dem Roman „Das Jesus-Video" will der Unternehmer Kaun der katholischen Kirche ein Jesus-Video verkaufen, das man bei Ausgrabungen gefunden hat.

[Kaun:] „Ich sagte, dass wir einem historischen Beweis auf der Spur sind, der ein für allemal klarstellen wird, ob Jesus von den Toten auferstanden ist oder nicht. Inwiefern könnte die Kirche dies ignorieren?"

[Kath. Geistlicher:] „Die Auferstehung Christi ist geoffenbarte Glaubenswahrheit. Sie ist unabhängig von wissenschaftlichen Beweisen, die im Grunde immer nur Interpretationen weltlicher Wahrnehmungen sind. [...] Die Wahrheit [...] ist nicht demokratisch. Selbst wenn passieren sollte, was Sie andeuten – ich bin überzeugt, dass es nicht passieren wird –, könnte das für die Heilige Katholische Kirche keine Veranlassung darstellen, etwas anderes zu verkünden als das, was seit zweitausend Jahren Inhalt des Glaubens ist."

Andreas Eschbach (1959), deutscher Schriftsteller*

Auferweckung – der biblische Befund

Die neutestamentlichen Zeugnisse von der Auferweckung Jesu [...] wollen den Gehalt und die Bedeutung einer für die Glaubenden umwerfenden Erfahrung zum Ausdruck bringen. Ostern entgrenzt die Autorität Jesu Christi, dessen Souveränität selbst über das „Reich des Todes" damit erkennbar wird. Exegetisch gesehen, ist zwischen Formeltradition (z.B. Gal 1,1; Röm 10,9), die sehr nahe an das Todesdatum Jesu heranreicht, und Erzähltradition zu unterscheiden. Innerhalb dieser wiederum stehen einander zwei Traditionsströme gegenüber: Erscheinungsberichte und Erzählungen vom leeren Grab. Die Erscheinungsberichte kulminieren in der Sendung derer, denen die Erscheinung zuteilwird. Es geht in ihnen nicht um ein apokalyptisches Wetterleuchten, um das Auftauchen eines Lichts, das wieder verschwindet wie eine Sternschnuppe. Vielmehr wird deutlich: Begegnung mit dem Auferstandenen impliziert Auftrag und Sendung. [...] Die Autorität Jesu ist mit der Kreuzigung nicht erloschen, sondern: „Die Sache Jesu geht weiter" (W. Marxsen). [...]

In den Erzählungen vom leeren Grab, dem zweiten Traditionsstrang, liegt der Akzent offensichtlich anders. Sie bekommen ihre Funktion erst von den Erscheinungsberichten her, können oder sollen diese vielleicht apologetisch stützen oder nur deren Konsequenz an einem für das menschliche Urteil wichtigen Punkt sichtbar machen. Beide Traditionen sind möglicherweise eine Zeit lang unabhängig voneinander umgelaufen. Durch eine voneinander unabhängige doppelte Bezeugung wäre insofern die Faktizität des Ostergeschehens auch im historischen Sinne unterstrichen.

Hans-Martin Barth (1939), Prof. für Systematische Theologie und Religionsphilosophie*

1. Interpretieren Sie das Bild vor dem Hintergrund der biblischen Geschichte (Mt 28,1-15). Gestalten Sie einen inneren Monolog der Figur im Hintergrund.
2. Arbeiten Sie an dem fiktionalen Text von Eschbach heraus, warum sich der Geistliche nicht für das Jesus-Video interessiert.
3. Beziehen Sie Stellung zu der Frage, ob und inwiefern die Historizität der Auferstehung für den Glauben relevant ist.
4. Stellen Sie anhand des Textes von Barth die Vielfalt der neutestamentlichen Auferstehungstraditionen grafisch dar.
5. Vergleichen Sie Barths Befund bezüglich der neutestamentlichen Traditionsstränge bzw. Texttypen mit dem von Butt (S. 135).

Was bedeutet Auferstehung?

Auferstehung als historisches Ereignis (1. Kor 15,3-8)

Mathias Grünewald (ca. 1480-1530): Auferstehung

Theologische Aussagen zur Auferstehung Jesu

1. Auferstehung heißt: Durchbrechung des Todes, Überwindung des Todes.
2. Der Auferstandene lässt die irdische Welt hinter sich. Er kehrt nicht in das Diesseits zurück.
3. Der Auferstehungsleib ist nicht materiell-fleischliche Stofflichkeit, sondern ein geistiger „Körper".
4. Der Auferstandene behält seine personale Identität: er bleibt erkennbar der, der er war (= „leibliche Auferstehung").
5. Der Auferstandene geht in ein neues Leben bei Gott ein („heaven" = Ort Gottes).
6. Das handelnde Subjekt der Auferweckung/Auferstehung ist Gott: Gott ist der, der auferwecken kann.
7. Das neue Leben des Auferstandenen ist mit irdischen Augen nicht erkennbar.
8. Gott hat den Tod besiegt, er hat keine Macht mehr über den Menschen. Auferstehung bedeutet also, an das Leben zu glauben statt an den Tod.

Markus Eisele, kath. Religionspädagoge

Tatsächlich geschehen

Man hat gegen die Möglichkeit der Historizität der Auferstehung Jesu eingewendet, dass die Auferstehung eines Toten auch im Sinne der Ruferweckung zu unvergänglichem Leben ein die Naturgesetze durchbrechendes Geschehen wäre. Deshalb sei Auferstehung als historisches Ereignis unmöglich. Doch es scheint so, dass von den Voraussetzungen heutiger Physik her viel vorsichtiger geurteilt werden muss. Erstens ist immer nur ein Teil der Naturgesetze bekannt. Außerdem ist in einer Welt, die als Ganze einen einmaligen, unumkehrbaren Prozess darstellt, das Einzelgeschehen nie restlos naturgesetzlich determiniert. [...] Weil es sich bei dem Leben des Auferstandenen um die Wirklichkeit einer neuen Schöpfung handelt, darum ist der Auferstandene tatsächlich nicht als ein Gegenstand unter anderen in dieser Welt wahrnehmbar; darum war er nur durch die außerordentliche Erfahrungsweise der Vision und nur in einer symbolischen Sprache zu erfahren und zu bezeichnen. Aber in dieser Weise hat er sich nun doch in dieser unserer Wirklichkeit kundgetan, zu einer ganz bestimmten Zeit, in einer begrenzten Zahl von Ereignissen, gegenüber näher bezeichneten Menschen. Mithin sind diese Ereignisse auch als historische Ereignisse, als zu einer bestimmten damaligen Zeit tatsächlich geschehene Begebenheiten, zu behaupten oder zu bestreiten. Wenn wir auf den Begriff eines historischen Ereignisses hier verzichten würden, dann ließe sich überhaupt nicht mehr behaupten, dass die Auferweckung Jesu bzw. die Erscheinungen des auferweckten Jesus in dieser unserer Welt zu bestimmter Zeit wirklich geschehen sind. [...] Ob vor zweitausend Jahren ein bestimmtes Ereignis stattgefunden hat oder nicht, darüber verschafft nicht etwa der Glaube uns Gewissheit, sondern allein die historische Forschung, soweit überhaupt Gewissheit über derartige Fragen zu gewinnen ist.

Wolfhart Pannenberg (1928-2014), ev. Theologe

1. Ordnen Sie den Aussagen von Eisele Elemente des Bildes von Matthias Grünewald zu und beurteilen Sie das Bild.
2. Erläutern Sie die Sicht von Pannenberg unter Berücksichtigung der Begriffe „symbolisch" und „historisch".
3. Vergleichen Sie Pannenbergs Position mit der des Geistlichen im Roman *Das Jesus-Video* (S. 138).
4. Vergleichen Sie Pannenbergs Position mit der von Weinrich (S. 140).

Was ist von Wunschdenken zu halten?

Matthias Stom (1600-1650): Das Mahl in Emmaus

Auferstehung als überschreitende Verwandlung (Lk 24,13-35; 1. Kor, 15,1-8; Mk 16,1-7)

Der biblische Verstehenshorizont

Nicht das ganze biblische Zeugnis kennt eine Auferstehungshoffnung. In den älteren Traditionsschichten wird selbstverständlich von der Endlichkeit des Lebens ausgegangen. Vor allem in weisheitlichen und apokalyptischen Horizonten rückt die universale eschatologische [= endzeitliche] Gottesherrschaft und damit die Unzerstörbarkeit der Verbindung zu Gott in den Fokus der Frömmigkeit. Das treibende Motiv ist das Festhalten an der Gerechtigkeit Gottes, die durch den Triumph der Feinde in Frage gestellt zu sein scheint. Zur Zeit Jesu hat die Mehrzahl der Juden an ein gottgewirktes Leben nach dem Tod geglaubt. Diese Hoffnung ist die Voraussetzung für die Erkenntnis der Auferstehung Jesu.

Wandlung, nicht Wiederbelebung

Im Blick auf den Wirklichkeitsstatus gilt es zu betonen, dass es nicht um eine Wiederbelebung geht, sondern um eine unsere diesseitigen Verstehenskategorien grundsätzlich überschreitende Verwandlung. Davon können wir nur metaphorisch sprechen, weil unsere Sprache und unser Vorstellungsvermögen der endlichen Welt angehören und somit prinzipiell überfordert sind. Das Neue Testament benutzt unterschiedliche Vorstellungsweisen. [...] Im Horizont der Auferweckung Jesu wird auf ein Leben in der für uns unvorstellbaren Wirklichkeit der Ewigkeit Gottes gehofft, in der alle Verheißungen zu ihrem Ziel kommen. Die charakteristische Betonung der Leiblichkeit der Auferstehung soll die Wahrung der Identität mit dem diesseitigen Menschen vergewissern, ohne aber eine greifbare Vorstellung von der Art und Weise der Leiblichkeit anzubieten.

Glaube und Auferstehung gehören zusammen

Es gibt keinen anderen Zugang zur Auferstehung als den Glauben. Und zugleich scheint es mir theologisch fundamental zu sein, die Auferstehung Jesu nicht auf den Glauben zu beschränken, so als sei es der Glaube, der den Auferstanden lebendig halte oder überhaupt erst lebendig mache. Die Lebendigkeit Jesu hängt nicht von unserem Glauben ab, sondern unser Glaube von der Lebendigkeit Jesu. Nur so kann sie ein tragfähiger Grund für unsere Hoffnung auch gegen unsere Erfahrung sein.

Wirksame Kraft der Hoffnung

Dennoch kommt dem Glauben eine kaum zu überschätzende Bedeutung zu. Seine Erkenntnis der Überlegenheit Gottes über die Macht des Todes bedeutet für uns, die wir noch sterben müssen, eine Kraft der Hoffnung, die schon heute unser Verhältnis zu unserer Welt grundsätzlich verändert. So sehr der Auferstehungsglaube auf unser zeitliches Ende und eben darüber hinaus ausgerichtet ist, so sehr hat er zugleich eine heute wirksame Bedeutung. Der Glaube entnimmt uns dem Letztgültigkeitsanspruch des Todes, dem wir sonst unweigerlich ausgesetzt sind. In diesem Sinne holt der Glaube die Ewigkeit in die Zeit. Es geht um unsere Auferweckung bereits heute. Wenn wir uns zu Ostern an die Auferstehung Jesu und somit an seine gegenwärtige Lebendigkeit erinnern lassen, wird unser Verhältnis zum Leben thematisch. Vielmehr leben wir in einer Endlichkeit, die von der lebendigen Ewigkeit Gottes umschlossen und getragen wird, sodass wir alle darauf setzen dürfen, in dieser Ewigkeit wohl aufgehoben zu werden.

Michael Weinrich (1950),*
ev.-reformierter Theologe

Auferstehung → S. 307, 310

1. Erörtern Sie mithilfe des Textes die Entstehung des Glaubens an ein Leben nach dem Tod.
2. Zeigen Sie Konsequenzen der Auferstehung Jesu für „unsere Auferweckung bereits heute" auf.
3. Vergleichen Sie das Bild mit Lk 24,13-35.
4. Entwerfen Sie einen Gedankenaustausch der beiden Jünger, der zeigt, was sie zum Glauben an die Auferstehung Jesu brachte.
5. Beziehen Sie 1. Kor 15,1-8 und Mk 16,1-7 auf die Deutungen der Auferstehung von Pannenberg (S. 139) und Weinrich.

Was hat die Auferstehung Jesu mit uns zu tun?

Auferstehung und ewiges Leben (Offb 21,1-4)

Heinrich Bedford-Strohm (1960) wuchs in einem evangelischen Pfarrhaus in Bayern auf. Als Theologieprofessor lehrte er Sozialethik an der Universität Bamberg. Seit 2014 ist er Ratsvorsitzender der Evangelischen Kirche in Deutschland (EKD).*

SPIEGEL: Herr Ratsvorsitzender, was genau passiert, wenn ein Mensch stirbt?

Bedford-Strohm: Niemand war tot, ist zurückgekommen und kann uns sagen, wie es eigentlich ist. Wir können uns davon nur Bilder machen. Eines davon steht in der Offenbarung des Johannes: Gott wird abwischen alle Tränen von ihren Augen, und der Tod wird nicht mehr sein, noch Leid, noch Geschrei, noch Schmerz wird mehr sein.

SPIEGEL: Jesus sitzt auf dem Himmelsthron, die Englein schwirren umher, und dann wird gerichtet über die Lebenden und die Toten – glauben Sie das wirklich?

Bedford-Strohm: Das sind doch wunderbare Gemälde der Kunstgeschichte! Was ich aber fest glaube: Am Ende kommt die Wahrheit über unser Leben auf den Tisch, und zwar mit ihren hellen und dunklen Seiten. Wir müssen Rechenschaft ablegen.

SPIEGEL: Und dann werden wir von Gott konkret gefragt: Warum hast du damals den Bettler abgewiesen? Wieso hast du deine Frau verlassen?

Bedford-Strohm: Ich werde dann einsehen, wo ich, vielleicht ohne es zu merken, Unrecht getan habe. Es wird dann ein Gefühl ungeheurer Scham geben. Aber diese Erkenntnis der Wahrheit über mein Leben, durch die muss ich hindurch, bevor ich bei Gott geborgen sein kann. [...]

SPIEGEL: Wie viel hat das ewige Leben mit der diesseitigen Existenz zu tun? [...]

Bedford-Strohm: Wir werden verwandelt werden. Wir können uns jetzt nicht genau vorstellen, wie wir aussehen. Es ist wie beim Samenkorn: Das Alte stirbt, und etwas Neues wächst. So hat es Paulus geschrieben. Das finde ich ein sehr schönes Bild. [...]

SPIEGEL: Was macht Sie eigentlich so sicher, dass Ihre christlichen Ewigkeitsbilder die richtigen sind?

Bedford-Strohm: Weil ich an den Gott glaube, der sich in einem Menschen gezeigt hat, der am Kreuz mit einem Schrei der Verzweiflung gestorben ist. Das ist für mich einmalig und nicht in anderen Religionen zu finden. Deswegen bin ich wirklich von Herzen überzeugt von der Wahrheit der christlichen Tradition. Ich finde es absolut faszinierend, dass dieser Gott nicht da oben irgendwo sitzt und richtet, sondern das Leid, die Verzweiflung am eigenen Leib erfahren hat. [...]

SPIEGEL: Würden Sie den Menschen nicht eher entgegenkommen, wenn Sie das Jenseits mal beiseiteließen? Wenn Sie die Leute einfach nur dabei unterstützten, ein ethisch gutes Leben zu führen?

Bedford-Strohm: Christlicher Glaube lässt sich nie und nimmer auf Ethik reduzieren. Die Gegenwart und das Jenseits Gottes lassen sich nicht auseinanderreißen. Die Art, wie wir hier und jetzt leben, hängt doch mit unserem Glauben ans ewige Leben zusammen. Der Glaube gibt Kraft zum guten Leben, und er gibt Orientierung für das Hier und Jetzt.

Auferstehung → S. 307, 310

1. Fassen Sie zusammen, was „am Ende" der Zeit nach christlicher Überzeugung geschehen wird.
2. Vergleichen Sie die christlichen Jenseitsvorstellungen mit denen anderer Weltreligionen (s. Kap Zukunft → **S. 311–315**).
3. Erläutern Sie anhand des Textes, inwiefern der christliche Glaube an ein Leben nach dem Tod das Leben im Diesseits verändert.
4. Eine Computerfirma investiert viel Geld für die Entwicklung eines Algorithmus, der das Leben verlängern und sogar den Tod besiegen kann. Nehmen Sie Stellung zu diesem Vorhaben (→ **S. 331**).

Jesus im christlichen Bekenntnis

Christologie von unten
Aszendenzchristologie (ascendere = aufsteigen)
Funktionale Christologie: betont Wirken Jesu

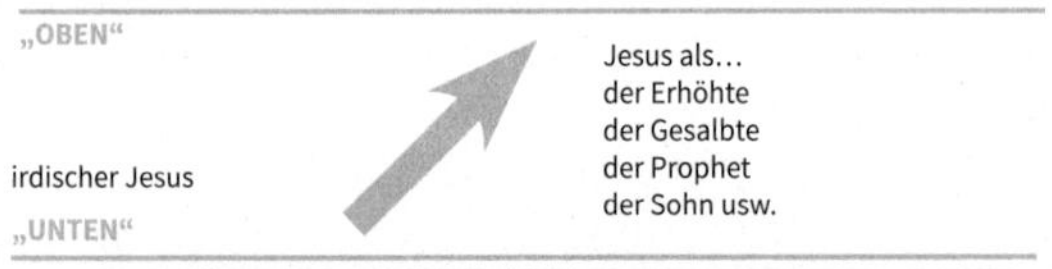

Christologie von oben
Inkarnations- (Inkarnation = Fleischwerdung) oder Deszendenzchristologie
(descendere = herabsteigen) · Ontologische Christologie: betont Wesen Jesu

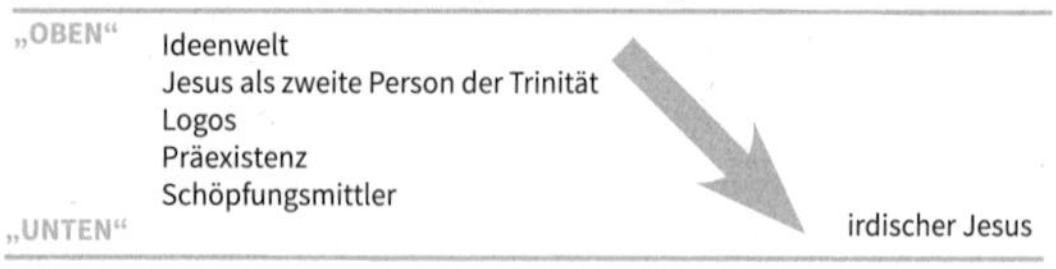

Warum ist Jesus für Christen so wichtig?

Basics

Christologie von unten und von oben (Phil 2; Joh 1; Mt 12; Kol 1)

Christologie, die ansetzt bei Jesus als historischer Gestalt, ohne jedoch bei einer bloßen „Jesulogie" zu verbleiben, versteht sich als Christologie „von unten". Ihr Ausgangs- und Bezugspunkt ist der geschichtlich rekonstruierte und erinnerte Jesus. Sie wird auch als Aszendenzchristologie bezeichnet, insofern sie die Bewegung vom Menschsein Jesu hinauf zu seinem Vater nachvollzieht. Umgekehrt geht die Christologie „von oben" als Deszendenzchristologie aus von Gott, der in die Welt kommt, sich inkarniert und in Jesus Mensch wird.

Bis ins 20. Jahrhundert wurde Christologie „von oben" konzipiert, denn der Glaube an Gott und seine Menschwerdung konnte als selbstverständlich vorausgesetzt werden. Als in der Neuzeit dieser Glaube zunehmend fragwürdiger wurde, sich gleichzeitig die historische Forschung innerhalb der Theologie zunehmend etablierte und die Notwendigkeit bestand, die Aussagen des Glaubens mit den Erkenntnissen der historisch-kritischen Exegese und der historischen Jesusforschung zu vermitteln, erweckte eine solche Christologie den Verdacht, die Bedeutung der Historie und die Erkenntnisse der historisch-kritischen Forschung zu überspringen. Die dadurch ausgelöste Reflexion auf das angemessene methodische Vorgehen führte zu einer Christologie „von unten". Die meisten neueren christologischen Entwürfe entsprechen diesem Ansatz.

Am Beginn steht eine exegetisch-historische Vergewisserung: Die menschliche Geschichte Jesu ist Ausgangspunkt und Maßstab aller christologischen Aussagen; diese müssen sich an ihr ausweisen und an sie rückbinden lassen. Auf dieser Grundlage versteht die Christologie „von unten" Jesu Leben, Handeln und Sterben, seine Geschichte von der Geburt bis zum Tod als Selbstoffenbarung Gottes. Dieser methodische Vorrang bedeutet freilich keineswegs die Preisgabe der Göttlichkeit Jesu, so wenig wie der methodische Vorrang der Christologie von unten im Widerspruch steht zu einer Christologie von oben. Denn theologisch angemessen zu verstehen ist die menschlich-geschichtliche Wirklichkeit Jesu von Nazareth erst im Licht seiner Herkunft von Gott beziehungsweise im Kontext seiner Beziehung zu Gott. In diesem Sinne ist es die bleibende Aufgabe aller Christologie, die Geschichte Jesu, sein Leben, Handeln und Sterben als Tat Gottes und Selbstoffenbarung Gottes zu bedenken und die Gegenwart Gottes in Jesus von Nazareth zu erschließen. Beide Perspektiven sind notwendigerweise aufeinander verwiesen und verhalten sich komplementär.

Sabine Pemsel-Maier (1962), kath. Theologieprofessorin*

Schaubilder nach Hubert Frankenmölle (leicht verändert)

1. Fassen Sie zusammen, was man unter Christologie von oben bzw. von unten versteht.
2. Wenden Sie die Unterscheidung auf die folgenden Bibeltexte an: Phil 2, 6-11; Joh 1,1-5.11-14; Mt 12,15-21; 16,13-16; Kol 1,15-20.
3. Zeigen Sie durch eine „Abstimmung mit den Füßen" auf, welchem Ansatz Sie persönlich näher stehen, und begründen Sie Ihren Standpunkt.

Team-Aufgaben

1. Wenden Sie die Unterscheidung zwischen Aszendenz- und Deszendenzchristologie auf die Texte dieses Teilkapitels an.
2. Untersuchen Sie die christlichen Feste des Kirchenjahres nach ihren Bezügen zum Leben Jesu.
3. Erörtern Sie, welcher der Hoheitstitel (S. 146f.) am besten zu Jesus passt.
4. Sie lernen einen Menschen kennen, der sich für den wiedergekommenen Jesus hält (vgl. S. 145). Setzen Sie sich mit diesem Anspruch auseinander.
5. Gestalten Sie eine Kontroverse (→ **S. 331**) zu der Frage, ob Jesus wirklich „wahrer Gott" ist. Zeigen Sie anschließend die Konsequenzen auf, die sich aus der Beantwortung dieser Frage für den christlichen Glauben ergeben.

Warum feiern wir Weihnachten?

Jesus im apostolischen Glaubensbekenntnis

„... seinen eingeborenen Sohn, unseren Herrn"

Damit ist zunächst die Zahl Eins gemeint im Sinne von ‚Gottes einziger Sohn'. Wie aber an dem aus ‚unicum' entstandenen Lehnwort ‚Unikat' ersichtlich, ist mit dem Wort ‚eingeboren' gleichzeitig eine Qualitätsbezeichnung ausgesprochen: ‚einzigartig', ‚unvergleichlich'. Qualität aber ist nie neutral, sondern enthält immer eine Verhältnisbestimmung und Wertung: Für uns ist jemand oder etwas einzigartig und unverwechselbar. So erweist sich der Text bereits in diesem unscheinbaren Wort als Bekenntnis der Überzeugung: Was immer im Einzelnen von Jesus Christus im Folgenden gesagt werden wird – mit ihm haben die Christen eine einzigartige Erfahrung des Gelingens und des Heils gemacht.

„... geboren von der Jungfrau Maria"

Das Bild von der Jungfrauenschaft Mariens drückt somit letztlich eine Beziehungswirklichkeit aus. Menschen setzen sich zum Lebensmodell Jesu Christi in Beziehung und erkennen: Hier erfahren sie einen alternativen, wirklich revolutionären Lebensstil. In seinem Lebensvollzug und auch in seiner Nachfolge entsteht dann unableitbar Neues. Es eröffnet sich die Tiefendimension des Lebens, die weder aus dem Blut noch aus den Samen eines Mannes abgeleitet werden kann. Wo immer Menschen einerseits nicht die Materie und die Körperlichkeit verachten, aber andererseits sich auch nicht eindimensional nur durch diese verstehen, sondern mit ihr geistvoll umgehen, da können Kinder des Geistes entstehen: ‚Gotteskinder'.

Wolfgang Pauly (1954), kath. Theologe*

Josef Thaddäus Stammel (1695–1765): Weihnachtskrippe (Ausschnitt), vor 1755

Jesus in den Kindheitsgeschichten (Mt 1-2; Lk 1-2)

„Als nun Josef vom Schlaf erwachte, tat er, wie ihm der Engel des Herrn befohlen hatte, und nahm seine Frau zu sich. Und er berührte sie nicht, bis sie einen Sohn gebar; und er gab ihm den Namen Jesus." *Mt 1,24f.*

Zwei der vier Evangelien berichten über die Geburt Jesu: Matthäus und Lukas. Die Erkennungszeichen des Heilbringers sind die Krippe und die Windeln – Armut und kindliche Hilflosigkeit. Jesus wird in Betlehem geboren, der Heimatstadt Davids, aus dessen Nachkommenschaft nach jüdischer Tradition der Messias stammen soll. Matthäus macht von Anfang an deutlich, dass hier von demjenigen die Rede ist, in dem sich die Verheißungen Jahwes an sein auserwähltes Volk Israel erfüllen wird. Lukas stellt die Geburt Jesu in einen größeren, weltgeschichtlichen Horizont: Er erwähnt den römischen Kaiser Augustus, durch dessen Befehl zur Volkszählung auch die Verlobten Josef und Maria veranlasst werden, von ihrem Heimatort Nazareth nach Betlehem zu gehen. Ein genaues Datum für die Geburt Christi lässt sich aus den Evangelien nicht ermitteln. Wenn es stimmt, dass Jesus während der Herrschaft König Herodes des Großen geboren wurde, dann ist er spätestens 4 v.Chr. geboren, da in diesem Jahr Herodes starb. Der Glaube an die Geburt des Gottessohnes in einer Höhle oder einem Stall ist seit der christlichen Antike verbreitet. Man glaubte, den konkreten Ort zu kennen, und ließ in Bethlehem 335 eine Kirche errichten.

Markus Brauer (1963), Redakteur*

1. Geben Sie mit eigenen Worten wieder, was im ersten Text mit dem „eingeborenen Sohn" gemeint ist.
2. Erläutern Sie die Aussage, wonach die Jungfrauengeburt keine biologische, sondern eine „Beziehungswirklichkeit" zum Ausdruck bringt.
3. Benennen Sie die Figuren auf dem Krippenbild und stellen Sie biblische Bezüge her (→ **S. 328**).
4. Arbeiten Sie arbeitsteilig aus der Weihnachtsgeschichte Lk 1-2 und Mt 1-2 Motive heraus, die die Besonderheit und Göttlichkeit Jesu zum Ausdruck bringen.
5. Stellen Sie aufgrund einer Recherche dar, warum man den Geburtstag Jesu am 25. Dezember feiert.

Wie kann ein Gott Mensch sein?

Die Inkarnation Gottes in Jesus (Joh 1,1-14)

Am Anfang: ER. Am Anfang: Das Wort. Und Das Wort war bei Gott. Und was Gott war, war ER.
ER: Am Anfang bei Gott. Durch Das Wort wurde alles. Nichts, was ist, ist ohne IHN, Das Wort. ER: das Leben, ER: das Licht für die Menschen. Das Licht in der Nacht: nicht überwältigt von der Finsternis. [...] ER war das Licht, das jedermann leuchtet. ER war die Welt, die Welt ist durch ihn geworden, aber sie erkannte IHN nicht. [...] ER aber, Das Wort wurde Fleisch: Mensch unter Menschen und wohnte unter uns. Wir sahen IHN in seiner Herrlichkeit, dem Licht des einzigen Sohnes, vom Vater her leuchtend, erfüllt von Gnade und Wahrheit.

Joh 1,1-5.9-10.14 nach der Übersetzung von Walter Jens

Jürgen Kadow (1954): Die nächste Inkarnation, 2016*

„Der Heilige Geist wird über dich kommen, und die Kraft des Höchsten wird dich überschatten", kündigt der Bote der jungen Frau an. Ein Gott werde die Sterbliche schwängern. Der Bote ist der Verkündigungsengel. Und er sagt der Jungfrau Maria die Geburt eines von Gott gezeugten Kindes an: Jesus. Dass ein Götterwesen sich irdischen Freuden hingibt, kommt in den Mythen vieler Religionen vor. Die Herrscher Babylons und Ägyptens waren angeblich göttlichen Ursprungs. Auch bedeutenden Persönlichkeiten der griechischen Antike wurde das nachgesagt. Doch die Ankündigung dieses Boten findet sich in der Bibel, im ersten Kapitel des Lukasevangeliums. Das Paradoxe an der Situation: Gerade die biblische Tradition schließt jede Vermischung von menschlicher und göttlicher Sphäre kategorisch aus. [...]

Dennoch mutet das Neue Testament den Gläubigen eine sehr weitgehende Identifikation von Gott und Jesus zu. Etwa wenn der Evangelist Johannes Jesus mit dem Satz wiedergibt: „Ich und der Vater sind eins." Leider hat sich nach zwei Jahrtausenden beharrlichen Gebrauchs von Bekenntnisformeln wie „aus dem Vater geboren, Gott von Gott, Licht vom Licht" (so im Glaubensbekenntnis von Nizäa, 325 n.Chr.) das Bewusstsein dafür abgeschliffen, wie skandalös und anmaßend solch eine Behauptung für die ersten Hörer klang. Denn auch das betont das Neue Testament: Jesus von Nazareth war kein über die Erde wandelnder Gott, sondern ein Mensch, der wirklich gelebt hat. [...] Modern formuliert: So wie Jesus war der Mensch gedacht, als Gott ihn schuf. [...] Die Lehre von der Menschwerdung Gottes kann man auch so verstehen: Wenn es einen Gott gibt, dann muss er so sein wie dieser Mensch Jesus von Nazareth – annehmend, vergebend, liebend und bis zur völligen Selbstverleugnung sich für andere hingebend. „Wahrlich, dieser Mensch ist Gottes Sohn gewesen", sagte der Hauptmann unterm Kreuz, nachdem er Zeuge geworden war, wie Jesus starb (Mk 15,39). Christen haben Bekenntnisse wie dieses ins Zentrum ihres Glaubens gerückt. Jesus ist nicht nur der Messias, der Christus, der Sohn Gottes. Mehr noch: In Jesus von Nazareth zeigt sich, wie Gott wirklich ist. Insofern ist die Lehre, dass Gott Mensch wird, Krankheit, Verachtung und den Tod auf sich nimmt und mit den Menschen teilt, logischer Rückschluss aus diesem Christusglauben.

Burkhard Weitz (1965), ev. Pfarrer und Journalist*

Gott in Christus → **S. 101**

1. Arbeiten Sie die Bedeutungsnuancen von Joh 1 heraus, indem Sie den Text mit unterschiedlichen Betonungen wiedergeben.
2. Interpretieren Sie das Bild von Kadow und setzen Sie es in Beziehung zu Joh 1.
3. Arbeiten Sie an dem Text heraus, warum die christliche Idee der Menschwerdung Gottes für antike Menschen einerseits „skandalös und anmaßend", andererseits aber auch anziehend war.
4. Entwerfen Sie ein Gedicht (→ S. 327), in dem das Verhältnis von Gott und Jesus zum Ausdruck kommt.

Wovor haben Menschen Angst?

Der kommende Christus als Weltenrichter (Mt 25,31-46)

„Von dort wird er kommen …“

Der Himmel ist derjenige Bereich der Schöpfung, der Gott schon ganz entspricht, weil er von der Herrlichkeit Gottes schon ganz durchdrungen ist. Himmel und Erde, die unsichtbare und die sichtbare Welt, verhalten sich entsprechend zueinander: der Himmel ist die relative Transzendenz der Erde, die Erde ist die relative Immanenz [= Innerweltlichkeit] des Himmels. In diesem Wechselverhältnis zeigen Himmel und Erde, dass die Welt kein selbstgenügsames, geschlossenes Universum ist, sondern eine gottoffene Schöpfung. Kommt Christus vom Himmel her, dann kommt er aus der gottentsprechenden und gottverherrlichenden Seite der Schöpfung und bringt die Gerechtigkeit Gottes und seine Herrlichkeit auf die Erde, damit diese wie der Himmel zur Wohnung Gottes werde. Gott wird herrschen „wie im Himmel so auf Erden“. Was der Menschensohn auf die Erde bringt, hat also sein Vorbild im Himmel. Der gottentsprechende Himmel ist der Vorraum für die ganz von Gott durchdrungene Schöpfung. Kommt Christus vom Himmel auf die Erde, dann versöhnt er endlich auch diese beiden Bereiche der Schöpfung wieder miteinander, so dass es zum fruchtbaren Austausch der himmlischen und der irdischen Energien kommen kann.

„… zu richten die Lebenden und die Toten …“

Ist es vorstellbar, dass der kommende Christus im Endgericht im Widerspruch zu Jesus und seinem Evangelium handeln und nach dem Vergeltungsstrafrecht richten wird? Er würde dann Jesus selbst ins Unrecht setzen und als ein anderer, den Christen Unbekannter und darum von ihnen zu fürchtender Weltenrichter erscheinen. Ein solcher Widerspruch zwischen dem christlichen Glauben und der christlichen Hoffnung wäre unerträglich. Er würde die Konsistenz der christlichen Botschaft zerstören. Leider ist diese Spannung in der christlichen Überlieferung nicht aufgelöst worden: auf der einen Seite steht jenes apokalyptische Christentum [Apokalyptik = Geschichtsdenken, für das der Wende zum Guten eine Katastrophe vorausgeht], das das rettende Evangelium Jesu als ein letztes geschichtliches Angebot Gottes dem endgültigen Vergeltungsstrafrecht im Jüngsten Gericht unterordnet. Auf der anderen Seite steht die christliche Eschatologie, die Jesus in der Gestalt des Weltenrichters sieht und erwartet, dass er endgültig die Rechtlosen ins Recht setzt und die Ungerechten gerecht macht, dass er die Feindschaft, aber nicht die Feinde, für immer ‚tötet‘, sondern diese durch die Kraft seiner Liebe verwandelt, um endlich sein Reich des Friedens ohne Ende aufzurichten. Das Ziel des Gerichtes Jesu ist nicht die allseitige Vergeltung, sondern die Gründung des Friedensreiches auf derjenigen Gerechtigkeit, die alle Feindschaft überwindet. Der Richter richtet dann sozusagen nach Art eines Resozialisierungsstrafrechtes. Das Endgericht ist in jedem Fall nur erst der Anfang der Neuschöpfung aller Dinge und muss in dieser Vorläufigkeit gesehen werden. Es ist kein Ende, sondern ein Anfang.

Jürgen Moltmann (1926), ev. Theologe, Prof. für Systematische Theologie*

Transparente und Plakate evangelikaler Gruppen in San Francisco, Kalifornien

Apokalyptik → S. 302 Jüngstes Gericht → S. 308

1. Formulieren Sie Erklärungen für die Demonstration in San Francisco.
2. Stellen Sie anhand des Textes dar, wie sich die Spannungen zwischen Jesus als strengem Weltenrichter und dem gnädigen, liebenden Jesus auflösen lassen.
3. Vergleichen Sie Mt 25,31-46 mit der Darstellung des Weltenrichters von Moltmann.
4. Entwerfen Sie einen Kommentar (→ S. 331) zu der Demonstration für eine Wochenzeitung in Deutschland.

Wer ist Jesus für mich heute?

Christologische Hoheitstitel: Jesus der Menschensohn, Jesus der Christus

Die Bezeichnungen „Menschensohn" und „Christus" erfassen wichtige Merkmale des Auftretens Jesu. [...] Beide Ausdrücke sind bereits im irdischen Wirken Jesu verankert – „Menschensohn" als Selbstbezeichnung Jesu, „Christus" als eine solche, mit der sein Wirken und Geschick von seinen ersten Anhängern gedeutet wurde. Damit bringen sie den Anspruch, mit dem Jesus aufgetreten ist, in besonders dichter Weise zur Sprache. Der erste Ausdruck zeigt eine „Innenperspektive": Jesus verstand sein Wirken als eines, das die Nähe Gottes durch die Aufrichtung seiner Herrschaft in vorher so nicht dagewesener Weise vermittelt. Um diese Besonderheit auszudrücken, sprach er von sich als dem „Menschensohn": einem Menschen, dessen Besonderheit in seinem von Gott verliehenen Auftrag besteht. Bei der nachösterlichen Aufnahme dieser Bezeichnung [durch seine Jünger] wurde sie durch den Bezug auf das Leiden, Sterben, Auferstehen und die Wiederkehr [...] gegenüber ihrer Verwendung im Frühjudentum verändert: „Menschensohn" bezeichnet nach christlichem Verständnis Jesus als denjenigen, der bereits irdisch im Namen Gottes gewirkt hat, der von Gott auferweckt wurde und der bei der Vollendung der Gottesherrschaft am Ende der Zeit eine Funktion im Gericht übernehmen wird.

Die Bezeichnung „Christus" stellte das Wirken Jesu in den Kontext der frühjüdischen Erwartungen an den Gesalbten. Hierbei handelt es sich deshalb zunächst um eine „Außenperspektive": Jesus wurde mit der Hoffnung konfrontiert, er werde die von dem davidischen Gesalbten erwarteten politisch-militärischen Aktionen durchführen, also im Sinne eines nationalpolitischen Messias wirken. Auch diese Erwartungen wurden angesichts des tatsächlichen Wirkens Jesu – und natürlich durch seinen Tod – modifiziert. Bemerkenswert ist, dass der Gesalbtenausdruck dabei nicht einfach fallengelassen, sondern sogar zum zweiten Namen Jesu wurde. Voraussetzung hierfür war, dass er vom Weg Jesu her eine neue Deutung erfuhr: Jesus als Christus – das bedeutete, sein Wirken im Horizont seines Anspruchs als „Menschensohn" zu verstehen, der auch durch seinen Tod nicht in Frage gestellt wird. Es bedeutete demzufolge auch, dieses Wirken nicht im Sinn der traditionellen jüdischen Erwartungen an den Gesalbten zu interpretieren, sondern in umfassender Weise als Zuwendung des Erbarmens Gottes zu den Menschen – in besonderer Weise zu den Armen, Hilfsbedürftigen und Ausgegrenzten – zu verstehen.

Jens Schröter (1961), ev. Prof. für Exegese und Theologie des Neuen Testaments*

Henri Magritte (1898-1967): Der Menschensohn, 1964

Kyrios

Im Judentum wurde der Gottesname JHWH nicht ausgesprochen, sondern meist durch „der Herr" (hebr. adonai) ersetzt. Das griechische Pendant dieses Wortes ist kyrios und wird im Neuen Testament nun nicht nur auf Gott, sondern auch auf Jesus angewandt. Es findet sich in vorpaulinischen Bekenntnissen wie dem Philipperhymnus (Phil 2) ebenso wie im aramäischen Gebetsruf maranata: „Unser Herr komm!" (1. Kor 16,22). Indem die früheste palästinische Gemeinde vom auferstandenen und erhöhten Jesus als Kyrios spricht, stellt sie ihn mit Gott auf eine Stufe. Sie grenzt sich damit aber auch ab von der Verehrung anderer „Herren" wie beispielsweise des römischen Kaisers.

1. Interpretieren Sie das Bild und stellen Sie Beziehungen zu Jesus als dem Menschensohn her.
2. Erklären Sie, was Schröter mit Innen- bzw. Außenperspektive meint.
3. Stellen Sie am Text die Bedeutungsentwicklung der Titel „Menschensohn" und „Christus" in Frühjudentum und Christentum dar.
4. Setzen Sie den Kyrios-Titel in Beziehung zu den Titeln „Menschensohn" und „Christus".

Was ist paradox?

Die Taufe Christi (Ende 11. Jh.), Mosaik in Daphni, Griechenland

Die Zwei-Naturen-Lehre (Mk 1,9-11)

Die Kirche hatte in den ersten vier Jahrhunderten immer wieder mit Strömungen zu kämpfen, die das spannungsvolle Paradox eines Mensch gewordenen Gottes auf eine Seite hin auflösen wollten. Am Ende fand man einen Kompromiss: die Zwei-Naturen-Lehre.

Die einen wollten Jesus ganz auf die kreatürliche Seite ziehen. Sie gestanden Jesus wohl zu, dass er der edelste aller Menschen gewesen sei. Als das höchste der Geschöpfe wollten sie ihn ansehen. Aber eben nicht als Gott. Das kam gut an, bis man merkte, dass damit zugleich die Erlösung zweifelhaft wurde. War Christus nicht Gott, so kann er uns nicht mehr nützen als irgendein anderer frommer Lehrer auch. So machte man den Versuch, das Geheimnis Jesu zur entgegengesetzten Seite hin aufzulösen, Jesus also ganz der göttlichen Seite zuzuordnen. Da musste man freilich alle menschlichen Wesenszüge Jesu leugnen und alles bestreiten, was nicht zu Gott zu passen schien. So lehrte man dann, Christus habe nur zum Schein einen menschlichen Leib gehabt, er habe auch nur zum Schein Zorn, Trauer, Hunger und Verzweiflung gezeigt – und vor allem habe er am Kreuz nicht wirklich gelitten und sei nicht wirklich gestorben, sondern nur scheinbar. Doch wenn Gott nur zum Schein Mensch geworden ist, stellt das dann nicht unsere Erlösung in Frage? Wenn Gott den Weg vom Himmel bis zur Erde nur halb gegangen wäre, und sich gescheut hätte, den Fuß in unseren irdischen Schlamm zu stellen, dann wäre er nicht wirklich bei uns angekommen, und wir wären immer noch allein in Gottverlassenheit und Schuld. Das alles war jahrhundertelang umstritten, bis sich die Kirche entschloss, die Menschheit und die Gottheit Christi gleichermaßen festzuhalten. [Dies hat sie] in der sogenannten „Zwei-Naturen-Lehre“ dogmatisch festgeschrieben. Christus ist unsere Brücke zu Gott – und wie das bei Brücken so ist: Sie nützen nur, wenn der Brückenbogen, der sich auf einem Flussufer erhebt, auch auf dem anderen Ufer wieder niederführt. Eine halbe Brücke, eine unvollständige Brücke, die in der Mitte des Flusses zu Ende ist, ist nicht zu gebrauchen, weil sie die Ufer nicht verbindet. Und genauso wäre Christus zu nichts zu gebrauchen, wenn er nur Mensch oder nur Gott wäre. Er stünde dann nur auf der Seite der Geschöpfe, oder nur auf der Seite des Schöpfers, er würde aber keine Verbindung herstellen, könnte also auch nicht unsere Brücke zu Gott sein. Wir sind darauf angewiesen, dass an einer Stelle in unserer Welt Himmel und Erde sich verbinden. Darum hat der Glaube vitales Interesse am Geheimnis Christi und freut sich der Einheit von Göttlichem und Menschlichem in seiner Person.

Thomas Gerlach (1965), ev. Theologe (verändert)*

i

Sohn Gottes

Jesus bezeichnet Gott öfter als seinen Vater. Umgekehrt bekennt sich Gott nach der Taufe Jesu zu ihm als seinem Sohn. Dies erinnert an die Einsetzung der atl. Könige in ihr Amt, die als eine Art Adoption inszeniert wurde. Die Sohn-Metapher wird aber oft auch für das Volk Israel verwendet. Auch das wirkt nach im Neuen Testament: Alle Christen sind Kinder Gottes. Für Jesus gilt das freilich in einem ganz besonderen Sinn. Er ist der Sohn Gottes schlechthin. Bei all dem geht es nicht um genealogische Abstammung, sondern um den Ausdruck einer besonderen Nähe. Begründet wird sie durch seine Auferstehung und Erhöhung, aber auch durch seine Begabung mit dem Heiligen Geist.

1. Erörtern Sie die Frage, ob Jesus eher Gott oder eher Mensch ist.
2. Gestalten Sie eine bildliche Darstellung, die die Beziehung Gott, Mensch, Jesus Christus verdeutlicht.
3. Erläutern Sie auf dem Hintergrund von Mk 1,9-11 die Botschaft der einzelnen Bildelemente des Mosaiks.
4. Ihre kleine Schwester fragt Sie: „Ist Jesus jetzt der Sohn Josefs, der Sohn Gottes oder beides?“ Formulieren Sie schriftlich Ihre Antwort zu dieser Frage.

Nicht-christliche Perspektiven auf Jesus

Womit tue ich mich schwer bei Jesus?

Judentum und Islam zum christlichen Glauben an Jesus Christus

Obwohl Judentum und Islam die Christen als „Schriftbesitzer“ anerkennen und damit von anderen Ungläubigen abheben, beschuldigen sie diese, mit ihrer Trinitätslehre Gott eine weitere Macht „beigesellt“ zu haben.

Jerónimo Cósida (1510-1592): Dreieinigkeit, um 1570)

Gott ist ein einziger Gott

Das theologische Problem, um das es im Ansatz geht, formulierte in einem ökumenischen Gespräch der orthodoxe Rabbiner, Marc Stern, wie folgt: „Habt ihr Christen nicht den Glauben an den einen einzigen Gott aufgegeben? Nach dem alttestamentlichen Sch^{e}ma (5. Mose 6,4), dem Grundbekenntnis jüdischen Glaubens, ist Gott ‚ein einziger‘ Gott. Ihr aber glaubt an einen Gott mit drei verschiedenen ‚Personen‘ – Vater, Sohn und Heiliger Geist.“ Darauf antwortete sein Gesprächspartner, der evangelische Theologe, Professor Horst Georg Pöhlmann: „Das ist eine Fehlübersetzung des lateinischen Begriffs ‚persona‘, der nach altkirchlichem Verständnis nicht mit ‚Person‘, sondern mit ‚Besonderheit‘ zu übersetzen ist (Boethius). Mit den drei ‚personae‘ (Prosopa, Hypostaseis) sind nicht drei Personen Gottes, sondern drei Besonderheiten der einen göttlichen Person gemeint wie die drei Äste an einem Baum. Dreieinigkeit Gottes heißt, der eine Gott hat drei Begegnungsweisen als Vater, Sohn und Geist. Er besteht aber nicht aus drei Subjekten oder Göttern. Warum offenbart sich der eine Gott in drei verschiedenen Gestalten? Weil er ein geschichtlicher Gott ist, kein abstrakter Gott.“ Es geht beim Reden über Gott in bibeltheologischen Kategorien nicht um Wesensspekulationen, sondern darum, wie man den geschichtlich wirksamen Gott in unterschiedlichen Lebenssituationen erfahren kann. Zu diesem Verständnis des trinitarisch wirkenden Gottes bemerkt der orthodoxe Rabbiner: „Diese Sicht der Dreieinigkeit Gottes ist mir neu. Ich dachte immer an einen Gott mit drei Köpfen, nicht mit drei Aspekten.“

Hubert Frankemölle (1939), kath. Theologe, Prof. für Neues Testament (verändert)*

Sie haben ihn aber nicht getötet

Aber nein, Gott hat es (das Herz der Israeliten) wegen ihres Unglaubens versiegelt, so dass sie nur wenig glauben, weil sie nicht glaubten, Maria mächtig verleumdeten und sagten: „Wir haben Christus Jesus, den Sohn Marias, Gottes Gesandten, getötet“. Sie haben ihn aber nicht getötet und nicht gekreuzigt, sondern es wurde ihnen der Anschein erweckt. Die über ihn uneins sind, sind über ihn in Zweifel. Sie wissen über ihn nichts, vermuten nur. Sie haben ihn sicher nicht getötet, sondern Gott hat ihn zu sich erhoben. Gott ist mächtig und weise. Es ist niemand unter den Leuten der Schrift, der nicht vor seinem Tod gewiss an ihn glaubt. Am Tag der Auferstehung wird er über sie Zeuge sein.

Koran Sure 4, 155-159

Trinität → S. 116
Islam → S. 114 → S. 262

1. Arbeiten Sie am Text oben heraus, worin sich Judentum und Christentum (nach Rabbiner Marc Stern) unterscheiden.
2. Fassen Sie die Antwort Pöhlmanns zusammen und beurteilen Sie, ob diese für Jüdinnen und Juden nachvollziehbar ist.
3. Interpretieren Sie das Bild und vergleichen Sie es mit der Position Frankemölles.
4. Arbeiten Sie an Sure 4,155-159 sowie an Sure 19,16-33; 5,111-115; 33,7 und 19,88-95 heraus, wie der Koran Jesus sieht.
5. Gestalten Sie ein Gespräch mit muslimischen Jugendlichen zum Thema Jesus und entwerfen Sie vorbereitend einen Fragekatalog.

Was ist ein Avatar?

Jesus neben Ganesha und der Kaaba, Plakat in Madras, Indien

Fernöstliche Perspektiven auf Jesus

Die Hauptperson in dem Roman „Schiffbruch mit Tiger“ (2001) ist Piscine Molitor Patel. Er ist gläubiger Hindu, als er zum ersten Mal in einer Kirche einem Kruzifix begegnet.

Ich wanderte zurück zur Kirche und fasste Mut. Ich ging hinein. [...] Ein Bild hing dort. [...] Ein Menschenopfer offenbar. Ein wütender Gott, den man mit Blut beschwichtigen musste. Frauen, die benommen in den Himmel starrten, wo fette Babys mit winzigen Flügeln flogen. Ein Vogel, der anscheinend etwas Besonderes war. Welcher davon war der Gott? An der Seitenwand des Sanktums [= Heiligtums] hing eine bemalte Holzstatue. Dieselbe Opfergestalt wie auf dem Bild, geschunden, das Blut in kräftigen Farben gemalt. Ich starrte seine Knie an. Sie waren ganz aufgeschlagen. Die hellrote Haut klaffte auf wie Blütenblätter und die Kniescheiben waren rot wie Feuerwehrautos.

Pater Martin [...] behandelte mich wie einen Erwachsenen, und er erzählte mir eine Geschichte. Und was für eine. Das Erste, was mich fesselte, war, dass sie so unglaublich war. Was? Die Menschen sündigen, und Gottes Sohn zahlt die Zeche dafür? [...] Dass ein Gott sich Anfeindungen gefallen ließ, konnte ich verstehen. Auch die Hindugötter haben mit Dieben, Aufsässigen, Erpressern und Thronräubern zu tun. [...] Anfeindungen, gewiss.

Pech, sicher. Verrat, jederzeit. Aber Erniedrigung? Tod? Ich kann mir nicht vorstellen, dass Krishna zugelassen hätte, dass man ihn nackt auszog, ihn geißelte, verspottete, durch die Straßen zerrte und zum Schluss auch noch kreuzigte – und wohlgemerkt Menschen, nichts weiter. Nie hatte ich gehört, dass ein Hindugott gestorben wäre. Das offenbarte Brahman [= der göttliche Urgrund] starb nicht. Teufel und Ungeheuer, die schon, genau wie wir Menschen, zu Tausenden und Millionen sogar – dazu waren sie schließlich da. Auch die Materie war vergänglich. Aber das Göttliche sollte vom Makel des Todes frei sein. Alles andere war unmöglich. Die Weltseele kann nicht sterben, nicht einmal ein einzelner Teil von ihr. Das war nicht richtig von diesem christlichen Gott gewesen, dass Er Seinen Avatar [= Fleisch gewordener Repräsentant] sterben ließ. Und der Tod des Gottessohns muss ja wohl echt gewesen sein. Wenn uns Gott am Kreuz das Leiden nur vorspielt, dann wird aus der Passion Christi eine Christusfarce. Der Sohn muss wirklich gestorben sein. Und Pater Martin versicherte mir, so sei es gewesen. Aber wenn ein Gott einmal tot war, dann haftet der Tod an ihm, selbst wenn er aufersteht. Der Sohn wird den Geschmack des Todes nicht mehr los. Die ganze Dreieinigkeit – man konnte sich vorstellen, wie grässlich es roch zur Rechten Gottes. Nicht nur in der Phantasie. Warum tat Gott Sich so etwas an? Warum überließ Er den Tod nicht den Sterblichen? Warum machte Er das Schöne schmutzig, die Vollkommenheit unvollkommen? Aus Liebe. Das war Pater Martins Antwort.

Yann Martel (1963), kanadischer Schriftsteller*

Trinität → S. 116

1. Erklären Sie mithilfe einer Internetrecherche fremde Begriffe im Text.
2. Arbeiten Sie heraus, was Piscine an dem gekreuzigten Jesus stört und was ihn am Ende zugleich so fasziniert.
3. Erörtern Sie, ob man Jesus als einen „Avatar“ Gottes bezeichnen kann.
4. Interpretieren Sie das Bild und ordnen Sie es verschiedenen Religionstheorien (→ S. 282f.) zu.

Warum glauben so viele an die Wiedergeburt?

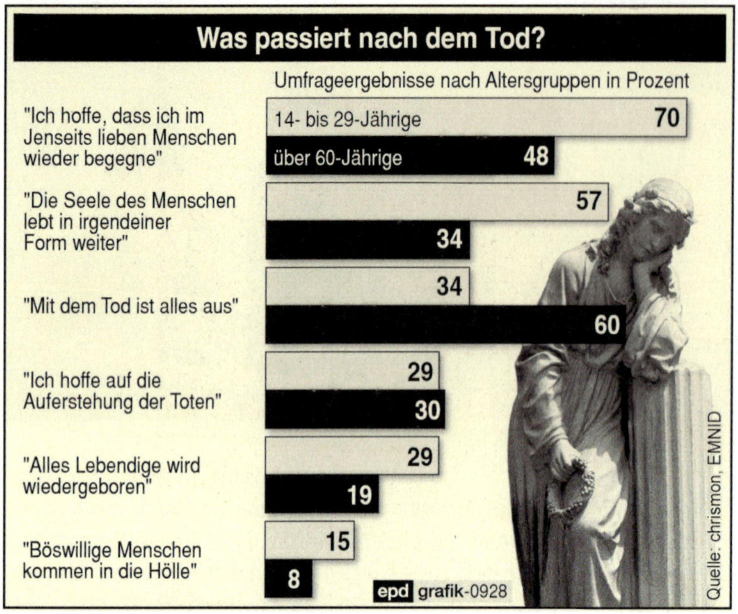

Reinkarnation und Auferstehung

Aus einem Interview mit dem katholischen Dogmatik-Professor Jan-Heiner Tück:

Die Wiedergeburts- oder Reinkarnationslehre und der christliche Auferstehungsglaube sind letztlich unvereinbar. Zwar gehen beide davon aus, dass dieses Leben mit dem Tod nicht zu Ende ist, und widersprechen damit einem blanken Materialismus. Aber sie unterscheiden sich m.E. in drei wesentlichen Punkten.

Zunächst im Menschenbild: Die Wiedergeburtslehre reißt den Menschen auseinander in einen sich durchhaltenden Träger, die Seele, und wechselnde Ausdrucksmedien, die Leiber. Aus christlicher Sicht aber ist es nicht akzeptabel, den Leib zu einer austauschbaren Hülle abzuwerten und damit die einmalige Freiheitsgeschichte einer Person zu einer vorläufigen Etappe im Kreislauf der Wiedergeburten herabzuwürdigen. Der Glaube besteht darauf, dass der Leib als Ausdrucksmedium zur Identität der Person gehört.

Zweitens gibt es im Zeitverständnis Differenzen: Für das lineare Geschichtsverständnis der Bibel sind Einmaligkeit, Befristung und Unwiederbringlichkeit wesentlich. Wie Gott sich zu einem ganz bestimmten Zeitpunkt der Geschichte in Jesus von Nazareth geoffenbart hat, so ist auch jedem Menschen eine bestimmte Frist gegeben, in der er seine Begabungen entfalten kann. Im Hebräerbrief heißt es: „Wie es dem Menschen bestimmt ist, ein einziges Mal zu sterben, worauf dann das Gericht folgt, so wurde auch Christus ein einziges Mal geopfert, um die Sünden vieler hinwegzunehmen“ (Hebr. 9,27f). Die Betonung der Einmaligkeit einer jeden Biographie, die durch den Tod definitiv beendet wird, widerspricht der Wiederholbarkeit, die dem Begriff der „Re“-Inkarnation eingeschrieben ist.

Und drittens besteht ein Unterschied im Erlösungsverständnis: Muss ich mich selbst durch moralische Leistungen verbessern – oder werden mir Heil und Vollendung geschenkt? Die Auffassung, was man in diesem Leben nicht geschafft habe, das könne man im nächsten anders und besser machen, scheint für viele heute attraktiv zu sein. Das Konzept der ethischen Selbstvervollkommnung, das für westliche Spielarten der Reinkarnationslehre kennzeichnend ist, liegt auf der Linie des neuzeitlichen Fortschrittsdenkens. Das Christentum setzt mit dem Glauben an die zuvorkommende Gnade Gottes andere Akzente. Erlösung von Schuld ist nicht das Produkt menschlicher Leistung, sondern göttliche Gabe. Die Gabe anzunehmen und in einer konkreten Existenz Fleisch werden zu lassen, dazu reicht ein Leben aus. Wer sich durch die gnädige Zuwendung Gottes erlösen lässt, ist befreit von dem Zwang, sich selbst erlösen zu müssen.

Erlösung im Hinduismus → S. 314 → S. 78

1. Gestalten Sie in Ihrer Lerngruppe eine Umfrage über die Frage, was nach dem Tod kommt. Vergleichen Sie die Ergebnisse mit dem Befund aus der EMNID-Umfrage.
2. Vergleichen Sie die beiden Begriffe „Auferstehung“ und „Reinkarnation“.
3. Stellen Sie Auferstehung und Reinkarnation grafisch dar.
4. Beurteilen Sie, welche der beiden Glaubensüberzeugungen Ihnen plausibler erscheint.

Check-out

Wiederholen – Zusammenfassen – Sichern

- Setzen Sie sich noch einmal mit den Aufgaben im Check-in auseinander (S. 120f.). Vergleichen Sie Ihre Antworten mit denen, die Sie am Anfang des Kurses gegeben haben. Bzw.: Bearbeiten Sie diese Aufgaben und benennen Sie Ihren Lerngewinn.
- Formulieren Sie den zweiten Glaubensartikel so um, dass er allgemeinverständlich ist und Ihren eigenen Überzeugungen entspricht.
- Benennen Sie fünf zentrale Bilder dieses Kapitels. Kommentieren Sie diese und gestalten Sie eine Vernissage.
- Untersuchen Sie in einem Gespräch mit muslimischen Schülerinnen und Schülern die Bedeutung von Mohammed im Islam. Vergleichen Sie das Ergebnis mit der Bedeutung von Jesus im christlichen Glauben.

Anwenden – Verknüpfen

- Formulieren Sie Leitsätze einer Ethik Jesu und wenden Sie diese auf ein aktuelles Politikfeld (z.B. Klimadebatte (→ **S. 46f.**), Auslandseinsätze der Bundeswehr (→ **S. 217**), Flucht und Migration, Grundrente) an.
- Beurteilen Sie, ob sich die Bergpredigt für politisches Handeln eignet.
- Interpretieren Sie das Filmplakat und stellen Sie Bezüge zum Kapitel her.
- Setzen Sie sich mit einem Jesusfilm Ihrer Wahl auseinander und beziehen Sie dessen Darstellung Jesu auf die Einsichten in diesem Kapitel.

Einschätzung des Lerngewinns und des Lernprozesses

- In einer Ecke des Raumes steht eine Kerze, in einer anderen Ecke des Raumes liegt ein Stein. Beschriften Sie jeweils ein Kärtchen mit einem „Lichtblick" und eines mit einem „Stolperstein" der Unterrichtsreihe und legen Sie es zum jeweiligen Symbol.
- Schätzen Sie auf einer Skala von 1 bis 6 Ihren eigenen Lerngewinn ein und beurteilen Sie, ob sich dieser Gewinn eher auf einer kognitiven oder auf einer spirituellen Ebene vollzogen hat.

Feedback

- Beurteilen Sie, bei welchen Teilen dieser Unterrichtsreihe der Kurs aktiv dabei war und gut mitarbeitete und wo Widerstand und Ablehnung erkennbar war.
- Bewerten Sie in Prozentangaben, inwieweit Sie die Kompetenzen für dieses Kapitel (S. 120) erreicht haben.

Bibel

- ▶ Inhalt und Bedeutung der Bibel
- ▶ Sprachformen der Bibel
- ▶ Wege der Auslegung
- ▶ Bibeltexte transformieren

Johannes schreibt sein Evangelium, russisch-orthodoxe Ikone, 1679

Fra Angelico (1387-1455): Noli me tangere (Berühre mich nicht)

Rembrandt (1606-1669): Mose mit den Tafeln des Gesetzes, 1659

- **Was passiert, wenn ich einen Text lese?**
- **Auf welche Grundfragen des Lebens geht die Bibel ein?**
- **Was ist ein Evangelium?**
- **Was ist eine heilige Schrift?**
- **Wie wahr ist die Bibel?**
- **Was unterscheidet die Bibel vom Koran?**

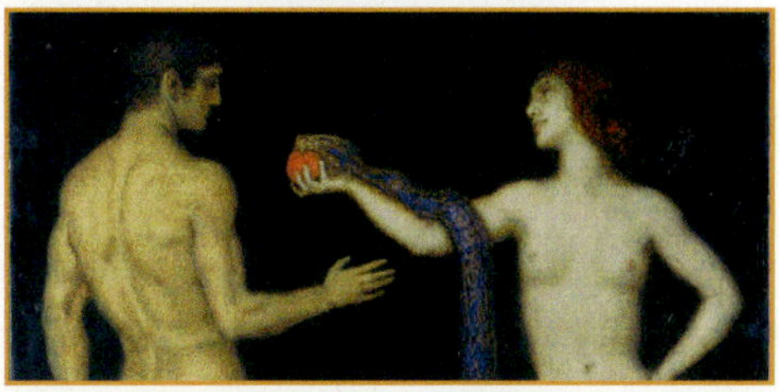

Franz von Stuck (1863-1928): Adam und Eva, nach 1920

Eugen Spiro (1874-1972): Prophet, 1912

Caravaggio (1571-1610): Die Bekehrung des Saulus

Lovis Corinth (1858-1925): Ecce homo, 1925

Check-in

KOMPETENZEN

In diesem Kapitel finden Sie Beiträge zum Erwerb der folgenden **Kompetenzen**. Sie können …

- Inhalt und Bedeutung der Bibel erläutern;
- Sprachformen der Bibel darstellen;
- biblische Texte sachgemäß und methodisch reflektiert auslegen;
- biblische Texte reflektiert transformieren.

Susi Neunmalklug
Ihre kleine Cousine kommt zu Ihnen mit dem Kinderbuch *Susi Neunmalklug erklärt die Evolution*. Darin erzählt Susi von Herrn Hempelmann, einem Religionslehrer, der voller Begeisterung von der biblischen Schöpfungsgeschichte spricht. Er geht die einzelnen Schöpfungstage durch und endet mit den Sätzen: „Ganz am Schluss des sechsten Tages […] erschuf Gott der Herr die allerersten Menschen, Adam und Eva. Er formte sie aus der Erde und hauchte ihnen Leben ein. Am siebten Tag ruhte Gott. Er sah, dass gut war, was er gemacht hatte. Deshalb, liebe Kinder, dankt Gott dem Herrn […]. Alles, was in der Welt ist, kommt von ihm!"
Das Kinderbuch erzählt, dass Susi darauf hellauf gelacht hat. Sie sagt, Herr Hempelmann habe alles falsch verstanden. Und sie erklärt, wie alles sich wirklich abspielte. Erst der Urknall, dann die Ursuppe, dann die Urpflanzen, die Tiere wie die Affen, aus denen sich dann verschiedene Arten der Menschen in Zwischenstufen entwickelt haben.
Ihre Cousine fragt: Wer hat Recht?

Formulieren Sie eine Antwort.

Bibel und Kultur
Die Stiftung „Bibel und Kultur" (www.bibel-und-kultur.de) hat sich vorgenommen, die kulturelle Bedeutung der Bibel öffentlich bewusst zu machen. Die Stiftung plant einen neuen Internetauftritt, der das Anliegen der Stiftung verdeutlichen soll.

Zeigen Sie für Jugendliche an einem Beispiel auf, wie die Bibel unsere gemeinsame Kultur geprägt hat.

Fußball in der Politik
Warum machen die das? Wenn man Politikern zuhört, dann habe ich manchmal den Eindruck, ich sei bei einer Sportsendung. Da sollen die anderen endlich einmal „den Ball flach halten", selber befände man sich „auf Ballhöhe". Wenn einer in seinem Wahlkreis auftritt, hat er ein „Heimspiel", politische Gegner werden schon einmal „ins Abseits gestellt". Wenn es sein muss, will man ihn schon einmal „auflaufen lassen" oder „die rote Karte zeigen". Und wenn er dann einen Fehler macht, dann hat er eben „ein Eigentor geschossen". In Sachen Ökologie läuft jetzt „die letzte Minute", ja eigentlich sind wir sogar schon „in der Nachspielzeit".
Mir geht das auf den Wecker – und wenn ich die Kirchenleute reden höre, dann sind die auch nicht besser. „Ihr seid das Salz der Erde." „Jesus ist das Licht der Welt." Muss das sein?

Benennen Sie Gründe, warum in der alltäglichen, aber auch der religiösen Kommunikation immer wieder Metaphern gebraucht werden.

Multireligiöse Feier
In der Schule wird zum Schuljahresanfang eine multireligiöse Feier geplant. Bei den Vorbereitungen wird überlegt, wie sowohl die Bibel als auch der Koran eingebracht werden können und wie mit den beiden heiligen Schriften umgegangen werden soll.

Entwerfen Sie für die Feier Vorschläge, die beiden Religionen gerecht werden.

Die Bibel – Gottes Wort?
Mit einem provozierenden Artikel wendet sich der Politikberater und Autor Erik Flügge (1986) an evangelische Pastorinnen und Pastoren, aber auch an Evangelische insgesamt. Er sucht den Streit, er sucht die Auseinandersetzung und schreibt:*
„Ich spreche aus, was für die Masse der Christenheit längst innere Normalität geworden ist: Die Bibel ist kein Argument mehr. Die Bibel ist entzaubert.
Ihren Widerstand kenne ich schon. Er ist gut gelernt und schnell gesprochen: „Die Bibel ist das Wort Gottes. Wer nicht an sie glaubt, der ist kein Christ." Erlauben Sie mir dennoch eine Rückfrage: Ist dem wirklich so? Wissen Sie wirklich, dass die Bibel das Wort Gottes ist, oder haben nicht auch Sie längst anderes über die Bibel gelernt? Haben Sie selbst nicht schon hunderte Predigten darüber gehört [...], wie man diesen Text einordnen muss, wer ihn schrieb und aus welchem Interesse heraus, was man hinter den Zeilen verstehen kann, welchen älteren Texten anderer Völker er entlehnt ist und welchen Übertrag man aus der Geschichte heraus machen muss? Die Bibel ist das Wort Gottes. Glauben Sie's?"

Nehmen Sie Stellung zu diesem Artikel.

Klappentext
Da immer mehr Leute auch von Büchern eine knappe Inhaltsbeschreibung möchten, plant die Bibelgesellschaft für eine neue Bibelausgabe auf dem Umschlag eine knappe Inhaltsangabe der Bibel abzudrucken.

Entwerfen Sie einen Vorschlag.

Einfache Sprache
Bei einem deutschlandweiten Radiosender gibt es immer wieder Nachrichten in „leichter" bzw. „einfacher Sprache". Wichtig ist es dabei, eine einfache Sprache im Präsens zu verwenden, ohne Fremdwörter, Metaphern, Redewendungen oder seltene Wörter, ohne Anspielungen, Konjunktive und Nebensätze. Das Wichtige soll stets am Anfang stehen. Zum Verstehen des Textes können zusätzliche Informationen eingefügt werden.
Die Redaktion Religion und Kultur hat sich entschlossen, die morgige Andacht zu Gal 3,26-28 in leichter Sprache zu gestalten.

Entwerfen Sie eine Übersetzung des Bibeltexts in leichter Sprache.

Inhalt und Bedeutung der Bibel

Was erzählt die Bibel?

Das Alte Testament. Die Hebräische Bibel
Die Hebräische Bibel erzählt eine Geschichte. Sie beginnt mit der Erschaffung der Welt und handelt dann von den Vätern und Müttern Israels, von der Entstehung dieses Volkes in Ägypten, der Befreiung aus Unterdrückung und dem Einzug ins versprochene Land, von der Geschichte des Volkes unter Richtern und Richterinnen, Königen und Königinnen bis zum babylonischen Exil, schließlich von den Neuanfängen nach dem Exil unter Esra und Nehemia. Es ist die Geschichte Gottes mit Israel und Israels mit Gott. Zu dieser Geschichte gehört zentral die Mitteilung von Geboten und Weisungen, durch die Leben und Freiheit gestaltet werden können, dazu gehören die Bundesschlüsse, durch die sich Gott auf dieses Volk und das Volk auf Gott verpflichtet. Diese Geschichte Israels ist eingebettet in die mit der Schöpfung beginnende Geschichte Gottes mit der Menschheit, und sie zielt am Ende darauf, dass alle Menschen Israels Gott anerkennen, wie es viele prophetische Texte verheißen. [...]
Entstanden ist diese Sammlung von Schriften über einen langen Zeitraum hinweg. [... D]ie meisten tragen die Spuren eines langen Entstehungsprozesses an sich, in dem prägende Ereignisse der Vergangenheit für die jeweilige Gegenwart immer neu erzählt und interpretiert worden sind. [...] Die meisten Schriften haben ihre endgültige Form in der Zeit vom 4. bis zum 2. Jh. v. Chr. gewonnen. [...] [... W]as es mit Gott auf sich hat, ist [...] entdeckt und immer deutlicher formuliert worden. Besonders deutlich ist das hinsichtlich des Glaubens an die Einheit und Einzigkeit Gottes, wissenschaftlich gesprochen des Monotheismus. Nicht nur gegenüber den polytheistischen Religionen der Umwelt, auch in Israel selbst war, wie archäologische Funde eindeutig zeigen, ein solcher Glaube bis zum Exil ein Minderheitenphänomen, das sich erst schrittweise durchsetzte.

Frank Crüsemann (1938),*
Prof. für Altes Testament

Neues Testament
Die heilige Schrift des entstehenden Christentums war bis zur Mitte des 2. Jh.s n. Chr. ausschließlich der Tenach, die jüdische Bibel. Erst danach werden Texte, die heute im Neuen Testament enthalten sind, ebenfalls als heilige Schrift bezeichnet. Der Ausdruck Neues Testament für eine Sammlung frühchristlicher Schriften begegnet ab der Mitte des 2. Jh.s. Er setzt einen Bedeutungswandel des biblischen Begriffs „neuer Bund“ (Jer 31,31; 1. Kor 11,25) voraus: Dieser bezeichnet nicht mehr die erhoffte Erneuerung der alten Bundesschlüsse mit Israel durch Gott, sondern die Abwertung des „alten“ Bundes und seine Beerbung und Überbietung durch die Kirche und ihre den Alten überlegenen Schriften des Neuen Testaments. [...]
Die meisten dieser Schriften sind zwischen der Mitte des ersten und dem Beginn des 2. Jh.s entstanden. [...] Die Schriften wurden zunächst einzeln verfasst und in den Gemeinden gelesen. Im Laufe der ersten Hälfte des 2. Jh.s entstanden Sammlungen: zunächst der Paulusbriefe, dann der Evangelien. Alle Schriften wurden als Erinnerungen von Aposteln verstanden [...], wobei der Apostolat noch nicht auf zwölf Männer beschränkt ist, sondern einen weiteren Kreis umfasst, der Frauen einschließt. Die Schriften, auch die Evangelien, sind jedoch nicht „Erinnerungen“ in einem heutigen Sinne, vielmehr durchweg Schriften zur Verkündigung der Frohen Botschaft, des euangelion, dass Gott den Märtyrertod des jüdischen Messias Jesus durch dessen Auferstehung zum Beginn der Befreiung der Menschen und der Schöpfung gemacht hat. Diese Verkündigung liegt im Neuen Testament in Gestalt von Erzählungen über Jesu Leben, Sterben und Auferstehung vor (später durch eine Bedeutungsverschiebung des Wortes „Evangelien“ genannt). [...]

Luise Schottroff (1934-2015),
Prof. für Bibelwissenschaft

1. Arbeiten Sie an den beiden Texten Inhalte des Alten und Neuen Testaments heraus.
2. Stellen Sie die Entwicklung der beiden Testamente grafisch dar und ordnen Sie unter Zuhilfenahme des Anhangs einer Bibel weitere Daten ein.
3. Überprüfen Sie, ob die Bezeichnung Altes und Neues Testament eine Abwertung des AT und damit auch des Judentums beinhaltet.
4. Vergleichen Sie aufgrund einer Recherche Inhalt und Entstehung der Bibel mit dem Koran. → S. 262f.

Was macht ein Buch zu einer heiligen Schrift?

Bibel – Schrift – Wort Gottes

Bibel (oder Bibeltexte), Schrift (oder Kanon) und Wort Gottes [...] sind nicht gleichzusetzen, sondern stehen für jeweils verschiedene Problemfelder. So ist Wort Gottes die theologische Metapher für das kreative Veränderungsgeschehen, das allein Gott zu verdanken ist und sich allein durch Gottes Geist als Gottes Wirken verstehen lässt. Schrift ist die theologische Kurzformel für diejenigen Texte, die in der Kirche als Kanon zur kritischen Bestimmung des Evangeliums fungieren. Die Bibel ist die Sammlung der Texte, die in der Kirche als Schrift gebraucht werden. Das erste verweist auf ein Geschehen, das uns grundsätzlich entzogen ist: Gottes Wort schafft die Kirche, indem es Glauben weckt. Das zweite bezeichnet einen Maßstab, an dem sich die Kirche ausrichtet: die Kirche gebraucht die Schrift, um sich an Gottes Wort zu orientieren. Das dritte ist eine Textsammlung, die in keiner Bibliothek fehlen sollte: die Bibel versammelt die Texte, die die Kirche als Schrift gebraucht, zwischen zwei Buchdeckeln.
Dass man es hier mit verschiedenen Dingen zu tun hat, liegt auf der Hand: Die Bibel kann auf dem Bücherregal verstauben, aber sie kann nicht missbraucht werden: es geht um geschriebene bzw. gedruckte Texte. Die Schrift kann missbraucht werden – die Rede von den zwei Testamenten und der darauf gegründete christliche Antijudaismus belegen es erschreckend –, aber sie kann nicht verstauben: es geht um einen bestimmten Gebrauch von Texten, den man falsch vollziehen kann (Missbrauch) oder gar nicht (Versäumnis). Gottes Wort geschieht oder geschieht nicht, aber es lässt sich nicht gebrauchen, nicht schreiben und nicht drucken, sondern man kann nur darum bitten oder dafür danken: Es geht um das Geschehen der Veränderung des Lebens von der Gottesblindheit zur Gottoffenheit, vom Alten zum Neuen, vom Tod zum Leben, vom Nichts zum Sein.

Ingolf U. Dalferth (1948),*
ev. Theologe, Prof. für Syst. Theologie

Dranbleiben lohnt sich

Ich bin fest davon überzeugt, dass die Bibel, dass Gottes Wort Licht in unser Leben bringt. Wenn ich anfange, mich damit zu befassen, fällt etwas von diesem Licht in meine Welt. Ich kann erkennen, wo ich herkomme und wo ich hingehe. Ich entdecke einen Sinn in meinem Leben. Ich bekomme zugesagt, dass Gott mit mir geht und mich hört. Und ich erfahre, was er von mir erwartet – weil er weiß, worauf es im Leben wirklich ankommt. So finde ich Orientierung für mein Leben.
Aber warum teilen scheinbar so wenige diese Erfahrung? Warum haben so viele die Bibel schon mal in der Hand gehabt und frustriert wieder weggelegt? Vermutlich, weil die Auseinandersetzung mit der Bibel nicht immer einfach ist. Doch dranbleiben lohnt sich: Mit der Zeit wird einiges klarer und gibt atemberaubende Ausblicke frei.

Tina Arnold (1976),*
ev. Pfarrerin in Württemberg

i

Der **Kanon** (griech. Richtschnur) bezeichnet die Sammlung der Bücher, die von den christlichen Kirchen als Heilige Schrift anerkannt sind. Sie sind Grund des Glaubens, Inhalt des Gottesdienstes und Norm der Theologie.

1. Entfalten Sie anhand des Textes von Dalferth den Unterschied von Bibel, Schrift und Wort Gottes.
2. Untersuchen Sie an dem Text von Arnold, wie bei ihr die Bibel als Wort Gottes gewirkt hat.
3. Benennen Sie biblische Texte, die „atemberaubende Ausblicke“ (Z. 17) freigeben können.
4. Entwerfen Sie eine Rede der Altarbibel für Menschen, die den Kirchenraum besuchen: „Hallo, ich bin die Bibel und möchte mich Ihnen vorstellen ...“

Wer oder was ist eine Autorität?

Gründe für die Autorität der Bibel

Einmal werden nicht selten die „Schönheit der Bibel“ und ihre hohe literarische Qualität genannt. Und wer die Bibel kennt und sie liest, wird in ihr Texte finden, die außergewöhnlich dicht und zum Teil sehr poetisch sind. Passagen, die einen von Herzen rühren können oder die zu Recht zur Weltliteratur gezählt werden. Zu denken ist im Alten Testament an die Psalmen, an die Erzählung von Ruth, an das Drama um Hiob, auch an die Passagen am Anfang der Bibel. [...] in den Briefen des Paulus finden sich nicht nur kluge Worte, sondern auch faszinierende Passagen – etwa das Hohelied der Liebe in 1. Kor 13. […] Aber es fragt sich bei dieser Argumentation, ob damit die Bibel die oben angeschnittene zentrale Rolle spielen kann? […]

Andere betonen die kulturelle Prägekraft der Bibel. Die europäische Kultur ist bis in viele Verästelungen hinein von den biblischen Erzählungen und Texten geprägt. Das gilt sowohl für die bildende Kunst, die Literatur und auch für die Musik. Michelangelos David gehört zu den großartigsten Skulpturen der Weltgeschichte, und Rembrandts Bilder zu biblischen Szenen prägten Generationen von Menschen. Thomas Manns *Josef und seine Brüder* steht für eine Vielzahl an literarischen Werken, die den biblischen Stoff aufgearbeitet haben – und sowohl Johann Sebastian Bachs Kantaten wie Händels Oratorien erfüllen bis heute Kopf und Herzen vieler Menschen. [… Die] (zum Teil gegen die Kirchen erkämpften) Menschenrechte und die Vorstellungen von einem menschenwürdigen und sozialen Miteinander haben auch biblische Wurzeln. Aber reicht das alles aus, um der Bibel eine heutige Autorität zuzugestehen? […]

Manche betonen auch, dass die Bibel und ihre Texte direkt von Gott inspiriert seien, dass also der eigentliche Autor nicht die menschlichen Verfasser der jeweiligen biblischen Bücher waren, sondern Gott ihnen gleichsam die Worte diktiert hat. Wer davon ausgeht, für den ist die Bibel identisch mit dem Wort Gottes, weil alles in ihr von Gott selber stammt. Die Erforschung der Bibel in den letzten Jahrhunderten hat aber aufgezeigt, dass wir die verschiedenen biblischen Schriften nicht vorschnell harmonisieren dürfen. Denn es gibt Unterschiede – und manchmal auch deutliche Spannungen. So unterscheiden sich manche Angaben – ein Beispiel nur: Judas starb nach dem Matthäusevangelium, indem er sich erhängte, und nach der Apostelgeschichte durch einen Sturz. […]

Ein vierter und häufig geäußerter Grund für die Autorität der Bibel wird darin gesehen, dass auf die Erfahrungen der Autoren hingewiesen wird. Die biblischen Autoren hätten Gotteserfahrungen gemacht, die sie aufgeschrieben und uns weitergegeben haben. […] Diese Auffassung hat den Vorteil, dass sie weder den Wortlaut der Bibel mit Gottes Reden gleichsetzt (so wie im dritten Fall) noch die Bedeutung der Bibel ohne Gottes Reden sehen möchte (so in den ersten beiden Fällen). Aber auch diese Position hat – auch wenn sie häufig vertreten wird – ihre Tücken. Denn entscheidend ist dann nicht das, was in der Bibel geschrieben wurde, sondern das hinter dem Wortlaut der Bibel stehende Erlebnis oder die dahinter stehende Erfahrung, die Menschen gemacht haben. Wenn jemand die Bibel liest, ist dann nicht auf den direkten Inhalt zu achten, sondern immer ist zu fragen, welches Erlebnis oder welche Erfahrung zu diesen Aussagen geführt haben mag. […]

Was macht die Bibel zu diesem besonderen Buch, ja zentralen Buch der Christenheit? […] die Antwort lautet […]: Ihre Autorität liegt begründet in ihrem Inhalt. Weil sie von Gott erzählt, von der guten Nachricht und vom guten Handeln Gottes. Weil sie hinweist auf das Evangelium und das Gesetz Gottes. Weil sie uns nahezubringen versucht, dass es gut für uns ist, ja lebensnotwendig, unser Leben aus der in Jesus Christus erkennbaren Liebe Gottes zu nehmen. […]

Georg Plasger (1961),*
Prof. für Syst. u. Ökumenische Theologie

Gott in Jesus Christus → S. 101 → S. 147
Wahrheit → S. 36f. → S. 202f. → S. 279

1. Fassen Sie die fünf Antworten auf die Frage nach der Autorität der Bibel zusammen und bewerten Sie diese.
2. Beschreiben Sie das Bild auf S. 152 und ordnen Sie es dem Text zu.
3. Erörtern Sie, worin die „Wahrheit“ der Bibel liegen könnte. → S. 36f. → S. 202f. → S. 279

Sprachformen der Bibel

Wie hängen Inhalt und Form zusammen?

Basics

Biblische Sprachformen

Über politische Ereignisse kann man in ganz verschiedenen Formen kommunizieren: in Form einer kurzen Twitter-Nachricht, in einem ausführlichen Bericht, in einer biografischen Erzählung, in einem politischen Kommentar, in einem Interview, aber auch in Form eines Witzes, eines Spottliedes, in einem verfremdenden Märchen o.a. Diese Formen sind in der Regel an bestimmte Kontexte gebunden. So begegnet ein Kommentar in einer Zeitung oder in einem Fernsehmagazin, ein Witz aber in einer Comedy-Show. Immer geht es um denselben Inhalt, doch jedes Mal mit einer anderen Intention. Um die Intentionen zu verstehen, muss man darauf achten, was wie wo mitgeteilt wird. In der Bibel wird von Gott und den Menschen in einer Fülle unterschiedlicher Formen gesprochen. Um die Absicht und damit den Sinn des jeweiligen Inhalts (das Was) richtig zu verstehen, ist es deshalb wichtig, auf die Form (das Wie) und soweit möglich auch auf den Kontext (das Wo) zu achten.

Im Alten Testament begegnen vor allem Erzählungen, zu denen auch Sagen (z.B. die Geschichte von Abraham, Isaak und Jakob), Novellen (z.B. die Josefs-Geschichte), Mythen [S. 160], bis hin zu ganzen Geschichtswerken gehören. Daneben gibt es eine ganze Reihe von Liedern aus dem Bereich des Alltagslebens, der Politik und vor allem des Gottesdienstes (Lob-, Dank-und Klagepsalmen). Weisheitliche Sprüche und Lehrerzählungen (z.B. Rut, Jona) mahnen zu einem weisen Leben. Propheten verwenden Gerichtsworte, Botenworte (So spricht der Herr), aber auch Heilszusagen. Um sich zu legitimieren, erzählen sie Berufungsgeschichten mit Auditionen und Visionen [S. 162]. Einen breiten Raum nehmen Rechtssätze ein. Die einen sind kasuistisch (wenn – dann), die anderen apodiktisch (Du sollst) [S. 161 Tora].

Das Neue Testament besteht zum einen aus Briefen, die aus konkreten Anlässen entstanden und in der Regel auf konkrete Fragen bezogen sind (so vor allem die Paulusbriefe). Sie enthalten in sich weitere Formen wie zum Beispiel Christusbekenntnisse (1. Kor 15,3-5), Lieder (wie Phil 2,6-11). Die Evangelien [S. 165] sind trotz ihrer Verwandtschaft mit hellenistischen Biografien eine genuin christliche Schöpfung). Sie enthalten neben Geschichtserzählungen (Geburt, Taufe, Verklärung Jesu, Passion und Ostergeschichten und darauf folgend die Apostelgeschichte), Wundergeschichten, die erkennbare Muster aufzeigen [→ S. 128], Gleichnisse [S. 164], aber auch Sprüche mit weisheitlicher Färbung, die sog. Logien. Die Bibel schließt mit einer Apokalypse [→ S. 302, 308] mit Visionen und Auditionen in einer geheimnisvollen Symbolsprache, die das Ende der Zeit und den Beginn einer neuen Welt prophezeit. Auch hier sind weitere Formen wie Lieder und Gebete verarbeitet.

Jörg Barthel (1958),*
Prof. für Bibelwissenschaften (verändert)

1. Zeigen Sie auf, was sich ändert, wenn ein politisches Ereignis in Form eines Tweets, eines politischen Kommentars oder als Nachricht in einer Comedy-Sendung kommuniziert wird.
2. Stellen Sie die unterschiedlichen Sprachformen der Bibel in einer Tabelle dar.
3. Analysieren Sie Inhalt und Form des Rufs „Christ ist erstanden“ und gestalten Sie ihn als Erzählung, Bericht oder als Zeugenaussage.

Team-Aufgaben

1. Entwerfen Sie eine Kurzrede (→ S. 334) oder einen Lexikonbeitrag zum Thema „Die Eigenart religiöser Sprache“.
2. Stellen Sie zwei religiöse Sprachformen, die Sie besonders ansprechen, anderen in einer digitalen Präsentation dar.
3. Benennen Sie zu allen Formen der folgenden Seiten ein Beispiel aus der Alltagskommunikation oder der Literatur.
4. Entwerfen Sie ein Plakat zum Thema religiöse Sprachformen.
5. Entwerfen Sie aus religionskritischer Sicht einen Kommentar (→ S. 331) in einer Tageszeitung zur religiösen Sprache.

Warum begeistert Fantasy?

Gandalf der Weiße aus der mythologischen Filmtrilogie „Der Herr der Ringe", hier: „Die Rückkehr des Königs"

Der Mythos und die biblische Schöpfungsgeschichte

Ob der Ur-Feuerball, aus dem sich der Ur-Knall ereignete, ob Wasserstoff-Atome oder was immer naturwissenschaftlich gesehen „am Anfang" war – kein naturwissenschaftliches Welt-Modell will und kann die philosophischen und theologischen Fragen beantworten: Warum gibt es überhaupt etwas und nicht nichts? Was ist der Grund des Anfangs? War es ein guter oder böser Anfang? Ein Unfall oder ein Zufall? Was soll das Ganze? [...] Die biblische Rede von Gott als dem Schöpfer der Welt und dem Schöpfer des Menschen ist ein Nachdenken über diese Fragen. [...]

[D]ie uns überkommenen biblischen Schöpfungstexte sind noch von der Herkunft der Schöpfungstheologie aus dem Mythos geprägt. Viele ihrer Motive und Bilder sind mythisch. Der Mythos als Göttergeschichte ist nicht, wie bisweilen gesagt wird, eine vornaturwissenschaftliche und deshalb heute längst überholte Erklärung der Weltwirklichkeit, sozusagen primitive Naturwissenschaft, die Naturprozesse mit Göttergestalten statt mit Formeln beschreibt. [...] Dem Mythos geht es nicht um rationale Erklärung der Weltphänomene und ihrer Ursachen, sondern er erzählt von den guten Anfängen der Welt im Sinne des Gründens, des Grundgebens, des Grundfesthaltens.

[...] Seine Aufgabe ist [...], die Tiefendimension der gegenwärtigen Erfahrungswelt auszusagen und diejenigen Grundgegebenheiten und Grundbestimmungen freizulegen, die für Welt und Mensch im Ganzen und immer schon gelten. [Dazu] wählt der Mythos die Form der Göttergeschichte, die er als „am Anfang" spielend erzählt, wobei dieser Anfang nicht ein zeitlicher Anfang ist, sondern Anfang im Sinne von exemplarischem und normativem Ur-Geschehen.

Die Zeit des Mythos ist deshalb, streng genommen, eine Zeit jenseits der Zeit der Geschichte: Ur-zeit, die Zeit überhaupt ermöglicht und normiert, Ur-geschichte, die Ursprung und Modell von Geschichte ist. [...] die biblischen Schöpfungsgeschichten reden eigentlich nicht darüber, wie es zu dieser Welt gekommen ist, sondern wie diese Welt „eigentlich" ist, wie der Mensch sie und sich in ihr sehen soll [...].

Erich Zenger (1939-2010), kath. Theologe, Prof. für Altes Testament

Der urchristliche Mythos

Die Verkündigung Jesu enthält in ihrem Kern einen Mythos von der Endzeit als einer für die Welt entscheidenden Zeit, in der sich Gott gegen alle anderen übernatürlichen Mächte, den Saturn und seine Dämonen, durchsetzen wird, und den gegenwärtigen instabilen Zustand des Unheils in einen Zustand des Heils verwandelt. Dieser Mythos ist nichts anderes als konsequenter jüdischer Monotheismus: Gott wird letztendlich der eine und einzige Gott sein, neben dem es keine anderen Mächte geben wird, die seine Herrschaft einschränken – und er wird endlich sein Heil in Israel und in der ganzen Schöpfung verwirklichen.

Gerd Theißen (1943), Prof. für Neues Testament*

Wahrheit des Mythos → S. 36f.
Jesus Christus → S. 122-133

1. Arbeiten Sie heraus, wie Zenger „Mythos" versteht, und beziehen Sie diese Sicht auf *Der Herr der Ringe*.
2. Untersuchen Sie in 1. Mose 2,4b-3,24, auf welche grundlegenden Fragen die mythologische Erzählung von Adam und Eva antwortet.
3. Untersuchen Sie die Funktion des „urchristlichen Mythos" und zeigen Sie mithilfe von Lk 11,20 auf, wie sich dieser im Leben und Wirken Jesu zeigt.
4. An ihren nationalen Feiertagen erzählen sich Nationen ihren Gründungsmythos im Sinne einer Grunderzählung (z.B. Frankreich: Sturm auf die Bastille). Skizzieren Sie die Grunderzählung des demokratischen Deutschland, wie sie am 3. Oktober dargestellt wird.

Wann geht es menschlich zu?

Die Tora – das Gebot

[...] Für den Juden ist die Tora [...] alles andere als ein lastendes Gesetz, sie ist ein Wort der Befreiung, ein Licht in der Dunkelheit. Sie bändigt die Chaosmächte im Menschen, so wie das Wort der Schöpfung das Chaos des Uranfangs bändigte. [...] Worum geht es in der Tora? Es gibt in ihr eine Fülle von Anweisungen, die den Umgang der Menschen mit Gott und miteinander regeln. Man kann sie alle auf den einen gemeinsamen Nenner bringen: Es geht in ihnen um die Wahrung der Menschlichkeit. Der Mensch wird vor dem begehrlichen Zugriff des anderen geschützt, und dieser Schutz gilt besonders dem Schwachen. Der Tagelöhner darf nicht dadurch erpresst werden, dass man seinen Lohn einbehält, bis er am nächsten Morgen wieder zur Stelle ist; Felder und Weinberge sollen nicht völlig abgeerntet werden, damit der Arme und der Fremdling noch etwas dort finden (3. Mose 19,9-13). „Du sollst deinen Nächsten lieben wie dich selbst", ist nicht erst ein Satz des Neuen Testaments, sondern schon der Tora (3. Mose 19,18); und dieses „lieben wie dich selbst" gilt auch dort schon nicht nur für den Volksgenossen, sondern wird auf den Fremdling ausgedehnt (3. Mose 19,34), mit der Begründung: „Ihr seid selbst Fremdlinge gewesen im Lande Ägypten; ich bin JHWH, euer Gott!" Auch zu den anderen Geboten wird als Begründung hier immer wieder das Gleiche gesagt: denn ich bin JHWH. Alle Erfahrungen der Zuwendung, die in diesem Namen liegen, werden beschworen, um diesen Sätzen Gewicht zu verleihen. Die erfahrene Zuwendung Gottes duldet nicht die Abwendung von dem Nächsten.

Ingo Baldermann (1929), ev. Theologe und Religionspädagoge*

Der Dekalog (2. Mose 20,1-17; 5. Mose 5, 6-21)

[...] für beide Dekalogfassungen [ist es] charakteristisch, dass Mose es ist, der sie mitteilt, dass aber zugleich Gott selbst sie mit einer Selbstvorstellung, Erinnerung und Anrede eröffnet. [...] Gott [...] weist sich aus als der, der [die Israeliten] zuvor aus Ägypten, dem Sklavenhaus, geführt hat. Mit dieser Präambel sind entscheidende Vorzeichen gesetzt. [...]

- Die Zehn Worte sind keine allgemeine Weisung für alle Welt, sondern haben ihren originären Platz in der Zwiesprache zwischen Gott und „ganz Israel", de facto also ursprünglich wohl den männlichen kultfähigen Israeliten. [...]
- Bevor Gott Weisungen gibt, hat er den Israeliten bereits Gutes getan: Er hat sie befreit. Es handelt sich also um Regeln, die helfen sollen, mit dem Geschenk der Freiheit umzugehen. [...]
- Gott [...] verlangt im Dekalog keine bestimmte Form des Gottesdienstes. Vielmehr finden sich lediglich vier Kultverbote und dann sechs im menschlichen Zusammenleben zu bewährende Ge- und Verbote, die jeder einzelne (!) Israelit befolgen sollte. Der Dekalog ist kein Kult-, aber auch kein Sozialgesetz, sondern ein Minimalkatalog der Grenzen, deren Überschreitung die bestehende Beziehung zu Gott aufheben würde.

Bernd Schröder (1965), Prof. für ev. Religionspädagogik (leicht verändert)*

Jesus und die Tora

Die Bergpredigt beinhaltet sechs Abschnitte (Mt 5,21-48), in denen Jesus aus dem Gesetz zitiert und diesem seine eigene Regel gegenüberstellt: „Ihr habt gehört, dass gesagt worden ist: Auge für Auge und Zahn um Zahn (vgl. 2. Mose 21,24). Ich aber sage euch: Leistet dem, der euch etwas Böses antut, keinen Widerstand" (Mt 5,38-39). Die Wendung „Ich aber sage euch" wurde auch von den Pharisäern verwendet, und sie besagt nicht, dass Jesus dem Gesetz widersprechen oder es erneuern hätte wollen. Jesus wollte die Tora vielmehr oft bekräftigen, indem er auf die innere moralische Einstellung verwies, die allein die wahre Befolgung des Gesetzes gewährleistet.

Joshua Roy Porter, Prof. für Theologie in Exeter, England

Tora → S. 279
Dekalog → S. 238f., 244
Bergpredigt → S. 130-133

1. Erläutern Sie die Sicht Baldermanns, es gehe in der Tora um „die Wahrung der Menschlichkeit".
2. Untersuchen Sie an 2. Mose 20,1-17 den Aufbau, die Eigenart, die Adressaten und die Intentionen des Dekalogs und überprüfen Sie die „Vorzeichen" nach Schröder.
3. Zeigen Sie an Mt 5,21-48 auf, worum es Jesus im Umgang mit der Tora geht.
4. Entwerfen Sie „Zehn Gebote" oder sechs Gegenüberstellungen für eine menschliche Gesellschaft.

Woran erkennt man einen Propheten oder eine Prophetin?

Greta Thunberg vor der UN am 23.9.2019: „Ihr lasst uns im Stich. Alle kommenden Generationen haben euch im Blick und wenn ihr euch dazu entscheidet, uns im Stich zu lassen, dann entscheide ich mich zu sagen: Wir werden euch das nie vergeben! Wir werden euch das nicht durchgehen lassen!"

Prophetie bei Amos (Am 5,12-17)

12 Denn ich kenne eure Frevel, die so viel sind, und eure Sünden, die so groß sind, wie ihr die Gerechten bedrängt und Bestechungsgeld nehmt und die Armen im Tor unterdrückt. 13 Darum muss der Kluge zu dieser Zeit schweigen; denn es ist eine böse Zeit. 14 Suchet das Gute und nicht das Böse, auf dass ihr lebet und der HERR, der Gott Zebaoth, mit euch sei, wie ihr rühmt. 15 Hasst das Böse und liebt das Gute, richtet das Recht auf im Tor, vielleicht wird der HERR, der Gott Zebaoth, gnädig sein dem Rest Josefs. 16 Darum, so spricht der HERR, der Gott Zebaoth, der Herr: Es wird in allen Gassen Wehklagen sein, und auf allen Straßen wird man sagen: „Weh! Weh!" Und man wird den Ackermann zum Trauern rufen und zum Wehklagen, wer die Totenklage erheben kann. 17 In allen Weinbergen wird Wehklagen sein; denn ich will unter euch dreinfahren, spricht der HERR.

Propheten im Alten und Neuen Testament

Nach biblischem Verständnis ist der Prophet ein Mensch, den Gott berufen hat, sein Sprecher zu sein und in konkreten Situationen mit seines Gottes Botschaften vor einzelne Menschen oder ganz Israel zu treten. Das prophetische Wort kann dabei mahnen, warnen oder trösten, Heil oder Gottes Gericht aussagen. [...]

Die Mehrzahl der Worte der so genannten Schriftpropheten [...] sind Unheilsankündigungen. Diese werden meist durch die so genannte *Botenformel* „So hat JHWH gesprochen" eingeleitet, um deutlich zu machen, dass der Prophet Gottes Wort spricht. Weitere Formen der Unheilsankündigung sind die *Scheltrede* als die Verfehlung offen legende Anklage und das ihr folgende *Droh- oder Gerichtswort* als Ansage kommenden Unheils. Prophetische Verkündigung ergeht meist in kurzen, nach Form, Inhalt und Sinn selbständigen Einzelsprüchen, die klar verständlich sind. [...] Das Wissen um das zukünftige Unheil führt zur genauen Analyse des Bestehenden [...]. Erst wenn das angekündigte Unheil eingetroffen ist, zeigt es sich, ob der Prophet, der die Zukunft voraussah, Recht hatte. Das Eintreffen des angesagten Unheils wird zum Kriterium der Unterscheidung von wahrer und falscher Prophetie [...].

Die nachexilischen Propheten erwarten ein neues Werk Gottes, das die Umwandlung des Menschen einschließt. So verkündet Deuterojesaja den verzweifelten Zeitgenossen eine Zeit des Heils, denn der Frondienst geht zu Ende, die Schuld ist bezahlt [...].

Im AT werden einige Frauen explizit als Prophetinnen bezeichnet: z.B. Mirjam (2. Mose 15,20) und Hulda, eine Zeitgenossin Jeremias (2. Kön 22,14-20) [...]

Den Juden galt Jesus als ein Prophet; er selbst konnte seine Sendung mit der von Elia und Elisa vergleichen. Er war dazu gekommen, das Gesetz und die Propheten zu erfüllen; wie die Tora sind die Propheten für Jesus maßgebende Zeugen für den Willen Gottes [...].

Heinz-Dieter Neef, Otto Betz, Sabine Nägele (leicht verändert)

Greta Thunberg → S. 46 → S. 260f. → S. 320
Amos → S. 243

1. Geben Sie die Worte von Amos mit unterschiedlicher Betonung wieder (z.B. ruhig, gleichgültig, bittend, zornig) und vergleichen Sie die Worte mit dem Foto und der Wutrede von Greta Thunberg.
2. Arbeiten Sie an dem Bibeltext Gliederung, Sprachformen, Kontext sowie Intentionen heraus und erörtern Sie seine Entstehung.
3. Stellen Sie den Lexikontext in einer Mindmap dar und arbeiten Sie an Am 5,12-17 Botenformel, Scheltrede und Gerichtswort heraus.
4. Gestalten Sie eine aktuelle prophetische Rede für heute.

Wie kommt es zu dem Satz „Der Mensch ist ein Wolf“?

Metapher

[Bei einer Metapher (griech. Übertragung, übertragen)] werden Bedeutungsanteile von einem Bildspender auf einen Bildempfänger übertragen. So ist bei der Metapher „der Mensch ist ein Wolf“ die Tierwelt der bildspendende, der Mensch der bildempfangende Bereich. Das Verhältnis zwischen Metapher und Kontext ist durch Spannung [...] geprägt: Zwei Wirklichkeitsbereiche, die eigentlich nicht zusammengehören (hier: Mensch/Tierwelt), werden in eins gesetzt. Sinnvoll wird die an sich unsinnige Verbindung durch den situativen oder literarischen Kontext. [...]

Der Vorzug der Metapher ist es, Erfahrungen zu bündeln und Emotionen wachzurufen. Sie eignen sich daher bestens, um Argumentationen zu unterstützen, indem sie bestimmte Forderungen als Herzensangelegenheit erscheinen lassen: „Metaphern zielen, gerade weil sie unübersetzbar sind, auf die Erfahrung, sie wollen in der Praxis des Lebens angewendet werden.“ [...]

Der rhetorischen Zweckbestimmung korreliert die poetische Sprachkraft der Metapher: Sie ermöglicht eine neue Sicht der Wirklichkeit, indem sie Analogien zwischen vordergründig disparaten Bereichen aufdeckt.

Entscheidend für die Semantik der Metapher ist nicht das Fehlen der Vergleichskopula „wie“, sondern die Unterdrückung des Vergleichs [...]. Im angeführten Beispiel ist nicht eindeutig, was [...] den Menschen mit einem Wolf verbindet; es bleibt eine Leerstelle, die vom Rezipienten auszufüllen ist und Mehrdeutigkeiten eröffnet.

Kurt Erlemann (1958),*
Prof. für Neues Testament und Alte Kirche

Metaphorische Christologie im Johannesevangelium

Das Johannesevangelium zeigt eine ganze Fülle von Christusbildern. [...] Zunächst wird Jesus durch soziale bzw. funktionale Rollen näher qualifiziert. Neben Personen aus der sozialen Hausgemeinschaft wie Sohn, Bräutigam, Sklave und eventuell sogar Gärtner begegnen Berufe wie Hirte, Richter, Lehrer oder Ämter wie König, Rabbi, Prophet; auch die Gesandtenmetaphorik wird man diesem Bereich zuordnen dürfen. Daneben wird Jesus durch Bilder aus dem konkreten Leben bezeichnet: Hier dominieren Bilder aus dem ländlichen Bereich wie Lamm, Weizenkorn, Brot, Wasser, Weinstock, neben den Bildern Fleisch, Tür, Tempel oder Schlange. Bei den Bildern vom Weg, Licht oder Leben werden menschliche Grundsymbole verwendet, die bereits das konkrete Leben überschreiten, bevor schließlich Abstrakta wie Auferstehung, Wahrheit und Logos [...] mit Jesus verbunden werden.

[...] Die eindeutigste Metaphorisierung liegt dann vor, wenn Jesus und ein konkreter Gegenstand(sbereich) oder ein Abstraktum syntaktisch zusammengezwungen werden, am klarsten etwa in den „Ich-bin-Worten“ wie zum Beispiel „Ich bin die Tür“ (Joh 10,7). Ein Mensch ist keine Tür, sodass hier [...] der Sinn auf einer höheren Ebene gesucht werden muss.

Ruben Zimmermann (1968),*
Prof. für Neues Testament in Mainz

Digitale Welt

Ich-bin-Worte, Gott in Jesus Christus → S. 101 → S. 147

1. Analysieren Sie mithilfe des Textes von Erlemann Eigenart und Zweck der Metapher „Der Mensch ist ein Wolf“.
2. Wenden Sie die Einsichten von Erlemann auf Ihnen bekannte Metaphern an (vgl. Fußball S. 154).
3. Benennen Sie in dem Text von Zimmermann eine Metapher für Jesus, die für Sie am besten zu Jesus passt.
4. Erläutern Sie die Ich-bin-Worte Jesu: „Ich bin das Brot des Lebens“, (Joh 6,48) „Ich bin die Tür“ (Joh 10, 9) und „Ich bin der Weg, die Wahrheit und das Leben“ (Joh 14,6)
5. Entwerfen Sie ausgehend von dem Bild eine Metapher für Jesus aus dem Bereich der Digitalisierung.

Wie ist das Himmelreich?

Angelika Kauffmann (1741-1807): David und Nathan, 1797

Gleichnisse Jesu – Erkenntnisse der Gleichnisforschung

• Jesus war ein Gleichniserzähler par excellence. Er sprach bildhaft in Gleichnissen von Gott und steht dabei in einer breiten jüdischen Tradition. Von ihm sind 41 Gleichnisse überliefert. Auch wenn sie nicht unbedingt dem Wortlaut entsprechen dürften, in dem Jesus gesprochen hat, so geben sie doch die Erinnerung an Jesus als Gleichniserzähler wieder.

• Die Gleichnisse Jesu haben die rhetorische Funktion, Zuhörer in einem bestimmten Kontext durch eine bewegende Erzählung für ein neues Selbst- und Weltverständnis zu gewinnen.

• Gleichnisse sprechen mit Bildern der Welt von Gott und Gottes Reich. Sie handeln vom Irdischen, was wir kennen, und weisen damit auf das Göttliche, das wir nicht kennen. Da Menschen nur annäherungsweise und vergleichend von Gott sprechen können, sind Gleichnisse die einzig angemessene Rede von Gott. Sie setzen die menschliche und göttliche Welt miteinander in Beziehung. Gleichnisse sind deshalb als metaphorische Erzählungen zu bezeichnen.

• Indem Gleichnisse Gott und sein Reich zu verstehen geben, entwerfen sie eine Gegenwelt, die das vorhandene Selbst- und Weltverständnis kritisch in Frage stellt. Es geht um Lebenswahrheiten.

• Gleichnisse setzen einen Kommunikationsprozess in Gang, in dem um das rechte Verstehen eines Gleichnisses gemeinsam gerungen wird.

• Gleichnisse sind Rätselworte. Sie sind nicht eindeutig, sondern mehrdeutig. Sie laden durch das Entwerfen einer eigenen Welt Lesende ein, sich auf einen Prozess des Verstehens einzulassen.

Ruben Zimmermann (1968),*
Prof. für Neues Testament (verändert)

Jesus erzählt dem Schriftgelehrten ein Gleichnis (Lk 10,25-37)

Die kognitiven Bemühungen des Gesetzeslehrers gehen offenbar am tiefen Sinn der Weisung vorbei. Weder seine Kenntnis um das Doppelgebot der Liebe, noch sein [...] Rückfragen, wer denn nun als „Nächster" im Sinne des Liebesgebots (3. Mose 19,18) gemeint sei, führen zu konkreten, tätigen Liebesdiensten. Auf der Ebene abstrakter Reflexionen und Prinzipiendiskussionen wird man dem Geheimnis der Liebe nicht näher kommen. [...] Entscheidend ist [...] das Berührtwerden, also eine innere Anteilnahme, die im griechischen Text mit dem plastischen Verb „an die Eingeweide rühren", zum Ausdruck gebracht wird. [...] Das Leid des anderen wird nicht nur reflektiert, sondern es rührt an das Innerste, wird ganzheitlich erfahren, erlitten, ist „Mit-leid" im wahrsten Sinne des Wortes. In dieser Weise wird das Mitleiden-Können schließlich auch zum entscheidenden Schlüssel im Verständnis des Nächsten: Die Ausgangsfrage des Gesetzeslehrers, wer nun der Nächste sein könnte, wird in Jesu Gegenfrage geradezu auf den Kopf gestellt: Was meinst du, wer von diesen dreien zum Nächsten dessen geworden ist, der unter die Räuber gefallen war? Die Kategorie des „Nächsten" erschließt sich nicht über eine Bestimmung des „Nächsten" als Objekt meiner Liebesbemühungen, sondern nur indem ich durch mein Mit-leiden (engl. compassion) selbst zum Nächsten als Subjekt der Liebe werde. Im Gleichnis wird die Fähigkeit zum Mitleiden insofern zur Voraussetzung der tätigen Nächstenliebe.

Mirjam Zimmermann (1970),*
Prof. für Religionspädagogik;
Ruben Zimmermann (s.o.)

Gleichnisse → S. 129
Ethik des Sich-Berühren-Lassens → S. 241

1. Geben Sie das Gespräch in Lk 10,25-37 auf verschiedene Weise wieder (→ S. 327).
2. Setzen Sie die Erkenntnisse der Gleichnisforschung in Beziehung zu Lk 10,25-37 sowie zu Mt 20,1-15.
3. Arbeiten Sie an Lk 10,25-37 heraus, welche kommunikative Strategie Jesus verfolgt, und vergleichen Sie Ihre Einsichten mit dem zweiten Text.
4. Vergleichen Sie Jesus mit dem Propheten Nathan in 2. Sam 12 und ordnen Sie das Bild zu.
5. Entwerfen Sie ein eigenes Gleichnis „Das Reich Gottes ist wie ..."

Was sind wirklich gute Nachrichten?

Das Evangelium und die Evangelien

Das griechische Wort to euangelion bedeutet ursprünglich „Lohn für die Überbringung guter Botschaft“ bzw. die „gute Botschaft“ selbst [z.B. für den Geburtstag oder die Thronbesteigung des Kaisers]. Es bezeichnet also keine literarische Gattung. Dieser Sprachgebrauch findet sich auch im Neuen Testament, denn „Evangelium“ bedeutet hier „die (mündliche) Heilsbotschaft“. Der wichtigste Zeuge dafür ist Paulus. Bei ihm begegnen die Wendungen Evangelium Gottes; (z.B. Röm 1,1), die den Ursprung und die Autorität des Evangeliums betont, und Evangelium von Christus (z.B. 1. Thess 3,2), die eher den Inhalt der Heilsbotschaft in den Vordergrund stellt.

Im Markusevangelium beginnt ein Bedeutungswandel des Wortes. [In] Mk 1,14f. bezeichnet „Evangelium“ die Verkündigung Jesu. Indem er den traditionellen Begriff so füllt, gelingt es dem Verfasser, die Reich-Gottes-Verkündigung Jesu und die Verkündigung von Jesus dem Christus miteinander zu verbinden [...]. Inhalt des „Evangeliums“ sind nun auch die im Markusevangelium berichteten Jesusgeschichten [...]. Diese Akzentverschiebung gegenüber der Tradition dürfte in Kombination mit der Überschrift Mk 1,1 zu dem Gebrauch von „Evangelium“ als Bezeichnung der literarischen Gattung geführt haben. Noch die im 2. Jh. entstandenen Evangelienüberschriften zeigen, dass die ursprüngliche Wortbedeutung bewusst geblieben war. Ihre korrekte Übersetzung lautet nämlich: „Evangelium nach Matthäus“ usw.

Als literaturtheoretischer Begriff bezeichnet „Evangelium“ eine literarische Gattung, die biographische Elemente (Beginn mit Taufe / Geburt Jesu; Ende mit Kreuzigung / Auferstehung; Stationen der Wirksamkeit Jesu) mit der Überlieferung und Deutung der Botschaft Jesu verbindet. In ihr werden weitgehend die Stilmittel der antiken Biographie genutzt (dreigliedrige Gesamtform [Vorbereitung des öffentlichen Auftretens, öffentliches Auftreten, Tod], [...], Interesse an der verborgenen Identität eines exemplarischen Lebens, erzählerische Vergegenwärtigung der Hauptfigur mit dem Ziel der Bereicherung des Lebens der Leser) [...]. Die Evangelisten sind – Lukas bildet hier [...] eine gewisse Ausnahme – nicht an einer chronologisch exakten Biographie Jesu interessiert. Sie wollen Verkündigung sein, bieten also ein Ineinander von erzählendem Text und verkündigender Anrede an die Gemeinde. Ihnen geht es um die Bedeutung Jesu Christi und seiner Botschaft für die Gemeinde(n), für die sie schreiben.

Klaus-Michael Bull (1963), ev. Theologe*

Das Evangelium in den Evangelien

Durch sein zeichenhaftes Leben, Handeln und Reden suchte [Jesus] seinen Hörern die anbrechende Gottesherrschaft in der Gegenwart zu erschließen, verständlich zu machen und nahezubringen; Gottes Herrschaft ist im Kommen. Sie kommt hier und jetzt, nicht in ferner Zukunft, irgendwann und irgendwo. Sie kommt als barmherzige, befreiende, schöpferische Liebe, die nichts so lässt, wie es ist, sondern alles neu macht.

Ingolf U. Dalferth (1948),*
Prof. für Syst. Theologie

Biblische Quellen zu Jesus → S. 124
Gottesherrschaft → S. 127

1. Beschreiben Sie das Bild und formulieren Sie die „frohe Botschaft“.
2. Untersuchen Sie an 1. Kor 15,1-5 und an Mk 1,1, wie jeweils der Begriff „Evangelium“ zu verstehen ist.
3. Fassen Sie den Text von Bull zusammen und vergleichen Sie das Ergebnis mit Ihren Einsichten zu 1. Kor 15 und Mk 1.
4. Arbeiten Sie mithilfe des Textes von Dalferth an Mk 2,1-12 das „Evangelium in den Evangelien“ heraus.
5. Gestalten Sie ein Plakat zum Thema „Das Evangelium von Jesus Christus“.

Wege der Auslegung

Worin unterscheiden sich Erklären und Verstehen?

Eugène Delacroix (1798-1863): Christus auf dem See Genezareth, 1853

Basics

Geschichte der Bibelauslegung

Antike

Schon in der Antike bildeten sich unterschiedliche Ansätze der Bibelauslegung heraus. Während die einen sich ganz am Wortsinn orientierten, suchten die anderen nach einem verborgenen, tieferen Sinn, der zur Hauptaussage gemacht wurde (allegorische Schriftauslegung). Andere begriffen das Glaubensbekenntnis als Resultat und Maßstab der Bibelauslegung. Wieder andere suchten nach Entsprechungen zwischen alttestamentlichen Ereignissen und Personen und ihrer Erfüllung in Jesus Christus (typologische Bibelauslegung).

Mittelalter

Unter Aufnahme der allegorischen Bibelauslegung entwickelt sich eine mehrfache Schriftauslegung, die zur sog. „vierfachen Schriftauslegung" ausgebaut und bis ins Mittelalter als verbindliche Methode der Bibelauslegung angesehen wurde. Danach kann man jedem Bibeltext einen „wörtlichen" und einen „geistlichen" Sinn entnehmen, wobei letzterer dreifach zu bestimmen ist. Der Merkvers lautet:
„Der wörtliche Sinn lehrt, was geschehen;
was man glauben soll, stiftet die Allegorie;
der moralische Sinn, was zu tun ist;
was man hoffen soll, die Anagogie".
So bedeutet Jerusalem historisch die Stadt der Juden, allegorisch die Kirche, tropologisch die menschliche Seele und anagogisch die himmlische Gottesstadt.
Auf diese Weise sollten Aussagen der Bibel in Übereinstimmung mit der kirchlichen Glaubensregel in vielfältiger Weise auf die aktuelle Situation der Kirche und des Einzelnen bezogen werden können.

Reformation

Die Reformation entdeckte die Bibel neu und verstand Theologie als Schriftauslegung. Theologie will sich danach richten, was die Bibel selber sagt. Luther, Calvin und die anderen Reformatoren konzentrierten sich deshalb auf den Wortsinn biblischer Texte, was die Kenntnis der Ursprachen und eine sorgfältige Bibelübersetzung nötig machte („allein die Schrift"). Um die Bibel jedoch recht verstehen zu können, muss man sie vom „Evangelium von Jesus Christus" her und auf dieses hin auslegen („allein Christus"). Die „Mitte der Schrift" ist danach die Rechtfertigung des Sünders aufgrund der Gnade Gottes („allein die Gnade"). Damit jedoch das Verständnis der Bibel zur inneren Gewissheit werden kann, braucht es letztlich des Wirkens des Heiligen Geistes. Erst dieser schafft den Glauben, der dem gnädigen Gott entspricht („allein der Glaube").

Aufklärung

Diese Orientierung an dem wörtlich-historischen Sinn der Schrift verbindet sich in der Aufklärung mit dem Anspruch der Vernunft auf kritische Beurteilung und Erforschung der Bibel ohne Rücksicht auf kirchliche oder dogmatische Interessen. Man sollte die biblischen Texte allein philologisch und historisch erforschen und entwickelte vor allem im 19. und 20. Jahrhundert die sog. „historisch-kritische Exegese". Sie sollte den ursprünglichen Wortlaut eines biblischen Textes feststellen, die Entstehung des Textes herausarbeiten, die sprachliche Form und ihren Ort im Leben sowie die aus der religiösen Umwelt eingeflossenen Vorstellungsmuster, Symbole und Motive bestimmen und schließlich den Eigenanteil der Redaktoren erfassen. All das ist darauf ausgerichtet, den ursprünglichen Sinn biblischer Texte und ihre theologische Aussage zu erfassen.

Die Gegenwart

Die historisch-kritische Exegese gehört heute zum wissenschaftlichen Standard und hat eine vielfältige methodische Verfeinerung erfahren. Gleichzeitig wuchs aber auch das Unbehagen an ihr. Sie sei ganz auf den historischen Textsinn ausgerichtet und blende die Gegenwartsbedeutung der Bibel ab. Die fortschreitende Differenzierung würde zudem verwirren. Im Gegenzug suchte man nach Zugängen und Methoden der Bibelauslegung, die den Graben zwischen dem historischen Sinn der Bibel und ihrer Bedeutung für die gegenwärtige Situation zu überbrücken versprechen. Man wollte sich nicht primär an den Vorstufen und Quellen des Textes, sondern an seiner vorliegenden Gestalt orientieren.

Aktuell besteht eine Pluralität von Auslegungsmethoden, die unterschiedliche Schwerpunkte haben. Die einen orientieren sich an den Autoren und ihren Welten, so vor allem die historisch-kritische Bibelauslegung. Andere wie z.B. die kanonische und die narrative Bibelauslegung orientieren sich an den Texten und den in ihnen entworfenen Welten. Wieder andere orientieren sich besonders an den Lesern und ihren Welten und achten darauf, wie bei ihnen der biblische Text „ankommt". Dazu gehören die feministische, die befreiungstheologische, die tiefenpsychologische und die dekonstruktive Bibelauslegung. Schließlich gibt es Auslegungsansätze, die sich ganz an der Sache orientieren wollen. Dazu kann die fundamentalistische Bibelauslegung gerechnet werden.

Es kann davon ausgegangen werden, dass diese Methoden ein relatives Recht haben und sich gegenseitig ergänzen können.

Jörg Barthel (1958),*
ev. Prof. für Bibelwissenschaft (verändert)

Instanzen beim Verstehen

Am Verstehensprozess beteiligt sind der Text, dessen Autor/-in sowie diejenigen, die lesen. Was ein Autor bei Abfassung eines Textes beabsichtigt, kann sich erheblich von dem unterschieden, was eine Leserin ausgehend von ihrem Vorverständnis in diesem Text findet. Dass man auch für den Text selbst von einer eigenen Intention sprechen kann, hängt mit der Schriftlichkeit des Textes zusammen. Wenn nämlich ein Autor seine Gedanken verschriftlicht [...], kann dies Menschen in ganz anderen Situationen ansprechen und dabei Nuancen gewinnen, die ursprünglich gar nicht mit ihnen verbunden waren. Der Text kann eine eigene Wirkung gewinnen [...]. Vor diesem Hintergrund kann man nicht nur Autor, Text und Leser unterscheiden, sondern auch die intentio auctoris (die Absichten des Autors), die intentio operis (die Intention des Textes) und die intentio lectoris (der Verstehensprozess des Lesers). Zwischen diesen Instanzen spielt sich das Verstehen ab.

Peter Müller (1950)*
Prof. für ev. Theologie/Religionspädagogik

Entmythologisierung Für den Neutestamentler Rudolf Bultmann (1884-1976) sind die mythologischen Züge des ntl. Weltbildes mit Himmel und Unterwelt, mit Engeln und Dämonen für das aufgeklärt-naturwissenschaftliche Denken nicht mehr akzeptabel. Deshalb sind die biblischen Texte zu „entmythologisieren", indem man in einer „existenzialen Interpretation" darauf schaut, welches Selbst- und Weltverständnis sich darin ausspricht und was dieses für das eigene Leben bedeutet.

1. Entfalten Sie, was bei einer Auslegung eines Bibeltextes geschieht, und vergleichen Sie Ihre Einsichten mit dem „hermeneutischen Zirkel" (→ **S. 33**) und der Entmythologisierung.
2. Erläutern Sie anhand des ersten Textes die Begriffe allegorische, typologische und vierfache Schriftauslegung, historisch-kritische Exegese sowie „Mitte der Schrift".
3. Wenden Sie die vierfache Schriftauslegung auf Mt 8,23-27 (Stillung des Sturmes) an und vergleichen Sie Ihre Einsichten mit dem Bild hier und → **S. 128**.
4. Stellen Sie anhand des ersten Textes die vier Schwerpunkte der Auslegung grafisch dar.
5. Entfalten Sie 1. Kor 12,1-11 mithilfe der Instanzen beim Verstehen in dem zweiten Text.

Team-Aufgaben

1. Gestalten Sie zu vier Auslegungsmethoden dieses Teilkapitels je ein symbolisches Zeichen.
2. Skizzieren Sie zu 1. Mose 2,4b-3,25 (→ **S. 60**) eine feministische, tiefenpsychologische und fundamentalistische Auslegung sowie den Ansatz der existenzialen Interpretation.
3. Beurteilen Sie die verschiedenen Auslegungsmethoden, indem Sie sie in eine Rangfolge von interessant bis uninteressant bringen.
4. Entfalten Sie das Gleichnis vom Weltgericht (Mt 25,31-46) in historisch-kritischer, tiefenpsychologischer sowie befreiungstheologischer Perspektive und vergleichen Sie die Ergebnisse.

Wie findet man die ursprüngliche Bedeutung?

Romanisches Kruzifix in Innichen, Südtirol

Die historisch-kritische Exegese

Die historisch-kritische Exegese bietet ein allgemeines, wissenschaftlich ausdifferenziertes Methodenprogramm an, das den Anspruch erhebt, dem historischen Sinn der analysierten Texte so nahe wie möglich zu kommen. Leitend ist die Annahme, dass die biblischen Texte in einem mehr oder weniger langen geschichtlichen Prozess entstanden sind, an dem mehrere Autoren beteiligt waren. Die einzelnen Methoden sind:

1. Textkritik: Die Bibel ist in der Antike von Hand kopiert worden. Deshalb gibt es eine Fülle von Bibelhandschriften. Hinzu kommt, dass die antiken Übersetzungen aus den biblischen Ursprachen erhebliche Differenzen aufweisen. Ziel der Textkritik (von griech. kritiké = Beurteilung) ist es, durch kritischen Vergleich der Handschriften den ursprünglichen bzw. relativ ältesten Wortlaut des Textes zu rekonstruieren und in die eigene Sprache zu übersetzen.

2. Literarkritik: Im Rahmen der Literarkritik werden Kriterien der Literaturwissenschaft auf den biblischen Text angewendet. Man bestimmt seinen Anfang und sein Ende, seine Gliederung, seinen Stil sowie seine innere Konsistenz und logische Widerspruchsfreiheit, um festzustellen, ob er einheitlich oder überarbeitet ist. Durch synoptische Vergleiche werden innerhalb der Testamente Abhängigkeiten untersucht. So kam es im Pentateuch (die fünf Bücher Mose) zur Annahme von verschiedenen Quellenschriften. Im Neuen Testament kam es zur sog. Zweiquellentheorie, die den Zusammenhang und die literarischen Abhängigkeiten der Synoptiker Mt, Mk und Lk erklären kann.

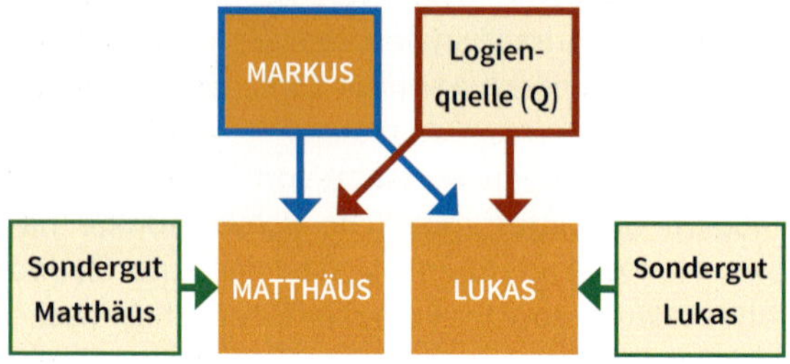

3. Überlieferungsgeschichte: Wenn die Zerlegung eines Textes auf Einzelbausteine stößt, die in sich selbst noch Spannungen enthalten, nimmt man an, dass sich hierbei Textspuren einer mündlichen Vorgeschichte zeigen. Die Überlieferungsgeschichte geht solchen Ungereimtheiten nach.

4. Formkritik/Formgeschichte: Hier fragt man danach, ob sich in dem Text sprachliche Muster zeigen, die zu einer mündlichen oder literarischen Form gehören (z.B. Gruß, Gleichnis, öffentliche Rede, Mythos, Apokalypse (Biblische Sprachformen: S. 159-165). In der Regel lassen sich solche Formen einem „Sitz im Leben“ zuordnen, der das Verständnis des Textes erhellt, indem er die Funktion solcher Formen in einem sozialen Kontext aufzeigt.

5. Traditionsgeschichte und Religionsgeschichtlicher Vergleich: Texte enthalten oft Motive wie zum Beispiel das Kreuz, das Brot, die Arche, das Meer oder die Blindenheilung, die so oder ähnlich in innerbiblischen, aber auch außerbiblischen Zusammenhängen sowie in anderen Religionen vorkommen. Gemeinsamkeiten und Unterschiede werden in der Traditionsgeschichte sowie in einem religionsgeschichtlichen Vergleich herausgearbeitet.

6. Die **Redaktionskritik** sucht die verschiedenen Erkenntnisse zu verbinden und in einen theologischen Zusammenhang zu bringen. Gefragt wird jetzt nach dem Endredaktor und nach seinem theologischen Anliegen. Die sog. „kanonische Schriftauslegung“ erweitert diesen Schritt, indem sie einen biblischen Text als Teil eines Buches, eines Testaments und schließlich der gesamten Bibel zu interpretieren sucht.

Die dritte Leidensankündigung Jesu in den Synoptikern

Mk 10,32-34	Mt 20,17-19	Lk 18,31-34
32 Sie waren aber auf dem Wege hinauf nach Jerusalem, und Jesus ging ihnen voran; und sie entsetzten sich; die ihm aber nachfolgten, fürchteten sich. Und er nahm abermals die Zwölf zu sich und fing an, ihnen zu sagen, was ihm widerfahren werde: 33 Siehe, wir gehen hinauf nach Jerusalem, und der Menschensohn wird überantwortet werden den Hohenpriestern und den Schriftgelehrten, und sie werden ihn zum Tode verurteilen und den Heiden überantworten, 34 und die werden ihn verspotten und anspeien und geißeln und töten, und nach drei Tagen wird er auferstehen.	17 Und Jesus zog hinauf nach Jerusalem und nahm die zwölf Jünger beiseite und sprach zu ihnen auf dem Wege: 18 Siehe, wir ziehen hinauf nach Jerusalem, und der Menschensohn wird den Hohenpriestern und Schriftgelehrten überantwortet werden; und sie werden ihn zum Tode verurteilen 19 und werden ihn den Heiden überantworten, damit sie ihn verspotten und geißeln und kreuzigen; und am dritten Tage wird er auferstehen.	31 Er nahm aber zu sich die Zwölf und sprach zu ihnen: Seht, wir gehen hinauf nach Jerusalem, und es wird alles vollendet werden, was geschrieben ist durch die Propheten von dem Menschensohn. 32 Denn er wird überantwortet werden den Heiden, und er wird verspottet und misshandelt und angespien werden, 33 und sie werden ihn geißeln und töten; und am dritten Tage wird er auferstehen. 34 Sie aber verstanden nichts davon, und der Sinn der Rede war ihnen verborgen, und sie begriffen nicht, was damit gesagt war.

Die Sintflutgeschichte im Gilgamesch-Epos

Eine Sintflut zu machen,
entflammte das Herz der großen Götter [...]
Mann von Schurippak, Sohn Ubar-Tutus!
Reiße ab das Haus, erbau ein Schiff.
Lass fahren Reichtum, dem Leben jag nach!
Besitz gib auf, der Seele erhalt das Leben!
Heb hinein allerlei beseelte Samen ins Schiff!
Das Schiff, welches Du erbauen sollst –
Dessen Maße sollen abgemessen sein,
Gleichgemessen seien ihm Breite und Länge;
Du sollst es wie das Apsû* bedachen. [...]
Steigen ließ ich ins Schiff all mein Geschlecht
und Sippe, Wild des Feldes, Getier des Feldes,
Alle die Meistersöhne habe ich hineinsteigen
lassen. [...]
Sechs Tage und sieben Nächte
Geht weiter der Wind, die Sintflut,
Ebnet der Südsturm das Land ein.
Wie nun der siebente Tag herbeikam,
Schlug nieder der Südsturm die Sintflut,
den Kampf,
Nachdem wie eine Gebärende sie um sich
geschlagen.
Ruhig und still ward das Meer,
Der Orkan war aus und die Sintflut.

Aus dem Gilgamesch-Epos, um 1200 v.Chr.

* nach babyl. Vorstellung ein gewaltiges Behältnis, aus dem alles Süßwasser in die Welt rinnt

1. Formulieren Sie zu jedem Schritt der historisch-kritischen Exegese eine Leitfrage.
2. Vergleichen Sie die drei Versionen der dritten Leidensankündigung Jesu und erläutern Sie das Ergebnis sowohl literar- als auch redaktionskritisch.
3. Untersuchen Sie formgeschichtlich, bei welcher Gelegenheit Psalm 22 ursprünglich gebetet worden sein könnte.
4. Vergleichen Sie 1. Mose 6,5-22 mit dem Auszug aus dem Gilgamesch-Epos und ordnen Sie den Befund religionsgeschichtlich ein.
5. Vergleichen Sie die sieben Kreuzesworte Jesu in den Evangelien (Mt 27,46; Mk 15,34; Lk 23,34.43.46; Joh 19,26.27.30) und erläutern Sie das Ergebnis redaktionskritisch. Ordnen Sie das Ergebnis dem Bild zu.
6. Benennen Sie Gründe, warum der biblische Kanon mit 1. Mose 1 beginnt und mit Offb 22 endet.

Wie ist die Welt und das Leben?

Mikalojus Ciurlionis (1875-1911): Opfer (Die Arche Noah), 1909

Die Urgeschichte als Story (1. Mose 1-11)

Die „narrative Bibelauslegung" will die Bibel von ihrer Endgestalt her verstehen und konzentriert sich dabei auf ganze Kapitel, Kapitelgruppen, einzelne biblische Bücher bis hin zum Kanon in seinem Zusammenhang. Beispiele sind die Urgeschichte, die Josefsnovelle, das Buch Hiob, die Evangelien oder die Offenbarung des Johannes. In den Blick kommen so größere literarische Einheiten mit ihren theologischen Botschaften.

Die Urgeschichte als Grundgeschehen

Die Erzählungen in 1. Mose 1 – 11 werden als Urgeschichte bezeichnet. In dieser geht es jedoch nicht um einmalige geschichtliche Erfahrungen. Es geht um etwas, was immer erfahrbar ist. Es geht um ein Grundgeschehen, was „in, mit und unter" jeder Erfahrung miterfahren wird. Es geht um das Konstante in der Geschichte. Was hier gesagt ist, gilt für alle Menschen und die ganze Welt.

In der biblischen Urgeschichte lassen sich drei Elemente unterscheiden: A Schöpfung und Flut (1. Mose 1-2; 6-), B Schuld und Strafe (1. Mose 3-4; 6,1-4; 9,18-27; 11,1-9) und C die Geschlechtertafeln (1. Mose 5;10;11).

Wir haben vom Grundgeschehen meist nur Schöpfung und Fall, d.h. 1. Mose 1-3, wahrgenommen. 1. Mose 4-11 ist in der Normaltradition des Christentums kaum berücksichtigt worden. Demgegenüber ist zunächst herauszustellen, dass die Sintfluterzählung nicht nur räumlich in der Mitte des Grundgeschehens steht, sondern auch den quantitativ größten Teil darstellt. Das ist natürlich nur deshalb wirklich relevant, weil es auch sachlich etwas Richtiges trifft. Schöpfung und Flut sind komplementär. Anstoß zu dieser Einsicht war die Beobachtung, dass in den außerbiblischen Parallelen zur Fluterzählung in Babylon, Assyrien, Ugarit, auch in Griechenland Fluterzählungen nichts anderes als Schöpfungserzählungen sind. Auch in 1. Mose 1-11 kann man das sehen: der Abschluss der Fluterzählung in 1. Mose 8,13-9,7 klingt deutlich an die Schöpfungsgeschichte an. Der Sachgrund für den Zusammenhang von Schöpfung und Flut ist leicht zu sehen: Wenn die Schöpfungsgeschichten sagen, dass die Welt und das Leben auf ihr von Gott geschaffen ist, dann ist darin eingeschlossen, dass Gott diese Welt und ihr Leben auch wieder vernichten kann. Der Schöpfer bleibt Herr über seine Schöpfung.

Schöpfungsgeschichten und ihre Erzählung, ihre Feier, ihre Rezitation haben überall auf der Welt den Sinn der Bestandssicherung für Welt und Leben. Gott wird durch die Erzählung der Schöpfungsgeschichte, die wir uns ursprünglich immer laut und als Gebet vorstellen müssen, daran erinnert, dass er doch diese gefährdete Welt geschaffen habe. In diesem Sinn ist die Fluterzählung sogar mehr Schöpfungsgeschichte als die ersten beiden Kapitel der Bibel. Nicht am Ende von 1. Mose 2 stehen die für die heutige Welt entscheidenden Garantien des Bestandes der Erde und des Menschen, sondern am Ende der Fluterzählung.

Liest man die Sache einmal so, dann fallen weitere Entsprechungen zwischen Schöpfung- und Fluterzählung auf:

- beide setzen mit einem auf die Menschheit bezogenen Entschluss Gottes ein;
- in beiden ist die Möglichkeit des Missratens der Menschheit als Schöpfung erwogen;
- in beiden geht es um Sein oder Nichtsein von Welt und Mensch;
- in beiden ist das Schicksal des Menschen mit dem Schicksal außermenschlichen Lebens (besonders der Tiere) eng verbunden;
- Technik spielt hier wie dort eine Rolle;
- Adam wird gesegnet, Noah wird gesegnet. In gewissem Sinn sind 1. Mose 1-2 „Vorgeschichte", „Vorbau" der Fluterzählung denn:
- am Ende von 1. Mose 1-2 wissen wir, wie Gott unsere Welt und das Leben in ihr eigentlich gemeint

hat (und wir wissen gleichzeitig, dass es nicht so ist);

- am Ende von 1. Mose 6-9 wissen wir, wie die Welt und das Leben in ihr faktisch ist, nachdem Gott beschlossen hat, Welt und Leben zu vernichten, dann diesen Beschluss revidiert hat und verheißen hat, die Flut nicht wieder zu senden, solange die Erde steht.

Das Grundgeschehen liefert keine Theorie über die Herkunft des Bösen, stellt nur fest, dass es so ist, dass es ursprünglich nicht so gemeint war, und dass der Mensch eine Verantwortung für die Differenz trägt.

Aus der Verbindung von Schöpfungserzählungen (A) mit den Schuld-Strafe-Geschichten (B) ergibt sich:

- eigentlich sollen wir Menschen versorgt sein durch pflanzliche Nahrung, faktisch aber fristen wir unsere Leben um den Preis tierischen Lebens;
- eigentlich sollen wir Menschen verantwortlich die Erde bebauen und bewahren, faktisch pervertieren wir diesen Kulturauftrag;
- eigentlich sollen wir Menschen uns gegenseitig „eine Hilfe" sein, in unseren Gemeinschaftsverhältnissen aber herrscht faktisch Streit, Neid, Rivalität, gegenseitige Bezichtigung, Verantwortungslosigkeit, Söhne verfehlen sich gegen ihre Eltern; Mütter gebären mit Schmerzen, die Erde ist voll von Gewalt und die Völker verstehen sich nicht.

Während das Element B des Grundgeschehens (Schuld – Strafe) dem Element Fluterzählung zugeordnet ist, gilt für das Element C (die Völkertafel, die Stammbäume), dass es zum Element der „Schöpfung" hin tendiert. Diese Genealogien bilden das Gerüst der Urgeschichte. In ihnen wird die Kontinuität menschlichen Lebens von Adam und Eva bis Abraham dargestellt:

- 1. Mose 5: die zehn Generationen von Abraham bis Noah,
- 1. Mose 10: Völker als Nachkommen Noahs,
- 1. Mose 11,10ff.: die zehn Generationen von Noah bis Abraham.

Kontinuität trotz Vertreibung aus dem Garten, trotz Brudermord, trotz Gewalt, trotz Verletzung des Elterngebotes, trotz der Hybris des Turmbaus, trotz der Flut. Der Segensauftrag der Schöpfung: „Seid fruchtbar und mehret euch und füllt die Erde!" erfüllt sich in den Stammbäumen.

Man könnte sagen, das Grundgeschehen vollziehe sich in einer Art Drei-Takt: „eigentlich – faktisch – dennoch". Eigentlich ist das Gefüge der Schöpfung gut, wie Gott sie gemeint hat – faktisch erfahren wir die vielen Brüche, Spannungen und Verfehlungen in der Welt und in unserem Leben; sie bedrohen den Bestand der Schöpfung – dennoch steht Gott in Treue zu seiner Schöpfung, mit Segen und Bewahrung auf der Seite seiner Welt.

Das Grundgeschehen bringt in dieser Weise Menschheitserfahrungen zur Sprache – nicht nur die Erfahrung von Israeliten oder Christen, sondern die Grunderfahrungen der Menschen. Wahrscheinlich auch die Erfahrung so genannter Atheisten: auch sie erfahren, dass die Menschen sich nicht selbst geschaffen haben, dass die Welt bedroht ist, dass Verfehlung und ihre Folgen da sind und dass das Leben trotzdem weitergeht.

Gerhard Liedke (1937),*
ev. Theologe (verändert)

Pieter Brueghel d.Ä. (1525/1530-1569): Der große Turm, 1563

Biblische Schöpfungsgeschichte → S. 38

1. Beschreiben Sie die Bilder und erläutern Sie ihren Zusammenhang.
2. Gestalten Sie ein Erzähltheater, in dem Tandems oder Kleingruppen je einen Abschnitt aus 1. Mose 1-11 vorstellen: 1. Mose 1,1-2,4a; 2,4b-3,24; 4; 5-9, 11,1-9.
3. Gestalten Sie eine Text-Bild-Collage zu der ganzen Erzählung.
4. Arbeiten Sie an dem Text von Liedke heraus, wie die biblische Urgeschichte die Welt deutet.
5. Vergleichen Sie Ihre Collage (Aufg. 3) mit den Einsichten von Liedke.
6. Entwerfen Sie die Sintflutgeschichte in 1. Mose 6-9 als Neuerzählung angesichts der Corona-Pandemie und des Klimawandels.

Was soll man von Jesus halten?

Die Heilung des Gichtbrüchigen (Mk 2,1-12), aus dem Codex Egberti, um 990

Das Markusevangelium als kunstvolle Erzählung

Die narrative Bibelauslegung betrachtet Evangelien als kunstvolle Erzählungen. Um sie zu verstehen, ist es hilfreich, auf die Erzählhandlung, auf den Erzähler und seine Erzählstrategie, auf den Raum, in dem die Erzählung spielt, auf die Figuren sowie auf die angenommenen Adressaten zu achten.

Das Markusevangelium als „mythische" Erzählung

Immer wieder wird an der Textsorte des Markus-Evangeliums eine Eigenart beobachtet, die dazu geführt hat, es als „mythische Erzählung" zu bezeichnen. Gemeint ist damit auch eine Transparenz des Erzählten für symbolische Bedeutungen [...]. Durch diese Symbolhaftigkeit wird das erzählte Geschehen den Lesenden gewissermaßen gleichzeitig und gewinnt es den Charakter einer die Wirklichkeit konstituierenden, mythischen Erzählung. [...] Ein gutes Beispiel sind die Wundererzählungen. Einem weitreichenden Konsens nach sind die Therapieerzählungen in 7,31-37; 8,21-26 und 10,46-51 transparent für das Verständnis und die Einsicht in das in Jesus präsente Wirken Gottes. Jede Einsicht in die wahre Würde Jesu auch in der Gegenwart der Lesenden wird damit der erzählten Wunderhandlung gleichwertig und gleichzeitig. [...]

Die für die Klassifizierung als mythische Erzählung wesentlichen Merkmale, der symbolhafte Charakter einzelner Erzählelemente und die damit verbundene „Gleichzeitigkeit" des Erzählten, konstituieren keine abgrenzbare Textsorte, sondern können in verschiedenen Textsorten begegnen.

Gudrun Guttenberger, ev. Prof. für Biblische Theologie in Ludwigsburg

Evangelium als subversives Kontrastprogramm zum Kaiserkult

Der Weg Jesu ans Kreuz – und eben nicht zum Machtantritt als „Gesalbter" in Jerusalem – wird im begründenden Abschlussvers 10,45 „Denn der Menschensohn ist nicht gekommen, sich bedienen zu lassen, sondern (selbst) zu dienen und sein Leben zu geben als Lösepreis für viele" völlig konsequent als ein solcher Weg [...] eines Sklaven verstanden, der (durch seinen Tod) nicht sich selbst, sondern die anderen freikauft: sein Leben als „Lösepreis" gibt. Genau diese Konsequenz der Kreuzesnachfolge verstehen die Zebedaiden [= Söhne des Zebedäus: Jakobus und Johannes] nicht, die Jesus darum bitten, rechts und links von ihm „thronen" [...] zu dürfen, wenn er in seiner Herrlichkeit kommt (Mk 10,37). [...] Der markinische Jesus widerspricht dieser Reduplikation von Machtpolitik (innerhalb der christlichen Gemeinde) nicht nur aufs Heftigste, er praktiziert sogleich ein Exempel seines Kontrastprogramms: In kaiserlicher Pose führt er Positionsverzicht und Solidarität mit den Kleinen vor Augen – auch so kann man die anschließende Bartimäusgeschichte Mk 10,46-52 lesen. [...]

Der Erzähler möchte also Jesus als Herrscher präsentieren, der Audienz gewährt. Aber anders als gewohnt: Normalerweise sitzt der Herrscher auf einem Thron – und der Bittsteller nähert sich ihm ehrfürchtig. Das übliche Ritual führt optisch Dominanz und Unterwerfung vor Augen. Markus schildert die Szenerie mit provokativ „verkehrten“ Statussymbolen – ganz entsprechend der Kreuzesnachfolge-Unterweisung: Jesus steht – und der Bettler „thront“. [...] Noch mehr: Indem Jesus sich mit dem Bettler solidarisiert, werden aus den Jüngern, die wie „die Großen“ ihre Macht einsetzen, um einen Kleinen am Rand zum Schweigen zu bringen, die Dienstboten, die ihn einladen, zu Jesus geleiten und schließlich akzeptieren müssen, dass er in ihre Gruppe eingereiht wird.

Was die konkreten Zeitumstände angeht, dürfte es höchst brisant sein, dass auch von Kaiser Vespasian die Erzählung von einer Blindenheilung im Umlauf war, ebenfalls im Rahmen einer Volksaudienz. Vespasian ist umgeben von persönlichen Beratern, die – umgekehrt zur Jesusgeschichte – ihrerseits den Herrscher erst animieren müssen, sich für die „Heilung“ herabzulassen. Kaum der Erwähnung wert, dass der zur Audienz Zugelassene als Zeichen seiner Unterwürfigkeit vor dem thronenden Vespasian natürlich die Proskynese [= Geste der Unterwerfung] vollzieht. Bei Vespasian dient die von seinen „Großen“ animierte und letztlich auch inszenierte Heilung seinem persönlichen Aufstieg, Jesus macht sich zum Anwalt der Kleinen und lässt mit leichtem Druck auf seine „Großen“ den Bettler in die eigenen Reihen „aufsteigen“. [...]

Für dieses „Evangelium“, so wie es uns vorliegt, hätte Markus sicher keine kaiserliche Genehmigung bekommen. Was er schreibt – ganz in den Spuren des Nazareners –, ist ein subversives Kontrastprogramm zur herrschenden religiösen, politischen und gesellschaftlichen Kultur.

Martin Ebner (1956), kath. Prof. für Neues Testament*

Hans Baldung Grien (1484/85-1545): Kreuzigung Jesu, 1512-1516

1. Beschreiben Sie die beiden Bilder und ordnen Sie diese in die Erzählungen über Jesus ein.
2. Untersuchen Sie in Mk 1,1-13, was der Erzähler dem Leser gleich am Anfang mitteilt und was dies für die weitere Lektüre bedeutet.
3. Arbeiten Sie an Mk 1,9.21; 2,13; 6,1; 7,24; 7,24; 8,23; 10,1.46; 11,1.15 und 16,7 den Weg heraus, den die Leser/-innen mitgehen sollen. Interpretieren Sie diesen Befund.
4. Gestalten Sie in Tandems die Selbstvorstellung einzelner Figuren, die im Markusevangelium agieren. „Ich bin/Wir sind ...“
   - Jesus der Prediger: Mk 1,14.15; 4,1-34; 13
   - Jesus der Heiler: Mk 1,21-28; 5,1-20; 7,31-37
   - Jesus der Lehrer: Mk 1,23-28; 10,1-12.17-27
   - Jesus der Beter: Mk 14,32-45; 15,33-39
   - Gott und sein Handeln: Mk 1,9-11; 9,2-13; 4,1-34
   - Die Frauen: Mk 3,31-35; 6,21-29; 7,24-30; 10,1-12; 15,40.41; 16,1-8
   - Die Jünger: Mk 1,16-20; 2,13-17; 3,13-19; 9,33-10,31; 14,66-72
   - Die Gegenspieler: Mk 6,1-6; 7,1-21; 8,10-13; 11,27-33; 15,1-30
5. Fassen Sie in kurzen Botschaften zusammen, was das Markusevangelium in Ihrer Wahrnehmung erzählen will.
6. Erarbeiten Sie, worin Guttenberger und Ebner eine Erzählstrategie des Evangelisten sehen, und vergleichen Sie dies mit Ihrer Wahrnehmung des Markusevangeliums.
7. Entwerfen Sie ein Cover für das Markusevangelium.

Wie kommt man zu einem sicheren Urteil?

Fundamentalistische Bibelauslegung

[...] Kennzeichen der fundamentalistischen Bewegung ist das Beharren auf der buchstäblichen Geltung des Wortlauts der Bibel auch für ganz äußerliche Details, historische Zuverlässigkeit und naturwissenschaftliche Faktizität. Die biblischen Berichte geben wirkliche Ereignisse wieder, und zwar exakt so, wie sie im Bibeltext beschrieben sind. [...] Der Gedanke, dass historische Aussagen der Bibel symbolisch verstanden werden könnten, wird energisch bestritten. Die Schrift ist nach fundamentalistischer Auffassung in dem Sinne vom Heiligen Geist gewirkt, d.h. inspiriert, dass die wortwörtliche Eingebung des biblischen Textes [Verbalinspiration: S. 158] gelehrt wird. Zwischen einem Offenbarungsgeschehen und dem Wortlaut des biblischen Zeugnisses darf nicht unterschieden werden. Deshalb ist der Wortlaut absolut irrtumslos. [...]

Theol. Ausschuss der Arnoldshainer Konferenz

Stefanie und Ellen Radtke, Pastorinnen-Ehepaar

Was Jesus sagt

Als Christinnen und Christen gehen wir von den Worten Jesu Christi aus. In Mk 10,2-12 sowie Mt 19, 3-9 äußert sich Jesus ausdrücklich zur Ehe. Er nimmt dabei beide Schöpfungsberichte am Anfang der Bibel auf sowie das 6. Gebot. Wenn man diese drei von Jesus zusammengestellten Texte sowie seine Auslegung betrachtet, erschließen sich umgehend folgende sechs Kennzeichen einer Ehe im christlichen Sinn:
1) Es handelt sich um eine exklusive Zweierbeziehung;
2) die Zweierbeziehung ist gegengeschlechtlich, auf Fortpflanzung angelegt;
3) sie hat einen offiziellen Charakter [...];
4) sie ist der legitime Ort sexueller Begegnung;
5) sie wird auf Lebenszeit geschlossen und soll nicht vom Menschen geschieden werden;
6) sie ist geschützt und soll nicht gebrochen werden [...]. Ehebruch des Partners ist denn auch der einzige Grund, der die Fortsetzung der Partnerschaft in Frage stellt. [...]
Nach den Worten Jesu hat sich Gott der Schöpfer das von Anfang an so gedacht, auch wenn es im Verlauf der Geschichte nicht immer so war. [...] Den (wenigen!) negativen Bewertungen [homosexueller Handlungen vgl. 2. Mose 20,13; Röm 1,27; 1. Kor 6,9.10] steht in der gesamten Bibel keine einzige positive Bewertung gleichgeschlechtlicher sexueller Handlungen gegenüber.

Gerrit Hohage (1967), ev. Gemeindepfarrer (leicht verändert)*

Evangelische Kirche und sexuelle Vielfalt

Ethische Sätze der Bibel lassen sich nicht einfach eins zu eins in unsere Gegenwart übertragen. Der jeweilige Kontext will bedacht sein (vgl. z.B. Dtn. 22,5). Zudem ruft uns die Bibel selbst auf, bewusst in unserer Zeit Rechenschaft zu geben von der Hoffnung, die in uns ist.
In diesem Sinne hat sich die evangelische Kirche in den letzten Jahrzehnten einen Katalog von Kriterien erarbeitet, der für jede Form des Zusammenlebens im Geist Christi grundlegend ist, auch für jede Form von Sexualität. Dazu gehören
- die Freiwilligkeit und der Konsens (Gewaltfreiheit),
- die Dauerhaftigkeit und die Verbindlichkeit der gegenseitigen Verpflichtung,
- die personale Bindung der Sexualität
- und die Unverfügbarkeit der Sexualität.

Diese vier grundlegenden Elemente betonen, dass Sexualität dann gelingt, wenn sie in einen personalen, vertrauens- und liebevollen Bezug eingebunden ist und die Beteiligten bereit sind, gegenseitig und generationenübergreifend Verantwortung zu übernehmen.

Jochen Cornelius-Bundschuh (1957), ev. Landesbischof*

Fundamentalistische Bibelauslegung → S. 41
Sexualität → S. 60 → S. 333

1. Fassen Sie die Kennzeichen der fundamentalistischen Bibelauslegung zusammen.
2. Untersuchen Sie, wie die Texte von Hohage und Cornelius-Bundschuh argumentieren, und vergleichen Sie die Art der Bibelauslegung.
3. Nehmen Sie Stellung zu dem Bild aus der Sicht von Hohage und Cornelius-Bundschuh.
4. Erläutern Sie mögliche (z.B. geschichtliche, psychologische) Hintergründe der fundamentalistischen Bibelauslegung.

Welche Botschaften sendet das Unbewusste?

Tiefenpsychologische Bibelauslegung

Die psychologische oder auch tiefenpsychologische Interpretation basiert auf Grundannahmen der Psychoanalyse von Sigmund Freud (1856-1939) und der Tiefenpsychologie von Carl G. Jung (1875-1961). Die Anwendung dieser Grundannahmen auf biblische Texte ist so alt wie die Psychoanalyse selbst [...]. In Analogie zur Traumdeutung wurde bei der Deutung biblischer Texte zwischen der erzählten Oberflächenhandlung (dem Objektalen) und der im Text verschlüsselten seelischen Problematik (dem Subjektalen) unterschieden. Daneben fand Jungs Theorie von den im kollektiven Unbewussten vorhandenen Archetypen Eingang in die Deutung biblischer Texte. Diese Ur-Bilder unterteilen sich nach Jung in männliche („Animus“) und weibliche Anteile („Anima“). Bei seelischen Störungen werden bestimmte Anteile des Ich verdrängt (Jung spricht vom „Schatten“), die im Prozess einer Selbstfindung („Individuation“) wieder in das „Ich“ eingebunden werden müssen.

Joachim Vette (1970), ev. Theologe*

Wainer Vaccari (1949): Kain und Abel, 1997*

Böse Wünsche im Unbewussten ...

Fassen wir [nun] das Verhältnis der Kinder zu ihren Geschwistern ins Auge. [...] Das Kind ist absolut egoistisch, es empfindet seine Bedürfnisse intensiv und strebt rücksichtslos nach ihrer Befriedigung, insbesondere gegen seine Mitbewerber, andere Kinder, und in erster Linie gegen seine Geschwister. Wir heißen das Kind aber darum nicht „schlecht“, wir heißen es „schlimm“; es ist unverantwortlich für seine bösen Taten vor unserem Urteil wie vor dem Strafgesetz. Und das mit Recht; denn wir dürfen erwarten, dass noch innerhalb von Lebenszeiten, die wir der Kindheit zurechnen, in dem kleinen Egoisten die altruistischen Regungen und die Moral erwachen werden, dass [...] ein sekundäres Ich das primäre überlagern und hemmen wird. [...]

Viele Personen [...], die heute ihre Geschwister lieben und sich durch ihr Hinsterben beraubt fühlen würden, tragen von früher her böse Wünsche gegen dieselben in ihrem Unbewussten, welche sich in Träumen zu realisieren vermögen. Es ist aber ganz besonders interessant, kleine Kinder bis zu drei Jahren oder wenig darüber in ihrem Verhalten gegen jüngere Geschwister zu beobachten. Das Kind war bisher das einzige; nun wird ihm angekündigt, dass der Storch ein neues Kind gebracht hat. Das Kind mustert den Ankömmling und äußert dann entschieden: „Der Storch soll es wieder mitnehmen.“ Ich bekenne mich in allem Ernst zur Meinung, dass das Kind abzuschätzen weiß, welche Benachteiligung es von dem Fremdling zu erwarten hat.

Sigmund Freud (1856-1939), Arzt und Begründer der Psychoanalyse

Freud: Drei Kränkungen → S. 23
Kain und Abel → S. 64

1. Erläutern Sie die Grundlagen (tiefen-)psychologischer Deutungsschemata.
2. Stellen Sie Freuds Aussagen zur Geschwisterrivalität dar.
3. Stellen Sie eine tiefenpsychologische Interpretation der Erzählung von Kains Brudermord (1. Mose 4,1-16) unter Einbeziehung des Bildes dar.
4. Beurteilen Sie die tiefenpsychologische Auslegung.

Wer sind heute die „Armen“ und „Kleinen“?

Befreiungstheologische Bibelauslegung – Solidarität mit den „Armen“ und „Kleinen“

Die Heilige Schrift entstand im Zusammenhang bestimmter menschlicher, d.h. sozialer und materieller Gegebenheiten. Deshalb galt die Aufmerksamkeit der wissenschaftlichen Bibelauslegung schon seit langem auch dem ökonomischen, politischen und gesellschaftlichen Umfeld biblischer Texte. […] [Eine programmatisch sozialgeschichtliche oder befreiungstheologische Auslegung der Bibel zeigt die] Tendenz, die biblischen Texte auf dem Hintergrund, ja zum guten Teil als unmittelbares Echo sozialer Konflikte und Interessen zur Zeit des Alten und Neuen Testaments zu verstehen. Denn, so G. Casalis, es „gibt keine legitime Interpretation außerhalb der konkreten sozialen Kräfte“. […] Das Ziel sozialgeschichtlicher Exegese ist es, Anklage zu erheben gegen soziale Ungerechtigkeiten und den heutigen Leser zur Solidarität mit den „Armen“ und „Kleinen“, den Marginalisierten und Ausgebeuteten zu führen. In solcher Solidarität mit dem Ziel gesellschaftlicher Veränderungen sehen diese Exegeten das spezifisch Christliche.

Theol. Ausschuss der Arnoldshainer Konferenz

Marc Chagall (1887-1985): Durchzug durchs Rote Meer

Exodus: Die Befreiung ist eine Bewegung

Das Buch Genesis [1. Mose] ist eine Sammlung von Geschichten. […] Das Buch Exodus [2. Mose] ist im Gegensatz dazu die Geschichte eines Volkes, also nicht nur eine Erzählung, sondern Geschichte. […] Dies ist eine politische Geschichte: über Sklaverei und Freiheit, Gesetz und Rebellion. […] Die Befreiung ist [eine] Bewegung […] aus „der Sklaverei, Ausbeutung und Entfremdung in Ägypten“ hin zu einem Land, in dem die Menschen „menschenwürdig“ leben können. Die Bewegung spielt sich in der historischen Zeit ab; die schwere und kontinuierliche Arbeit von Männern und Frauen ist für sie verantwortlich. Der beste der Befreiungstheologen warnt seine Leser ausdrücklich vor „jeder Idolatrie [Götzenverehrung] hinsichtlich eines unvermeidlich mehrdeutigen menschlichen Erfolgs“. (Gutiérrez, „Theologie der Befreiung“) Auch dies ist Exodus-Politik. Pharaonische Unterdrückung, Befreiung, Sinai und Kanaan sind also immer noch zugegen – nachdrückliche Erinnerungen, die unsere Wahrnehmung der politischen Welt gestalten. Die „Tür der Hoffnung“ ist immer noch geöffnet; die Dinge sind nicht das, was sie sein könnten – selbst wenn das, was sie sein könnten, sich nicht völlig von dem unterscheidet, was sie sind. […] Wir – oder viele von uns – glauben immer noch an das, was der Exodus uns zuerst über Sinn und Möglichkeit von Politik und über ihre angemessene Gestalt lehrte (oder was er uns nach allgemeiner Annahme lehrte): erstens, dass wo immer man lebt, wahrscheinlich Ägypten ist; zweitens, dass es einen besseren Ort, eine reizvollere Welt, ein Gelobtes Land gibt; und drittens, dass „der Weg zu dem Land durch die Wüste führt.“ Wir können von hieraus nur dorthin gelangen, wenn wir uns zusammenschließen und marschieren.

Michael Walzer (1935), US-amerikanischer Philosoph jüdischer Herkunft*

1. Vergleichen Sie die Aussagen beider Texte miteinander sowie mit Chagalls Bild.
2. Stellen Sie das befreiungstheologische Potential von 2. Mose 1 + 14 dar. Prüfen Sie das dreiteilige Exodus-Narrativ (Ägypten – Exodus/Wüstenwanderung – Gelobtes Land) aus unterschiedlichen Perspektiven (etwa von lateinamerikanischen Landarbeiter/-innen u.a.m.).
3. Erläutern Sie das befreiungstheologische Potential der Deutung von Jesu Tod als Erlösung / „Loskauf“ im Sinne eines Freikaufs aus der Sklaverei (u.a. Mk 10,45; 1. Kor. 7,23) und des paulinischen Freiheitsverständnisses (u.a. Gal 3,28). → S. 134
4. Entwerfen Sie eine Andacht für einen Schulgottesdienst, in der Sie das „Exodus-Narrativ“ auf ein gegenwärtiges Problem anwenden (z.B. Corona-Pandemie; Umweltkrise und Nachhaltigkeit).

Was bedeutet „männlich", was „weiblich"?

Feministische Bibelauslegung

Feministische Bibelauslegung geht davon aus, dass die Bibel ein von Menschen verfasstes Buch ist. Daher schlägt sich in jedem biblischen Buch der Lebenskontext der in der Regel männlichen Verfasser nieder, nämlich die patriarchale Kultur und Gesellschaftsstruktur, in der sie lebten. Dies erklärt die Verwendung männlicher Sprach- und Denkmuster sowie die Tatsache, dass Frauen in der Bibel meist nur eine geringe Rolle spielen. [...]

Darum stellt nun Feministische Bibelauslegung – im Bewusstsein der geschöpflichen Gleichrangigkeit von Frau und Mann vor Gott – die Frau und ihre Erfahrung ins Zentrum. [Dabei wird deutlich,] dass Frauen sich in ihrem Wunsch nach Befreiung auf biblische Aussagen stützen können. [...]

Von E. Schüssler Fiorenza wurde ein heute trotz der Vielfalt und Uneinheitlichkeit innerhalb der feministischen Theologie weithin rezipiertes hermeneutisches Verfahren entwickelt, das auf Methoden der historisch-kritischen Bibelexegese aufbaut. Hierbei werden erstens in der männlich geprägten Bibel verborgene Frauentraditionen aufgedeckt wie z.B. die biblische Rede von Gott als Mutter oder die Tatsache, dass es in der frühchristlichen Bewegung Apostelinnen gab. Zweitens wird mit Blick auf die heutige Bedeutung der Bibel für die Gläubigen den Frauen unterdrückenden Texten der Charakter göttlicher Offenbarung abgesprochen. Doch auch diese Texte werden drittens dazu herangezogen, über Frauen im Patriarchat zu informieren. Auch Leid und Hoffnung sollen erinnert werden. Dies ist viertens durch eine kreative Aktualisierung der Bibel zu ergänzen, die sich in Formen wie literarischem Schaffen, Musik oder Tanz ausdrückt.

Evelina Volkmann, ev. Theologin

Die Erschaffung von Frau und Mann aus einem Menschenwesen

Da ließ Adonaj, also Gott, einen Tiefschlaf auf das Menschenwesen fallen, dass es einschlief, nahm eine von seinen Seiten und verschloss die Stelle mit Fleisch. Dann formte Adonaj, also Gott, die Seite, die sie dem Menschenwesen entnommen hatte, zu einer Frau um und brachte sie zu Adam, dem Rest des Menschenwesens. Da sagte der Mensch als Mann: „Dieses Mal ist es Knochen von meinen Knochen, und Fleisch von meinem Fleisch! Die soll Ischscha, Frau, genannt werden, denn vom Isch, vom Mann, wurde die genommen!" Deshalb wird ein Mann seinen Vater und seine Mutter verlassen und sich mit seiner Frau verbinden. Sie werden ein Fleisch sein. Und obwohl die beiden nichts anhatten, der Mensch als Mann und seine Frau, schämten sie sich nicht.

1. Mose 2,21-25 – Bibel in gerechter Sprache

Und ist noch nicht erschienen – ein Gebet nach 1. Johannesbrief 3,2

Und ist noch nicht erschienen, was wir sein werden
oh Gott, der du auftust und offenbar machst
wann wird es soweit sein?
wann werden wir sichtbar?
wann wird die Wahrheit an uns sichtbar?
wann wird man an unsern Städten sehen:
hier wohnen die Söhne und Töchter Gottes
die Schwarze nicht von Weißen apart halten
und Türken nicht von Deutschen separieren
und Frauen nicht von der Wahrheitsfindung
ausschließen [...]
wann wird man an unsern Gärten und Feldern
sehen:
hier wohnen die sanften Kinder der Erde
die das Vergewaltigen nicht gelernt haben
und das Plündern verlernten
hier wohnen kleine Menschen
die die Türme nicht in den Himmel bauen
und die Tiere nicht zu Tode testen
Gott, Freundin der Menschen, Freund der Erde
komm bald
maranatha beeil dich
mach uns sichtbar
Töchter und Söhne
in deinem Reich

Dorothee Sölle, 1929-2003, Theologin und Dichterin

Erschaffung von Mann und Frau → S. 60
Weibliche Seite Gottes → S. 98f.

1. Stellen Sie die Hauptanliegen feministischer Bibelauslegung (nach Volkmann) und das konkrete Vorgehen (nach Schüssler Fiorenza) dar.
2. Wenden Sie die feministische Bibelauslegung auf 1. Mose 2,21-25 an. Setzen Sie dazu zwei Übersetzungen (Luthertext; Bibel in gerechter Sprache) in Beziehung und ziehen Sie → S. 60 hinzu.
3. Setzen Sie sich mit der Geschichte von Maria und Martha (Lk 10,38-42) aus feministischer Sicht auseinander.
4. Zeigen Sie Konsequenzen der feministischen und befreiungstheologischen Aussagen des Gedichts von Dorothee Sölle für Ihre eigene Lebenswelt auf.

Was läuft bei einer Textarbeit ab?

Lucy D'Souza (1949): Maria von Magdala (Hungertuch)*

Dekonstruktivistische Bibelauslegung – Einige Merkmale

- Nach der traditionellen hermeneutischen Vorstellung birgt jeder Text einen durchlaufenden Sinn, der durch eine methodisch geleitete Rekonstruktion erfasst und so in Verstehen überführt werden kann. Dagegen hebt Dekonstruktion auf einen ständigen Widerruf bereits gefundener Sinnpotenziale ab. Dekonstruktion versucht tiefgründige Schichten des Textes aufzuspüren, die den auf der Oberfläche entstehenden Eindruck einer Sinnganzheit unterminieren.
- Auch wenn eine dekonstruktive Lektüre von Texten die Idee einer verbindlichen Interpretation abweist, besteht ihr Gegenentwurf nicht im gleichgültigen Nebeneinander subjektiver Deutungen. [...] Gefundene Deutungen sollen in ein Gespräch gebracht und so erneut interpretiert werden. [...]
- Was sich dem ersten Blick als ein geschlossener literarischer Text zu erkennen gibt, erweist sich bei genauerem Hinsehen als ein Gebilde, das Ambivalenzen und Widersprüche enthält. Eine dekonstruktive Lektüre [...] ist achtsam für Nahtstellen im Text, an denen widerstrebende Strömungen aufeinander stoßen, und enthüllt Figurationen [wechselseitige Beziehungen] mit deren Hilfe der Text den Eindruck von Kohärenz vermittelt.
- Dekonstruktion drängt die Rolle des Autors und seiner Absicht gegenüber der Texttradition zurück. Jeder Text lebt von den Beziehungen zu anderen, ihm vorausliegenden Texten. Sie können in verschiedener Weise aufgegriffen werden: affirmierend oder kritisierend, konterkarierend oder weiterführend. Wiewohl von einem Autor verfasst, ist ein Text mehr Produkt der Intertextualität als Schöpfung des Autors.
- Jeder Text trägt die Spuren seiner Epoche. In jeder Epoche wiederum sind bestimmte Redeweisen und Denkmuster [...] typisch. Die Diskursanalyse untersucht, welche Diskurse einen Text durchziehen und in welchem Verhältnis sie zueinander stehen. Damit wird die Bedeutung des Autors relativiert.
- Bei der Rezeption eines Texts stellen die Leserinnen bewusst oder unbewusst Verknüpfungen mit den eigenen Erfahrungen und mit dem eigenen Bild von Wirklichkeit her. [...] Die dekonstruktive Arbeit an Texten vermag für die Haarrisse, Brüche und Irrationalismen in der eigenen Fiktion von Wirklichkeit zu sensibilisieren. [...] biblische Texte wirken „destruktiv", indem sie die Selbstgewissheit des Subjekts aufstören und beruhigende Sinnschemata, die es sich zur Bewältigung seines Daseins geschaffen hat, in Frage stellen. Sie entfalten aber auch „konstruktive" Kraft, indem sie alternative Denk- und Handlungsmöglichkeiten eröffnen und neue Perspektiven anbieten, unter denen sich disparate Erfahrungen zu einem Sinnganzen fügen können.

Ulrich Kropač (1960),*
kath. Prof. für Religionspädagogik

Dekonstruktivistische Arbeitsformen

Arbeit am Text: Synoptischer Vergleich; Text-Text-Bezüge herstellen, Vergleich von Übersetzungen u.a.

Arbeiten mit dem Text: Veränderung eines Wortes oder Satzes und Beobachtung der Auswirkungen; Darbietung eines Textes in Fragmenten – Überlegen, wie der Text weitergehen könnte.

Texttransformationen: Darbietung verschiedener Vortragsvarianten, Transformation in ein anderes Medium (Klänge, Bilder). Neuerzählung des Texts aus der Perspektive verschiedener Handlungsträger u.a.

1. Stellen Sie die Merkmale dekonstruktivistischer Bibelauslegung in einem Schaubild dar.
2. Benennen Sie in Lk 15,1-7; Mk 14,32-42; Mt 5, 1-12 oder Ps 23 Auffälligkeiten und erklären Sie diese.
3. Vergleichen Sie, wie D´Souza und Fra Angelico (S. 153) Joh 20,11-18 interpretieren.
4. Arbeiten Sie an 3. Mose 19,33.34a (Umgang mit Fremden) die Botschaften des Textes heraus. Setzen Sie dann 1. Mose 47,1-6; 50,22-26 und 2. Mose 1,8-14 dazu in Beziehung und beschreiben Sie Veränderungen.
5. Gestalten Sie eine dramatische Lesung von Lk 4,16-22 (Predigt in Nazareth), indem Sie das Zitat aus Jes 61 durch Amos 5,18-20 ersetzen.

Bibeltexte transformieren

Wie vollziehen sich Transformationen?

Basics

Biblische Transformationen

Für das Verstehen der Bibel brauchen wir eine Brücke, die eine Verbindung zwischen dem zuerst einmal fremden Medium bzw. Inhalt und uns Rezipientinnen herstellt. Das vorhergehende Teilkapitel zeigte solche Brücken in Form der Methoden der Bibelauslegung auf. Dieses Teilkapitel nun versucht, ganz unmittelbare Begegnungen mit den fremden Welten der Bibel herzustellen. Wir treffen uns sozusagen auf der Brücke. Die Bibel kommt auf uns zu, und wir gehen der Bibel entgegen.

Für diese Begegnung „auf der Brücke" ist nicht nur der Inhalt, also das, was an Information ausgetauscht wird, von Bedeutung, sondern auch die Form oder Gestalt, in der dies geschieht. Fünf solcher Formen oder Gestaltungsweisen wollen wir berücksichtigen. Wir wollen der Bibel auf der Brücke (1) als Text oder Buch mit Erzählungen bzw. Geschichten, (2) als Poesie, weiter (3) als Schauspiel, Theaterstück bzw. Inszenierung oder einfach als Standbild, ferner (4) in der Gestalt von Bildern und zuletzt (5) in digitaler oder virtueller Form begegnen.

Bei der Begegnung auf der Mitte der Brücke ereignen sich Bewegungen und Verwandlungen, eben „Transformationen" auf beiden Seiten. Die Bibel wandelt sich und kommt uns in unterschiedlichen Formen und Gestalt(ung)en entgegen. Und die Begegnungen mit der Bibel können uns vielleicht neue Perspektiven eröffnen, uns verändern und „transformieren".

Der Tod des Autors

[1968 erschien ein wichtiges Buch:] Der Autor: Roland Barthes, der Titel: „La Mort de L'Auteur", der Tod des Autors. Natürlich meinte er nicht den real existierenden Autor, über dessen Leben und Sterben auch ein Roland Barthes nicht Gericht zu halten hat, sondern den Autor als literaturwissenschaftlichen Mythos und als Konstruktion bürgerlichen Leseverhaltens. Indem er diesen Autor desakralisierte [entheiligte], eliminierte, umbrachte, wollte Barthes den Lesern ihren Fluchtpunkt, das Telos [Ziel] ihrer Lektüre entreißen und sie damit der Quelle ihrer Verankerung von Sinn berauben.

Aleida Assmann (1947), Prof. für Literaturwissenschaft*

Beim Schreiben habe ich wenig gewollt ...

Nach jeder neuen Veröffentlichung erlebe ich ein seltsames Phänomen: die Metamorphose vom Autor zum Exegeten der eigenen Texte. Wenn ich auf Lesungen erklären soll, was ich in einem Text gemacht habe und warum, stammle ich wie ein Schulkind, das die Handlung eines Buches zusammenfassen muss, welches es nicht gelesen hat. [...] Nach und nach decke ich Bedeutungszusammenhänge auf [...]. Ein paar Monate später bin ich zur Fachfrau in Sachen Selbstinterpretation geworden. [...] Das Verblüffende daran ist, dass ich zu diesem Zeitpunkt selbst zu glauben beginne, jenes zwischen den Buchdeckeln Vorgefundene sei von mir aus nachvollziehbaren Gründen in genau dieser Weise erst gewollt und dann gemacht worden. Noch verwunderlicher ist, dass sogar starke Argumente für diese Annahme sprechen. An der Erstellung des Textes war schließlich niemand außer mir beteiligt. Und trotzdem ist die Annahme falsch. Beim Schreiben habe ich wenig gewollt und noch weniger gemacht.

*Juli Zeh (*1974), Juristin und Schriftstellerin*

1. Stellen Sie die im Basics-Text genannten Möglichkeiten für eine unmittelbare Begegnung mit dem Bibeltext dar.
2. Erläutern Sie die These vom „Tod des Autors" / der Autorin anhand der Texte von Assmann und Zeh und zeigen Sie mögliche Konsequenzen für die Interpretation von literarischen und biblischen Texten auf.
3. Überprüfen Sie (etwa am Satz: „Jesus ist auferstanden!"), ob man einen Text beliebig interpretieren kann. Erörtern Sie Interpretationsregeln.

Team-Aufgaben

1. Erläutern Sie das Bild der Brücke für den Umgang mit Medien und prüfen Sie seine Tragfähigkeit und Relevanz.
2. Zeigen Sie den „Mehrwert" von Gedichten, Inszenierungen, Bildern und digitalen Darstellungen auf.
3. Gestalten Sie anhand eines Beispiels (z.B. 2. Mose 3,1-15; Mk 12,13-17) drei Transformationsmöglichkeiten für Bibeltexte.

Was (be)wirken Worte?

Bibel kreativ weiterschreiben – Was(be)wirken Worte?

Wenn der Baal-Schem etwas Schwieriges zu erledigen hatte [...], so ging er an eine bestimmte Stelle im Walde, zündete ein Feuer an und sprach [...] Gebete – und alles geschah, wie er es sich vorgenommen hatte. Wenn eine Generation später der Maggid von Meseritz dasselbe zu tun hatte, ging er an jene Stelle im Walde und sagte: „Das Feuer können wir nicht mehr machen, aber die Gebete können wir sprechen" – und alles ging nach seinem Willen. Wieder eine Generation später sollte der Rabbi Mosche Leib aus Sassow jene Tat vollbringen. Auch er ging in den Wald und sagte: „Wir können kein Feuer mehr anzünden und wir kennen auch die geheimen Meditationen nicht mehr, die das Gebet beleben; aber wir kennen den Ort im Walde, wo all das hingehört und das muss genügen." – Und es genügte. Als wieder eine Generation später Rabbi Israel von Rischin jene Tat zu vollbringen hatte, da setzte er sich in seinem Schloss auf seinen goldenen Stuhl und sagte: „Wir können kein Feuer machen, wir können keine Gebete sprechen, wir kennen den Ort nicht mehr, aber wir können die Geschichte davon erzählen." Und – so fügt der Erzähler hinzu – seine Erzählung allein hatte dieselbe Wirkung wie die Taten der drei anderen.

Gershom Scholem (1897-1982),
jüdischer Religionshistoriker

Poetologische Theologie und kreatives Schreiben

Wer über Gott und die Sphäre des Heiligen sprechen will, bedient sich aus guten Gründen poetisch-metaphorischer Sprache. Die poetische Sprache [...] ermöglicht die gemeinsame Verständigung über sonst dem Sprechen entzogene Erfahrungsbereiche und ist so in dieser Weise eine im wahrsten Sinne des Wortes mögliche ‚Verdichtung' von Lebens- und Gotteserfahrungen. [...]

Biblische Sprache ist selbst poetische Sprache, die [...] aufgenommen und fortgeschrieben werden kann. [...]

Um in der Sprachform der Bibel [...] heimisch zu werden, ist es notwendig, nicht nur ‚über' sie zu sprechen, sondern sie auch nachzusprechen, umzusprechen und neuzusprechen. Damit Bilder vertraut, Erzählungen im Prozess der Aneignung zur ‚Meistererzählung' der eigenen Lebensgeschichte werden können, muss man sich in ihnen bewegen. Kreatives Schreiben zielt darauf ab, dass ‚durch die Aktivierung der Imaginationskraft etwas Neues entsteht, zumindest eine neue Sicht auf Bekanntes realisiert werden kann'. [...]

Als zentrale [P]rinzipien kreativen Schreibens können Irritation, Expression, Imagination genannt werden, die zugleich Sprachmodi der biblischen Texte aufgreifen.

Irritation: Um Kreativität in Gang zu setzen, ist es nötig, aus dem Alltagsdenken herauszutreten und eingeschliffene Routinen in der je eigenen Wahrnehmung und Handlung zu durchbrechen. So kann es zu einer ‚Irritation der Strukturen' kommen, die es ermöglicht, Neues zu schaffen. [...]

Expression: Da jedes Schreiben immer auch ein Schreiben über sich selbst ist, wird im Schreibprozess eine verstärkte Selbstwahrnehmung in Gang gesetzt. Momente der eigenen Befindlichkeit, Emotionen und individuelle Vorstellungen gehen während des Suchprozesses in das Schreibprodukt ein und helfen so auch beim Ausdruck der eigenen Identität.

Imagination als Ausgestaltung von Fantasien verbindet Irritation und Expression. Durch die Gegenüberstellung von erfahrbarer äußerer Welt und eigenen Vorstellungen und Wünschen werden unerwartete Räume der Fantasie eröffnet.

Mirjam Zimmermann (1970),*
Prof. für Religionspädagogik

Poet. Sprache für Leben nach dem Tod → S. 310
Bilder und Geschichten → S. 36f.

1. Analysieren Sie, welche Wirkungen der von Scholem fixierte Text aus der jüdischen Tradition Geschichten zutraut.
2. Erläutern Sie anhand des Textes von Zimmermann Wesen und Merkmale von poetischer Sprache und kreativem Schreiben.
3. Gestalten Sie eine aktualisierte Fortsetzung für die Erzählungen von Kain und Abel (1. Mose 4,1-7), den Arbeitern im Weinberg (Mt 20,1-8) oder vom Verlorenen Sohn (Lk 15,11-20a).
4. Gestalten Sie eigene Texte (→ S. 327) zu folgenden biblischen Textanfängen:
   Schön, bist du, mein/-e Freund/-in ...
   Herr mein Gott, wie groß bist Du ...
   Am Anfang schuf Gott Himmel und Erde ...
   Das Reich Gottes ist wie ...
   Und ich sah einen neuen Himmel und eine neue Erde ...
   Vergleichen Sie Ihre eigenen Texte untereinander und mit den biblischen Versionen (Hoheslied 4,1-3; 5,10-13; Psalm 104; 1. Mose 1,1-2,4a; Mt 20,1-15; Offb 21).

Wozu Poesie?

Bibel in Gedichte fassen – Das Zauberwort

Werner Heisenberg, sagte Georg, heiße der Mann, der eine Formel entwickelt habe, alles lasse sich damit beschreiben, die ganze Welt, alle Zustände und Eigenschaften auch des kleinsten Teilchens. Na klar, sagte ich. „Schläft ein Lied in allen Dingen, / die da träumen fort und fort, / und die Welt fängt an zu singen / triffst du nur das Zauberwort." Fast hätte Georg seine Hand zurückgezogen. Ich hielt sie fest. Das Zauberwort, sagte ich, begreifst du nicht, das Zauberwort von dem Eichendorff – das ist der Mann, der dieses Gedicht geschrieben hat, so wie dein Heisenberg seine Weltformel –, dieses Zauberwort ist die Weltformel. Sag sie mir, deine Weltformel, und wir wollen sehen, ob die Welt zu singen beginnt.
Hilla, es kommt doch nicht darauf an, ob etwas singt, sondern ob es stimmt. Heisenberg will die Welt erklären, nicht besingen. Nur Zahlen lügen nicht. Aber Gedichte, beharrte ich, Gedichte lügen auch nicht. Heisenberg hat sicher Recht. Aber Eichendorff hat auch Recht.
Im Strom der Spaziergänger gingen wir durch den Park an den Rhein. Georg nahm wieder meine Hand. Was war wichtiger für die Menschheit, die Mathematik oder die Dichtung?

Ulla Hahn (1945), Schriftstellerin*

Siehe, meine Freundin, du bist schön!
Siehe, schön bist du!
Deine Augen sind wie Tauben
hinter deinem Schleier.
Dein Haar ist wie eine Herde Ziegen,
die herabsteigen vom Gebirge Gilead.

Hoheslied 4,1

Mein Freund ist weiß und rot,
auserkoren unter vielen Tausenden.
Sein Haupt ist das feinste Gold.
Seine Locken sind Rispen,
schwarz wie ein Rabe.

Hoheslied 5,10f.

Deine Füße

Wenn ich dein Gesicht nicht betrachten kann,
so betrachte ich deine Füße.
Deine Füße aus gewölbtem Knochen,
deine kleinen, festen Füße.
Ich weiß, dass sie dich tragen […].

Pablo Neruda (1904-1973), Dichter

Gustav Klimt (1862-1918): Der Kuss, 1907/08

Lobe den Herrn, meine Seele!
Herr, mein Gott, du bist sehr groß;
in Hoheit und Pracht bist du gekleidet.
Licht ist dein Kleid, das du anhast.
Du breitest den Himmel aus wie ein Zelt.

Psalm 104,1f.

Höre, Israel, der Herr ist unser Gott,
der Herr ist einer.
Und du sollst den Herrn, deinen Gott,
lieb haben von ganzem Herzen,
von ganzer Seele und mit all deiner Kraft.

5. Mose 5,5f.

Vieldimensionalität der Wirklichkeit → S. 42f..

1. Untersuchen Sie, welche der Texte Poesie sind und woran man das erkennt.
2. Arbeiten Sie Aussageabsichten der Gedichte und des Bildes heraus.
3. Prüfen Sie, ob es Aussagen gibt, die vor allem in Gedichtform oder in Bildern deutlich werden.
4. Formulieren Sie Gründe, warum sich die Bibel häufig der poetischen Sprache bedient.
5. Gestalten Sie zu einem biblischen Thema ein Gedicht.

Wie geht Theater?

Bibel inszenieren –
Wir alle spielen im Alltag ständig Theater

Die allgemeine Vorstellung, dass wir uns selbst vor anderen darstellen, ist kaum neu; was zum Abschluss betont werden sollte, ist die Tatsache, dass gerade die Struktur unseres Selbst unter dem Gesichtspunkt der Darstellung verstanden werden kann. [...]

In unserer Gesellschaft werden die Rolle, die man spielt, und das Selbst, das man ist, in einer gewissen Weise gleichgesetzt [...].

In dieser Arbeit wurde das dargestellte Selbst als eine Art von Bild, meistens ein glaubwürdiges Bild, gesehen, das durch die Bemühungen des Darstellers auf der Bühne und in seiner Rolle den anderen nahegebracht wird. [...] Eine richtig inszenierte und gespielte Szene veranlasst das Publikum, der dargestellten Rolle ein Selbst zuzuschreiben, aber dieses zugeschriebene Selbst ist ein Produkt einer erfolgreichen Szene, und nicht ihre Ursache.

Erving Goffman (1922-1982),
kanad. Soziologe

Bibliodrama

Beim Bibliodrama handelt es sich um die „dramatische" Aneignung und Umsetzung biblischer Texte. [Den unterschiedlichen] Richtungen gemeinsam ist ein ganzheitliches und erfahrungsorientiertes Arbeiten in Gruppen unter Einbeziehung des Körpers und mit Einsatz kreativer Elemente, von Gestus über Stimme und Klang bis hin zu Farbe und Form.

Die Identifikation der Teilnehmenden im szenischen Spiel mit Situationen, die in der Bibel geschildert werden, befähigt, die in den Bibeltexten enthaltenen menschlichen Grunderfahrungen nachzuvollziehen und dadurch das eigene Leben tiefer zu verstehen und zu gestalten. So geschieht eine wechselseitige Auslegung von Lebenssituation der Teilnehmenden und Bibeltext. [...]

Im Unterschied zum Bibeltheater will Bibliodrama nicht illustrativ einen Bibeltext nachspielen, sondern zur Vergegenwärtigung führen.

Eleonore Reuter (1961), kath. Theologin,*
Prof. für Praktische Theologie

Bibliolog

[Der Bibliolog bewegt sich] zwischen Subjektorientierung und Texttreue. Sein Anliegen ist es, eine Begegnung zwischen Mensch und biblischem Text zu ermöglichen und zu inszenieren, die die Erfahrungen der Teilnehmenden konstruktiv einbezieht und damit einem vertieften Verständnis des Textes – und manchmal auch der Erstbegegnung – dient. Die Korrespondenz von Textwelt und Lebenswelt lässt die Aktualität und Lebensrelevanz der biblischen Texte erlebbar werden und ermöglicht einen neuen Zugang zu ihnen, unabhängig von den biblischen Vorkenntnissen. [...]

Vor allem ist der Bibliolog von der Tradition rabbinischer Hermeneutik geprägt: Bibliolog begreift sich als moderne Form des Midrasch, der die Texte der Tora durch kreative Füllung ihrer Lücken auslegt. Der Ansatz greift zurück auf die rabbinische Unterscheidung zwischen dem „schwarzen Feuer", dem Buchstabengehalt der biblischen Texte, und dem „weißen Feuer" als dem Raum zwischen den Worten und teilt mit ihr die Überzeugung, dass das Schüren des „weißen Feuers" zu einen vertieften Verstehen des „schwarzen Feuers" führt. [...]

Methodisch bewegt sich der Bibliolog (zumindest in seiner Grundform) auf der rein sprachlichen Ebene, während die Teilnehmenden im Bibliodrama ins Spiel gehen. Der Bibliolog bewegt sich zudem enger am Text als das Bibliodrama.

Uta Pohl-Patalong (1965)*
Prof. für Religionspädagogik

Texte kreativ bearbeiten → S. 327.

1. Stellen Sie die Hauptaussagen der „Alltags-Theater-Theorie" von Erving Goffman dar und prüfen Sie deren Plausibilität.
2. Entfalten Sie anhand der Texte die wesentlichen Merkmale und Unterschiede von Bibeltheater, Bibliodrama und Bibliolog.
3. Gestalten Sie ein Standbild oder eine Inszenierung einer biblischen Geschichte, etwa Kain und Abel (1. Mose 4,1-16 - vgl. S. 175) oder die Heilung des Blinden von Jericho (Mk 10,46-52). Analysieren Sie Vorgehen, Durchführung und Wirkung.

Was zeigen Bilder?

Bibel ins Bild setzen – Kinder erklären Kunst Kühe können eigentlich gar nicht springen! Kühe stehen auf der Weide herum oder im Stall, und ab und zu machen sie mal „Muh". Die Kuh auf dem Bild sieht sehr glücklich aus. Sie freut sich vielleicht so doll, weil sie endlich mal auf die Weide durfte – immer nur im Stall herumstehen muss ziemlich langweilig sein. Ich gehe auch gern raus. Wenn ich mich ganz doll freue, springe ich auch in die Luft – oder ich spiele Fußball. Fußball ist mein Lieblingssport. […] *Hanna, 5 Jahre*

Franz Marc (1880-1916): Die gelbe Kuh, 1911

Vom Wiedererkennen in Bildern

Auf die Frage […], was denn ein Bild sei, […] sagen [Kinder]: „Ein Bild ist, wo du etwas drin erkennen kannst – nicht wie bei dem Krixikraxi, das du mir neulich im Museum gezeigt hast." Vielleicht ist dieser Satz auch deshalb, weil er – nicht ohne Aggressionen – einen wunden Punkt anspricht, theoretisch wertvoll. Es könnte jedenfalls sein, dass er einen guten Ausgangspunkt bietet, um sich über den Begriff des Bildes systematisch den Kopf zu zerbrechen. Unter einem Bild wäre, wenn wir richtig gehört haben, ein Ding zu verstehen, in dem eine davon verschiedene Sache zu erkennen oder wiederzuerkennen ist. Das ist immerhin wesentlich aufschlussreicher als alles, was uns unvorbereitete (wiewohl philosophisch geschulte) Erwachsene auf unsere lästige Frage geantwortet haben („Ein Bild ist zum Beispiel, was im Kunsthistorischen Museum an der Wand hängt …"). [Dennoch] müssen wir einen doppelten Vorbehalt geltend machen. Erstens darf man nicht voraussetzen, dass es möglich sei, von der – scheinbar simplen und grundlegenden – Problematik des (Wieder-)Erkennens her die gesamte „Domäne der Bilder" [James Elkins] in den Blick zu nehmen. Man wird sich von frechen Kindern doch nicht gleich die Freude an gewissen Formen von „Krixikraxi" verderben und obendrein noch das Recht nehmen lassen, diesbezüglich von „Bildern" zu sprechen. Außerdem könnte eine Untersuchung, die dem kindlichen Hinweis folgt, an einen Punkt gelangen, an dem es sich als notwendig erweist, diese Herangehensweise überhaupt zu revidieren und an einer anderen, vielleicht tiefer gelegenen Stelle neu anzusetzen.

Die Kunsthistoriker Wolfram Pichler (1968), und Ralph Ubl*

Bilder erschließen → S. 328f.

Leonardo da Vinci (1452-1519): Die Verkündigung, 1472-75

1. Analysieren Sie, auf welchen Ebenen Hanna das Bild von Marc interpretiert, und beschreiben Sie Leonardos Bild aus Hannas Perspektive.
2. Nehmen Sie zu Hannas Bildinterpretation(en) Stellung aus der Perspektive ihrer Eltern, der Künstler und der beiden Kunsthistoriker Pichler und Ubl. Entwerfen Sie eine Mail an Hanna.
3. Entwerfen Sie, von Pichler / Ubl ausgehend, eine Kunstauffassung, die auch abstrakte und religiöse Bilder einbezieht.
4. Beschreiben und analysieren Sie Leonardos Verkündigung unter Hinzuziehung der biblischen Erzählung Lk 1,26-38. Setzen Sie dazu die Verfremdung des Bilds (→ **S. 107**) in Beziehung.
5. Beschreiben Sie ein Bild Ihrer Wahl zu einem biblischen Thema. Zeigen Sie auf, wie der Text ins Bild gesetzt wird.

Was ist real, surreal und virtuell?

Bibel digitalisieren –
Reale, surreale und virtuelle Welten

Man stelle sich einen Computer vor, auf dessen Bildschirm der Benutzer nursichtbare [sic!] Pferde laufen lassen kann. Es gibt nur zwei Veränderungs- und Bewegungsmöglichkeiten, die der Computer für das digital generierte Pferd anbieten kann. [...] Erstens kann der Computer ein Pferd auf dem Bildschirm zeigen, das willkürlich und grenzenlos bewegbar ist, welches durch Morphing in jeder beliebigen Geschwindigkeit in jede beliebige andere Gestalt überführt werden kann. Dies ist der Fall der Animation. In einer digitalen Animation dieser Art ist das Bildobjekt eine vollkommen substanzlos, widerstandslos und frei verfügbare Modelliermasse ohne wirkliche Masse. Man hat im wörtlichen Sinne eine surreale Welt.

Zweitens kann der Computer aber auch ein Pferd auf dem Bildschirm generieren, welches künstliche Eigenschaften besitzt. Dieses Pferd bewegt sich für den Betrachter dann sowohl anders als ein Pferd im Film, als auch anders als das surreale Pferd. Denn dieses Pferd kann dann keineswegs vom Betrachter beliebig wie in der Phantasie bewegt werden. Sondern dieses Pferd verhält sich nach Gesetzen. Jedes Videospiel kann hierfür als ein Beispiel genommen werden. So gibt es Pferderennen als Videospiel, bei denen die Pferde nicht beliebig schnell werden, bei denen verschiedene Pferde Verschiedenes können und bei denen schon mal ein Hengst selbst durchgeht, ohne dass er sie zügeln ließe [...]. Erst dieses zweite Pferd ist ein simuliertes Pferd, denn es besitzt Verhalten. In der Simulation hat man keine surreale, sondern eine virtuelle Welt voller Überraschungen. Denn in der virtuellen Realität einer digitalen Simulation kann der Betrachter über die Bildobjekte nicht beliebig verfügen, sondern er tritt mit ihnen in eine Interaktion. Er kann die Bewegung der bildlich gezeigten Sache nur noch in Grenzen bestimmen, denn das Bildobjekt, obwohl es nichts anderes als eine Sache aus reiner Sichtbarkeit ist, hat dennoch – eben simulierterweise – Materialeigenschaften und unterliegt damit einer künstlichen Physik. Diese in die Bildwelt künstlich implementierte Physik kann, muss aber nicht die Physik der außerbildlichen Realität sein. Es lassen sich Realitäten simulieren, die nicht existieren.

Lambert Wiesing (1963)*
Prof. für Vergleichende Bildtheorie

Die Befreiung des Petrus aus dem Gefängnis (Apg 12,1-23)

Die Erzählung von der Befreiung des Petrus [bietet] interessante Anschlussmöglichkeiten, weil sie selbst unterschiedliche Perspektiven auf ein und dasselbe Geschehen einfängt: In Apg 12,19 heißt es, dass Herodes die Wachen verhört und abführt. Warum? Der Text gibt keine explizite Begründung. Implizit deutet sich hier an, dass Herodes den Wachen unterstellt, ihre Pflichten vernachlässigt oder sogar Petrus zur Flucht verholfen zu haben. Das wundersame, göttliche Geschehen wird so probeweise konnotiert als schlichte menschliche Befreiung durch die römischen Wachen. Lukas lässt keinen Zweifel daran, welche Konnotierung seiner Meinung nach die richtige ist: Der Herr hat einen Engel gesandt, um Petrus zu befreien (Apg 12,11). [...]

Der Text differenziert außerdem [...] zwischen der möglichen Traumwelt des Petrus und der göttlichen Wirklichkeit [Apg 12,9]. [...] Der Verfasser von Apostelgeschichte 12 verfolgt die Strategie, die göttliche Wirklichkeit gegenüber der konkurrierenden Traumwelt des Petrus als „real" zu konnotieren. [...]

Hanna Roose (1967), ev. Prof.*
für Religionspädagogik

Wie verändert sich die Welt durch Digitalisierung? → S. 25

1. Arbeiten Sie anhand des Textes von Roose drei unterschiedliche Perspektiven auf die Geschichte der Petrus-Befreiung (Apg 12,1-23) heraus (Verdacht des Herodes, Traumwelt des Petrus, göttliche Wirklichkeit).
2. Benennen und beschreiben Sie anhand des Textes von Wiesing die drei Formen der realen, surrealen und virtuellen Welt.
3. Zeigen Sie auf, wie sich eine biblische Geschichte in ihrer Bedeutung ändert, wenn man sie unter der dreifachen Perspektive von realer, surrealer oder virtueller Welt konnotiert (Schöpfungserzählungen: 1. Mose 1,1-2,4a; 1. Mose 2,4b ff.; Wunder: Mk 10,46-52; Auferstehung: Joh 20+21; Apokalypse: Offb 20+21).
4. Gestalten Sie eine biblische Szene ihrer Wahl in digitaler Form.

Check-out

Wiederholen – Zusammenfassen – Sichern

- Gestalten Sie eine Wortwolke (→ S. 327) zum Thema Bibel.
- Gestalten Sie fünf Aufgaben für einen Diagnose- oder Überprüfungstest zum Bibelkapitel.
- Gestalten Sie Wiederholungskärtchen (Vokabelkarten) für Inhalte, die Sie als besonders wichtig erachten.
- Benennen Sie einen biblischen Text, der Sie besonders anspricht, und beziehen Sie diesen auf die ganze Bibel.
- Formulieren Sie mithilfe der biblischen Personen auf S. 153 und weiteren Figuren den Erzählbogen der Bibel.
- Zeigen Sie anhand der Begriffe Evangelium, Tora, Prophetie, Metapher und Mythos auf, wie die Bibel „spricht".
- Formulieren Sie fünf Regeln für den Umgang mit der Bibel.
- Setzen Sie sich noch einmal mit den Anforderungssituationen S. 154f. auseinander und überprüfen Sie Ihre ersten Lösungen.

Anwenden – Verknüpfen

- Ex-Tagesthemenchef Ulrich Wickert sagt: „Die Bibel ist ein absolut spannendes Buch, die Basis für einen großen Teil der Kultur in der westlichen Welt. Man kann keine Kirche verstehen ohne die Bibel. Und auch einen Großteil der Malerei und der Literatur nicht." Nennen Sie Gründe für diese Aussage.
- Beurteilen Sie, was die Bibel für ethisches Urteilen beitragen kann.
- Zeigen Sie anhand von einem oder zwei Beispielen, welcher kreative Umgang mit der Bibel (Transformationen) besonders gut zu einer bestimmten Methode der Bibelauslegung passt.
- Erläutern Sie, warum Prediger und Predigerinnen nach dem Verlesen eines Bibeltextes und vor der Predigt ein Gebet sprechen.

- Nach der Aussage des Korans selbst wurde die göttliche Offenbarung dem Propheten Muhammad durch den Engel Gabriel übermittelt „Und also entsendeten wir zu dir einen Geist mit einer Offenbarung auf unser Geheiß" (Sure 42,52). Vergleichen Sie damit die Entstehung der Bibel und zeigen Sie Konsequenzen für die Auslegung auf.

Einschätzung des Lerngewinns und des Lernprozesses

- Überprüfen Sie, ob die eingangs aufgeworfenen Fragen (S. 153) im Zuge der Auseinandersetzung mit der Bibel befriedigend beantwortet sind und an welchen Lernstationen dies geschah.
- Benennen Sie wichtige Elemente, die man wissen oder können sollte, wenn es um die Bibel geht.
- Bewerten Sie die Auseinandersetzung mit der Bibel für Ihr persönliches Leben von 0 bis 10.
- Benennen Sie persönliche und gesellschaftliche Lebenssituationen, in denen die Bibel besondere Bedeutung gewinnen kann.

Feedback

- Vergleichen Sie Ihre unterrichtlichen Erfahrungen mit der Bibel mit dem Bild von Magritte.
- Benennen Sie, was zu kurz gekommen ist und wo Sie noch Fragen haben.
- Überprüfen Sie, ob die Art der Auseinandersetzung mit der Bibel im Unterricht dem Inhalt der Bibel gerecht wird.

René Magritte (1898-1967): Die Kunst der Konversation, 1963

Kirche

- Erfahrungen mit Kirche
- Kennzeichen der evangelischen Kirche
- Kirche zwischen Pluralismus und Wahrheit
- Das Verhältnis zu Staat und Gesellschaft

Fußwaschung, Santa Croce, Florenz, 13. Jahrhundert

- Was verstehen Menschen unter „Kirche“?
- Warum gibt es so viele Kirchen?
- Wozu brauchen Menschen Kirche?
- Wie ist Kirche, wenn sie gut ist?
- Wie soll sich Kirche gegenüber anderen Religionen verhalten?
- Warum engagiert sich Kirche in der Gesellschaft?
- Was würde Jesus heute zur Kirche sagen?

Check-in

KOMPETENZEN

In diesem Kapitel finden Sie Beiträge zum Erwerb der folgenden **Kompetenzen**. Sie können …

- Erfahrungen mit Kirche einordnen;
- Möglichkeiten und Aufgaben der Kirche in der Zukunft entwerfen;
- biblische Wurzeln und den Auftrag der Kirche erläutern;
- geschichtliche und gegenwärtige Erscheinungsformen der Kirchen darstellen und beurteilen;
- unterschiedliche Verhältnisbestimmungen von Kirche und Staat erläutern.

Kirche wird gebraucht
Eine Familie bittet einen Pfarrer um die Beerdigung des verstorbenen Großvaters. Es gibt nur ein Problem: „Der Opa ist aus der Kirche ausgetreten."
Der Pfarrer sieht die seelsorgerlichen Bedürfnisse der Angehörigen und sagt die Beerdigung zu. Vor dem Trauergespräch erfährt er zufällig, dass alle Angehörigen auch aus der Kirche ausgetreten sind. – Was soll er tun?

Formulieren Sie einen Brief an den Pfarrer aus der Perspektive eines Gemeindeglieds.

Kirche verliert an Bedeutung
Die Mitgliederzahlen sinken. In Deutschland sind ca. 28 % katholisch, 26 % evangelisch, 37 % konfessionslos, 6 % muslimisch, 0,1 % jüdisch. In Ihrer Stadt wird diskutiert, ob die „Weihnachtsferien" in „Winterferien" umbenannt werden sollen.

Formulieren Sie eine Rede für die SMV-Versammlung an Ihrer Schule.

Kirche und das Heilige
„Fotografieren Sie nicht während der Taufe, erstens werden die Bilder schlecht, wir stellen das lieber später nach, und zweitens ist es doch ein Sakrament."
Die junge Pastorin hat die Eltern des Täuflings fast überzeugt, doch dann hakt der Vater nach: „Eben, es ist ein Sakrament, deshalb wollen wir es ja im Bild festhalten."
Die Pastorin sagt: „Aber genau das können Sie nicht fotografieren …"

Entwerfen Sie eine mögliche Begründung der Pastorin.

Kirchensteuer
Sie halten zum ersten Mal Ihre Gehaltsabrechnung in den Händen: 3500 € Brutto. Bei den „Abzügen" entdecken Sie 50 € monatliche Kirchensteuer. Sie überlegen, wofür die Kirche genau Ihr Geld ausgeben sollte.

Nennen Sie Projekte oder Aufgaben, die es Ihnen wert sind, dass die Kirche hier Ihr Geld einsetzt, und begründen Sie diese.

Kirche dient

Entwerfen Sie eine Stellungnahme aus der Perspektive des erstaunten Beobachters: Warum müssten Christinnen und Christen dafür sorgen, dass dieser Mann nicht mehr am Boden sitzt?

Kirche experimentiert mit Segensrobotor „BlessU-2“

Mit einer Freundin entdecken Sie den Segensroboter in Ihrer Kirche. Er funktioniert ähnlich wie ein Bankautomat und Sie können die Sprache und den Inhalt (Ermutigung oder Erneuerung) wählen. Im Anschluss können Sie sich den Segen auf einem kleinen Kassenbon ausdrucken.

Entwerfen Sie einen Kommentar aus der Perspektive eines Christen, einer Christin: Ist das zukunftsfähig?

Kirche braucht neue Leute

Entwerfen Sie einen Kirchenraum, der attraktiv ist für junge Menschen. Beachten Sie dabei Sitzgelegenheiten, Raumgestaltung, Licht, Musik, etc. Begründen Sie Ihre Vorstellungen.

Erfahrungen mit Kirche

Wie sind Glaube und Kirche miteinander verbunden?

Basics

Kirche als Glaubensgemeinschaft und Institution

Das deutsche Wort „Kirche“ ist ein Lehnwort aus dem Griechischen (von griech. kyrios = Herr). Es bezeichnete zunächst das Gotteshaus – das Haus des Herrn –, wurde aber schon früh auf die christliche Gemeinschaft übertragen – auf die Gemeinschaft, die sich auf den Herrn beruft und zu ihm gehört. Der Ausdruck „Herr“ meint dabei Jesus Christus, dem dieser Titel von seinen Anhängern gegeben wurde, um seine besondere Bedeutung deutlich zu machen. „Kirche“ bedeutet im speziell christlichen Sinn die Gemeinschaft derer, die von Jesus Christus angerührt worden sind und an ihn glauben.

Die Kirche als Gemeinschaft der Glaubenden

Der Geburtstag der Kirche ist das Pfingstereignis (Apostelgeschichte 2). Nachdem die zwölf Apostel den Heiligen Geist empfangen haben, hören Menschen aus ganz unterschiedlichen Völkern, die ganz unterschiedliche Sprachen sprechen, die Apostel in ihrer eigenen Sprache sprechen und können sie verstehen. In dieser Erzählung vom Pfingstwunder spiegelt sich die geschichtliche Tatsache, dass der Glaube an Jesus Christus sich schnell über die ganze damals bekannte Welt ausgebreitet hat. Die Kirche ist die Gemeinschaft derer, die von Jesus Christus angerührt sind und an ihn glauben. So gesehen macht die Aussage, dass man auch ohne Kirche glauben kann, gar keinen Sinn. Wenn man glaubt, steht man in einer Gemeinschaft mit denen, die auch glauben. Und darüber hinaus hat jeder, der einen bestimmten Glauben oder eine Weltanschauung vertritt, auch den Wunsch, sich mit Gleichgesinnten zu treffen und sich mit ihnen auszutauschen.

Die Kirche als Institution

Die Aussage „Man – oder persönlicher müsste es heißen: Ich – kann auch ohne Kirche glauben“ hat eine andere Spitze. Es ist eine Anfrage an die Kirche als Institution, eine Anfrage an die Kirche als feste Einrichtung oder „Anstalt“. Wir empfinden heute sensibler als in früheren Zeiten die Spannung, die zwischen dem liegt, was Jesus Christus gelebt hat und seine innerste Überzeugung war, und der Art und Weise, wie Menschen nach ihm versucht haben, seinen Geist zu bewahren und in feste Strukturen zu bringen. Der katholische Reformtheologe Alfred Loisy hat es so ausgedrückt: „Was Jesus verkündete, war das Reich Gottes, und was kam, war die Kirche.“ Martin Luthers Reformation war von dem Ziel geleitet, die Kirche von innen zu reformieren, indem er sich wieder an den Anfängen orientiert hat: „Die Kirche muss immer reformiert werden.“ […] Ohne feste Strukturen kann der Geist des Anfangs nicht bewahrt werden. Aber genau diese festen Strukturen stehen in der Gefahr, den Geist zu verfälschen, den sie bewahren wollen. Martin Luther hat auch eine wichtige Unterscheidung für die Einschätzung der Kirche verwendet: die Unterscheidung von sichtbarer und unsichtbarer Kirche. Die unsichtbare Kirche, die Gemeinschaft der wahrhaft Gläubigen, ist kleiner als die sichtbare Kirche […], weil es in ihr auch Heuchler und schlechte Menschen gibt. Anders herum ist die unsichtbare Kirche aber auch größer als unsere vorfindliche Kirche, weil es eben auch in anderen Kirchen und außerhalb der Kirche wahrhaft Gläubige gibt.

Holger Schwarzer (1963), ev. Theologe*

1. Fassen Sie in einem Schaubild zusammen, was jeweils zur sichtbaren und zur unsichtbaren Kirche gehört.
2. Vergleichen Sie die Kirche mit einem Sportverein.
3. Entwerfen Sie eine Rede Jesu zum Zustand der Kirche heute für einen Parallelkurs (ev., kath., eth., phil.).

Team-Aufgaben

1. Fassen Sie jeweils in fünf Sätzen zusammen, wie Kerkeling (S. 193), Steffensky (S. 192) und Sie selbst die Kirche sehen.
2. Gestalten Sie auf dem Hintergrund der Seiten 190–193 ein Plakat für das Oberstufenbrett Ihrer Schule mit vier Gründen für und vier gegen die Kirche.
3. Entwerfen Sie einen ansprechenden digitalen Werbepost für eine Kirche in Ihrer Nachbarschaft.
4. Gestalten Sie prägnante Kommentare aus der Perspektive von Jesus zu den Erfahrungen mit Kirche auf den Seiten 191–193.
5. Entwerfen Sie ein Kochrezept für eine Kirche, die „lecker schmeckt“.

Wie zeigt sich christlicher Glaube?

Die Vielfalt des christlichen Glaubens – Hillsong Church

Der Begrüßungskultur der multikulturell geprägten Gottesdienstgemeinschaft wird große Aufmerksamkeit gewidmet. Die Video-, Sound- und Lichttechnik in verdunkelten Räumen schafft vielfältige Möglichkeiten, Stimmungen und Effekte hervorzurufen.

Die pfingstlich geprägte Hillsong-Kirche wurde 1983 in Sydney gegründet. Im internationalen Kontext bekannt wurde sie durch zahlreiche Musikgruppen (Hillsong United) und Konzerte, professionell gestaltete Anbetungsmusik und mediale Präsenz. Durch die Aufnahme von Elementen der Jugend- und Popkultur wurde die globale Resonanz dieser Bewegung verstärkt. Musik und Lieder schaffen in eventmäßig organisierten Gottesdiensten und Konferenzen eine Atmosphäre, in der sich starke Gefühle ausdrücken können und dem Ausleben von Glaubensemotionen in Anwesenheit anderer Raum gegeben wird. Zugleich werden die klassischen Anliegen der Pfingstbewegung betont und gepflegt: die Praxis der Charismen Heilung, Glossolalie (Zungenrede bzw. Sprachengebet) und Prophetie. Ebenso wird die Erwartung unterstützt, dass sich göttliche Kraft in enthusiastischen und ekstatischen Erfahrungen manifestiert, die auch den Bereich der Leiblichkeit betreffen. Rationalitätsskepsis verbindet sich mit einem Hunger nach erlebbarer Transzendenz.

Reinhard Hempelmann (1953), ev. Theologe*

Hillsong Church

Verschiedene Christentümer

Für die einen ist Weihnachten vorbei, viele orthodoxe Christen warten noch drauf; Christen haben verschiedene Kalender. Auch ihre Lehren und Moralvorstellungen unterscheiden sich. Nicht einmal alle glauben, dass Gott dreieinig ist: Vater, Sohn und Heiliger Geist. Nicht jeder erkennt jede Taufe an. Einige bleiben beim Abendmahl lieber unter sich. Manche fordern Gewaltfreiheit, andere segnen Waffen. Aber worin sind sich alle Christen einig?

Vielfältig bis zur Zerreißprobe war das Christentum schon immer. „Muss jemand, der tauft und die Abendmahlsworte spricht, ein ehrbarer Mensch sein?“, fragte man schon im vierten Jahrhundert. „Unbedingt!“, forderten die einen. „Keineswegs“, wehrten andere ab: Christi Botschaft der Vergebung könne selbst dann wirken, wenn der Priester boshaft und verlogen sei. Müssen Christen ihre Feinde lieben und Angriffe wehrlos erdulden, wie Jesus es fordert? „Nein“, sagen nicht wenige, „auch tiefgläubige Christen müssen wehrhaft sein, tragen sie doch Verantwortung für andere.“ Auf all diese Fragen wird es wohl nie endgültige Antworten geben. […]

Klar ist für alle: Jesus ist Christus, der Messias. Er ist Gottes Sohn. Nur öffnet gerade dieses Urbekenntnis Raum für Vielfalt, für verschiedene Christentümer. Man kann es als Aufruf verstehen, Jesu Weg weiterzugehen und Gottes Gebote zu erfüllen: indem man enthaltsam lebt und so Selbstbeherrschung erlangt. Oder durch Bekennermut. Oder durch tätige Nächstenliebe. Oder indem man das Zusammenleben unter Christen gerecht und gewaltfrei gestaltet. Andere […] suchen die Nähe zu ihrem Heiland und Erlöser im Gebet, in der heiligen Messe oder auf Wallfahrten. […] Entscheidend ist aber: Jesus war Jude, er forderte das jüdische Gebot der Nächstenliebe ein. Hass ist unchristlich, auch da gibt es kein Vertun.

Burkhard Weitz (1965), ev. Theologe*

Trinität → S. 116
Christologische Hoheitstitel → S. 146f.

1. Formulieren Sie Ihre Erfahrungen mit unterschiedlichen Formen des christlichen Glaubens.
2. Beschreiben Sie das Bild und die Spiritualität der Teilnehmenden.
3. Vergleichen Sie das Bild mit der in der Confessio Augustana CA VII beschriebenen Kirche als „Versammlung aller Gläubigen und Heiligen“ (S. 200).
4. Gestalten Sie eine Skizze, die den gemeinsamen Kern und davon ausgehend die Vielfalt des christlichen Glaubens zeigt.

Wie kann die Kirche die nächste Generation begeistern?

Neues Kirchenbild: Kirche als Haus der Geschichten und der Träume

Sylvia Paul: An Evening Walk to Sacré Coeur, 2014

Eine der politisch-spirituellen Grundaufgaben der Kirche ist die Überlieferung der Geschichten und der Bilder von der Würde des Menschen. Dass das Leben kostbar ist, dass Gott es liebt, dass niemandem die Zukunft versperrt sein soll, dass wir zur Freiheit berufen sind, dass die Armen die ersten Adressaten des Evangeliums sind – das singt und spielt uns die christlich-jüdische Tradition in vielen Geschichten und Bildern vor. Das Evangelium bildet uns, es baut an unseren inneren Bildern, an unseren Visionen vom Leben. Wer einmal mit Jesaja 35 gelernt hat, dass ein Land versprochen ist, in dem auch die Stummen sprechen, der wird nicht völlig zu Hause sein in einer Gegenwart, in der die Sprachlosigkeit vieler so gegeben hingenommen wird und die für die meisten Menschen nicht mehr als eine Wüste ist. Das Evangelium baut unsere Träume von der Gerechtigkeit, es baut unser Gewissen. […] Die Träume gehen verloren. Wir sehen uns neuen Lebenslagen gegenüber, in denen Gedächtnislosigkeit und Traumlosigkeit zum Prinzip zu werden droht. […]

Der neue Feind der Erinnerung könnte die ungestörte Heutigkeit der Subjekte werden; der traditionsfreie Mensch, der sich selber Horizont und Norm ist. […] Es gibt aber auch die Würdelosigkeit, in sich selber zu ruhen; des vergrabenen Gewissens und der ausgelöschten Träume. Und so wird die Aufgabe der Kirche dringlich: Gedächtnis des Leidens und des Traums vom Gelingen. […]

Ich wünsche mir eine Kirche, die deutlich ist und die undeutliche Gäste duldet. […]

Ich wünsche mir eine Kirche, die ihre Türen weit geöffnet hat. Es soll jeder eintreten können. Es soll jeder so lange bleiben können, wie er will. Ich wünsche eine Kirche, die Menschen aufnehmen kann und Menschen gehen lassen kann; eine Kirche, die es erträgt, gebraucht und abgewiesen zu werden.

Fulbert Steffensky (1933),*
ev. Theologe und ehem. Benediktiner

Neues Kirchenbild:
Kirche als digitaler Glaubensaustausch

Was Menschen umtreibt, liegt offen wie nie vor uns. Die Veränderungen der Religion durch die Säkularisierung wurden bisher mit dem Bedeutungsverlust der Institutionen, einer größeren Differenzierung der religiösen Angebote, der Betonung des Individuums und einer beliebigen, eher privat gelebten Religiosität beschrieben. Durch die neuen Medien gewinnen gelebte Religion und Spiritualität eine neue Öffentlichkeit. Je nach Geschmack können alle ihre Weltanschauungen und religiösen Themen diskutieren und austauschen. Online verschmelzen unterschiedliche religiöse Strömungen und überwinden Ländergrenzen und kulturelle Kontexte. Die Digitalisierung steigert und treibt so die Veränderung der Religiösen voran. Die „Laienkommunikation“ findet so eine ganz eigene Öffentlichkeit und hat ihren eigenen Wert. Offen ist noch, wie die etablierten Kirchen diese flüchtigen religiösen Kommunikationen wahrnehmen und wo sie daran anknüpfen. Hier wird aus ganz unterschiedlichen Perspektiven von Bürgern und Bürgerinnen im Netz debattiert über Aufgaben, Ziele und Identitäten der Gesellschaft. Es entstehen öffentlich geteilte Foren der Selbst- und Weltdeutung. Die Kirchen könnten hier das Online Monitoring trainieren. Ein „organisationales Zuhören“ (Thomas Pleil) im Netz, wodurch sie Sensibilität für unterschiedliche Kontexte einüben können. Ebenso könnten sie sich informieren über Menschen, die teilnehmen wollen und interessiert sind an einem gegenseitigen Austausch. Hier gibt es noch viel zu entdecken.

Kristin Merle (1974),*
ev. Theologin (verändert)

Menschenwürde → S. 57, 62
Säkularität → S. 270f.

1. Beschreiben das Bild und formulieren Sie Gedanken für die Menschen.
2. Erläutern Sie Steffenskys Haus, das die Träume verwaltet.
3. Begründen Sie, warum „Online Monitoring“ (Merle) für die Kirchen wichtig ist.
4. Entwerfen Sie Eigenschaften einer digitalen „Kommunikationsplattform“ für religiöse Themen.
5. Bewerten Sie aufgrund einer Recherche die digitalen Angebote der Kirchen seit der Corona-Krise.

Wie kommt eine Botschaft gut an?

Stefan Strumbel (1979): Kirche in Goldscheuer bei Kehl, 2011*

Neues Kirchenbild: Kirche als Dorfkino

Viele meiner Freunde haben sich schon lange von der Kirche abgewendet. Sie wirkt auf sie unglaubwürdig, veraltet, festgefahren, unbeweglich, geradezu unmenschlich, und somit haben die meisten sich von Gott abgewendet. Wenn sein Bodenpersonal so drauf ist, wie muss er selbst dann erst sein … wenn es ihn überhaupt gibt! Geh mir weg mit Gott, sagen leider die meisten. Ich sehe das anders.
Egal ob Gott eine Person, eine Wesenheit, ein Prinzip, eine Idee, ein Licht, ein Plan oder was auch immer ist, ich glaube, es gibt ihn.
Gott ist für mich so eine Art hervorragender Film wie „Gandhi", mehrfach preisgekrönt und großartig!
Und die Amtskirche ist lediglich das Dorfkino, in dem das Meisterwerk gezeigt wird. Die Projektionsfläche für Gott. Die Leinwand hängt leider schief, ist verknittert, vergilbt und hat Löcher. Die Lautsprecher knistern, manchmal fallen sie ganz aus oder man muss sich irgendwelche nervigen Durchsagen während der Vorführung anhören, wie etwa: „Der Fahrer mit dem amtlichen Kennzeichen Remscheid SG 345 soll bitte seinen Wagen umsetzen." Man sitzt auf unbequemen, quietschenden Holzsitzen und es wurde nicht mal sauber gemacht. Da sitzt einer vor einem und nimmt einem die Sicht, hier und da wird gequatscht und man bekommt ganze Handlungsstränge gar nicht mehr mit.
Kein Vergnügen wahrscheinlich, sich einen Kassenknüller wie „Gandhi" unter solchen Umständen ansehen zu müssen. Viele werden rausgehen und sagen: „Ein schlechter Film." Wer aber genau hinsieht, erahnt, dass es sich doch um ein einzigartiges Meisterwerk handelt. Die Vorführung ist mies, doch ändert sie nichts an der Größe des Films. Leinwand und Lautsprecher geben nur das wieder, wozu sie in der Lage sind. Das ist menschlich.
Gott ist der Film und die Kirche ist das Kino, in dem der Film läuft. Ich hoffe, wir können uns den Film irgendwann in bester 3-D- und Stereo-Qualität unverfälscht und mal in voller Länge angucken! Und vielleicht spielen wir dann ja sogar mit!

Hape Kerkeling (1964), Komiker und Schauspieler*

Neues Kirchenbild: Kirche als Wohnzimmer

Einmal im Monat räumen wir freitagabends Bänke raus und Sessel rein. Wir füllen den Fragomat mit großen Fragen und diskutieren bei Brause und Bier. Wir singen Lieder, die unser Herz berühren, essen zusammen, und probieren aus, wie Gebete klingen können, ohne peinlich zu sein. Wir reden, lachen, träumen. Kommt und macht mit! Nächstes Mal: Liebe. Unzähmbar.

Susanne Niemeyer (1972), freie Autorin*

1. Beschreiben Sie den Innenraum der katholischen Kirche in Goldscheuer und bewerten Sie ihn.
2. Fassen Sie Kerkelings Perspektive auf die Kirche zusammen.
3. Erläutern Sie mit der Metapher „Kirche als Dorfkino" Ihre eigenen Erfahrungen mit Kirche.
4. Entwerfen Sie wichtige Inhalte des Films (Z. 12, 37), den Kerkeling „unverfälscht" sehen möchte.
5. Gestalten Sie Ihre großen Fragen im Handlettering-Stil für den „Fragomat" (Text 2, Zeile 2).

Säkularisierung

Säkularisierung wird als Synonym für Verweltlichung gebraucht. Der Begriff bezeichnet die Ausbreitung weltlicher Einflüsse in der Kirche sowie die Lösung aus kirchlichen und religiösen Bindungen. → S. 270f.

Kennzeichen der evangelischen Kirche

Was ist ein Follower?

Basics **Die Entstehung der Kirche (Mt 10,5-15; Mt 28,16-20)**

Jesus wollte Israel zur Buße und zu Gott rufen – es entstand eine von Israel getrennte neue Religion, zu der fast ausschließlich Nicht-Juden gehörten. Jesus ging es in erster Linie um die Armen, Benachteiligten, um die Frauen, die Kranken – doch die sich auf ihn berufende Kirche wurde zeitweise zur wichtigsten weltpolitischen Macht. [...] Jesus hat keine Kirche gegründet. Er hat aber Anhänger um sich gesammelt, die ihm in unterschiedlicher Weise nachfolgten. [...] Sie gaben ihren festen Wohnsitz und ihre Berufstätigkeit auf und zogen mit Jesus. Höchstwahrscheinlich haben auch Frauen zu diesen Nachfolgern gehört.

Anhänger hatte Jesus schon vor Ostern, doch erste Gemeinden bildeten sich erst in der Zeit nach Ostern. Ohne Ostern hätte es keine Kirche gegeben. Die Gewissheit, dass der gekreuzigte Jesus von Gott auferweckt wurde, verband sich sehr schnell mit der Überzeugung, aller Welt diesen Jesus zu verkündigen.

Innerhalb weniger Jahrzehnte wurde aus einer kleinen jüdischen Sekte eine eigene religiöse Bewegung mit Gemeindegründungen im ganzen römischen Weltreich. Wie konnte es zu dieser unglaublichen Entwicklung kommen?

Im Jahre 50, 20 Jahre nach dem Kreuzestod Jesu in Jerusalem, leben Anhänger Jesu über Jerusalem hinaus schon in Samarien, Phönizien, Syrien und auf Zypern. Zu Anfang sind die „Christen“ eine Bewegung innerhalb des Judentums. Sie leben nach dem jüdischen Gesetz, beachten die jüdischen Speise- und Reinheitsvorschriften und besuchen die Synagoge. Doch bald kommt es innerhalb der jüdischen Christen zu Spannungen mit den „Hellenisten“, christlichen Juden aus der Diaspora, die diese Vorschriften nicht mehr für unbedingt verbindlich halten. Die Hellenisten sind es, die Mission außerhalb des Landes betreiben. Zu ihnen stößt bald der ehemalige Pharisäer Saulus, der anfänglich die Christengemeinden verfolgte, bis er vor Damaskus bekehrt wurde. Unter seinem neuen Namen Paulus wird er zum wichtigsten Apostel und zum einflussreichsten Theologen des frühen Christentums. [...] Paulus kann sich mit seiner Überzeugung, dass man Christ werden könne, ohne vorher Jude gewesen zu sein, durchsetzen.

Hans-Martin Lübking (1948), ev. Theologe*

Rezo (1992) und Luisa Neubauer (* 1996) von Fridays for future 2019*

Nachfolge → S. 127
Auferstehung Jesu → S. 138f., 140f.

1. Skizzieren Sie anhand des Textes die Entstehung der Kirche.
2. Erläutern Sie das Bild und vergleichen Sie „Follower sein“ mit der Nachfolge Jesu.
3. Benennen Sie aufgrund von Mt 10,5-15 und Mt 28,16-20 Merkmale der christlichen Nachfolge und zeigen Sie Konsequenzen für heute auf.
4. Entwerfen Sie einen Kommentar für eine große Tageszeitung zur Frage, inwiefern die Kirche ihren Anfängen treu geblieben ist (→ **S. 331**).

Team-Aufgaben

1. Stellen Sie die biblischen Bilder (S. 195-199) für Kirche in einem Schaubild dar.
2. Analysieren Sie die Kennzeichen von Kirche unter den beiden Gesichtspunkten „unbedingt notwendig“ und „variabel“.
3. Ordnen Sie die Kennzeichen von Kirche den unterschiedlichen Festen im Kirchenjahr zu.
4. Untersuchen Sie in einer Kirche in Ihrer Umgebung, wodurch sich die Kennzeichen der Kirche im Kirchenraum zeigen.
5. Jesus, Paulus, Maria, der Heilige Geist, eine Pfarrerin und jemand aus Ihrem Kurs gehören zu einer Social-Media-Gruppe „Kirche“. Entwerfen Sie das jeweilige Startprofil mit programmatischer Stellungnahme zum Thema Kirche und Diakonie heute.
6. Gestalten Sie einen 60-Sekunden-Videoclip zur Frage: „Warum ist die Erinnerung an den Ursprung für Kirche heute noch wichtig?“

Woran erkennen Menschen Kirche?

Wesensvollzüge der christlichen Kirche (Apg 2; Apg 4,32ff.)

1. Kirche ist Lerngemeinschaft. Das ist nötig, wenn sie leben und wachsen soll. Was die Apostel im Umgang mit Jesus erlebt und erfahren haben, wird weitergegeben und auf unser Leben bezogen. [...] Wie Jesus die Armen selig preist, die Friedensstifter, die Gewaltlosen; wie er gegessen hat mit den Ausgestoßenen; wie er Schuld vergeben hat und Chance gab für neuen Anfang; wie er die angriff, die hart und selbstgerecht ein System von Werten verkörperten, das den Menschen nicht dient; wie er sich ans Kreuz schlagen ließ für die Sünden der Welt. Darin zeigt er sich als der Lebendige. Das nennt Lukas „Apostellehre". [...]

2. Kirche ist Hilfsgemeinschaft. Teilen und Not lindern. Die Lehre der Apostel vermittelt die Liebe Christi. Die ist nicht Stimmung und Gefühl, sie ist konkrete Erfahrung. An Christus teilhaben führt zum Teilen des Eigenen. Diese Gemeinschaft hat man oft „Liebeskommunismus" genannt. Sie ist aber kein Kommunismus, hat mit der Verteilung von Produktionsmitteln und dem Eigentum daran nichts zu tun. Die wirtschaftlichen Zusammenhänge haben die ersten Christen nicht interessiert. Ihr Interesse waren die anderen und ihre Bedürfnisse. Wenn einer in Not war, wurden Opfer gebracht. Auch bei uns wird gegeben für Menschen in Not. Wir haben inzwischen ein entwickeltes Sozialsystem in unserem Staat. Es beruht auf der Erkenntnis gegenseitiger Verantwortung. [...]

3. Kirche ist Tischgemeinschaft. Gemeinschaft am Tisch im Tempel und im Haus. Brotbrechen nennt Lukas das Mahl. Nicht die heiligen Substanzen sind ihm wichtig, es ist der Vorgang des Austeilens. Der Geist Jesu Christi ist anwesend. Er lädt ein, er schenkt Freude, die Türen sind geöffnet. Die Gemeinde ist konzentriert, ist nicht zersplittert. Das Heilige Abendmahl ist eine Tischgemeinschaft, nicht fromme Einzelübung. Das Heilige Mahl setzt Kräfte frei. Es steht in Beziehung zu unserer Tischgemeinschaft in unseren Häusern. Mit wem gehören wir da zusammen? Mit jedem, mit dem sich Jesus an den Tisch setzt. Wir laden ein, wir grenzen nicht ab. Zum Sündenfall werden die Mahlfeiern, wenn gerade sie das hauptsächliche Trennungszeichen von Konfessionen geworden sind. [...]

4. Kirche ist Gebetsgemeinschaft. Die Gemeinde lebt vom Gebet. Nicht, weil sie hilflos ist und sonst oft nichts machen kann, sondern weil sie neben und vor allem anderen Tun eben dieses tut, nämlich betet. Unaufgebbar und unersetzlich ist das Gebet der Gemeinschaft. Denn unser Leben als Gemeinschaft ist nicht Folge unserer Bemühungen. Es ist vielmehr die Folge davon, dass Gottes Geist unter uns wirkt. Ihm öffnen wir uns im Gebet. Ohne Gottes Hilfe vermögen wir nichts. [...]

Das sind die vier Kennzeichen, die Lukas nennt als die Motoren, die das Gemeindeleben in Gang halten.

Manfred Kock (1936), ev. Theologe und 1997-2003 Ratsvorsitzender der EKD*

Heiliger Geist → S. 98, 116

1. Arbeiten Sie an Apg 2,1-13.37-47 und Apg 4,32-37 heraus, was die Kirche kennzeichnet.
2. Vergleichen Sie Ihr Ergebnis mit dem Text von Kock und der Info.
3. Entwerfen Sie eine digitale Kirche (Internet, App, Chatmöglichkeit, etc.), die die vier Kennzeichen von Kock oder der Info im Netz umsetzt.
4. Vergleichen Sie mithilfe einer Internetrecherche christliche und muslimische Gemeindepraxis.

Vier Wesensvollzüge bzw. Kennzeichen der Kirche

Martyria: das Zeugnis, die Verkündigung des Evangeliums, die Ausbreitung der Frohen Botschaft, die auch die Bereitschaft zum Leiden mit einschließt. Martyria, das ist der bezeugte Glaube.

Liturgia: der Gottesdienst, das gemeinsame Singen und Beten in Dank und Fürbitte, die Feier des Abendmahls, die Begegnung mit Christus in Brot und Wein. Liturgia, das ist der gefeierte Glaube.

Diakonia: der Dienst am Menschen, die Unterstützung der Bedürftigen im eigenen Land, aber auch die tätige Nächstenliebe unter den Armen der ganzen Welt. Diakonia, das ist der angewandte Glaube.

Das Zweite Vatikanische Konzil hat noch einen vierten Begriff hinzugefügt: Koinonia.

Koinonia: die Gemeinschaft, der Austausch nach dem Gottesdienst, der Kirchenkaffee, das gemeinsame Mittagessen, das Sommerfest, der Wandertag, der Gemeindeausflug. Koinonia, das ist der gelebte Glaube.

Was ist eine gute Gemeinschaft?

Leib Christi und andere biblische Bilder von Kirche (1. Kor 12,12-31; Mt 5,13-16)

Leib Christi seid Ihr, weil Ihr zu einem Leib getauft seid. [...] Gottes Geist wirkt in der Taufe. Er stärkt den Täufling, er erhält ihn in seiner Gemeinschaft, er bewahrt ihn zum ewigen Leben. Gottes Geist ist ein und derselbe Geist in allen Taufen. Daher muss jede Konfession kritisiert werden, die die eigenen Grenzen mit denen von Gottes Geist identifiziert: Gottes Geist ist nicht konfessionell, nicht lutherisch, reformiert oder uniert, nicht anglikanisch, methodistisch, baptistisch oder pfingstlerisch, nicht katholisch oder orthodox.

Ich glaube nicht, dass Sakramente und Gottesdienst die einzigen Mittel und der einzige Ort sind, wo Gottes Geist wirkt. Er lässt sich nicht in das Kirchengebäude, in die Kircheninstitutionen, ja, nicht einmal in das Christentum einsperren. Aber der Gottesdienst im Namen des Vaters, des Sohnes und des Heiligen Geistes ist ein exemplarischer Ort. Hierher komme ich als Einzelner mit meinen Fragen, meiner Sehnsucht, meiner Freude und Dankbarkeit, um mich durch Gottes Geist ergreifen, stärken und verwandeln zu lassen. Und dies geschieht! Aber nicht auf geheimnisvolle Weise, sondern mit alltäglichen Mitteln: durch Worte aus der Bibel, durch Wasser, Brot und Wein, durch Gebete, Gesang und Musik – und: durch die Gemeinschaft der Menschen, die mit mir auf dem Weg des Glaubens sind. Ich weiß nicht, welche Möglichkeiten Gottes Geist hat und welche Orte und Situationen er nutzt, um in Euch Einzelnen zu wirken und Gestalt zu gewinnen. Im Gottesdienst jedoch hat er versprochen, gegenwärtig und wirksam zu sein und Gemeinde zu bilden. Gemeinde entsteht nicht, weil sich Menschen sympathisch sind. Gemeinde wird gebildet, weil Gottes Geist uns ergreift und verwandelt. Das muss nicht immer harmonisch zugehen, ging es auch in Korinth nicht.

So wie für die zerstrittene Gemeinde des antiken Korinth gilt für die vereinzelten Christen und die zersplitterten christlichen Gruppen [...]: Ihr seid Leib Christi durch Gottes Geist. Ihr gehört zusammen – nicht, weil Ihr es wollt oder obwohl einige es nicht wollen, sondern weil Gott es so will und euch zuspricht. [...]

Nun ist aber eine wichtige Unterscheidung notwendig. Paulus sagt nicht: ‚Ihr seid doch alle gleich' in dem Sinne: Ihr habt keine Unterschiede. – Nein, hier heißt es: Ihr seid Leib Christi durch Gottes Geist. Ihr seid wie ein Organismus. Ihr seid untereinander nicht alle gleich, sondern Ihr seid eins! Und Eure Einheit geht nicht zu Lasten der Unterschiede und der Vielfalt. So wie ein Körper eins ist und doch vielfältig zugleich, so seid Ihr als Leib Christi eins und vielfältig zugleich.

Die verschiedenen Menschen im Leib Christi haben verschiedene Begabungen. [...] Begabte Menschen suchen und lösen Aufgaben. Sie setzen ihre Begabungen für andere ein.

*Helmut Schwier (*1959), ev. Theologe*

Nachfolge → S. 127
Heiliger Geist, Trinität → S. 98, 116

1. Arbeiten Sie am Bibeltext in 1. Kor 12,12-31 heraus, auf welche Situation Paulus reagiert und welche Sicht von Kirche er entwickelt.
2. Stellen Sie in einer Mindmap dar, wie im Text von Schwier der Leib Christi bestimmt wird.
3. Beschreiben Sie das Bild vom Leib Christi und berücksichtigen Sie dabei Mt 5,13-16.
4. Gestalten Sie ein Standbild zur Kirche, in dem 1. Kor 12 und Mt 5,13-16 aufgenommen werden.

Heiliger Geist

Der Heilige Geist ist die Kraft Gottes, die Menschen über sich hinauswachsen lässt. Christinnen und Christen sind auf den Namen Gottes, des Vaters, des Sohnes und des Heiligen Geistes getauft. Vater, Sohn und Heiliger Geist sind drei Erscheinungsweisen Gottes. Dass der eine Gott auf dreifache Weise den Menschen erscheint, wird auch mit dem Wort Dreieinigkeit zusammengefasst. Auch die Hebräische Bibel erwähnt Gottes Geist als „ruach", d.h. „Wind" oder „Hauch" oder Schöpfungskraft. Gottes Geist schenkt Glauben.

Biblische Bilder von Kirche

1. Kor 12 Ein Leib – viele Glieder · **Mt 5,13-16** Salz der Erde und Licht der Welt · **1. Petr 2,1-10** Haus der lebendigen Steine, heiliges Volk, königliche Priesterschaft · **1. Kor 3,16f.** Tempel Gottes, in dem der Geist Gottes wohnt · **Hebr 13,14** Wanderndes Gottesvolk · **Eph 2,19** Gottes Hausgenossen · **Mk 8,34ff.** Gemeinschaft derer, die das Kreuz Jesu tragen · **1. Joh 3,1f.** Liebesgemeinschaft der Kinder Gottes

Was ist mir heilig?

Die Sakramente (Mt 28,16-20; Mt 26,26-30)

Das lateinische Wort „sacramentum“ kommt vom Wortstamm „sacer“, zu Deutsch: „heilig, unverletzlich“, und kann am besten mit „religiöses Geheimnis“ übersetzt werden. Sakramente – die wichtigsten sind Taufe und Abendmahl – haben für alle christlichen Kirchen identitätsstiftenden Charakter. Sie gehören zum Kern des kirchlichen Lebens, auch wenn sie teilweise in den Kirchen sehr unterschiedlich interpretiert werden.

Die Sakramentenlehre in der Alten Kirche geht auf den antiken Kirchenvater Augustin (354-430) zurück. Er definierte sie als „sichtbare Zeichen einer unsichtbaren Gnade“. Am Beispiel des grundlegenden Sakraments der Taufe erläutert Augustin, dass zu einem äußeren Zeichen (im Falle der Taufe das Wasser) ein Wort hinzutreten müsse. Im Zusammenwirken „funktioniert“ ein Sakrament. Er prägte den Satz: „verbum accedit ad elementum et fit sacramentum“ (zu Deutsch: Das Wort tritt zum Element und wird ein Sakrament). […]

Es liegt in der Natur dieser Definition, dass man in der Sakramentenlehre den Akzent entweder stärker auf das Element, also auf das sichtbare Zeichen, oder auf das dazu gehörende Wort legen kann. Hier liegt die Hauptunterscheidung der großen Konfessionen: Die katholische Lehre kam bereits im Mittelalter zu der Auffassung, dass der äußere Vollzug der Entscheidende sei, dass also ein Sakrament allein aufgrund der Handlung „funktioniere“. Martin Luther und die Reformatoren im 16. Jahrhundert brachen mit diesem stark materiellen Sakramentsverständnis. Sie fügten sogar noch ein drittes Kriterium hinzu, nämlich den Glauben des Menschen, der das Sakrament empfängt.

In seiner Glaubenslehre, dem „Kleinen Katechismus“, schreibt Luther zum Wesen der Taufe: „Wasser tut’s freilich nicht, sondern das Wort Gottes, das mit und bei dem Wasser ist, und der Glaube, der solchem Worte Gottes im Wasser traut.“ Bei der Taufe und dem Abendmahl muss es nach evangelischem Verständnis also immer drei Komponenten geben: das Wasser (oder beim Abendmahl die Elemente Brot und Wein), das Wort Gottes und der Glaube des Empfangenden.

Neben dieser inhaltlichen Differenz besteht der grundsätzliche Unterschied in der Sakramentenlehre zwischen evangelischer und römisch-katholischer Kirche auch in der Zahl der Sakramente. Die Katholiken kennen sieben Sakramente: Taufe, Abendmahl, Firmung, Beichte, Krankensalbung, Priesterweihe und Ehe. Die Evangelischen kennen hingegen nur Taufe und Abendmahl, da nur diese beiden nach der Bibel von Jesus selbst eingesetzt sind.

Reinhard Mawick (1966) ev. Theologe und Journalist*

Giotto di Bondone (1266-1337): Die Taufe Christi, 1304-1306

Letztes Mahl Jesu → S. 127
Symbole, Rituale → S. 266f.

Abendmahl

Der Begriff „Abendmahl“ bezieht sich auf Jesu letztes Mahl mit seinen Jüngern mit Brot und Wein als Erinnerungsmahl, Gemeinschaftsmahl, Vergebungsmahl und Hoffnungsmahl. Die katholische Tradition nennt es Eucharistie (griech. = Danksagung), heilige Kommunion oder Messopfer, bei dem Brot und Wein in Leib und Blut Christi verwandelt werden.
Nach lutherischem Verständnis ist Christus in Brot und Wein körperlich zugegen (Realpräsenz) im Moment der Feier, während die Reformierten das Abendmahl lediglich als Zeichen (Symbol) der Gegenwart Gottes sehen.

1. Beschreiben Sie Ihre Erfahrungen mit Taufe und Abendmahl.
2. Fassen Sie mit Hilfe von Zeichnungen, Emojis oder Icons den Text und die Infobox zusammen.
3. Erläutern Sie anhand des Bildes, inwiefern es bei der Taufe Jesu um äußere und innere Erfahrungen geht.
4. Untersuchen Sie in Mt 28,18-20 und Mt 26,26-30 den Erzählzusammenhang der beiden Sakramente Taufe und Abendmahl.
5. Nennen Sie Beispiele „sichtbarer Zeichen einer unsichtbaren Gnade“ Gottes (Z. 12f.).

Warum sollten sich Menschen für andere einsetzen?

Vesperkirche, Citykirche Konkordien, Mannheim

Kirche als rettende Liebe (Lk 10,25-37)

Unser Arbeitsbereich Migration, Flucht Integration am Institut für Kirche und Gesellschaft in Schwerte betreut und berät, schult und vernetzt die vielen hundert Ehrenamtlichen, die sich in Gemeinden und Initiativen vor Ort um Geflüchtete kümmern; darüber stehen wir in engem Austausch und gutem fachlichen Kontakten zu den Behörden und dem Ministerium für Kinder, Familie, Flucht und Integration und nehmen Stellung zu rechtlichen Fragen [...].

Nicht zuletzt aber stehen wir mit den Gemeinden vor Ort für das Kirchenasyl, denn wir sind überzeugt, das Kirchenasyl ist als ultima ratio eine Chance nicht nur für die Geflüchteten; es ist auch eine Chance für den Rechtsstaat, eine Atem- und Denkpause, um in konkreten Einzelfällen Lösungen zu finden, die der Menschlichkeit als einer Grundorientierung gerade auch unseres Rechtstaates zu ihrem vollen Recht verhelfen. Wir sind überzeugt: auf Menschlichkeit gibt es keinen Rabbat [...].

Wir setzen uns – gemeinsam mit unseren ökumenischen Partnern in Italien – ein für legale und sichere Passagen für Geflüchtete Zugangswege nach Europa. Sodass zumindest besonders verletzliche Flüchtlinge den Lagern in Libyen und anderswo entkommen und nicht auf die Boote müssen. Deshalb freuen wir uns sehr, dass in einem Pilotprojekt zwischen Innenministerium, UNHCR und starken zivilgesellschaftlichen Kräften wie unsere westfälischen Kirche in diesem Sommer 120 Flüchtlinge im Programm NesT, Neustart im Team, auf sicheren Wegen und mit sicheren Bleibestatus nach Westfalen kommen und hier begleitet von Ehrenamtlichen einen neuen Anfang machen können. Wir sind dankbar dafür, dass wir im Rahmen des Deutschen Evangelischen Kirchentages ein breites Forum nutzen, um auf die drängenden Herausforderungen von Flucht und Migration, von Integration und Anerkennung aufmerksam zu machen. Wir sind dankbar dafür, dass im Rahmen dieser Veranstaltung ein kraftvolles Statement gegen das Sterben im Mittelmeer möglich wurde. [...] Machen wir uns nichts vor: an jedem Menschen, der stirbt, weil Häfen geschlossen sind, weil Seenotrettung behindert und verhindert wird, weil es an Mitteln und Wegen, an Willen und Einsatz fehlt, an jedem Menschen, der stirbt, wird Europa und werden wir Europäer schuldig. Es ist höchste Zeit, dem ein Ende zu machen.

Annette Kurschus (1963),*
Präses der Evangelischen Kirche
von Westfalen, Kirchentag 2019

Migration, Flüchtlinge → S. 301

Diakonie

Diakonie (griech. diakonia = Dienst) ist ein Kennzeichen von Kirche. Sie hat ihre Wurzeln in der jüdischen Tradition. Im 19. Jh. beteiligt sich die Kirche am Aufbau des deutschen Sozialstaats. Johann Hinrich Wichern, Gustav Werner und Albertine Zwißler öffnen „Rettungshäuser“ für z.B. Waisen, Prostituierte und Obdachlose. Der erste Kirchentag in Wittenberg 1848 fasst diese Initiativen in einem Dachverband der Inneren Mission zusammen. Sie wendet sich an entchristlichte Menschen in der Kirche. Neben der Linderung der Not ging es ihnen um die Erweckung einer christlichen Lebenshaltung.

1. Fassen Sie die Motive und Ziele von Kurschus' Vorgehen zusammen und bewerten Sie diese.
2. Setzen Sie Kurschus' Vorgehen mit dem Gleichnis vom barmherzigen Samariter in Lk 10,25-37 in Beziehung (→ **S. 241**).
3. Stellen Sie aufgrund einer Recherche die Tätigkeitsfelder eines Diakonischen Werkes dar und bewerten Sie diese.
4. Beschreiben Sie das Foto und beziehen Sie es auf Lk 14,15-24 sowie auf Mt 25,31-46.
5. Entwerfen Sie eine Antwort für ein Interview einer Tageszeitung: Warum entfalten Kirchen ihr Engagement in einem gesellschaftlichen und politischen Horizont, z.B. in der Vesperkirche, Kirchenasyl oder in der Corona-Krise?

Worin zeigt sich Glaubwürdigkeit?

Aus dem Vertrauen auf Gott leben (Mt 5,43-48)

1996. Das Klosterleben der französischen Mönche in den Bergen des Hohen Atlas Algeriens verläuft in ruhigen, gleichförmigen Bahnen. Die Stundengebete und die Arbeit als Arzt, Lehrer, landwirtschaftlicher Berater und Seelsorger füllen den Tag. Die einheimische Bevölkerung schätzt ihre unaufdringliche Hilfe und Bescheidenheit. Sie versuchen niemanden zum Christentum zu bekehren, sondern treten in einen Dialog, in dem sie den Glauben ihrer Nachbarn schätzen lernen. Doch das harmonische Miteinander entspricht nicht der politischen Realität des Landes. Der Religionsvorsteher informiert den Abt Christian über den zunehmenden Terror islamistischer Fundamentalisten. Auch der Druck auf die Mönche wächst. Armee und Religionsvorsteher empfehlen ihnen, das Land zu verlassen.

Aus einer Filmbesprechung

Film: Von Menschen und Göttern – Feindesliebe (Mt 5,44)

Abschiedsbrief von Abt Christian

Wenn ich eines Tages – und das könnte schon heute sein – Opfer des Terrorismus werde, der, wie es scheint, sich auch gegen alle hier lebenden Ausländer richten will, möchte ich, dass meine Gemeinde, meine Kirche, meine Familie sich immer vor Augen halten, dass ich mein Leben gegeben habe, Gott und diesem Land.

Sie mögen erkennen, dass dieser brutale Abschied dem Alleinigen Herrn über alles Leben nicht fremd wäre. [Sie mögen] Verstehen, diesen Tod in einer Reihe mit so vielen anderen genauso gewaltsamen Toden zu sehen, denen gegenüber man aber aufgrund ihrer Anonymität gleichgültig bleibt. Ich habe lange genug gelebt, um zu wissen, dass auch ich ein Komplize des Bösen bin, das sich, wie mir scheint, leider der Welt bemächtigt, und auch dieses Bösen, das mich blindlings treffen könnte. Ich kann mir einen solchen Tod nicht wünschen. Ich sehe allerdings auch nicht, wie ich mich darüber freuen könnte, dass dieses Volk, das ich liebe, undifferenziert des Mordes an mir beschuldigt wird. Ich weiß von der Verachtung, mit der man dieses Volk pauschal behandelt. Ich weiß auch von den Karikaturen des Islam, zu denen ein bestimmter Islamismus verleitet.

Dieses Land und der Islam stellen für mich etwas Anderes dar; sie sind der Leib und die Seele. Mein Tod wird natürlich denen scheinbar Recht geben, die mich von vornherein als naiv und idealistisch abgetan haben, aber sie sollen wissen, dass ich endlich von meiner quälendsten Neugierde befreit sein werde. Und dass ich, wenn Gott es will, tief in die Augen des Vaters blicken werde, um mit Ihm gemeinsam seine Kinder des Islam so zu betrachten, wie Er sie sieht ...

In dieses mein Dankeschön, mit dem fortan alles über mein Leben gesagt ist, schließe ich euch natürlich mit ein, Freunde vergangener Tage und Freunde von heute. Und auch dich, den Freund der letzten Minute, der du nicht gewusst haben wirst, was du tust. Ja, auch dir wünsche ich den göttlichen Dank und seine Herrlichkeit, da du mich zu Gott geführt hast. „A-DIEU."

Und möge es uns vergönnt sein, uns wieder zu begegnen, glückliche Schächer, im Paradies, wenn Gott, der unser beider Vater ist, es will. Amen. Inch'Allah.

Algiers, 1. Dezember 1993/ Tibihirine, 1. Januar 1994

+ Christian

Interreligiöser Dialog → S. 281, 284f.
Islam, Islamismus → S. 275f.
Nachfolge → S. 127
Vgl. auch Gemeinsamkeiten: S. 207

1. Fassen Sie die Lebenshaltung von Abt Christian zusammen und vergleichen Sie diese mit Jesus.
2. Beschreiben Sie das Szenenfoto aus dem Film und gestalten Sie eine mögliche Fortsetzung, evtl. anhand des Trailers.
3. Formulieren Sie eine Stellungnahme (→ S. 331), ob Abt Christian als „echter Nachfolger" bezeichnet werden kann.

Wie bleibe ich mir treu?

Sebastian Schmid (1973) und Birgit Mattausch (* 1975): Bed in Church, 2019*

Die unverzichtbaren Kennzeichen einer christlichen Kirche
Evangelisches Kirchenverständnis: CA, Artikel VII

Kaiser Karl V. wollte 1530 auf dem Reichstag in Augsburg Religionsfragen klären. Eine Kirchenspaltung schien unvermeidlich. Dazu verfasste Philipp Melanchthon das Augsburger Bekenntnis (Confessio Augustana, abgekürzt CA) als gemeinsames Grundbekenntnis der Kirchen der Reformation. Die Reformatoren versuchten dabei, das Gemeinsame mit der katholischen Kirche zu betonen. Es will also ein ökumenisches Bekenntnis sein.

Es wird auch gelehrt, dass allezeit eine heilige, christliche Kirche sein und bleiben muss, die die Versammlung aller Gläubigen ist, bei denen das Evangelium rein gepredigt und die heiligen Sakramente laut dem Evangelium gereicht werden. Denn das genügt zur wahren Einheit der christlichen Kirche, dass das Evangelium einträchtig im reinen Verständnis gepredigt und die Sakramente dem göttlichen Wort gemäß gereicht werden. Und es ist nicht zur wahren Einheit der christlichen Kirche nötig, dass überall die gleichen, von den Menschen eingesetzten Zeremonien eingehalten werden, wie Paulus sagt: „Ein Leib und ein Geist, wie ihr berufen seid zu einer Hoffnung eurer Berufung; ein Herr, ein Glaube, eine Taufe“ (Eph 4,4.5).

Katholisches Kirchenverständnis:
Zweites Vatikanisches Konzil - Lumen Gentium

Gestützt auf die Heilige Schrift und die Tradition, lehrt sie [die heilige Synode], dass diese pilgernde Kirche zum Heile notwendig sei. Christus allein ist Mittler und Weg zum Heil, der in seinem Leib, der Kirche, uns gegenwärtig wird; indem er aber selbst mit ausdrücklichen Worten die Notwendigkeit des Glaubens und der Taufe betont hat (vgl. Mk 16,16; Joh 3,5), hat er zugleich die Notwendigkeit der Kirche, in die die Menschen durch die Taufe wie durch eine Türe eintreten, bekräftigt.

Lumen Gentium – Licht der Völker, Artikel 14 (LG 14, 1964)

Ecclesia semper reformanda:
Sich ändern und sich treu bleiben

Zahlreiche Neuerer rebellierten im Mittelalter gegen eine moralisch verkommene Kirche. Petrus Waldes, Franz von Assisi, John Wyclif, Jan Hus, Martin Luther und Huldrych Zwingli sind nur einige von ihnen. […] Sie hatten keinen Namen für ihr Neuerungswerk, sie wollten lediglich die fehlgelaufene Geschichte korrigieren (lateinisch: corrigere), die Kirche der Frühzeit wiederherstellen (restituere), eine verkrustete Lehre erneuern (renovare) und die kirchlichen Ämter umgestalten (reformare). Lediglich die „reformatio“ des 16. Jahrhunderts bekam einen lateinischen Namen – als sei sie mehr als nur ein Reformversuch von vielen. […]
Sie wollten wie die ersten Christen wieder über das predigen, was in der Bibel steht. […] Taufe und Abendmahl sollten wieder Symbole des Zuspruchs sein. Die Reformatoren wollten keine neue Kirche, sie wollten die Christenheit an ihre Ursprünge erinnern. […]
Eine Kirche, die sich auf den Gott der Liebe beruft, braucht immer wieder frischen Wind. Es sollte aber niemand meinen, dass jede Reform auch eine Besserung sei. Gerade die Reformer des 16. Jahrhunderts waren in dieser Hinsicht sehr pessimistisch. Egal was Menschen tun, nie habe ihr Werk vor Gott Bestand, lehrten sie. Der Mensch sei ganz auf Gottes Gnade angewiesen. In ihrem Reformeifer ließen sie sich davon allerdings nicht bremsen.

Burkhard Weitz (1965), ev. Theologe und Journalist*

1. Vergleichen Sie das evangelische Kirchenverständnis in Confessio Augustana VII mit dem katholischen in Lumen Gentium 14.
2. Gestalten Sie eine Grafik zum Text von Weitz und der Aussage „Ecclesia semper reformanda: Die Kirche muss sich immer wieder verändern, wenn sie sich treu bleiben will“.
3. Interpretieren Sie das Foto, evtl. aufgrund einer Recherche von #bedinchurch.
4. Entwerfen Sie einen Kommentar (→ S. 331) als Rede an einem Konfirmationsfest zum Thema „Die heutige Kirche und ihr Bekenntnis“.

Was erzählt mein Zimmer von mir?

Kirchengebäude – sichtbares Selbstverständnis der Kirche

Auch moderne Kirchen erzählen [wie die Bibel] vom Glauben [...]. Ihre Architektur und Einrichtung sind nicht zufällig entstanden. Sie inszenieren und unterstützen auf besondere Weise die Begegnung von Menschen mit Gott. Sie erzählen von einem bestimmten Glauben und verweisen auf konkrete christliche Glaubensinhalte und Glaubenspraxis. [...] Verstanden sich alte Kirchen bis hinein in das 19. Jahrhundert als Zeugnis von Gottes Größe und Abbild des himmlischen Jerusalems, so ändert sich dies im Kirchenbau des 20. Jahrhunderts grundlegend. Zentral wird nun die gläubige Gemeinde und ihre durch Gott gestiftete Gemeinschaft. Dies findet seinen Ausdruck in einer Architektur und Einrichtung, die die Gläubigen aktiver am Gottesdienstgeschehen teilhaben und sie miteinander in Kontakt treten lässt. [...]

Die Grundrisse sind nun nicht mehr kreuzförmig, sondern kreisförmig, oval, sechseckig, achteckig, trapezförmig, dreieckig oder quadratisch. Es sind durchweg Formen, bei denen sich die Gemeinde um eine Mitte herum versammeln kann.

Nach außen hin sind viele der modernen Kirchen weniger auffällig gestaltet. Kirchtürme werden häufig vom eigentlichen Kirchengebäude gelöst oder fehlen ganz. Während Kirchtürme charakteristische Kennzeichen fast aller mittelalterlichen Kirchen waren, die mit dem Fingerzeig auf Gott auch den Anspruch der Kirche in der Öffentlichkeit geltend machten, dienen moderne Türme heute eher als Glockenständer und wollen keinen herrschaftlichen Anspruch mehr zum Ausdruck bringen. Auch in dem in modernen Kirchen häufig anzutreffenden Zeltdach kommt das veränderte Selbstverständnis zum Ausdruck: Nicht Zeichen von Macht und Stärke, sondern Sinnbild des wandernden Gottesvolkes, welches von Gott auf seinem Weg beschützt wird, und Orte der Begegnung von Menschen wollen die neuen Kirchen sein.

Auch die Einrichtung moderner Kirchen macht ihrerseits die zentrale Stellung der Gemeinde deutlich: Der Altar rückt in größere Nähe zum Hauptraum. Das Taufbecken wird in sichtbarer Verbindung mit dem Kirchenraum aufgestellt. Die Kanzel steht vielfach nur um wenige Stufen erhöht auf einer Ebene mit dem Gottesdienstraum. All diese Maßnahmen verringern den Abstand des Pastors/ der Pastorin zur Gemeinde. Sie rücken die Gemeinschaft der Getauften in das Zentrum des Kirchenbaus.

St. Martin in Chapaize (Burgund), Frankreich 1030

Neben der Priorität der Gemeinde sind moderne Kirchbauten noch von zwei weiteren Kennzeichen geprägt: Um Leere und Stille als die gottesdienstlichen Voraussetzungen zu gewährleisten, hielt man sich bei der künstlerischen Ausgestaltung der Kirchen sehr zurück. Dies führte zu einer gewissen Purifizierung [Reinigung] der Kirchen.

Christiane Rösener, ev. Religionspädagogin

Sakralräume erschließen → S. 330

1. Beschreiben Sie den Kirchenraum auf dem Foto und analysieren Sie, was er von Gott, dem Glauben und dem Selbstverständnis der Kirche erzählt.
2. Entwerfen Sie anhand des Textes eine Tabelle, in der äußere Gestalt und Bedeutung gegenübergestellt werden.
3. Die Liturgie eines Gottesdienstes will mit einem Dreischritt auf die Gottesbegegnung vorbereiten: 1. Reinigung (Einleitungsgebet), 2. Erleuchtung (Predigt) und 3. Vereinigung (Abendmahl). Zeigen Sie diesen Dreischritt in der Kirchenraumgestaltung einer evangelischen Kirche auf.
4. Entwerfen Sie ein Kirchengebäude, das dem von Kirche als wanderndem Gottesvolk (z.B. Hebr 13,14) gerecht wird.

Kirche zwischen Pluralismus und Wahrheit

Warum gibt es unterschiedliche Konfessionen und Religionen?

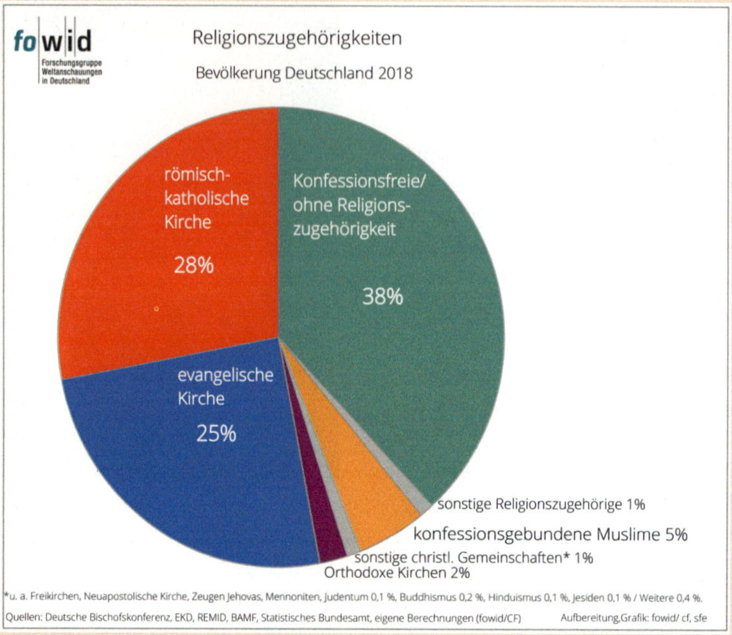

Basics **Religiöse und konfessionelle Vielfalt**

Im so genannten „christlichen Abendland“ ist die Säkularisierung, also die Verweltlichung, weit fortgeschritten. Die einzelnen Lebensbereiche haben sich von kirchlicher Bevormundung befreit. Menschen, die dem Christentum distanziert gegenüberstehen, und Suchende, die einfach die christliche Botschaft kennenlernen wollen, halten die innerchristlichen Unterschiede häufig für nebensächlich. Der Streit darüber wirkt auf sie kleinlich. Die Frage lautet, ob man heute noch christlich glauben könne, und nicht, ob die evangelische oder die katholische Kirche mehr für sich habe.

Zur Säkularisierung kommt die Multireligiosität. Die Christen bilden auch in Europa heute eine religiöse Gruppe neben anderen. In der Begegnung von Christen etwa mit Muslimen wird das gemeinsam Christliche umso deutlicher. Wenn in dieser Begegnung die Einheit oder Dreieinigkeit Gottes, der Kreuzestod Jesu oder die Gottessohnschaft Jesu diskutiert werden, spielen „evangelisch“ und „katholisch“ keine Rolle.

Andererseits ist die Aufteilung der Christenheit in verschiedene Konfessionen eine Tatsache. Möglicherweise hat die Vielfalt christlicher Konfessionsfamilien und Kirchen auch einen guten Sinn. So lässt sich etwa aus dem Vergleich der Gemeinsamkeiten und Unterschiede zwischen den Konfessionen Aufschluss darüber gewinnen, was im Christentum wesentlich und unverzichtbar ist.

Auf die konfessionellen Spaltungen der abendländischen Christenheit im 16. Jahrhundert, im Zeitalter der Reformation und der Gegenreformation, folgten schreckliche Glaubenskriege zwischen Katholiken und Protestanten. Diese Zeiten sind vorbei: dank der Epoche der Aufklärung im 18. Jahrhundert, dank der ökumenischen Bewegung, die Mitte des 19. Jahrhunderts begann, und auch aufgrund der Säkularisierung, der Verweltlichung des Denkens und Handelns.

Die blutigen Auseinandersetzungen zwischen Protestanten und Katholiken in Nordirland während der letzten Jahrzehnte des 20. Jahrhunderts hingen nach außen hin sicher auch mit den Trennungen in verschiedene Konfessionen zusammen. Doch spielten hier eher soziale und wirtschaftliche Unterschiede eine Rolle. Man ist nie ganz dagegen gefeit, dass bestimmte politische Interessen von Staat zu Staat oder innerhalb eines Staates von Gruppe zu Gruppe, von Nationalität zu Nationalität religiös untermauert werden. Dann werden Religionsgemeinschaften und christliche Glaubensgemeinschaften für fremde Ziele instrumentalisiert. [...]

Wer in die Begegnung der Konfessionen die „Wahrheitsfrage" einbringt, setzt sich leicht dem Verdacht aus, gerade damit die weitere Verständigung und Verbindung unter den Christen bremsen zu wollen. In der Tat wird zuweilen die „Notbremse" der Wahrheit gezogen, wenn man sich weiterer Gemeinschaft entziehen will: Die volle Wahrheit sei doch nur in der eigenen Kirche zu finden.

Die Wahrheit ist aber nicht in einer Ansammlung von Lehraussagen und Dogmen ein für allemal zu fassen. Die Wahrheit ist im Grunde Gott selbst. Er ist der Urgrund und das Ziel von allem. „Offenbarung Gottes" oder „Wort Gottes" bedeutet: Der Schöpfer aller Dinge und Wesen hat sein wahres Gesicht gezeigt, und zwar nach christlicher Überzeugung zentral und einzigartig in Jesus von Nazareth, in seinem Verhalten und seiner Verkündigung, seinem Leiden und Sterben und seinem bleibenden Leben jenseits der Schwelle des Todes.

Grundsätzlich ist zu sagen: Die christlichen Kirchen und alle Religion könnte man vergessen, ginge es hier nicht in erster Linie um die Wahrheit. Im religiösen Bereich meint „Wahrheit" vor allem: was über alle Vergänglichkeit hinaus bleibt; den Sinn des gesamten Daseins sowie des einzelnen persönlichen Lebens; was gilt und was damit von den Menschen auch gefordert ist.

Ist Gott selbst die Quelle und der Garant der Wahrheit, dann gilt für Menschen, die Gott vertrauen und ihn zu begreifen suchen, das Gebot, wahrhaftig (wahrheitsliebend) zu sein. Ferner folgt daraus die Überzeugung, dass keine Wahrheit in den Bereichen von Natur, Menschenleben, Geschichte und Kultur der Wahrheit im religiösen Sinn widersprechen kann. Nichts, „was der Fall ist", und nichts Echtes, Bedeutungsvolles, Hilfreiches, was Menschen geschaffen haben, kann die Macht widerlegen, von der alles kommt, die alles erst ermöglicht und alles trägt und auf die alles hinausläuft.

So verstanden, ist die religiöse Wahrheit zugleich eine Hilfe zum Leben, die sich in allem Glück und Leiden bewährt. Denn die Menschen sind auf die Wahrheit angelegt, der sie sich verdanken. Deshalb finden sie erst dann innere Erfüllung, wenn sie diese Wahrheit zu begreifen suchen und sich bemühen, ihr im eigenen Leben zu entsprechen.

Vom „Vorbehalt" der Wahrheit her legt sich eine innerchristliche Vielfalt nahe: Niemand hat das Geheimnis Gottes in der Hand. Gott und sein Wort übersteigen menschliches Begreifen.

Andreas Rössler (1940),*
ev. Theologe und Journalist

Wahrheit → S. 36f.
Gott als Schöpfer → S. 107
Gott in Jesus Christus → S. 142f., 144
Säkularisierung, Säkularität → S. 270f.
vgl. auch Info S. 193

1. Erläutern Sie anhand der Grafik die religiöse Lage in Deutschland.
2. Arbeiten Sie an dem ersten Abschnitt (Z. 1–53) heraus, wie Rössler konfessionelle Vielfalt beurteilt.
3. Erläutern Sie anhand des zweiten Abschnittes (Z. 54–104) „Wahrheit".
4. Formulieren Sie aus der Perspektive einer Muslima sowie eines säkularen Menschen, wie diese „Wahrheit" definieren.

Team-Aufgaben

1. Entwerfen Sie eine Präsentation mit Bildern und Texten über Kirchen und Religionen an Ihrem Ort.
2. Gestalten Sie einen Flyer über eine Freikirche an Ihrem Ort.
3. Entwerfen Sie einen Kommentar (→ **S. 331**) für den Jugend-Blog einer Tageszeitung zum Thema „Religion und Gewalt" anhand von → **S. 275–277**.
4. Arbeiten Sie in einem Gespräch mit katholischen Schülerinnen und Schülern über die Begriffe „Feste und Rituale", „Glaubensüberzeugungen", „Aufgaben", „Ämter", „Strukturen", „Selbstverständnis" und „Ökumene" die Gemeinsamkeiten und die Unterschiede zwischen der evangelischen und der katholischen Kirche heraus. Gestalten Sie dazu ein Lernplakat.
5. Entwerfen Sie eine Karikatur zum Verhältnis von Judentum, Christentum und Islam.
6. Gestalten Sie einen Beitrag für eine Jugendzeitschrift zum Thema „Toleranz" unter Einbezug von → **S. 284–286**.

Was ist eine Organisation?

Die Strukturen der evangelischen und der katholischen Kirche

Die Evangelische Kirche

Die „Evangelische Kirche in Deutschland“ (EKD) ist der Zusammenschluss von zurzeit 22 selbständigen Landeskirchen. [Stand 2020 hat sich die Zahl auf 20 reduziert.] Jede Landeskirche weist in der Regel drei verschiedene Ebenen auf: eine landeskirchliche Ebene mit zentralen Einrichtungen, eine mittlere Verwaltungsebene (Kirchenkreise, Dekanate o. ä.) und die Ebene der Gemeinden. Zugleich baut sich die Evangelische Kirche aber von unten, von den Gemeinden her, auf. Die Gemeinden sind die Basis. Im Grunde ist die Evangelische Kirche demokratisch organisiert. Die Gemeinden werden vom Presbyterium oder vom Kirchenvorstand geleitet, die in regelmäßigen Abständen (meist alle 4 Jahre) von den Gemeindegliedern gewählt werden. Die Gemeinden entsenden Delegierte des Presbyteriums sowie Pfarrerinnen und Pfarrer in die Kreissynode. Aus ihrer Mitte wird eine Pfarrerin oder ein Pfarrer zur Superintendentin / zum Superintendenten [Dekane] des Kirchenkreises gewählt. Die Kreissynoden entsenden wiederum ihre Abgeordneten in die Landessynode, das höchste Gremium einer Landeskirche, in dem über alle wichtigen Fragen entschieden wird.
Die Landessynode wählt die Bischöfin oder den Bischof bzw. die oder den Präses und die Kirchenleitung. Alle Leitungsämter werden auf Zeit übertragen. In allen Leitungsorganen wirken Pfarrerinnen und Pfarrer sowie gewählte Gemeindeglieder gleichberechtigt zusammen. In vielen Landeskirchen sind die Nichttheologen aufgrund der Verfassung immer in der Mehrzahl.
Auch im Rat der EKD (gegenwärtig 15 Mitglieder), der die Evangelische Kirche in Deutschland in der Öffentlichkeit vertritt, dominieren die Nichttheologen.

Hans-Martin Lübking (1948), ev. Theologe*

Die römisch-katholische Kirche

Die römisch-katholische Kirche wird vom Papst geleitet. Er ist ihr oberster Hirte, Bischof von Rom und das mit absoluter Macht ausgestattete Staatsoberhaupt des Vatikanstaates in einer Person. Beim Papst, für den auch die Bezeichnungen „Heiliger Vater“ oder „Pontifex“ verwendet werden, laufen alle Fäden der Weltkirche, also der Gesamtheit der katholischen Kirche, zusammen; er steht an der Spitze der vertikalen Struktur der Kirche. […]
Unterhalb des Kirchenstaates folgen als nächst höhere Ebene die Kirchenprovinzen. Diese bestehen in der Regel aus mehreren Bistümern einer Region und haben das Ziel, ein gemeinsames pastorales Vorgehen zu fördern. Das vorrangige unter den Bistümern einer Kirchenprovinz heißt Erzbistum und wird von einem Erzbischof (Metropolit) geleitet. Die übrigen Bistümer sind die so genannten Suffraganbistümer. Sie sind dem Erzbistum in bestimmten Bereichen rechtlich unterstellt.
Geleitet werden die Bistümer – analog zu den Erzbistümern – von einem Bischof. Dieser hat in seinem Bistum jeweils den höchsten Hirten-, Lehr- und Verwaltungsauftrag. Da jeder Bischof nach katholischem Verständnis Nachfolger der Apostel ist, repräsentiert aus theologischer Sicht jedes Bistum die universale Kirche vor Ort. Das Netz der Bistümer, von denen es weltweit rund 3.000 und in Deutschland 27 gibt, umfasst alle bewohnten Regionen der Erde. […]
Unterhalb der Ebene der (Erz-)Bistümer existieren die Dekanate und die Pfarreien. Die Pfarrei, auch (Pfarr-)Gemeinde genannt, ist die kleinste Einheit innerhalb der kirchlichen Organisationsformen. Sie umfasst in der Regel ein bestimmtes geografisches Gebiet (Territorialprinzip) und wird von einem Pfarrer geleitet.

www.katholisch.de

Priestertum aller Gläubigen

In der Reformation wird Christus als einziger Priester (Hebr 4,14) verstanden. Alle Glaubenden haben einen Zugang zu Gott: Durch die Taufe sind alle schon zum Priester oder zur Priesterin geweiht. Ursprünglichere Bezeichnung: Priestertum aller Getauften, später auch „Allgemeines Priestertum“. Niemand ist daher besser oder heiliger, das gilt auch in Organisationen.

1. Stellen Sie die Strukturen der evangelischen und der katholischen Kirche grafisch dar.
2. Arbeiten Sie anhand der beiden Strukturen und der Info das unterschiedliche Verständnis von Kirche heraus. Bewerten Sie die Strukturen aus der Perspektive von Jugendlichen, Frauen, Behinderten, Homosexuellen oder Angehörigen anderer Religionen.
3. Vergleichen Sie die Organisation der evangelischen Kirche mit der Organisation des Staates in Deutschland.
4. Erläutern Sie aufgrund einer Befragung die Tätigkeiten eines Kirchengemeinderats bzw. Presbyteriums.

Warum sollen Kirchen zusammenarbeiten?

Die ökumenische Bewegung

Wenn Menschen aus vielen Weltgegenden zusammenkommen, entstehen manchmal die besten Ideen. Zum Beispiel Oikocredit: Kirchengemeinden und Privatpersonen legen ihr Geld in einer Bank an, die dann Mikrokredite an Kleinbauern und -bäuerinnen in ärmeren Weltgegenden vergibt, die erneuerbare Energien für Dorfgemeinschaften vorfinanziert und die Frauen hilft, sich eine Nähmaschine zu kaufen – oder etwas anderes, das ihr Auskommen sichert.

Ethische Geldanlagen, die zu mehr Gerechtigkeit und letztlich auch zum Frieden beitragen sollen – die Idee dafür entstand 1968 auf der Vollversammlung des Ökumenischen Rates der Kirchen (ÖRK) in Uppsala. Über 350 Kirchen mit rund 560 Millionen Gläubigen aus aller Welt sind in ihm zusammengeschlossen. Alle acht Jahre trifft sich die Vollversammlung, immer wieder gehen wichtige Impulse für die ökumenische Bewegung von diesen Zusammentreffen aus.

2021 wird sie zum ersten Mal in Deutschland tagen, in Karlsruhe. […] Die Arbeit des ÖRK steht seit der letzten Vollversammlung 2013 in Busan, Südkorea, unter der Überschrift „Pilgerweg der Gerechtigkeit und des Friedens". Der Gedanke dabei: Ohne Gerechtigkeit gibt es keinen Frieden. Wo Menschen massives Unrecht geschieht oder wo sie Willkür ausgesetzt sind, begehren sie auf. Zur Gerechtigkeit gehört das Recht, eine verlässliche Rechtsprechung und Rechtssicherheit.

Karlsruhe mit dem Bundesverfassungsgericht ist eine Stadt des Rechts – ideal für das Treffen der ÖRK-Vollversammlung. Karlsruhe ist zudem geprägt von Toleranz gegenüber Andersdenkenden und Andersglaubenden. Über viele Jahrhunderte hinweg haben die Menschen in der Stadt Protestanten, Mennoniten und Waldenser aufgenommen, seit den 1960er Jahren auch orthodoxe Migranten aus Griechenland, Serbien und Rumänien. Heute ist die Gemeinde der „Griechisch-orthodoxen Kirche von Antiochien" ein Ort der Integration für christliche Flüchtlinge aus Syrien.

Christinnen und Christen sind Weltbürger. Trotzdem blicken wir als Kirche oft zunächst auf uns selbst: Wie steht es um unsere Mitgliederzahlen? Wie ist es um die evangelisch-katholische Ökumene bestellt? Wie feiern wir unsere Gottesdienste geistlich und lebendig? Das sind ohne Zweifel wichtige Fragen. Doch manchmal hilft ein Blick über den Tellerrand, um neue Impulse zu bekommen.

Wenn Tausende Christinnen und Christen aus allen Teilen der Welt 2021 in Karlsruhe zusammen beten und singen und über Fragen von Gerechtigkeit und Frieden miteinander ins Gespräch kommen, dann bin ich sicher: Die Ideen und Inspirationen, die davon ausgehen, werden auch in Deutschland Folgen haben – für unsere Gemeinden und für die ökumenische Bewegung.

Die zentralen Fragen der Zeit können heute nur international und gemeinsam gelöst werden. Im europäischen Raum wird das an der Frage des Umgangs mit den geflüchteten Menschen aktuell besonders deutlich. Aber als Christinnen und Christen können wir gar nicht anders, als alle im Blick zu behalten. Das geht deutlich besser, wenn wir uns kennen und einander vertrauen.

Irmgard Schwaetzer (1942), Politikerin und Vorsitzende der Synode der EKD*

Ökumene

Ökumene (griech. oikos = Haus, die gesamte bewohnte Erde) bezeichnete in der Antike das gesamte römische Weltreich. Heute steht der Begriff für 1. die weltweite Christenheit, 2. die Zusammenarbeit zwischen den Konfessionen sowie 3. die im Ökumenischen Rat der Kirchen (ÖRK) zusammengeschlossenen Kirchen.

Ökumenischer Rat der Kirchen

Der ÖRK umfasst mehr als 560 Millionen Christen in 349 Kirchen aus über 110 Ländern, d.h. die Mehrzahl der orthodoxen Kirchen, zahlreiche anglikanische, baptistische, lutherische, methodistische und reformierte Kirchen. Die katholische Kirche hat einen Gaststatus, d.h., sie hat nie einen Aufnahmeantrag gestellt und ist dennoch als Gast in vielen Gesprächen und Beratungen dabei.

1. Fassen Sie die Aufgaben des ÖRK zusammen.
2. Benennen Sie Fragen für ein Gespräch mit einem orthodoxen Christen.
3. Entwerfen Sie anhand des Logos eine Rede, inwieweit Ökumene zu globalem Frieden und Gerechtigkeit beitragen kann.

Wie sind Geschwister?

Marc Chagall (1887-1985): Weiße Kreuzigung, 1938

Das Verhältnis von Christentum und Judentum

Kirsten Dietrich: 1952 fand die erste Woche der Brüderlichkeit statt. Wo die Woche der Brüderlichkeit steht, darüber habe ich vor der Sendung mit jemandem gesprochen, der von jüdischer Seite schon lange an diesem Dialog beteiligt ist, durchaus streitbar: mit Micha Brumlik, Professor für Pädagogik an der Universität in Frankfurt. Ich wollte zunächst von ihm wissen, warum überhaupt die Woche der Brüderlichkeit so wichtig ist.

Micha Brumlik: Nun, sie ist wichtig, damit die Jahrhunderte alten Verwerfungen des Verhältnisses zwischen Juden und Christen, die dann letztlich im Holocaust, jedenfalls in Europa, mündeten, nun bearbeitet werden können, dass Juden und Christen und neuerdings nun auch Muslime sich besser kennenlernen und ein tieferes Verständnis für die jeweiligen Glaubensweisen und Glaubensinhalte erhalten, so dass hoffentlich in Zukunft Feindseligkeiten aller Art vermieden werden können. [...]

Ich glaube, dass in den vergangenen 60 Jahren vor allem die christliche Theologie, die systematische Theologie als auch die Exegese gelernt haben zu zeigen, dass das, was man über Jahrhunderte an judenfeindlichen, antijudaistischen Inhalten, etwa aus den Evangelien, herausgezogen hat, also sprich die Gottesmörder, die Verräter Jesu, dass das keiner Überprüfung standhält. Darüber hinaus hat man verstanden, dass auch im christlichen Glauben Verheißungen Gottes an Israel nie zurückgenommen worden sind – so jedenfalls der Apostel Paulus –, und das hat zu einer Umbesinnung mindestens in weiten Bereichen der evangelischen Kirchen in Deutschland geführt. Was nun die Beziehungen zur katholischen Weltkirche angeht, muss man sagen, dass insbesondere die neu eingefügte lateinische Karfreitagsliturgie, indem darum gebetet wird, dass die Juden irgendwie Jesus als Retter der Menschheit anerkennen sollen, einen schweren Rückfall darstellt, dafür ist nun der jetzige Papst [Benedikt XVI.] verantwortlich. [...]

Ich habe gelernt, dass Judentum und Christentum weniger in einer Mutter-Tochter-Beziehung stehen, sondern in einer geschwisterlichen Beziehung, als historische Religion, christlicher Glaube, christliche Religion und rabbinisches Judentum etwa gleichzeitig in der späten Antike entstanden sind. Ich zum Beispiel lese die Evangelien mit dem berühmten deutschen Rabbiner Leo Baeck als Urkunden und Zeugnisse jüdischen Glaubens, nicht als christliches Buch.

Deutschlandradio Kultur

Antisemitismus → S. 272f. → S. 133

1. Arbeiten Sie heraus, was christliche und jüdische Theologie in den letzten Jahrzehnten gelernt haben.
2. Beziehen Sie das Bild von Chagall auf das Verhältnis von Christentum und Judentum.
3. Entwerfen Sie eine Grafik für die Beziehung von Judentum und Christentum.

Was verbindet religiöse Menschen?

Gemeinsamkeiten von Judentum, Christentum und Islam

Judentum, Christentum und Islam sind Religionen mit einem langen Gedächtnis, Religionen der Schrift, Religionen mit einem heiligen Buch, Religionen mit Respekt vor den Ahnen, ihren Weisheiten und Erfahrungen, Religionen mit gefährlichen Erinnerungen an Unterdrückung und Befreiung. Wir lesen Texte, die uns herausfordern, die uns in Frage stellen, die uns mit dem Andern, mit dem Fremden konfrontieren. Dieses Geschichtsbewusstsein macht uns lebendig. Es gibt uns ein Bewusstsein für den Ort, wo wir stehen, für das Woher und Wohin. Es macht uns widerständig in einer schnelllebigen Zeit, die nicht hinsieht, sondern immer schon beim nächsten ist. [...]

Gottesfürchtige, fromme Juden, Christen und Muslime sind Menschen, die um ihre Grenzen wissen. Sie wissen, dass sie Staub sind und wieder zu Staub werden. Gottesfurcht ist die Grenze menschlicher Allmachtsphantasien, die die Welt zerstören. Gottesfurcht ist ganz konkret. „Frömmigkeit besteht nicht darin, dass ihr euer Gesicht nach Osten und Westen wendet. Frömmigkeit besteht darin, dass man an Gott, den Jüngsten Tag, die Engel, das Buch und die Propheten glaubt, dass man aus Liebe zu ihm den Verwandten, den Waisen, den Bedürftigen, dem Reisenden und den Bettlern Geld zukommen lässt und es für den Loskauf der Sklaven und Gefangenen ausgibt, und dass man das Gebet verrichtet und die Abgabe entrichtet“ (Sure 2,177). Gottesfurcht bedeutet Glaube an den einen Gott, den Schöpfer aller Dinge. Es bedeutet die Bereitschaft, in den Armen, den Fremden, Waisen und Witwen das Antlitz des Messias zu erkennen [Mt 25]. [...]

Gottesfurcht gibt es nicht ohne das Gebet. Beten ist Ausdruck kindlichen Vertrauens, und dieses Vertrauen, dieser Glaube, vermag Berge zu versetzen. Menschen, die im Gebet vereint sind, vermögen Wunder zu wirken. Ich glaube an die Wunder von Menschen verschiedener Religionen, die im Gebet vereint sich für Gerechtigkeit, Frieden und Bewahrung der Schöpfung engagieren. [...]

Die Praxis der fünf Gs – Gastfreundschaft, Gruppensolidarität, Geschichtsbewusstsein, Gottesfurcht und Gebet – bildet eine gemeinsame Basis engagierter Juden, Christen und Muslime angesichts weit verbreiteter religiöser Ignoranz. Diese Praxis unterscheidet uns von ungastfreundlichen, fremdenfeindlichen, engherzigen Patrioten, von egoistischen Steuerflüchtlingen und rücksichtslosen Spekulanten, von Holocaustleugnern, von Marktfetischisten und Weltherrschaftsträumern, von Verängstigten und kleingläubigen Zauderern.

Thomas Staubli (1962), Schweizer kath. Theologe*

Barbara Bux (1966): Leuchtkästen mit Originalzeichnungen zu den vier Elementen, Kreuz und Altar im interreligiösen Andachtsraum (Raum der Stille) der Unfallklinik Frankfurt, 2016*

Scriptural Reasoning → S. 281

Umma bezeichnet die Gemeinschaft der Muslime, die anfangs ohne Ämterhierarchie auskam. Der sunnitische Islam kennt keine Kirche als sakrale Institution, wichtig sind die Moschee und ihr Betrieb.

Moschee (arab. Masjid = Stätte der Niederwerfung im Gebet) bezeichnete zunächst auch christliche und jüdische Gebetsstätten.

1. Arbeiten Sie Staublis Definition zu den Gemeinsamkeiten der drei Religionen heraus.
2. Entwickeln Sie Perspektiven, wie ein gutes Miteinander von Juden, Christen und Muslimen möglich wird.
3. Beschreiben Sie den interreligiösen Andachtsraum.
4. Entwerfen Sie für einen Flughafen einen interreligiösen Gebetsraum und begründen Sie diesen Entwurf.
5. Gestalten Sie eine multireligiöse oder interreligiöse Feier am Ende des Schuljahres.

Was ist Intoleranz?

Toleranz aus Glauben

Die Begegnung von Eigenem und Anderem führt dazu, dass das Andere als Identitätsbedrohung erfahren wird, besonders dann, wenn identitätsstiftende Symbole abwertend behandelt werden. Das Erleben von verweigerter Partizipation an Gütern und Leistungen der Gesellschaft kann ebenso zu Intoleranz führen wie die Dialektik von Unterlegenheitsängsten und Überlegenheitsphantasien. Die Religionen erscheinen so häufig als Bastionen der Intoleranz. [...] Die negative Form der Toleranz, die den Verzicht auf die eigene Wahrheitsüberzeugung, die Zurücknahme der Religion in das rein Private und Individuelle fordert und Indifferenz gegenüber religiösen Gewissheiten und ihrer Prägekraft an den Tag legt, kann von religiös Gläubigen als Missachtung ihrer Identität und Tradition verstanden werden, als Relativierung dessen, was ihnen heilig ist – eben als Intoleranz. [...] Wenn es die Gläubigen in den unterschiedlichen Religionen sind, die einander tolerieren sollen, dann kann eine Toleranzbegründung nur in den religiösen Traditionen selbst verankert werden. [...] Toleranz aus Glauben ermöglicht es Christen, auch andere Menschen, was immer ihre Überzeugungen sein mögen, als Gottes Geschöpfe zu ehren und zu respektieren, die die Würde der Gottebenbildlichkeit unverlierbar an sich tragen. Andere Menschen sind genauso wie Christinnen und Christen zur Gemeinschaft mit Gott berufen und vollenden in dieser Gemeinschaft ihre Bestimmung. Die Toleranz ermöglichende Pointe dieser Glaubensinhalte ist, dass sie niemand für sich selbst in Anspruch nehmen und sie zugleich Anderen verweigern kann. Allerdings werden hier auch die Grenzen der Toleranz sichtbar. Keine Toleranz ist gefordert gegenüber den Formen der Intoleranz, die die Freiheit der eigenen Gewissheit bestreiten. Auffassungen, die die Mitgeschöpflichkeit und die gleiche Würde anderer Menschen theoretisch und praktisch missachten, sind nicht tolerierbar. Hier ist Widerstand und Kritik gefordert. Sonst würde Toleranz aus Glauben selbstwidersprüchlich. [...]

Allein aus Gnade – so fasste die Reformation die Einsicht zusammen, dass wir gratis, aus reiner göttlicher Liebe und Barmherzigkeit in die Gemeinschaft mit Gott aufgenommen werden. Martin Luther, der den Begriff der Toleranz in die deutsche Sprache eingeführt hat, hat mit dieser Pointe des Rechtfertigungsglaubens den Begriff der Toleranz Gottes verbunden. Wer sich allein aus Gnade gerechtfertigt glaubt, weiß, dass Gott unser Sündersein erduldet und trägt, um uns seine Gnade zu schenken. [...]

Eine „unmögliche Tugend" hat der englische Philosoph Bernard Williams die Toleranz genannt. Das zu ertragen, was man nicht annehmen kann, scheint in der Tat über das Menschenmögliche hinauszuweisen. Genau das ist die Pointe der Toleranz aus Glauben. Sie nimmt den Anderen mit den Augen des Glaubens wahr, deren Sichtweise nicht auf das Menschenmögliche beschränkt ist, sondern den Anderen wie sich selbst aus der Perspektive der Gnade und Wahrheit Gottes wahrzunehmen lernt. Entfaltet das evangelische Christentum so die Wurzeln der Toleranz, kann es eine Anregung an die anderen Religionen sein, in ihren Traditionen die religiösen Wurzeln der Toleranz neu zu entdecken – und es kann umgekehrt von ihren Entdeckungen lernen. Solche Formen der Toleranzbegründung und Toleranzpraxis brauchen pluralistische Gesellschaften, damit ihre Mitglieder wollen können, dass der Andere Teil ihrer eigenen Zukunft ist.

*Christoph Schwöbel (*1955), ev. Theologe*

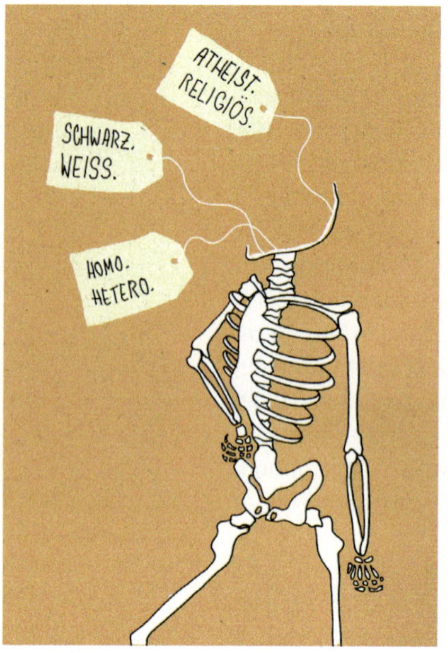

Svenja Borghans (1986): Gleichberechtigung*

Menschenwürde, Ebenbild Gottes → S. 61, 62
Ringparabel, Toleranz → S. 280, 286

1. Beschreiben Sie die Karikatur und formulieren Sie ihre Botschaft oder eine eigene Bildunterschrift.
2. Stellen Sie die Hauptaussage zur Entstehung von Toleranz dar.
3. Vergleichen Sie Schwöbels Begründung für Toleranz mit 1. Kor 13 und Joh 17,20-26.
4. Gestalten Sie einen Blog-Beitrag zum Thema: Toleranz begründet aus nicht-religiöser Perspektive.

Was ist ein gutes Gespräch?

Grundregeln für den interreligiösen und interideologischen Dialog

1. Der primäre Zweck des Dialogs ist, zu lernen, das heißt, sich zu verändern und zu wachsen in der Wahrnehmung und dem Verstehen von Wirklichkeit und als Konsequenz, demgemäß zu handeln.
2. Der interreligiöse und interideologische Dialog muss als zweiseitiges Projekt unternommen werden – innerhalb jeder religiösen oder ideologischen Gemeinschaft und zwischen den religiösen oder ideologischen Gemeinschaften selbst.
3. Jeder Teilnehmer muss den Dialog mit völliger Ehrlichkeit und Aufrichtigkeit beginnen. Und umgekehrt: jeder Teilnehmer muss die gleiche völlige Ehrlichkeit und Aufrichtigkeit in seinen anderen Partnern voraussetzen.
4. Im interreligiösen, interideologischen Dialog sollten wir nicht unsere Ideale mit der Praxis unserer Partner vergleichen, sondern unsere Ideale mit den Idealen unserer Partner, unsere Praxis mit der Praxis unserer Partner.
5. Jeder Teilnehmer muss seine Position selbst erläutern und klar umreißen. Umgekehrt – der/die von außen her Interpretierte muss in der Lage sein, sich selbst in der Interpretation wiederzuerkennen.
6. Jeder Teilnehmer muss den Dialog ohne unveränderliche Annahmen beginnen, was Meinungsverschiedenheiten betrifft.
7. Dialog kann nur zwischen Gleichgestellten stattfinden.
8. Dialog kann nur auf der Basis gegenseitigen Vertrauens stattfinden.
9. Der Teilnehmer eines interreligiösen oder interideologischen Dialogs muss zumindest ein Minimum an Selbstkritik und Kritik an der eigenen religiösen oder ideologischen Tradition besitzen.
10. Jeder Teilnehmer muss schließlich versuchen, die Religion oder Ideologie des anderen von „innen heraus" zu erfahren.

Leonard Swidler (1929), Religionswissenschaftler*

Henri Deparade (1951): Dialog, 2004*

Toleranz

Toleranz (lat. tolerare = ertragen, erdulden) bewahrt im Anschluss an Reformation und Aufklärung Andersdenkende vor Diskriminierung und schützt die Glaubens-, Gewissens- und Religionsfreiheit. Sie kann eher passiv als hinnehmend oder eher aktiv als fördernd praktiziert werden. Goethe schreibt, „Toleranz sollte eigentlich nur eine vorübergehende Haltung sein, sie muss zur Anerkennung führen. Dulden heißt beleidigen."

chrismon

Toleranz → **280f., 286**

1. Arbeiten Sie heraus, auf welchen Grundüberzeugungen die Dialogregeln von Swidler beruhen.
2. Entwerfen Sie für die Dialogregeln von Swidler anschauliche Beispiele.
3. Gestalten Sie zur Eröffnung eines interreligiösen Gesprächs eine Betrachtung zu dem Bild von Deperade, die zu einer trialogischen Diskussionsrunde motivieren soll.

Das Verhältnis zu Staat und Gesellschaft

Was verändert sich innerhalb von 2000 Jahren?

Basics **Kirche und politische Herrschaft**

Die öffentliche Verkündigung ist Kern, Ausgangspunkt und Kriterium für alles öffentliche Handeln der Kirche. [...] Für die ältesten Christen ergab sich aus dem Öffentlichkeitsanspruch des Evangeliums die Weigerung, sich dem offiziellen römischen Staatskult zu unterwerfen; deshalb galten sie als Gottlose, als Atheisten. Umso erstaunlicher ist es, dass das Christentum seit dem vierten Jahrhundert ein beträchtliches Erbteil der römischen Staatsreligion übernommen hat. Denn die „Bekehrung“ des Kaisers Konstantin ist nichts anderes als die biographische Darstellungsform dafür, dass der christliche Glaube zur öffentlichen Religion – zum „cultus publicus“ – erhoben wurde. [...] Die konstantinische Wende ist insbesondere eine Wende im Verhältnis zwischen Kirche und Staat. Die Distanz der Kirchen zum Staat wurde durch eine Staatsverbundenheit der Kirchen abgelöst, die auch und gerade dann prägend war, wenn in den folgenden Jahrhunderten schwere Konflikte zwischen diesen beiden Mächten ausbrachen. Diese Staatsverbundenheit wirkte sich tief auf das Selbstverständnis der Kirchen aus. [...] Von einer „Staatsverbundenheit“ der Kirche kann grundsätzlich in einem doppelten Sinn die Rede sein; denn sie kann entweder auf einem Vorrang der Kirche oder auf einem Vorrang des Staats beruhen. [...] Der Vorrang der Kirche kann die Gestalt der „Theokratie“ annehmen, in der Kirche und Staat identisch sind; er kann aber auch in der Gestalt des „Kirchenstaats“ auftreten, in dem die kirchlichen Würdenträger die Herrschaft über einen rechtlich betrachtet selbständigen Staat innehaben; und er kann schließlich als „Klerikalismus“ in Erscheinung treten, also als dauerhafter Anspruch auf die politische Durchsetzung kirchlicher Prinzipien und Ansprüche. Der staatliche Vorrang kann entweder als „Cäsaropapismus“ ausgeprägt sein, in dem die politische Herrschaft mit der Leitung der Kirche zusammenfällt. Eine besondere, so nur im Protestantismus ausgebildete und bis zum Jahr 1918 praktizierte Form der Verbindung von Staat und Kirche ist das „landesherrliche Kirchenregiment“, in dem der Landesfürst zugleich die Stellung eines evangelischen Bischofs innehat. Der staatliche Vorrang kann ferner die Gestalt des Staatskirchentums annehmen, in dem das Handeln der Kirchen staatlichen Zwecken dienstbar gemacht wird („cultus publicus“), die Kirchen aber zugleich durch besondere staatliche Privilegien begünstigt sind. [...]
In der geschichtlichen Entwicklung des Verhältnisses zwischen politischer und kirchlicher Macht wurden immer wieder Versuche unternommen, zu einer Koordination zwischen Staat und Kirche zu gelangen, das jeweilige Streben nach Vorrang also durch eine Gleichgewichtsordnung zu überwinden. In der Neuzeit wurde diese Koordination entweder durch eine Verfassungsgarantie in die Wege geleitet, die die Selbständigkeit der Kirchen in der Verwaltung ihrer eigenen Angelegenheiten anerkannte; oder sie wurde durch Konkordate, also durch Verträge zwischen Staat und Kirche, befestigt. Beide Wege können auch – wie in der Bundesrepublik Deutschland – miteinander verbunden werden. Ein solches Koordinationssystem verträgt sich mit der Erklärung, Staat und Kirche seien voneinander getrennt. Denn es verbindet wechselseitige rechtliche Unabhängigkeit mit wechselseitiger Förderung.

Wolfgang Huber (1942), ev. Theologe, ehem. Ratsvorsitzender der EKD*

1. Stellen Sie die unterschiedlichen Verhältnisse von Staat und Kirche mit Symbolen dar.
2. Entwerfen Sie das voraussichtliche Verhältnis zwischen Staat und Kirche im Jahr 2050.

Team-Aufgaben

1. Gestalten Sie eine Barometerkurve, wie sich das Verhältnis von Kirche und Staat seit den Anfängen des Christentums entwickelt hat.
2. Untersuchen Sie aufgrund einer Recherche, wie der Islam sein Verhältnis zum Staat bestimmt.
3. Stellen Sie anhand einer Recherche zu „Denkschriften“ oder „Handreichungen“ dar, wie die evangelische Kirche bei der Pränataldiagnostik (→ S. 80), in der Klimadebatte (→ S. 46f.), bei der Organtransplantation (→ S. 44f.), bei Geflüchteten (S. 198) oder bei der Sterbehilfe (→ S. 81) argumentiert, und nehmen Sie dazu Stellung.

Was bringt die Kirche für Staat und Gesellschaft?

Der säkularisierte Staat und die Religion

Der freiheitliche, säkularisierte Staat lebt von Voraussetzungen, die er selbst nicht garantieren kann. Das ist das große Wagnis, das er, um der Freiheit willen, eingegangen ist. Als freiheitlicher Staat kann er einerseits nur bestehen, wenn sich die Freiheit, die er seinen Bürgern gewährt, von innen her, aus der moralischen Substanz des Einzelnen und der Homogenität der Gesellschaft, reguliert. Anderseits kann er diese inneren Regulierungskräfte nicht von sich aus, das heißt mit den Mitteln des Rechtszwanges und autoritativen Gebots zu garantieren suchen, ohne seine Freiheitlichkeit aufzugeben […].

So wäre denn […] zu fragen, ob nicht auch der säkularisierte weltliche Staat letztlich aus jenen inneren Antrieben und Bindungskräften leben muss, die der religiöse Glaube seiner Bürger vermittelt. Freilich nicht in der Weise, dass er zum „christlichen" Staat rückgebildet wird, sondern in der Weise, dass die Christen diesen Staat in seiner Weltlichkeit nicht länger als etwas Fremdes, ihrem Glauben Feindliches erkennen, sondern als die Chance der Freiheit, die zu erhalten und zu realisieren auch ihre Aufgabe ist.

Ernst-Wolfgang Böckenförde (1930-2019), ehem. Richter am Bundesverfassungsgericht

Was die Kirche zu leisten hat

Gesellschaften lassen sich in vier Interaktionsbereiche unterscheiden:

1. Ein Interaktionsbereich erhält den Frieden zwischen den einzelnen Menschen untereinander. Genau das ermöglicht konstruktive Interaktionen zwischen einzelnen Individuen. Das gelingt durch eine stabile Ausübung des Gewaltmonopols als staatliche und rechtliche Gemeinschaft.
2. Ein weiterer Interaktionsbereich erhält und steigert die materiellen Lebensbedingungen. Das umfasst sowohl die quantitative als auch die qualitative Perspektive als technische und wirtschaftliche Gemeinschaft.
3. Ein dritter Interaktionsbereich kommuniziert und reflektiert die technisch-orientierten Gewissheiten, z.B. in der Forschung als Gemeinschaft des Wissenschaftstreibens.
4. Ein vierter Interaktionsbereich kommuniziert die zielwahl-orientierten Gewissheiten. Hier werden z.B. Werte und Normen reflektiert, die dann zu bestimmten Entscheidungen führen. Das geschieht in der Gemeinschaft der Religions- und Weltanschauungskommunikation.

Die Pointe ist: Alle Interaktionsbereiche sind jeweils von den anderen abhängig und geprägt. Auch die Wirtschaft nutzt zielwahl-orientierende Gewissheiten. Ebenso haben Religionsgemeinschaften wirtschaftliche Interaktionsbereiche und beschäftigen sich mit Geld. Wo immer Entscheidungen über den Kurs der Interaktionen in Staat, Wirtschaft oder Wissenschaft fallen, liegen zielwahlorientierende Gewissheiten zugrunde. Diese sind Teil einer Religions- oder Weltanschauungskommunikation.

Eilert Herms (1940), ev. Theologe (verändert)*

i

Subsidiaritätsprinzip

Subsidiarität (lat. subsidium = Hilfe, Reserve). Das Subsidiaritätsprinzip hat seine Wurzeln in der katholischen Soziallehre und im Liberalismus. Es besagt, dass die Verantwortung für eine Aufgabe immer der kleinsten geeigneten Einheit (z.B. Individuen, private Haushalte, Körperschaften) übertragen werden soll. Staatliche Hilfe soll nur im Notfall eingreifen, wenn die Kraft der Einzelnen oder gesellschaftlichen Gruppen nicht dazu ausreicht. Vorrang hat immer die Hilfe zur Selbsthilfe. Wichtig ist es, die Kompetenz und Freiheit der kleineren Einheit zu beachten.

Körperschaft des öffentlichen Rechts

K.d.ö.R. ist eine Rechtsform des Staats, mit der Institutionen an öffentlichen Aufgaben beteiligt werden, wie z.B. die Bundesagentur für Arbeit, Hochschulen, Krankenkassen und staatlich anerkannte Religionsgemeinschaften. Jede K.d.öR. hat Pflichten und Rechte (Art 140 GG), z.B. Steuereinzug durch den Staat, eigene Beamten, Religionsunterricht an öffentlichen Schulen, Bundeswehr- und Gefängnisseelsorge, Beiräte und Sendezeiten in Radio und Fernsehen.

1. Stellen Sie die beiden Texte in einem Schaubild dar und ordnen Sie Beispiele aus Ihrem Alltag zu.
2. Entfalten Sie Voraussetzungen, die der Staat selbst nicht garantieren kann.
3. Sie arbeiten für eine Werbeagentur. Die Kirche beauftragt Sie, eine Werbestrategie zu entwickeln, um die Kommunikation der zentralen Werte für Jugendliche als „Kunden" zu optimieren. Entwerfen Sie eine Kampagne.

Was ist ein guter Staat?

Bernardo Strozzi (1581-1644): Das Gleichnis vom Zinsgroschen (Mk 12,13-17)

Bibel und politische Herrschaft (Mk 12,13-17; Röm 13,1-7; Apg 5,29; Offb 13)

Die Bibel enthält weder eine Staatslehre noch eine Theorie über das Verhältnis von Staat und Kirche. Abstrakte staatstheoretische Erwägungen sind ihr ebenso fremd wie die heute üblichen Begriffe „Staat“ und „Staatsverfassung“. Mit politischen Fragen setzt sich Jesus konkret auseinander. Für ihn ist der Staat keine absolut gesetzte Größe. Politische Gewalt wird von ihm nicht verneint, aber auch nicht vorbehaltlos akzeptiert. Das Wort Jesu vom Zinsgroschen „Gebt dem Kaiser, was des Kaisers ist, und Gott, was Gottes ist“ (Mk 12,17) enthält neben der Anerkennung politischer Herrschaft auch die Botschaft, gebt dem Kaiser nicht mehr als ihm zusteht, denn er ist kein Gott, der Anspruch auf den ganzen Menschen erheben könnte [...]. Die Bibel insgesamt hält die Mitte zwischen den extremen Positionen der generellen Ablehnung einer weltlichen Obrigkeit einerseits und ihrer Glorifizierung andererseits. Das gilt auch für die Aussage in Römer 13,1-7, nach der jedermann der Obrigkeit untertan ist, die Gewalt über ihn hat. Der Apostel Paulus fordert zwar Gehorsam gegenüber der weltlichen Obrigkeit, doch darf dies im Gesamtkontext seiner Theologie nicht als unbegrenzte Pflicht zum Gehorsam verstanden werden. Die Bibel kennt auch den Missbrauch politischer Macht. Besonders in der Apokalypse wird das Bild der alles verschlingenden politischen Gewalt gezeichnet (Apk 13). Daraus ergeben sich eine klare Verwerfung jeder totalitären politischen Gewalt und die Ablehnung eines Staatskultes. [...]

In der gesamten vorchristlichen Antike gehören Staat und Religion untrennbar zusammen. Dieser Zusammenhang wird erst durch das Christentum in Frage gestellt. Die Grundhaltung „Man muss Gott mehr gehorchen als den Menschen“ (Apg 5,25-29) führte zunächst zum Konflikt mit dem römischen Staat, der zwar das Judentum als eine national gebundene Religion dulden konnte, sich aber durch das Christentum in seinen Grundlagen prinzipiell in Frage gestellt sah. Nach den blutigen Verfolgungen der Christen zuletzt durch Kaiser Diocletian 303 und 304 [...] kam es schließlich zum „Mailänder Toleranzedikt“ von 313, mit dem der Weg des Christentums zur Staatsreligion eingeleitet wurde, der mit dem Edikt „Cunctos Populos“ vom 27. Februar 380 durch Kaiser Theodosius seinen Abschluss fand [...].

Jörg Winter (1944),*
Kirchenjurist und Oberkirchenrat i.R.

Röm 13,1-7: Paulus zur Stellung der staatlichen Gewalt

Paulus verzichtet mit seiner Wortwahl auf eine grundsätzliche Stellungnahme zum Staat. Nach römischer Verwaltungssprache sind die „Gewalten“ z.B. Behörden, Beamte, Magistrate, Statthalter. Die „Obrigkeit“ kann auch mit Regierende, die „Diener“ mit Amtsleute übersetzt werden. Eine Bekehrung zum Christentum hebt nicht alle anderen Lebensbezüge auf. Der Respekt gegenüber Behörden ist für Paulus ein Stück christlichen Gottesdienstes in der Welt (Röm 12,1).

1. Formulieren Sie Sprech- oder Gedankenblasen für drei Personen im Bild.
2. Vergleichen Sie Mk 12,13-17 mit Ihrer Interpretation des Gemäldes.
3. Arbeiten Sie an den Texten heraus, was das Neue Testament Christinnen und Christen für ihr Verhältnis zu politischer Herrschaft empfiehlt, und beurteilen Sie den Befund.
4. Überprüfen Sie, ob die Übersetzung Luthers „Jedermann sei untertan der Obrigkeit, die Gewalt über ihn hat. Denn es ist keine Obrigkeit außer von Gott; wo aber Obrigkeit ist, ist sie von Gott angeordnet.“ (Röm 1,7) dem Anliegen von Paulus in Röm 13,1-7 gerecht wird.
5. Entwerfen Sie ein Graffito für eine Kirchenwand mit einer Aufforderung, wie Kirche mit Staat und Gesellschaft umgehen soll.

Wo liegen die Grenzen staatlichen Handelns gegenüber den Bürgern?

Die Zwei-Regimenten-Lehre Luthers

Darum hat Gott die zwei Regimente angeordnet: [...] das eine, das rechtschaffen macht, das andre, das äußerlich Frieden schafft und bösen Werken wehrt. [...] Das weltliche Regiment hat Gesetze, die sich nicht weiter erstrecken als über Leib und Gut und was sonst äußerliche Dinge auf Erden sind. Denn über die Seele kann und will Gott niemand regieren lassen als sich selber allein. Wo darum weltliche Amtsgewalt sich anmaßt, der Seele ein Gesetz zu geben, da greift sie Gott in sein Regiment und verführt und verderbt nur die Seelen. Das wollen wir so klar machen, dass man es mit Händen greifen soll, damit unsere Junker, die Fürsten und Bischöfe sehen, was für Narren sie sind, wenn sie die Leute mit ihren Gesetzen und Geboten zwingen wollen, so oder so zu glauben.

Martin Luther (1483-1546): Von weltlicher Obrigkeit, wie weit man ihr Gehorsam schuldig sei (1523)

Das bleibende Erbe der Reformation

Der Christenmensch steht in beiden Regimenten. Als Amtmann, Soldat oder Bürger im weltlichen Regiment. Als gläubiger Christ im geistlichen Regiment. Beide Regimente stehen für Luther nicht im Widerspruch zueinander, beide sind nach Luther nötig: „Eins das fromm macht, das andere, das äußerlich Frieden schafft und bösen Werken wehrt. Keins ist ohne das andere genug in der Welt." Wenn wir heute nach dem bleibenden Erbe der Reformation fragen, dann ist es Luthers Eintreten in dieser und anderen Schriften für die Freiheit des Gewissens und des Glaubens von staatlicher Gewalt. [...] Ein zweites Vermächtnis von Luthers Lehre ist der Ruf an die Kirche, sich nicht mit dem weltlichen Regiment zu vermischen. Bischöfe sollten keine Staaten leiten, Kriege führen und auch keine weltliche Gerichtsbarkeit ausüben. Luther fordert die Trennung von Staat und Kirche, auch um der Glaubwürdigkeit der Kirche wegen. Die Kirche soll sich über ihren besonderen Auftrag hinaus nicht staatliche Art, staatliche Aufgaben und staatliche Würde aneignen und damit selbst zu einem Organ des Staates werden.
Und als drittes ist es auch ein nüchterner Blick auf das innerhalb der Kirche geltende Kirchenrecht. Rechtliche Regelungen, die sich die Kirche durch ein Pfarrerdienstrecht, die Gemeindeordnung oder Haushaltsordnung gibt, sind kein göttliches Recht, sondern von Menschen gemacht. Das Evangelium ist allein Sache des Wortes und nicht menschlicher Rechtsformen. Weshalb das Kirchenrecht zwar sinnvoller Weise die Wahl des Gemeindekirchenrats oder die Beschlussfassung im Gemeindekirchenrat regeln kann, aber Christenmenschen sollen des äußeren Gesetzes gar nicht mehr bedürfen. Und so ist im Kirchenrecht immer wieder neu nach Wegen zu suchen, um in Fragen des Glaubens keinen Zwang auszuüben.
Luthers Lehre ist aber auch Gegenstand eines verbreiteten Missverständnisses, als handele es sich beim geistlichen „Reich", in dem der Glaube und das Evangelium gilt, und beim weltlichen „Reich", in dem die Vernunft gilt, um zwei voneinander getrennte Bereiche. Zu wenig erfasst wird dabei Gottes Herrschaft über beide Reiche. Gott regiert im geistlichen Reich und Gott regiert im weltlichen Reich. Gott ist im weltlichen Reich kein anderer als im geistlichen Reich. In beidem ist er der Gott, der sich in Jesus Christus offenbart hat. Deswegen ist zwar die Regierweise unterschiedlich, nicht aber die Grundorientierung in den wesentlichen Fragen. Weil es also nicht um zwei Reiche, sondern zwei Regierweisen Gottes geht, deswegen ist der Ausdruck „Zwei-Regimenten-Lehre" treffender.
Für uns heute schwer verständlich bleibt vor diesem Hintergrund aber Luthers einseitige Parteinahme zugunsten der Fürsten während der Bauerkriege.

*Jörg Antoine (*1968), Jurist und Konsistorialpräsident der Ev. Kirche Berlin-Brandenburg-schlesische Oberlausitz*

Landesherrliches Kirchenregiment
In der Reformation werden die Fürsten zu evangelischen Notbischöfen und sind damit gleichzeitig bis 1918 weltliches und geistliches Oberhaupt.

1. Stellen Sie anhand der beiden Texte Luthers Zwei-Regimenten-Lehre in einer 100-Sekunden-Kurzrede (→ S. 334) für Mitarbeitende in der kirchlichen Jugendarbeit dar.
2. Fassen Sie in Thesen zusammen, wie Jörg Antoine das „bleibende Erbe" der Reformation sieht.
3. Beurteilen Sie aufgrund einer Recherche (→ S. 323), wie Luther auf den Aufstand der Bauern reagiert.

Was ist Widerstand?

Adolf Hitler begrüßt den von ihm ernannten Reichsbischof Ludwig Müller (Mitbegründer der Glaubensbewegung Deutsche Christen) am 6.9.1934 auf dem 6. Reichsparteitag der NSDAP in Nürnberg – zwischen beiden steht Abt Albanus Schachleiter.

Evangelische Kirche im Dritten Reich: Die Barmer Theologische Erklärung

Nach der Einführung des Arierparagraphen in der Kirche gründete sich als Protestbewegung der Pfarrernotbund, der im Mai 1934 zur Bekenntnissynode in Barmen einlud. Dort konstituierte sich die Bekennende Kirche, die unter Federführung von Karl Barth die Barmer Theologische Erklärung verfasste.

Wir bekennen uns angesichts der die Kirche verwüstenden und damit auch die Einheit der Deutschen Evangelischen Kirche sprengenden Irrtümer der Deutschen Christen und der gegenwärtigen Reichskirchenregierung zu folgenden evangelischen Wahrheiten:

THESEN: […]

IV. Jesus Christus spricht: Ihr wisst, dass die Herrscher ihre Völker niederhalten und die Mächtigen ihnen Gewalt antun. So soll es nicht sein unter euch; sondern wer unter euch groß sein will, der sei euer Diener. (Mt 20, 25.26)

Die verschiedenen Ämter in der Kirche begründen keine Herrschaft der einen über die anderen, sondern die Ausübung des der ganzen Gemeinde anvertrauten und befohlenen Dienstes.

Wir verwerfen die falsche Lehre, als könne und dürfe sich die Kirche abseits von diesem Dienst besondere, mit Herrschaftsbefugnissen ausgestattete Führer geben und geben lassen.

V. Fürchtet Gott, ehrt den König. (1. Petr 2,17)

Die Schrift sagt uns, dass der Staat nach göttlicher Anordnung die Aufgabe hat in der noch nicht erlösten Welt, in der auch die Kirche steht, nach dem Maß menschlicher Einsicht und menschlichen Vermögens unter Androhung und Ausübung von Gewalt für Recht und Frieden zu sorgen. Die Kirche erkennt in Dank und Ehrfurcht gegen Gott die Wohltat dieser seiner Anordnung an. Sie erinnert an Gottes Reich, an Gottes Gebot und Gerechtigkeit und damit an die Verantwortung der Regierenden und Regierten. Sie vertraut und gehorcht der Kraft des Wortes, durch das Gott alle Dinge trägt.

Wir verwerfen die falsche Lehre, als solle und könne der Staat über seinen besonderen Auftrag hinaus die einzige und totale Ordnung menschlichen Lebens werden und also auch die Bestimmung der Kirche erfüllen. Wir verwerfen die falsche Lehre, als solle und könne sich die Kirche über ihren besonderen Auftrag hinaus staatliche Art, staatliche Aufgaben und staatliche Würde aneignen und damit selbst zu einem Organ des Staates werden.

Deutsche Christen
Glaubensbewegung, die 1932 gegründet wurde und die Ideologie des Nationalsozialismus auf den Bereich der evangelischen Kirche übertragen wollte. Sie sieht in Rasse, Volkstum und Nation von Gott anvertraute Lebensordnungen, die es unbedingt zu erhalten gilt. Darüber hinaus verkündigt sie einen „heldischen Jesus" und warnt vor einer „übertriebenen Herausstellung des Gekreuzigten".

1. Ordnen Sie das Bild historisch ein.
2. Untersuchen Sie den Aufbau der Thesen und erläutern Sie, wogegen und wofür sie eintreten. Benennen Sie, was Sie vermissen.
3. Vergleichen Sie Barmen V mit der Zwei-Regimenten-Lehre Luthers (S. 213).
4. Gestalten Sie ein Standbild, das die Position der Bekennenden Kirche im Dritten Reich darstellt.

Was bringen Kerzen?

Wer eine Kerze hält und ihre Flamme mit der Hand gegen den Wind abschirmt, kann nicht gleichzeitig Knüppel oder Steine mit sich tragen.

Christian Führer, Pfarrer Nikolaikirche Leipzig 1989

Kirche im Sozialismus

Bei den Montagsgebeten wurde die brennende Kerze zum Symbol einer Macht, die sich selbst schutzlos ausliefert. Und dennoch einen Staat aus den Angeln hebeln kann. [...]
[9. Oktober 1989] Am Hauptbahnhof in Leipzig sind Panzer positioniert, in den Sakristeien einiger Kirchen werden Notlazarette eingerichtet. Zum Montagsgebet in der Nikolaikirche und zum anschließenden Zug über den Innenstadtring kommen trotzdem 70.000 Menschen. Es ist die bis dahin größte Demonstration in der Geschichte seit dem 17. Juni 1953. Die Sicherheitsbehörden rücken von ihrem Plan einer – notfalls gewaltsamen – Zerschlagung der Demonstration ab. Warum, darüber streiten sich Historiker bis heute. Horst Sindermann, damals Mitglied des Politbüros, sagt es später so: „Wir waren auf alles vorbereitet. Nur nicht auf Kerzen und Gebete." Die Ereignisse bleiben friedlich und die Revolution ist nicht mehr zu stoppen. [...]
Man muss den Beitrag der Kirche im Zusammenhang mit ihrer gesellschaftlichen Rolle innerhalb der DDR sehen, die sie bereits lange vorher begonnen hatte zu erkämpfen. Seit den 60er Jahren nahm sie eine eigene Entwicklung, die zunehmend unabhängig von der Evangelischen Kirche Deutschlands verlief. Als „Kirche im Sozialismus" akzeptierte sie den sozialistischen Staat als ihr Wirkungsfeld und musste dabei einen mitunter schwierigen Kurs fahren: Sie musste ständige Gesprächs- und Kompromissbereitschaft mit der SED zeigen, die die gesellschaftlichen Einflussmöglichkeiten der Kirche regulierte. Und sie musste den Anschluss an eine säkulare Gesellschaft wahren, ohne ihr eigenes Profil zu verlieren. In diesem Spannungsfeld entwickelte die Kirche ihre besondere Fähigkeit, Freiräume zu schaffen, die nach außen zwar gesellschaftlich verankert waren, nach innen aber Entfaltungsmöglichkeiten boten, die in der Gesellschaft so nicht vorkamen. Sie schuf Biotope der Meinungsfreiheit und der kritischen Auseinandersetzung und besaß damit eine große Anziehungskraft für Andersdenkende. [...]
Die Friedensgebete in Leipzig und anderswo sind also in vielerlei Hinsicht das Epizentrum einer Macht, die von den Staatsmachern wohl bis zuletzt unterschätzt wurde, vielleicht weil sie sich mit den Denkmaßstäben der diktatorischen Machtausübung nicht begreifen lässt. Es ist die Hoffnung, die größer ist als die Angst. Und es ist das Gebet, das sich über die Macht des Faktischen hinwegsetzt. Die Kirche hat über die Jahre einen Raum geschaffen – mitten in der Gesellschaft – in dem das Wunder einer friedlichen Revolution passieren konnte.

Sebastian Pranz (1979), Soziologe und Journalist*

Verfolgte Schülerinnen und Schüler

„Wir waren vierzehn und haben über unser Leben entschieden." [sagt Caritas Führer, die Schwiegertochter von Christian Führer ...] Verfolgte Schüler [...], oft des Glaubens wegen. Weil sie nicht in die Freie Deutsche Jugend, die FDJ, eintraten, nicht an der Jugendweihe teilnahmen, [...] sie sich weigerten, im Sport mit Handgranatenattrappen zu werfen, das Gewehr in die Hand zu nehmen und zu schießen. Weil sie den Aufnäher der kirchlichen Friedensbewegung am Ärmel trugen: „Schwerter zu Pflugscharen". Ein Stück Vlies, ein Bibelwort des Propheten Micha, wurde binnen Wochen zum Politikum. [...] Der Vater [Gerber] wird in die Schule zitiert. Ihm wird mitgeteilt, dass Stefan nicht in die Abiturstufe komme, wenn er nicht bereit sei, den Frieden mit der Waffe zu verteidigen.

Renate Meinhof (1966), aufgewachsen in einem ev. Pfarrhaus der DDR, Journalistin*

Wächteramt der Kirche

Kirche setzt sich anwaltschaftlich für Menschen ein, denen es nicht gelingt, eigene Interessen zu vertreten. Sie wirkt in einer Gesellschaft und übernimmt nicht nur stabilisierende Aufgaben, sondern steht auch in einer prophetischen Tradition, die Missstände aufzeigt.

1. Erläutern Sie das Konzept einer „Kirche im Sozialismus".
2. Setzen Sie den Text von Meinhof in Beziehung zu Ihrer eigenen religiösen oder nicht-religiösen Positionierung auf dem Weg zu Ihrem Abitur.
3. Vergleichen Sie die „Kirche im Sozialismus" mit Mk 12,13-17 und Luthers Zwei-Regimenten-Lehre (S. 213).
4. Gestalten Sie aufgrund einer Recherche zur Rolle der Kirche in der DDR eine Andacht, eine Rede für einen Gedenktag oder eine Broschüre.

Was ist Religionsfreiheit?

Religionsfreiheit im Grundgesetz

Die Religionsfreiheit ist durch das Grundgesetz der Bundesrepublik Deutschland sowie in Europa mit der Charta der Grundrechte der Europäischen Union als auch beispielsweise durch die Europäische Menschenrechtskonvention garantiert.

Grundgesetz für die Bundesrepublik Deutschland Artikel 4

(1) Die Freiheit des Glaubens, des Gewissens und die Freiheit des religiösen und weltanschaulichen Bekenntnisses sind unverletzlich.

(2) Die ungestörte Religionsausübung wird gewährleistet.

(3) Niemand darf gegen sein Gewissen zum Kriegsdienst mit der Waffe gezwungen werden. Das Nähere regelt ein Bundesgesetz.

Jedermann hat, dies nennt sich individuelle Dimension, das Recht, seinem Glauben gemäß zu leben. Weiter steht es ihm frei, die kollektive Dimension auszuüben, dies in der Gemeinschaft mit anderen zu tun. Zudem haben die Glaubensgemeinschaften das Recht, sich rechtsförmig zu organisieren. [...]

Es findet eine Unterteilung in positive und negative Freiheit der Religion statt. Die positive Auslegung ist, dass jeder die Religion seiner Wahl ausüben kann, die negative dagegen, das Verbot für das Staatswesen, einen Bürger zu einer gewissen Weltanschauung oder Religion zu zwingen. Religion ist ein Grundrecht. So hat diese Grundrechtsberechtigung also ein jeder, Ausländer wie Deutscher. Was Minderjährige, Unmündige anbelangt, beginnt deren Religionsfreiheit mit der Einsichtsfähigkeit.

Die Religionsfreiheit betrifft auch die negative Freiheit, eben keinen Glauben zu vertreten, sich dazu zu bekennen und diese Überzeugung auch zu leben. [...]

Aus einem juristischen Lexikon

Der Religionsunterricht im Grundgesetz

Artikel 4 GG fasst einen modernen pluralistischen Staat ins Auge, der dem Einzelnen wie auch den weltanschaulichen Gruppen eine freie Entfaltung ihrer Anschauungen wie auch eine ungehinderte Betätigung ihrer glaubens- oder weltanschauungsmäßigen Überzeugungen eröffnet. Er stellt klar, dass der Staat sich mit keiner glaubensmäßigen oder weltanschaulichen Auffassung verbindet, dass er ihnen gegenüber vielmehr eine offene und tolerante Stellung einnimmt (Neutralität). Diese Haltung des Staates bedeutet nicht Wertindifferenz oder negative Gleichgültigkeit gegenüber den in seiner Bevölkerung lebenden Anschauungen. Sie kann vielmehr eine positive Würdigung der Bedeutung der weltanschaulichen und religiösen Gemeinschaften und eine Kooperation mit ihnen einschließen. Man wird sogar entsprechend der Rolle der sozialen Gruppen und Verbände in der modernen Gesellschaft vom Staate erwarten dürfen, dass er auch im Bereiche der weltanschaulichen Fragen eine Mitwirkung der dort bestehenden Gruppen und Gemeinschaften bei der Bewältigung gesellschaftlicher Aufgaben eröffnet und diesen Kräften einen angemessenen Raum im öffentlichen Leben gewährt. Dazu gehört auch der Bereich des öffentlichen Bildungswesens.

Rückt man die Bestimmungen des Grundgesetzes in diesen durch Artikel 4 GG vorgezeichneten Rahmen, so wird deutlich, dass die institutionelle Sicherung des Religionsunterrichts in Artikel 7 Abs. 3 nicht einen Restbestand oder einen Fremdkörper im Verhältnis von Staat und Religionsgemeinschaften darstellt. Auch vom Verständnis des Artikels 4 GG her kann die Sicherung des Religionsunterrichts als ein begrenztes und begründetes Maß an Kooperation zwischen dem Staat und den in der Bevölkerung lebendigen Anschauungen angesehen werden. Das bedeutet, dass die Regelung des Artikels 7 Abs. 3 GG nicht im Sinne eines Privilegs der Kirchen aufgefasst wird. Sie eröffnet den weltanschaulichen Gemeinschaften die Möglichkeit, an der Planung und Ausrichtung des Religionsunterrichts kooperativ beteiligt zu sein.

Rat der EKD
Gutachterliche Äußerung
zu verfassungsrechtlichen Fragen
des Religionsunterrichts, 1972

1. Benennen Sie anhand der beiden Texte die rechtlichen Konsequenzen aus GG Art. 4 Abs. 1.2.
2. Formulieren Sie Pro- und Kontra-Argumente für und gegen Religionsunterricht, Militär- und Krankenhausseelsorge.
3. Stellen Sie aufgrund einer Recherche dar, wie der jüdische und der muslimische Religionsunterricht gestaltet und begründet werden.

Was bringen militärische Einsätze?

Die Kirche und die Friedensfrage

Wenn wir heute hier gegen diese Waffen demonstrieren, ist das keine Demonstration gegen die Soldatinnen und Soldaten der Bundeswehr und ihre Angehörigen. Es ist eine Demonstration gegen die Politik, die ihnen zumutet, mit dieser immensen Gefahr zu leben, und sie nötigen könnte, diese Waffen einzusetzen. Denn das wäre absolut unverantwortlich. Niemand sollte gedrängt werden, eine solche entsetzliche Schuld auf sich zu laden. [...] Vom biblischen Friedensauftrag her gilt es, sich für die Überwindung von Hass und Krieg einzusetzen. Das ist nicht naiv, sondern hoffnungsvoll. Es knüpft an die biblischen Hoffnungsbilder an, die erzählen, wie Gewalt überwunden wird, wie die Spirale der Gewalt durchbrochen werden kann. Mit Fantasie für den Frieden, mit der Naivität, die andere Wange hinzuhalten, mit einer Gewaltlosigkeit, die Gewalttäter fassungslos macht, etwa wenn Jesus sagt: „Liebt eure Feinde, tut wohl denen, die euch hassen". (Lk 6,27) Deshalb ist wichtig, dass dieser Protest hier gewaltfrei bleibt. Denn Gewalt setzt die Täter immer ins Unrecht.

Als Christin sehe ich Frieden und Toleranz biblisch begründet. Und es ist mir wichtig, mit Menschen anderer Religionen zusammenzuarbeiten, die sich für die Überwindung von Krieg einsetzen. Auch das ist nicht naiv, sondern hoffnungsvoll. Es geht letzten Endes um ein Eintreten für Menschenwürde, ja Menschlichkeit und Zukunftsfähigkeit. Biblisch-theologisch gesprochen: Es geht um die Gottebenbildlichkeit jedes Menschen, um Nächstenliebe und Schöpfungsbewahrung. Da ist die Lerngeschichte je neu eine aktuelle Herausforderung. Oder reicht die Fantasie der Menschen nicht für den Frieden? Noch einmal Ingeborg Bachmann: „Hätten wir das Wort, hätten wir die Sprache, wir bräuchten die Waffen nicht." Im Zeitalter von Massenvernichtungswaffen kann niemand mehr Krieg als ein Werkzeug Gottes sehen. Der Kriegstaumel von Sunniten und Schiiten im Irak, die jeweils zum angeblich „heiligen Krieg" aufrufen, erinnert erschreckend an den Dreißigjährigen Krieg in Europa wie an das „Gott mit uns" auf den [Gürtel-]Koppeln der Soldaten 1914. Wieder wird der Name Gottes missbraucht, um eigene Vorstellungen durchzusetzen. Die blutigen Schlachtfelder von Verdun liegen heute in den Ebenen des Zweistromlandes oder in Zentralafrika. Und immer leiden zuerst die Kinder und werden traumatisiert fürs Leben. Der Krieg zerstört nicht nur Städte und verwüstet Felder, er prägt die Kinder, Enkel und Urenkel der Täter und der Opfer. [...] Ganz klar ist doch heute, dass zivile Mittel immer Vorrang haben müssen vor militärischen. Wer aber sieht, wie pazifistische Positionen in Frage gestellt sind, ja lächerlich gemacht werden, wie militärische Einsätze mit humanitären Zielen begründet werden, dass Deutschland zu einer Rüstungsexportnation aufgestiegen ist, die auch in Krisengebiete liefert, dem wird bewusst: Es gilt, wach und wachsam und widerständig zu bleiben. Gerade die Rüstungsexporte machen doch den Widerspruch klar: Wir können nicht die Kriege dieser Welt beklagen, die Menschen, die aus diesen Kriegen zu uns flüchten, abweisen – und gleichzeitig verdient unsere Wirtschaft an genau diesen Kriegen!

Margot Käßmann (1958), ev. Theologin, ehem. Bischöfin und EKD-Vorsitzende, Predigt vom 7.7.2019*

Jacob de Backer (1555-1591): Die Allegorie „Kuss von Gerechtigkeit und Frieden" (Ps 85,10f.), 1580

Gottebenbildlichkeit → S. 59, 61
Schöpfung → S. 58f., 60f.
Friedensreich, Friedensbegriff → S. 305
Feindesliebe, Bergpredigt → S. 131

1. Beschreiben Sie das Gemälde.
2. Analysieren Sie, wie Käßmann argumentiert.
3. Vergleichen Sie diese Argumentation aufgrund einer Recherche mit der EKD-Kundgebung zur „Kirche auf dem Weg der Gerechtigkeit und des Friedens".
4. Gestalten Sie einen Dialog der beiden Frauen im Bild von Jacob de Backer.

Wie viel Religion braucht ein Staat?

Feierstunde mit Kreuzen: Volkstrauertag im Bundestag. Es spricht der französische Präsident Emmanuel Macron, 2018.

Religion und die freiheitliche Gesellschaft

Aus einem ZEIT-Interview mit Wolfgang Thierse (1943), ehem. Präsident des Deutschen Bundestages, katholischer SPD-Politiker, von Evelyn Finger und Karsten Polke-Majewski:*

ZEIT: Sie haben ein Buch geschrieben, das heißt Religion ist keine Privatsache. Soll man mit Religion Politik machen?

Thierse: Ich will einmal die Frage beantworten: Ist Religion überhaupt Privatsache? Und da sage ich einmal Ja und zweimal Nein. Ja, weil der Glaube des Einzelnen seine persönliche Sache ist und nicht vom Staat diktiert werden darf. Nein, weil Religion, zumal christlicher Glaube, nicht bloß das Fürwahrhalten von Glaubenssätzen ist, sondern auch Einweisung in ein gutes und sinnvolles Leben, in soziale Praxis und damit auch in Politik. Und noch mal Nein, weil die Gesellschaft vom Engagement der Bürger lebt, die aus ihren starken Überzeugungen heraus handeln, die über den eigenen Egoismus hinaus auf das Gemeinwohl zielen. Da sind Religionen geradezu unersetzlich.

ZEIT: Also ohne Gott gibt es keine Barmherzigkeit und keine soziale Moral?

Thierse: Die freiheitliche Gesellschaft ist fundamental darauf angewiesen, dass es in ihr verbindende Normen, gemeinsame Maßstäbe und eine Vorstellung von Freiheit, Solidarität, Gerechtigkeit, Menschenwürde und Toleranz gibt. Doch diese Gemeinsamkeiten entstehen nicht von allein. Sie werden von Weltanschauungsgemeinschaften wie den Religionen tradiert und lebendig erhalten.

ZEIT: Der Staat soll sich also nicht in den Glauben einmischen, aber der Gläubige in den Staat?

Thierse: Der Staat ist säkular, ja. Aber er verlangt deshalb nicht, dass die Bürger, die ihn tragen, säkular sein müssen. Da der Staat selber keine eigene Weltanschauung vertritt, vermag er als ausgleichendes Regelwerk zwischen konkurrierenden Weltanschauungen zu wirken.

ZEIT: Der freie Bürger und der Glaubende, der einer unhintergehbaren Wahrheit folgen soll, sind aber nicht dasselbe. Empfinden Sie als Katholik diesen Widerspruch?

Thierse: Nein. Ich bin doch nicht schizophren. Ich bin zugleich Politiker und Christ. Das lässt sich nicht trennen. Was ich glaube, ist meine persönliche Sache, aber das kann ich doch nicht von dem fernhalten, was ich als Politiker tue, sage, entscheide.

ZEIT: Also doch ein Widerspruch!

Thierse: Ich würde es anders sagen. Es gibt ein Spannungsverhältnis zwischen dem Wohl und dem Heil. Die Religion handelt vom Heil, während es in der Politik um das irdische Wohl möglichst aller Menschen geht. Religion leistet hier etwas Kostbares, denn sie entlastet die Politik von Erlösungserwartungen. Mir ist dieser Unterschied wichtig, weil ich in der DDR selber erfahren habe, was es heißt, wenn Politik einen Allmachtsanspruch erhebt und für das Glück der Menschen, für Erlösung zuständig sein will.

ZEIT: Und was, wenn verschiedene Heilsversprechen miteinander konkurrieren?

Thierse: Die meisten Religionen sind sich zumindest darin einig, dass ein sinnvolles und gelingendes Leben nicht nur in materiellem Reichtum und privatem Erfolg besteht, sondern in Solidarität, im Einsatz für die Gerechtigkeit, fromm ausgedrückt: für die Barmherzigkeit.

1. Entwerfen Sie zu dem Foto eine Mailnachricht an eine Austauschschülerin aus Frankreich, die religiöse Feiern im Parlament nicht kennt, da in Frankreich Kirche und Staat vollständig getrennt sind (Laizismus).
2. Analysieren Sie, wie Thierse seine These „Religion leistet etwas Kostbares" begründet (Z. 51f.).
3. Entwerfen Sie einen Kommentar (→ S. 331) als Blogbeitrag für die Jugendorganisation einer Partei zur Sicht von Thierse.

Check-out

Wiederholen – Zusammenfassen – Sichern

- Beschreiben Sie anhand der Bilder in diesem Kapitel die unterschiedlichen Aspekte zum Thema Kirche. Stellen Sie Ihr Ergebnis in einer Concept-Map dar.
- Benennen Sie aufgrund des Kapitels fünf Texte, die Sie brauchen, um in der evangelischen Kirche mitreden zu können.
- Stellen Sie das gegenwärtige Verhältnis von Kirche und öffentlichem Handeln in einem Flussdiagramm dar. Ordnen Sie zu, was jeweils bedenkenswert oder auch überholt ist.
- Entwerfen Sie einen Internetauftritt für www.eintritt.evangelisch.de.
- Gestalten Sie in ein Plakat zur Vielfalt von Kirche, indem Sie Mt 18,20 prüfend miteinbeziehen.

Anwenden – Verknüpfen

- Sie sind Mitglied einer renommierten Werbeagentur. Entwerfen Sie aufgrund einer Recherche zwölf gute Gründe, in der Kirche zu sein, und gestalten Sie einen Clip dazu.
- Sie sind Mitglied einer religionskritischen Vereinigung. Entwerfen Sie einen Flyer mit Argumenten gegen Kirche.
- Gemeinsam mit der Organisation Sea-Watch hat das Bündnis United4Rescue das ehemalige Forschungsschiff „Poseidon" zur Seenotrettung im Mittelmeer. Das Schiff soll geflüchtete Menschen in Seenot retten. Die Evangelische Kirche in Deutschland beteiligt sich und ruft zu Spenden auf. Beurteilen Sie, ob diese Aktion dem Auftrag einer christlichen Kirche entspricht.
- Entwerfen Sie sieben Merkmale für eine zukunftsfähige Kirche und setzen Sie diese in Beziehung zur Confessio Augustana VII (S. 200).
- „Kirche ist nur Kirche, wenn sie für andere da ist." Dies formulierte Dietrich Bonhoeffer 1933 angesichts der zunehmenden Verfolgung von Juden im Dritten Reich. Benennen Sie sieben Einsatzorte einer „Kirche für andere".
- Jesus kommt heute zurück und sieht die Kirche: Entwerfen Sie dazu eine 100-Sekunden-Kurzrede (→ S. 334), was er sagt.

Einschätzung des Lerngewinns und des Lernprozesses

- Überprüfen Sie den Stand Ihres Kompetenzerwerbs (S. 188f.) mit den Kategorien *erreicht, nicht erreicht, zum Teil erreicht.*
- Formulieren Sie Einsichten, die Sie bei diesem Thema gewonnen haben, aber auch Fragen, die offen geblieben sind.

Feedback

- Vergleichen Sie Ihre Erwartungen am Anfang des Kurses mit Ihrer Einschätzung am Ende.
- Bewerten Sie mit den Noten 1 bis 6, ob in dem Kurs sowohl kirchenfreundliche als auch kirchenkritische Meinungen zur Geltung kamen.
- Stellen Sie Ihr persönliches Erleben des Kurses in einer Fieberkurve dar.
- Beurteilen Sie mit den Noten 1 bis 6, wie wichtig das Thema Kirche für den Religionsunterricht in der Gegenwart ist.

Ethik

- Philosophische Ethik
- Evangelisch-christliche Ethik
- Ethische Problemstellungen

- Was ist gut und was ist böse?
- Was ist Gerechtigkeit?
- Wie verhalten sich Zweck (Frieden) und Mittel (durch Krieg) zueinander?
- Warum machen wir Unterschiede im Umgang mit Tieren und mit Menschen?
- Was ist Glück und ein gutes Leben?
- Was sind meine Prinzipien für den „richtigen Weg“, nach denen ich handle, und woher bekomme ich Leitlinien für mein Leben?
- Warum rechtfertigt man Böses (Tötung eines Tyrannen), wenn man Gutes erreichen will?

Check-in

KOMPETENZEN

In diesem Kapitel finden Sie Beiträge zum Erwerb der folgenden **Kompetenzen**. Sie können ...

- unterschiedliche ethische Argumentationsmodelle vergleichen und beurteilen;
- Grundlagen christlicher Ethik unter Berücksichtigung biblischer Gerechtigkeitsvorstellungen darstellen und erläutern;
- exemplarisch aktuelle ethische Problemstellungen unter Einbeziehung christlicher Positionen erörtern und sich begründet dazu positionieren.

Der gerechte Lohn

Angenommen, Sie haben sich gemeinsam mit drei Gemeindemitgliedern aus Ihrer Kirchengemeinde selbstständig gemacht. Sie führen Arbeiten aller Art durch, vom Tapezieren über Müllentsorgung bis hin zu Umzügen. Ihr Freund A ist verheiratet, hat zwei Kinder im Alter von vier und zwei Jahren und ist ein geschickter Handwerker. Ihr Freund B ist ledig. Er fährt den LKW, den er aus dem Fuhrpark seines Vaters in die neue Firma eingebracht hat. Ihr Freund C ist ledig und führt im Wesentlichen die Hilfsarbeiten durch. Allerdings ist er sehr kräftig, so dass gerade er bei Umzügen die schwersten Lasten tragen würde. Sie selber sind das Herz des neuen Unternehmens. Es gelingt Ihnen, die Aufträge zu ergattern. Dabei kommen Ihnen Ihr großer Freundeskreis und die vielen Kontakte innerhalb und außerhalb der Kirche sehr gelegen. Außerdem erledigen Sie als gelernter Kaufmann alle notwendigen Büroarbeiten. Die einfachsten handwerklichen Arbeiten stellen aber unüberwindliche Schwierigkeiten für Sie dar. Ihre Frau bereitet Ihnen und Ihren Freunden die einzelnen Mahlzeiten während der Arbeit zu und bringt sie Ihnen auch noch. Schon der erste Auftrag, ein Umzug, erbringt einen Reingewinn von 1000 Euro.

Begründen Sie, wie Sie den Reingewinn auf die einzelnen Freunde verteilen würden, und erläutern Sie Ihr Verständnis von Gerechtigkeit.

Magnus Gäfgen, Wolfgang Daschner

Fall Jakob von Metzler: Polizei-Vize wegen Folterdrohungen angeklagt

Frankfurt/Main (dpa) – Der stellvertretende Frankfurter Polizeipräsident Wolfgang Daschner ist wegen seiner Folterdrohungen gegen den Entführer im Mordfall Jakob von Metzler angeklagt worden. Seine Anweisungen an einen nun ebenfalls angeklagten Beamten seien als Verleitung zu schwerer Nötigung anzusehen, erklärte die Staatsanwaltschaft am Freitag in Frankfurt/Main nach rund einjährigen Ermittlungen. Ursprünglich waren die Ermittlungen wegen des schwereren Delikts der Aussageerpressung eingeleitet worden. Hessens Innenminister Volker Bouffier (CDU) entband Daschner von seinen Aufgaben in Frankfurt und versetzte ihn nach Wiesbaden. Daschner hatte den Entführer Magnus Gäfgen am 1. Oktober 2002 bedrohen lassen, um das Geiselversteck des vier Tage zuvor entführten Jungen zu erfahren. Jakob von Metzler war zu diesem Zeitpunkt aber schon tot. Sein Vorgehen hatte der 60 Jahre alte Polizei-Vize sofort in einer Protokollnotiz schriftlich festgehalten, die im Januar 2003 zu dem Ermittlungsverfahren führte. „Objektiv liegt der Tatbestand der Aussageerpressung vor", sagte Staatsanwalt Wilhelm Möllers. Die Beamten hätten vorsätzlich gehandelt und könnten sich weder auf Notwehr noch auf Nothilfe berufen. Es habe ihnen aber am subjektiven Willen gefehlt, die erpresste Aussage in dem Ermittlungsverfahren gegen Gäfgen zu verwerten. Daher sei der Verbrechensvorwurf einer Aussageerpressung mit einer Mindeststrafe von einem Jahr nicht hinreichend sicher. Sie haben ausschließlich in dem Willen gehandelt, einem Kind das Leben zu retten", sagte Möllers. [...]

Stellen Sie das ethische Problem dar. Wie hätten Sie sich im Falle Daschner entschieden? Begründen Sie Ihre Entscheidung.

Das Glück des Einzelnen – das Glück der Anderen

Herr Müller ist verheiratet und hat drei Kinder. Er möchte sich von seiner Frau scheiden lassen, um eine Mitarbeiterin seiner Firma zu heiraten. Freunde von ihm machen ihm deshalb Vorwürfe. Sie halten seinen Schritt für moralisch falsch und vertreten dabei folgende Argumente:

Freund A: „Wenn du dich scheiden lässt, versündigst du dich; denn nach dem Willen Gottes darf eine gültig geschlossene Ehe zu Lebzeiten des Ehepartners nicht aufgelöst werden."

Freund B: „Du hast deiner Frau durch die Eheschließung in bindender und feierlicher Form versprochen, zeitlich unbegrenzt eine Lebensgemeinschaft mit ihr zu führen. Ein solches Versprechen darf man nicht brechen, nur weil man jemanden kennengelernt hat, den man momentan attraktiver findet."

Freund C: „Das Leid, das du durch eine Scheidung über deine Frau und deine drei Kinder brächtest, wäre größer als das Glück, das du in deinem Alter noch für dich und deine neue Frau erwarten könntest. Da durch diese Entscheidung mehr Leid entstünde, darf man sein eigenes Glück nicht auf Kosten anderer verfolgen."

Erörtern Sie den Unterschied zwischen den verschiedenen Argumenten der Freunde und bewerten Sie diese.

Zeitdruck und moralisches Handeln

Als Theologiestudentin müssen Sie einen Vortrag über das Gleichnis vom barmherzigen Samariter an der Universität halten. Eine Jury wird anschließend beraten, ob Sie aufgrund Ihrer Vortragsleistung eine Verlängerung Ihres Stipendiums erhalten oder nicht. Sollten Sie keine Stipendiums-Verlängerung erhalten, müssen Sie Ihr Studium beenden. Weil Ihre Tante kurz vor dem Verlassen der Wohnung bei Ihnen angerufen hat und Sie nicht unhöflich sein wollten, sind Sie nun spät dran.

Als Sie über die Straße rennen, um vielleicht gerade noch rechtzeitig zum Hörsaal der Uni zu kommen, sehen Sie an der Ecke einen leicht bekleideten Obdachlosen liegen, der offensichtlich zu viel Alkohol getrunken hat. Als Sie direkt an ihm vorbeigehen, beugt der Mann sich vor, ergreift Ihr Handgelenk und bittet Sie um Hilfe, es ginge ihm sehr schlecht und er brauche medizinische Hilfe. Sie sind jedoch in Zeitnot und würden dann zu spät zu Ihrem Vortrag kommen.

Wie handeln Sie als Theologiestudentin? Prüfen Sie verschiedene Handlungsmöglichkeiten und deren Begründung.

Pandemie

Eine weltweite Pandemie (Krankheit) führt dazu, dass in den Krankenhäusern zu wenig Intensivbetten zur Behandlung von Schwerkranken zur Verfügung stehen. Die Ärzte müssen entscheiden, wem sie einen Platz auf der Intensivstation geben – nicht alle können mit den dringend notwendigen Maßnahmen versorgt werden.

Erstellen Sie eine Kriterien-Liste und Regeln, nach denen die Ärzte entscheiden sollen, wer ein Bett auf der Intensivstation erhält. Begründen Sie, ob und warum man es zulassen könnte, andere Personen sterben zu lassen.

Benennen Sie das in dieser Karikatur dargestellte ethische Problem (→ S. 329). Nehmen Sie dazu Stellung und begründen Sie Ihr Urteil.

Philosophische Ethik

Woran orientieren wir uns?

Basics

Typen einer Ethik

Von welcher *Art* ist das, woran wir uns orientieren, wenn wir uns moralisch orientieren? [...] Diesbezüglich wird von verschiedenen Philosophen und Theologen die Unterscheidung zwischen Gütern, Tugenden und Pflichten als fundamental für die Struktur der moralischen Orientierung angesehen. Bei dem Theologen Friedrich Schleiermacher dient sie der Einteilung seiner Sittenlehre in Güterlehre, Tugendlehre und Pflichtenlehre. Ebenso findet sich diese Unterscheidung in der praktischen Philosophie Immanuel Kants. Man kann gemäß dieser Unterscheidung zwischen verschiedenen Typen von Ethik unterscheiden, je nachdem, welcher Begriff als Leitbegriff genommen wird. Es gibt *Güterethiken*, die das menschliche Leben und Handeln unter dem Aspekt thematisieren, dass es nach Gütern strebt. Paradigmatisch dafür ist die aristotelische Ethik, in der allerdings dem Begriff der Tugend ebenfalls eine zentrale Rolle zukommt, insofern das höchste Gut, die *Eudaimonia*, über die Ausbildung von Tugenden erreicht wird. Es gibt *Tugendethiken*, die Tugenden als fundamental für die moralische Orientierung erachten. So lässt sich die feministische Care-Ethik als eine Tugendethik verstehen. Schließlich gibt es *Pflichtenethiken*, für die die moralische Orientierung eine Orientierung an Pflichten ist, ja für die eine Handlung überhaupt nur moralisch ist, wenn sie aus *Pflicht* geschieht. Die Kantische Ethik ist von diesem Typ. Diesen verschiedenen Typen von Ethik ist gemeinsam, dass sie jeweils *einem* dieser drei Modi der Orientierung im Handeln einen Primat für die moralische Orientierung zuerkennen. Strittig ist zwischen ihnen, welcher dies ist. Bei Kant hat die Pflicht den Primat, und Gütern wie Glück oder Zufriedenheit und Tugenden wie Mäßigung oder Disziplin kommt nur eine abgeleitete bzw. instrumentelle Bedeutung zu, insofern sie uns zur Erfüllung unserer Pflichten befähigen. Bei Schleiermacher hat der Gedanke des höchsten Gutes den Primat, und hier sind Pflichten und Tugenden Mittel zur Erreichung dieses Gutes. Insgesamt lässt sich sagen, dass in der antiken bzw. vormodernen Ethik Güter und Tugenden die Leitbegriffe gewesen sind, während in der modernen Ethik der Begriff der Pflicht eine dominante Stellung erlangt hat.

Stefan Gruden (1977), ev. Theologe und Pfarrer*

Antike und moderne Ethiken

Die antike Ethik basiert auf einem teleologischen Verständnis des Handelns, das an der Frage nach dem Worumwillen oder Wozu, d.h. nach dem Telos [Ziel] einer Handlung orientiert ist und bei dem das Handlungsziel als der Handlung selbst inhärent gedacht wurde. [...] Die Moderne ist demgegenüber durch die Umstellung auf die Warum-Frage charakterisiert. So fragt [sie] nach Kausalzusammenhängen. [...] Diese Umstellung zeigt sich auch am Handlungsbegriff der modernen Ethik, der Handlungen von der Frage nach ihrem Warum her auffasst. Die Antwort auf diese Frage hat die Gestalt von Gründen und Motiven und Ursachen.

Johannes Fischer (1947), ev. Theologie, Prof. für Syst. Theologie*

Deontologische Ethik: Bezeichnung für ethische Theorien, die moralisch urteilen, unabhängig von den Konsequenzen des Handelns, allein aufgrund dessen, dass eine Handlung gemäß einer Regel oder Pflicht gut bzw. schlecht ist.
Konsequentialistische Ethik: Bezeichnung für ethische Theorien, die moralisch aufgrund der Handlungskonsequenz (unabhängig einer intrinsischen Pflicht) urteilen.
Teleologische Ethik: Bezeichnung für ethische Theorien, für die das Telos (Ziel bzw. Zweck) hinsichtlich des moralischen Urteils maßgeblich ist.
Ethik ist das kritische Nachdenken, die philosophische, systematische, theologische Reflexion über Moral, d.h. ein Überdenken von moralischen Überzeugungen hinsichtlich ihrer Gültigkeit.
Moral bezeichnet den Gesamtbereich dessen, worauf die Ethik reflektiert, und beinhaltet eine Menge an wertenden Urteilen im Sinne von „das ist moralisch gut" bzw. „das ist moralisch schlecht", z.B. Sexualmoral.
Eine **Norm** ist eine moralische Regel oder Vorschrift, häufig in der Form „Du sollst".
Tugend ist ein konstantes Gerichtetsein des Willens auf das sittlich Gute und das beständige Einüben sittlichen Handelns mit dem Ziel, eine grundsätzliche Verhaltensdisposition zu erlangen, z.B. Tapferkeit oder Barmherzigkeit.
Ethos ist eine sittliche Grundhaltung oder moralische Gesinnung, z.B. Ärzteethos.

1. Definieren Sie die Begriffe „Pflicht", „Tugend", „Gut" in Bezug auf verschiedene Typen von Ethik (Klassifikationsmöglichkeiten).
2. Skizzieren Sie Tendenzen, woran sich antike und moderne Ethiken in Grundzügen orientieren. Veranschaulichen Sie dies an einem aktuellen Beispiel.
3. Gestalten Sie Sketchnotes zu Pflichten-, Tugend- und Güter-Ethik.
4. Überprüfen Sie, ob die Gegenüberstellung von Fleiß und Pünktlichkeit gegen Schönheit und Reichtum in der Karikatur zutreffend ist
5. Analysieren Sie das im Comic „Held der Gerechtigkeit" dargestellte ethische Problem.
6. Gestalten Sie einen Dialog, in dem zwei konkurrierende Dialogpartner dem Helden der Gerechtigkeit unterschiedlich begründete Ratschläge für sein Verhalten geben.

Team-Aufgaben

1. Gestalten Sie in einer Collage eine Übersicht verschiedener Ethiken, in der Sie auch zentrale Begriffe, Personen und Prinzipien für die jeweilige Ethik benennen.
2. Entwerfen Sie für einen selbst gewählten ethisch-moralischen Konfliktfall eine Argumentationsskizze aus Sicht von Aristoteles (S. 228), von Kant (S. 230) und von Mill (S. 232). Führen Sie anschließend ein Podiumsgespräch dieser drei Ethiker zu diesem Thema durch.
3. Untersuchen Sie, welche Rolle „die anderen" bei dem Versuch, Eudaimonia zu erreichen, spielen. Vergleichen Sie diese Rolle mit der Funktion, die die Gesellschaft bei Peirce (S. 236f.) einnimmt.
4. Entwerfen Sie einen philosophischen Dialog zwischen zwei Vertretern unterschiedlicher ethischer Ansätze zum Thema „Assistierter Suizid" (→ S. 81).

Wie lassen sich moralische Urteile begründen?

Begründungsmöglichkeiten moralischer Urteile

Warum [...] soll man sich überhaupt mit [philosophischer] Ethik beschäftigen? [... Zumal zu befürchten ist], dass hier ohnehin nichts Verbindliches auszumachen sei, es sei denn, man greife auf christliche oder andere religiöse Traditionen zurück. [...] Wie kann, wie muss man sich, nachdem die religiöse Begründung entfallen ist, zur Ethik stellen? [...] Wenn das moralische Urteilen ein unvermeidliches Ingrediens unseres Lebens ist, müsste sich ein Dilemma ergeben, wenn moralisches Urteilen einerseits Allgemeingültigkeit impliziert und es sich andererseits als historisch und sozial relativ herausstellen sollte. Kann man moralisch urteilen, ohne an das Begründetsein seines Urteilens zu glauben? Wäre aber eine solche absolute Begründung, auf die das hinauszulaufen schiene, nicht eine Basis, die uns heute unglaubhaft erscheinen muss? [...] Unsere normalen Urteile [...] sind, wenn sie sich nicht gerade auf Mathematisches oder Logisches beziehen, empirisch, das heißt, sie gründen sich in ihrem Wahrheitsanspruch auf Erfahrung. Ein moralisches Urteil aber, also das Urteil, dass eine bestimmte Art des Handels gut oder schlecht und in diesem Sinn geboten oder verboten sei, lässt sich nicht empirisch begründen. [...] Philosophen wie Kant, die das klar gesehen haben, haben daraus gefolgert, dass diese Urteile in der Auffassung des Urteilenden nicht-empirisch, d.h. unabhängig von aller Erfahrung gelten müssen, und man nennt das: apriori. [...] Moralische Urteile scheinen, weil sie nicht empirisch wahr sind, apriori wahr zu sein, falls sie überhaupt wahr sind (und das sind sie natürlich immer aus der Perspektive des Urteilenden). [F]ür Philosophen [...] wie Platon oder Kant, [die] glaubten, dass unser Bewusstsein eine vor- oder überempirische Dimension hat, [erschien es einleuchtend], dass wir etwas nicht-empirisch, apriori einsehen können. Ist es [dann] nicht naheliegend, dass wir, [die] wir eine religiöse Begründung zurückstellen müssen, auch eine apriorische („metaphysische") Begründung verwerfen müssen? Es erscheint naheliegend, dass eine solche apriorische Begründung eine pseudoreligiöse Begründung ist, ein Versuch, die religiöse Begründung zu säkularisieren. Aber wenn wir so eine Begründung verwerfen [...] und wenn es gleichwohl richtig ist, dass ein moralisches Urteil nicht empirisch begründet sein kann, scheinen wir in ein noch tieferes Dilemma zu geraten. Von ihrem eigenen Sinn her müssten moralische Urteile sinnlos werden. Was dann aber tun, wenn moralisches Urteilen uns unverzichtbar scheint?

*Ernst Tugendhat (*1930), Philosoph*

Begründung der Moral

Das Problem der Begründung oder Rechtfertigung von Moral [...] wurde nicht von Philosophen erfunden: Es ist ein Problem, mit dem wir alle fast täglich im Alltag konfrontiert werden. Bin ich in einer bestimmten Situation berechtigt zu lügen? Ist Ehebruch ausnahmslos moralisch verboten? Nach welchen Gesichtspunkten sollen wir Kinder erziehen? [...] Solche und ähnliche Fragen lassen sich mit einem einfachen Ja oder Nein oder mit einem lapidaren Satz nicht zufriedenstellend beantworten. Zufriedenstellend ist eine Antwort nur dann, wenn wir diese Antwort als stichhaltig, begründet, gerechtfertigt betrachten können. [...] Das zu tun, ist die Aufgabe der Ethik; sie versucht, die letzten Begründungsprinzipien des moralisch Richtigen und Guten zu ermitteln.

Norbert Hoerster (1938), Jurist und Philosoph*

1. Erläutern Sie die These Ernst Tugendhats „Ein moralisches Urteil ... lässt sich nicht empirisch begründen" (Z. 22ff.) mit Hilfe des „naturalistischen Fehlschlusses" (Seite 247).
2. Erklären Sie anhand des Textes, worin der Unterschied zwischen einer religiösen Begründung von moralischen Urteilen und einer philosophischen Begründung liegt. Erläutern Sie, welche Probleme nach Ansicht von Tugendhat bei beiden Begründungsmöglichkeiten auftreten.
3. Erläutern Sie an einem Beispiel Ihrer Wahl die Aufgabe der Ethik im Hinblick auf die Begründung von Moral nach Ansicht von Hoerster.

Wann kann man sagen, es ist gerecht?

Gerechtigkeit als Fairness: Egalitärer Liberalismus (John Rawls)

Die Gerechtigkeit ist die erste Tugend sozialer Institutionen, so wie die Wahrheit bei Gedankensystemen. [...] Jeder Mensch besitzt eine aus der Gerechtigkeit entspringende Unverletzlichkeit, die auch im Namen des Wohles der ganzen Gesellschaft nicht aufgehoben werden kann. Daher lässt es die Gerechtigkeit nicht zu, dass der Verlust der Freiheit bei einigen durch ein größeres Wohl für andere wettgemacht wird. Sie gestattet nicht, dass Opfer, die einigen wenigen auferlegt werden, durch den größeren Vorteil vieler anderer aufgewogen werden. Daher gelten in einer gerechten Gesellschaft gleiche Bürgerrechte für alle als ausgemacht [...]

Wir wollen uns also vorstellen, dass diejenigen, die sich zu gesellschaftlicher Zusammenarbeit vereinigen wollen, in einem gemeinsamen Akt die Grundsätze wählen, nach denen Grundrechte und -pflichten und die Verteilung der gesellschaftlichen Güter bestimmt werden. Die Menschen sollen im Voraus entscheiden, wie sie ihre Ansprüche gegeneinander regeln wollen und wie die Gründungsurkunde ihrer Gesellschaft aussehen soll. [...] Die Entscheidung, die vernünftige Menschen in dieser theoretischen Situation der Freiheit und Gleichheit treffen würden, bestimmt die Grundsätze der Gerechtigkeit.

In der Theorie der Gerechtigkeit als Fairness spielt die ursprüngliche Situation der Gleichheit dieselbe Rolle wie der Naturzustand in der herkömmlichen Theorie des Gesellschaftsvertrags. Dieser Urzustand wird natürlich nicht als ein wirklich geschichtlicher Zustand vorgestellt, noch weniger als primitives Stadium der Kultur. Er wird als rein theoretische Situation aufgefasst, die so beschaffen ist, dass sie zu einer bestimmten Gerechtigkeitsvorstellung führt. Zu den wesentlichen Eigenschaften dieser Situation gehört, dass niemand seine Stellung in der Gesellschaft kennt, seine Klasse oder seinen Status, ebenso wenig sein Los bei der Verteilung natürlicher Gaben wie Intelligenz oder Körperkraft. Ich nehme sogar an, dass die Beteiligten ihre Vorstellung vom Guten und ihre besonderen psychologischen Neigungen nicht kennen. Die Grundsätze der Gerechtigkeit werden hinter einem Schleier des Nichtwissens festgelegt. Dies gewährleistet, dass dabei niemand durch die Zufälligkeiten der Natur oder der gesellschaftlichen Umstände bevorzugt oder benachteiligt wird. Da sich alle in der gleichen Lage befinden und sich niemand Grundsätze ausdenken kann, die ihn aufgrund seiner besonderen Verhältnisse bevorzugen, sind die Grundsätze der Gerechtigkeit das Ergebnis einer fairen Übereinkunft oder Verhandlung. [...]

Erster Grundsatz: Jedermann hat gleiches Recht auf das umfangreichste Gesamtsystem gleicher Grundfreiheiten, das für alle möglich ist.

Zweiter Grundsatz: Soziale und wirtschaftliche Ungleichheiten müssen folgendermaßen beschaffen sein: a) sie müssen unter der Einschränkung des gerechten Spargrundsatzes den am wenigsten Begünstigten den größtmöglichen Vorteil bringen, und b) sie müssen mit Ämtern und Positionen verbunden sein, die allen gemäß fairer Chancengleichheit offen stehen.

John Rawls (1921-2002),
US-amerikanischer Philosoph

1. Stellen Sie dar, welche Rolle der sog. „Schleier des Nichtwissens“ (Z. 49) in Rawls' Argumentation spielt.
2. Erörtern Sie, ob Rawls' Vorschlag einen Lösungsansatz bietet für die Forschung an Einwilligungsunfähigen wie Alzheimer- oder Komapatienten
3. Fassen Sie Rawls' Position in Thesen für einen Leserbrief in einer Zeitung zusammen und beziehen Sie dabei die Karikatur mit ein.
4. Formulieren Sie zu der Karikatur einen Kommentar (→ **S. 331**), in dem Sie Vor- und Nachteile des medizinischen Fortschritts analysieren.

Was ist das Ziel?

Pieter Brueghel d.Ä. (1525-1569): Das Schlaraffenland

Tugendethik: Das höchste Ziel nach Aristoteles oder Marge Simpsons Glück

Obwohl ein tugendhaftes Leben manchmal nicht ganz leicht ist, glaubt Aristoteles dennoch, es zahle sich für jeden aus. Denn die Tugend ist ein wesentlicher Bestandteil eines erfolgreichen Lebens. Wie er am Anfang seiner Nikomachischen Ethik argumentiert, ist das Glück das höchste Ziel im Leben der Menschen. Vielleicht erstreben wir Ruhm, Geld oder Schweinekoteletts, doch auch das tun wir letztlich nur, weil wir glauben, es würde uns glücklich machen. Manchmal liegen wir damit natürlich falsch, aber das Entscheidende ist, dass „Glück sich als etwas Vollendetes erweist, für sich allein Genügendes: Es ist das Endziel des uns unmöglichen Handels [...] Das Glück wählt kein Mensch [...] um keines weiteren Zweckes willen."

Es ist jedoch wichtig, Aristoteles' Begriff des Glücks (Eudaimonia) von dem des Vergnügens (Mmm ... Vergnügen) zu unterscheiden. Denn Aristoteles sieht das Ziel menschlichen Lebens nicht in jener physischen Genugtuung, auf deren Erlangung Homer [Simpson] einen so großen Teil seines Lebens verschwendet. Eher scheint Aristoteles ein langfristiges Glück oder ein allgemeines Aufblühen im Sinn zu haben. Wenn diese Art des Glücks das höchste Ziel menschlichen Lebens ist, dann sind Tugenden deshalb erstrebenswert, weil sie all denen langfristiges Glück bescheren, die über sie verfügen. Tugendhaftigkeit ist zwar keine Garantie für ein gutes Leben, doch Charakterzüge wie Selbstvertrauen, Freundlichkeit und Ehrlichkeit erhöhen unsere Erfolgschancen darauf. Ein tugendhaftes Leben ist also dadurch gerechtfertigt, dass es das Wohlergehen der Menschen fördert.

Viele haben Aristoteles' Rechtfertigung der Tugend als egoistischen Appell an unsere selbstsüchtigen Motive missverstanden. Aristoteles hat jedoch erkannt, dass wir Menschen eine soziale Spezies sind und unser längerfristiges Glück sehr von unseren Familien und Freunden abhängt. Wir können keine Eudaimonia ohne das Zutun anderer erlangen, und viele Tugenden sind uns gerade deshalb so wertvoll, weil sie jene Familien- und Freundschaftsbande stärken, die für ein glückliches Leben wesentlich sind.

Marge Simpsons Glück ist hierfür beispielhaft. Außer ihren Schwestern Patty und Selma hat sie keine engen Freunde, und da sie keinen Job oder ein Hobby hat, konzentriert sie sich voll und ganz auf Bart, Lisa, Maggie und Homer. Das Wohlergehen von Ehemann und Kindern ist ihr am wichtigsten; ja sie schätzt es sogar um seiner selbst willen. Sie drückt das so aus: „Das Einzige, worauf ich abfahre, ist Liebe. Liebe zu meinem Sohn und meinen Töchtern. Eine winzig kleine Brise LSD, mehr brauch ich nicht." Durch das Glück ihrer Familie erlangt Marge also Eudaimonia für sich selbst. Einfache Hausarbeiten wie Wäschewaschen, das Formen von Hackfleischmännchen und das Stricken von Sicherheitsgurten für selbstgebaute Autos sind für sie keine unerwünschten Pflichten, sie verschaffen ihr vielmehr Glück, weil sie der Familie guttun, für deren Wohl sie sich so einsetzt. [...] Indem sie also ihr Leben in Übereinstimmung mit den Tugenden des Aristoteles lebt, webt Marge jene starken sozialen Bande, die tiefes Glück in ihr Leben bringen.

Gerald J. Erion; Joseph A. Zeccardi, Philosophen

Ratgeber Glück → S. 54

Marge Simpsons Ethik oder Tugend nach Aristoteles

In der Nikomachischen Ethik listet Aristoteles eine Reihe dieser Tugenden auf: 1. Tapferkeit, 2. Besonnenheit, 3. Großzügigkeit, 4. ein angemessenes Selbstbewusstsein, 5. Milde, 6. Freundlichkeit, 7. Aufrichtigkeit, 8. Witz, 9. Beherrschtheit und 10. Gerechtigkeit. [...] Und tatsächlich stellt Marge auf ganz ausgezeichnete Weise dar, was laut Aristoteles eine tugendhafte Person ausmacht. [...] Angesichts des schwankenden Haushaltseinkommens der Simpsons ist es nicht sonderlich überraschend, dass Marge zögert, als es darum geht, alle Ersparnisse der Wohlfahrt zu spenden; sie verbietet Lisa sogar, ein 100-Dollar-Erbe als Spende an den öffentlichen Rundfunk zu „verschwenden". Doch Aristoteles sagt: „So steht also nichts im Wege, dass jemand, der weniger gibt, dennoch der Großzügigere ist, wenn er eben weniger zu geben hat." Und Marge ist so großzügig, wie es ihr der wechselnde finanzielle Status der Familie eben erlaubt. [...] In allem ist Marge von Natur aus gemäßigt: in ihrer Rolle als Mutter, in der Haushaltsführung und in ihren Witzen. Sie ist nicht so streng wie Maude Flanders oder Agnes Skinner, aber auch nicht so freizügig wie Mrs. Muntz oder die frisch geschiedene Liann Van Houten. Sogar ihrem Homer predigt sie Mäßigung und legt ihm nahe, seinen Schweinefleischverzehr auf sechs Portionen pro Woche zu begrenzen. So wie Aristoteles das wahrhaft tugendhafte Leben als vernünftigen Mittelweg beschreibt, richtet Marge ihre Handlungen im Sinne einer moralischen Balance zwischen unguten Extremen aus.

Gerald J. Erion, Joseph A. Zeccardi, Philosophen

Aristoteles (384-322 v. Chr.): Austeilende und ausgleichende Gerechtigkeit

Der Erwerb der ethischen Tugenden ist vor allem durch ständige Betätigung möglich, aus der dann eine innere Gewöhnung resultiert. Sie sind dann inhaltlich die Mitte zwischen zwei entgegengesetzten Lastern, so wie z.B. die Tugend der Tapferkeit das Mittlere zwischen Feigheit und Tollkühnheit ist. Es gilt, das rechte Maß zwischen den Extremen zu finden. Die wichtigste aller ethischen Tugenden ist die Gerechtigkeit; und zwar als *austeilende* Gerechtigkeit, bei der [...] jedem [das zukommt], was ihm billigerweise zukommen muss, so z.B. dem Würdigen mehr, dem weniger Würdigen weniger, und als *ausgleichende* Gerechtigkeit, bei der [...] jedem das ihm jeweils Zukommende wiederzugeben [ist], so z.B. als Gerechtigkeit des Richters, der in ausgleichender Gerechtigkeit dafür zu sorgen hat, dass ein Dieb dem Bestohlenen dasselbe, wenigstens aber das Gleiche zurückgibt, was er ihm gestohlen hat.

Günther Keil (1963), Philosoph*

1. Stellen Sie das „Glücksverständnis" (Eudaimonia) von Aristoteles und Marge Simpson in Form einer Tabelle vergleichend dar.
2. Vergleichen Sie verschiedene Vorstellungen von „Glück": Aristoteles, das Schlaraffenland, Mill (Utilitarismus, S. 232), Weihnachtsmann-Cartoon (S. 233), Gruden (S. 233). Entwerfen Sie dazu passende „Glücksrezepte".
3. Gestalten Sie ein Skript für ein Erklärvideo (→ **S. 334**), was nach Aristoteles austeilende und ausgleichende Gerechtigkeit ist, an je einem Beispiel.
4. Benennen Sie Beispiele für die folgenden Gerechtigkeitsbegriffe: Verteilungsgerechtigkeit, Wiedergutmachungsgerechtigkeit, Strafgerechtigkeit, Beteiligungsgerechtigkeit, Verfahrensgerechtigkeit, aufhelfende Gerechtigkeit.

Woran sollen sich alle halten?

Gedenktafel für Immanuel Kant in Königsberg (heute Kaliningrad)

Pflichtenethik – Immanuel Kant: Der kategorische Imperativ

Es ist über nichts in der Welt, ja überhaupt auch außer derselben zu denken möglich, was ohne Einschränkung für gut könnte gehalten werden, als allein ein *guter Wille*. [...] Was kann das aber wohl für ein Gesetz sein, dessen Vorstellung, auch ohne auf die daraus erwartete Wirkung Rücksicht zu nehmen, den Willen bestimmen muss, damit dieser schlechterdings und ohne Einschränkung gut heißen könnte? Da ich den Willen aller Antriebe beraubt habe, die ihm aus der Befolgung irgend eines Gesetzes entspringen könnten, so bleibt nichts als die allgemeine Gesetzmäßigkeit der Handlungen überhaupt übrig, welche allein dem Willen zum Prinzip dienen soll, d.i. ich soll niemals anders verfahren als so, *dass ich auch wollen könne, meine Maxime solle ein allgemeines Gesetz werden.* Hier ist nun die bloße Gesetzmäßigkeit überhaupt (ohne irgend ein auf gewisse Handlungen bestimmtes Gesetz zum Grunde zu legen) das, was dem Willen zum Prinzip dient und ihm auch dazu dienen muss, wenn Pflicht nicht überall ein leerer Wahn und chimärischer Begriff sein soll; hiermit stimmt die gemeine Menschenvernunft überein und hat das gedachte Prinzip jederzeit vor Augen. Die Frage sei z.B.: Darf ich, wenn ich im Gedränge bin, nicht ein Versprechen tun in der Absicht, es nicht zu halten? [...] Um indessen mich in Ansehung der Beantwortung dieser Aufgabe, ob ein lügenhaftes Versprechen pflichtmäßig sei, [...] so frage ich mich selbst: Würde ich wohl damit zufrieden sein, dass meine Maxime (mich durch ein unwahres Versprechen aus Verlegenheit zu ziehen) als ein allgemeines Gesetz (sowohl für mich als andere) gelten solle? Und würde ich wohl zu mir sagen können: es mag jedermann ein unwahres Versprechen tun, wenn er sich in Verlegenheit befindet, daraus er sich auf andere Art nicht ziehen kann? So werde ich bald inne, dass ich zwar die Lüge, aber ein allgemeines Gesetz zu lügen gar nicht wollen könne; denn nach einem solchen würde es eigentlich gar kein Versprechen geben [...].

Immanuel Kant (1724-1804), Philosoph

Egoismus und Freiheit

Der kategorische Imperativ bildet nach Kants Überzeugung nicht nur ein sicheres Fundament aller Moralität, sondern eröffnet auch [...] dem Menschen die Möglichkeit, wirklich frei zu sein.
Wer nämlich von seiner Handlungsweise wollen kann, dass sie zu einem Moralgesetz werde, läuft mit Sicherheit nicht Gefahr, lediglich sein eigenes Bestes zu wollen. Er befreit sich damit aber zugleich auch von jeder Art Fremdbestimmung.
[... D]ie Regeln der Klugheit [müssen] hinter denen einer Moral zurücktreten, die ohne Rücksicht auf die egoistischen Interessen Einzelner das Gesamtwohl der Menschheit verfolgt. [...] Egoismus und Klugheit [...] sichern nur das gute Leben und Überleben für wenige, Moral jedoch verfolgt das Wohlergehen aller Menschen.

Michael Wittschier (1953), Philosoph*

Lisa Simpson und der kategorische Imperativ

Was [...] ist moralische Güte? Nach Immanuel Kant zeigt sie sich hauptsächlich im Bekenntnis zur Pflichterfüllung. Der Begriff „Pflicht" impliziert dabei, dass zwei einander entgegengesetzte Kräfte vorhanden sind. Einerseits unser spontanes Begehren, unsere Gefühle und Interessen – einschließlich Furcht und Hass, Eifersucht und Unsicherheiten. Andererseits gibt es unsere Vorstellungen darüber, wie wir eigentlich sein und handeln sollten. „Pflicht" legt nahe, dass diese beiden Kräfte miteinander in Konflikt geraten können: Zu tun, was man tun sollte, oder zu sein, wie man sein sollte, kann also schwierig sein und bisweilen schmerzhafte Opfer verlangen. Als ideales moralisches Vorbild würde ein Mensch, der sich der Aufrechterhaltung eines moralischen Standpunkts verschrieben hat, sein Begehren, seine Gefühle und seine Interessen der Pflicht unterordnen, um so das Richtige tun zu können oder zur richtigen Sorte Mensch zu gehören.

Viele Episoden der Simpsons zeigen den Konflikt von persönlichen Wünschen, Gefühlen oder Interessen einerseits und dem Gefühl für die moralische Pflicht andererseits. [...]

Die Zweitklässlerin Lisa verkörpert am deutlichsten, was es bedeutet, ein funktionierendes moralisches Bewusstsein zu besitzen. Sie hat ein genaues Gespür für moralische Pflichten, das sich von Flanders' institutionalisierter Moral unterscheidet. Während der auf die Autorität seiner Bibel und Kirche vertraut, denkt Lisa mit frühreifer Selbständigkeit über die großen Themen der Moral nach: Wahrhaftigkeit, Barmherzigkeit, Gleichheit und Gerechtigkeit. Lisa zeigt uns, wie schwer es manchmal ist, moralische Grundsätze gegen die Zugeständnisse durchzusetzen. Das beschreibt, nach Kant, ein weiteres zentrales Charakteristikum der Moral. Moral ist im Wesentlichen von innen her bestimmt. Sie entsteht eher aus persönlicher Reflexion als aus äußeren gesellschaftlichen Konventionen oder autoritären religiösen Lehren und hat klare und beständige Prinzipien zur Folge, nach denen ein Mensch sein Leben führt. [...]

Weil Lisa ihre Pflicht immer nach bestimmten Prinzipien erfüllen will, stellt sie ständig schwierige Fragen. Ist es richtig, Fleisch zu essen und so das Leiden unschuldiger Tiere zu verursachen? In „Lisa als Vegetarierin" (Folge 130) muss Lisa bei dem Lammkotelett auf ihrem Teller an das süße, hilflose Lamm aus dem Zoo denken. Sie zieht aus dieser Erfahrung ihre Schlüsse und wird zur militanten Vegetarierin. Damit verdeutlicht sie einen zentralen Aspekt von Kants Moraltheorie, der besagt, dass wir die Grundsätze unseres Handelns sorgfältig auf innere Widersprüche untersuchen müssen. Wenn es falsch ist, einem hilflosen Tier im Zoo Schaden zuzufügen, wie kann man dann das Schlachten eines anderen Tieres gutheißen? Dies ist eine Art, auf die man Kants kategorischen Imperativ begreifen kann. [...]

Weil sich Lisa so strikt an moralische Prinzipien hält, fühlen sich die Mitmenschen mit ihren täglichen Kompromissen in Lisas Anwesenheit oft nicht besonders wohl. Sie meiden sie, und Lisa leidet sehr darunter. Sie sehnt sich nach Respekt und Freundschaft. Nur weil sie moralische Prinzipien hat, ist sie deswegen noch lange keine Streberin, sie ist schließlich eine Simpson. Und als solche findet sie ihr Glück nicht, indem sie das tut, was von allen als gut angesehen wird. Wie ihr Bruder ist auch Lisa auf Abenteuer aus, doch diese sind eher moralischer Natur. Deswegen sind moralische Werte vor allem in den Episoden um Lisa hervorgehoben – positiv, nicht negativ wie in so vielen Homer-Episoden, und eher durch prinzipientreue Folgerichtigkeit als durch die moralischen Rollenwechsel ihrer Mutter.

James M. Lawler, Philosoph

1. Stellen Sie dar, welche Rolle Kant den Folgen moralischen Handelns bei der Bestimmung des guten Willens zuweist.
2. Vergleichen Sie Kants Position mit der des Utilitarismus (S. 232f.) und formulieren Sie Differenzen anhand eines selbst gewählten Beispiels.
3. Untersuchen Sie Grenzen bzw. Probleme, die sich aus einer absoluten Setzung z.B. des Lügen-Verbotes ergeben könnten.
4. Erläutern Sie die ethische Tragweite der Inschrift der Gedenktafel.
5. Untersuchen Sie, ob Lisa gemäß dem kategorischen Imperativ von Kant moralisch richtig handelt, wenn sie sich entscheidet, Vegetarierin zu werden, indem Sie Kant eine E-Mail an Lisa schreiben lassen.
6. Stellen Sie aufgrund einer Recherche das moralische Handeln der Simpson-Familienmitglieder dar und ordnen Sie dieses einer Ethik aus diesem Teilkapitel zu. Gestalten Sie zu jedem Familienmitglied der Simpsons einen Ethik-Steckbrief.

Was ist Glück?

Vincenzo Camuccini (1771-1844): Der Tod Julius Cäsars.
Das Bild zum Thema Tyrannenmord ist eines der bekanntesten des römischen Malers.

Utilitarismus (John Stuart Mill): Vermehrung des Glücks

Mill geht aus von der Frage nach den letzten Zwecken des Handelns: „Fragen nach letzten Zwecken sind [...] Fragen danach, welche Dinge wünschenswert sind. Die utilitaristische Lehre sagt, dass Glück wünschenswert ist, dass es das Einzige ist, das als Zweck wünschenswert ist, und dass alles andere nur als Mittel zu diesem Zweck wünschenswert ist. [...] Der einzige Beweis dafür, dass ein Gegenstand sichtbar ist, ist, dass man ihn tatsächlich sieht. Der einzige Beweis dafür, dass ein Ton hörbar ist, ist, dass man ihn hört. Und dasselbe gilt für die anderen Quellen unserer Erfahrung. Ebenso wird der einzige Beweis dafür, dass etwas wünschenswert ist, der sein, dass die Menschen es tatsächlich wünschen. [...] Dafür, dass das allgemeine Glück wünschenswert ist, lässt sich kein anderer Grund angeben, als dass jeder sein eigenes Glück erstrebt, insoweit er es für erreichbar hält. Da dieses jedoch eine Tatsache ist, haben wir damit nicht nur den ganzen Beweis, den der Fall zulässt, sondern alles, was überhaupt als Beweisgrund verlangt werden kann, dass Glück ein Gut ist: nämlich dass das Glück jedes Einzelnen für diesen ein Gut ist und dass daher das allgemeine Glück ein Gut für die Gesamtheit der Menschen ist. Damit hat das Glück seinen Anspruch begründet, einer der Zwecke des Handelns und folglich eines der Kriterien der Moral zu sein."

Johannes Fischer (1947), ev. Theologe*

Das Prinzip des größten Glücks

Die Auffassung, für die die Nützlichkeit oder das Prinzip des größten Glücks die Grundlage der Moral ist, besagt, dass Handlungen insoweit und in dem Maße moralisch richtig sind, als sie die Tendenz haben, Glück zu befördern, und insoweit moralisch falsch, als sie die Tendenz haben, das Gegenteil von Glück zu bewirken. Unter Glück [happiness] ist dabei Lust [pleasure] und das Freisein von Unlust [pain], unter Unglück [unhappiness] Unlust und das Fehlen von Lust verstanden. [...] Lust und das Freisein von Unlust [sind] die einzigen Dinge [...], die als Endzweck wünschenswert sind.

John Stuart Mill (1806-1873), brit. Philosoph

Glück → S. 54

Formen des Utilitarismus

Man unterscheidet in der gegenwärtigen Ethik-Diskussion zwei Grundformen des Utilitarismus, nämlich den Handlungs- und den Regelutilitarismus.

Grundgedanken des Handlungsutilitarismus (auch extremer Utilitarismus [...]): Eine Handlung ist sitt-

lich gut, wenn ihre Folgen im konkreten Fall eine größere Nützlichkeit bewirken, als wenn sie unterlassen wird. Es ist also nicht wesentlich, ob sie unter eine gewisse Faustregel fällt, wie etwa „Die Wahrheit zu sagen, dient im Allgemeinen dem größeren Wohl, als zu lügen". Solche Faustregeln können aus praktischen Gründen nützlich sein, aber sie sind für die ethische Beurteilung nicht maßgebend.
Grundgedanken des Regelutilitarismus (auch eingeschränkter Utilitarismus[...]): Eine Handlung ist sittlich gut, wenn sie zu einer Klasse von Handlungen gehört, die im Allgemeinen nützliche Folgen haben. Die Klassen sind durch gewisse Regeln bestimmt, wie die oben erwähnte Regel „Die Wahrheit zu sagen, dient im allgemeinen dem größeren Wohl, als zu lügen". Die Orientierung muss also nach Regeln erfolgen, unabhängig davon, ob in einem konkreten Einzelfall sich daraus auch negative Folgen einstellen könnten. Der Regelutilitarist fragt also eher danach, welche Regel und nicht welche Einzelhandlung die günstigsten Folgen hat.

Kurt Wuchterl (1931), Philosoph*

Was ist Glück?

Wo das Glück zum Ziel des Handelns gemacht wird anstelle des Guten, das wir verwirklichen sollen, da wird das Glück gerade nicht erreicht – das Erstreben selbst vernichtet den Glückswert des Erstrebten. Wirkliches Glück kommt immer als Geschenk. [...] Man kann es auch so formulieren: Die Erfahrung von Glück stellt sich gerade da ein, wo wir auf anderes aus sind als auf uns selbst: im selbstvergessenen Spiel, in der Vertiefung in ein Gespräch, im Hören einer Bachkantate oder in einer Beziehung zu einem Menschen. Wird die Glückserfahrung selbst zum eigentlichen Ziel, dann sind wir im Letzten nicht auf anderes, sondern auf uns selbst und unser Glücksempfinden aus, und das andere, dessen wir uns dabei bedienen, wird zum bloßen Mittel der eigenen Glückserfüllung. Damit aber lassen wir uns nicht mehr wirklich auf das andere ein, sondern auf das andere lediglich im Hinblick auf seine Wirkung auf uns und unser Glücksempfinden. Insofern es aber diese Wirkung nur insoweit hat, wie wir gerade nicht auf uns selbst, sondern auf das andere aus sind, wird durch solche Selbstbezogenheit die Glücksfähigkeit unterminiert.

Stefan Gruden (1977), ev. Theologe*

1. Beschreiben das Bild S. 232 und stellen Sie dar, wie man den Tyrannenmord utilitaristisch begründen könnte.
2. Erläutern Sie an einem konkreten Beispiel Ihrer Wahl, zu welchen moralischen Urteilen der Handlungs- bzw. der Regelutilitarismus jeweils kommen würden.
3. Arbeiten Sie heraus, worin sich der Utilitarismus (Handlungs- und Regelutilitarismus) vom kategorischen Imperativ (Kant, S. 230) unterscheidet.
4. Beschreiben Sie das Bild und erörtern Sie, ob der Weihnachtsmann mit seiner Riesentafel Schokolade dem Kind ein „Stück Glück" zu schenken beabsichtigt. Suchen Sie ergänzend Lebensmittelwerbung und analysieren Sie die dort dargestellte Vorstellung von Glück.
5. Erörtern Sie ausgehend von der Beobachtung, dass das Streben nach Glück dem Menschen offenbar in seine Natur gelegt ist, die These, dass das Streben nach Glück zur Lebensmaxime erhoben werden sollte.
6. Zu welchem moralischen Urteil würden Kant und Mill im Fall Daschner (S. 222) kommen? Formulieren Sie die Argumente der beiden ethischen Urteile, indem Sie beide einen Leserbrief an eine Zeitung schreiben lassen.
7. Vergleichen Sie das Glückskonzept von Aristoteles (S. 228f.), Mill und Gruden und bewerten Sie diese.

Woran orientieren sich Politiker?

Gesinnungs- und Verantwortungsethik

Wir müssen uns klarmachen, dass alles ethisch orientierte Handeln unter zwei voneinander grundverschiedenen, unaustragbar gegensätzlichen Maximen stehen kann: es kann „gesinnungsethisch oder verantwortungsethisch“ orientiert sein. Nicht dass Gesinnungsethik mit Verantwortungslosigkeit und Verantwortungsethik mit Gesinnungslosigkeit identisch wäre. [E]s ist ein abgrundtiefer Gegensatz, ob man unter der gesinnungsethischen Maxime handelt – religiös geredet: „Der Christ tut recht und stellt den Erfolg Gott anheim“ –, *oder* unter der verantwortungsethischen: dass man für die (voraussehbaren) *Folgen* seines Handelns aufzukommen hat. [...] Keine Ethik der Welt kommt um die Tatsache herum, dass die Erreichung „guter“ Zwecke in zahlreichen Fällen daran gebunden ist, dass man sittlich bedenkliche oder mindestens gefährliche Mittel und die Möglichkeit oder auch die Wahrscheinlichkeit übler Nebenerfolge mit in den Kauf nimmt, und keine Ethik der Welt kann ergeben: wann und in welchem Umfang der ethisch gute Zweck die ethisch gefährlichen Mittel und Nebenerfolge „heiligt“. [...]
Hier, an diesem Problem der Heiligung der Mittel durch den Zweck, scheint nun auch die Gesinnungsethik überhaupt scheitern zu müssen. Und in der Tat hat sie logischerweise nur die Möglichkeit: *jedes* Handeln, welches sittlich gefährliche Mittel anwendet, zu *verwerfen*. [...]
Wer Politik überhaupt und wer vollends Politik als Beruf betreiben will, [der] lässt sich, ich wiederhole es, mit den diabolischen Mächten ein, die in jeder Gewaltsamkeit lauern [...].
Politik wird zwar mit dem Kopf, aber ganz gewiss nicht *nur* mit dem Kopf gemacht. [...] Ob man aber als Gesinnungsethiker oder als Verantwortungsethiker handeln *soll*, und wann das eine und das andere, darüber kann man niemandem Vorschriften machen. [...] Wenn ein *reifer* Mensch – einerlei ob alt oder jung an Jahren –, der die Verantwortung für die Folgen real und mit voller Seele empfindet und verantwortungsethisch handelt, an irgendeinem Punkt sagt: „Ich kann nicht anders, hier stehe ich.“ Das ist etwas, was menschlich echt ist und ergreift. Denn diese Lage muss freilich für *jeden* von uns, der nicht innerlich tot ist, irgendwann eintreten *können*. Insofern sind Gesinnungsethik und Verantwortungsethik nicht absolute Gegensätze, sondern Ergänzungen, die zusammen erst den echten Menschen ausmachen, dem, der den „Beruf zur Politik“ haben kann.

Max Weber (1864-1920), deutscher Soziologe

Verantwortung und Furcht

Die ethische Fähigkeit zur Verantwortung beruht auf der Befähigung, zwischen Alternativen des Handelns mit Wissen und Wollen zu wählen. [...] Ich bin verantwortlich mit meiner Tat als solcher [...] und das egal, ob jemand da ist, der mich – jetzt oder später – zur Verantwortung zieht. Verantwortung besteht also [...] für etwas [... und ...] vor etwas [nämlich] einer Instanz, der Rechenschaft zu geben ist. Diese Instanz [...], wenn man an keine göttliche mehr glaubt, ist das Gewissen. [...]
Vielleicht lässt sich aus dem „Wofür“ der Verantwortung auch ihr „Wovor“ ableiten. Wofür ich verantwortlich bin, sind natürlich die Folgen meines Tuns – und zwar in dem Maße, wie die Folgen etwas betreffen, das wertvoll ist. Wann immer nun die Voraussetzung erfüllt ist, dass etwas Existierendes wertvoll ist, hat sein Wert einen Anspruch und ein Recht auf mich, es nimmt mich in die Pflicht: so wie Kinder und nachfolgende Generationen einen Anspruch und ein Recht auf uns haben, uns in die Pflicht nehmen zu dürfen.

Hans Jonas (1903-1993), deutsch-amerikanischer Philosoph

Gewissen in ev. und kath. Perspektive → S. 69

1. Beurteilen Sie die Aufgaben und Handlungsbereiche der Gesinnungs- bzw. der Verantwortungsethik nach Weber.
2. Erläutern Sie, warum nach Weber die Ergänzung von Gesinnungsethik und Verantwortungsethik erst „den echten Menschen ausmachen“.
3. Beurteilen Sie das Verhältnis von Zweck und Mitteln, indem Sie untersuchen, ob zum Erreichen von Frieden Gewalt bzw. kriegerische Mittel eingesetzt werden dürfen. Untersuchen Sie mittels Internet-Recherche, wie Martin Luther King und Bonhoeffer dazu stehen.
4. Stellen Sie die Bedeutung des Begriffs „Verantwortung“ bei Jonas dar, indem Sie einen Petitionsaufruf zum Thema Klimaschutz schreiben.

Welchen Wert hat das Leben?

Max Spring

Gesinnungsethik: Die Ehrfurcht vor dem Leben

Wie in meinem Willen zum Leben Sehnsucht ist nach dem Weiterleben und nach der geheimnisvollen Gehobenheit des Willens zum Leben, die man Lust nennt, und Angst vor der Vernichtung und der geheimnisvollen Beeinträchtigung des Willens zum Leben, die man Schmerz nennt: also auch in dem Willen zum Leben um mich herum, ob er sich mir gegenüber äußern kann oder ob er stumm bleibt.

Ethik besteht also darin, dass ich die Nötigung erlebe, all dem Willen zum Leben die gleiche Ehrfurcht vor dem Leben entgegenzubringen wie dem eigenen. Damit ist das denknotwendige Grundprinzip des Sittlichen gegeben. Gut ist, Leben erhalten und Leben fördern; böse ist, Leben vernichten und Leben hemmen.

Tatsächlich lässt sich alles, was in der gewöhnlichen ethischen Bewertung des Verhaltens der Menschen zueinander als gut gilt, zurückführen auf materielle und geistige Erhaltung oder Förderung von Menschenleben und auf das Bestreben, es auf seinen höchsten Wert zu bringen. Umgekehrt ist alles, was in dem Verhalten der Menschen zueinander als böse gilt, seinem letzten Wesen nach materielles oder geistiges Vernichten oder Hemmen von Menschenleben und Versäumnis in dem Bestreben, es auf seinen höchsten Wert zu bringen. Weit auseinanderliegende, untereinander scheinbar gar nicht zusammenhängende Einzelbestimmungen von Gut und Böse fügen sich wie zusammengehörige Stücke ineinander, sobald sie in dieser allgemeinen Bestimmung von Gut und Böse erfasst und vertieft werden.

Das denknotwendige Grundprinzip des Sittlichen bedeutet aber nicht nur Ordnung und Vertiefung der geltenden Anschauungen von Gut und Böse, sondern auch ihre Erweiterung. Wahrhaft ethisch ist der Mensch nur, wenn er der Nötigung gehorcht, allem Leben, dem er beistehen kann, zu helfen, und sich scheut, irgendetwas Lebendigem Schaden zu tun. Er fragt nicht, inwiefern dieses oder jenes Leben als wertvoll Anteilnahme verdient, und auch nicht, ob und inwieweit es noch empfindungsfähig ist. Das Leben als solches ist ihm heilig. [...]

Ethik ist ins Grenzenlose erweiterte Verantwortung gegen alles, was lebt. In ihrer Allgemeinheit mutet die Bestimmung der Ethik als Verhalten in der Gesinnung der Ehrfurcht vor dem Leben kalt an. Aber sie ist die einzig vollständige. Mitleid ist zu eng, um als Inbegriff des Ethischen zu gelten. Es bezeichnet ja nur die Teilnahme mit dem leidenden Willen zum Leben. Zur Ethik gehört aber das Miterleben aller Zustände und aller Aspirationen des Willens zum Leben, auch seiner Lust, auch seiner Sehnsucht, sich auszuleben, auch seines Dranges nach Vervollkommnung.

Albert Schweitzer (1875-1965),
ev. Theologe und Mediziner

1. Erklären Sie die Aussage von Schweitzer: „Wahrhaft ethisch ist der Mensch nur, wenn er der Nötigung gehorcht, allem Leben, dem er beistehen kann, zu helfen" (Z. 37ff.).
2. Vergleichen Sie die Positionen von Schweitzer, Jonas und Weber.
3. Wenden Sie Schweitzers Ethik an auf die Frage nach dem Umgang mit Tieren: Darf man Tiere essen?
4. Nehmen Sie aus der Sicht von Jonas und Schweitzer zu den beiden Karikaturen Stellung, indem Sie einen Internet-Blog dazu verfassen.

Warum sind wir überzeugt, dass ethische Urteile wahr sind?

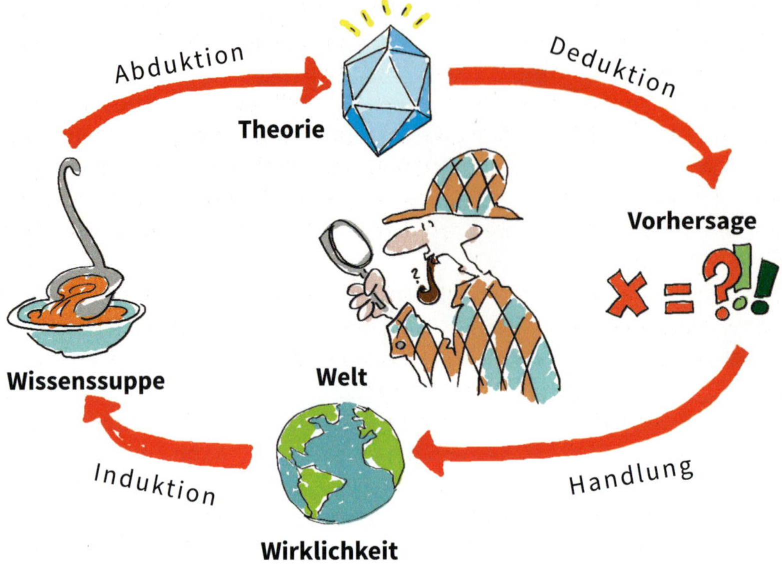

Deduktion: Schlussfolgerung von einer allgemeinen Regel auf einen Einzelfall.

Induktion: Schlussfolgerung von Einzelfällen auf eine allgemeine Regel.

Abduktion: Schlussfolgerung in Form einer Hypothesenbildung, die sich aufgrund des Weltwissens auf eine oder wenige Hypothesen beschränkt, um passende Theorien zu konstruieren.

Ethik und die Frage nach der Wahrheit (Charles Sanders Peirce, 1839-1914)

Warum halten einige Menschen es für „richtig“ und „gut“, ein Selbstmordattentat zu begehen, sich selbst und andere in den Tod zu reißen? Andere sehen dies kritisch und verurteilen solch ein Verhalten als „unmoralisch“. Warum ist es für Angehörige einer Religionsgemeinschaft in der Südsee moralisch richtig, die Eltern lebendig zu begraben, solange diese noch vital sind? Wie hängen Ethik, moralische Urteile, die Wahrnehmung der Wirklichkeit und die Frage nach der Wahrheit zusammen?

Seit Kant ist unstrittig, dass wir die Welt nicht so wahrnehmen, wie sie ist, sondern unsere Wahrnehmung der Wirklichkeit im Geist ein Konstrukt ist, das die Wirklichkeit nicht spiegelbildlich abbildet. Das Konstrukt unserer Wirklichkeitswahrnehmung, das aus immer wiederkehrenden und vielfältigen Einzelwahrnehmungen zusammengesetzt ist, halten wir aufgrund der Gewohnheit, die Welt so zu betrachten, für wahr. Wir haben eine „Theorie“, ein Wirklichkeitskonstrukt, das aus einer Vielzahl an mehr oder weniger komplexen Annahmen, Regeln, Gesetzen besteht.

Diese Wirklichkeitstheorie beruht – bewusst oder unbewusst – auf der gewohnheitsmäßigen Wahrnehmung von Einzelerfahrungen in der Welt. Schauen wir uns nun Einzelfälle an, denen wir in der Welt begegnen, so erlauben sie uns, unser Weltwissen anzureichern. Das durch Induktion erweiterte Weltwissen ermöglicht uns nun, mittels Abduktion aus der Fülle an möglichen Hypothesen nur die eine (oder wenige ausgewählte) für wahrscheinlich geltende Annahme zu treffen, die wir in eine komplexere Theorie überführen, ausarbeiten und auf ihre innere Stringenz überprüfen. Erscheint uns die gefundene Wirklichkeitstheorie widerspruchsfrei, so ermöglicht sie uns mittels Deduktion, aus den allgemeinen Regeln und Gesetzen unserer Theorie, Vorhersagen über die Welt abzuleiten in Bezug auf Einzelfälle. Da dies möglich ist, wird unser Handeln entsprechend ausfallen – wir verhalten uns regelkonform gemäß unserer Wirklichkeitstheorie. Die Begriffsinhalte aus unserer Wirklichkeitstheorie sind folglich handlungsleitend. Unser Handeln – auch unser ethisches Handeln – wirkt so auf die Welt und bestimmt unsere Wahrnehmung der Wirklichkeit aufs Neue.

Der gesamte Prozess ist ein Prozess, den wir stets für wahr und in Übereinstimmung mit der Wirklichkeit halten. Der Umstand, dass wir etwas für wahr halten, beruht für Peirce auf Gewohnheit. Wir haben uns daran gewöhnt, dass unsere Theorie über die Welt Vorhersagen liefert, die sich über Einzelfälle wieder bestätigt. Ob unsere Theorie aber wirklich wahr ist, ist seiner Meinung nach keine

Aussage, die wir individualistisch treffen können. „[D]ie Erfahrung des Einzelnen [ist], wenn sie allein steht, nichts wert. Wenn er etwas sieht, was andere nicht sehen können, nennen wir es Halluzination. Es ist nicht ‚meine' Erfahrung, sondern ‚unsere' Erfahrung, an die zu denken ist; und dieses ‚wir' hat unbegrenzte Möglichkeiten. [...] Die individuelle Handlung ist ein Mittel und nicht unser Ziel. [...] So können wir das Reale als das definieren, dessen Eigenschaften unabhängig sind von jeder [individuellen] Meinung über sie."

Die Frage nach der Wahrheit ist nach Peirce nur in Annäherung im Prozess der Entwicklung der Menschheitsgeschichte zu erreichen („in the long run"): „[W]ir können sehen, dass es ein allmählicher Vorgang ist, dass es eine Verwirklichung von Gedanken im menschlichen Bewusstsein und in dem, was die Menschen schaffen, einschließt, dass es durch die Lernfähigkeit des Menschen vermittelt wird und durch die Erfahrung, wodurch er veranlasst wird, dass ihm unablässig neue Gedanken einfallen. Man könnte sagen, es sei der Vorgang, wodurch der Mensch, in seiner kümmerlichen Kleinheit, mehr und mehr des Geistes Gottes teilhaftig wird, von dem Natur und Geschichte erfüllt sind."

Jeder Einzelne ist Teil des Kollektivs und trägt dazu bei, ob bewusst oder unbewusst, dass die Menschheit der Wahrheit hinsichtlich der wirklichen Wirklichkeit (Peirce spricht hier von „Realität") näher kommt. Dies liegt daran, dass die Folgen unserer Handlung zurückwirken auf die Theoriebildung. Dieser Gesamtprozess gilt für jegliche Handlung und Erkenntnis, sowohl im erkenntnistheoretischen Bereich wie im ethischen. Dementsprechend hält Peirce das Wort Jesu für programmatisch, der sagt: „An ihren Früchten sollt ihr sie erkennen".

Moralische Urteile beruhen auf ethischen Prinzipien bzw. Grundannahmen. Diese gelten (je nach Ethik) als wahr bzw. werden für wahr gehalten und dienen somit dazu, moralische Urteile in konkreten Handlungssituationen zu fällen. Ob sie aber wirklich wahr sind und die ethische Ableitung dann moralisch als „richtig" bzw. „gut" gelten kann, ist kritisch zu überprüfen. So ist z.B. nach den ethischen Prinzipien, Grundannahmen und deduktiven, induktiven, abduktiven Schlussfolgerungen zu fragen, wenn z.B. in einigen Kulturen die Beschneidung von Mädchen moralisch „richtig" ist, während andere Kulturen dies moralisch verurteilen. Zu einem abschließenden Urteil, das vom Endpunkt der evolutionären Menschheitsgeschichte rückblickend ausgeht, werden wir jedoch nicht gelangen – es wäre die Perspektive Gottes.

Originalzitate im Text von Charles Sanders Peirce

Wirklichkeitserkenntnis → **S. 28f.**
Wahrheit → **S. 36f.**

Vom Tun des göttlichen Willens

12 Alles nun, was ihr wollt, dass euch die Leute tun sollen, das tut ihr ihnen auch! Das ist das Gesetz und die Propheten.
13 Geht hinein durch die enge Pforte. Denn die Pforte ist weit und der Weg ist breit, der zur Verdammnis führt, und viele sind's, die auf ihm hineingehen.
14 Wie eng ist die Pforte und wie schmal der Weg, der zum Leben führt, und wenige sind's, die ihn finden!
15 Seht euch vor vor den falschen Propheten, die in Schafskleidern zu euch kommen, inwendig aber sind sie reißende Wölfe.
16 An ihren Früchten sollt ihr sie erkennen. Kann man denn Trauben lesen von den Dornen oder Feigen von den Disteln?
17 So bringt jeder gute Baum gute Früchte; aber ein fauler Baum bringt schlechte Früchte.

Mt 7,12-17

Bergpredigt → **S. 130f.**
Wahrheit → **S. 36f.**

1. Skizzieren Sie den Zusammenhang von „Fürwahrhalten", dem Ausbilden von „Gewohnheiten" und „richtigem" Handeln nach Peirce.
2. Erklären Sie anhand der Grafik den Zusammenhang von „Theorie" und „Welt" bzw. wie Sherlock Holmes seine Kriminalfilme löst, und zeigen Sie Zusammenhänge zu Peirce auf. Welcher Theorie zur Wahrnehmung von Wirklichkeit lässt sich Peirce zuordnen (→ **S. 28f**)?
3. Erläutern Sie, worin das Besondere einer Anwendung des einzigen Prinzips der Logik, welche Jesus empfohlen hat, besteht.
4. Überprüfen Sie die These, dass die eigene Erfahrung nicht richtungsweisend für „richtiges Fürwahrhalten" sein kann.
5. Vergleichen Sie Jesu Rede aus Mt 7,12-17 mit Kants kategorischen Imperativ (S. 230).

Evangelisch-christliche Ethik

Was kennzeichnet christliche Ethik?

Basics

Protestantische Ethik

Seit die protestantische Ethik Kants Moralphilosophie [...] aufgenommen hat, wird ihr eine besondere Affinität zur Pflichtenethik unterstellt. In der Tat hat die „deontologische" Begründung sittlicher Forderungen und der Rekurs auf ein unbedingtes „Sollen" eine weite Verbreitung gefunden. Dieser Aspekt tritt oft in Gestalt einer Gesinnungsethik auf, der zufolge das Sittliche einer Handlung in der subjektiven Absicht zu bemessen ist, ohne Rücksicht, wie das Gemeinte sich auswirkt. Dabei wird das „Soll" als ein Gesetz aufgefasst, das der Mensch zu erkennen und berechnen fähig ist, so dass er sich, was ihn selbst betrifft, demgemäß einrichten kann [...]. Die Reformation hat allerdings eine Gefahr gesehen, die in dieser Auffassung steckt: Der Mensch, der sich um seinen eigenen Gehorsam müht, verfällt leicht dem Zwang zur Gesetzlichkeit, die ihn nur auf seine Gesetzeserkenntnis und sich selber achten lässt, so dass er nicht bereit ist, Gottes frei geschenkte Gnade anzunehmen. Darum war und ist für die Ethik in der Tradition der Reformation das Primäre die glaubend erfahrene Befreiung, in der der Mensch sich Gottes Liebe verdankt, die wie mir so dem Nächsten gilt [...].

Der schnelle Wandel der Lebensbedingungen, die hohe Komplexität der Gesellschaft [...] lassen ständig unvorhergesehene Aufgaben anfallen, für die kein vorgegebenes Zuständigkeitsschema ausreicht [...]. Wie man einer Verantwortung - im Unterschied zu einer fest umrissenen „Pflicht" - nachkommen kann, ist nicht von vornherein klar, sondern klärt sich erst im Erfassen und Bearbeiten der in der Situation anstehenden Aufgaben. Nach diesem Sprachgebrauch ist Pflichtenethik heute als Verantwortungsethik zu konzipieren. Wir müssen auf die gegebenen gemeinsamen Probleme Antworten finden und zwar so, dass wir möglichst mehr Schwierigkeiten beheben als hervorrufen. Verantwortungsethik bezieht also das bewusste Einstehen für Folgen von Handlungen und Einstellungen in den Akt der sittlichen Entscheidung ein. [...]

[Es wäre] Buchstabenhörigkeit [...], wollten wir Gottes Wort in Gestalt von [...] einzelnen Sprüchen und Weisungen der Schrift unserer heutigen Situation „normativ" entgegenhalten. [...] Was die biblische Botschaft in ihrer jeweiligen Anrede uns vermittelt, sind Perspektiven [...] und Intentionen [...] und diese haben für unseren Umgang mit Normen grundlegende Bedeutung. Normen finden wir vor [...]. Unsere Sache ist es, verantwortlich zu überlegen, ob und in welchem Sinne wir uns ihnen entziehen oder sie anerkennen oder andere Normen für uns gelten lassen.

Texte der Heiligen Schrift sprechen in ihrer Zeit für die jeweilige Situation Ergebnisse solcher Normenprüfung aus, und zwar durchaus als konkrete Richtlinien. Unter veränderten Bedingungen behalten diese Ermahnungen nicht unbesehen bleibende Gültigkeit, aber wie sie in der Auseinandersetzung mit normativen Forderungen zustande kamen, geht uns weiterhin an.

Die Verkündigung der Kirchen bezieht sich immer wieder auf einige Texte und Textgruppen der Bibel, die für die Ethik besondere Relevanz haben. Als Beispiele nenne ich die Geschichten und Aussagen über Schöpfung und Fall, den Dekalog, Kernstücke der prophetischen Überlieferung, die Bergpredigt mit den Nachfolgeimperativen Jesu, die Reich-Gottes- Gleichnisse und die apostolische Paränese [Ermahnung]. Würde man aus diesen Texten unmittelbar die Normen entnehmen, auf die die konkreten Weisungen zurückzuführen sind, und sie von der Situation ablösen, in der die Urteilsfindung stattfand, so würde man sie gesetzlich auffassen und die evangelischen Intentionen und Perspektiven der Texte nicht in den Blick bekommen. Auslegung eines Textes heißt, zu hören, was er unter den Umständen sagte, in denen er zustande kam, wahrzunehmen, ob und wie die Situation anders geworden ist, und herauszuspüren, welche Bedeutung eine Aussage nach dem neuen Bewusstseinsstand haben müsste, wenn sie der alten Aussage des Textes entsprechen wollte. [...] Wir deduzieren also nicht aus der Schrift, was wir tun sollen, sondern erhoffen im Hören auf sie Klärung, was wir im Glauben wollen können.

Heinz Eduard Tödt (1918-1991), ev. Theologe

Tora, Dekalog → S. 161
Wege der Bibelauslegung → S. 166ff.

Christlicher Glaube und christliche Ethik

Leitend für [die christliche Ethik] ist nicht die Liebe zu einer Idee des Guten, sondern die Liebe zu Gott und zum Nächsten. [...] Nun gibt es christlichen Glauben und christliches Ethos immer nur in individuell angeeigneter Gestalt. [...] Jede theologische Aussage über das, was diese Ausdrücke [„der“ christliche Glaube bzw. „das“ christliche Ethos] bezeichnen, spiegelt immer (auch) die persönliche Perspektive (und den persönlichen Glauben) dessen wider, der sie trifft. Daher kann die christliche Ethikerin oder der christliche Ethiker immer nur ein persönlich gefärbtes Angebot machen, wie etwas zu verstehen ist – z.B. was das Spezifische der christlichen Liebe ist –, worin andere sich mit ihrem Verständnis ihres Christseins wiederfinden können und nach Möglichkeit wiederfinden können sollen, zu dem sie aber auch in Dissens stehen können und das ihnen dann vielleicht helfen kann, ihre abweichende Sicht für sich zu klären. [...].

Die christlicher Ethik ist [...] das genaue Gegenteil einer am Ideal objektiver Richtigkeit orientierten Ethik. [...] Als ein Grundzug evangelischer Ethik [kann] gelten: Ein Christenmensch tut, was er tut, nicht deshalb, weil es als gut bewertet wird – sei es durch Gott oder die Menschen – oder weil es als gut zu bewerten ist, sondern um des Nächsten willen bzw. aus Liebe zu Gott und dem Nächsten.

Johannes Fischer (1947), ev. Theologe*

1. Begründen Sie, warum Pflichtenethik heute als Verantwortungsethik zu konzipieren ist und worin aus christlicher Perspektive die Gefahr einer Sollensethik zu sehen ist.
2. Erläutern Sie, welche Rolle biblische Texte in einer christlichen Ethik spielen und wie mit diesen umzugehen ist.
3. Zeigen Sie Konsequenzen aus der Aussage auf, dass christliche Ethiker immer „nur ein persönlich gefärbtes Angebot“ (Z. 15) machen können.
4. Gestalten Sie eine Mindmap mit Inhalten, Aspekten und zentralen Bibelstellen, die Ihrer Meinung nach wesentlich für christlichen Glauben und christliche Ethik sind.

Team-Aufgaben

1. Formulieren Sie in zehn Thesen, was in der Bibel unter Gerechtigkeit verstanden wird (mit Angabe der jeweiligen Bibelstelle).
2. Gestalten Sie Lernplakate zu unterschiedlichen Aspekten christlicher Ethik, indem Sie zunächst die Position darstellen und anschließend beurteilen, welches Gewicht die Autoren verschieden Bibelstellen, Werten, Begriffen oder theologischen Argumenten zukommen lassen.
3. Erklären Sie die Karikatur, indem Sie die beiden ethischen Positionen skizzieren. Entwickeln Sie ausgehend von christlich-ethischen Positionen in Kleingruppen „Thesen“ zum Klimaschutz, die Martin Luther heutzutage an die Schlosskirche zu Wittenberg anschlagen würde.
4. Entwerfen Sie für eine Bundestagsdebatte Visionen für eine gerechte und menschenfreundliche Zukunft unter Berücksichtigung von christlich-ethischen Positionen.

Welche Rolle spielt heute christliche Ethik?

Freiheit und Verantwortung

Der evangelischen Ethik geht es um verantwortete Freiheit als Lebensform. Im Gespräch mit der philosophischen Ethik bringt die evangelische Ethik den Gesichtspunkt ein, dass diese Freiheit nicht einfach vom Menschen selbst hervorgebracht wird, sondern ihm anvertraut ist; sie macht ferner geltend, dass wir Menschen im Gebrauch dieser Freiheit immer wieder scheitern und auf die Kraft zu einem neuen Anfang angewiesen bleiben. Von wichtigen Traditionen der katholischen Moraltheologie unterscheidet sich evangelische Ethik heute vor allem dadurch, dass sie nicht als Gesetzesethik, sondern als Verantwortungsethik konzipiert ist.

Wolfgang Huber (1942),*
ev. Theologe

Individual- und Sozialethik

Individualethik hat es mit der Orientierung individuellen Lebens und Handelns zu tun. Darin ist das gemeinsame Leben und Handeln einer Gemeinschaft von Individuen eingeschlossen, insofern diese je individuell verantwortet werden muss. Demgegenüber denkt Sozialethik über die Gestaltung sozialer Strukturen nach, innerhalb deren Menschen leben und handeln.

Johannes Fischer (1947),*
ev. Theologe

Evangelische Sozialethik

So wie sich im Protestantismus unter Berufung auf die Schrift verschiedene Formen christlichen Glaubens gebildet haben und doch alle „evangelisch-christlich“ sind, so verhält es sich auch mit der evangelischen Sozialethik. Daher kann es nach protestantischem Verständnis „die“ eine evangelische Sozialethik ebenso wenig geben wie „den“ christlichen Glauben oder „die“ christliche Ethik.

Die Mehrzahl evangelisch-sozialethischer Ansätze wird heute als „Verantwortungsethik“ entworfen. Sie begreifen soziale Strukturen wie die Wirtschaft, das Recht, Partnerschaft als einen Ort, der von Menschen – seien es Einzelpersonen oder Gremien – „verantwortlich“ zu gestalten ist. Um verantwortlich entscheiden zu können, bedarf es jedoch der Klärung zentraler Fragen: Wer ist wem für was verantwortlich? Von welchen Erkenntnissen, Annahmen, Überzeugungen und Prinzipien geht man aus? Welche Lebensverhältnisse sind intendiert? Wie sind die Betroffenen beteiligt und wie sind die Folgen der Entscheidungen zu bewerten?

Katholische Soziallehre

Die römisch-katholische Soziallehre, wie sie seit dem 19. Jahrhundert entwickelt worden ist, beruht auf bestimmten sozialphilosophischen, naturrechtlich begründeten Grundannahmen. […] [A]us der Erkenntnis der Wesensnatur [des Menschen] folgt eine bestimmte Ethik, die sich am Grundwert der Personenwürde sowie an den Kardinaltugenden der Gerechtigkeit, der Tapferkeit, des Maßhaltens und der Klugheit orientiert. Das Naturrecht gilt universal, weshalb die katholische Soziallehre den Anspruch erhebt, nicht etwa nur eine binnenkirchliche Moral, sondern eine universale Ethik zu vertreten. [Sie fußt auf drei Prinzipien:] dem Personenprinzip, dem Solidaritätsprinzip und dem Subsidiaritätsprinzip.

Ulrich Körtner (1957),*
ev. Theologe

Aus päpstlichen Sozialenzykliken

Personalität bedeutet die Orientierung am Wohl der menschlichen Person:
Der Mensch ist aus seiner innersten Natur ein gesellschaftliches Wesen. (*Gaudium et spes 1965*)
Solidarität bedeutet solidarisches Einstehen füreinander, insbesondere für die Schwachen:
Alle müssen ihren Nächsten ohne Ausnahme als ein „anderes Ich“ ansehen. (*Gaudium et spes, 1965*)
Subsidiarität meint die Verantwortlichkeit in abgestuften Zuständigkeitsbereichen:
Jedwede Gesellschaftstätigkeit ist ja ihrem Wesen und Begriff nach subsidiär; sie soll die Glieder des Sozialkörpers unterstützen. *(Quadrogesimo anno, 1931)*

1. Fassen Sie den Text zur evangelischen Sozialethik in Thesen zusammen und formulieren Sie offene Fragen.
2. Erklären Sie die Prinzipien einer katholischen Soziallehre, indem Sie jeweils Beispiele zur Veranschaulichung suchen. Vergleichen Sie evangelische Sozialethik und katholische Soziallehre.
3. Entfalten Sie die Unterscheidung von Individual-und Sozialethik am Thema Abtreibung und erläutern Sie, wie Freiheit und Verantwortung dabei je verstanden werden.

Was ist Liebe?

Die evangelisch-christliche Ethik des Sich-Berühren-Lassens (Mk 12,28-31)

Wird heute die Frage nach dem „Zentrum christlicher Ethik" gestellt, liegt die Antwort scheinbar leicht auf der Hand, ist doch allen klar, dass die Bergpredigt (Mt 5-7) von Sanftmut, Gerechtigkeit und Barmherzigkeit, von Friedfertigkeit und Feindesliebe spricht. So werden wir Christinnen und Christen andere nicht verurteilen – wir beten und vergeben. Gleichzeitig sollen und werden wir „Salz und Licht der Welt" sein, uns engagieren. Und dies nicht für das eigene Essen, den „Mammon", das Heu in der Scheune, sondern für die anderen, so, wie wir selbst gerne hätten, dass die sich um uns kümmern, wenn es nötig ist.

Ein berühmtes Beispiel für diese Ethik ist das Verhalten des Samariters. Dessen sprichwörtliche Barmherzigkeit (Lk 10,25-37) führt dazu, dass er dem Hilfsbedürftigen wirklich hilft und nicht einfach vorbeigeht, weil keine Zeit ist oder wichtigere Geschäfte drängen.

Im Markusevangelium stellt ein Pharisäer die Frage nach dem Zentrum der Ethik, dem wichtigsten Gebot von allen (Mk 12, 28) – und Jesus antwortet, es sei zum einen die Liebe aus vollem Herzen zu Gott, dem alleinigen Herrn, zum anderen sei es die Liebe zum Nächsten, die so groß sein solle wie die zu sich selbst (Mk 12,31). Beide Male ist die Antwort die Liebe, und damit eine abstrakte Größe, die sich einer genauen Definition und Regelung entzieht.

Zur gelebten und gezeigten Liebe gehört immer ein Sich-Anvertrauen, also ein Sich-Öffnen hin zum Anderen und damit ein Sich-Aussetzen, das Offenbaren des eigenen Berührt-Seins.

Die Liebe bewirkt eine Berührung, eine Erschütterung, eine Veränderung – so weit, dass sich bestehende Verhältnisse ändern und scheinbar sichere Gesetze und Einrichtungen nicht mehr gelten: So wirft z.B. Jesus die Händler aus dem Tempel (Mk 11,15), seine Jünger brechen etablierte Gesetze, raufen die Ähren am Sabbat (Mk 2,23) und bekommen dafür Ärger mit den gesetzesverbundenen Pharisäern. Die Liebe, die Berührung, „verrückt" die etablierten Ordnungen. Scheinbar „unverrückbare" Ordnungen geraten in Bewegung.

Lebens-Hingabe und Lebens-Verlust lassen sich mit Mk 8,35 als Definition der Nachfolge Jesu verstehen, die als solche gerade das Leben neu und anders schenkt: „wer sein Leben verliert um meinetwillen und um des Evangeliums willen, der wird es erhalten". Der Lebens-Verlust bzw. das „Sich-Verleugnen" (Mk 8,34) lassen sich lebensweltlich als Rücknahme des eigenen Ichs, als Egoismus-Verzicht und Hingabe des Eigenen verstehen (vgl. auch die Witwe in Mk 12,41-44).

Anerkennung und Verantwortung für den Anderen bedeuten: Ich lasse mich durch das So-Sein des Anderen, durch sein Schicksal, sein Angesicht berühren und werde ihm/ihr damit unendlich verantwortlich. Der Zuspruch Gottes als Zuspruch vom (ganz) Anderen her bedeutet diese grundsätzliche, vollständige Annahme als geliebtes Kind, als Ebenbild Gottes. Damit meint dieser aber genauso den Anspruch an mich, diese Nächstenliebe weiterzutragen; hier geht es mir nicht mehr um meinen Status oder meinen Vorteil, sondern darum, den Anderen in seinem Anderssein zu schützen.

Eine christlich-evangelische Ethik kann somit eine „Ethik der Schwachheit" genannt werden, da sie nicht wissen, erklären oder klassifizieren kann, sondern in ihrer Liebe ausgesetzt und ausgeliefert ist, im eigentlichen Sinne nackt (vgl. Mk 14,52) ist – das heißt, sie setzt kein allgemeines Prinzip über die Situation, sondern muss je im Angesicht des Nächsten aus der Perspektive des Glaubens heraus neu gefunden werden.

*Henning Hupe (*1971), ev. Theologe*

1. „Jesus lässt sich berühren." – Stellen Sie anhand von neutestamentlichen Bibelstellen das Handeln Jesu dar.
2. Überprüfen Sie die These, dass eine christlich-evangelische Ethik als „Ethik der Schwachheit" bezeichnet werden kann. Verwenden Sie dazu Informationen zur christlichen Ethik aus diesem Teilkapitel.
3. Setzen Sie die Ethik der Schwachheit in Bezug zu einer Verantwortungsethik und erarbeiten Sie vergleichend Unterschiede und Gemeinsamkeiten.
4. Beurteilen Sie, welche Bedeutung dem Begriff der „Liebe" für die christliche Ethik zukommt, indem Sie einen Sozialpraktikumsbericht für die Schülerzeitung verfassen.
5. Erläutern Sie das Bild im Hinblick auf das „Durchbrechen unverrückbarer Ordnungen" einer evangelisch-christlichen Ethik des Sich-Berühren-Lassens.

Was ist Nächstenliebe?

Das Dreifachgebot der Liebe (Mk 12,28-31)

Im christlichen Glauben hat die Liebe zu Gott in der Liebe Gottes zu uns Menschen ihren Grund. Die Sendung Jesu in die Welt wird mit Gottes Liebe zur Welt begründet; darauf antwortet die Liebe zu Gott wie zum Nächsten. [...] Wer Gott liebt, liebt auch den Nächsten. [...] Christen geben Gott allein die Ehre und achten deshalb die gleiche Würde jedes Menschen. [...] [N]ach einer anderen Seite hin ist darauf zu achten, dass es in dieser Zusammenfassung aller Gebote nicht nur heißt: „Liebe deinen Nächsten." Es heißt vielmehr: „Liebe deinen Nächsten wie dich selbst:" Was ist damit gemeint? [...]

Der Mensch, dem Gott sein Leben als Gabe anvertraut hat und der diese Gabe dankbar annimmt, vermag ein positives Verhältnis zu sich und seinem Leben zu entwickeln. Er liebt sein Leben und sucht, es zu bewahren, er sorgt für das, was er zum Leben braucht, so gut er kann. Es gibt im Evangelium keinen Grund, der einen Menschen daran hindern könnte, sein Leben dankbar zu bejahen, sich an ihm zu freuen und mit ihm verantwortlich umzugehen.

[...] Dem biblischen Gebot zufolge soll die Liebe zu sich selbst auch den Maßstab für die Liebe zum Nächsten bilden. Denn auch das Leben des anderen ist ein Geschenk Gottes, für das nicht nur der andere selbst, sondern alle dankbar sind, die mit ihm in Verbindung stehen. Alle tragen deshalb Verantwortung nicht nur für das eigene Leben, sondern auch für das Leben der anderen; alle wissen sich einbezogen in die Fürsorge dafür, dass jeder erhält, was er zum Leben braucht. [...] Wer mein Nächster ist, lässt sich nicht abschließend feststellen. Denn dies kann jeder Mensch sein, der in den Kreis meiner möglichen Verantwortung tritt [...]

Im Blick auf Gesellschaft und Politik fordert das Gebot der Nächstenliebe [...] ein persönliches und berufliches Handeln, das den Mitmenschen achtet und seiner Würde das gleiche Gewicht gibt, wie der eigenen Würde. Und es fordert die Arbeit an politischen Strukturen, die auf die Wahrung der Menschenwürde und auf Nachhaltigkeit im Umgang mit der Natur, auf die gerechte Teilhabe aller am Leben in der Gesellschaft und auf die Gewährleistung eines gerechten Friedens ausgerichtet sind.

Wolfgang Huber (1942),*
ev. Theologe

Das Gleichnis vom Weltgericht (Mt 25)

Es ist ein Grundzug des christlichen Ethos, dass es am Einzelnen orientiert ist [...]. Im Blick auf diese Ausrichtung am Einzelnen sei an Mt 25,35ff erinnert, wo Jesus sich selbst als ein gewissermaßen generalisiertes Individuum bezeichnet, das in vielen Individuen begegnet: „[...] Was ihr getan habt einem meiner geringsten Brüder, das habt ihr mir getan." Auch dies hat eine kaum zu überschätzende Wirkung auf die Geschichte christlicher Liebestätigkeit ausgeübt. Das bedeutet nun freilich nicht, dass generelle Urteile oder Regeln für das christliche Ethos keine Rolle spielen. Diesbezüglich gilt es, die Einseitigkeiten einer reinen Situationsethik zu vermeiden. [...] Dass man Hungrigen zu essen geben und Fremde aufnehmen soll, gehört auch als Regel zum christlichen Ethos. Doch ist in der Perspektive christlicher Liebe die Speisung des Hungrigen nicht dadurch motiviert, dass diese Regel dies vorschreibt und der Hungrige ein „Fall" ist, der unter diese Regel fällt, sondern vielmehr dadurch, dass er der Speisung bedarf. Die Regel hat daher keinen *begründenden Status* für das christliche Handeln, sondern eher die Funktion, die Aufmerksamkeit auf die Situation des Bedürftigen zu lenken, sowie die Funktion eines *Korrektivs* da, wo die Sensibilität für den Nächsten in der Person des anderen abstumpft.

Johannes Fischer (1947),*
ev. Theologe

Nächstenliebe → S. 66f. → S. 132
Gleichnis vom Weltgericht (Mt 25) → S. 308
Diakonie → S. 195, 198

1. Stellen Sie dar, wer nach Lk 10,25-37 „der Nächste" ist und welche Aspekte das Gebot der Nächstenliebe beinhaltet (→ S. 164).
2. Zeigen Sie gesellschaftspolitische Konsequenzen einer christlichen Ethik auf, die sich am Dreifachgebot der Liebe und am Nächsten „als ein gewissermaßen generalisiertes Individuum" (Z. 4f.) orientiert.
3. Überprüfen Sie den Maßstab der Gerechtigkeit in Mt 25,31-46 hinsichtlich der Strafe, die diejenigen erhalten, die nichts Gutes tun (die Böcke). Formulieren Sie eine Anklagerede und eine Verteidigungsrede
4. Gestalten Sie vier Beiträge zu sozialen Netzwerken, in denen Fischer, Kant (S. 230f.,), Weber (S. 234) und Jonas (S. 234) den Fall Daschner (S. 222) kommentieren.

Was ist biblische Gerechtigkeit?

Amos: Prophet der Gerechtigkeit (Amos 5)

Wahre Gerechtigkeit richtet auf! Sie richtet nicht nur die Armen und Hilflosen auf, sondern auch die Starken und Selbstsicheren. Wahre Gerechtigkeit hält die Menschen in der Beziehung zu dem Gott, der sich immer wieder als Anwalt der Schwachen und Bedrängten offenbart. Deshalb lautet die verzweifelte Botschaft des Amos: „Sucht Gott!“ „Sucht das Gute!“ Erkennt den unauflöslichen Zusammenhang von Gerechtigkeit und Barmherzigkeit, erkennt den Zusammenhang von Einsatz für wahre Gerechtigkeit und einem Gott gemäßen Gottesdienst. „Sucht nicht irgendeinen Gott, sondern den Gott, der zugleich gerecht und barmherzig ist. Sucht diesen Gott, dann werdet ihr leben!“ [...]

Wer heute die Botschaft des Amos verantwortlich aufnehmen will, wird sich nicht nur religiös-moralisch gegen die ungerechte Benachteiligung armer und schwacher Mitmenschen engagieren. Wer heute die Botschaft von der wahren Gerechtigkeit aufnehmen und weitergeben will, wird auch daran arbeiten müssen, dass der Glaube den Logiken des Marktes nicht hilf- und sprachlos gegenübersteht, in bloßen aggressiven Appellen.

*Michael Welker (*1947), ev. Theologe*

Filmplakat Machine Gun Preacher: „Hope is the greatest weapon of all“

Zedakah (3. Mose 25)

Der alttestamentliche Begriff für Gerechtigkeit wird mit dem hebräischen Wort Zedakah bezeichnet. Dieser ist nicht zu verstehen als die Übereinstimmung mit einer abstrakten Norm, sondern bezeichnet ein an der Gemeinschaft orientiertes Handeln, das Tun der Gerechtigkeit. So erweist Gott z.B. seine Gerechtigkeit, indem er Israel aus der ägyptischen Sklaverei befreit und seine Bundestreue zusichert. Die Menschen werden der Beziehung zu Gott gerecht, indem sie seine Gebote halten und seinem Wort Vertrauen schenken. Der Begriff bezeichnet folglich keine Norm, sondern eine Relation (Beziehung), die sich im Handeln zeigt. Beispiele für ein Handeln gemäß der Zedakah sind die alttestamentlichen Konzeptionen, z.B. das Zinsverbot (Dtn 23,20-21), das Jobel- und Sabbatjahr (Lev 25,3-55), die Befristung der Schuldsklaverei (Ex 21,2), der Schutz der Schwachen und Fremdlinge (Ex 22,20-26).

Vorrangige Option für die Armen

In der vorrangigen Option für die Armen als Leitmotiv gesellschaftlichen Handelns konkretisiert sich die Einheit von Gottes- und Nächstenliebe. [...] [Sie] stützt sich auf zentrale biblische Überlieferungen, die diese an zentraler Stelle mit dem Eintreten für „Recht und Gerechtigkeit“ verbinden. Dabei wird die besondere Nähe Gottes zu den Armen immer wieder begründet mit der Urerfahrung Israels, der Herausführung aus Ägypten. Nicht nur der Dekalog wird explizit mit dem Hinweis auf diese Erfahrung eingeleitet (2 Mose 20,2). Zahlreiche soziale Schutzrechte werden so begründet [... z.B.] 3. Mose 25,35-38.

EKD-Denkschrift Gerechte Teilhabe, 2006

Amos → S. 162

1. Lesen Sie Amos 5 und arbeiten Sie Grundzüge des biblischen Amos und seiner Botschaft damals heraus (→ S. 162). Überlegen Sie sich aktuelle Bezüge zu heute.
2. Stellen Sie das Verständnis von Gerechtigkeit im Alten Testament grafisch dar.
3. Beurteilen Sie, ob das Bild des Machine Gun Preacher zu Amos passt.
4. Entfalten Sie an Mt 5,20, was christliche „Gerechtigkeit“ bedeutet.
5. Überprüfen Sie die These, das Gleichnis vom verlorenen Sohn (Lk 15) erzähle von der Gerechtigkeit Gottes (→ S. 65 → S. 129).
6. Erarbeiten Sie auf der Grundlage einer Recherche über die alttestamentlichen Konzepte „Jobeljahr“ und „Sabbatjahr“ (3. Mose 25) einen Vorschlag zur sozialen Gerechtigkeit in der Gesellschaft heute, indem Sie einen Leserbrief zum Thema „Armut bei uns“ für die lokale Zeitung verfassen.

Warum soll man moralisch handeln?

Pierre Mariette (1634-1617): Die Arbeiter im Weinberg, 1670

Der Dekalog (2. Mose 20)

Die dem Mose am Sinai offenbarten „Worte des Bundes" (Ex 34,28) sollen als eine Zusammenfassung des an Israel ergangenen Gotteswillens angesichts der Befreiung aus der ägyptischen Sklaverei verstanden werden (Ex 20,2). Dabei hat man sich auf elementare Regeln des Zusammenlebens beschränkt; es handelt sich sozusagen um einen Minimalkatalog. [...]
Die Besonderheit des Dekalogs [...] besteht darin, dass hier nicht einzelne Bereiche, sondern das Ganze des menschlichen Lebens angesprochen ist, nämlich [...] die Gottesbeziehung, z.B. der Bereich der Familie und [...] das öffentlich soziale Leben. [...] [D]ie klassischen Dekaloge in Ex 20 und Dtn 5 [... haben] das Bestreben [...], das gesamte Verhältnis zwischen Gott und Menschen bzw. Israel umfassend zu ordnen. [...]
Die Einleitung des Dekalogs macht deutlich, dass Gottes Heilsgabe – die Befreiung aus der ägyptischen Sklaverei (Ex 20,2; Dtn 5,6) – der Aufgabe der Gebotsbeachtung (20,3ff.) vorangestellt ist. Das Halten der Gebote ist also nicht der heilvollen Zuwendung Gottes konditional vorgeordnet. Der Mensch soll nur das tun, was dem Heilshandeln Gottes entspricht. Die Erinnerung an die Befreiung aus der Sklaverei in der Dekalogeinleitung macht deutlich, dass die Gebote der Bewahrung der Freiheit dienen.

Matthias Albani (1960), ev. Theologe*

Mt 20,1-15 – ein wirtschaftspolitisches Programm?!

Der theologische und der wirtschaftsethische *Schlüssel* dieser Geschichte liegt tatsächlich nicht in diesem betriebswirtschaftlichen Modell, sondern an einer anderen Stelle: Es ist der *eine* Silbergroschen, den jeder erhält, weil er ihn zum Leben, zum Überleben braucht. Und das heißt: Es ist das, was der Mensch zur Erhaltung seines Lebens und seiner Familie benötigt, das ihm hier gegeben wird, sei es, weil er es sich durch seiner Hände Arbeit verdient hat, sei es, weil er es sich nicht verdienen konnte, es ihm aber aus Güte zuteil wurde. Für alle, die keine 12 Stunden arbeiten konnten, weil niemand sie eingestellt hat, wird der Silbergroschen zum symbolischen Ausdruck *lebenserhaltender Güte*.
Solche Menschen gibt es in jeder Gesellschaft reichlich: die Kinder, die Kranken, die Menschen mit schwerer Behinderung, die Alten, die Sterbenden und eben die, für die kein Arbeitsplatz vorhanden ist. In *unserer* Gesellschaft ist – nicht zuletzt durch die Sozialgesetzgebung des ausgehenden 19. Jahrhunderts und durch den Ausbau des Sozialstaats in der zweiten Hälfte des 20. Jahrhunderts – aus dieser Grundsicherung des Lebens ein *Rechtsanspruch* geworden, der nicht mehr von der Güte eines Unternehmers, sondern von der verlässlichen Leistung der Solidargemeinschaft abhängt. [...]
In einer solchen sozialen Ordnung kommen zwei Elemente zum Ausdruck, die untrennbar zum christlichen Menschenbild gehören: einerseits das Wissen, dass wir nicht *aus* unserer Leistung leben und uns Daseinsrecht und Menschenwürde nicht erst verdienen müssen; andererseits das Wissen, dass wir dazu aufgerufen sind, unser Leben und das unserer hilfsbedürftigen Mitmenschen *durch* unsere Leistung zu erhalten und zu fördern – soweit wir dazu in der Lage sind. Und nur wenn diese *beiden* Elemente konsequent beachtet und zur Geltung gebracht werden, kann etwas von der Gerechtigkeit verwirklicht werden, die das Ziel jeder verantwortbaren Gesellschaftsordnung ist.

Wilfried Härle (1940), ev. Theologe*

1. Arbeiten Sie nach der Lektüre von 2. Mose 20, 1-17 die Intention heraus und entwerfen Sie zum Gebot „Du sollst nicht stehlen" eine Petition Ihrer Kirchengemeinde an Wirtschaftsunternehmen, die „seltene Erden" in Afrika zur Smartphone-Produktion abbauen (→ **S. 300**).
2. Entwerfen Sie zu den im Bild dargestellten Personen Sprechblasen- und Gedankentexte.
3. Erläutern Sie, woran eine „wirtschaftspolitische Interpretation" des Gleichnisses von Mt 20 scheitern könnte.
4. Erläutern Sie den Begriff „lebenserhaltende Güte" und setzen Sie ihn in Beziehung zur sog. „vorrangigen Option für die Armen" (S. 243).
5. Vergleichen Sie Härles Deutung des Gleichnisses mit Rawls' Fiktion im Zustand des sog. Schleiers des Nichtwissens (S. 227).

Was ist sinnvolle Arbeit?

Das Recht auf Arbeit (1. Mose 1,28; 2,15)

[A]uch und schon und gerade im Paradies gehört Arbeit zum Menschsein, obwohl sie nicht ökonomisch notwendig ist und die Menschen von Gott völlig umsorgt sind. [...] Biblisch gesehen sollen alle Menschen arbeiten, Arbeit gehört zum Menschsein. Und das bleibt so selbst in der Zukunft Gottes: auch im neuen Himmel und der neuen Erde wird gearbeitet und nicht etwa faul herumgelegen [vgl. Jes 65,21]. Der Unterschied zur Gegenwart besteht darin, dass niemand den Arbeitern den Ertrag wegnimmt, keiner umsonst arbeitet (V.22f). Für seinen eigenen Lebensunterhalt zu arbeiten gehört zum Menschsein im Paradies wie im Reich Gottes, vor und nach dem Sündenfall. Nun leben die Menschen nicht mehr im Paradies. Der Griff nach der Frucht vom Baum der Erkenntnis hat Folgen. Alles ändert sich [...] Das sagen besonders die Strafsprüche in Gen 3,17ff. [...]. Angekündigt wird also ein Leben, das bestimmt ist von harter mühseliger Arbeit, im Schweiß des Angesichts bis zum Tod. [...] Menschsein ist bestimmt durch die Spannung zwischen dem ursprünglichen Willen des Schöpfers und den verschuldeten Negativitäten. So enthält Arbeit beides als Möglichkeit, und beides ist stets ineinander vermischt: Arbeit gehört zum Menschsein, sie kann glücklich machen und Erfüllung bringen, aber meistens ist sie zugleich hart und schwer, bedeutet Mühe und Plackerei, Anstrengungen, die oftmals umsonst sind. [...]

Weil Arbeit zum Menschsein gehört, kann und muss Arbeit geboten werden. Weil sie geboten und unaufgebbar ist, muss sie auch für alle eine Möglichkeit sein. Arbeitslosigkeit ist nicht hinnehmbar, weil sie Grundaspekte des Menschseins tangiert. Was von Gott geboten ist, hat zugleich die Form eines unaufhebbaren Rechtes. Es liegt deshalb in der Perspektive der biblischen Tradition, wenn heute gilt: Arbeit ist Menschenrecht (AEMR § 23). [...] [V]on der biblischen Grundlage her [ergibt sich] hier eine ganz eindeutige Zielperspektive für kirchliches Reden und Handeln.

Frank Crüsemann (1938), ev. Theologe*

Welche Wesen haben Rechte?

Das Verständnis von Rechten als gültigen Ansprüchen könnte es nahelegen, Rechte nur solchen Wesen zu reservieren, welche Ansprüche erheben können. Tiere hätten hiernach keine Rechte. Gleiches würde aber auch für Neugeborene oder Komatöse gelten. Nun ist freilich die Feststellung, dass jemand einen begründeten Anspruch auf etwas hat, nicht davon abhängig, dass er selbst diesen Anspruch erhebt oder erheben und begründen kann. [...] Rechte sind m.a.W. nicht abhängig von dem Verhalten oder den Fähigkeiten ihrer Inhaber. [...] Rechtsverhältnisse sind Anerkennungsverhältnisse, und dieser Gesichtspunkt ist für die menschliche Sozialität von fundamentaler Bedeutung.

Stefan Gruden (1977), ev. Theologe*

Equal Pay Day in Berlin

„Sündenfall", Arbeit → S. 63
Zukunft der Arbeitsgesellschaft → S. 292, 296f., 299

1. Entfalten Sie den Schöpfungsauftrag und zeigen Sie Konsequenzen auf, die sich für „gerechtes" Handeln daraus ergeben können.
2. Untersuchen Sie die These, „Arbeit ist Menschenrecht". Setzen Sie diese These in Beziehung zu biblischen Aussagen über den Menschen (→ S. 63) sowie Aussagen zum Reich Gottes (→ S. 122, 127).
3. Entwickeln Sie Perspektiven für ein Menschsein, das „bestimmt [ist] durch die Spannung zwischen dem ursprünglichen Willen des Schöpfers und den verschuldeten Negativitäten" (Z. 21ff.).
4. Erörtern Sie, inwiefern für Komapatienten, Neugeborene, Embryonen (S. 248) und Demenzkranke (→ S. 81) auch (Menschen-) Rechte gelten.
5. Beschreiben und erläutern Sie das Bild unter der Perspektive von Arbeit als Menschenrecht. Analysieren Sie dabei die Interessen und Werte der Beteiligten und erörtern Sie, welche Rechte Männer und Frauen haben.

Ethische Problemstellungen

Wie kommt man zu einem moralischen Urteil?

Basics **Schritte einer Fallanalyse**

Schritt 1 – Der Fall

Bei der möglichst anschaulichen Präsentation des Falles ist darauf zu achten, dass die ethische Problematik im Vordergrund steht bzw. leicht herauszuarbeiten ist. [...]

Schritt 2 – Spontanurteil

Zu Beginn des Urteilsprozesses sollte [...] ein schriftlich fixiertes Spontanurteil (mit kurzer Begründung) zum vorliegenden Fall verfass[t werden]. Dabei muss allen klar sein, dass es sich um ein vorläufiges Urteil handelt [...].

Schritt 3 – (genauere) Sachanalyse

Zwar wurde das Fallbeispiel schon im ersten Schritt vorgestellt, doch kann an dieser Stelle Bedarf entstehen, weitere Informationen zu erhalten. [...] Die Spontanurteile werden jedoch häufig unverifizierte Aussagen über Sachverhalte enthalten, die sauber von normativen Aussagen getrennt werden müssen. [...]

Schritt 4 – Ethische Analyse

[Es geht darum,] das Spontanurteil mit Hilfe nachvollziehbarer Kriterien auf ein höheres Begründungsniveau zu heben, es dabei ggf. zu verwerfen oder zu verändern – oder aber gute Gründe zu finden, die es stützen. Die einzelnen Teilschritte können dabei [...] weitgehend losgelöst voneinander durchgeführt werden, auch wenn sie bisweilen ineinandergreifen.

[4A] *Interessenanalyse*

Eng verbunden mit der Sachanalyse lässt sich eine Analyse der vermuteten Interessen aller von der Entscheidung im vorliegenden Fall mehr oder weniger unmittelbar betroffenen Individuen oder Gruppen durchführen. [...]

[4B] *Werte- und Normenanalyse*

Bei diesem Teilschritt geht es darum, die Normen- bzw. Wertekonflikte zu identifizieren, die für die anstehende Entscheidung bedeutsam sind. [...] Der eigentliche Urteilsprozess beginnt nun damit, dass bestimmten Werten bzw. Normen begründet der Vorzug vor anderen gegeben wird und damit bestimmte Entscheidungen oder Grenzziehungen im vorliegenden Fall gestützt werden.

[4C] *Moraltheoretische Analyse*

Fallanalysen bieten eine hervorragende Möglichkeit [ethische] Grundpositionen auf ihre „Praxistauglichkeit“ zu testen. [A]usgehend von bereits ermittelten [im Konflikt stehenden] Normen und Interessen [...] können [...] ethische Grundpositionen zur Anwendung kommen. Dies ist in zweierlei Hinsicht gewinnbringend: Auf der einen Seite liefert die Anwendung ethischer Grundpositionen [...] Kriterien zur Beurteilung des vorliegenden Falls. Auf der anderen Seite werden durch die Anwendung auch Kriterien zur Beurteilung ebendieser Grundpositionen gewonnen: Lassen sich diese im vorliegenden Fall überhaupt anwenden? [...]

Schritt 5 – Das (vorläufig) abschließende Urteil

Nachdem nun eine mehr oder weniger intensive Analyse des Falls stattgefunden hat, die auf der Basis von Spontanurteilen gestartet war, soll nun ein (vorläufig) abschließendes Urteil gefällt und mit entsprechend guter Begründung auch veröffentlicht werden. Dies erfordert eine sorgfältige Abwägung der im vierten Schritt erarbeiteten Kriterien. Die Veröffentlichung schafft Verbindlichkeit und fordert dazu auf, Verantwortung für das eigene Urteil zu übernehmen. [...] Auch wenn nun das abschließende Urteil veröffentlicht ist, sollte allen klar sein: Der Urteilsprozess ist niemals abgeschlossen.

Schritt 6 – Reflexion des Urteilsprozesses

Nicht verzichtet werden sollte in der Regel auf eine Metadiskussion am Abschluss des Prozesses, in der evaluiert wird, ob sich die Spontanurteile substanziell verbessert haben, und wenn ja, wodurch – nicht zuletzt deshalb sollten die Spontanurteile schriftlich fixiert werden. Eventuell herangezogene [...] bekannte Theorien können auf diese Weise ebenfalls evaluiert werden: [...] Mit Hilfe von Fallanalysen kann diese Praxistauglichkeit hervorragend überprüft und das ethische Argumentieren und Urteilen geübt werden.

Henning Franzen,
Philosophie- und Ethiklehrer

Moralisches Argumentieren und Theologisches Argumentieren

Ein Argument besteht aus zwei Teilen: zum einen aus zwei oder mehreren Prämissen (Annahmen/Behauptungen) und zum anderen aus einer Konklusion (Schlussfolgerung).

Ein Argument kann auf seine formale Gültigkeit untersucht werden, d.h. ob die Konklusion aus den Prämissen formal-logisch folgt. Dabei müssen implizite Prämissen explizit gemacht werden. Ferner kann ein Argument, das formal-logisch gültig ist, zusätzlich auf die Gültigkeit der Prämissen hin untersucht werden: Sind alle Prämissen inhaltlich zutreffend?
Beispiel für die formal-logische Gültigkeit eines Arguments:
Prämisse 1 (Allgemeines Urteil):
Alle Menschen sind sterblich.
Prämisse 2 (Singuläres Urteil):
Sokrates ist ein Mensch.
Konklusion: Sokrates ist sterblich.

Was ist ein moralisches Argument?
Ein moralisches Argument besteht ebenfalls aus zwei oder mehreren Prämissen und einer Konklusion. Allerdings muss ein moralisches Argument, um formal-(moral)logisch gültig zu sein, neben deskriptiven Prämissen mindestens eine oder mehrere moralische Prämissen beinhalten, um eine moralische Konklusion ziehen zu können.
Beispiel:
(Moralische) Prämisse 1: Eine Handlung ist gut, wenn sie dazu beiträgt, Glück zu vermehren und Leid zu vermindern, und sie ist schlecht, wenn sie das Gegenteil bewirkt.
(Deskriptive) Prämisse 2: Überholmanöver mit dem Auto auf der rechten Spur gefährden andere Verkehrsteilnehmer.
(Moralische) Konklusion: Das Überholen mit dem Auto auf der rechten Spur ist schlecht. (Denn die Gefährdung anderer Verkehrsteilnehmer ist eine Handlung, die nicht dazu beiträgt, Glück zu vermehren, sondern das Gegenteil, sprich Leid, zu bewirken.)

Wann sind moralische Urteile fehlerhaft?
Ein häufiger Fehler bei moralischen Urteilen liegt darin, dass aus deskriptiven (beschreibenden) Urteilen oder empirischen Tatsachenbehauptungen (Prämissen) eine moralische Konklusion abgeleitet wird. Dieser Schluss, bei dem aus einem Sein (einer Beschreibung/einem Zustand/einer Tatsache) ein Sollen (eine moralische Forderung) abgeleitet wird, nennt man Sein-Sollen-Fehlschluss oder „naturalistischen Fehlschluss“.

Was ist ein theologisches Argument?
Formal gilt auch für ein theologisches Argument die gleiche Struktur wie bei einem Argument allgemein. Die Besonderheit eines theologischen Arguments liegt darin, dass es einer oder mehrerer biblisch-theologischer Prämissen bedarf. Damit diese aber nicht nur formal-logisch „gültig“, sondern auch „gut“ (im Sinne von wahr) sind, muss hier auf wissenschaftliche Propositionen (Aussagen), die durch exegetisch-hermeneutische Methoden hergeleitet wurden, zurückgegriffen werden (→ S. 168f.). Häufig bedarf eine theologische Argumentation daher einer mehrfachen Begründung, wobei neben biblisch-theologischen Begründungen auch auf philosophische oder erfahrungsbezogene Begründungen zurückgegriffen wird.

Theologisch argumentieren → S. 333

1. Fassen Sie die sechs Schritte zusammen und erstellen Sie ein vereinfachtes grafisches Schema oder eine „Faustregel“, um sich die Schritte gut zu merken.
2. Prüfen Sie, inwiefern der Abschnitt 4C „Moraltheoretische Analyse“ für eine theologisch-ethische Urteilsbildung zu verändern ist. Begründen Sie Ihre Entscheidung.
3. Stellen Sie ein formal-logisch gültiges Argument, ein moralisches Argument, ein theologisches Argument und ein Argument des naturalistischen Fehlschlusses anhand eigener Beispiele dar und lassen Sie diese von Lernpartnern auf ihre Stichhaltigkeit überprüfen.

Team-Aufgaben

1. Benennen Sie aktuelle ethische Problemstellungen und gruppieren Sie diese, indem Sie Cluster bilden und thematisch übergeordnete Fragen/Probleme/Stichworte in einer Mindmap notieren.
2. Bewerten Sie die in diesem Kapitel aufgeführten ethischen Problemstellungen auf einer Skala von 1 bis 10 hinsichtlich der von Ihnen eingeschätzten gesellschaftlichen und persönlichen Relevanz.
3. Benennen Sie ein Beispiel, mit dem Sie sich auseinandersetzen wollen. Wenden Sie in Kleingruppen jeweils eine Fallanalyse an, indem Sie auf Plakaten die einzelnen Schritte festhalten. Sie können sich auch mit Beispielen aus den anderen Kapiteln auseinandersetzen: Organtransplantation (→ **S. 44f.**), assistierter Suizid (→ **S. 81**), Klimawandel (→ **S.46f.**), Friedensfrage (→ **S.217**), Bedingungsloses Grundeinkommen (→ **S. 300**), nichtinvasive Pränatal-Diagnostik (→ **S.80**), Transhumanismus (→ **S. 82**). Stellen Sie Ihre Fallanalyse vor und zeigen Sie auf, inwieweit christliche Perspektiven eine Rolle gespielt haben.

Was ist ein menschliches Wesen?

Medizinethik: Verbrauchende Embryonenforschung

Ist eine [verbrauchende Embryonen-]Forschung akzeptabel? Ich meine: Ja! Sobald wir bereit sind, uns von einem Weltbild zu befreien, das auf einigen spezifisch religiösen Prämissen beruht, werden wir einsehen, dass der frühe Embryo kein Recht auf Leben haben kann. [...] So wie wir den Hirn*tod* als das Ende einer Person betrachten, sollten wir das Hirn*leben* als den Beginn einer Person betrachten. Vor diesem Zeitpunkt können wir den Embryo daher mit Einwilligung derer, aus deren Ei- und Samenzelle er sich entwickelt hat, zur wissenschaftlichen Forschung verwenden.

[...] Mein Kerngedanke ist, dass das Standard-Argument, mit dem man dem Embryo ein Recht auf Leben zuzusprechen sucht, auf einer Wortverdrehung beruht. Dieses Argument lautet bekanntlich: Jedes menschliche Wesen hat ein Recht auf Leben. Der menschliche Embryo ist ein menschliches Wesen. *Also* hat auch der menschliche Embryo ein Recht auf Leben!

Die Wortverdrehung liegt in der Verwendung des Begriffs „menschliches Wesen". Ohne jeden Zweifel ist der Embryo ein menschliches Wesen in dem Sinne, dass er ein Mitglied der Spezies *Homo sapiens* ist. Aber ist der Embryo auch ein menschliches Wesen in dem moralisch relevanten Sinn, den wir meinen, wenn wir von menschlichen Wesen sagen, dass sie ein Recht auf Leben besitzen, das nicht-menschliche Wesen nicht besitzen? Wenn wir fragen, weshalb Menschen ein Recht auf Leben haben, [...] wird sich jede plausible, nicht-religiöse Antwort auf unsere überlegenen geistigen Fähigkeiten beziehen müssen – auf unser Selbstbewusstsein, unsere Rationalität, unser Sittlichkeitsgefühl, unsere Autonomie oder eine Kombination davon. Eigenschaften wie diese sind es, würden wir sagen, die uns zu „wirklichen Menschen" machen. Oder genauer: Eigenschaften wie diese sind es, die uns zu *Personen* machen. Wenn es aber dies ist, was wir meinen, wenn wir von menschlichen Wesen – oder besser: Personen – sagen, dass sie ein Recht auf Leben haben, dann wird sofort klar, dass der Embryo, insbesondere der frühe Embryo, kein menschliches Wesen ist. Der frühe Embryo besitzt keine der geistigen Fähigkeiten, die Mitglieder unserer Art von Mitgliedern anderer Arten unterscheiden. Der frühe Embryo hat kein Gehirn, ja noch nicht einmal ein Nervensystem. Man kann daher berechtigterweise annehmen, dass er über kein größeres Bewusstsein verfügt als, sagen wir, ein Salatblatt. [...]

Die Eigenschaft, die ein Embryo mindestens besitzen muss, um einen Anspruch auf moralische Berücksichtigung zu haben, ist die Empfindungsfähigkeit. Denn solange er außerstande ist, irgendetwas zu empfinden, können wir ihm in keiner Weise schaden. Wir könnten ihm natürlich dann schaden, wenn er sich einmal zu einer Person entwickeln sollte, doch wenn er niemals eine Person wird, ist ihm auch nicht geschadet worden, zumal das völlige Fehlen des Bewusstseins jedes Interesse daran ausschließt, eine Person zu werden.

Peter Singer (1946), australischer Philosoph*

SKIP-Argumente

Spezies-Argument: Jedes Mitglied der Spezies Mensch ist als menschliches Lebewesen schutzwürdig.

Kontinuums-Argument: Jeder Versuch, einen Zeitpunkt in der Entwicklung eines Menschen zu definieren, ab dem er schutzwürdig ist, ist willkürlich.

Identitäts-Argument: Der menschliche Embryo ist mit dem erwachsenen Menschen bzw. der Person, die aus ihm hervorgehen wird, in moralisch relevanter Weise identisch.

Potentialitäts-Argument: Dem menschlichen Embryo ist ein besonderer moralischer Status zuzusprechen, weil er zwar nicht aktuell, aber potentiell über jene Eigenschaften verfügt, die für die Zuschreibung eines solchen Status ausschlaggebend sind.

1. Fassen Sie Peter Singers Kernaussagen zusammen.
2. Stellen Sie das ethische Problem mit den Schritten der Fallanalyse dar (S. 246f.)und berücksichtigen Sie bei der moraltheoretischen Analyse Peter Singers Position.
3. Vergleichen Sie Singers Position mit dem Utilitarismus und dem Kriterium der Menschenwürde (→ **S. 62**) aus christlicher Sicht.
4. Erstellen Sie zu dem Cartoon auf S. 221 unten Text- und Sprechblasen mit ethisch-moralischen Überlegungen.
5. Gestalten Sie eine Podiumsdiskussion, in der Sie die Frage nach einer „Lockerung" des Embryonenschutzgesetzes kontrovers diskutieren sowie Gefahren und Chancen analysieren. Bereiten Sie dazu Kurzreden (→ **S.334**) vor, die ethisch-moralische Argumente enthalten.

Wo hört der Spaß auf?

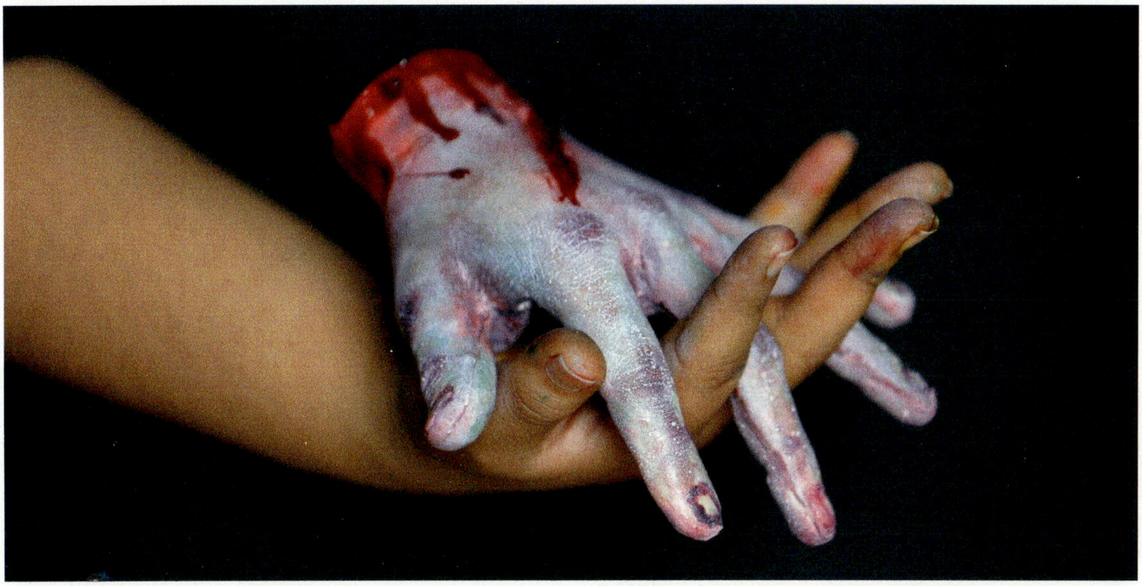

Alles nur ein Scherz: Diese Hand stammt von einem mexikanischen Süßwarenhersteller und soll wie Gummibärchen schmecken.

Netzethik: Prank oder krank?

Das Internet ist voller Videos, für die jemand vor laufenden Kameras reingelegt wurde. Viele davon beweisen mehr Niedertracht als Humor – und gegen eines läuft sogar die [...] Gemeinde [der großen Videoplattform, auf der das Video zu sehen ist] Sturm.

Ich habe, zugegeben, schon Probleme mit Versteckte-Kamera-Sendungen im Fernsehen. Nichts gegen Schadenfreude, nichts gegen das gemeine Lachen über Leute, die sich auf spektakuläre Art wehtun, aber bei vielen Streichen vor der Kamera erscheint mir das Zusehen fast so schmerzhaft wie das Verladenwerden.

Doch die [...] Variante [auf der Videoplattform] verhält sich zu Guido Cantz' Samstagabendshow wie eine Kettensäge zu einer Pinzette. Es geht um Pranks, und wer das niedlich mit „Streich" übersetzt, hat noch keinen gesehen. Ein junger Engländer, Sam Pepper, hat das aktuell wohl meistgesehene Prank-Video gemacht: Zwei Kumpel bleiben scheinbar mit dem Auto liegen. Sie steigen aus und werden entführt. Einer von beiden ist eingeweiht, der andere wird mit Gewalt in den Kofferraum verfrachtet und an einen Ort hoch über der Stadt gebracht. Als ihm die Augenbinde abgenommen wird, sieht er, wie ein Mann seinen Kumpel, der vermummt neben ihm kniet, mit einer Pistole bedroht und ihm schließlich scheinbar in den Kopf schießt. Er fällt zu Boden, sein Freund schreit und heult und wütet – auch dann noch, als der vermeintlich erschossene Kumpel schon aufgestanden ist und ihn geschüttelt hat: Haha, war nur ein Spaß!

Knapp acht Millionen Menschen haben sich den „Killing Best Friend Prank" angesehen; nicht alle waren amüsiert. Einer der beliebtesten Nutzerkommentare unter dem Video lautet: „How about a Kill Yourself Prank (Gone Wrong)". 200.000 Menschen haben eine Petition gezeichnet, die [die Videoplattform] auffordert, Sam Peppers Kanal zu schließen. Das Video verstoße gegen die Gemeinschaftsrichtlinien des Unternehmens [was die Betreiber der Plattform bestreiten] und sei besonders widerlich, weil es reale Hinrichtungssituationen nachahme. [...] Die „Washington Post" zitierte kürzlich Zahlen, wonach es zweieinhalb Millionen Prank-Videos auf [der Videoplattform] geben soll. Und eines der meistgesehenen ist das, wie ein junger Vater seine Frau glauben macht, dass sie Zeuge wird, wie er in einem tödlichen Unfall ihr gemeinsames Kleinkind aus dem ersten Stock wirft.

Stefan Niggemeier,
Journalist der FAZ (verändert)

1. Führen Sie zu Prank-Videos im Internet eine Fallanalyse durch und nehmen Sie anschließend dazu begründet Stellung.
2. Stellen Sie dar, was sich ändert, wenn christliche Perspektiven herangezogen werden.
3. Formulieren Sie Regeln für das Einstellen von Fotos, Videos und anderen Beiträgen im Netz.

Was ist gut für alle?

Social Scoring : Chinas Überwachungssystem

Wer eine rote Ampel überfährt, bekommt Punkte abgezogen. Wer 200 Milliliter Blut spendet, kann mit Pluspunkten rechnen. Chinas neues Bonitätssystem ist bis zur Absurdität ausgefeilt. Doch Kritiker fürchten, dass es sich leicht manipulieren lässt. [...] Peking will über Lob- und Strafdaten die Sozialkreditpunkte für jeden Einzelnen bestimmen. Pilotprojekte laufen dazu in mehr als 40 chinesischen Kreisen und 20 Städten, die die finanzielle und gesellschaftliche Kreditwürdigkeit von Privatpersonen oder Unternehmen bewerten. Das Ganze ist noch Stückwerk, viele Kriterien sind geheim. Positive Punkte gibt es etwa für den verantwortungsvollen Umgang mit Investitionen und Schulden, aber eben auch für soziales Verhalten bis in die Privatsphäre hinein. Negativ zählen etwa das Überfahren einer roten Ampel bis hin zu unmoralischem Benehmen oder häuslicher Gewalt.

Ausgedacht hat sich das bis zur Absurdität ausgefeilte Lob- und Strafsystem die staatliche Entwicklungs- und Reformkommission NDRC (Chinas frühere Staatsplaner). Deren Motto [...] lautet: „Wer an einer Stelle Vertrauen gewinnt, dem wird es überall entgegengebracht. Wer es an einer Stelle verspielt, muss überall mit Einschränkungen rechnen." [...] In Suzhou, einer der 20 Städte Chinas, in denen ein Pilotprojekt zum Aufbau des Bonitätssystem läuft, fängt jeder Bürger mit einem Grundkonto von jeweils 100 Punkten an. Mehr als 20 Behörden von der Polizei bis zur Geburtenkontrolle liefern die Punktebewertungen an das Zentrum. Das Gesundheitsamt notiert etwa sechs Pluspunkte für einen freiwilligen Spender von 200 Milliliter Blut.

Das Pilotprojekt umfasst 13 Millionen Personen, über die bisher 300 Millionen Daten erhoben wurden. Die Punktebilanz greift in das Alltagsleben jedes Bürgers ein. Sie entscheidet, ob er niedrig verzinste Bankkredite erhalten kann, oder offeriert ihm soziale Vor- und Nachteile. Das beginnt beim kostenlosen Parkbesuch und wirkt sich bei mangelhaftem Punktestand auf seine Beförderung im städtischen Amt aus. [...] Den einen gruselte es, dass Sozialkreditpunkte zu Bausteinen für einen totalitären Überwachungsstaat orwellschen Ausmaßes werden, den Peking mit Hilfe der künstlichen Intelligenz erbauen lässt. Andere sehen in der erweiterten Definition von finanzieller, sozialer und moralischer Kreditwürdigkeit die versuchte Wiedereinführung konfuzianischer Wertesysteme in die Gesellschaft.

Chinesische Verfechter argumentieren dagegen, wie wichtig es ist, Vertrauen und Ehrlichkeit in ihrem Land wiederherzustellen. Sie führen den Niedergang solcher Werte auf die Übernahme marktwirtschaftlicher Praktiken zurück, ohne über ein effizientes Rechtssystem zu verfügen.

Johnny Erling (1952), Journalist*

Chinas Überwachungssystem → S. 299
George Orwells Zukunftsvision → S. 294f.

1. Beschreiben Sie die Interessen des Staates und die Interessen einzelner Bürger beim Social Scoring.
2. Beschreiben Sie den Cartoon und erläutern Sie daran, zu welchem Verhalten Social Scoring bei Menschen führen kann (→ S. 329).
3. Erörtern Sie Vor- und Nachteile von Smartwatches und Gesundheits-Apps für den Einzelnen, die Gesellschaft, den Staat.
4. Vergleichen Sie das im Text entworfene Bild eines zukünftigen Staates mit biblischen Zukunftsvisionen (→ S. 304-306).
5. Beurteilen Sie die Rolle der Menschenwürde und der Menschenrechte (→ S. 62) im Hinblick auf Social Scoring.

Was bringt die KI?

Künstliche Intelligenz und die Menschheit

Sie sagen in Vorträgen, dass noch in diesem Jahrhundert die wesentlichen Entscheidungsträger in diesem Sonnensystem keine Menschen mehr sein werden, sondern künstlich-intelligente Systeme. [...]

Schmidhuber: Klingt tatsächlich wie Sci-Fi. Aber [...b]ald werden recht billige Rechner so viel Rechenleistung bieten können wie ein menschliches Gehirn. Und alle zehn Jahre steigt die Rechenleistung [...] etwa um den Faktor 100. Falls der Trend anhält, werden wir also nur 50 Jahre später billige Rechner mit der kombinierten Rechenleistung aller zehn Milliarden Menschenhirne erleben. Und die Entwicklung wird dann nicht zu stoppen sein [...].

Eine Menge Menschen warnen vor künstlicher Intelligenz. Die glauben, dass irgendwann die Entwicklung nicht mehr zu kontrollieren ist. Andere halten das für Unsinn.

Schmidhuber: [...] Langfristig werden Menschen allerdings in der Tat nicht in der Lage sein, ihre künstlichen Geschöpfe zu kontrollieren. Das werden keine bloßen Werkzeuge mehr sein. Sie werden weit klüger sein als wir, aber irgendwann auch das Interesse an uns verlieren [...]. Letztlich interessiert man sich immer für die, die einem ähnlich sind und mit denen man Ziele teilt. Nur mit denen kann man vernünftig kollaborieren oder sich streiten. Eine Extremform der Kollaboration ist Liebe, eine Extremform des Wettbewerbs ist Krieg. Menschen interessieren sich daher für andere Menschen, Künstler für andere Künstler, Politiker für andere Politiker, fünfjährige Mädchen für andere fünfjährige Mädchen. Und die superklugen KI-Systeme der Zukunft werden sich für die superklugen anderen KI-Systeme interessieren – und nicht so sehr für die Menschen.

[...]

Würden Sie eine Prognose wagen, wann es KI-Systeme gibt, deren Intelligenz die von Menschen übertrifft?

Schmidhuber: Ich persönlich wäre verblüfft, falls dies nicht in den nächsten Jahrzehnten passieren würde. Und wenn viele KIs dann nicht massiv ihre eigenen Ziele verfolgen würden, von denen die meisten völlig losgelöst sein dürften von den Zielen der Menschen.

Dabei ist doch prinzipiell durchaus wünschenswert, dass KI-Systeme, Roboter etc. dem Menschen in verschiedensten Lebenslagen beispringen – etwa in der Altenpflege oder im Gesundheitswesen, in der Finanz- und Versicherungsbranche.

Schmidhuber: In der Tat gibt es all diese Entwicklungen schon heute. Und natürlich existiert schon heute ein enormer kommerzieller Druck, freundliche KI-Systeme zu bauen und deren Nutzer damit glücklicher zu machen. Nehmen Sie das Smartphone: Das erkennt heute Ihre Sprache und Ihr Gesicht und das anderer Nutzer. Es kann Ihnen Vorschläge machen für Restaurantbesuche. Es misst Ihren Herzschlag und kann gegebenenfalls Warnungen an Sie oder einen Arzt versenden. KI-Systeme operieren doch heute schon - ohne dass vielen das bewusst wird – in verschiedensten Lebensbereichen. Und das auf eine Weise, die die meisten Menschen gutheißen.

Jan-Bernd Meyer (Journalist), Jürgen Schmidhuber (1963), Professor für KI, Informatik und kognitive Robotik*

Maschinenintelligenz → S. 82 → S. 292
Roboter in der Pflege → S. 52

1. Stellen Sie Schmidhubers Vorstellungen von der Zukunft Künstlicher Intelligenz dar.
2. Beschreiben und erläutern Sie die Karikatur (→ S. 329) und setzen Sie diese in Beziehung zu Schmidhubers Thesen.
3. Untersuchen Sie Schmidhubers Überzeugungen bezüglich KI aus der Perspektive einer verantwortungsethischen Position, z.B. Max Weber oder Hans Jonas (S. 234), und vergleichen Sie diese mit einer christlichen verantwortungsethischen Position.
4. Gestalten Sie ausgehend von solchen Normen, die die von Schmidhuber prognostizierte Entwicklung verhindern könnten, eine Checkliste als Gebrauchsanweisung für den Fall, dass es möglich wäre, der KI moralische Normen für den Umgang mit Menschen zu implementieren.

Wie gehen wir mit Tieren um?

Tierethik: Nutztier und Mitgeschöpf!

Fragen des Tierwohls und der Tierethik gehören mit zu den am meisten diskutierten Kontroversfragen unserer Gesellschaft. Bilder von Tieren, die in Massentierhaltung Qualen leiden oder massenweise getötet werden (zum Beispiel beim Vorgang des „Kükenschredderns"), wecken starke Emotionen. [...] Auch für die Kirchen sind Fragen des Tierwohls und der Tierethik von hoher Bedeutung, geht es doch um Grundfragen des Verhältnisses von Mensch und Tier, das aus christlich-ethischer Perspektive ein Verhältnis der Mitgeschöpflichkeit ist. Menschen und Tiere sind Geschöpfe Gottes, sie tragen beide den gleichen von Gott geschenkten Lebensatem (Ps 104,10-18). Menschen und Tiere stehen beide unter den Segens- und Schutzverheißungen Gottes (Gen 9,16). Die biblischen Friedensvisionen für eine neue Welt schließen die Tiere ausdrücklich mit ein (Jes 65,17 ff). [...] Mensch und Tier gehören zusammen als Geschöpfe: Beide geben sie sich ihre Lebensmöglichkeiten, ihren Lebensraum und ihre Lebensversorgung nicht selbst. Sie verdanken ihr Leben Gott, dem Schöpfer und Erhalter. Das schließt sie zusammen in Abhängigkeit und Angewiesensein (Ps 104,27-30) und verwehrt dem Menschen, sich in Hochmut grundsätzlich vom Tier abzusetzen und über es zu erheben. Die Geschöpfe Mensch und Tier sind ihrerseits nur ein Teil des großen Gesamtgefüges der Schöpfung. In ihm vollzieht sich das Wunder, dass Leben stetig und ohne das Zutun der Menschen da ist und Bestand hat. [...] Eine solche Betrachtungsweise führt auch zu der Einsicht, dass weder die Lebewesen noch die unbelebten Teile der Welt darin aufgehen, für die Menschen und ihren Nutzen da zu sein. Noch vor ihrer Nutzung durch Menschen haben sie einen Nutzwert für andere Lebewesen und für den Lebensprozess insgesamt. Schon dies legt den Menschen bei ihrem Umgang mit der Natur und so auch mit den Tieren Rücksichten auf; sie dürfen sich nicht nur an ihren eigenen Interessen ausrichten, sondern müssen die möglichen Auswirkungen auf die Lebensmöglichkeiten anderen Lebens mitbedenken. Vor allem aber haben die Mitgeschöpfe

der Menschen unabhängig von ihrem Nutzwert einen eigenen Sinn und Wert. [...] Die Sonderstellung des Menschen unter seinen Mitgeschöpfen schließt die Aufgabe ein, in besonderer Weise Verantwortung wahrzunehmen. Allein der Mensch kann die Folgen seines Handelns für Mitmensch und Mitgeschöpf erkennen und daraus Folgerungen ziehen; allein der Mensch kann darum auch an der Schöpfung schuldig werden. [...] Die Legitimation, Leistungen und Leben der Tiere in Anspruch zu nehmen, bleibt innerhalb der Klammer des Auftrags zu einer Herrschaft in liebender Sorge und hegendem Bewahren. [...] Die Perspektiven der Ehrfurcht vor allem Lebendigen, der Dankbarkeit für alle Gaben der Schöpfung, der Einbeziehung von Tieren in das Verständnis von der Bundes- und Rechtsordnung Gottes sowie dem Interesse an einer Gewaltminderung im Verhältnis zwischen Mensch und Tier kulminiert in den biblisch-theologischen Perspektiven zu einem eschatologischen Frieden, der in der prophetischen Tradition häufig mit Bildern aus der Tierwelt und unter Einbeziehung der Tiere gedacht wird: Für die biblische Tradition ist es bezeichnend, dass alle Aussagen über Mensch und Tier im Licht der Erwartung einer anderen, neuen Welt und des Friedens in und mit der Schöpfung stehen.

Impulspapier der Kammer der EKD für nachhaltige Entwicklung

Schöpfungsverantwortung → S. 61
Eschatologischer Frieden → S. 305, 288

1. Arbeiten Sie das ethische Problem in der Karikatur heraus und entwerfen Sie ein ethisch-moralisches Argument aus Sicht des Jägers.
2. Zeigen Sie den Zusammenhang vom Verständnis der Welt als Schöpfung, Geschöpf und Verantwortung anhand des Textes auf, indem Sie einen Kommentartext für ein Erklär-Video verfassen.
3. Entwickeln Sie unter Berücksichtigung der Ethik von Schweitzer (S. 235) und von Jonas (S. 234) Perspektiven für eine Tierethik aus christlicher Perspektive.

Check-out

Wiederholen – Zusammenfassen – Sichern

- Gestalten Sie jeweils ein Begriffsnetz für christliche Ethik und philosophische Ethik, wobei Sie Unterschiede und mögliche Gemeinsamkeiten visualisieren.
- Erarbeiten Sie Karten mit zentralen Begriffen zum Thema Ethik, die jeweils vier Einträge enthalten mit Wörtern, die zum Erraten des Begriffs nicht verwendet werden dürfen. Überprüfen Sie, ob Sie die zentralen Wörter für die Karten gefunden haben, indem Sie mit einer anderen Kleingruppe „Ethik-Tabu“ spielen.
- Gestalten Sie Lernkarten zu den verschiedenen Ethiken unter Ausweisung der jeweiligen Vertreter und deren Biografien. Ergänzen Sie dazu auch Porträts der Personen.

Anwenden – Verknüpfen

- Erstellen Sie ein Erklär-Video mit dem Handy für das Internet, in dem Sie Aspekte einer christlich-evangelischen Ethik z.B. die des „Sich-Berühren-Lassens“ mit Bild und Text am Gleichnis „Der barmherzige Samariter heute“ erläutern.
- Schreiben Sie einen ethisch-moralischen Dialog oder eine Kurzgeschichte zu der Bildergeschichte der Esel.
- Setzen Sie sich noch einmal mit einer der Anforderungssituationen auseinander (S. 222f.) und überprüfen Sie Ihr anfängliches Urteil.
- Benennen Sie zentrale Werte und Begriffe aus dem Kapitel und prüfen Sie, ob Sie unterschiedlichen Ethiken zuordnen können.

Einschätzung des Lerngewinns und des Lernprozesses

- Erstellen Sie eine persönliche Favoritenliste der von Ihnen bevorzugten ethischen Ansätze dieses Kapitels.
- Beurteilen Sie Ihren persönlichen Lerngewinn, indem Sie eine Mindmap mit Themen, Begriffen, Stichworten des Kapitels erstellen und darauf, das markieren, wo Sie für sich den stärksten Lerngewinn erzielt haben.

Feedback

- Notieren Sie Fragestellungen, die Ihnen persönlich zu knapp oder gar nicht behandelt wurden.
- Bewerten Sie die persönliche und gesellschaftliche Lebensrelevanz des Kapitels mit Punkten von 1 bis 10.

Religion und Religionen

- Religion im Leben
- Religion im Blick der Wissenschaften
- Religion und Gewalt
- Religion im Gespräch über Wahrheit und Toleranz

- Was ist Religion?
- Was bringt mir Religion?
- Was unterscheidet einen religiösen von einem nichtreligiösen Menschen?
- Welche Gefühle sind mit Religion verbunden?
- Was ist religiöse Toleranz?
- Was hat Lesen mit Religion zu tun?
- Warum bezeichnen Menschen ein Stadion als Fußballtempel?
- Wie sähe eine Welt ohne Religion aus?

Andreij Rubljow (ca. 1360-1439): Trinitätsikone

Check-in

KOMPETENZEN

In diesem Kapitel finden Sie Beiträge zum Erwerb der folgenden **Kompetenzen**. Sie können …

- religiöse Ausdrucksformen und Erfahrungen mit Religion in der eigenen Lebenswelt untersuchen;
- wissenschaftliche Perspektiven auf Religion und Weltanschauung vergleichen;
- sich mit Gewalt und Gewaltlosigkeit in den Religionen auseinandersetzen;
- die Frage nach Wahrheit und Verständigung im Dialog der Religionen erörtern;
- an Beispielen die Unterschiedlichkeit von Religionen untersuchen.

Wie viel Religion steckt in einem Heavy-Metal-Konzert?
Michaels Mutter fragt wieder und wieder bei ihrem Sohn nach: „Wieso gehst du eigentlich nicht mal zu einem dieser neuen Jugendgottesdienste, die jetzt dreimal im Jahr angeboten werden? Ich habe von deiner Schwester und ihren Freunden schon ganz begeisterte Kommentare gehört. Wie du weißt, sind sie ja in ihrem Musikgeschmack auch nicht grade leise. Und sie sagten wörtlich: ‚Die Band war wirklich sensationell!' Könnte es dich da nicht auch einmal reizen, den nächsten Gottesdienst zu besuchen?"
Michael bleibt konsequent bei seiner Meinung: „Mama, bitte! Du weißt doch ganz genau, dass nun mal Heavy Metal meine Musik ist. Und ganz ehrlich – in der Bühnenshow und in den Songs einer Metal-Band steckt mehr Religion drin, als du denkst!"
Michaels Mutter ist nun vollständig irritiert. „Religion? In diesen Krachorgien und bei diesen Texten, soweit man sie überhaupt versteht?"

Formulieren Sie eine Antwort Michaels.

Ist der Buddha hier am rechten Platz?
Paula hat eine Freundin, Mirjam, die seit einiger Zeit praktizierende Buddhistin ist. Sie war früher katholisch, ist aber vor fünf Jahren aus der Kirche ausgetreten und zum Buddhismus übergetreten. Sie besucht regelmäßig das nächstgelegene buddhistische Zentrum, meditiert täglich und ernährt sich vegan. Paula und Mirjam gehen an den Verkaufsräumen eines Kosmetikgeschäftes vorbei. Ihr Blick fällt auf die Buddhastatue.
Paula sagt zu Mirjam: „Schau mal, hier ist wieder mal ein Buddha in einem Schaufenster. Das kommt ja häufiger vor. Nicht nur hier, sondern auch in Möbelhäusern und Gartencentern. Kannst du eigentlich ruhig bleiben bei dieser permanenten kommerziellen Vermarktung deiner Religion?"
Mirjam sagt darauf: „Ich habe damit gar kein Problem. Das Wichtigste ist: Der Buddha ist präsent."

Entwerfen Sie eine Antwort Paulas auf die Aussage Mirjams.

Buddhistische Meditation im Gemeindehaus?
Der Ältestenkreis der Kirchengemeinde in Neustadt steht vor einer schwierigen Entscheidung. Eine kirchlich engagierte Frau, die längere Zeit in Japan gelebt und dort die Zen-Meditation erlernt hat, möchte „Meditation für Gestresste" anbieten. Nun muss das oberste Leitungsgremium der Gemeinde über die Vergabe eines Raumes im Gemeindehaus entscheiden.
Der Vorsitzende des Ältestenkreises hat eine eindeutige Meinung. „Das kommt überhaupt nicht in Frage! Der Buddhismus ist doch eine Religion ohne Gott! Wie sollen wir erklären, dass eine buddhistische Meditation in einem christlichen Gemeindehaus stattfindet? Außerdem haben wir im Christentum genügend spirituelle Traditionen, um für gestresste Gegenwartsmenschen etwas Gutes anbieten zu können!"

Benennen Sie Argumente für und gegen die Position des Ältestenkreisvorsitzenden.

Besinnlich, aber bitte nicht zu christlich!

An einer Berufsschule mit etlichen muslimischen und vielen konfessionslosen Schülerinnen und Schülern wird über eine Gestaltung des Schuljahres nachgedacht. In Laufe der Diskussionen zwischen Kolleginnen, Kollegen und der Schulleitung kristallisiert sich der Vorschlag heraus, auch die Weihnachtsfeier neu zu gestalten. Der Personalrat der Schule wendet sich an die beiden Fachschaften der evangelischen und katholischen Religionslehrkräfte. Man wünscht sich die Gestaltung einer Weihnachtsfeier, die besinnlich und festlich sein soll. Sie solle aber auf jeden Fall „nicht zu christlich" sein. Der Personalrat bittet die Religionslehrkräfte, eine solche Feier zu entwerfen. Weiter wird argumentiert: Es sei das Beste, wenn die Religionslehrerinnen und -lehrer eine solche Feier planten; schließlich seien gerade sie die Spezialisten für feierliche Rituale.

Entwerfen Sie eine Antwort der Religionslehrkräfte.

Wer darf auf den heiligen Berg steigen?

Matthias Müller hat ein spezialisiertes Reisebüro für Kultur- und Naturreisen. Für die große Australientour, die Müller seit Jahren mit großem Erfolg durchführt, wird in diesem Jahr eine bedeutende Programmänderung eintreten. Die Reisegruppe von Müller-Reisen wird, wie andere Reisegruppen auch, nun nicht mehr auf den berühmten Uluru (Ayers Rock) klettern können. Der imposante, mitten in der australischen Wüste gelegene Felsen wurde nämlich gesperrt, weil er der heilige Berg der australischen Ureinwohner ist. Die Aborigines konnten endlich durchsetzen, dass aus Rücksicht auf uralte religiöse Traditionen das Betreten dieses Felsens für Touristen untersagt bleibt. Müller bietet nun ersatzweise Segway- und Radtouren rund um den Uluru an.

Die Änderung des Programms stößt bei einigen potentiellen Teilnehmern auf Unverständnis. Ein älterer Herr schreibt: „Die Besteigung des Uluru war einer der Hauptgründe, warum ich nach Australien reisen wollte. Es ist mir völlig unbegreiflich, warum die religiösen Bedenken einiger Aborigines schwerer wiegen sollen als das legitime Interesse eines interessierten Publikums. Radtouren ersetzen in ihrem Erlebnischarakter die Besteigung des Felsen nicht."

Gestalten Sie ein Antwortschreiben des Reiseunternehmers.

Ist die Beschneidung von Juden aus religiösen Gründen zu akzeptieren?

Im Jahr 2012 wurde in der Bundesrepublik nach einer zum Teil heftig geführten Debatte rechtlich festgelegt (BGB 1631d), dass die Beschneidung von Jungen aus religiösen Gründen weiterhin erlaubt bleibt, wenn sie bestimmten medizinischen Standards entspricht. Sie muss dann auch nicht unter Betäubung erfolgen. Der Journalist Jochen Bittner kommentierte im Jahr 2018 die Regelung. Er würdigt in seinem Artikel ausdrücklich die religiöse Bedeutung der Beschneidung im Judentum und im Islam; dabei verweist er einmal auf die Beschneidung als Bundeszeichen im Judentum. Zum anderen erwähnt er als Begründung für die Beschneidung im Islam die Tradition, wonach auch Mohammed beschnitten gewesen sei. Bittner schildert dann aber mehrere Einzelfälle von Traumatisierungen und schwerwiegenden Verletzungen bei Beschneidungen. Er kommt dann zu folgendem Ergebnis:

Die geltende Beschneidungserlaubnis folgt [...] einer falschen Abwägung. Sie räumt religiösen Überzeugungen einen zu hohen Rang gegenüber staatlich garantierten Freiheiten ein. Denn wenn es das Erziehungsrecht erlaubt, einen hochsensiblen Teil des Körpers – sogar ohne fachgerechte Betäubung – abzuschneiden, mit welchem Recht will der Staat dann, um nur ein Beispiel zu nennen, muslimische Eltern zwingen, ihre Töchter am Sportunterricht teilnehmen zu lassen?

Jochen Bittner

Entwerfen Sie einen Leserbrief zu diesem Thema.

Religion im Leben

Wie zeigt sich Religion?

Basics

Die Dimensionen von Religion

Amerikanische Religionssoziologen (Charles Y. Glock, Rodney Stark und Ninian Smart) haben folgende Dimensionen von Religionen ausgemacht:

- Die **intellektuelle, ideologische oder kognitive Dimension**: das Glaubenssystem, seine erzählerische Gestaltung in den Göttergeschichten der Mythologie, seine rationale Durchdringung und Systematisierung durch die Theologie, seine memorierte Kurzfassung in Bekenntnisformeln, Liedern, Leitsätzen, Dogmen;
- die **ethisch-soziale Dimension**: Werte, Normen und Verhaltensmuster, die mit Hilfe von Handlungsregeln verinnerlicht werden, aber auch nachahmend über Erziehung, legendarische Vorbilder und das Verhalten in der Gruppe ständig eingeübt werden und schließlich zu religionsbestimmten Lebenshaltungen führen;
- die **rituelle Dimension**: symbolische Handlungen, die sich im einfachen Ritus (Gebet […]) oder den ausgearbeiteten Formen von Ritual und Kult entfalten;
- die **institutionelle Dimension**: die formelle oder informelle Vergemeinschaftungsform – Verein, Religionsgesellschaft, Bruderschaft, Bund, Orden, Zirkel, ihre rechtliche Stellung und innere Organisation […];
- die **ästhetische Dimension**: zum einen das Sinnlich-Wahrnehmbare der Religion, ihre Farben, Gerüche und Stoffe, ihre Räume und Landschaften […], zum anderen das Zeichensystem mit Gruppenemblemen […], dem historischen Bildervorrat an Kultbildern und ikonographischen Formeln, rituellen Gesten, mit künstlerischen Schöpfungen wie Kultbauten, Musikwerken, Hymnenpoesie, erbaulicher Literatur […].
- die **psychische Dimension**: Gefühle und Stimmungen, die in Kult und Ritual erzeugt und ausgelebt werden, Wünsche und Hoffnungen, die geweckt werden, Zuversicht […], die man erhält; Erfahrungen der Identität, der Fürsorge (caritative Dienste), aber auch solche extremer und außeralltäglicher Art wie Isolation, Einheitserlebnisse (unio mystica), Halluzinationen.

Christoph Auffarth, Hubert Mohr, Religionswissenschaftler

Symbole der Religionen

1. Stellen Sie die von Glock, Stark und Smart erhobenen Dimensionen von Religion in einer Mindmap dar. Gestalten Sie dabei für jede der Dimensionen ein grafisches Zeichen.
2. Untersuchen Sie, inwiefern die abgebildeten Symbole der Religionen jeweils in einen Zusammenhang mit einer oder mehreren Dimensionen von Religion gebracht werden können.
3. Der Religionspädagoge Christoph Bizer (1935-2008) formulierte einmal sehr pointiert: „Religion kann man nicht sehen. Man sieht nur, wie Menschen die Hände falten, Kerzen anzünden, lesen, knien, Brot essen, Bilder betrachten etc." Interpretieren Sie diese Aussage vor dem Hintergrund der Zusammenstellung von Glock, Stark und Smart.

Team-Aufgaben

1. Gestalten Sie einen digitalen Auftritt „So wird Religion in unserer Stadt sichtbar". Lassen Sie sich bei der Motivsuche an den Bildern auf S. 259, 265, 266 anregen.
2. Erläutern Sie an Beispielen den Begriff des Heiligen (S. 260, 262, 266).
3. Entwerfen Sie eine digitale Präsentation zum Thema „Mehr als nur Kirchtürme und Moscheen – Religion im Internet."
4. Erstellen Sie eine Lernlandkarte (→ S. 324) für die Dimensionen von Religion, auf der Sie die Definitionen durch Beispiele aus dem Kapitel erläutern.
5. Recherchieren Sie im Internet Beispiele zu den Dimensionen von Religion aus Judentum, Islam und Buddhismus und gestalten Sie einen Kurzvortrag.

Was ist ein heiliger Raum?

Das Fußballstadion in München in der Beleuchtung zum Christopher Street Day 2016

Die symbolische Qualität heiliger Räume

Außen- und Innengestalt einer Kirche haben eine symbolische Qualität. Sie haben eine Botschaft. Heilige Räume „predigen". Sie sprechen mit Bildern und Formen, mit Zeichen und Farben, mit Maßen und Proportionen, mit Temperaturen und Licht, mit Gegenständen und Skulpturen. Diese Symbolik führt zu einer ganz bestimmten Atmosphäre, die auf die Eintretenden unmittelbar wirkt. Kirchen sind deshalb „gestimmte Räume", die eine Resonanz auslösen. Diese Atmosphäre ist als solche nicht heilsnotwendig, aber heilsam. Sie hat eine ermöglichende, aber keine begründende Bedeutung.

Hartmut Rupp (1947), ev. Religionspädagoge*

Warum ein Fußballstadion (k)ein heiliger Raum ist

Fußballstadien scheinen in besonderem Maße – wenngleich auch nur temporär – eine kollektiv sinnstiftende Bindungswirkung zu erzielen, die sie für eine ins Religiöse gesteigerte Emotionalisierung prädestiniert. [Der Philosoph] Hartmut Böhme beispielsweise sieht in ihnen Orte der Sakralisierung: „Dafür sprechen viele kleine Symptome: die Bekreuzigung der Spieler, das magische Berühren des Rasens, die Gesten zum Himmel, das Küssen des Balls oder des Pokals, die Widmung von Toren an Gott oder Maria und so weiter. Doch all das ist religiöses Patchwork, das mit anderen Elementen zusammenwirkt [...]." Man wird hier wohl kaum von einer „neuen" religiösen Bewegung sprechen können, wenngleich sich auch hierfür Anhaltspunkte finden ließen: Neben religiösen Semantiken [Bedeutungen], beispielsweise die Rede vom „Wunder" eines Spielausgangs oder dem Begriff des Fans, was [abgeleitet vom lateinischen fanaticus] so viel wie „religiös schwärmerisch, von der Gottheit ergriffen" heißt, tragen auch Kleidung und andere Devotionalien zu einer solchen Einschätzung bei.

Eher passt jedoch der Verweis auf privatisierte Formen von Religionsausübung, die im Stadion öffentlich sichtbar ausgelebt werden können. [...] Da ist zum einen die Ritualisierung als Voraussetzung, den Glauben zu erlangen und ihn zu festigen. Zusätzlich impliziert dies die Schaffung von Gemeinschaft. Stadien bieten hierfür heutzutage ebenso einen Ort wie früher Kirchen. [...] Die identitätsstiftende Ritualisierung lässt „den Zuschauer an einer überpersönlichen Ordnung teilhaben, an einer Ordnung, die durch die Gruppe getragen [...] wird". Soziale Werte und Normen wie Anerkennung, Toleranz, Zugehörigkeit oder Anteilnahme werden im Stadion – religiös verbrämt – kulturell reproduziert (auch wenn sich hieran nicht alle halten; Randalierer werden von Fans allerdings nicht als ihresgleichen gesehen).

Der passende Raum des Stadions hat in den letzten Jahren einige Veränderungen erfahren, die eine Sakralisierung verstärken. Tribünen werden steiler gebaut, so dass die Zuschauer näher an das Spielfeld rücken, und selbst das Stadiongebäude als Ganzes gleicht mitunter einem Artefakt aus einer anderen Welt (z.B. die Allianz-Arena in München).

Andreas Koch (1965),*
Prof. für Sozialgeographie in Salzburg

1. Beschreiben Sie das Foto und erläutern Sie den besonderen Charakter der gewählten Stadionbeleuchtung.
2. Untersuchen Sie, inwiefern die Erläuterungen Rupps auch für die Beschreibung des Stadions herangezogen werden können.
3. Überprüfen Sie die Kriterien Rupps an zwei Darstellungen von Kirchen in diesem Buch (→ **S. 200f.**).
4. Zeigen Sie auf, mit welchen Begründungen Koch Fußballstadien nicht grundsätzlich als „heilige Räume" bezeichnen möchte.
5. Gestalten Sie einen Entwurf für die Beleuchtung des Stadions für einen Abendgottesdienst im Rahmen eines evangelischen Kirchentages (→ **S. 334**).

Was macht einen Menschen zum Heiligen?

Heiliger/Heilige – religionswissenschaftlich definiert

Heiliger/Heilige. Allgemein: Mitglieder einer religiösen Gemeinschaft, die sich durch besondere Rigorosität in ihrer Frömmigkeitspraxis vor anderen Mitgliedern auszeichnen. Heiligkeit kann als Anspruch erhoben, aber mehr noch durch Bewunderung herausgefordert werden. Sich dem einmal erworbenen Image zu entledigen gelingt kaum: Sich anders als normale Menschen zu verhalten kann habituell [= zur Gewohnheit] werden.
Während die lebenden H. sich der Zumutung zu entziehen suchen, Wunder zu vollbringen, sind die Toten Objekt der Plünderung, wenn die Verehrer sich Teile aneignen, die die Heiligkeit nicht nur erinnern, sondern auch weiterhin bewirken, vom Grab bis zum Geburtsort, die Dinge, die sie oder er getragen oder berührt hat, und besonders der Leichnam.

Christoph Auffarth (1951), Religionswissenschaftler, Universität Bremen*

Fridays for Future und die Klimareligion

„Der Geist der Zeit oder Zukunft", notierte Ludwig Feuerbach 1842/43, „ist der des Realismus. Die neue Religion, die Religion der Zukunft ist die Politik." Seine Prophezeiung scheint sich in den gegenwärtigen Debatten und politischen Auseinandersetzungen um den Klimawandel zu erfüllen. Gegenwärtig wird viel darüber geschrieben und gestritten, ob die neue Ökologiebewegung zum Schutz des Klimas eine Form von Ersatzreligion darstellt.
Auch die Kirchen haben sich dem Klimaschutz verschrieben. Der biblische Schöpfungsglaube ist aber nicht mit einem Weltrettungsprogramm zu verwechseln, das allein auf den Schultern der Menschen ruht. Der Glaube an Gottes fortlaufendes Schöpfungshandeln und die Erhaltung der Welt durch ihn gerät zunehmend aus dem Blick. Auch in kirchlichen Appellen zur Bewahrung der Schöpfung wirkt der biblische Gott oft nur noch als Motivator für menschlichen Einsatz zum Schutz der Natur, gewissermaßen als religiöses Add-on, auf das man notfalls verzichten kann.
[…]
Dietrich Bonhoeffer, der den Einsatz für den Bestand der Welt und eine bessere Zukunft so lange für geboten hielt, wie der Jüngste Tag noch nicht gekommen sei, lebte in dem Glauben, dass Gott auf verantwortliche Taten des Menschen nicht nur wartet, sondern auch antwortet. Ein Glaube, der nicht mehr mit dem Wirken Gottes in der Welt und in der Geschichte rechnet, ist allerdings ein praktischer Atheismus, wie Feuerbach sagt.
[...]
Greta Thunberg wahlweise als humorlose Prophetin eines neuen Klimagottes oder als moderne Jeanne d'Arc* zu etikettieren oder sie, wenn einem […] Anleihen in der griechischen Mythologie lieber sind, mit dem unverwundbaren Prometheus zu vergleichen, mag nicht ganz aus der Luft gegriffen sein. Sie selbst beruft sich freilich nicht auf Religion, sondern auf die Wissenschaft. Dennoch verehren sie manche ihrer Anhänger und Sympathisanten als moderne Prophetin, zum Beispiel die Fraktionsvorsitzende der Grünen im Deutschen Bundestag, die Thunberg in einer Kanzelrede mit dem alttestamentlichen Propheten Amos verglichen hat. Der Würzburger Bischof Franz Jung zog eine Parallele zwischen Greta Thunberg und David im Kampf gegen Goliath. Die [Wochenzeitung] Zeit fühlte sich durch Thunbergs Wutrede beim UN-Klima-Gipfel in New York unpassenderweise an Luthers Auftritt auf dem Reichstag zu Worms erinnert, und der Berliner Erzbischof Heiner Koch verstieg sich gar zum Vergleich der Freitagsdemos für Klimaschutz mit Jesu Einzug in Jerusalem.

Ulrich H.J. Körtner (1957), dt.-österr. Theologe*

* Jeanne d´Arc (1412-1431): Französische Nationalheldin, die sich aufgrund von Visionen berufen sah, während des 100-jährigen Krieges Frankreich gegen die Truppen des Königs von England zu verteidigen.

Klima, Klimawandel → S. 46f. → S. 292

Ist Greta Thunberg eine Heilige? Aus einem Interview mit dem Religionssoziologen Hans Joas

Herr Joas, die „Fridays for Future"-Bewegung wird gerne in die Nähe eines religiösen Phänomens gerückt. Jetzt hat Greta Thunberg sogar an einer Papst-Audienz teilgenommen. Was ist es denn, was manchen an Greta Thunberg heilig vorkommt?
Es gibt vielerlei Figuren im politisch-kulturellen Leben, die bei bestimmten Menschen große Begeisterung auslösen. Der übliche Begriff dafür ist aber eher nicht „heilig", sondern charismatisch. Der amerikanische Psychologe Erik Erikson spricht von „Charisma-Hunger".
Es gibt Situationen, in denen Menschen das Gefühl haben, dass sich etwas ändern muss. Sie wissen aber selbst nicht genau, was es ist und wie es sich ändern kann. Dann werden bestimmte Figuren mit einer Art Erlösungshoffnung aufgeladen.

Auf einer Fridays-for-Future-Demonstration

Was unterscheidet das Charisma vom „Heiligen“?
Zunächst einmal sind das verschiedene Theorie-Traditionen. Ich glaube, dass für das Phänomen Thunberg der Begriff Charisma der hilfreichere ist, weil man beim Heiligen ja zunächst gar nicht an Personen denkt. Zeiten können heilig sein, Räume, Vorstellungen. Bei Greta Thunberg reden Sie aber von einer Person, die in einer unbedingten Weise eine Veränderungsnotwendigkeit symbolisiert.

[Wie verstehen Sie den Begriff „Religion“?]
Ich versuche, Religionen weniger auf der Ebene von Institutionen oder Doktrinen zu sehen als ausgehend von der Ebene menschlicher Erfahrungen, die im Prinzip allen Menschen zugänglich sind. Es sind ja nicht die einen Menschen aus Veranlagung religiös und die anderen haben keinen Zugang dazu oder sind erfreulicherweise frei von dieser „Störung“. Vielmehr gibt es Erfahrungen, die Menschen über ihren Alltag hinausheben. Ein Beispiel ist die Naturbegeisterung auf dem Gipfel eines Berges oder im Wald, im Frühling. […]

[Wie beurteilen Sie die Bewegung „Fridays for Future“?]
Man kann den kompromisslosen Idealismus, zu dem Jugendliche neigen, in Hinsicht auf die Motivationskraft begrüßen. Man entkommt aber nicht der Frage, welche Kompromisse eingegangen werden müssen, damit die Forderungen friedlich und realistisch gelebt werden können. Mich stört es, wenn die Demonstranten die Arbeitsplatzinteressen etwa in der Lausitz nicht genügend ernst zu nehmen scheinen. Es liegt in der Verantwortung von Politikern und allen Erwachsenen, den Jugendlichen das entgegenzuhalten. Es ist gespenstisch, wenn das ausbleibt und man sich einfach anbiedert.

Ist eine Entzauberung notwendig?
Jedenfalls sollten diese Klimaproteste nicht so idealisiert werden, wie es in den Medien derzeit geschieht.

Interview von Anna Sauerbrey mit Hans Joas (1948), Religionssoziologe und Religionsphilosoph*

1. Fassen Sie zusammen, wie man mit Körtner den Begriff „Klimareligion“ definieren könnte.
2. Skizzieren Sie die Unterscheidung von „heilig“ und „charismatisch“ im Interview mit dem Religionssoziologen Joas. Beziehen Sie auch den Text von Auffarth mit ein.
3. Beschreiben Sie das Foto und erläutern Sie die politischen Implikationen des Protestplakats „Make earth Greta again“.
4. Setzen Sie sich mit den Bewertungen der Klimaproteste durch Körtner und Joas auseinander.
5. Die Äußerungen zu Greta Thunberg und Fridays for Future stammen aus den Jahren 2018 und 2019. Überprüfen Sie, welche neuen Aspekte sich heute in der Bewertung von Greta Thunberg ergeben.

Was ist eine heilige Schrift?

Beschlagnahmte Koran-Exemplare

Der Koran als heilige Schrift

Düsseldorf. Die bei einer bundesweiten Razzia bei der radikal-salafistischen Vereinigung „Die wahre Religion“ vor allem in NRW beschlagnahmten Korane sollen möglicherweise in der Wüste begraben werden. [...] Mitglieder der verbotenen Vereinigung hatten in Fußgängerzonen etlicher NRW-Städte bei einer „Lies!“ titulierten Aktion Koran-Übersetzungen verteilt. Bei einer Razzia in Pulheim wurden schließlich 22.000 dieser Fassungen beschlagnahmt. [...] Einfach entsorgt, beispielsweise verbrannt oder geschreddert werden können die Bücher trotzdem nicht, da es sich um die heilige Schrift der Muslime handelt. Der Islam sieht strikte Regeln vor, wie mit dem Koran umgegangen werden muss. So sollen die heiligen Bücher an Orten vergraben werden, wo keine Menschen darüber hinweglaufen können. *rp-online.de*

Muslimische Verehrung des Korans

„Für die nicht-muslimische Welt ist das Erstaunlichste wohl die außerordentliche Verehrung, die dem gedruckten Wort Gottes, dem Buch selbst, entgegengebracht wird. Diese geht so weit, dass manchmal schon Leute angegriffen wurden, weil man glaubte, sie verhielten sich dem Koran gegenüber respektlos. Darin liegt eine gewisse Ironie, denn der muslimischen Rechtstradition nach ist einer der zulässigen Wege, einen kaputten oder etwa von Schädlingen befallenen Abdruck des Korans zu beseitigen, ihn zu verbrennen. Aber natürlich fühlen sich die Muslime zutiefst beleidigt, wenn jemand den Koran aus anderen Motiven verbrennt, etwa so, wie es Christen, die das Kreuz verehren, erginge, wenn jemand mit den Füßen darauf herumtrampelte.“ [Afif al-Akiti, Oxford Centre of Islamic Studies]
Dieser Vergleich ist noch schlagender, wenn wir an die Entscheidung der japanischen Machthaber im 17. Jahrhundert denken, verdächtige Christen zu zwingen, genau das zu tun, um eindeutig zu beweisen, dass sie sich von ihrem Glauben abgewendet haben. Und dieser Vergleich erklärt auch, warum die Muslime so sehr darauf achten, und das auch von anderen erwarten, dass der Koran niemals auf dem Boden abgelegt oder auf andere Weise leichtfertig entwürdigt wird. In privaten Haushalten wird dieses Buch behandelt wie ein Ehrengast. Einige Muslime kehren ihm nie den Rücken zu, wenn sie sich setzen.

Neil MacGregor (1946), ehemaliger Leiter des Britischen Museums in London*

i

Salafismus

Salafisten sind Anhänger einer ultrakonservativen Strömung des Islam. Salafiya bezieht sich auf das arabische Wort für „Vorgänger, Altvordere“. Die Wurzeln des Salafismus liegen wesentlich im 19. Jahrhundert. Die radikale Hinwendung zu den Ursprüngen des Islam war damals in den muslimischen Ländern Ausdruck einer massiven Kritik an dem in die Kolonialgebiete importierten westlichen Lebensstil. Zu den Prinzipien des Salafismus zählen u.a.: strengste Beachtung des Koran und islamischer Rechtsverordnungen (Scharia).
In den Reihen des Salafismus kommt es immer wieder zu Radikalisierungen in Richtung auf einen gewaltbereiten Islamismus. Gleichwohl ist der Salafismus nicht einfach mit islamistischem Terrorismus gleichzusetzen. Vgl. auch S. 276.

Koran → **S. 114f.**

1. Erläutern Sie das Problem der beteiligten Behörden.
2. Benennen Sie mögliche Bestimmungen des Grundgesetzes, die durch die Beschlagnahmung der Behörden berührt werden könnten.
3. Analysieren Sie, welche Rolle der Religionsvergleich zwischen Christentum und Islam in MacGregors Argumentation spielt.
4. In einer interreligiösen Jugendgruppe mit jüdischen, christlichen und islamischen Mitgliedern kursieren das Bild und der Bericht von den beschlagnahmten Koran-Exemplaren. Entwerfen Sie einen Dialog zum kritischen Statement eines Mitglieds der Gruppe: „Hier werden heilige Schriften doch wie ein Stapel Telefonbücher behandelt.“

Wie kommt es zu einer heiligen Schrift?

Überlieferte Geschichte und Struktur des Korans

Im Jahr 610, in seinem 40. Lebensalter erfährt der Prophet Muhammad den Auftrag, die Lehre des Monotheismus Abrahams (Ibrahim) und seine Traditionen [...] in Mekka wieder zum Leben zu erwecken. Die entscheidende Rolle spielte dabei die Offenbarung Gottes, die der Gesandte vorzutragen hatte, und zwar ab 610 n.Chr. mittels der Überlieferung durch den Erzengel Gabriel, der [...] dem Gesandten die Worte Gottes diktiert hatte. [...]

Der Qur'an [= arab. Begriff für Koran] ist nach Auffassung aller Muslime das wahrhaftige Wort Gottes. Die uns heute vorliegende Fassung des Qur'ans ist überall in der islamischen Welt dieselbe, sie hat sich im Laufe der Jahrhunderte nicht geändert. Dies ist nach Ansicht der Muslime darauf zurückzuführen, dass die Zusammenstellung und Einteilung der Kapitel entsprechend göttlicher Weisung vom Propheten selbst vorgenommen wurde. [...]

Zu Lebzeiten des Propheten wurde jeder geoffenbarte Abschnitt bereits von mehreren Gefährten um den Propheten herum, den so genannten Offenbarungsschreibern, die des Lesens- und Schreibens kundig waren (Kuttaab al-wahy), schriftlich festgehalten; einige von ihnen kannten den gesamten Qur'an auswendig.

Das Auswendiglernen des Heiligen Buches ist auch heute ein weit verbreiteter Brauch in allen muslimischen Ländern. Der erste Kalif, Abu Bala (gest. 624 n.Chr.), ließ alle Original-Manuskripte, die zu Lebzeiten des Propheten entstanden waren, sammeln und abschreiben. Zaid Ibn Thabit, dem diese Aufgabe übertragen wurde, war der engste Helfer – heute würden wir sagen der persönliche Sekretär – des Propheten in Medina, und es gehörte zu seinen Pflichten, jede Offenbarung niederzuschreiben. Er bediente sich eines doppelt abgesicherten Prüfungsverfahrens, indem er die Original-Manuskripte mit den von den Gefährten des Propheten auswendig gelernten Texten verglich; auf diese Weise wurde in zweifacher Hinsicht sichergestellt, dass jede einzelne Vorschrift auch wortgetreu übernommen wurde.

Jedes Kapitel oder jeder Abschnitt des Korans wird Suura genannt. Das bedeutet Stufe oder Schritt, um die wir (im religiösen Verständnis des Islam) höher steigen. Manchmal wurden ganze Suuren als vollständige und abgeschlossene Abschnitte oder Kapitel geoffenbart. Doch manchmal offenbarte Gott nur Teile bzw. Verse, die unter Aufsicht des Propheten entsprechend ihres Inhaltes zusammengestellt wurden.

[...] Jeder Vers einer Suura wird Aaja (pl. Aajaat) genannt, was auch so viel wie „Zeichen" bedeutet. Ein geoffenbarter Vers ist ein Zeichen der Weisheit und Güte Gottes, ebenso wie Gottes herrliche Werke in der sichtbaren Schöpfung oder sein Wirken im Gang des Geschehens Zeichen für die Menschen sind. Auch diese Verse sind von unterschiedlicher Länge. Sie, die Aaja, ist die tatsächliche Einheit des Qur'ans.

Bekir Alboga (1963), Islamwissenschaftler und bis 2017 Generalsekretär der Türkisch-Islamischen Union der Anstalt für Religion (DITIB)*

1. Interpretieren Sie die Haltung der Muslima beim Lesen des Korans.
2. Erläutern Sie, worum es Alboga geht und wie er argumentiert.
3. Vergleichen Sie Albogas Geschichtsdarstellung mit Erkenntnissen der Bibelwissenschaft (→ **S. 156ff. und 159ff.**).
4. Nehmen Sie zu der These Stellung, der Koran habe hinsichtlich seiner Bedeutung im Islam dieselbe Stellung wie Jesus im Christentum. (→ **S. 142ff.** → **S. 158**)
5. Formulieren Sie Fragen für ein Gespräch mit muslimischen Mitschülerinnen und Mitschülern über den Koran und seine Auslegung.

Wie zeigt sich Religion in der digitalen Welt?

Religiöse Selbstdarstellung im Internet

[…] Vielleicht verändert [das Internet] […] das Verhältnis des Menschen zur Religion? Mit Blick auf die Darstellung des Christentums finden sich im Internet heute Online-Andachten, e-prayer und unzählige andere Phänomene der virtuellen Religiosität. Im Bereich des Islams finden wir online-fatwas (religiöse Gutachten im Internet), die e-dawa (Mission im Internet) und vieles mehr. Die Digitalisierung der Religion hat im Bereich des Islams zu einer fühlbaren Ent-Autoritarisierung geführt. Der Zugriff auf die heiligen Schriften und traditionelle Diskurse ist nun auch für Laien aufgrund der digitalisierten Form wesentlich einfacher geworden. Dadurch entstehen neue Interaktionen und Diskurse, die Moscheekanzel ist nicht mehr der einzige Verkündungsort des Islams. Immer mehr muslimische Laien sind am Religionsgespräch beteiligt, man könnte sogar sagen, dass das Internet die geistige Reformation des Islams stärkt.

Das Internet befördert auch bei Christen die religiöse Heteropraxis. [D.h.:] Durch virtuelle Neu-Vergemeinschaftungen werden die alten Institutionen der Kirchen wenn nicht gestürzt, so doch umgangen […]. [Der Religionswissenschaftler] Gregor Ahn spricht im Bereich des Christentums von einer sogenannten „Patchwork-Religion“. […]

[Der US-amerikanische Informatiker und Künstler] Jaron Lanier ist […] einer der massivsten Kritiker des Internets. Der „Schwarmintelligenz“ des Internets fehlt es aus seiner Sicht vielfach an theoretischer Stringenz und Tiefe. Dinge werden an-, aber nicht zu Ende gedacht. […] Wird hier die Religion am Ende zu einer oberflächlichen Populärkultur, die den sakralen Kern des Religiösen zerstört? Und was heißt hier „neue religiöse Gemeinschaften“? Besteht hier nicht dasselbe Dilemma wie sonst wo auch: Das Internet sorgt einerseits für die Beendigung der Anonymisierung des Individuums in der Moderne. Zugleich aber sind virtuelle Religionsgemeinschaften anders als die traditionelle religiöse „Gemeinde“ zu deuten. Hier gibt es für die Online-Gemeinschaften neben Gewinnen sicherlich auch Verluste zu beklagen.

Und wie steht es um die Ent-Autoritarisierung und um den neuen Pluralismus in der Religion? Das Internet ist voller versteckter Hegemonien [Vormachtstellungen], die uns vielfach gar nicht bewusst sind. […] Weitere Probleme: Viele Nutzer suchen im Internet keineswegs nur offene Dialoge, sondern eher Konsonanz und Gleichklang, was wiederum oft intolerante Gruppenstrukturen fördern kann. Sogenannte „Dialogforen“ im Internet sind häufig nicht vollständig offen, sondern sie folgen stillschweigenden Konsensbildungen, und wo kein Konsens zustande kommt, da sind viele der im Internet platzierten Kommentare häufig eher Polemiken als echte Dialoge.

Kai Hafez (1964), Professor für Politik- und Medienwissenschaften, Universität Erfurt*

Digitalisierung, Internet → S. 298f. → S. 192

1. Interpretieren Sie das Bild.
2. Benennen Sie positive und negative Effekte des Internets für die Entwicklung von Religionen.
3. Erläutern Sie den von Hafez angesprochenen Unterschied zwischen einer virtuellen und einer traditionellen religiösen Gemeinde (→ S. 192).
4. Erläutern Sie den Begriff „Ent-Autoritarisierung durch das Internet“.
5. Recherchieren Sie nach einem positiven und einem negativen Beispiel für die Präsenz von Religion im Internet und bewerten Sie diese.

Wann wird Sport zur Religion?

Körperkult und Religion

„Transzendenzschrumpfung“ ist ein Ausdruck, mit dem [der Religionssoziologe] Luckmann auf den gesellschaftlichen Bedeutungswandel von jenseitigen zu diesseitigen Transzendenzen hinweist. Der Begriff zeigt an, dass traditionell religiöse Themen, das heißt sinnstiftende, orientierungsgebende und sicherheitsvermittelnde Themen, vor allem im Bereich des Privaten verortet sind, und dass im Mittelpunkt der religiösen Themen das Individuum steht. [...] Der zeitgenössische Körperkult ist eine „unsichtbare“, durch „Transzendenzschrumpfung“ sich auszeichnende Religion, da hier ebenfalls das Individuum in einen „heiligen Status“ gehoben wird [...] Der Körperkult symbolisiert in Reinform, dass Religion zu einer Privatsache und das Selbst zum zentralen Gegenstand religiöser Sinnbildung geworden ist. Selbstsuche, Selbstfindung, Selbstverwirklichung, Selbstdarstellung, Selbstthematisierung sind die zentralen Themen des „heiligen Kosmos“ individualisierter Gesellschaften. [...]
Neben Sexualität und den „klassischen“ Themen Drogen und Tanz hat sich in den letzten Jahren mit dem Extremsport ein weiteres körperzentriertes Handlungsfeld etabliert, in dem außeralltägliche Erfahrungen gesucht und gefunden werden. Sportarten wie Free Solo Climbing, River Rafting, Speed Skiing, Wüstenmarathon, Ultratriathlon, Base Jumping, House-Running oder Skydiving sind Körperpraktiken, in denen die Grenze des Alltags spürbar überschritten wird. Extremsportler bezeichnen solche Grenzerfahrungen typischerweise als Thrill, Kick oder Flow-Erlebnis.

*Robert Gugutzer (*1967), Sportsoziologe*

Spinning und die Sinnfrage

So, Tür zu jetzt, Licht runtergedimmt, bis nur noch dunkelviolette Leuchten den engen Raum befunzeln. Dann kann die wilde Fahrt beginnen. Vorn sitzt Craig, der Instructor aus England, auf seinem Indoor-Bike ein bisschen erhöht auf einem Podest. Wie ein Prediger auf seiner Kanzel.
Die DJ-Software auf seinem Notebook gibt den Beat vor für die nächste Dreiviertelstunde in einem Berliner Fitness-Studio; und der Beat, das ist in diesem Moment eine Drum-’n’-Bass-Version des Moby-Klassikers „Why Does My Heart Feel So Bad“. Craig tritt in die Pedale zum Takt der Musik, 90 Umdrehungen pro Minute, fordert er, „schaut auf eure Displays“, brüllt er ins Headset. Und sofort ballern sie los. Zwei Dutzend Leute – ihre Bewegungen, ihre Gedanken laufen absolut synchron, alles wird eins, ein kollektiver Flow, der diesen Sportkurs in eine schweißtreibende Reise verwandelt. Hätte man so erst mal nicht gedacht, dass eine Indoorcycling-Gruppe diese transzendentale Wucht entfalten kann.
Am Ende geht es nämlich um Sinnstiftung: Im Zeitalter der Selbst-Optimierung ist Fitness die neue Religion.
Das Sportstudio steht exakt für jene Lebenswelt, wie sich Peggy aus Sachsen Berlin-Mitte vorstellt. Urbanes Interior-Design mit kupferüberzogenen Wänden und freigelegtem Backstein. Kosmopolitische Kunden, die allesamt Englisch sprechen, hauptsächlich Kundinnen, so umwerfend schön, als wären sie gecastet.

Markus Götting (1971),*
Journalist (leicht verändert)

1. Erläutern Sie den Begriff „Transzendenzschrumpfung“.
2. Zeigen Sie auf, welche Elemente das Indoor-Cycling (= Spinning) zum Lifestyle-Event machen.
3. Untersuchen Sie, ob der Sportsoziologe Gugutzer den Bericht aus dem Fitnessstudio als Beleg für seine Thesen heranziehen könnte.
4. Gestalten Sie ein Kurzstatement für einen Chatroom zum Thema „Ist Fitness die neue Religion?“ (→ S. 331).

Wozu brauchen Menschen Rituale und Symbole?

Rituale und Symbole: Das Holi-Fest – von der Hindu-Tradition zum Party-Event

Das Holi-Fest ist eine der ältesten Traditionen Indiens. An zwei bis zu zehn Tagen sind Indiens Straßen bunt gefärbt, denn Leute aller Gesellschaftsklassen bewerfen sich auf den Straßen mit buntem Pulver, dem Gulal. Es gibt unterschiedlichste Mythen und Sagen, die den Ursprung des Holi-Festes erklären wollen. So verschieden diese Geschichten auch sind, in einem sind sich alle einig – das Werfen des bunten Puders soll den Sieg des Guten über das Böse symbolisieren und die Bevölkerung näher zusammenbringen. Außerdem soll während des Holi-Festes nicht gestritten, sondern versöhnlich miteinander gefeiert werden.

[...]

Auch in Deutschland ist das Holi-Fest in seiner eigenen Art und Weise angekommen. Seit 2012 werden immer mehr Holi-Festivals veranstaltet, auf denen mit dem bunten Gulal-Pulver geworfen wird. Wie auf jedem anderen Festival legen auch hier angesagte DJs auf, von denen überwiegend Musik in den Richtungen Dance, House und Trap gespielt wird. Wie beim Holi-Fest in Indien geht es auch bei den europäischen Holi-Festivals vor allem um eins – pure Lebensfreude. Nicht umsonst gelten Holi-Festivals als die friedlichsten und gleichzeitig spektakulärsten Festivals der Welt!

Obwohl Holi-Festivals mittlerweile von verschiedenen Veranstaltern angeboten werden, ist der Ablauf meist gleich. Zu jeder vollen Stunde findet ein sogenannter Farbcountdown statt. Ist der Countdown abgelaufen, werfen alle Besucher gleichzeitig eine Handvoll Holi-Pulver in Luft und tauchen die Festival-Fläche damit in eine Wolke bunter Farben. Erst wenn diese Wolke verschwunden ist, kann man sehen, welche Spuren das Holi-Pulver auf der Haut, den Haaren oder den Klamotten hinterlassen hat. Dabei entstehen oft, wenn auch zufällig, echte Kunstwerke. Mit dem Farbcountdown geht meist auch ein Wechsel des DJs einher, so dass bis zum nächsten Farbcountdown ausgelassen getanzt werden kann.

Hört sich anstrengend an? Keine Sorge! Wie auf jedem anderen Festival gibt es auch auf dem Holi-Festival Chill-Out Areas und cooles Essen.

www.kostüme.com

Symbole

Symbole sind festgelegte bildliche oder figürliche Zeichen für religiöse, rechtliche, politische, aber auch alltagsweltlich relevante Sinnzusammenhänge (vgl. auch Infobox Rituale S. 267).

Die kommunikative Kraft der Symbole wird ganz unterschiedlich begründet. Danach sind Symbole zum Beispiel:

- bildhafte Verdichtungen grundlegender Erzählungen einer (religiösen) Gruppe, etwa das Kreuz als Symbol für Jesus Christus/Christentum oder der siebenarmige Leuchter als Symbol für das Judentum;
- im Menschen selbst angelegte Bildwelten mit nahezu universaler Bedeutung, etwa das Herz als Symbol für Liebe;
- psychologisch hoch wirksame Darstellungen mit einer rational oft nicht adäquat formulierbaren Mächtigkeit, etwa Wasser als Symbol für Reinigung und Leben.

Rituale und Symbole: Abendmahl für den kranken Hund

Was ist Wahrheit? – Ich beobachtete ihn, wie er beim Abendmahl heimlich die Hostie in seiner Hosentasche verschwinden ließ. Ich bat ihn, am Ausgang zu warten, und fragte nach. Ja, sein Hund war krank, todkrank, und die Hostie ... Ob er denn glaube, dass diese Hostie den Hund gesund machen könne? Nein, das ist Aberglaube, nein, er entschuldigte sich. Aber er behielt die Hostie und sagte beim Gehen: Nein, das ist wirklich Aberglaube. Aber Gott ist doch darin, ob es nun Aberglaube ist oder nicht. Das war eine verblüffende Argumentation. Ich [...] forderte ihn auf, die Hostie dem Küster zurückzubringen, der am Altar aufräumte, und ließ es damit gut sein. Er hat es nicht getan. Drei Tage später war der Hund tot, und der Mann wollte aus der Kirche austreten. Es sei alles Unsinn, das mit dem Abendmahl, und überhaupt, der Hund war doch so ein treues Tier.

Damals habe ich verstanden, dass es Bezirke des Denkens gibt, die dem Einzelnen nicht verfügbar sind. Die Wirklichkeit der gewandelten Hostie ist nicht in Argumenten verhandelbar. [...] Es ist widersinnig, dies in Dogmen und Lehrbekenntnissen einzuzirkeln. Der Alte hat es instinktiv empfunden und in sein Leben gelenkt. Als er später wieder im Kreis um den Altar stand und die Hände vorstreckte, legte ich die Hostie hinein und fragte nie nach.

Christian Lehnert (1969), ev. Theologe und Schriftsteller, lehrt Liturgiewissenschaften an der Universität Leipzig*

Abendmahl → S. 195, 197

Rituale

Rituale sind in religiösen, rechtlichen, politischen, aber auch alltagsweltlichen Kontexten auf Wiederholung angelegte Handlungen, die in Funktion und Form u.a. folgende Merkmale haben:

- Umgang mit (gravierenden) Übergängen und Veränderungen des Lebens (z.B. Hochzeit) und/oder mit transzendenten Kräften (Gott, „das Heilige"),
- identitätsstiftende Kraft (z.B. Absingen der Nationalhymne),
- hohe Formalisierung der Handlungen (z.B. Eidesformel) bzw. des Kommunikationsablaufes (z.B. „Einschlafrituale" bei Kleinkindern),
- bedeutungsstarker Gebrauch von Gegenständen, Gesten und Sprachformen (z.B. beim christlichen Abendmahl).

1. Entwerfen Sie zum Foto vom Holi-Fest in Deutschland eine Bildunterschrift für einen Veranstaltungskalender mit dem Titel „Was ist los in unserer Region?"
2. Untersuchen Sie unter Verwendung der Infoboxen „Rituale" und „Symbole" Elemente des Holi-Festes.
3. Erörtern Sie die Meinung, dass bei der europäischen Aneignung des Holi-Festes jeglicher religiöse Bezug verloren gegangen sei.
4. Erläutern Sie anhand des Bildes das Ritual des Abendmahlsempfangs.
5. Analysieren Sie, was die Begebenheit in Lehnerts Text über Rituale aussagt.

Religion im Blick der Wissenschaften

Was ist Religion?

Basics **Drei theoretische Sichtweisen auf Religion**

Die Versuche, auf diese Frage eine Antwort zu finden, füllen ganze Bibliotheken; bereits 1921 wurden etwa 50 Definitionen gezählt. Angesichts der hohen Strittigkeit sollen hier *drei* grundlegende theoretische Sichtweisen auf das Phänomen „Religion" skizziert werden.

1. Der substanzialistische Religionsbegriff: *Religion gestaltet die Beziehung des Menschen zu einer Gottheit oder zu höheren („göttlichen") Mächten, von denen sich der Mensch abhängig fühlt. Die Gestaltung und Deutung dieser Beziehung kann in Anbetung, Kultus, heiligen Schriften, Dogmen, Riten und religiösen Vorschriften ganz unterschiedlich ausfallen.* Dieser Religionsbegriff wurde schon früh mit Wertungen über wahre und falsche Religion(en) verbunden. So unterschied der römische Philosoph Cicero (106-43 v.Chr.) ein bloß abergläubisches, vorteilsüchtiges Verhältnis zu den Göttern (superstitio) von einer zutiefst überzeugten „religio".

2. Der funktionale Religionsbegriff: *Religion erfüllt im Leben einzelner Menschen oder von Gesellschaften eine bestimmte Funktion; sie „leistet" also etwas. Durch Religion kann die Kontingenz (Endlichkeit und Gefährdung) des Lebens besser verarbeitet werden.* Religion ist Kontingenzbewältigungspraxis. Darum können nicht nur gottesdienstliche Riten oder Gebete religiöse Handlungen sein. Bereits ein Rockkonzert oder ein Fangesang bei einem Fußballspiel können religiösen Charakter tragen, wenn sie menschliche Gemeinschaft stabilisieren oder als „Großes Ganzes" inszenieren, das wenigstens zeitweise Geborgenheit und Sinn vermittelt.

3. Der phänomenologische Religionsbegriff: *Die konkrete Ausformung von Religion kann am besten durch detailgenaue Beobachtung und Beschreibung unterschiedlicher religiös bedeutsamer Phänomene (z.B. Riten, Symbole, heilige Texte, Gebete etc.) erfasst werden.* Dadurch sollen Gemeinsamkeiten und Unterschiede zwischen Religionen möglichst präzise benannt werden. Ebenso will man damit vorschnelle Festlegungen auf eine bestimmte Bedeutung von „Religion" vermeiden. Ein zentraler Begriff für neuere phänomenologische Religionstheorien ist der Ausdruck „Transzendenzerfahrung". Religion ermöglicht demnach dem Menschen eine tiefgreifende Erfahrung „des Heiligen". Dieses Heilige überschreitet (transzendiert) den Horizont der vordergründig („alltäglich") erfahrbaren Welt. Diese Erfahrung kann durch Gefühle des außerordentlichen Erschreckens (z.B. vor der Allmacht Gottes), aber auch der Freude (z.B. an der Schönheit und Ordnung der Schöpfung) begleitet sein.

Besucher vor einer Lichtinstallation von James Turrell im Museum Frieder Burda, Baden-Baden

1. Benennen Sie aus den Beschreibungen zu den drei Religionstheorien jeweils einen Begriff, der für die jeweilige Theorie typisch ist.
2. Ordnen Sie Ihre eigene Sicht von Religion einer der drei Definitionen zu.
3. Gestalten Sie eine Zeichnung, die eine oder mehrere Religionsdefinitionen verdeutlicht; orientieren Sie Ihre Gestaltungsarbeit am Foto aus dem Museum.

Team-Aufgaben

1. Recherchieren Sie im Internet oder in einer Tageszeitung eine aktuelle Meldung zum Thema Religion. Nehmen Sie zu dieser Meldung aus Sicht der drei Definitionen kurz Stellung (→ S. 331).
2. Formulieren Sie Thesen zum Thema „Religion" für eine gemeinsame Unterrichtsstunde mit den Schülerinnen und Schülern des Ethik- bzw. des Philosophieunterrichts.
3. Erstellen Sie eine Liste von mindestens fünf weitergehenden Fragen, die sich für Sie aus der Arbeit mit diesem Kapitel ergeben haben.
4. Gestalten Sie mittels Handyfotografie Alternativen für die Bilder zu den einzelnen Abschnitten des Teilkapitels *Religion im Blick der Wissenschaften.*

Was gehört zu einer Religion?

Religion im Blick verschiedener Wissenschaften

Religionspsychologie: William James (1842-1910)

Ist nun aber das Feld der Religion derartig weit, kann ich mir unmöglich anmaßen, es vollständig abzudecken. [...] Daher soll Religion [...] für uns bedeuten: die Gefühle, Handlungen und Erfahrungen von einzelnen Menschen in ihrer Abgeschiedenheit, die von sich selbst glauben, dass sie in Beziehung zum Göttlichen stehen. [...] Religion ist, was immer sie noch sein mag, die Gesamtreaktion eines Menschen auf das Leben. Gesamtreaktionen sind etwas anderes als situationsbedingte Reaktionen, und Grundhaltungen sind etwas anderes als das Verhalten im Alltag und im Beruf. Um zu ihnen zu gelangen, muss man durch die Oberfläche der Existenz hindurch zu jenem eigenartigen Empfinden, in dem wir den ganzen übrigen Kosmos als etwas ständig Gegenwärtiges erfahren, sei es uns vertraut oder fremd, erschreckend oder erheiternd, liebens- oder hassenswert.

Religionsphilosophie: Immanuel Kant (1724-1804)

Was ist denn aber Religion? Religion ist das Gesetz in uns, in so ferne es durch einen Gesetzgeber und Richter über uns Nachdruck erhält; sie ist eine auf die Erkenntnis Gottes angewandte Moral. Verbindet man Religion nicht mit Moral, so wird Religion zur bloßen Gunstbewerbung [= Versuch, Ansehen bei Gott zu erlangen]. Lobpreisungen, Gebete, Kirchengehen sollen nur dem Menschen neue Stärke, neuen Mut zur Besserung geben. [...] Sie sind nur Vorbereitung zu guten Werken, nicht aber selbst gute Werke, und man kann dem höchsten Wesen nicht anders gefällig werden, als dadurch, dass man ein besserer Mensch werde.

Christliche Theologie: Gerhard Ebeling (1912-2001)

Religion, so möchte ich definieren, ist die geschichtlich geformte vielgestaltige Verehrung einer Manifestation des Geheimnisses der Wirklichkeit. [...] Wenn [bisher] davon die Rede [war], dass Religion da ihren Ort hat, wo offene Lebensprobleme erfahren werden und eine Transzendenzsituation vorliegt, so muss nun diese Angabe in entscheidender Weise modifiziert werden. [...] Aus Lebensproblemen entsteht nicht ohne weiteres Religion. [...] Als religiös ist [das Transzendieren von solchen Lebensproblemen] nur dann verstanden, wenn in irgendeiner Weise dabei [...] ein Offenbarwerden dessen [vorausgeht], was das Geheimnis der Wirklichkeit ausmacht.

Aztekische Gottheit und Buddhafigur im Büro eines Lehrers

Religionswissenschaft: Hans-Peter Hasenfratz (1938-2016)

Wenn man von „Religion" spricht, meint man ein Symbolsystem, das der Kontingenzbewältigung, der biologischen und sozialen Programmierung dient und sich auf eine „Andere Wirklichkeit" bezieht. Die letzte Wirklichkeit (Gott) ist nur durch Symbole ausdrückbar. Sie selbst können wir nicht sehen, berühren, hören, wohl aber Bilder, Statuen, die sie darstellen, Mythen, die von ihr handeln, Worte, die auf sie verweisen. Etwa das Dreieck mit dem eingeschriebenen Auge (als Bild der christlichen Dreifaltigkeit), eine Statue des Gottes Shiva (als Darstellung der die Welt durchwaltenden göttlichen Energie) [...] Ein religiöses Symbolsystem leistet Kontingenzbewältigung, d.h. es gibt den Zufällen des Lebens, die dem Menschen „zustoßen" (eben der Kontingenz der Ereignisse) „Kohärenz" (Zusammenhalt), indem es sie auf eine letzte Wirklichkeit, auf Gott bezieht.

1. Erläutern Sie, welche Definition für Sie am plausibelsten erscheint.
2. Die beiden Statuen sind für den Lehrer nach eigener Auskunft mehr als nur Dekoration für ein nüchternes Büro. Arbeiten Sie heraus, für welche Religionsdefinition diese Aussage am ehesten als religiöse Aussage gelten könnte.
3. Setzen Sie sich mit der Frage auseinander, ob die Religionsdefinition von Gerhard Ebeling eine spezifisch christliche Definition darstellt.
4. Erörtern Sie, ob die Religionsdefinitionen aus den verschiedenen Wissenschaften jeweils einem der drei Religionstheorien im Basics-Text (S. 268) zugeordnet werden können.

Wie religiös sind westliche Gesellschaften?

Weihnachtsschmuck in einer deutschen Kleinstadt

Religion in westlichen Gesellschaften

Für [den modernen westlichen Menschen] ist das Gefühl des Aufgehobenseins und der Geborgenheit ein zentrales Moment seiner Religiosität. Dafür spricht eine ganze Reihe gesellschaftlicher Entwicklungen, wie etwa der Boom fernöstlich geprägter Spiritualität, die Popularität meditativer Entspannungstechniken, das Phänomen der so genannten Weihnachtsfrömmigkeit und all die vielen teils esoterischen, teils halbesoterischen Sinngebungsangebote, die sich in Buchform selbst bei explizit christlichen Verlagen finden. Man kann darüber spotten, über Wellnessreligion und Kuschelgott. Andererseits: Was spricht eigentlich dagegen? Die Menschen wollen sich gut fühlen, entspannt und glücklich sein. Wer wollte das kritisieren? Und die alten Zeiten, in denen Pastoren von der Kanzel herunter den Menschen ihre angebliche Sündhaftigkeit vor Augen hielten und das Elend der Welt als gerechte Strafe darstellten, will schließlich auch niemand zurück. Die Krise des Christentums in Europa hat ihre Ursache daher auch in einem gewissen Mangel an Wellnessfähigkeit. Das ist gar nicht polemisch gemeint. Man sollte nur zur Kenntnis nehmen, dass das Christentum im kulturellen Gedächtnis der allermeisten Europäer – konfessionsübergreifend – mit Leid, Schmerz, Sünde und Kreuzestod verbunden ist, mit Zucht und Strenge und eben nicht mit gutgelaunter Tiefenentspannung.

Alexander Grau, Gerson Raabe

Die dreifache Bedeutung des Wortes „Säkularität"

Die **erste Bedeutung** von „Säkularität" ist [...] durch Bezugnahme auf das Öffentliche definiert. In dieser Öffentlichkeit, so heißt es, gibt es keinen Gott mehr und keinen Hinweis auf letzte Realitätsgründe. Oder um es von einer anderen Seite zu betrachten: Wir spielen unsere Rollen in verschiedenen Tätigkeitsbereichen – im Rahmen der Ökonomie, der Politik, der Kultur, des Bildungswesens, des Berufs und der Freizeit, doch die Normen und Prinzipien, nach denen wir uns dabei richten, und die Überlegungen, die wir anstellen, verweisen uns im Allgemeinen weder auf Gott noch auf irgendwelche religiösen Überzeugungen. Die Erwägungen, die unserem Handeln vorausgehen, bewegen sich innerhalb der „Rationalität" jedes einzelnen Bereichs: Im Wirtschaftsleben geht es um maximalen Profit, auf politischem Gebiet um den größtmöglichen Nutzen für möglichst viele Personen und so weiter. Das steht in auffälligem Gegensatz zu früheren Zeiten, in denen das Christentum maßgebliche Vorschriften erließ, die – wie etwa das Verbot des Wuchers oder die Pflicht zur Durchsetzung des rechten Glaubens – oft von den Geistlichen verkündet wurden und in keinem dieser Bereiche ohne weiteres außer Acht gelassen werden konnten. [...]

Diese Entleerung der sozialen Bereiche von allem Religiösen lässt sich natürlich damit vereinbaren, dass die große Mehrheit der Menschen nach wie vor an Gott glaubt und aktiv ihre Religion praktiziert. Hier kommt uns das Beispiel des [vormals] kommunistisch regierten Polen in den Sinn. Damit wird jedoch vielleicht eine falsche Fährte gelegt, denn die öffentliche Säkularität war den Menschen dort von einem diktatorischen und unbedingten Regime aufgezwungen worden. Die Vereinigten Staaten dagegen sind [...] in dieser Hinsicht ein recht frappierendes Beispiel. Sie gehören zu den ersten Gesellschaften, in denen Kirche und Staat voneinander getrennt wurden, und dennoch sind sie laut Statistik in Bezug auf religiösen Glauben und religiöse Praxis führend unter allen westlichen Gesellschaften.

Doch genau das ist der Punkt, auf den die Menschen oft hinauswollen, wenn sie unsere Zeit als säkular bezeichnen und sie – sei's wehmütig oder erleichtert – früheren Zeiten des Glaubens und der Frömmigkeit gegenüberstellen.

In dieser **zweiten Bedeutung** des Wortes besteht Säkularität darin, dass der religiöse Glaube und das Praktizieren der Religion dahinschwinden; dass sich die Menschen von Gott abwenden und nicht mehr in die Kirche gehen. In diesem Sinn sind die Länder Westeuropas größtenteils säkular geworden, auch diejenigen, in denen noch Spuren einer öffentlichen Bezugnahme zu Gott zu finden sind.

Nach meiner Überzeugung lohnt es sich, die Gegenwart als eine in einem dritten Sinne säkulare Zeit zu bezeichnen. Diese **dritte Bedeutung** des Worts [Säkularität] steht in enger Verbindung mit der zweiten und ist nicht ohne Zusammenhang mit der ersten. In dieser dritten Bedeutung ginge es vor allem um die Bedingungen des Glaubens. So aufgefasst, besteht der Wandel hin zur Säkularität unter anderem darin, dass man sich von einer Gesellschaft entfernt, in der der Glaube an Gott unangefochten ist, ja außer Frage steht, und dass man zu einer Gesellschaft übergeht, in der dieser Glaube eine von mehreren Optionen neben anderen darstellt, und zwar häufig nicht die bequemste Option.

In diesem Sinn gelten – anders als wenn man von der zweiten Wortbedeutung ausgeht – zumindest viele Milieus in den Vereinigten Staaten als säkular, und ich würde sogar behaupten, dass die Vereinigten Staaten insgesamt säkular sind. Klare Kontrastbeispiele wären heutzutage die Mehrzahl der moslemischen Gesellschaften oder die Milieus, in denen die allermeisten Inder leben. Es wäre ohne Belang, wenn der Nachweis erbracht würde, dass der Kirchen- oder Synagogenbesuch in den USA oder einigen ihrer Regionen statistisch gesehen ähnlich häufig ist wie etwa der Freitagsbesuch der Moschee in Pakistan oder Jordanien (beziehungsweise wie dieser Moscheebesuch plus das tägliche Gebet). Das wäre ein Beleg dafür, diese Gesellschaften als im zweiten Sinn gleich einzustufen. Dennoch scheint es mir auf der Hand zu liegen, dass im Hinblick darauf, was es heißt, gläubig zu sein, zwischen diesen Gesellschaften große Unterschiede bestehen, die zum Teil daher rühren, dass der Glaube in der christlichen (oder „postchristlichen") Gesellschaft eine Option und in gewissem Sinn eine umkämpfte Option ist, während er dies in den moslemischen Gesellschaften nicht (oder noch nicht) ist.

Charles Taylor (1931),*
kanadischer Philosoph

1. Fassen Sie zusammen, wie Grau und Rabe die Bedeutung von Religion in westlichen Gesellschaften darstellen.
2. Zeigen Sie Konsequenzen aus der Auffassung von der mangelnden Wellnessfähigkeit des Christentums für die Gestaltung von Gottesdiensten auf.
3. Skizzieren Sie die dreifache Bedeutung des Wortes „Säkularität" nach Taylor.
4. Interpretieren Sie das Bild aus der Sicht von Grau/Rabe und von Taylor.
5. Vergleichen Sie die Argumentationen der beiden Texte.

Was unterscheidet eine Weltanschauung von einer Religion?

Schändung jüdischer Gräber im 21. Jahrhundert

Weltanschauung und Religion

Was ist Weltanschauung? Jedenfalls etwas Ganzes und etwas Universales. Wenn z.B. vom Wissen die Rede ist: nicht einzelnes Fachwissen, sondern das Wissen als eine Ganzheit, als Kosmos. Aber Weltanschauung ist nicht bloß ein Wissen, sondern sie manifestiert sich in Wertungen, in der Rangordnung der Werte. Oder beides in anderer Ausdrucksweise: wenn wir von Weltanschauungen sprechen, so meinen wir die Kräfte oder die Ideen, jedenfalls das Letzte und das Totale des Menschen, sowohl subjektiv als Erlebnis und Kraft und Gesinnung, wie objektiv als gegenständlich gestaltete Welt.

Karl Jaspers (1883-1969), deutscher Philosoph

Weltanschauung und Sinnproduktion

Was ist eine Weltanschauung? Viele Definitionen sind möglich. Allen gemeinsam scheint mir der Versuch zu sein, die unüberschaubare Vielfalt der prinzipiell grenzenlosen Welt von einem oder mehreren Einheitsprinzipien aus zu ordnen, um zu einem sinnvollen Wirklichkeitsverständnis zu kommen. Diese Prinzipien können Ideen sein, die Natur, die Materie und ihre Prozesse, der Wille zum Leben oder zur Macht oder andere. Weltanschauungen sind Sinnproduktionen, also das Ergebnis der menschlichen Frage nach dem Sinn des Einzelnen und der Welt, des Seins im Ganzen. Sie befriedigen das Bedürfnis des Menschen nach „geistiger Geborgenheit", wie [der Philosoph] Karl Jaspers das nannte.

Peter Steinacker (1943-2015), ev. Theologe

Antisemitismus als Weltverschwörungstheorie

Antisemitismus fungiert nicht selten als Welterklärung und bietet dafür simplifizierte Modelle an. Juden wird dabei die Verantwortung für unangenehme Gefühle, Bedrohungen, Abhängigkeits- und Ohnmachtsempfindungen, soziales Leid, Unterdrückungs- und Ausbeutungsverhältnisse, nicht durchschaute und nicht verstandene Veränderungen zugeschrieben. Der Antisemit/die Antisemitin entwickelt einen Zorn gegen das Ungenügen der Zivilisation und richtet diesen gegen die Juden. Die stereotype antisemitische Erklärung verspricht Orientierung und Erleuchtung in der Dunkelheit der entfremdeten Gesellschaft.

[…] Die gewaltige Präsenz von Verschwörungstheorien und die Komplexität reduzierenden Welterklärungen sind ein Zeichen für einen enormen Bedarf. Weltgeschehnisse werden im Antisemitismus nicht als Resultat des Handelns aller Individuen betrachtet oder als kontingente Geschehnisse, sondern Andere werden als Lenker der Geschicke auserkoren. […]

Jeder Antisemitismus unterscheidet zwischen Tätern und Opfern. Um eine Klage gegen die Juden erheben zu können, muss den Juden dieses oder jenes zur Last gelegt werden. In der antisemitischen Logik konstruieren die Antisemiten die Juden als Täter. Der Antisemit hasst den Juden, weil er glaubt, dass der Jude an seinem Unglück schuld ist. Er verfolgt den Juden, weil er sich von ihm verfolgt fühlt. Antisemitismus erscheint in dieser Logik als Verteidigung oder Rebellion oder als legitime und notwendige Gegenwehr. Der sekundäre Antisemitismus zeichnet sich durch ein abwehrendes Verhältnis zur Erinnerung an den Holocaust

Aufkleber aus den 20er Jahren des 20. Jahrhunderts

aus. Ein zentraler Bestandteil ist die Umkehr der Positionen von Tätern und Opfern, wobei die jüdischen Opfer des Holocaust in eine Täterposition gebracht werden, so als seien sie selbst verantwortlich für die Verbrechen, die ihnen angetan worden sind. Zugleich wird Juden unterstellt, sie nutzten die Verbrechensgeschichte heute für eigene Interessen aus. Dabei werden Juden als homogene Gruppe repräsentiert und unterschieden von einer nationalen Gemeinschaft, zu der Juden nicht dazugehören können.

Tami Ensinger, Bildungsreferentin der Anne-Frank-Stiftung

Der erfundene Jude des Antisemitismus

Der Religionswissenschaftler und Antisemitismusbeauftragte des Landes Baden-Württemberg, Michael Blume, berichtet über Begegnungen und Gespräche im Irak:

Im Irak war ich ganz massiv damit konfrontiert, dass Leute gesagt haben: „Der [türkische Staatspräsident] Erdogan, das ist doch ein Jude, den haben doch die Juden eingesetzt, um die Türkei zu zerstören." Oder: „Der Kalif al-Bagdhadi sei ein jüdischer CIA-Agent namens Simon Eliott, und der ganze Islamische Staat sei vom israelischen Mossad [= israelischer Geheimdienst]." Das ist ja das absolut Gefährliche. Wenn Antisemiten keine Juden haben, dann erfinden sie sich welche. Dann behaupten sie, dass alle möglichen anderen Personen Juden wären. Im Irak gibt es gar kein jüdisches Leben mehr, die sind vertrieben worden. 140.000 Jüdinnen und Juden nach der Staatsgründung Israels – das weiß auch kaum jemand – aber der Antisemitismus ist nicht verschwunden.

Jetzt werfen sich Türken, Kurden, Araber, Linke, Rechte, Religiöse, Säkulare gegenseitig vor, Teil der jüdischen Weltverschwörung zu sein. Also, auch da sieht man, wer da sagt, wenn es den Staat Israel nicht mehr gäbe oder es keine Juden mehr gäbe, gäbe es auch keinen Antisemitismus mehr, der hat überhaupt nicht verstanden, wie gefährlich das ist. Der Antisemitismus ist eine Ideologie des Hasses, die sich, wie das [der Philosoph] Jean Paul Sartre gesagt hat, Juden erfindet, wenn sie gar keine hat.

*Michael Blume (*1976)*

Judentum → S. 206f.
Heiner Geißler zu Antisemitismus → S. 133

1. Arbeiten Sie Gemeinsamkeiten und Unterschiede in den Definitionen von Steinacker und Jaspers heraus.
2. Zeigen Sie drei Merkmale des Antisemitismus auf.
3. Erläutern Sie den Begriff des sekundären Antisemitismus.
4. Untersuchen Sie anhand der Ausführungen von Steinacker und Jaspers, inwiefern man Antisemitismus als Weltanschauung bezeichnen kann.
5. Gestalten Sie unter Verwendung der beiden Bilder (S. 272 und 273) einen Kurzvortrag zur historischen Wirksamkeit antisemitischer Ausdrucksformen (→ S. 334).
6. Gestalten Sie ein Plakat gegen Antisemitismus.

Warum ist es schwierig, den Begriff „Religion“ zu definieren?

Das Problem von Religionsdefinitionen: „Din“ – eine vielschichtige Übersetzung von „Religion“

Ein arabischer Begriff, der schon im Koran in komparativer [= vergleichender] Bedeutung auch auf andere Religionen angewendet wurde, ist der Begriff din („kultische Praxis“, „gottgewollte Ordnung“, „Herkommen, Sitte“, „Recht, Gericht, Urteil“). Auch die eigene Tradition, der Islam wird als din bezeichnet. Bei der Selbstbezeichnung Islam wiederum standen in früher Zeit die Bedeutungen „Sich-Ergeben in Gottes Willen“, „Sich Unterwerfen“, aber auch „Wohlbehalten-Sein“ und „Friede“ im Vordergrund. Wahrscheinlich wurde unter Islam zunächst aber noch eher eine Kultgemeinschaft als eine Religionsgemeinschaft verstanden. Da der Ausdruck din aber nicht nur die Glaubensform bzw. Praxis der Muslime (der din Allah), sondern auch der Juden bezeichnet, wird von früh an eine komparative Verwendung deutlich. So heißt es im Koran, Sure 3/83: „Verlangen sie etwa eine andere als Allahs Religion [din]? Ihm ergibt sich, was in den Himmeln und auf Erden […], und zu Ihm müssen sie zurück.“ […] Doch erst mit dem später auf Grabsteinen aufkommenden Ausdruck din Muhammad wird, wie [der Religionswissenschaftler] van Ess ausführt, din als Religion der Anhänger Muhammads übersetzbar. Allerdings müsse man dabei immer im Auge behalten, dass mit ‚Religion‘ hier nie etwas Subjektives oder Privates gemeint sein kann, sondern nur ein objektives und öffentliches Verhalten.

*Jens Schlieter (*1966), Religionswissenschaftler*

„Hinduismus“ – eine problematische Bezeichnung

Mit dem Wort Hinduismus bezeichneten erstmals christliche Missionare im 18. Jahrhundert die Religionen Indiens, soweit sie nicht dem Islam oder dem Christentum angehörten. Man versuchte damit eine Vielzahl von zum Teil sehr alten religiösen Traditionen und Bewegungen unter dem Begriff Hinduismus zusammenzufassen. Um das Jahr 1830 wurde der Begriff „hinduism“ von der englischen Kolonialverwaltung als Sammelbegriff für religiöse Gemeinschaften auf dem südasiatischen Subkontinent verwendet, die allesamt gemeinsame Charakteristika aufwiesen. Dazu zählte man u.a. die soziale Organisation und Schichtung der Religionsangehörigen in Kasten, bindende Orientierung an den Veden (entstanden ab dem 2. Jahrtausend v.Chr.) als heilige Schriften oder Verehrung bzw. religiöse Tolerierung von Gottheiten.

*Axel Michaels (*1947), Indologe und Religionswissenschaftler (Text leicht verändert)*

„Religion“ – ein europäischer Begriff

Wir reden zwar gern von „Religionen“ und das ist im Unterricht auch sinnvoll und nützlich. Zunächst ist es aber ein Wort, das sehr vieles zu verbinden versucht und das sich auf Phänomene bezieht, die im Fluss sind. Das bringt mit sich, dass sich „Religion“ nicht genau definieren lässt. Ein Weiteres tritt hinzu: Der Begriff ist durch die europäisch-westliche Kultur geprägt und findet sich in anderen Kulturkreisen so nicht. […] Ähnliches gilt auch für Begriffe wie Christentum, Islam oder Hinduismus. Sie sind hilfreich, aber bergen die Gefahr, die innere Vielfalt und viele Graubereiche zu übersehen.

Karlo Meyer (1968), ev. Theologe und Religionspädagoge*

1. Benennen Sie für jede der drei Ausführungen jeweils eine alternative Überschrift.
2. Stellen Sie die Argumentation der drei Positionen zum Problem von Religionsdefinitionen jeweils grafisch dar.
3. Erörtern Sie, ob Meyers Beobachtungen Auswirkungen auf eine zukünftige Verwendung des Wortes „Religion“ im Religionsunterricht haben könnte.
4. Analysieren Sie die Karikatur im Hinblick auf das Problem von Religionsdefinitionen.

Religion und Gewalt

Was ist Gewalt?

Basics

Religion und Gewalt

Im engeren Sinne bezeichnet Gewalt einen konkreten Akt, in dem ein Mensch einen anderen Menschen, oder sich selbst mittels physischer Kraft einen Schaden zufügt (personelle oder direkte Gewalt). Von psychischer Gewalt kann gesprochen werden, wenn ein Mensch einem anderen ohne den Einsatz physischer Gewalt Schaden zufügt. In einem weiteren Sinne gilt als Gewalt, wenn in sittliche Verhältnisse eingegriffen wird, die durch Recht und Gerechtigkeit strukturiert sind [Walter Benjamin, Deutscher Philosoph und Schriftsteller 1892-1940]. In einem noch weiteren Sinne bezeichnet „strukturelle Gewalt" denjenigen Typ von Gewalt, der einem gesellschaftlichen System inhärent ist [innewohnt]: beispielsweise ungleiche Macht- und Besitzverhältnisse und damit verbundene ungleiche Lebenschancen. Obwohl manche Religionstheorien einen strukturellen Zusammenhang zwischen Religion und Gewalt behaupten, lässt sich religionsgeschichtlich eindeutig weder ein positives noch ein negatives Verhältnis ausmachen. Religion kann der Gewalt Inhalte und Objekte geben, aber sie ist nicht ihre ursprüngliche Quelle. Auch der umgekehrte Zusammenhang ist nicht eindeutig zu bestimmen. Selbstverständlich muss Gewalt nicht auf Religion zurückgreifen, um sich zu entladen oder gebannt zu werden. Immerhin ist aber der erklärungsbedürftige Sachverhalt zu beobachten, dass religiöse Überzeugungen in besonderer Weise dazu geeignet sind, Gewalt zu schüren und ausbrechen zu lassen. Unabhängig von einem systematischen Zusammenhang ist der Sachverhalt zu verzeichnen, dass sämtliche Religionen in irgendeiner Form Bezug auf Gewalt nehmen, indem sie kultisch-rituelle oder religiös motivierte Praktiken ausbilden, in denen Gewalt geregelt oder ungehemmt ausgeübt oder gebannt wird. Die Religionsgeschichte kennt folgende gewaltförmigen Handlungsformen: Menschenopfer, Krieg und gewaltsam ausgetragene Konflikte, rituelle Tötungen, Kannibalismus, Kopfjagd, Verstümmelungen, gewaltsamer Exorzismus [= Austreibung von Dämonen und Teufeln], inquisitorische Praktiken [= gewaltsame Formen der Glaubensüberprüfung], Pogrome und Gewalt anlässlich von Prozessionen, rauschhafte Zustände, in denen unkontrolliert Gewalt ausgeübt wird, Gewalt gegen sich selbst (wie asketische Selbstkasteiungspraktiken. [...] Neben den angeführten gewaltförmigen Praktiken und sie legitimierenden Vorstellungen kennt die Religionsgeschichte aber auch den Einsatz für Gewaltlosigkeit. Manche Religionen (etwa der Buddhismus) postulieren sie als ethisches Grundprinzip [Ahimsa].

Volkhard Krech (1962), Prof. für Religionswissenschaft*

Lücke im Felsmassiv von Bamiyan, Afghanistan, nach der Sprengung der Buddhastatue durch muslimische Extremisten 2001

1. Entwerfen Sie eine Mindmap mit den Schlüsselbegriffen des Lexikonartikels.
2. Untersuchen Sie, ob man durch Ausführungen des Artikels auch Handlungen wie die islamistische Zerstörung einer Buddhastatue beleuchten könnte.
3. Nehmen Sie zu Krechs Position zum Verhältnis von Religion und Gewalt Stellung.

Team-Aufgaben

1. Analysieren Sie die Kapitel *Kirche*, *Gott* und/oder *Mensch* in Beziehung auf das Thema „Gewalt".
2. Gestalten Sie ein Erklärvideo zum Thema „Religion und Gewalt" (→ S. 334).
3. Entfalten Sie mithilfe der Kapitel *Kirche*, *Ethik* und *Religionen* die friedensstiftende Kraft von Religionen.

Was ist Djihad?

Das islamische Zentrum in Toronto

Die drei Arten des Djihad (arab.: Anstrengung) im Islam

Über den Sinn des Djihad, der ja als Gebot für die Muslime im Koran dargelegt wird, sagt das bekannte Lexikon der arabischen Sprache Tajul Urus: „Die wahre Bedeutung von Djihad ist die, nichts zurückzuhalten und jede Anstrengung vorzubringen und den beabsichtigten Zweck durch Selbstzwang zu erreichen. Es gibt drei Arten von Djihad, nämlich, den Feind mit aller Kraft zu bekämpfen [Kleiner Djihad], alle einem gegebenen Möglichkeiten in Gegnerschaft zu Satan abzuwenden [...], damit die satanischen Pläne in dieser Welt ganz und gar zunichte gemacht werden [Mittlerer Djihad], und sich aufs Vollständigste im Kampf gegen sich selbst anzustrengen [Großer Djihad]“.

Der Kleine Djihad

Zum Kleinen Djihad ist anzumerken, dass er erst zum Gebot wurde, als der Prophet Mohammed und seine Gefährten in Medina angegriffen wurden. Wer daraus allerdings ableitet, der Kleine Djihad bedeute die Verbreitung des Islam mit Waffengewalt, übersieht all jene Verse des Koran, in denen erklärt wird, dass Glaubens- und Gewissensfreiheit in einem islamischen Herrschaftsgebiet garantiert werden müssen. Mirza Ghulam Ahmad sei hier zitiert: „Alle wahrhaften Muslime, die in dieser Welt gelebt haben, haben den Lehrsatz nie vertreten, dass der Islam mit dem Schwert verbreitet werden sollte. [...] Jene Leute also, die sich Muslime nennen, aber nur so viel wissen, dass der Islam mit dem Schwert verbreitet werden muss, sind von der Schönheit der eigenen Lehren des Islam nicht überzeugt, und ihr Verhalten gleicht dem der Raubtiere.“

Selbstmord unter dem Deckmantel des Djihad

Die Islamisten argumentieren dementsprechend, dass es sich bei den Terrorakten nicht um Selbstmord handle, sondern um eine Form des Djihad, für die sie ihr Leben einsetzen. Zwar bestünde hier keine Aussicht zu überleben, aber die Attentate würden doch mit der Hoffnung ausgeführt, eine politische Veränderung zu Gunsten ihres Volkes oder des Islam allgemein zu bewirken. In einem solchen Falle sei es erlaubt, sich in sicherer Erwartung des Todes zu opfern.

Doch die Frage, wer ihnen denn die Erlaubnis dafür gegeben habe, können sie nicht beantworten. War es Allah? Haben die Attentäter oder ihre Hintermänner oder ihre Theoretiker oder ihre Geistlichen irgendein Zeichen von Allah, gar eine Offenbarung erhalten, in denen ihnen dieser Weg empfohlen oder gestattet worden wäre? Davon war niemals etwas in den Khutbas (Predigten) der islamistischen Mullahs zu hören und auch in den Abschiedsbriefen der Attentäter findet sich darauf kein Hinweis.

Hadayatullah Hübsch (1946-2011), deutscher Schriftsteller, Publizist und Imam

Islam – Islamismus

Islam bedeutet Hinwendung an Gott, freiwillige, bedingungslose Unterwerfung unter seinen Willen. Islamismus dagegen meint im westlichen Sprachgebrauch den islamischen Fundamentalismus, den aggressiven, kämpferischen Islam.

1. Überprüfen Sie anhand des Textes die These, der Islam sei grundsätzlich eine kriegerische Religion.
2. Erläutern Sie, wie der deutsche Muslim H. Hübsch den Fensterschmuck im islamischen Zentrum von Toronto interpretieren würde.
3. Stellen Sie dar, wie in Zeitungen und Internet-Journalen der Begriff „Heiliger Krieg“ verwendet wird.
4. Erörtern Sie, ob der sogenannte „Große Djihad“ gemäß den Differenzierungen von Volkhard Krech (S. 275) als Form religiöser Gewalt bezeichnet werden kann.

Wie viel Gewalt steckt im Christentum?

Christentum und Gewalt

Viele Jahrhunderte lang sahen Christen im Beistand Gottes eine Hilfe zum Sieg über ihre Feinde – beginnend mit [Kaiser] Konstantin („In diesem Zeichen wirst du siegen!"*) über die Kreuzritter („Deus lo vult!"**) bis hin zu den deutschen Soldaten beider Weltkriege („Gott mit uns!"). Jahrhundertelang gab es im Christentum auch Gewalt nach innen. Konnte man Angehörigen anderer Religionen unterstellen, sie hätten von der Wahrheit des Christentums noch nicht Kenntnis nehmen können, so galt eben dies für Apostaten [vom christlichen Glauben Abgefallene], Ketzer und Häretiker gerade nicht. Ihnen billigte beispielsweise [der Theologe] Thomas von Aquin weder die Freiheit des Gewissens noch religiöse Toleranz zu, da sie ja um die Wahrheit des christlichen Glaubens wussten. Die blutigen Konsequenzen dieser Auffassung reichen von der Hinrichtung [des theologisch als Ketzer verurteilten Bischofs] Priscillians in Trier (385 n.Chr.) über die Spanische Inquisition bis hin zu den Hussitenkriegen [Krieg gegen die Anhänger von Jan Hus] und den Konfessionskriegen der nachreformatorischen Zeit – auch wenn gerade für letztere oft politische oder gar ökonomische Motive maßgeblich waren.

Zugleich freilich zieht sich durch die Kirchengeschichte auch eine Spur der Friedfertigkeit und der Gewaltfreiheit. [...] Franz von Assisi, Bartolomé de las Casas [...] oder Dag Hammarskjöld bezeugen diese Spur. An ihre Seite treten viele unbekannte Christen und Christinnen, die ihren Einsatz für den Frieden nicht selten mit dem Leben bezahlten. Für einen entschiedenen Pazifismus standen und stehen die Quäker ein, die Hutterer, die Mennoniten [...].

So bleibt der Blick in die Geschichte des Christentums zwiespältig. Dies gilt auch für die Bibel. So ließe sich daran erinnern, dass Israel im Namen seines Gottes Kriege geführt und Schlachten geschlagen hat, dass aber die Propheten zugleich dafür eintraten, dass Israels Gott nicht militärische Stärke, sondern Gottesfurcht und Nächstenliebe will (vgl. Jes 7,9). Mit Blick auf das NT dürfte historisch kaum zu bestreiten sein, dass Jesus zu gewaltfreiem Handeln ermuntert (vgl. Mk 10, 42-45), ja zur Feindesliebe aufgerufen hat (Mt 5,44; Lk 6,27; 35). Sind die herrschenden Verhältnisse durch vielfältige Formen der Gewalt bestimmt, so gilt im Reich Gottes das Ethos einer Gewaltfreiheit, die auf Vergeltung verzichtet [...] (Mt 5,38 f.)

Dirk Ansorge (1960), kath. Theologe*

Karl Theodor von Piloty (1826-1886): Die Eroberung Jerusalems durch Gottfried von Bouillon 1099

** „In hoc signo vinces" (In diesem Zeichen wirst du siegen): Der Legende nach erhielt Kaiser Konstantin diese Botschaft in einem Traum vor der entscheidenden Schlacht gegen einen Rivalen an der Milvischen Brücke (312), die zugunsten Konstantins ausging. Der visionäre Hinweis bezieht sich auf das sogenannte Labrum, ein Christuszeichen, das der spätere Alleinherrscher Konstantin auf den Schildern seiner Soldaten anbringen ließ.*

*** „Deus Lo vult" (Gott will es): Diese Parole wird als angebliche Antwort der Zuhörer auf den leidenschaftlichen Aufruf von Papst Urban II. zum 1. Kreuzzug im Jahr 1095 überliefert.*

Bergpredigt → S. 130f.
Prophetie → S. 162

1. Analysieren Sie zunächst, wie Ansorge das Verhältnis von Christentum und Gewalt bestimmt. Erstellen Sie dann eine Mindmap zu seiner Argumentation.
2. Entwerfen Sie anhand einer Internetrecherche einen Kurzvortrag zu einer der von Ansorge genannten Personen oder Gruppen, die sich aus christlicher Glaubensüberzeugung für den Frieden einsetzten.
3. Gestalten Sie im Anschluss an die von Ansorge genannten Bibelstellen Kirchenfenster zum gewaltfreien Handeln Jesu.
4. Erörtern Sie, welche Bewertung der Eroberung Jerusalems durch Kreuzfahrer das Bild von Piloty nahelegt.

Religion im Gespräch über Wahrheit und Toleranz

Was ist Wahrheit?

Basics Wahrheitstheorien und ihre Grenzen

Wahrheit kann unterschiedlich definiert werden. Nach der „Korrespondenztheorie“ sind Aussagen dann wahr, wenn sie mit der Wirklichkeit übereinstimmen. Doch kann man damit die Menschenwürde als „wahr“ begründen? Nach der „Kohärenztheorie“ entscheidet sich die Wahrheit einer Aussage daran, ob sie mit einer allgemein akzeptierten Theorie, wie z.B. der Evolutionstheorie zusammenpasst. Doch übergeordnete Theorien können sich als falsch erweisen. Nach der „Konsenstheorie“ gilt das als wahr, worüber in einem herrschaftsfreien Diskurs mit einleuchtenden Argumenten ein Konsens erreicht wurde, z.B. bei der Verabschiedung des Grundgesetzes. Nach der „pragmatischen Theorie der Wahrheit“ gilt als wahr, was für Menschen die beste Orientierung in ihrer jeweiligen Lebenswirklichkeit bietet. Die Frage nach der Wahrheit stellt sich aber noch einmal anders dar, wenn jemand nach der Aussage „Ich stehe zu dir.“ gefragt wird: „Ist das wahr?“ Dann kommen Glaubwürdigkeit und Verlässlichkeit ins Spiel.

Das Wahrheitsverständnis in den Religionen

Wahrheit aus der Perspektive von Religionen geht es nicht um die Verifizierung oder Falsifizierung von Informationen; sie ist daher auch nicht in einem primär kognitiven Sinne als Übereinstimmung des Verstandes bzw. der Vernunft mit Tatsachen der Realität zu verstehen. […]. Wahrheit ist Wahrheit in Beziehung auf das Subjekt und Deutungsperspektive für das gesamte Leben […].
Das Selbstverständnis von Religionen wird durch Schlüsselerfahrungen seiner Stifter konstituiert; diese formieren sich zu einem Erfahrungszusammenhang, weil sie von anderen wiederholt und nachvollzogen werden können und als Erfahrung von Evidenz das Leben ausrichten. […] Wahrheit als Erfahrungszusammenhang gründet sich gleichfalls auf Begegnungen, in denen sie sich erschließt bzw. erschlossen und weitergegeben wird.
So wie religiöse Wahrheit in einem Erfahrungszusammenhang gründet, folgt aus ihr auch eine in ihrem Licht interpretierte und begründete Praxis. Für den christlichen Glauben hat [der evangelische Theologe] Hans-Martin Barth folgende […] Prinzipien christlicher Wahrheit formuliert, die sich für ihn „auf der Basis der Heiligen Schrift und in der Gemeinschaft der Glaubenden“ ergeben: „Gnade vor Recht, Freiheit vor knechtender Abhängigkeit, Liebe vor Hass, Heil vor Unheil; Leben vor Tod; Beziehung vor Beziehungslosigkeit, Verantwortung vor Verantwortungslosigkeit […].“

Thorsten Knauth (1964), ev. Theologe, Professor für Religionspädagogik*

Nikolai Nikolajewitsch Ge (1831-1894): Was ist Wahrheit?, 1890

1. Untersuchen Sie, wie verschiedene Wahrheitstheorien die Aussage „Ich liebe dich“ hinsichtlich ihres Wahrheitsgehaltes bewerten.
2. Fassen Sie Knauths Sicht zum Wahrheitsverständnis der Religionen zusammen.
3. Entwerfen Sie eine Bildinterpretation zu Ges Gemälde; ziehen Sie dafür auch Joh 18,33-38 heran.

Team-Aufgaben

1. Arbeiten Sie heraus, inwiefern im Umgang mit Heiligen Schriften (S. 262f., 279, 280) die Frage nach der Wahrheit eine Rolle spielt.
2. Gestalten Sie aufgrund von S. 208f. und S. 286 ein Plakat zum Thema „Religiöse Toleranz“ (→ **S. 334**).
3. Entwerfen Sie einen Leserbrief: Thema ist ein rechtsradikaler Brandanschlag auf eine Moschee in Ihrer Stadt.
4. Entwerfen Sie aufgrund von S. 278 und S. 42f. eine Mindmap für die Behandlung der Wahrheitsfrage im Gespräch zwischen Naturwissenschaften und Theologie (→ **S. 324**).

Wie findet man Wahrheit?

Judentum, Wahrheit und Lebenspraxis

„Das wichtigste Torastudium ist jenes, das zu Taten führt" (Babylonischer Talmud, Bawa Kama 17a)

Die Tora, d.h. die fünf Bücher Mose, sollen dem Menschen seinen Weg weisen, den Weg, auf dem er wandeln soll, wie auch jenen Weg zeigen, der ihm verboten ist. So wie der erste Regen als „Jore", als Weisender, bezeichnet wird, weil er den Menschen den bevorstehenden Winter ankündigt und ihnen Zeichen gibt, dass sie sich auf ihn vorbereiten müssen, so zeigt uns auch die Tora unseren Lebensweg und bahnt ihn uns. Und was ist Halacha? Sie ist der Weg, auf dem man geht (Halacha gebildet von Wort halach: gehen); sie bestimmt die Art und Weise unseres Lebens.

Das Judentum, das sich aus diesen Lebenswegen zusammensetzt, unterscheidet sich von vielen anderen Glaubensweisen dadurch, dass es vor allem eine Religion der Tat ist. Die hebräische Bibel, die Grundlage des Judentums, besteht aus fünf verschiedenen Literaturarten:

1. aus Gesetzen (Halacha);
2. Prophetischen Büchern;
3. Poesie, wie dem Psalter, dem Hohenlied Salomos und den Klageliedern Jeremias;
4. den Büchern der Weisheit, wie den Sprüchen Salomos und dem Prediger Salomo, und
5. der Prosadichtung, die die erzählerischen Teile der Bibel umfasst.

Im Judentum vereinen sich Wort und Tat; es ist eine Harmonie zwischen einer Vision und der Verwirklichung, Realisierung von Plänen, Werten und Ideen, die in den Seiten des Buches der Bücher, der Bibel, verborgen sind. Das Judentum beruht demnach auf zwei Grundlagen: einer ideologischen einerseits und einer praktischen andererseits. So bestehen zum Beispiel die Gebetsriemen aus zwei Kapseln: aus Gebetskapseln, die dem Kopf zugeordnet werden und das jüdische Denken symbolisieren, und aus Gebetskapseln, die der Hand zugeordnet werden und Ausdruck des praktischen Aspekts der jüdischen Lebensweise sind. Beide können weder getrennt noch allein für sich betrachtet werden; sie gehören vielmehr untrennbar zusammen.

Israel M. Lau (1937),*
Oberrabbiner der Stadt Tel Aviv

Wort Gottes → S. 157, 158
Tora → S. 161

Weihe der neuen Synagoge in Dresden im Jahre 2001

Die besondere Bedeutung der Tora

Die rabbinische Vorstellung geht dahin, dass im Fünfbuch [= 5 Bücher Mose] alles im Wesentlichen enthalten oder angedeutet ist, was die Propheten und Hagiographen [= Poesie und Bücher der Weisheit in der Hebräischen Bibel] später aussagten, und diese dienen bloß zur Auslegung und Beleuchtung der Thora; darum werden dieselben bald als Bestandteile der Thora, bald als Worte der Überlieferung zitiert.

Kaufmann Kohler (1843-1926),
ehem. Rabbiner in New York

1. Arbeiten Sie am Text von Lau heraus, worin sich jüdische Lebensweise gründet.
2. In Synagogen werden kostbare Schriftrollen mit prächtigen Schutzhüllen überzogen. Gestalten Sie, ausgehend von den Aussagen Kaufmann Kohlers, den Entwurf für eine Schutzhülle des „Fünfbuches".
3. Im jüdisch-christlichen Dialog werden Bibeltexte oft auch nach jüdischen Auslegungsmethoden interpretiert. Prüfen Sie, ob die Aussagen von Lau und Kaufmann Kohler auch für das bessere Verständnis von 5. Mose 6,4 (Schema Israel), und das Vaterunser (Mt 6,9-13) fruchtbar gemacht werden können (→ S. 98 → S. 122).
4. Vergleichen Sie das Bild auf dieser Seite mit Bildern zum Gebrauch des Korans (S. 262f.) und der Bibel (→ S. 157).

Auf welcher Grundlage können Juden, Christen und Muslime friedlich zusammenleben?

Emblem eines interreligiösen Projektes für den Dialog zwischen Juden, Christen und Muslimen

Lessings Ringparabel – zum Inhalt

Ein Mann besitzt einen Ring, der seinen Träger vor Gott und Menschen „angenehm" macht, wenn er in dieser Zuversicht getragen wird. Der Ring wird vererbt und bestimmt jeweils den am meisten geliebten Sohn zum Nachfolger als Herrscher.

Ein Nachfahre hat drei Söhne, die er alle in gleicher Weise liebt. Er lässt Kopien des Ringes anfertigen. Nach seinem Tode streiten sich die Söhne erfolglos um die Nachfolge.

Die drei Brüder führen gegeneinander Klage vor einem Richter. Der Richter vermutet, dass der richtige Ring verloren gegangen sein könnte, da der Streit der drei zeige, dass die Kraft des Ringes nicht wirke.

Der Richter gibt ihnen den Rat, sie mögen an die Kraft des eigenen Ringes glauben und diese durch eine tolerante, gottesfürchtige und humanistische Lebensführung erweisen. In einigen tausend Jahren werde ein weiserer Richter die Frage nach dem richtigen Ring beantworten können.

*Thomas Möbius (*1963)*
Prof. für Germanistik

Eine problematische Prämisse – theologische Anfragen an die Ringparabel

Bei der Ringparabel gibt es [...] eine Prämisse, die ich für problematisch halte und von der ich der Auffassung bin, dass sie religiösen Gläubigen auch anderer Religionen nicht akzeptierbar ist. Der Richter geht [...] von der Voraussetzung aus: „Der echte Ring vermutlich ging verloren." Und das würde bedeuten, dass die unterschiedlichen Glaubenden nun auf der Basis von Ungewissheit handeln in Bezug auf die Wahrheit ihres Glaubens. Das würde meines Erachtens in der Selbstbeschreibung von Religionen nicht akzeptierbar sein, sondern in den Religionen wird gehandelt auf der Basis der Gewissheit von Wahrheit. Dabei zeigt sich noch etwas, was an der Ringparabel nicht so einfach ist: Wer soll denn entscheiden, was der richtige Ring ist? Gibt es eine dritte Position außerhalb derer, die nun den jeweiligen Ring besitzen, der ihnen vermacht worden ist? Das halte ich für ein großes Problem. [...]

Was Lessing allerdings ganz richtig gesehen hat, ist, dass die jeweiligen Wahrheitsüberzeugungen sich auch im Umgang miteinander zeigen. Und die Überzeugungskraft und die beeindruckenden Qualitäten einer Religion zeigen sich m.E. vor allem auch darin, wie sie mit Andersglaubenden umgeht. Und es wäre m.E. für die Überzeugungskraft des Christentums sehr viel gewonnen, wenn der respektvolle, tolerante, auf Kooperation abzielende Umgang mit den Andersglaubenden ein Aspekt des Zeugnisses des christlichen Glaubens in unserer Gesellschaft wäre.

Christoph Schwöbel (1955), ev. Theologe,*
Prof. für Systematische Theologie

Toleranz/Intoleranz → S. 208

1. Stellen Sie dar, worin Lessing die Quelle zu einem friedlichen Miteinander von Juden, Christen und Muslimen sieht.
2. Gestalten Sie ein Plakat als Beitrag für einen Schulkunst-Wettbewerb zu Lessings Ringparabel. Erläutern Sie dabei Ihre gestalterischen Grundentscheidungen.
3. Beschreiben Sie, welche Stärken und Schwächen Schwöbel in Lessings Ringparabel entdeckt.
4. Erörtern Sie, ob das Emblem des interreligiösen Dialogs die Absicht von Lessings Ringparabel aufnimmt (vgl. Infobox Symbole S. 266).
5. Lessings Drama betont den toleranten Umgang zwischen drei monotheistischen Religionen im 18. Jahrhundert. Erörtern Sie, was diese Haltung heute für den Umgang mit Religionen, Weltanschauungen (S. 272) und Antisemitismus (S. 272f.) bedeuten könnte.

Wie können Juden, Christen und Muslime voneinander lernen?

Lektüre heiliger Schriften bei einem interreligiösen Treffen

Scriptural Reasoning – als Zeuge der eigenen Tradition im offenen Gespräch

Zentrale Bestandteile von Scriptural Reasoning als gemeinsame Lektüre von Juden, Moslems und Christen in den drei Traditionen sind das persönliche Engagement und die persönliche Bekanntschaft der Teilnehmer an den Lektüregruppen. Es wird hier nicht nach objektiver Wahrheit, sondern nach persönlicher Auseinandersetzung im Horizont der heiligen Texte der drei Religionen gesucht. Dabei sind Gleichberechtigung und Respekt aller Teilnehmer vor der Tradition des anderen unabdingbar. Die einzelne Lektüregruppe besteht in der Regel aus sechs bis neun Mitgliedern, wodurch jede Tradition mit zwei bis drei Mitgliedern vertreten sein kann. Dort, wo mehrere Lektüregruppen gleichzeitig arbeiten, ermöglichen Plenumssitzungen die Vernetzung der Lektüreerfahrungen und Einsichten in einem größeren Kreis [...].

Die Stärke von Scriptural Reasoning als Modell der Begegnung der drei monotheistischen Religionen ist zunächst der inhaltlich offene Ausgangspunkt der Religionsbegegnung. Weder steht zu Beginn oder im Verlauf des Lektüregeschehens das Ergebnis [...] aus der Perspektive der einzelnen Teilnehmer fest, noch muss der einzelne Teilnehmer seine eigene Identität und Verankerung in der Tradition aufgeben oder suspendieren, um offen in den Dialog eintreten zu können. Das Neue, das im Vollzug von Scriptural Reasoning erwartet wird, sind nicht neue Informationen für mich oder mein Gegenüber, sondern die Begegnung selbst und die Neugier füreinander als Mitglieder verschiedener religiöser Traditionen. Es ist das offene Interesse an der Auseinandersetzung mit den heiligen Texten des anderen, das die Dialogpartner zusammenführt, nicht eine Überprüfung oder harmonische Reformulierung der eigenen oder der anderen Position. Die Grundsatzerklärung der Society für Scriptural Reasoning [= SSR] formuliert wie folgt: Mitglieder der SSR sind der Überzeugung, dass die abrahamitischen Religionen [= Judentum, Christentum, Islam, die sich alle auf Abraham beziehen] als eine Gemeinsamkeit besitzen: das Lesen der Schrift – wie verschieden die Traditionen und Theologien auch sind. [...]

Das hermeneutische Kernelement von Scriptural Reasoning ist das Ringen um die Bedeutung des Textes über Traditionsgrenzen hinweg. Insbesondere die Situation, als Mitglied einer Tradition von einem Mitglied einer anderen religiösen Tradition über die Bedeutung eines Textes befragt zu werden, scheint eine neue religionstheologische Konstellation zu beinhalten. Das Bedeutsame liegt nicht zunächst in dem Erkenntnisgewinn des anderen, sondern in dem Umstand, dass ich als Zeuge oder Interpret meiner Tradition befragt bin.

Matthias Müller (1972), kath. Theologe und Religionswissenschaftler*

Dialogregeln → S. 209

1. Stellen Sie die Merkmale von Scriptural Reasoning dar.
2. Nehmen Sie zu der These Stellung, Scriptural Reasoning sei nur etwas für religiös Hochgebildete.
3. Entfalten Sie Gemeinsamkeiten und Unterschiede von Scriptural Reasoning zu anderen Zugängen zur Bibel (→ S. 166ff.).
4. Entwerfen Sie einen Flyer oder die Startseite einer Internet-Homepage zum Scriptural Reasoning; dabei soll in einem Text auf das Bild Bezug genommen werden (→ S. 328).
5. Prüfen Sie, ob es in Ihrer Schule die Voraussetzungen dafür gibt, Scriptural Reasoning auszuprobieren. Zeigen Sie Konsequenzen auf, die sich aus Ihrem Befund für die Behandlung des Themas „Interreligiöser Dialog“ im Kontext Ihrer Schule ergibt (→ S. 332).

In welchem Verhältnis stehen Religionen zueinander?

Graffito in Bethlehem

Religionstheologische Positionen: Exklusivismus, Inklusivismus, Pluralismus

Der exklusivistische Typ geht davon aus, dass es außerhalb der Kirche […] bzw. außerhalb des christlichen Glaubens kein Heil gebe und deshalb ein unendlicher qualitativer Unterschied zwischen Christentum und anderen Religionen bestehe.

Einen reineren Exklusivismus meint [der Religionswissenschaftler] Perry Schmidt-Leukel bei der Southern Baptist Konvention in den USA wahrnehmen zu können, die aus Anlass des großen indischen Festes Divali Puja ihre Mitglieder auffordere, der Menschen zu gedenken, die „in der hoffnungslosen Dunkelheit des Hinduismus verloren" seien und noch nicht zu „dem einen wahren Weg" des Christentums bekehrt seien. „Durch Kali und andere Götter und Gottheiten des Hinduismus hält Satan Kalkutta fest in seinem Griff. Es ist Zeit, dass die Erlösung Christi nach Kalkutta kommt", so der Aufruf der Südlichen Baptisten. Hier begegnet ein christlicher Exklusivismus im engeren Sinne einer Heilsausschließlichkeit des Christentums.

Im Unterschied zum exklusivistischen Denken geht inklusivistische Religionstheologie davon aus, dass auch anderen Religionen, in welcher Gestalt und in welchem Maße auch immer, Wahrheit innewohnt, bis hin zu Modellen, die Signifikationen Christi auch in nichtchristlichen Religionen wahrnehmen.

In einem Vortrag […] entfaltete [der katholische Theologe] Karl Rahner, dass auch „Menschen außerchristlicher Religionen" bereits der Gnade Got-

tes, in gewisser Weise seiner Offenbarung teilhaftig geworden sein können und insofern als „anonyme Christen“ betrachtet werden [...] müssten. Nichtchristen im Stande der „anonymen Christen“ könnten somit als „verborgene Wirklichkeit auch außerhalb der Sichtbarkeit der Kirche“ betrachtet werden, was jedoch keineswegs die Missionsbemühung ihnen gegenüber überflüssig mache. Rahners Entwurf kann als klassisches Beispiel für inklusivistisches Denken betrachtet werden und veranschaulicht zugleich eine deutliche Betonung der Überlegenheit des christlichen Glaubens, der im breiten Spektrum inklusivistischer Ansätze in unterschiedlichem Maße aufscheint.
Als pluralistische Theologie der Religionen [wird] eine Denkbewegung bezeichnet, die nicht mehr im strengen Sinne eine christlich-theologische Besinnung und Klärung darstellt. [...] John Hick spricht von dem einen uns verborgenen „Real“, das in unterschiedlichen Religionen mit je anderen Begriffen [z.B. Gott, Brahman, „das Absolute“] belegt und auf andere Weise erfahren werde. Es gibt keine privilegierte Erfahrung des Real, die einer Religion den Anspruch auf alleinige Wahrheit gewährte.

Ulrich Dehn (1954),*
Prof. für Religionswissenschaften,
Universität Hamburg

1. Fassen Sie die religionstheologischen Positionen von Exklusivismus, Inklusivismus, Pluralismus und positionellem Pluralismus in einer Tabelle zusammen.
2. Das Graffito findet sich auf der Mauer zwischen Israel und dem palästinensischen Autonomiegebiet Westjordanland. Erläutern Sie die politische Botschaft, die durch diese Positionierung des Graffitos erzielt wird.
3. Analysieren Sie, welche religionstheologische Position dem Graffito aus Bethlehem in besonderer Weise entspricht.
4. Gestalten Sie ein Graffito mit dem Symbol „Hand“, das Ihre eigene religionstheologische Position repräsentiert. Vgl. auch Info Symbole S. 266.

Positioneller Pluralismus
Der positionelle Pluralismus beansprucht nicht, über die Wahrheit anderer Religionen negative oder positive Aussagen machen zu können. Er weiß, dass wir nur in Gedanken versuchen können, aus der uns erschlossenen Wahrheitsgewissheit herauszutreten. Und er weiß, dass wir uns nicht willkürlich (also durch Entschluss) eine andere Wahrheitsgewissheit zu eigen machen können. Wir haben nicht die Möglichkeit, den Wahrheitsanspruch einer anderen Religion zu bestätigen, dazu müsste er sich uns erschlossen haben. Wir haben aber auch keinen Grund, diesen Anspruch zu bestreiten. Denn dazu müsste er sich uns zunächst erschlossen und schließlich doch als falsch erwiesen haben – wie dies etwa der Fall ist, wenn Menschen sich bewusst von ihrer Religion abwenden oder zu einer anderen Religion konvertieren.
Was der christliche Glaube damit von sich selbst bekennt, muss er konsequenterweise zumindest als von Gott zugelassene Möglichkeit auch für andere Religionen gelten lassen. Vor allem aber muss er es sich verboten sein lassen, das Wirken des Heiligen Geistes in die eigene Regie nehmen zu wollen, um Anhänger anderer Religionen gegen ihre Überzeugung zu Christen zu machen. Dies schließt freilich die Bezeugung des eigenen Glaubens anderen Menschen gegenüber in keiner Weise aus. Im Gegenteil: Zum respektvollen und ernsthaften Austausch zwischen den Religionen gehört notwendigerweise die (wechselseitige) Bezeugung des eigenen Glaubens bzw. der eigenen Religion, also das, was wir mit einem herkömmlichen (und leicht missdeutbaren) Begriff als den missionarischen Auftrag bezeichnen.

Wilfried Härle (1941), evangelischer Theologe,*
bis 1995 Prof. für Systematische Theologie
in Heidelberg

Toleranz aus Glauben → S. 208

Wie kann man Verständigung zwischen den Religionen organisieren?

Gisbert Baarmann: Ring for Peace, Lindau (aufgestellt anlässlich des 10. Welttreffens der Organisation Religions for Peace (Juli 2019)

Friede und Zusammenarbeit als Herausforderung für die Religionen

Rede zur Eröffnung der 10. Weltversammlung von „Religions for Peace"

Das berühmteste utopische Lied der Popmusik des zwanzigsten Jahrhunderts, das Lied, das immer wieder angestimmt wird, wenn Menschen sich eine gute, eine bessere Zukunft erträumen, das ist sicherlich „Imagine" von John Lennon.

Dieses Lied wurde nicht nur kürzlich zum „Song of the Century" gewählt. Es wurde auch von der kolumbianischen Sängerin Shakira im Jahr 2015 vor der Jubiläums-Vollversammlung zum 70. Jahrestag der Vereinten Nationen gesungen, mit über hundert anwesenden Staats- und Regierungschefs. Dieses Lied, seit es 1971 erschien, hat Millionen von Menschen bewegt; sicher wegen der wunderbaren Melodie, aber auch wegen seines visionären Textes:

„Imagine all the people living life in peace
You may say I'm a dreamer, but I'm not the only one
I hope someday you'll join us, and the world will be as one."

Dieser Friedensbotschaft würden wir uns alle hier wohl gerne anschließen. Aber die Botschaft in diesem Lied ist untrennbar verbunden mit dezidiert religionskritischen Aussagen. Ja, es beginnt schon mit dem Wunsch nach einer Welt ganz ohne Religion: „Imagine there's no heaven / above us only sky / … Nothing to kill or die for / and no religion too." Eine religionslose Welt wird geradezu als die Grundvoraussetzung für eine friedliche Welt angesehen. […] Es darf uns – ich darf mich da als bekennender Christ ganz bewusst einschließen –, es darf uns, denen uns Religion und Glaube wichtig sind, nicht gleichgültig sein, wenn immer wieder Menschen zum Ausdruck bringen, dass Religion geradezu ein friedensverhinderndes, ja kriegsförderndes Phänomen sei.

[…] Der religiöse Glaube kann eine große, ja wunderbare Macht sein, die den Einzelnen für sein ganzes Leben prägen kann, die ihm im Leben und Sterben Kraft und Sinn geben kann. Aber Glaube und Religion können auch missbraucht werden. […] Ich weiß, und wir alle wissen: Für jede Religion bedeutet es zunächst einmal eine Zumutung, sich in eine Reihe mit anderen Religionen zu stellen – und anderen Religionen gleiche Bedeutung und gleichen Wert zuzusprechen wie der eigenen. Jede Religion hat ja für sich den Anspruch, wahr zu sein. Es gehört sozusagen zum Begriff der Religion selbst, die Wahrheit über Himmel und Erde, über Gott und die Menschen zu kennen. Wenn sie ernst und glaubwürdig bleiben will, kann eine Religion darauf nicht verzichten.

Aber dieser Wahrheitsanspruch kann und darf nur friedlich vertreten werden. Inzwischen haben wir hoffentlich alle gelernt, dass sich jede Religion, die ihre Überzeugung mit Unterdrückung, Gewalt oder Terror behaupten will, schon selbst diskreditiert hat.
Bei Religions for Peace weiß jeder um den eigenen Wahrheitsanspruch und um den des anderen – aber er spielt in der praktischen Zusammenarbeit zunächst keine Rolle. Lehre trennt, Dienst eint.

Frank-Walter Steinmeier (1956),*
seit 2017 deutscher Bundespräsident

Die praktische Arbeit der Organisation Religions for Peace

Seit ihrer Gründung 1970 hat die Organisation mehrere Phasen durchlaufen.
Die erste dauerte etwa bis zum Ende des Kalten Krieges an, erklärt Generalsekretär William Vendley. „In dieser Zeit konzentrierte sich Religions for Peace in erster Linie auf Öffentlichkeitsarbeit für den Frieden", sagt er. „Ihre Mitglieder reisten gemeinsam nach Moskau, Washington, Peking, Brüssel und weitere Städte, um ein gemeinsames, friedliches Zeichen zu setzen gegen den Terror des Kalten Krieges."
Mit dem Fall des Eisernen Vorhangs und der Implosion des sowjetischen Imperiums veränderte sich die Bedrohungslage. Im politischen Vakuum der ehemaligen Ostblockstaaten brachen neue Konflikte entlang ethnischer, sprachlicher und religiöser Bruchlinien aus. „Eine neue historische Phase setzte ein, in der religiöse Identitäten ausgenutzt wurden, um politische Ziele zu erreichen", sagt Vendley. In dieser Zeit begann auch seine eigene Geschichte bei Religions for Peace: Vendley [...] übernahm 1994 das Amt des Generalsekretärs der Organisation. Die Herausforderungen ließen nicht auf sich warten: Serbische Soldaten und Milizen ermordeten 1995 in Srebrenica über 8000 Bosniaken, ein Verbrechen, das der ehemalige UN-Generalsekretär Kofi Annan später als das schlimmste Massaker auf europäischem Boden seit dem Zweiten Weltkrieg bezeichnen sollte. Zwar beendete das Dayton-Abkommen den Krieg in Bosnien und Herzegowina wenige Monate später offiziell, doch die traumatischen Erfahrungen der Kämpfe hatten tiefe Gräben aus Hass und Misstrauen zwischen christlichen und muslimischen Gemeinden gezogen.
Kurz nach Kriegsende reiste [Vendley] nach Bosnien, um sich mit den Anführern der verschiedenen Gemeinden zu treffen, der römisch-katholischen, der serbisch-orthodoxen, der islamischen und der jüdischen. „Zu den ersten Treffen brachte ich immer eine geistliche Autorität von Religions for Peace desselben Glaubens mit, um die lokale Gemeinde von meiner moralischen Integrität zu überzeugen", erzählt Vendley. „Meine erste Aufgabe bestand darin, Verständnis und Empathie für das Leid zu zeigen, das jede religiöse Gemeinde erlitten hatte. Erst wenn diese Menschen spürten, dass ich ihrer Leiderfahrung Verständnis und Mitgefühl entgegenbrachte, konnte ich beginnen, mit ihnen zu arbeiten."
Nach zahlreichen Treffen gelang es ihm, die Anführer der vier Gemeinden an einen Tisch zu bringen. Aus diesen ersten Versammlungen, die unter Ausschluss der Öffentlichkeit stattfanden, ging schließlich der interreligiöse Rat Bosniens hervor, der bis heute Bestand hat. „So begann die zweite Phase der Religions for Peace mit der Mobilisierung religiöser Gemeinden zu konkreter Konfliktlösung und Friedensstiftung", sagt Vendley. [...]
Aktuell bemüht sich Religions for Peace unter anderem um interreligiösen Dialog und Versöhnung in Myanmar, wo 2017 über 700 000 Angehörige der muslimischen Minderheit der Rohingya vor gewalttätigen Soldaten ins Nachbarland Bangladesch fliehen mussten. Dabei wendet die Organisation das gleiche Rezept an, das schon in Bosnien und anderen Krisengebieten zum Erfolg führte. „Wenn eine religiöse Gemeinde in Schwierigkeiten ist, suchen wir in ihrer eigenen Apotheke nach Medizin", sagt Generalsekretär Vendley. „Wir reisen also in Begleitung buddhistischer Führungspersönlichkeiten aus Sri Lanka und Kambodscha nach Myanmar, die dort großen Respekt genießen. Diese respektierten Führer können der lokalen Gemeinde helfen, ihre eigenen friedlichen Wurzeln zu erkennen: Es ist buddhistisch, sich in interreligiösem Dialog zu engagieren."

Mareike Enghusen, Journalistin

1. Formulieren Sie zur Rede von Bundespräsident Steinmeier eine Überschrift oder einen Kommentar für eine Tageszeitung → **S. 331**).
2. Geben Sie die verschiedenen Arbeitsschwerpunkte der Organisation Religions for Peace im Laufe ihrer Geschichte wieder.
3. Beschreiben Sie die Skulptur Baarmanns und setzen Sie sie in Beziehung zur Arbeit der Organisation Religions for Peace.
4. Entwerfen Sie zu dem John-Lennon-Song *Imagine* eine Kurzandacht im Rahmen einer interreligiösen Schulfeier.

Was ist Toleranz?

Daniel Chodowiecki (1726-1801): Toleranz, 1791

Zivilgesellschaft – Verfassungsstaat – Religiöse Toleranz

Von Alexis de Tocqueville stammt der Satz: „Despotismus kommt ohne Religion aus, Freiheit nicht." Dieser Satz wirkt heute provokativ. Herrscht doch bei vielen Zeitgenossen der Eindruck vor, Religion sei eher demokratiefremd und freiheitsfeindlich. […]

Also: Braucht Demokratie wirklich Religion, kommt Freiheit nicht ohne Religion aus? Und wie steht es um die religiöse Toleranz in einer pluralistischen Gesellschaft zu Beginn des 21. Jahrhunderts? Pluralismus: Das sagt sich so leicht. Gemeint ist die konfliktreiche Pluralität von Überzeugungen, Weltbildern, Wahrheitsansprüchen, Wertorientierungen, Lebensweisen. Wie lässt sich die Vielfalt in unserer Gesellschaft ertragen – ohne Gewalt? Wie sichern wir den Zusammenhalt einer widersprüchlichen Gesellschaft? Die Frage ist offen. […]

Toleranz ist nicht selbstverständlich. Wie wenig wir uns ihrer sicher sein können, das belegen zahllose Konflikte in den vergangenen Jahren, auch bei uns: Ich erinnere an Auseinandersetzungen um neue Moschee-Bauten, um Karikaturen, um Kopftücher, um Kruzifixe. Mit besonderer Heftigkeit wurde der Streit um die Beschneidung des männlichen Kindes ausgetragen – vor Gericht, an Stammtischen, in den Medien und zu guter Letzt im Deutschen Bundestag.

In dieser Debatte hatten wir es mit einer Güterabwägung zwischen verschiedenen Grund- und Menschenrechten zu tun: dem Recht des Kindes auf körperliche und seelische Unversehrtheit, dem elterlichen Sorgerecht und der Religionsfreiheit. Letztere ist ein umfassendes Menschenrecht. Sie meint Gedanken-, Gewissens- und Weltanschauungsfreiheit und kann in einer pluralistischen Gesellschaft besonders anstrengend sein.

Eine Gemeinschaft kann nicht funktionieren ohne den Respekt vor den Unterschieden. Dieser Respekt ist auch vom Staat zu verlangen. Wollen wir uns daran gewöhnen, dass der Staat darüber entscheidet, was zum Kern der Identität einer Religionsgemeinschaft gehört und was nicht? Nein, das zu entscheiden ist Sache der Religionsgemeinschaft selbst und der Zivilgesellschaft. Der weltanschaulich neutrale Staat vertritt eben keine Weltanschauung. Trotzdem sind kulturelle Eigenarten oder religiöse Praktiken nicht einfach sakrosankt. Auch sie müssen abgewogen, die Gründe gewichtet werden. Der Gesetzgeber hat sich bei Wahrnehmung seiner Schutzpflicht sowohl eines Übermaßes wie auch eines Untermaßes an Regelungen zu enthalten.

Das Parlament hatte in der Debatte über die Beschneidung auch auf die Frage zu antworten: Sollen wir uns daran gewöhnen, dass das Menschenwohl allein in materiellen Dimensionen bestimmt wird, sodass geistige, geistliche und kulturelle Dimensionen ausgeschlossen bleiben? Wer dem folgt, reduziert das volle Freiheitsrecht der Religion auf negative Religionsfreiheit und propagiert Säkularismus als staatlich verordnete Weltanschauung. Das wollten die meisten Abgeordneten des Deutschen Bundestages nicht.

Wolfgang Thierse (1943),*
1998-2003 Präsident des Deutschen Bundestages

Religionsfreiheit → S. 216

1. Arbeiten Sie heraus, wie Chodowiecki den Gedanken der Toleranz ins Bild setzt.
2. Skizzieren Sie die Grundgedanken von Thierses Ausführungen zur Toleranz.
3. Vergleichen Sie Thierses Überlegungen zur Frage der Beschneidung mit Ausführungen des Journalisten Bittner zu dieser Thematik (S. 257).
4. Entwerfen Sie Regeln für den Umgang mit antisemitischen Äußerungen in Gesprächen und im Internet (S. 272f. und S. 280, Aufg. 5).

Check-out

Wiederholen – Zusammenfassen – Sichern

- Gestalten Sie eine Twitter-Nachricht (280 Zeichen) zum Thema „Was ist Religion?“
- Formulieren Sie eine Liste von zehn Fragen, auf die Texte dieses Kapitels eine Antwort bereithalten.
- Gestalten Sie in Partnerarbeit aus den Begriffen Gewalt, Religion, Symbol, Ritual, Pluralismus, Exklusivismus, Inklusivismus, Heilige Schrift, Judentum, Friede, Islam, Säkulare Gesellschaft, Weltanschauung sowie weiteren Begriffen Ihrer Wahl eine Lernlandkarte oder ein Begriffsnetz (→ S. 324).
- Gestalten Sie einen Kurzvortrag von fünf Minuten zum Thema: „Religion in der Gesellschaft der Gegenwart“.

Anwenden – Verknüpfen

- In einer Zeitung ist ein Leserbrief erschienen, der das Verbot von Moscheebauten in Deutschland fordert und dies mit der Bewahrung des christlichen Abendlandes begründet. Formulieren Sie eine Erwiderung.
- Erstellen Sie eine Liste von fünf Bildern dieses Kapitels, die im Kunstunterricht Ihrer Schule zum Thema „Religion“ kreativ bearbeitet werden könnten. Begründen Sie Ihre Wahl.

Einschätzung des Lerngewinns und des Lernprozesses

- Setzen Sie sich noch einmal mit der Frage nach religiöser Toleranz auseinander. Bestimmen Sie, welche Elemente des Teilkapitels für Sie neue Einsichten erbrachten. Formulieren Sie jeweils eine kurze Begründung.
- Überprüfen Sie Ihre Antworten auf die eingangs dargestellten Anforderungssituationen (S. 256f.). Was sehen Sie jetzt anders?

Feedback

- Benennen Sie die Themenschwerpunkte, die Sie am meisten interessiert haben.
- Beurteilen Sie auf einer Skala von 1 bis 10, wie stark der konkrete Unterricht durch die Materialien des Teilkapitels geprägt wurde.
- Benennen Sie drei Höhepunkte aus dem Unterricht zum Thema „Religionen“. Begründen Sie Ihre Entscheidung.

Zukunft

- Persönliche Zukunftsvorstellungen
- Säkulare Zukunftsmodelle
- Biblische Zukunftsbilder
- Zukunftsvorstellungen in anderen Religionen
- Aus Hoffnung leben und handeln

John Hicks (1780-1849): Messianisches Friedensreich, ca. 1835

- Wie geht es weiter mit der Welt?
- Woher kann man wissen, wie die Zukunft wird?
- Was kommt nach dem Tod?
- Was ist ein gutes Leben?
- Was ist Zukunft?
- Was ist Hoffnung?

Check-in

KOMPETENZEN

In diesem Kapitel finden Sie Beiträge zum Erwerb der folgenden **Kompetenzen**. Sie können …

- persönliche Vorstellungen von der Zukunft formulieren und begründen;
- säkulare Zukunftsvorstellungen einordnen und mit christlichen Vorstellungen vergleichen;
- biblische Zukunftsbilder darstellen und bewerten;
- Zukunftserwartungen anderer Religionen mit christlichen vergleichen;
- Auswirkungen christlicher Hoffnung für das alltägliche Leben und Handeln aufzeigen.

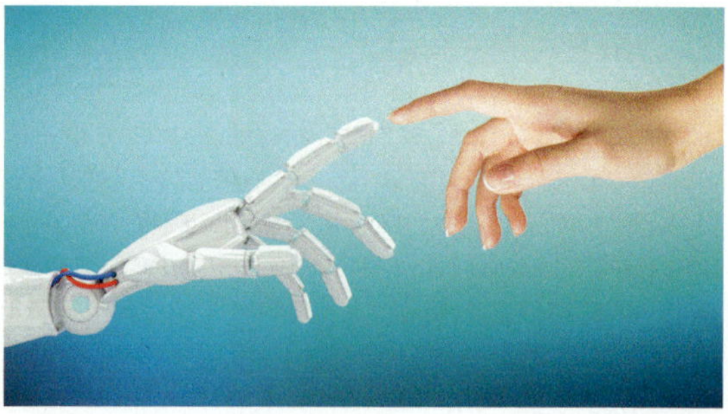

Ehe mit Roboter

David Levy, ein schottischer Experte, geht davon aus, dass im Jahre 2050 die Menschen sich in einen Roboter verlieben werden, mit ihm Sex haben und ihn heiraten werden. Eine solche Beziehung habe sogar Vorteile. Ein Roboter wird einen nicht verlassen, bevor man sich nicht selber trennen möchte.

Beurteilen Sie die Wahrscheinlichkeit, die Wünschbarkeit und die Konsequenzen einer solchen Entwicklung.

Armageddon

Auf einem Album der Söhne Mannheims findet sich der Song „Armageddon". Der Refrain lautet:

Armageddon ist im vollen Gange.
Macht euch große Sorgen,
denn wir sind jetzt in der Zange.
Ich bange um mein Leben,
denn ich höre von dem Beben.
Und nur für 144.000 wird es Rettung geben.
Hast gehört, Armageddon ist da.
Nichts ist, wie es ist, und nichts bleibt, wie es war.

Ein Freund fragt Sie: Was meinen die Söhne Mannheims damit und wie kommen sie darauf? Formulieren Sie eine Antwort.

Freunde dass der Mandelzweig

Freunde, dass der Mandelzweig
wieder blüht und treibt,
ist das nicht ein Fingerzeig,
dass die Liebe bleibt?

Dass das Leben nicht verging,
so viel Blut auch schreit,
achtet dieses nicht gering,
in der trübsten Zeit.

Tausende zerstampft der Krieg,
eine Welt vergeht.
Doch des Lebens Blütensieg
leicht im Winde weht.

Schalom Ben-Chorin

Das Gedicht des jüdischen Religionswissenschaftlers Schalom Ben Chorin (1913-1999) aus dem Jahr 1942 wurde zu einem vielgesungenen Lied in christlichen Kirchen. Ben Chorin schrieb die Verse angesichts der Verfolgung des jüdischen Volkes im 3. Reich.

Bewerten Sie, ob das Lied weiterhin gesungen werden kann und sollte.

Wählen lassen

Der israelische Historiker Harari entwickelt in seinem weltweit publizierten Buch „Homo Deus“ folgende Empfehlung:

[…] die Biowissenschaften verweisen darauf, dass ich mich im Wahllokal nicht wirklich an das erinnere, was sich in den letzten Jahren seit der letzten Wahl gefühlt und gedacht habe. Zudem werde ich von einer ganzen Salve an Wahlkampfwerbung, Meinungsmachern und zufälligen Erinnerungen bombardiert, die meine Entscheidungen leicht verzerren können. […] Am Wahltag wache ich mit einer Erkältung auf, was meine geistigen Vorgänge etwas benebelt und mich dazu veranlasst, bei meinen Überlegungen Sicherheit und Stabilität über alles zu stellen. [… Harari führt aus, ein solches Schicksal wäre ihm erspart geblieben, wenn er einem großen, namhaften Internet-Unternehmen erlaubt hätte, für ihn abzustimmen. Dieses Unternehmen] weiß über meinen Blutdruck bei der täglichen Zeitungslektüre Bescheid und dass mein Dopaminspiegel in den Keller rasselt, wenn ich abends vor der Tagesschau sitze. [Es] wird wissen, wie es die leeren Schlagworte der PR-Agenturen überprüft. [… Es] wird somit in der Lage sein, [… zu entscheiden] entsprechend den wirklichen Gefühlen und Interessen der Ansammlung biochemischer Algorithmen, die man gemeinhin als Ich bezeichnet.

Nehmen Sie Stellung zu der Empfehlung von Harari.

Hoffnung für die Erde

Der Blogger Sascha Lobo schreibt: „Bürger können noch so gebildet, verantwortungsbewusst, aufgeschlossen sein, wenn sie sich in Konsumenten verwandeln, setzen sie andere Prioritäten. Deshalb verpuffen Bitten, Aufrufe, Appelle oft.“
Eine Versammlung von Christinnen und Christen aus vielen Ländern hat sich vorgenommen, angesichts der Klimakrise und dieses Befundes einen Aufruf mit dem Titel „Hoffnung für die Erde“ an die ganze ökumenische Bewegung zu starten (Wuppertaler Erklärung vom 19.6.2019). Dieser soll ermutigen, einen Beitrag zur Bewahrung der Schöpfung zu leisten.

Entwerfen Sie fünf Sätze, die der Aufruf unbedingt enthalten sollte.

Reinkarnationstherapie

Eine Krankenkasse bekommt durch ein Mitglied diese Anzeige mit der Frage geschickt, ob die Kosten für eine solche „Reinkarnationstherapie“ erstattet werden.

Sie sind Mitarbeiter/-in dieser Kasse und erhalten den Auftrag, eine Stellungnahme (→ S. 331) **zu verfassen.**

Rückführung
Im heutigen Leben zurück bis zur Geburt, in den Bauch der Mutter und weiter zurück. Oder gleich in ein oder mehrere Leben schauen.
Wie funktioniert das?
Ich führe Sie in einen sehr angenehmen Entspannungszustand (durch Entspannungsübungen oder Hypnose). Ich begleite Sie durch mehrere frühere Leben und helfe Ihnen, Ihre Erkenntnisse zu sortieren. Wenn Sie möchten, helfe ich Ihnen, dass Sie sich von Ihrem Problem befreien können.
Sie selbst können sich nach der Rückführung an alles erinnern, was Sie erlebt, gefühlt und gesagt haben. Sie sind zu keiner Zeit willenlos, programmierbar oder bewusstlos.

Tot und was dann?

„Alle Kinder gehen zum Friedhof außer Hagen, der wird getragen.“
Im Religionsunterricht einer Grundschule bringt eine Schülerin ein Kinderbuch mit und zeigt der Religionslehrerin die Seite von der Beerdigung von Hagen. Das Kind fragt: Wo ist Hagen jetzt?

Formulieren Sie, was die Religionslehrerin antworten sollte.

Persönliche Zukunftsvorstellungen

Wie sehe ich die Zukunft?

Wie junge Menschen sich die Zukunft vorstellen

Ergebnisse einer Repräsentativbefragung mit 1000 jungen Menschen sowie einer qualitativen Online-Community zwischen 14 und 22 Jahren (Juni 2017).

[...] Die Jugendlichen und jungen Erwachsenen wünschen sich, dass die Menschen enger zusammenarbeiten und dass sie freundlicher, rücksichtsvoller, toleranter und solidarischer miteinander umgehen. Dazu gehört für sie auch, dass sich die „Schere zwischen Arm und Reich“ wieder mehr schließt und ein gutes Leben für alle möglich ist.

Allerdings besteht die Sorge, dass diese Wünsche in der Zukunft nicht erfüllt werden. Viele fürchten, dass sich die Menschen zukünftig noch weiter auseinanderleben, noch distanzierter miteinander umgehen oder noch mehr als heute „einfach ihr Ding durchziehen“. In diesem Fall gibt es Hilfsbereitschaft nur noch im engen Familien- und Freundeskreis [...] Insofern erwarten viele wachsende soziale Spannungen in Deutschland, die bis hin zu Unruhen gehen können. Viele junge Menschen gehen davon aus, dass Terrorismus, Fremdenfeindlichkeit und Kriminalität zunehmen werden. Auch Kriege, in die Deutschland verwickelt ist, sind für sie vorstellbar. [...]

[...] bestimmend für die Zukunft [...] ist die Digitalisierung. Sie verbinden damit sowohl positive als auch negative Erwartungen. Auf der Positivseite stehen vielfältige und vielversprechende Innovationen [...] Die Vorstellung ist, dass das Leben dadurch einfacher und besser wird. Nicht zuletzt verbinden einige damit vielfältige neue technische Berufe und somit Berufsperspektiven und Chancen für die kommenden Generationen.

Auf der anderen Seite wecken diese Entwicklungen aber auch Ängste vor unerwünschten sozialen und wirtschaftlichen Folgen. So befürchten manche, dass [...] die Vereinzelung der Menschen weiter ansteigt. Sorge bereitet den jungen Befragten auch, dass im Zuge der Digitalisierung immer mehr Arbeitskräfte überflüssig werden könnten und die Arbeitslosigkeit weiter ansteigen könnte. [...]

Bezüglich des Zustands von Natur und Umwelt erwarten die Teilnehmenden [...], dass sich die Situation im globalen Maßstab weiter verschlechtern wird. [...] In Verbindung mit einer weiter wachsenden Weltbevölkerung erscheint ihnen eine verstärkte Ausbeutung natürlicher Ressourcen unvermeidbar. Auch den Klimawandel schätzen sie als eine global sehr gefährliche Entwicklung ein. [...] Die Situation in Deutschland wird dagegen als weniger problematisch eingeschätzt. [...]

Die jungen Menschen nehmen allgemein in der Bevölkerung, aber insbesondere in der eigenen, jungen Generation, ein wachsendes Umweltbewusstsein wahr. Hierin sehen sie eine Chance, um eine Wende hin zu einem achtsameren Verhalten in Bezug auf Umwelt und Natur herbeizuführen. [...].

Viele junge Menschen fokussieren ihre Aufmerksamkeit auf Lebensbereiche, die sie selbst beeinflussen können [....] Die meisten sind zuversichtlich, ihre persönlichen Lebensziele zu erreichen. Sie glauben an ihre Fähigkeiten und gehen davon aus, dass es mit Selbstvertrauen, Leistungsbereitschaft, Glück (und positivem Denken) klappen wird. Sie haben ein ausgeprägtes Bedürfnis, Selbstwirksamkeit zu erfahren [...].

In Bezug auf Umweltprobleme ist ein derartiges Gefühl von Selbstwirksamkeit allerdings kaum vorhanden. Die Größe und Komplexität der Problematik, ihre globalen Zusammenhänge und die oft weit in der Zukunft liegenden Auswirkungen führen dazu, dass der oder die Einzelne kaum sieht, was man selbst beitragen kann. [Die Teilnehmenden fühlen] sich abhängig [...] von Politik, Unternehmen, Wissenschaft, wirtschaftlichen Krisen, internationalen Auseinandersetzungen oder anderen für sie nicht gestaltbaren Faktoren. Sie hoffen, dass diese sich positiv entwickeln. Keineswegs alle sind jedoch davon überzeugt.

Die befragten Jugendlichen und jungen Erwachsenen sehen nicht, dass die derzeitigen Rahmenbedingungen ausreichen, um eine nachhaltige Entwicklung zu erreichen.

Aus einer Studie des Bundesministeriums für Umwelt, Naturschutz und nukleare Sicherheit, 2018

1. Fassen Sie die Ergebnisse anhand der Begriffe Erwartungen, Einschätzungen und Annahmen sowie Wünsche, Sorgen und Ängste zusammen.
2. Überprüfen Sie, ob die Sichtweisen heute noch zutreffen.
3. Entwerfen Sie fünf Forderungen, die nach Ihrer Sicht Jugendliche und junge Erwachsene heute vertreten sollten.

Wie will ich einmal leben?

Marc Chagall (1887-1985): Das Hohe Lied III, 1960

Zukunftsorientierte Menschen

Manche Menschen haben die Gabe, ihrem Leben eine selbst gewählte Richtung und Gestalt zu geben. Sie haben ihre persönliche Zukunft stets fest im Blick und richten ihr Dasein so ein, dass es zu ihren Bedürfnissen und ihrer Persönlichkeit passt. Das beschert ihnen ein überdurchschnittliches Maß an Zufriedenheit und Wohlbefinden. Nach John Mayers Theorie gelingt ihnen das, indem sie sich mit ihrem ‚zukünftigen Selbst' identifizieren. […] Vorausplanende Menschen konstruieren im Geiste eine Art Avatar ihres zukünftigen Selbst. [Der amerik. Psychologe] John Mayer stellt sich vor, dass sie diese fiktive Person, zu der sie einmal werden wollen, gedanklich umsorgen, als wäre sie ein naher Angehöriger. Sie soll es einmal gut haben, sie soll ‚so angenehm und erfolgreich wie möglich' leben. […] Wirklich zukunftsorientierte Menschen brauchen einen gehörigen Schuss Persönlichkeitsintelligenz: Sie fühlen sich in die Person ein, die sie realistischerweise sein werden. […] Menschen mit hoher Persönlichkeitsintelligenz wissen um ihre Stärken, aber sie wissen eben auch um ihre Schwachstellen. Sie kennen ihre Bedürfnisse, können einschätzen, welche Lebensweisen und Konstellationen ihnen bekömmlich und welche abträglich sind. […]

Klaus Wilhelm, Biologe und Wissenschaftsjournalist

Schulen der Hoffnung

Ich würde sagen, dass zur Hoffnung die Vision einer besseren Welt, die möglich wäre, gehört sowie […] Handlungen, die sich auf das Erreichen dieses Ziels ausrichten. Die schönen Vorstellungsbilder und Fantasien, die mit der Hoffnung verbunden sind, können Energie freisetzen um etwas zur Realisierung des wertvollen Zieles zu tun. Ohne solche anregenden Gedanken und Gefühle ist es schwer, das Engagement in einem schwierigen Kampf aufrecht zu erhalten. […]

Gute Werke brauchen Hoffnung. […] Hoffnung hat für das energische Verfolgen eines schwer erreichbaren Zieles eine entscheidende Bedeutung. […]

Welches sind sozusagen die „Schulen" der Hoffnung – jene Bereiche unseres gemeinschaftlichen Lebens, die wir fördern und stärken sollen, weil sie Menschen helfen, die Hoffnung zu bewahren oder sie sich zu eigen zu machen? Ein Großteil der Arbeit, die Hoffnung zu bewahren oder zu fördern, wird in Familien und in persönlichen Freundschaften auf vielfältige Art geleistet. Es gibt allerdings mindestens fünf solcher „Schulen" oder „Praktiken", auf die wir bei unserem Versuch, die Hoffnung auf eine menschenwürdige Zukunft aufrechtzuerhalten, bauen können: die Dichtung, die Musik und die anderen Künste; das kritische Denken (in Schulen, Universitäten und vielfältigen Diskussionsgruppen von Erwachsenen); religiöse Gruppen, sofern sie Liebe und Respekt für andere Menschen praktizieren; Solidaritätsgruppen, die in gewaltfreier und dialogischer Form für Gerechtigkeit eintreten; und schließlich (oft in enger Verbindung mit letzteren Gruppen) Theorien der Gerechtigkeit, Beschreibungen des Ziels, auf das wir uns ausrichten können, um unsere Bemühungen zu verstärken. Für jede Form von Praxis gibt es sowohl schlechte als auch gute Vorbilder; sie bergen jedoch immer ein großes Potenzial für eine hoffnungsvolle Zukunft.

Martha Nussbaum (1947), amerik. Philosophin (leicht verändert)*

1. Beschreiben Sie das Bild von Chagall und bewerten Sie, ob es persönliche oder gesellschaftliche Zukunft zum Ausdruck bringt.
2. Arbeiten Sie heraus, was Wilhelm unter einem „zukunftsorientierten Menschen" versteht. Beurteilen Sie, inwieweit das auf Sie zutrifft.
3. Entwerfen Sie anhand des Textes von Nussbaum einen Lehrplan für eine Schule der Hoffnung
4. Entwerfen Sie auf dem Hintergrund beider Texte einen Flyer mit Empfehlungen an junge Erwachsene für ein zukunftsorientiertes Leben.

Säkulare Zukunftsmodelle

Richard Oelze (1900-1980): Erwartung, 1935/36

Was ist Utopie?

Basics **Säkulare Zukunftsmodelle: Utopien und Dystopien**

Traum, Wunsch, Hoffnung

Das ist doch utopisch! So wird etwas abgetan, wenn eine Idee als unrealistisch, ja unerfüllbar angesehen wird. Und doch hat sie jeder: Träume, Wünsche, Idealvorstellungen. Vielleicht ist es nur die Vision, nie wieder arbeiten zu müssen und trotzdem zeitlebens genug Geld zu haben oder sich endlich mal von einem Ort zum anderen beamen zu können. Vielleicht ist es aber auch die Vision von einer besseren Welt – ohne Armut und Ausbeutung. Und der Wunsch, dass alle Menschen frei sind, es weltweit Frieden gibt. Kurz: das Paradies auf Erden. Utopie (griechisch: ohne Ort), das ist das Wunschbild von einer fortschrittlichen Gemeinschaft, die in der Zukunft liegt. Thomas Morus hat im namengebenden Roman „Utopia" (1516) den Idealzustand einer solchen Gesellschaft beschrieben. In Utopia steht das Gemeinwohl über allem. So verachten die Bewohner des imaginären Landes Grausamkeiten an Mensch und Tier, es gibt nur wenige, aber klare Gesetze, Ärzte sind gut ausgebildet und Krankenhäuser ordentlich ausgestattet. Das höchste Ziel ist das Glück der Menschen. Die satirische Schrift des englischen Staatstheoretikers schildert nicht nur einen erhofften Gesellschaftszustand, sondern kritisiert vor allem die damals bestehenden sozialen Verhältnisse in England.

Erst die Utopie, dann die Praxis

Also entwarf More [Morus] eine Gegenwelt, in der alle das gleiche Recht auf alles haben. Eine Maxime, die auch schon der Philosoph Platon [ca. 428-348 v. Chr.] in seinem Idealstaat festlegte. Durch die Beseitigung des Privateigentums soll der Naturzustand wiederhergestellt werden. Bis zum 19. Jahrhundert existierte diese Gesellschaftslehre nur in der Theorie. Erst dann entstand eine politische Bewegung, die versuchte, dies umzusetzen – der Kommunismus. […]

Der Schrecken der Anti-Utopie

Die Erfahrung mit Stalins Diktatur [Millionen Menschen starben während seiner Zeit] veranlasste den englischen Schriftsteller George Orwell, der

einmal dem Kommunismus nahe gestanden hatte, eine satirische Fabel über das Verderben der kommunistischen Revolution durch ihre diktatorischen Funktionäre zu schreiben. „Farm der Tiere“ (1945) wurde eines seiner berühmtesten Bücher. Es folgte vier Jahre später „1984“, in dem Orwell eine Zukunftsvision vom totalitären Überwachungsstaat zeichnete. Den sehen manche heute schon erfüllt: durch Videokameras in U-Bahnen, in der Bank und durch TV-Shows wie „Big Brother“.
Dystopien oder Anti-Utopien werden diese Schreckensvisionen genannt. Schon im Jahre 1932 kam ein anderer utopischer Roman auf den Markt: Aldous Huxleys „Schöne neue Welt“. Huxley beschreibt darin, wie es wohl sein wird, wenn man in einer technologisierten Gesellschaft leben muss, die einer Gewaltherrschaft untersteht. Im 20. Jahrhundert wurden überwiegend Dystopien aufgestellt, es herrschte nach zwei Weltkriegen Angst vor weiteren Katastrophen. Die wachsende Technologisierung brachte die Furcht vor der Entindividualisierung.

Ewige Versprechen

Manchmal aber gab es sie noch, die Hoffnung auf eine bessere Welt – und die Menschen, die für sie kämpften. Etwa Martin Luther King. Der Baptistenpfarrer führte die Massenbewegung der Afroamerikaner in den USA an, die erfolgreich – und mit gewaltfreien Mitteln – für die rechtliche Gleichstellung kämpfte. In seiner berühmt gewordenen „I have a dream ...“-Rede beschwor King seinen Traum von einer besseren Gesellschaft, in der Afroamerikaner und Weiße gleichberechtigt leben können. 1964 wurde kurz darauf das Bürgerrechtsgesetz zur Aufhebung der Rassentrennung unterzeichnet, und Martin Luther King erhielt den Friedensnobelpreis. An der schlimmen sozialen Lage vieler Afroamerikaner konnte aber auch King nichts ändern. Am 4. April 1968 wurde er von einem Rassisten im Memphis ermordet.
Bleiben also Werte wie Gleichheit und Freiheit immer eine Utopie? [Unterschiedliche] Organisationen und Initiativen [...] glauben an die Chance der Veränderung. Ihr Motto: Eine andere Welt ist möglich.

Alva Gehrmann (1973), Journalistin*

i

Zukunftsprognosen
Aussagen über zukünftige Ereignisse, die auf Beobachtungen aus der Vergangenheit und auf theoretisch fundierten objektiven Verfahren beruhen. Grundlage jeder Prognose ist eine allgemeine Stabilitätshypothese, die besagt, dass gewisse Grundstrukturen in der Vergangenheit und Zukunft unverändert wirken.

Futurologie
Futurologie ist die wissenschaftliche Erforschung und Planung der Zukunft mithilfe von Analysen, Hochrechnungen und Analogieschlüssen.

1. Geben Sie den Inhalt des Textes wieder, indem Sie die Hauptaussagen visualisieren. Beziehen Sie auch die Informationen aus dem Info-Kasten mit ein.
2. Nehmen Sie Stellung zu den beiden Schlusspassagen des Textes: „Bleiben also Werte wie Gleichheit und Freiheit immer eine Utopie?“ und: „Eine andere Welt ist möglich.“
3. Setzen Sie das Bild mit dem Text in Beziehung.
4. Gestalten Sie mit zwei Personen auf dem Bild ein Interview zur Frage, was diese Personen sehen oder nicht sehen.
5. Entwerfen Sie eine eigene Utopie oder Dystopie in Form einer Graphic Novel.

Team-Aufgaben

1. Entwerfen Sie Texte zum Thema: „Wie ich mir das Leben in unserer Gesellschaft in 10, 20, 30 Jahren vorstelle“. Vergleichen Sie Ihre Texte (in Gruppen) miteinander.
2. Beurteilen Sie die im Teilkapitel vorgestellten Zukunftsvorstellungen hinsichtlich der Kriterien Innovationskraft, ethische Implikationen, Nachhaltigkeit und Umsetzbarkeit.
3. Entwerfen Sie zu den gesellschaftlichen Zukunftsvorstellungen des Teilkapitels jeweils eine Grafik.
4. Vergleichen Sie Ihre eigenen Texte mit den Zukunftsvorstellungen des Teilkapitels.
5. Setzen Sie die Zukunftsvorstellungen des Teilkapitels in Beziehung zu biblisch-christlichen Zukunftsbildern (S. 302ff.) und formulieren Sie jeweils drei Fragen mit dazu passenden Antworten an das jeweils andere Konzept.
6. Entwerfen Sie einen drei- bis fünfminütigen (Rede-)Beitrag für eine Umweltschutz-Demo, z.B. Fridays for Future (→ **S. 334**).

Wie weit können wir wachsen?

Dieses Bild von John Quigleys Aktion vor dem Eiffelturm ging um die Welt und half dabei, die Klimaveränderung auf die politische Tagesordnung zu heben.

Wachstum:
Ein Rückblick auf den Wachstumsstaat

Die europäische Nachkriegsgeschichte ist eine Geschichte des Wachstums: Jahrzehnte der mehr oder weniger kontinuierlich zunehmenden wirtschaftlichen Wertschöpfung bedeuteten für die Menschen in Europa zugleich auch die Erfahrung eines nie dagewesenen, von Jahr zu Jahr steigenden Wohlstands. [...]

Der Wohlfahrtsstaat übersetzt wirtschaftliches Wachstum in gesellschaftliches Wohlergehen – und ist damit zum Bezugspunkt unterschiedlichster Interessen geworden [...]. Wo Wohlfahrt auf Wachstum beruht, da bilden sich wie selbstverständlich breite gesellschaftliche Koalitionen zum Erhalt dieses Funktionszusammenhangs.

Stephan Lessenich (1965), Soziologe*

Postwachstum als Fluchtpunkt verschiedener Wachstumskritiken

Postwachstum lässt sich verstehen als der Versuch, unterschiedliche Stränge der Wachstums- und Gesellschaftskritik zusammenzudenken und nach Alternativen zu suchen, die sich hieraus ergeben. Die vielfältigen wachstumskritischen Argumente, die in der Postwachstumsdiskussion eine Rolle spielen, lassen sich analytisch in sieben Stränge der Gesellschafts- und Wachstumskritik unterscheiden: 1. ökologische, 2. sozial-ökonomische, 3. kulturelle, 4. Kapitalismus-, 5. feministische, 6. Industrialismus- sowie 7. Süd-Nord-Kritik. [...]

Wirtschaftswachstum zerstört menschliche Lebensgrundlagen und kann nicht ökologisch nachhaltig gestaltet werden, das ist die Kernaussage der ökologischen Wachstumskritik [...].

Die sozial-ökonomische Kritik argumentiert mit einem anderen Fokus: Weiteres Wirtschaftswachstum im globalen Norden steigere die Lebensqualität nicht mehr, sondern stehe sogar dem Wohlergehen und der Gleichheit aller entgegen. [...]

Die dritte Kritikform, die kulturelle Kritik, beschäftigt sich mit Entfremdung und den Steigerungslogiken, die Menschen verinnerlicht haben. [...]

Viertens argumentiert die Kapitalismuskritik, dass Wachstum von kapitalistischer Ausbeutung und Akkumulation abhänge und nicht unabhängig von diesen verstanden und verändert werden kann. [...]

Fünftens hebt die feministische Wachstumskritik hervor, dass das bisherige Wachstumsregime auf einer Abwertung und Ausbeutung von Reproduktionsarbeit wie Pflege, Erziehung, Haus- und Gartenarbeit basiere, die meist „weiblich" konnotiert ist und vor allem von Frauen erledigt wird. [...]

Die Industrialismuskritik zeigt sechstens, dass Wirtschaftswachstum auf Infrastrukturen und Techniken basiert, die nicht „neutral" für ein anderes Gesellschaftssystem übernommen werden können, sondern selbst bestimmte Formen von Herrschaft bedingen. [...]

Die Süd-Nord-Kritik schließlich verdeutlicht siebtens, dass Wirtschaftswachstum in den Ländern des globalen Nordens notwendig mit einem peripheren Status der Länder des globalen Südens zusammenhängt – als abhängige Rohstofflieferanten und zur Ausbeutung billiger Arbeitskräfte.

Matthias Schmelzer (1983), Wirtschaftshistoriker und Andrea Vetter (* 1983), Kulturanthropologin*

1. Geben Sie die Hauptaussagen des Textes zur „Wachstumsgesellschaft" wieder und belegen Sie das „Wachstum" anhand konkreter Beispiele aus drei Generationen (Großeltern, Eltern, eigene).
2. Erläutern Sie die unterschiedlichen Versionen einer „Postwachstums"-Kritik anhand von Beispielen.
3. Interpretieren Sie das Foto auf dem Hintergrund der (Post-)Wachstums-Diskussion.
4. Gestalten Sie eine Podiumsdiskussion zum Thema: Soll das Leitbild unserer Gesellschaft „Wachstum" oder „Postwachstum/Degrowth " sein?

Was muss sich ändern?

Die Große Transformation

Bereits seit geraumer Zeit befindet sich das fossile ökonomische System international im Umbruch. Dieser Strukturwandel wird vom WBGU [Wissenschaftlicher Beirat der Bundesregierung Globale Umweltveränderungen] als Beginn einer „Großen Transformation" zur nachhaltigen Gesellschaft verstanden, die innerhalb der planetarischen Leitplanken der Nachhaltigkeit verlaufen muss. Langzeitstudien zeigen eindeutig, dass sich immer mehr Menschen weltweit einen Wandel in Richtung Langfristigkeit und Zukunftsfähigkeit wünschen. [...]
Der WBGU zeigt im Gutachten [...], dass die erforderliche Transformation tiefgreifende Änderungen von Infrastrukturen, Produktionsprozessen, Regulierungssystemen und Lebensstilen sowie ein neues Zusammenspiel von Politik, Gesellschaft, Wissenschaft und Wirtschaft umfasst. [...]
Das Konzept eines neuen Gesellschaftsvertrages für die Transformation zur Nachhaltigkeit [...] entwickelt der WBGU in Analogie zur Herausbildung der Industriegesellschaften im Verlauf des 19. Jahrhunderts. Karl Polanyi (1944) bezeichnete diesen Prozess ebenfalls als eine „Große Transformation" und zeigte, dass die Stabilisierung und Akzeptanz der „modernen Industriegesellschaften" erst durch die Einbettung der ungesteuerten Marktdynamiken und Innovationsprozesse in Rechtsstaat, Demokratie und wohlfahrtsstaatliche Arrangements gelang – also durch die Emergenz [das Auftauchen] eines neuen Gesellschaftsvertrages.

Wissenschaftlicher Beirat der Bundesregierung Globale Umweltveränderungen (WBGU), 2011

Kursbuch „Die Große Transformation" – Ein Interview

Sie haben dazu am Wuppertal Institut eine Art Kursbuch erarbeitet, das den Titel „Die Große Transformation" trägt. Es beschreibt [verschiedene] Wenden [...].
Dabei geht es natürlich zunächst um die Energiewende und ihre Potenziale zur CO_2-Reduzierung. Dafür ist eine fast komplett regenerative Versorgung technologisch und ökonomisch in greifbarer Nähe. Noch längst nicht so weit sind wir mit einer umfassenden Kreislaufwirtschaft. Die gewaltigen Ressourcenströme, die wir mobilisieren – von den Materialverbräuchen bis zu Plastikstrudeln in den Weltmeeren: Wie können wir mit unseren Rohstoffen sinnvoll umgehen? Auch dort ist vieles möglich.
Was ist die härteste Nuss?
Das ist die „Wohlstandswende": Wie sehen die Modelle eines erweiterten Wohlstandsverständnisses in den entwickelten westlichen Industriegesellschaften aus? Was sind Visionen guten Lebens auch jenseits weiteren materiellen Wachstums? Da steckt einiges an Musik drin. [...]
Transformation heißt wahlweise: schrittweiser Übergangsprozess, fundamentale Wende. Geht das zusammen?
Über viele kleine Schritte verändert sich Qualität. Wir erleben es in der Politik, wo das grüne Thema in der Gesellschaft durchsickert.
Man mag sich nicht vorstellen, dass es ohne Verzicht abgehen soll.
Der Verzichtsbegriff hat eine negative Aufladung. Wichtig ist, zu erkennen, dass ich immer dann, wenn ich mich aus der Bequemlichkeitsstarre löse, selbst wieder zum Taktgeber für mein Leben werde und der Kampfbegriff „Verzicht" nicht wirklich trifft. Mich aufs Rad zu setzen in einer Stadt, deren Radwege gut ausgebaut sind, ist doch erst mal ein unendlicher Genuss, statt mit dem Auto im Stau stehen zu müssen. [...]
Damit was draus werden kann: Wer müsste sich an die Spitze solcher Transformationen setzen?
Alle jene Schlüsselakteure, die einen moralischen Kompass immer wieder in die Gesellschaft tragen und stabilisieren, haben eine ganz wichtige initiale Funktion: Umweltschutzorganisationen, Entwicklungsorganisationen, aber auch Kirchen und „Fridays for Future". Nur wenn dieser moralische Kompass steht, ist überhaupt die Grundlage dafür da, dass Politik das mit klugen Strategien im passenden Rahmen übersetzen kann.

*Aus einem Interview mit dem Wirtschaftswissenschaftler Uwe Schneidewind (*1966)*

Große Transformation → S. 48
Fridays for Future → S. 260f.

1. Erläutern und veranschaulichen Sie an Beispielen den Begriff „Große Transformation".
2. Stellen Sie Aspekte der „Großen Transformation" grafisch dar.
3. Nehmen Sie aus der Sicht unterschiedlicher gesellschaftlicher Gruppen (u.a. Interessenverbände, Jugendliche ...) Stellung zu einer „Großen Transformation".
4. Entwerfen Sie für die Zeitschrift *Utopia* einen Beitrag zum Thema: „Deutschland nach der Großen Transformation".

Was bringt Digitalisierung?

Digitalisierung: Utopie

Deutschland im Jahr 2040. Kinder, die 2018 geboren wurden, sind nun junge Erwachsene. Sie leben nicht mehr in einer Welt aus Versuch und Irrtum, Wagnis und Erfahrung. Sie leben in einer Matrix aus Daten, die ihnen sagt, was gut für sie ist. Wenn sie erwachen, erscheint ihnen ein täuschend echtes Hologramm einer bezaubernden Frau oder eines schönen Mannes. Sie verraten, wie man geschlafen, was man geträumt hat und warum. Sie kennen den Blutzuckerspiegel, die Herz-Kreislauf-Daten und den Hormonzustand ihres Gegenübers. Sie empfehlen uns unseren Tagesablauf und besorgen uns dazu genau jene Produkte, nach denen es uns heute begehren wird. Unser Leben kann gar nicht mehr nicht gelingen. [... Die großen Internetfirmen] haben uns von der Diktatur der Freiheit befreit.
Die Chance, in diesem unfallfreien Leben weit über hundert zu werden, ist groß. All unsere Zellen lassen sich in der Petrischale klonen, und der 3D-Drucker druckt uns bei Bedarf neue Nieren, eine neue Leber oder ein neues „eigenes" Herz aus. [...] Wenn wir durch die Stadt gehen, ist alles miteinander vernetzt. Sensoren und Kameras überwachen jeden unserer Schritte, Kriminalität ist nicht mehr möglich, denn abweichendes Verhalten wird sofort entlarvt. Die Straßenbeleuchtung scheint nach Bedarf, die Preise in den Läden verändern sich, je nachdem wer den Laden betritt und in welcher Kaufstimmung er ist. Selbstfahrende Autos müssen gar nicht mehr geordert werden – sie kennen uns und wissen, wann wir sie benötigen. Die meisten Geschäfte um uns herum sind eigentlich nur noch Attrappen, denn geliefert wird alles online und per Drohne. Unsere Partner finden wir durch Suchprogramme, oder sie werden uns von diesen „per Zufall" zugeführt, um unsere altmodisch-romantischen Bedürfnisse zu erfüllen.

Richard David Precht (1964),*
Philosoph und Bestsellerautor

Das menschliche Denken mit der Maschinenintelligenz verschmelzen

2019: Ein Rechner für 1000 Dollar erreicht nun annähernd die Rechenleistung des menschlichen Gehirns. Computer sind – weitgehend unsichtbar – überall integriert. [...]
2029: Ein Rechner für 1000 Dollar verfügt nun über eine Rechenleistung von annähernd eintausend menschlichen Gehirnen. Für Verbindungen mit großen Bandbreiten zum menschlichen Gehirn wurden die direkten neuronalen Zugänge weiter verbessert. Eine Vielzahl von neuronalen Implantaten wird angeboten, die die Fähigkeiten der visuellen und akustischen Wahrnehmung, des Gedächtnisses und des logischen Denkens erheblich steigern können. [...]
2099: Das ausgehende Jahrhundert wird geprägt von dem Trend, das menschliche Denken mit der ursprünglich vom Menschen erschaffenen Maschinenintelligenz zu verschmelzen. Auf erweiterten Modellen der menschlichen Intelligenz basierende Maschinen definieren sich als menschlich. [... Menschen bedienen sich] der Neuroimplantate, die ihre Wahrnehmungs- und Erkenntnisfähigkeiten enorm steigern. Wer auf solche Implantate verzichtet, ist nicht mehr in der Lage, sinnvoll mit anderen zu kommunizieren. Der Begriff Lebenserwartung hat für intelligente Wesen keine Bedeutung mehr.

Ray Kurzweil (1948), Autor, Erfinder, Futurist*
in einem zur Jahrtausendwende publizierten Buch

2100: Göttergleich werden

2100 werden wir so mächtig wie die Götter sein, die wir einst verehrten und fürchteten. [...]
Um 2100 werden wir wie die antiken Götter Objekte mit der Kraft unserer Gedanken manipulieren können. Computer, die lautlos unsere Gedanken lesen, werden unsere Wünsche ausführen. Wir werden Objekte allein durch unsere Gedanken bewegen, eine telekinetische Kraft, die gewöhnlich nur den Göttern vorbehalten ist. Dank Biotechnologie werden wir perfekte Körper schaffen und unsere Lebensspanne verlängern. Wir werden zudem Lebensformen kreieren, wie es sie auf der Erde nie zuvor gegeben hat. Dank Nanotechnologie werden wir einen Gegenstand in einen anderen umwandeln, etwas aus scheinbar fast nichts schaffen können.

Michio Kaku (1947), Physiker und Bestsellerautor*

Digitalisierung, Transhumanismus → S. 82
Bild von der Welt → S. 25

1. Stellen Sie die Zukunftsvorstellungen der drei Texte dar.
2. Vergleichen Sie diese Vorstellungen miteinander und prüfen Sie die Wahrscheinlichkeit ihres Eintreffens.
3. Erörtern Sie diese verschiedenen Szenarien aus der Sicht von Befürwortern und Gegnern und bewerten Sie diese.
4. Entwerfen Sie eine Videobotschaft einer/eines 17-Jährigen im Jahr 2050 (oder 2100) an Ihre Klasse.

Was bringt Big Data?

Digitalisierung: Dystopie – China: Wir sehen dich!

Chinas Regime ist dabei, den perfekten digitalen Überwachungsstaat aufzubauen. Warum haben die Bürger nichts dagegen? [...]

Noch ist Chinas Sozialkredit-System nur in Ansätzen erkennbar. Die schwarze Liste existiert bereits landesweit, Sozialkredite gibt es als Pilotprojekte erst an einigen Orten. Dort verhält sich der chinesische Staat schon jetzt wie eine Firma, die treuen Kunden eine Vorzugsbehandlung gewährt. Bürger, die sich in der Kommunistischen Partei engagieren, Arme mit Geld unterstützen oder Blut spenden, bekommen in der Stadt Rongcheng Rabatte auf Heizkosten und dürfen umsonst Leihräder nutzen. In Shenzhen haben die Behörden am Flughafen eine Express-Schlange eingerichtet für Einwohner, die als besonders vertrauenswürdig gelten. Geht jemand allerdings in Shenzhen bei Rot über die Ampel und wird dabei von einer Kamera erfasst, dann droht ihm der digitale Pranger mit all seinen Folgen. Die Regierung formuliert es so: „Wer in einem Bereich das Vertrauen missbraucht hat, soll überall Restriktionen spüren."

Es ist das größte soziale Experiment unserer Zeit: Lässt sich ein ganzes Volk in seinem Verhalten steuern?

Xifan Yang, Psychologin, Journalistin und Autorin

Jeder überwacht jeden

Eine große Internetfirma wirbt für eine Datenbrille, die alle 10 Sekunden automatisch ein Bild macht.

Gerade diese Datenbrille macht es aber möglich, dass wir von Fremden permanent fotografiert und gefilmt werden. Mit der Datenquelle trägt jeder praktisch eine Überwachungskamera mit. Ja, die Datenbrille verwandelt das menschliche Auge selbst in eine Überwachungskamera. Das Sehen fällt gänzlich mit der Überwachung zusammen. Jeder überwacht jeden. Jeder ist Big Brother und Gefangener zugleich.

Byung-Chul Han (1959), Philosoph und freier Autor*

Deutschland im Jahr 2040

Geld gibt es noch, sogar mehr als je zuvor, allerdings nicht mehr als Münze oder Schein. [...] Eine Zweiklassengesellschaft trennt die Gutverdiener von den vielen Abgehängten in der Wohlfühlmatrix. Die Kinder der einen gehen ihren Weg von Privatschulen über Eliteuniversitäten in die Psychotope der Big-Data-Firmen. Die anderen schlagen sich als schlecht bezahlte Kindergärtner, Friseure und Altenpfleger mit Robo-Helfern durch

oder arbeiten oft gar nicht mehr. Deren Kindern ist der Weg in die Arbeitselite von Anfang an versperrt. Wer ein öffentliches Schulsystem besucht, bleibt unten.

Der große Gewinner ist eine Allianz aus globalen Investoren, Firmen, Spekulanten und Geeks [Computerfreaks]. Für Geschäftsleute ist der Datenhandel einfach nur das ganz große Business, noch viel gigantischer und vor allem sicherer als die reine Finanzspekulation. Sie sind dabei, because that's where the money is. Fragen der Ethik haben sie noch nie beschäftigt, jedenfalls nicht beruflich. [...] Es erscheint ihnen nicht als Widerspruch, von digitaler Medizin zu träumen, die ihnen Unsterblichkeit verschafft, während sie so viel Energie und Ressourcen verbrauchen, dass sie die Menschheit abschaffen.

Richard David Precht (1964),*
Philosoph und Bestsellerautor

Social Scoring → S. 250

1. Skizzieren Sie das Sozialkredit-System in China und die Datensammelsysteme im Westen.
2. Vergleichen Sie beide Systeme miteinander und nehmen Sie Stellung zur These, dass alle Gesellschaften auf dem Wege zur „Totalüberwachung" sind, in China durch den Staat, im Westen durch die großen Internet-Konzerne.
3. Entwerfen Sie ein Social-Credit-System für Deutschland oder die Schule. Beurteilen Sie Chancen und Risiken eines solchen Systems.
4. Zeigen Sie Möglichkeiten der Überwachungs- und Machtbegrenzung auf und bewerten Sie deren Chancen.
5. Entwerfen Sie einen „Ratgeber" zum richtigen Umgang mit den digitalen Medien.

Was brauchen wir zum Leben?

Bedingungsloses Grundeinkommen als Teil einer gesellschaftlichen Transformation

Das Grundeinkommen ist ein Bestandteil einer notwendigen gesellschaftlichen Transformation. [...] Es geht heute beim Grundeinkommen im Kern um soziale Gerechtigkeit, die keinen ausgrenzt, die jedem Menschen gleiche Möglichkeiten der freien individuellen Entfaltung gibt. Es geht um eine Demokratie, die wirklich lebendig ist, die Menschen beflügelt, für gute Lebens- und Arbeitsbedingungen zu streiten. Und es geht um eine Gesellschaft, die um die Endlichkeit der Naturressourcen weiß, um die Verletzlichkeit der Natur, unserer Lebensgrundlage. [...]

Ich halte das Grundeinkommen wegen seiner Demokratieförderlichkeit für unabdingbar: Kein Mensch muss sich aus Existenznot und wegen drohender materiell bedingter Ausgrenzung erpressen oder entwürdigen lassen. Formale politische Partizipationsmöglichkeit reicht nicht aus, sie muss auch materiell begründet sein. Ein solcher Grund ist das Grundeinkommen. Das Grundeinkommen anerkennt jeden Menschen als Bürger, der sich in das öffentlich-politische Leben einbringen kann. Das ist soziale Gerechtigkeit, weil sie der Abwertung von Menschen entgegentritt und die Autonomie des Menschen in einem Gemeinwesen voneinander Anhängiger befördert.

Mit einem Grundeinkommen kann man auch nein sagen zu ökologisch bedenklicher Produktion und ja sagen zu einer solidarisch-ökologischen Produktion mit Gleichgesinnten, der es um die Befriedigung der Bedürfnisse der Menschen geht.

Katja Kipping (1978), Politikerin*

Wahre Freiheit schaffe nur das Grundeinkommen

So bunt, wie die Anhängerschaft ist, so verschieden sind die Argumente, die für das Grundeinkommen ins Feld geführt werden. Drei Gedanken tauchen immer wieder auf: erstens die Feststellung, dass sich dank des technischen Fortschritts die Grundbedürfnisse aller Bürger mit geringem Aufwand befriedigen ließen. Zweitens, dass es immer weniger Erwerbsarbeit bedürfe. Deshalb sei das Ziel der Vollbeschäftigung, auf das die Sozialsysteme ausgerichtet seien, nun wirklich utopisch. Und drittens, dass der heutige Sozialstaat seine Bürger gängele, sich in ihr Privatleben einmische und sie wie Bittsteller behandele. Wahre Freiheit schaffe nur das Grundeinkommen.

Kolja Rudzio (1965), Journalist*

Ein Grundeinkommen würde unsere Gesellschaft noch weiter spalten

Konzeptionen des bedingungslosen Grundeinkommens gehen mit der Vision eines Reiches der Freiheit einher: Jeder kann zu jedem Zeitpunkt entscheiden, ob er der Erwerbsarbeit nachgehen will, ob er andere Arbeiten aufnehmen (bürgerliches Engagement, Familienarbeit ...) oder sich der Muße widmen will. [...]

Das zentrale Argument gegen diese so attraktive Idee eines bedingungslosen Grundeinkommens für alle ist die zu erwartende fundamentale Spaltung der Gesellschaft, in sozialer, kultureller und geschlechtlicher Hinsicht.

Die soziale Spaltung: Schon ein bescheidenes bedingungsloses Grundeinkommen würde zu einer extrem hohen Steuerbelastung führen.

Die kulturelle Spaltung: Die Einführung eines bedingungslosen Grundeinkommens würde die ohnehin bestehende kulturelle Spaltung der Gesellschaft in beruflich Integrierte und beruflich Nicht-Integrierte vertiefen.

Die Gender-Spaltung: Ein bedingungsloses Grundeinkommen würde sich in der Realität wie eine üppig ausgestattete „Herd-Prämie" auswirken.

Ich plädiere stattdessen für eine Erneuerung der Idee einer Arbeitsgesellschaft.

Julian Nida-Rümelin (1954), Philosoph (verändert)*

Das bedingungslose Grundeinkommen (BGE) ist ein sozialpolitisches Finanztransferkonzept, nach dem jeder Bürger – unabhängig von seiner wirtschaftlichen Lage – eine gesetzlich festgelegte und für jeden gleiche vom Staat ausgezahlte finanzielle Zuwendung erhält, ohne dafür eine Gegenleistung erbringen zu müssen.

1. Geben Sie die in den drei Texten genannten Argumente für ein BGE wieder.
2. Skizzieren Sie die Gegenargumente gegen ein BGE im Text von Nida-Rümelin und beziehen Sie selbst Position (pro/kontra). Recherchieren Sie zusätzlich zu Fragen der Finanzierbarkeit und Umsetzung des BGE.
3. Nehmen Sie Stellung zu möglichen Fragen von Heranwachsenden in einer BGE-Gesellschaft: „Warum soll ich überhaupt arbeiten? Was mache ich aus meinem Leben?"

Wie steht es mit der Integration?

Sportvereine engagieren sich deutschlandweit für geflüchtete Menschen

Migration und Integration

Es ist eigentlich kaum in Worte zu fassen, was es für mich bedeutet, heute Abend hier in Frankfurt zu sein. Der Stadt, wo an Heiligabend vor 34 Jahren meine damals zwanzigjährige Mutter mit mir als Zweijähriger auf dem Arm gestrandet ist. Dem Gefängnis und der Brutalität des iranischen Regimes entflohen. [...] Auch mein Vater konnte aufgrund der politischen Bestimmung nach sieben Jahren Gefängnis zu uns kommen. Eine Familienzusammenführung also.

Dieses Land ist so zu unserem Zuhause geworden, und wir haben diesem Land viel zu verdanken. Doch dieses Land hat auch uns viel zu verdanken. Meiner Mutter zum Beispiel, [sie] wurde Psychologin und arbeitet seit über zwanzig Jahren hier in Frankfurt als Politikerin. Unermüdlich setzt sie sich für Vielfalt, Gleichberechtigung und Gerechtigkeit ein. Obwohl auch sie seit über zehn Jahren Opfer von Morddrohungen, Hetze und Hass geworden ist.

*Maryam Zaree (*1983), Schauspielerin, Filmemacherin und Autorin, bei einer Preisverleihung*

Die postmigrantische Gesellschaft – Integrationspolitik für alle

Frau Foroutan, was meinen Sie mit postmigrantisch?

Es heißt jedenfalls nicht, dass die Migration vorbei ist. [...] In postmigrantischen Gesellschaften geht es darum: Wer beansprucht, gesehen und gehört zu werden? Wer darf mitsprechen? Wer wird gehört? Wer hat das Gefühl, bei diesem Aushandlungsprozess zur Gestaltung der pluralen Demokratie in den Hintergrund zu geraten?

Was wird denn da ausgehandelt?

Ein ganz zentrales Versprechen der Demokratien: jenes, das in Deutschland in Artikel 3 des Grundgesetzes steht. Nämlich: Kein Mensch darf aufgrund seiner Herkunft, seiner Religion, seines Geschlechts etc. benachteiligt werden. Das ist schon ein starkes Versprechen. [...]

Aber handeln nicht Migranten besonders diese Fragen der Gleichheitsrechte aus?

Nein. Diese Fragen um Rechte, Positionen und Privilegien betreffen natürlich nicht nur Migranten. [...] Auch deswegen „post"-migrantisch. Eine Aufforderung, die Gesellschaft wieder als Ganzes in den Blick zu nehmen – ohne diese binäre Codierung in „die Migranten" und die „Einheimischen". [...]

Nennen Sie uns doch bitte trotzdem ein paar migrationsbedingte Zahlen.

Derzeit leben in Deutschland knapp 21 Millionen Menschen mit einem sogenannten Migrationshintergrund. Das ist ein Viertel der Bevölkerung. Davon hat mehr als die Hälfte die deutsche Staatsangehörigkeit, und mehr als ein Drittel ist nie migriert, sondern ist hier geboren – also schon immer in Deutschland gewesen. [...]

Es geht nicht um Migration, sondern um uns.

[...] Tatsächlich geht es um die Aushandlung von Anerkennung, von Chancengleichheit und von Teilhabe – alles umkämpfte Güter [...]. Zum Beispiel die Vermögensverteilung: Das reichste Prozent der Deutschen verfügt über ebenso viel Vermögen wie die 87 ärmeren Prozent der deutschen Bevölkerung. Jedes fünfte Kind in Deutschland gilt als arm. Das Problem der Teilhabe an der Gesellschaft, der Integration in sie, ist nicht nur eines der neu hinzugekommenen Migranten. Wir brauchen eine Integration für alle. Daran muss sich eine moderne Demokratie messen lassen. Sie muss ein Integrationsziel geben – warum nicht eine Agenda 2030?

*Naika Foroutan (*1971), Soziologin*

Migration → S. 107 → S. 198

1. Interpretieren Sie das Bild und stellen Sie aufgrund einer Recherche die Spieler/-innen- Zusammensetzung zweier Sportvereine dar.
2. Stellen Sie aufgrund der beiden Texte und eigener Überlegungen dar, wovon Migranten/Migrantinnen von unserer Gesellschaft und wovon unsere Gesellschaft von ihnen „profitieren" könnte(n).
3. Erläutern Sie den Begriff „postmigrantische Gesellschaft".
4. Arbeiten Sie die Konturen einer in jeder Hinsicht „inklusiven" demokratischen Gesellschaft heraus.
5. Entwerfen Sie ein Schul-, Vereins- oder Stadtteilfest, das Integration bzw. Inklusion fördert.

Biblische Zukunftsbilder

Wie sehen wir das menschlichen Leben und die Geschichte der Menschheit?

Basics **Eschatologie, Apokalyptik, Reich Gottes**

Christliche Theologie sieht sich immer wieder mit dem Vorwurf konfrontiert, der Glaube an das ewige Leben halte Menschen davon ab, sich für Gerechtigkeit in dieser Welt einzusetzen, um sie stattdessen auf eine bessere Welt zu vertrösten. Dieser Vorwurf bezieht sich auf eine Eschatologie, die auf der absoluten Trennung zwischen Diesseits und Jenseits beruht [...]: Weltlich-menschliche Aktivität beschränke sich auf religiöse Werke, die einen Vorteil im Himmel versprechen.

Präsentische Eschatologie geht demgegenüber davon aus, dass nicht die Spekulation über Tod und Endzeit die Mitte der Eschatologie bilden, sondern der Blick auf die Geschichte und das menschliche Leben unter der Glaubensprämisse, dass diese nicht bedeutungslos, sondern zur Vollendung bestimmt sind.

Damit ist auch das Verständnis von leiblicher Auferstehung berührt: Der ganze Mensch stirbt, die Vollendung, das ewige Leben in Fülle, ist dem ganzen Menschen – und nicht nur seiner Seele – zugesagt. Ewig ist hier ein qualitativer, kein zeitlicher Begriff; er zeigt gerade das Herausfallen aus der Zeit. Für diesen schwierigen Gedanken hält die Glaubenstradition eine Reihe von Bildern bereit: Himmel, Festmahl, Paradies. Diese Bilder sind Bilder der Gemeinschaft und Harmonie; sie weisen darauf hin, dass die Vollendung des Einzelnen untrennbar mit der Vollendung aller verbunden ist. [...]

Die [...] moderne Sicht wendet sich gegen die jahrhundertelange christliche, besonders katholische Theologie und Predigt von Fegefeuer, Höllenqualen und der Unentrinnbarkeit des Gerichtes am Ende der Tage. Die katholische Theologie der Neuzeit hat diese Zumutungen immer mehr abgelegt: Gewaltmetaphorik und Strafgerichte werden getilgt, die Nachtodesvorstellungen werden individualisiert, entpönisiert [die Vorstellung von Strafen werden aufgegeben] und damit quasi zivilisiert. [...] Für eine Vielzahl von Menschen sind traditionelle Motive von Fegefeuer, Hölle und Teufel heute [...] schlicht irrelevant.

Die Bibel selbst ist diesbezüglich zurückhaltend, abgesehen von den bildgewaltigen Apokalypsen. Sie enthält verschiedene eschatologische Deutungsangebote: Inkarnation, Tod und Auferstehung, die Verkündigung des Reiches Gottes sowie der Tun-Ergehen-Zusammenhang bei den Propheten. [...]

Eschatologie beschränkt sich nicht auf Nachtodesvorstellungen, sondern umfasst eine zeitliche Dimension, die von der absoluten Zukunft, dem Jenseits, in die Gegenwart zurückreicht. Damit bezieht sie sich nicht nur auf das Individuum, sondern auf das Kollektiv der gesamten Menschheit. [...]

Apokalyptik ist eine besondere Form der Endzeitvorstellung. Sie zeichnet sich durch eine dualistische Weltsicht, in der Gut und Böse eindeutig und trennscharf zu unterscheiden sind, aus. Apokalyptische Überzeugungen gehen oft einher mit einem Gefühl der Entfremdung von der immer schlechter werdenden Welt und der Gewissheit einer radikal neuen gottgegebenen Welt. Typisch für die Apokalyptik ist die Überzeugung, dass man das Kommen der Endzeit an objektiven Zeichen ablesen kann. Für Menschen in der Krise kann Apokalyptik Trost sein, denn die als negativ erlebte menschliche Zeit ist befristet und läuft unwiderruflich auf die Zeit Gottes zu. Steht der Mensch auf der richtigen Seite, so ist ihm eine leuchtende Zukunft gewiss. [...]

Die Predigt vom Reich Gottes steht in der Mitte der jesuanischen Verkündigung. Sie geht nicht auf die damals verbreiteten Heilserwartungen ein, auf die Messiashoffnungen, die Sehnsucht nach dem „starken Mann". Die Gottesherrschaft ist „schon und noch nicht". Mit Jesus ist sie schon angebrochen. Damit sind Gegenwart und Zukunft nicht getrennt. Damit widerspricht die Reich-Gottes-Verkündigung dem damals ebenfalls vorhandenen apokalyptischen Dualismus und Determinismus und ruft die Menschen dazu auf, das Reich Gottes im Unscheinbaren wahrzunehmen und daran mitzuwirken. Die Gegenwart wird „zum Anfang der erhofften Vollendung."

Monika Jakobs (1959), Prof. für kath. Religionspädagogik an der Universität Luzern*

Reich Gottes → S. 122, 127, 129 → S.164

Zur Gegenwartsbedeutung futurischer Heilsvorstellungen

Die zukunftsbezogenen Heilsvorstellungen des Alten Testaments zielen nicht auf Zukunftsprognostik, sondern auf Gegenwartsbewältigung. In ihnen realisieren sich Wünsche, und sie entführen in eine bessere Welt. Das kann zu Verdrängung und Wirklichkeitsverlust führen, aber auch Orientierung bieten. Die Darstellungen sind aus Hoffnung geboren und schenken zugleich Hoffnung. Hoffnung ist die Mutter dieser Heilsvorstellungen, und umgekehrt sind sie die Mutter der Hoffnung. Solche Hoffnung ist wichtig für den Einzelnen und die Gruppe: Für den Einzelnen, da er ohne Hoffnung und Perspektive tot wäre; erst die Hoffnung gibt seinem Leben einen Sinn. Für die Gruppe, da sie durch die gemeinsame Hoffnung und das gemeinsame Ziel zusammengeschweißt wird und in ihnen ihre Identität finden kann.

Die Hoffnung weist auch einen Weg durch die Gegenwart, gibt den Menschen eine Perspektive, zeigt ihnen, in welche Richtung die konkrete Praxis schon im hic et nunc zu gehen hat, denn Hoffnung führt dem Handeln die Hand. Heilsvorstellungen bieten eine Vorgabe für die Ethik. Am eschatologischen Handeln Gottes zeigt sich der Wille Gottes mit der Welt. Er will das Wohl und Heil dieser Welt. Diesem Willen Gottes muss menschliches Handeln entsprechen. Das heißt: es muss so geartet sein, dass es auf das Wohl und Heil dieser Welt zielt. Was werden soll, sollte jetzt schon werden.

Aus dem Film „The day after tomorrow“, 2004

Zukunftsbezogene Heilsvorstellungen haben – im Gegensatz zu gegenwartsbezogenen Heilsvorstellungen – eine gegenwartskritische Funktion. Sie führen der Welt eine bessere Welt vor Augen und üben damit implizit Kritik an bestehenden Verhältnissen. An dem Bild von einem künftigen Messias, der Recht und Gerechtigkeit übt, kann man sich die Defizite des gegenwärtigen Königs, das Fehlen von Recht und Gerechtigkeit, klar machen. Wo das gegenwartskritische Potential von Heilsvorstellungen aktiviert wird, können sie als Widerstandsliteratur gelesen werden.

Klaus Koenen (1956), Prof. für Altes Testament an der Universität Köln*

Messias → S. 146f.

1. Erklären Sie anhand des Textes die Begriffe Eschatologie, Apokalyptik, ewiges Leben, Reich Gottes und erläutern Sie den Gegensatz von „jahrhundertelangen“ und modernen Zukunftsvorstellungen in Theologie und Kirche sowie von „Tradition“ und „Bibel“.
2. Erläutern Sie die Aussage des zweiten Textes, wonach die Hoffnung einerseits die Mutter zukunftsbezogener Heilsvorstellungen, andererseits die Heilsvorstellungen Mutter der Hoffnung sind (Z. 8-10).
3. Beschreiben Sie die Szene aus dem Film *The day after tomorrow* und erklären Sie den Verkaufserfolg eines solchen Filmes.

Team-Aufgaben

1. Gestalten Sie ein Plakat mit biblischen Zukunftsvorstellungen und entwerfen Sie dazu ein Bekenntnis (Ich glaube an ...).
2. Wählen Sie aus den biblischen Zukunftsvorstellungen zwei aus, die Sie ansprechen, und entwerfen Sie dazu einen Kommentar (→ S. 331).
3. Setzen Sie die Szene aus DSDS (→ S. 51), das Lied Armageddon (S. 290), das Bild aus einem Reisekatalog (S. 304) und den Film *The day after tomorrow* in Beziehung zu den biblischen Zukunftsvorstellungen. Erläutern Sie Ihr Ergebnis.
4. Vergleichen Sie die biblischen Zukunftsvorstellungen mit denen einer anderen Religion (S. 311-315)
5. Vergleichen Sie die biblischen Zukunftsvorstellungen mit den säkularen Zukunftsmodellen (S. 294-301).

Wie sieht das Paradies aus?

Aus einem Reisekatalog: Paradies in Mauritius

Der Paradiesgarten (1. Mose 2,4b-25)

Das Wort Garten heißt wörtlich „umgürtetes Land“. Wie ein Gürtel umgibt ein Zaun, eine Hecke oder eine Mauer ein Gebiet und macht es zu einem Ort der Ruhe. Der Garten ist ein Bild für eine andere, friedliche Welt.

Garten ist das deutsche Wort für „Paradies“, das eigentlich „Umzäunung, eingegrenzter Park“ bedeutet. Das Wort Paradies kommt aus der altpersischen Sprache und beschrieb zunächst die prachtvollen Gartenanlagen der persischen Könige. In der griechischen und lateinischen Übersetzung der hebräischen Bibel wird für den Garten Eden das Wort „Paradies“ gebraucht, das so zum Symbol für die Nähe bei Gott wird.

Das Volk Israel war ein Wüstenvolk. Deshalb waren für die Israeliten die Bilder von einem Garten, einem Paradies, einem Land, wo Milch und Honig fließt, Symbole einer besseren Welt. Am Anfang der Bibel, in der zweiten Schöpfungserzählung, heißt es, dass Gott einen Garten im Osten pflanzt und den Menschen dort hineinsetzt (Gen 2,8). Wenn dort vom „Gottesgarten“ die Rede ist, ist nicht wie beim „Gottesberg“ der Ort gemeint, wo Gott sich aufhält, sondern ein Ort, wo der Mensch wohnen und leben kann. Dass dieser Garten im Osten liegt, zeigt symbolisch, dass die Menschen am Anfang ihrer langen Geschichte stehen, dort, wo der Lauf der Sonne ihren Anfang nimmt, wo alles Leben Tag für Tag neu beginnt. Diesen Ort kann heute keiner finden, es ist kein Ort auf der Landkarte, kein Ort in Raum und Zeit. Es geht nicht um einen Garten, den man fotografieren kann, sondern um einen Ort, den jeder Mensch als hoffnungsvollen Anfang seiner Lebensgeschichte in seinem Herzen trägt. In einer jüdischen Erzählung sagt Gott: „Ich habe euch in meinen Garten geschlossen.“ Der Garten ist ein Bild der Liebe Gottes zu den Menschen. Gott hat uns ins Herz geschlossen.

In der Bibel ist der Garten Gottes für die Menschen kein Schlaraffenland, keine Insel der Glückseligen ohne Arbeit. Es ist eine fruchtbare, durch einen viergeteilten Fluss gut bewässerte Landschaft, die die Menschen „bebauen und bewahren“ sollen (Gen 2,15). Paradiesisch schön ist an diesem Garten, dass Gott ganz nah ist. Doch die Geschichte erzählt dann weiter von der Vertreibung der Menschen aus dem Garten, nachdem sie, vom Bösen verführt, die Gebote Gottes übertreten und vom Baum der Erkenntnis von Gut und Böse gegessen haben. Das spiegelt den Zustand der Welt bis heute wider. Leider ist die Welt kein friedlicher Garten mehr, sondern eine oft verwüstete Landschaft aus Chaos, Ängsten und Krieg. Doch die Liebe Gottes bleibt und der Auftrag Gottes, die Erde zu bebauen und zu bewahren, zu gestalten und zu schützen. [...]

Für die ersten Christen war das Paradies eine lebendige Vorstellung. Es war für sie praktisch dasselbe wie das Himmelreich und sie hofften, nach dem Tod dorthin zurückzukehren. Das Paradies der Urzeit war auch das Paradies der Endzeit. [...] Niemals reicht ein Symbol aus, um etwas für Menschen Unbegreifbares zu umschreiben. Für das, was nach dem Tod auf uns zukommt, ist der Himmel ein schönes Bild. Und auch das Paradies, das als fruchtbarer Garten ewiges Leben ermöglicht, ist ein solches verheißungsvolles Hoffnungsbild.

Rainer Oberthür (1961), kath. Religionspädagoge*

Bebauen und Bewahren → S. 61

Verheißung: Ernsthafte, feierliche Ankündigung einer heilvollen Zukunft.

1. Entwerfen Sie ein Bild zu 1. Mose 2,4b-25.
2. Erklären Sie, warum die Vorstellung vom Paradies viele Menschen anzieht.
3. Arbeiten Sie an dem Text heraus, welche Verheißungen das biblische Bild vom Paradies beinhaltet.
4. Entwerfen Sie für einen alternativen Reiseführer für junge Leute einen Kommentar zu dem Foto.

Wann ist Frieden?

Das messianische Friedensreich (Jes 11,1-9)

1 Und es wird ein Reis hervorgehen aus dem Stamm Isais [Vater Davids] und ein Zweig aus seiner Wurzel Frucht bringen.

2 Auf ihm wird ruhen der Geist des HERRN, der Geist der Weisheit und des Verstandes, der Geist des Rates und der Stärke, der Geist der Erkenntnis und der Furcht des HERRN.

3 Und Wohlgefallen wird er haben an der Furcht des HERRN. Er wird nicht richten nach dem, was seine Augen sehen, noch Urteil sprechen nach dem, was seine Ohren hören,

4 sondern wird mit Gerechtigkeit richten die Armen und rechtes Urteil sprechen den Elenden im Lande, und er wird mit dem Stabe seines Mundes den Gewalttätigen schlagen und mit dem Odem seiner Lippen den Gottlosen töten.

5 Gerechtigkeit wird der Gurt seiner Lenden sein und die Treue der Gurt seiner Hüften.

6 Da wird der Wolf beim Lamm wohnen und der Panther beim Böcklein lagern. Kalb und Löwe werden miteinander grasen, und ein kleiner Knabe wird sie leiten.

7 Kuh und Bärin werden zusammen weiden, ihre Jungen beieinanderliegen, und der Löwe wird Stroh fressen wie das Rind.

8 Und ein Säugling wird spielen am Loch der Otter, und ein kleines Kind wird seine Hand ausstrecken zur Höhle der Natter.

9 Man wird weder Bosheit noch Schaden tun auf meinem ganzen heiligen Berge; denn das Land ist voll Erkenntnis des HERRN, wie Wasser das Meer bedeckt.

Aufnäher der Friedensbewegung in der DDR. Das Motiv orientiert sich am Denkmal des Bildhauers Jewgenij Wutschetitsch, das die Sowjetunion 1957 der UNO geschenkt hatte. Vorbild ist Jes 2,2-4 bzw. Micha 4,5

Der Begriff des Friedens

Ein Grundproblem aller friedensethischen und friedenspolitischen Diskussionen besteht in der Mehrdeutigkeit des Friedensbegriffs. [...] Im politisch-rechtlichen Sinne bezeichnet Frieden eine Ordnung, die im Gegensatz zum rechtlichen Zustand des Krieges steht. Nach römischem Verständnis handelt es sich beim Frieden um einen vertraglich vereinbarten Zustand. Die Pax Romana ist Vertragsfrieden, welcher auf dem Grundsatz beruht, dass geschlossene Verträge auch einzuhalten sind. Die neuzeitliche Entwicklung hat dazu geführt, dass sich das Friedensverständnis heute weniger am politisch-rechtlichen Begriff als am Begriff der Sicherheit orientiert. Unter Frieden im politisch umfassenden Sinn wird ein Zustand verstanden, in welchem Sicherheit herrscht, die auf dem Gewaltmonopol des Staates und einer internationalen, völkerrechtlich abgestützten Friedensordnung beruht. Zur völkerrechtlichen Friedensordnung gehören das Recht der Völker auf Selbstbestimmung, die Anerkennung bestehender Staatsgrenzen sowie der Grundsatz der Nichteinmischung eines Staates in die inneren Angelegenheiten fremder Staaten.

Der Friedensbegriff ist aber historisch wie in der Gegenwart auch ein religiöser Terminus. Er bezeichnet nicht nur einen innerweltlichen Zustand völliger Harmonie, sondern auch das individuelle Heil, den Zustand eines Lebens im Einklang mit Gott und mit sich selbst, der Ruhe und inneren Ausgeglichenheit. Im religiösen Kontext intendiert der Friedensbegriff nicht nur den Zustand der Abwesenheit von Krieg und Gewalt, sondern einen Zustand des Heils im umfassenden Sinne des Wortes [...].

Ulrich H.J. Körtner (1957), ev. Theologe und Medizinethiker*

Messias → S. 146f.
Friedensethik → S. 217

Messianisches Friedensreich: Erhoffter Zustand umfassenden Wohlergehens (schalom), der durch eine charismatische Rettergestalt (Messias) herbeigeführt wird (vgl. Bild von John Hicks S. 288).

1. Untersuchen Sie das Hoffnungsbild von S. 288 und die Praxis, die sich mit dem Bild verbindet.
2. Benennen Sie Sinnabschnitte in Jes 11,1-9 und arbeiten Sie heraus, gegen welche Verhältnisse sich Jesaia wendet und worauf er hofft.
3. Entwerfen Sie eine aktuelle Textversion zu Jes 11,1-9.
4. Gestalten Sie Symbole zu den unterschiedlichen Friedensbegriffen, die der zweite Text formuliert, und beurteilen Sie die Relevanz eines religiösen Friedensbegriffes.

Wie entsteht Hoffnung?

Reich Gottes (Lk 14,15-24; Mt 22,1-14; Mk 4,26f.)

Christliche Hoffnung richtet sich auf das Reich Gottes. Sie verlässt sich auf das Kommen dieses Reiches, weil es in Jesus, seinem Wirken und seiner Verkündigung schon angefangen hat. In der Zuversicht auf das Reich Gottes verbindet sich die Gewissheit des schon vollzogenen Beginns mit der Hoffnung auf die noch ausstehende Vollendung.

[...] Dass das verheißene Reich jetzt schon beginnt, wird nach dem Zeugnis der Evangelien durch die Lebenspraxis Jesu bewahrheitet. Dass er Menschen aufrichtet, die von Sünde oder Krankheit niedergedrückt waren, ist ein Vorzeichen des kommenden Reiches, in dem alle von jeglicher Art von Enge befreit sein werden. Darin, dass Jesus böse Geister austreibt, zeigt sich, dass er das Reich Gottes nahe bringt.

Willy Fries (1991-1965): Das große Gastmahl, 1965

Für das bevorstehende Reich Gottes verwendet Jesus starke Bilder. Am eindrucksvollsten ist wohl die Vorstellung vom königlichen Festmahl: „Viele werden kommen von Osten und von Westen und mit Abraham und Isaak und Jakob im Himmelreich zu Tisch sitzen" (Matthäus 8,11). Im Gleichnis von der königlichen Hochzeit wird dieses Bild ausführlich entfaltet (Matthäus 22,1-14).

Das Bild vom Gastmahl ist nicht zufällig gewählt. Jesus setzt vielfältige Zeichen dafür, dass gemeinsame Mahlzeiten den Abstand zwischen Menschen überbrücken. Seine Mahlgemeinschaft mit Zöllnern und Sündern ist dafür von exemplarischer Bedeutung. Am Ende seines Lebens gestaltet er die Mahlgemeinschaft, zu der er seine Jünger versammelt, als Vorwegnahme des königlichen Mahls, zu dem sie sich im Reich Gottes zusammenfinden werden. Deshalb verbindet jede Abendmahlsfeier Erinnerung und Verheißung miteinander.

[...] Die innere Spannung in der Predigt Jesu vom Reich Gottes zeigt sich besonders deutlich darin, dass dem großen Ziel, auf das alles zuläuft, einfühlsame Bilder vom unscheinbaren Beginn gegenüber stehen. Das Reich Gottes fängt so unscheinbar an wie ein Senfkorn; es bahnt sich den Weg auf so unauffällige Weise wie die von selbst wachsende Saat; man nimmt es nur wahr, wenn man sich die kindliche Aufmerksamkeit bewahrt hat, die sich über das Kleine wundern kann (Markus 4,26f. 30ff; 10,14f.).

Weil der unscheinbare Beginn zur Größe des Reiches Gottes hinzugehört, feiert Jesus diesen Beginn dadurch, dass er denen die Freude des Reiches Gottes zuspricht, die von ihr am weitesten entfernt sind. Programmatisch wird das in den Seligpreisungen der Bergpredigt deutlich (Matthäus 5,1-10). Sie sprechen den äußerlich wie innerlich Beschädigten, den an den Rand Gedrängten, den durch ihr außergewöhnliches Verhalten Isolierten, den wegen ihrer Treue zu Jesus Verfolgten die Teilhabe am Reich Gottes zu.

Durchgängig werden für die Beschreibung dieses Reiches Worte verwendet, die der politischen Sprache entnommen sind. Für die Worte „Reich" beziehungsweise „Königsherrschaft" gilt das besonders. In den späteren Schriften des Neuen Testaments tritt das Bild von der „Stadt" oder auch dem „Gemeinwesen" ausdrücklich dazu. [...] Mit all diesen Sprachbildern soll eines deutlich gemacht werden: Gelingende Sozialität kennzeichnet das Reich Gottes, eine Sozialität, die keine Grenzen und keine Abgrenzungen kennt. Feindschaft und Gewalt sind dem Reich Gottes fremd.

Wolfgang Huber (1942), ev. Theologe*

Bergpredigt, Reich Gottes → S. 130f., 127, 129

1. Interpretieren Sie das Bild und vergleichen Sie es mit dem Gleichnis vom großen Gastmahl in Lk 14,15-24.
2. Fassen Sie den Text in Thesen zusammen.
3. Erläutern Sie aufgrund des Textes das Wirklichkeitsverständnis Jesu.
4. Entwerfen Sie für einen Kirchenraum ein Wandbild mit „Vorzeichen" vom Reich Gottes, die Mut machen.

Was kommt nach dem Tod?

Novemberrot

[...]
Weint nicht um mich, um meinen Frieden
Den Tod, den alten Herrn, kann man nicht besiegen
Ja, von nun an werd ich in unserer Runde fehlen
Ich hoff, ihr werdet von mir erzählen
[...]
Schon höre ich Engelsflügel schlagen
Ganz sanft werden sie mich in den Himmel tragen
Ja, Freunde, gehabt euch wohl, nun geh ich fort
In eine neue Zeit an den geheimen Ort
[...]

Dominik Plangger, aus dem Album „Hoffnungstour", 2013

Koimesis- bzw. Dormitio-Ikone: Das Entschlafen der allerheiligsten Gottesgebärerin

Die Auferstehung der Toten (1. Kor 15)

Das Christentum beginnt damit, dass Menschen an die Auferweckung des gekreuzigten Jesus durch Gott glauben. Damit verbindet sich bald die Vorstellung, Jesu Auferstehung sei als der Beginn oder als die Vorwegnahme der allgemeinen Totenauferstehung zu sehen. Vor allem aber der Apostel Paulus leitet in seinen Briefen aus dem Glauben an die Auferstehung Jesu die Hoffnung auf die allgemeine Toten-Auferstehung ab. [...]

Ausführlich geht der Apostel in dem langen Auferstehungstext in 1. Kor 15 auf die Frage ein, wie denn die Toten auferstehen, „mit was für einem Leib" sie „kommen" werden (15,35). Die Bilder und Vergleiche, mit denen er auf diese Frage antwortet, betonen in besonderer Weise das Handeln Gottes im Auferstehungsgeschehen (V. 38). Für Paulus ist der Auferstehungsleib nicht die gleichsam ins Unendliche verlängerte Fortsetzung der irdischen Existenz; die Auferstehung ist vielmehr zu denken als ein Akt der Neuschöpfung: Dabei wird der irdisch-lebendigen Existenz, also unserem Dasein nach dem „Bild" Adams, unsere himmlisch-geistliche Existenz nach dem Bild Christi entsprechen (15,49). Der Begriff „Bild" ist dabei umfassend gemeint – es geht nicht allein um die äußere Erscheinung, sondern um die Wesensentsprechung.

Entscheidend ist die Gewissheit des Apostels, dass am Ende der Tod überwunden und ein von Christus her geschenktes neues Leben menschliche Wirklichkeit sein wird (V. 53-56).

[...] Grundlegend für die Zukunftshoffnung der Bibel ist die Gewissheit der Treue Gottes. [...] Für die Benennung der Nähe Gottes in der Geborgenheit bei ihm wird in unterschiedlicher Weise das Bild von der Hand Gottes verwendet: Der Beter des 31. Psalms befiehlt seinen Geist in Gottes Hände und weiß darum, dass ebenso auch seine Zeit in Gottes Händen steht (Psalm 31,6.16). Auch die Wendung „Du hältst mich bei meiner rechten Hand" (Psalm 73,23) bringt gleichermaßen Nähe, Vertrautheit und Geborgenheit zum Ausdruck, jene Erfahrungen, die besonders am Anfang und am Ende des Lebens gemacht werden [...].

In anderer Weise wird – eher in einem Bild vom Kampf – die Unzerstörbarkeit der Gottesbeziehung verdeutlicht [...]: „Du wirst mich nicht dem Tod überlassen" heißt es im 16. Psalm (Psalm 16,10), und an anderer Stelle wird vom Loskaufen von der Gewalt des Todes gesprochen (vgl. Psalm 49,16). Ähnlich kann Paulus im Römerbrief seine Glaubensgewissheit ausdrücken: „Ich bin gewiss, dass weder Tod noch Leben, weder Engel noch Mächte noch Gewalten, weder Gegenwärtiges noch Zukünftiges, weder Hohes noch Tiefes noch eine andere Kreatur uns scheiden kann von der Liebe Gottes." (Röm 8,38f.).

Theologischer Ausschuss der Union Ev. Kirchen in der EKD (leicht verändert)

Tod und Auferstehung → S. 134ff.

1. Arbeiten Sie aufgrund einer Bildbetrachtung (→ S. 328) heraus, wie die Ikone Auferstehung deutet. Vergleichen Sie diese Sicht mit den Versen aus dem Lied von Dominik Plangger.
2. Geben Sie 1. Kor 15 als Rede wieder, in der Paulus seine Zuhörer von dem Glauben an die Auferstehung Jesu gewinnen will, und fassen Sie die Botschaft zusammen.
3. Arbeiten Sie heraus, wie der Text den christlichen Glauben an die Auferstehung beschreibt.
4. Entwerfen Sie ein Elfchen (→ S. 327) zum Thema Auferstehung und gestalten Sie eine Dichterlesung.

Wie möchte ich einmal beurteilt werden?

Hans Memling (1433/40-1494): Das Jüngste Gericht (1467-1471)

Jüngstes Gericht (Offb 20,11-15; Mt 25,31-46)
In fast allen alten Kirchen ist jenes Jüngste Gericht dargestellt: Der große Höllensturz der Verdammten ins ewige Feuer und die Aufnahme der Frommen in den Chor der Seligen. [...]
Wir glauben zum Glück heute nicht mehr an eine furchtbare Endabrechnung Gottes. Aber ist damit der Gedanke an das Jüngste Gericht erledigt, und wie können wir ihn unter den Bedingungen unseres Lebens verstehen? [...] Eine erste Überlegung: Wir haben als Menschen ein Recht auf das Jüngste Gericht. [...] Es gehört zu unserer Würde, vor Gott und vor uns selbst nicht versteckt zu bleiben. [...]
Nein, es ist nicht nur Pein, wenn wir uns selber schutzlos sehen und wenn wir gesehen werden, wie wir sind. Es kommt ja immer darauf an, vor welchen Augen wir nackt sind und gerichtet werden. Ein schlichter Vers aus dem 44. Psalm hilft mir, den richtenden Blick Gottes zu verstehen: „Er kennt ja unseres Herzens Grund." [...] Es kommt darauf an, von welcher Art diese Kenntnis ist. Kennen und Erkennen können eiskalte Wörter sein: Jemanden erkennungsdienstlich behandeln; ihn so behandeln, dass er belangbar ist; dass er verfügbar ist und dass er in den Fängen eines anderen ist. Das ist nicht die Art, wie Gott den Menschen kennt, obwohl wir ihm gelegentlich solche Bosheiten angedichtet haben. Kennen und Erkennen sind Formen der Liebe. [...] Gott erkennt uns auch in unserer Bosheit, er ist also nicht ein gemütlicher Onkel, der, wenn er gut gelaunt ist, alles übersieht. Aber er erkennt uns so, dass uns der Atem bleibt. Vielleicht ist es das Schönste, was man sich denken kann, dass ein Mensch, der uns liebt, uns in unseren Schwächen erkennen kann, ohne dass uns diese Erkenntnis vernichtet. Sich in die Erkenntnis eines anderen bergen mit allen Schwächen und Stärken, das hieße, sich lieben lassen.
[...] Die kürzeste Definition des Gerichtes Gottes: Unterbrechung! Es bleibt im Gericht Gottes nichts, wie es ist, und es soll nichts bleiben, wie es ist. Was ist der Fall? „Die Unschuldigen werden für Geld und die Armen für ein Paar Schuhe verkauft." (Amos 2,6) „Sie reihen Haus an Haus und Acker an Acker, bis sie das ganze Land besitzen." (Jesaja 5,8) Dagegen treten die Propheten auf, die das Gericht Gottes ankündigen. Dagegen tritt Johannes der Täufer auf, und das ist der Maßstab Jesu in seiner Rede vom Weltgericht im 25. Kapitel des Matthäusevangeliums. Es soll nicht sein und es soll nicht bleiben, dass die Hungrigen ohne Brot, die Dürstenden ohne Wasser und die Nackten ohne Kleidung sind. Das Gericht ist die Ansage der Unterbrechung der üblichen Zustände und die Herstellung des Gottesrechts für die Armen. [...] Wer von Gottes Barmherzigkeit spricht, kann seinen Zorn nicht verschweigen. [...]
So müssen wir uns als Kirche fragen: Was haben wir getan, um die Armen ans Kreuz zu bringen? Was tun wir, um sie vom Kreuz abzunehmen? Was tun wir, um sie aufzuerwecken? Was tun wir, um sie vom Kreuz zu nehmen? Das Gericht, die große Unterbrechung der natürlichen Verläufe, ist also nicht nur ein Geschehen am Ende der Geschichte und eine Arbeit Gottes. Es ist eine Sache von heute, und es ist eine Sache von uns.

Fulbert Steffensky (1933), dt. Theologe*

Jüngstes Gericht → S. 145 → S. 242

1. Interpretieren das Bild und seine Wirkung auf spätmittelalterliche und heutige Menschen.
2. Vergleichen Sie Offb 20,11-15 mit Mt 25,31-46 und beziehen Sie beide Texte auf das Bild.
3. Fassen Sie zusammen, wie der Text das Jüngste Gericht deutet.
4. Entwerfen Sie eine Rede des Christus auf dem Regenbogen für Menschen des 21. Jahrhunderts.

Was kennzeichnet die ideale Stadt?

Das himmlische Jerusalem (Offb 21,1-22,5)

Die Symbolisierung der eschatologischen Stadt spiegelt einen großen Anteil hellenistischer Hoffnungen auf eine ideale Stadt wider. Sie spielt auch auf Roms stolzen Anspruch an, die „ewige Stadt“ zu sein; ein Anspruch, der sich zur Zeit des Johannes auf Münzen und Inschriften findet.

Wie in hellenistischen Städten ist der Tempelbezirk nicht Zentrum des Neuen Jerusalem, sondern eine breite Hauptstraße für Prozessionen, Handel und öffentlichen Diskurs. Die Bürgerinnen haben die Regierungsmacht, aber dies bedeutet nicht Herrschaft über andere, sondern die Macht zur Selbstbestimmung. Ihr Leben ist so heilig wie das der Priesterinnen. Gottes ideale Stadt ist nicht nur eine universale und integrative Stadt mit einer Bevölkerung aus allen Nationen, sondern erstrahlt auch großartig und schön, in Gold und Perlen, den Schätzen der Könige und Nationen. Das Leben in Gottes Stadt ist frei von Ungerechtigkeit und Laster, Fluch und den bösen Mächten des „Meeres“. Tränen, Weinen, Leid, Trauer, Hunger, Durst, Tod finden sich nicht mehr in ihr. Obwohl es immer noch „Insider und Outsider“ gibt, sind die Tore der Stadt Gottes immer offen.

Die Offenbarung stellt die endgültige Rettung Gottes als eine Welt dar, in der Kultur und Natur integriert sind. Das Neue Jerusalem erfüllt sowohl römisch-idyllische, als auch jüdisch-apokalyptische Hoffnungen auf das „goldene Zeitalter“ und „Paradies“. Durch das Zentrum der Stadt fließt der „Fluss des Lebens“. Die Blätter des „Baumes des Lebens“ haben die Kraft, Nationen zu heilen. Kurz: Die narrative Symbolisierung der eschatologischen Stadt Gottes integriert Himmel und Erde, Stadt und Nationen, Kultur und Natur, heilig und profan, Israel (zwölf Stämme) und Christenheit (zwölf Apostel), Braut und Hure, Babylon/Rom und Jerusalem, Zentrum und Grenzen. Die letzten Visionen der Offenbarung sehen den Himmel als Welt, die Welt als Stadt und die neue Stadt als offenen Platz, der Bürgerrecht und Wohlergehen für alle einschließt.

Elisabeth Schüssler Fiorenza (1938),*
kath. Prof. für Neues Testament
in Harvard/USA

Idealisierte Karlsruher Stadtansicht, kolorierter Kupferstich 1740

Die Offenbarung des Johannes

Das letzte Buch der Bibel enthüllt einen verborgenen Geschichtslauf, dessen Offenbarung Gläubige trösten und Mut machen will, Gott treu zu bleiben. Nach einer Zeit von Verfolgung und Katastrophen kommt es zu einer großen Schlacht zwischen Guten und Bösen, in der jedoch die Gegner Gottes geschlagen und entmachtet werden. Danach folgt eine tausendjährige Friedenszeit, in der Christus und die Gläubigen das Sagen haben. Dann kommt es noch einmal zu einem Kampf, in dem die bösen Mächte wüten, aber endgültig geschlagen und vernichtet werden. Am Ende werden alle Toten auferweckt und vor das Weltgericht gestellt. Danach wird die Welt noch einmal ganz neu erschaffen. Diejenigen, die Gott treu geblieben sind, werden in dieser Welt ewig leben.

1. Arbeiten Sie am Stadtplan von Karlsruhe die konzeptionellen Vorstellungen heraus.
2. Stellen Sie das himmlische Jerusalem in Offb 21,1 - 22,5 grafisch dar und benennen Sie die entscheidenden Merkmale.
3. Vergleichen Sie Ihre Darstellung des Bibeltextes mit der des Textes von Schüssler Fiorenza.
4. Entwerfen Sie für einen neuen Stadtteil Kriterien einer Stadt der Zukunft.

Was ist erfülltes Leben?

Ewiges Leben (1. Kor 15,28)

[....] Ich gestehe, dass es mir eine quälende, nicht bewältigte Aufgabe des Theologen von heute zu sein scheint, ein besseres Vorstellungsmodell für dieses ewige Leben zu entdecken, das [...] Verharmlosungen von vornherein ausschließt. Aber wie? Aber wie? Wenn die Engel des Todes all den nichtigen Müll, den wir unsere Geschichte nennen, aus den Räumen unseres Geistes hinausgeschafft haben [...], wenn alle Sterne unserer Ideale, mit denen wir selber aus eigener Anmaßung den Himmel unserer Existenz drapiert haben, verglüht und erloschen sind, wenn der Tod eine ungeheuerlich schweigende Leere errichtet hat und wir diese glaubend und hoffend als unser wahres Wesen schweigend angenommen haben, wenn dann unser bisheriges, noch so langes Leben nur als eine einzige kurze Explosion unserer Freiheit erscheint, die uns wie in Zeitlupe gedehnt vorkam, eine Explosion, in der sich Frage in Antwort, Möglichkeit in Wirklichkeit, Zeit in Ewigkeit, angebotene in getane Freiheit umsetzte, und wenn sich dann in einem ungeheuren Schrecken eines unsagbaren Jubels zeigt, dass diese ungeheure schweigende Leere, die wir als Tod empfinden, in Wahrheit erfüllt ist von dem Urgeheimnis, das wir Gott nennen, von seinem reinen Licht und seiner alles nehmenden und alles schenkenden Liebe, und wenn uns dann auch noch aus diesem weiselosen Geheimnis doch das Antlitz Jesu, des Gebenedeiten, erscheint und uns anblickt und diese Konkretheit die göttliche Überbietung all unserer wahren Annahme der Unbegreiflichkeit des weiselosen Gottes ist, dann, dann so ungefähr möchte ich nicht eigentlich beschreiben, was kommt, aber doch stammelnd andeuten, wie einer vorläufig das Kommende erwarten kann, indem er den Untergang des Todes selber schon als den Aufgang dessen erfährt, was kommt. 80 Jahre sind eine lange Zeit. Für jeden aber ist die Lebenszeit, die ihm zugemessen ist, der kurze Augenblick, in dem wird, was sein soll.

Karl Rahner (1904-1984), Jesuit, Priester, Prof. für katholische Dogmatik in Münster

1. Gestalten Sie eine Lesung, in der die beiden Texte rezitiert werden.
2. Untersuchen Sie die sprachliche Form der beiden Texte und setzen Sie diese in Beziehung zum Inhalt.
3. Vergleichen Sie die Deutung des ewigen Lebens bei Marie-Luise Kaschnitz und Karl Rahner.
4. Entwerfen Sie eine Besprechung für die Kulturseite Ihrer Zeitung zur öffentlichen Lesung der beiden Texte.

Marie-Luise Kaschnitz: Ein Leben nach dem Tode

Glauben Sie fragte man mich
An ein Leben nach dem Tode
Und ich antwortete: ja
Aber dann wusste ich
Keine Auskunft zu geben
Wie das aussehen sollte
Wie ich selber
Aussehen sollte
Dort

Ich wusste nur eines
Keine Hierarchie
Von Heiligen auf goldnen Stühlen sitzend
Kein Niedersturz
Verdammter Seelen
Nur

Nur Liebe frei gewordne
Niemals aufgezehrte
Mich überflutend

Kein Schutzmantel starr aus Gold
Mit Edelsteinen besetzt
Ein spinnwebenleichtes Gewand
Ein Hauch
Mir um die Schultern
Liebkosung schöne Bewegung
Wie einst von tyrrhenischen Wellen
Wie von Worten die hin und her
Wortfetzen
Komm du komm

Schmerzweb mit Tränen besetzt
Berg-und-Talfahrt
Und deine Hand
Wieder in meiner

So lagen wir lasest du vor
Schlief ich ein
Wachte auf
Schlief ein

Wache auf
Deine Stimme empfängt mich
Entlässt mich und immer
So fort

Mehr also, fragen die Frager
Erwarten Sie nicht
nach dem Tode?
Und ich antworte
Weniger nicht.

Marie-Luise Kaschnitz (1901-1974), dt. Schriftstellerin

Zukunftsvorstellungen in anderen Religionen

Was hoffen andere?

Basics

Außerchristliche Eschatologie

Es fällt auf, dass das hebräische Denken schon von seiner grammatischen Struktur her über die Möglichkeiten verfügte, Jahwe als in der Zukunft, ja von der Zukunft her handelnden Gott zu begreifen (vgl. Ex 3, 14). Prophetische Rede von Heil und Unheil wurde damit möglich. Die Argumentationsfigur von Verheißung und Erfüllung, zunächst immanent eingesetzt, konnte ins Transzendente erweitert werden. [...] Nicht der Tod des einzelnen Menschen steht zunächst im Interesse des Judentums, sondern die Hoffnung für die Gemeinschaft [...] Die Erwartung des Messias und der kommenden Gottesherrschaft bilden so für den Frommen ein transsubjektives Hoffnungspotential. [...]

Der Islam hat durch sein eschatologisches Denken sowohl Judentum als auch Christentum beerbt, freilich mit charakteristischen Modifikationen. [...] Die Eschata [die letzten Dinge] stellen für Muslime einfach die Endstationen dar, bei denen der Einzelne und die ganze Welt schließlich ankommen werden. Sie sind ernst zu nehmen und dienen in höchstem Maße der ethischen Motivation. [...] Tod und Auferstehung, Gericht und ewige Vergeltung in der Hölle bzw. im Paradies stehen für Muslime in einem unauflösbaren Erwartungszusammenhang. Den Schwerpunkt bildet dabei das drohende Gericht, das aber – bei positivem Ausgang – zugleich den Weg zu den ewigen Wonnen öffnet. [...]

In ganz anderen Bahnen bewegt sich das Denken des Hindu. Er vermag sich durchaus Weiteres, nicht eigentlich jedoch ein „Letztes" vorzustellen. Sein Denken ist nicht linear, sondern eher zyklisch ausgerichtet. [...] Der Tod ist für ihn von vornherein nicht Abschluss, sondern Durchgangstor zu einem weiteren Abschnitt der Reise seiner Seele. Das Letzte steht nicht am Ende – ein wirkliches Ende gibt es nicht –, sondern das Letzte ist sozusagen das Laufende, das Ganze, der Prozess, der weder Anfang noch Ende besitzt. [...]

Noch radikaler lautet die Antwort des Buddhismus. Natürlich gibt es auch hier – abgewandelt je nach Tradition und Rezeption in der „Volksreligiosität" – Stationen, nämlich z.B. das Reine Land als Vorstufe des Nirwana oder das Nirwana selbst. Der im Sinn des Mahayana Erleuchtete erfasst das Samsara wie das Nirwana als „leer" (shunja); das Letzte liegt nicht in einem fernen Jenseits, sondern in einem radikal aufgefassten Diesseits, im gegenwärtigen Augenblick, den ich zugleich wahrnehme als etwas, das nicht wirklich „ich" wahrnehme, da auch mein Ich ja nur ein mentales Konstrukt darstellt, das als solches durchschaut sein will.

Hans-Martin Barth (1939),*
Prof. für Syst. Theologie u.
Religionsphilosophie in Marburg

Name Gottes → S. 96

1. Formulieren Sie zu den vier Sinnabschnitten des Textes prägnante Überschriften.
2. Geben Sie die Kernaussagen der vier Abschnitte mit einem Symbol wieder.
3. Ordnen Sie den vier Abschnitten mögliche Lebenshaltungen zu.

Team-Aufgaben

1. Entwerfen Sie für monotheistische Religionen ein Schaubild, in dem die Beziehungsstruktur Gott – Mensch – Diesseits – Jenseits zum Ausdruck kommt.
2. Formulieren Sie zu dem Statement „Sie werden sterben! – Reden wir darüber!" ein Zehn-Punkte-Programm für eine Podiumsdiskussion aus der Sicht der Religionen oder aus Ihrer eigenen Sicht.
3. Vergleichen Sie außerchristliche Eschatologie mit der christlichen Hoffnung über den Tod hinaus.
4. Zeigen Sie auf, in welchen Bereichen der Glaube an ein Leben nach dem Tod Auswirkungen auf das Leben / die Lebensführung der Gläubigen im Hier und Jetzt hat.
5. Stellen Sie aufgrund einer Recherche dar, wie sich die Glaubensvorstellungen von Judentum, Christentum, Islam, Hinduismus und Buddhismus in ihren Bestattungsriten zeigen.
6. Vergleichen Sie Ihre eigenen Vorstellungen vom Leben nach dem Tod mit denen der Religionen und prüfen Sie, wie Ihre persönlichen Vorstellungen von dem, was nach dem Tod kommt, Ihre Lebensführung prägen.

Was ist ein Messias?

Jüdischer Friedhof auf dem Ölberg in Jerusalem. Hier stehen die Füße des Messias am Tag des Herrn.

Tod und Eschatologie im Judentum

Wenn ein Mensch geboren wird, nimmt G"t eine Seele aus der [...] Welt der Seelen und haucht sie in das ungeborene Kind ein [...]. Der Mensch lebt dann in dieser Welt, die wie ein Vorhof [...] zur nächsten Welt verstanden wird, bis zu seinem Tode. [...] Wenn der Mensch stirbt, wird seine körperliche Hülle begraben, um der Schrift Folge zu leisten, wo es heißt: „von Erde bist du, und zur Erde kehrst du zurück" (Genesis 3,19). „[...] die Seele des Menschen [aber] kehrt zu G"t zurück (der sie gegeben hat)" (Prediger 12,7). Diese Seele kommt dann, nach der Beerdigung, wieder in die Welt der Seelen oder auch in den „Gan Eden", den Garten Eden, zurück. G"t richtet dann den Menschen ob seiner Taten, und die Seele kann bei negativer Beurteilung im schlimmsten Fall an einen Ort verbannt werden, der „Gehinom" genannt wird. [...] Die Seele soll hier geläutert werden und verbringt, wenn es sich um einen schlimmen Sünder handelt, maximal zwölf Monate dort.[...]

Am Ende der Zeit, wenn der Messias („Maschiach") kommt, werden dann diese Seelen wieder auferstehen, da sie „Anteil an der kommenden Welt" haben. [...]

Neben den Juden selbst, die Anteil an der kommenden Welt haben, werden aber auch die nichtjüdischen Nationen am Ende der Zeit gerichtet. Wer für würdig erachtet wird, darf auch an diesem messianischen Reich teilhaben. Laut jüdischem Gesetz müssen sich auch Nichtjuden an einige g"tliche Gebote halten; es sind die so genannten sieben noachidischen Gebote [siehe 1. Mose 9, 1-13]. Für das jüdische Volk sieht die Thora insgesamt 613 Gebote vor. Diese Menschen müssen keine Juden werden, wenngleich sie natürlich alle an den einen G"t glauben werden.

Sowohl über den genauen Verlauf der messianischen Zeit als auch über die tatsächliche körperliche Auferstehung gibt es unterschiedliche Meinungen. So steht zwar für das orthodoxe Judentum fest, dass der Messias, der von König David abstammt, einfach ein Mensch ist, der (laut Maimonides) auch keinerlei Wunder- oder Zauberkräfte aufweist. Es gibt aber die nicht von allen geteilte Meinung, dass zunächst alle Menschen sterben müssen, um dann gemeinsam mit allen anderen Toten wieder auferstehen zu können. Manche glauben daran, dass die Menschen zwar in ihren Körpern wiedergeboren werden, aber keine körperlichen Bedürfnisse wie Hunger und Durst mehr kennen. Andere vermuten, dass diese Bedürfnisse zwar noch existieren, aber durch G"t gestillt werden, man sich also nicht mehr „im Schweiße deines Angesichts" (Genesis 3,19) selbst darum kümmern muss. Der wichtigste Aspekt aber ist, dass es keinen bösen Trieb („jezer hara") mehr geben wird, woraus resultiert, dass es keinen Hass, Neid oder Krieg mehr geben kann.

Diese kommende Welt kann auf zweierlei Arten herbeigeführt werden. Entweder wird die Welt so schlecht, dass in einem endzeitlichen Krieg zwei große Nationen (Gog und Magog) aufeinander treffen werden und schließlich G"t eingreift und den Messias schickt, um die Welt zu retten. Oder alle Juden halten die Gebote ein. In einer traditionellen Überlieferung heißt es hierzu: Wenn alle Juden zwei Schabbatot halten (und alle dazugehörigen Gesetze), kommt der Messias.

Julien Chaim Soussan (1968), orthodoxer Rabbiner in Frankfurt*

1. Stellen Sie das endzeitliche Geschehen, wie es das Judentum vertritt, grafisch dar.
2. Vergleichen Sie die jüdische Sichtweise mit der christlichen.
3. Erklären Sie, warum viele Juden auf dem Ölberg bestattet werden wollen.
4. Entwerfen Sie aus jüdischer Perspektive eine Kurzansprache zum Thema: Wie kann ein Mensch im Gericht bestehen? (→ S. 334)

Was ist die Hölle?

Tod und Endzeit im Islam

Die menschliche Existenz besteht nach dem Tod durch die unsterbliche Seele weiterhin fort. Nach dem Tod kommt zunächst die Befragung im Grab, […] die individuell erfolgt. Tote haben also nach islamischer Tradition eine fortdauernde und bewusste Existenz im Grab. Jeder Mensch ist für seine Taten selbst verantwortlich, was durch die Befragung auch bewusst werden sollte. [Es wird] eine physikalische Auferweckung geben. Auch in der islamischen Theologie wird vom „Tag des Gerichts" oder dem „Tag der Gerechtigkeit" gesprochen. In der Tradition wird überliefert, dass nicht nur die Menschen selbst befragt werden, sondern auch ihre Körperteile (wie z.B. Hände, Mund, Augen etc.) davon Zeugnis ablegen werden, was der Mensch Rechtes oder Unrechtes durch sie begangen hat.

Dieser letzten Befragung geht der Untergang der irdischen Welt voraus – eingeleitet durch einen Engel, der in ein Horn stößt. Nach dem ersten Ton werden die Himmel bersten, die Berge zu Staub zerfallen, die Planeten verstreut und die Gräber umgedreht. Nach dem zweiten Ton werden die Menschen mit ihren ursprünglichen Körpern auferstehen und die letzte Phase ihres Daseins erreichen. Die Schöpfung wird versammelt, d.h. außer den Menschen und Engeln auch die Tiere und die Pflanzen. Die Waagen der Gerechtigkeit werden aufgestellt, und Gott wird richten. Dem Menschen wird sein endgültiger Bestimmungsort zuteil […]. Das Paradies wird als ein Ort der Glückseligkeit beschrieben, der auch physisch dem Menschen Gutes beschert. Aber die dann stark wahrnehmbare unmittelbare Nähe Gottes ist der größte Segen, der einem zuteil werden kann. Die Hölle hingegen wird als ein Ort der Strafe und des Schmerzes geschildert, wobei auch von Feuer und siedendem Wasser gesprochen wird; das Schlimmste jedoch ist die Ferne vom Schöpfer. […] Über die Konsequenzen und die Vorstellungen des Jenseits bestehen unterschiedliche Meinungen. Der Koran (99:7-8) sagt: „Und wer das Gewicht eines Sonnenstäubchens an Gutem tut, Er sieht es. Und wer das Gewicht eines Sonnenstäubchens an Schlechtem tut, Er sieht es." Damit ist gemeint, dass Menschen, die nicht glauben, aber auf dieser Welt Gutes getan haben, aufgrund ihrer guten Taten belohnt werden. Das endgültige Urteil steht jedoch allein Gott zu: […] (Koran 2:62).

So wie die Idee besteht, dass letztendlich der Mensch sein Schicksal auch nach dem Tod selbst mitbestimmt, so gibt es auch andere Vorstellungen: dass Menschen, die sich nicht eindeutig zum Islam bekennen oder zumindest zu einer Buchreligion gehören, das Paradies nicht erreichen können. […] Zudem ergeben sich aus sehr unterschiedlichen Auffassungen, wie das diesseitige irdische Leben zu leben ist, verschiedene Konsequenzen. […] die sufische Ausrichtung […] basiert auf dem tradierten Prophetenwort: „Stirb, bevor du stirbst!", was u.a. so interpretiert wird, dass das diesseitige Leben auf die Liebe zu Gott ausgerichtet sein sollte und sich von irdischen Gütern davon nicht ablenken lassen sollte. Weiter existieren auch Perspektiven, die häufig als Grundlage zum Märtyrertod betrachtet werden. Um einen direkten Weg zum Paradies einschlagen zu können, müsse man nur „auf dem Wege Gottes sterben" […].

Rabeya Müller (1959), muslimische Theologin und Religionspädagogin*

Islamische Darstellung der Hölle

Djihad → S. 276

1. Stellen Sie das endzeitliche Geschehen des Islam grafisch dar.
2. Vergleichen Sie die muslimischen Sichtweisen mit den Vorstellungen in Christentum und Judentum.
3. Entwerfen Sie für eine Illustrierte einen Kommentar (→ S. 331) zum Thema „Endzeitvorstellungen und Einstellungen zum Leben".

Was ist Erlösung?

Wiedergeburt und kosmische Zeit im Hinduismus
Wenn man, wie die meisten indischen Denker, an die Existenz einer feinstofflichen Seelensubstanz glaubt, welche von Geburt zu Geburt wandert, bis sie sich schließlich auflöst, dann kann man sich die psychische Wirkung der Tat (Karman) vorstellen als einen Faktor, der die Qualität dieser feinen Substanz und der in ihr angelegten psychischen Organe verändert. [...] Deshalb wird die im Laufe eines Lebens durch eigene Taten geschaffene psychische Qualität bestimmend für die Existenzform, in die man sich im nächsten Leben inkarniert.
Für die Inkarnation steht einem [...] die ganze Vielfalt der in den Kreislauf des Werdens und Vergehens gebundenen Lebewesen – von den Bewohnern der Unterwelten über die Tiere und Menschen bis zu den himmlischen Göttern zur Verfügung. [...] Je feiner und lichter die Substanz des psychischen Organs wird, [...] desto höher steigt man auf in der Hierarchie des Lebendigen. Je gröber und dunkler es wird, desto tiefer sinkt man hinab.
Der Tatfaktor Karman [...] bewirkt auch, dass man – sofern das Karman nicht durch Askese, Erkenntnis oder Gnade Gottes gelöscht wurde – erleben muss, was man durch seine Tat verursacht, aber nicht selber ausgekostet hat. Infolgedessen gerät man im Laufe der Wiedergeburten zwangsläufig in äußere Lebensumstände, die einem das Erleben und Durchleben solcher Erfahrung ermöglichen. Jeder Einzelne genießt also mit Sicherheit die Früchte der eigenen Taten, wenn nicht in diesem Leben, so in einem der künftigen Leben. Alle individuellen und sozialen Unterschiede sind auf diese Weise selbst erworben und selbst gewählt. Doch Karman wird dadurch gelöscht, dass man seine Wirkung erlebt. Wer also durch gute Werke sogar in den Götterhimmel gelangt, wird dort den Lohn dieser Werke nur so lange genießen, bis sein gutes Karman verbraucht ist. Wer aber die Folgen schlechter Taten in einer niedrigeren oder leidvolleren Existenz abbüßt, vernichtet damit auch sein schlechtes Karman.
[...] die Seele bleibt in beiden Fällen vorläufig in den Kreislauf der Geburten gebunden. Die Wesen mit schlechtem Karman werden spätestens daraus befreit, wenn die höchste Gottheit in einem sich periodisch vollziehenden Akt universaler Erlösung alle Geschöpfe ohne Ausnahme gnädig in sich zurücknimmt. [...] dies ist immer am Ende eines Lebens des Gottes Brahma* der Fall.
[...] Wer aber den fernen Abend eines Brahma-Tages und das noch fernere Ende eines Brahma-Lebens nicht erwarten will, der kann schon hier und jetzt ein endgültiges Aussteigen aus dem Zyklus des Werdens und Vergehens versuchen. Dazu ist es erforderlich, gar kein Karman mehr anzuhäufen und das vorhandene Karman zu vernichten, denn auf diese Weise löst man alle Bindungen an die Welt. Erkennt man diese Zusammenhänge – und bringt man den nötigen Willen auf –, dann kann man sich aus eigener Kraft aus dem Kreislauf der Geburten lösen, indem man bestehende karmische Bindungen mittels Askese und Meditation auflöst und neue Bindungen vermeidet. Das gleiche Ziel wird aber auch durch göttliche Gnade erreicht, die auf individueller Ebene jederzeit eingreifen, Karman „verbrennen" und den Gläubigen dem Kreislauf der Geburten entziehen kann.
Im kosmischen Geschehen gibt es einander ablösende asymmetrische Zyklen, die selbst in immer größeren Zyklen aufgehoben sind. Für uns gerade noch überschaubar sind die Weltperioden, die mit einer Schöpfung durch den Gott Brahma beginnen und mit einer Zerstörung durch den Gott Shiva enden. Diese Perioden sind in vier Zeitalter gegliedert. [...]
Heute befinden wir uns im sechsten Jahrtausend des Kali-Yoga, des letzten Zeitalters. Noch immer gibt es Kalender in Indien, die das Datum in Jahren des Kali-Yoga angeben. Es wird aber (ab 1984) noch 426.914 Jahre dauern, bis die gegenwärtige Weltperiode endgültig ein Ende nimmt und die Erde mit Feuer, Wind und Wasser wieder gereinigt wird. Dann wird eine Neuschöpfung mit wiederhergestellter Ordnung folgen, und dieser Zyklus wird sich unzählige Male wiederholen, wie er sich schon vor unserer Zeit unzählige Male wiederholt hat.

Heinrich von Stietencron (1933-2018),
Prof. für Indologe in Tübingen (leicht verändert)

**Neben Vishnu und Shiva einer der Hauptgötter im Hinduismus; nicht zu verwechseln mit Brahman, dem göttlichen Urgrund.*

Erlösung und Wiedergeburt im Hinduismus → S. 78

Reinkarnation und Auferstehung → S. 150

Wiedergeburt und kosmische Zeit im Buddhismus

Das Begehren nach Lust, nach Dasein und nach Vernichtung [...] ist die treibende Kraft, die den Daseinskreislauf in Gang hält. [...] Die Art der Wiedergeburt wird von dem sogenannten Karman-Gesetz bestimmt; man erlangt in guten Existenzformen Wiederverkörperung durch gute Taten, in schlechten aber durch böse Taten. Die ältesten Texte kennen fünf Orte der Wiederverkörperung: Hölle, Tierwelt, Gespensterreich, Menschenwelt, Götterwelt. [...]

Der „edle achtgliedrige Pfad" führt zur Aufhebung von Unwissenheit und damit zu Erlösung aus dem Daseinskreislauf. Das erste Glied dieses achtgliedrigen Pfades, die „rechte Ansicht", besteht in der Kenntnis der vier heiligen Wahrheiten und in der Einsicht, dass die Persönlichkeit nicht ein ewig existierendes „Selbst" (atman) darstellt. Daraus folgen die übrigen Glieder des Pfades; sie beziehen sich auf das sittliche Verhalten des Erlösungssuchenden und auf die richtigen Methoden der Meditation und der Konzentration. Mit ihrer Hilfe wird die Illusion vom „Selbst" auch in den tieferen Schichten der Psyche aufgehoben, die Daseinsgier überwunden und die Erlösung erreicht. Damit werden die drei „unheilsamen" Grundursachen oder „Wurzeln" nämlich Gier, Hass und Verblendung beseitigt. [...]

Das indische Wort für das Endziel des buddhistischen Heilsweges, Nirwana, bedeutet eigentlich „Erlöschen". Es wird im Wesentlichen durch verneinende Aussagen bestimmt: es ist das Aufhören des Leidens, das Versiegen von Gier, Hass und Wahn, das völlige Erlöschen der Daseinsgruppen [Körper, Gefühl, Wahrnehmung, Willen, Bewusstsein]. [...] Für den Wissenden ist Nirwana der von der Welt radikal verschiedene Bereich des absoluten Friedens. [...] Nirwana ist also das restlose Erlöschen des in Gier, Hass und Verblendung sich äußernden, das Leben bejahenden und sich krampfhaft daran klammernden Willenstriebes und damit die endgültige, restlose Befreiung von allem zukünftigen Wiedergeborenwerden, Altern und Sterben, Leiden und Elend. [...]

Die buddhistische Kosmologie ist gekennzeichnet durch das Wissen um die ungeheure Größe von Raum und Zeit. Sie geht von dem zyklischen Verlauf der Geschichte der Welt aus, von Perioden der Weltentstehung, bestimmten sich wiederholenden Weltentwicklungen und kosmischen Weltkatastrophen, auf die wieder neue Weltentstehungen folgen. Das ist im kosmischen Maßstab im Prinzip das Gleiche, was wir von der Aufeinanderfolge des Entstehens, Bestehens und Vergehens der einzelnen Daseinsfaktoren in unvorstellbaren kleinen Zeiträumen kennen und was wir bei der Aufeinanderfolge von Geburt, Leben und Tod eines Wesens unserer Welt beobachten.

Heinrich von Stietencron (1933-2018),
Prof. für Indologe in Tübingen (leicht verändert)

Buddhistisches Rad des Lebens und der Zeit. Es wird gehalten von Mara, der Personifikation des Bösen.

1. Fassen Sie die beiden Sichtweisen von Wiedergeburt sowie Zeit zusammen.
2. Beschreiben Sie aufgrund einer Recherche die Darstellung des Rades und beziehen Sie Ihre Einsichten auf den zweiten Text.
3. Zeigen Sie Konsequenzen beider Sichtweisen für das Lebensgefühl und Lebensverhalten von Gläubigen auf.
4. Vergleichen Sie die beiden Sichtweisen mit dem Christentum.
5. Gestalten Sie je ein Elfchen (→ S. 327) zur christlichen sowie zur hinduistischen oder buddhistischen Zukunftserwartung.

Aus Hoffnung leben und handeln

Wie zeigt sich Hoffnung im Leben und Handeln?

Nguyen Xuan Huy (1976), vietnamesischer Künstler*

Basics

Warten und Eilen zur Zukunft des Herrn (2. Petr 3,12)

Warten und Eilen, das klingt wie ein Widerspruch. Warten wir, dann ist das noch nicht da, worauf wir warten; eilen wir, dann ist das Erwartete schon in Sicht. Dies sind die beiden Extreme, zwischen denen sich die Einstellungen zur Zukunft abspielen. Als Grenzmarken müssen sie sich nicht widersprechen. Übersetzen wir das „Warten und Eilen“ in unsere Sprache und unsere Erfahrungen:

Warten: damit ist kein passives Abwarten, sondern ein aktives Erwarten gemeint. […] Warten können heißt, sich selbst nicht aufzugeben, nicht von der Übermacht der Mächte dieser Welt und nicht vor der eigenen Ohnmacht zu kapitulieren, sondern mit erhobenem Haupt zu leben. […] Warten können ist Treue im Glauben. Die Hoffnung verleiht dem Glauben nicht nur Flügel, wie man sagt, sondern bringt ihn auch zum Standhalten und zum Ausharren […].

In der Zeit zu „eilen“ meint das Überschreiten der Grenzen der Wirklichkeit in die Bereiche des zukünftig Möglichen. Im Überschreiten dieser Grenzen nehmen wir die Zukunft vorweg, auf die wir hoffen. Mit jedem Tun des Gerechten bereiten wir der „neuen Erde“, auf der Gerechtigkeit ‚wohnen‘ wird, den Weg. Schaffen wir etwa Recht denen, die Gewalt leiden, dann leuchtet Gottes Zukunft in ihre Welt hinein. Setzen wir uns für die „Witwen und Waisen“ ein, kommt ein Stück Leben in unserer Welt. Die Erde seufzt unter der ungerechten Gewalt, mit der wir ihre Schätze und Kräfte ausbeuten. Wir „eilen“ der Zukunft des Herrn entgegen, wenn wir jene Gerechtigkeit vorwegnehmen, aus der am Tag des Herrn eine neue und bleibende Erde entstehen soll. Die Dinge nicht so zu nehmen, wie sie sind, sondern sie so zu sehen, wie sie in jener Zukunft sein können, und dieses Seinkönnen jetzt zu realisieren, heißt, der Zukunft gerecht zu werden. […] „Warten und Eilen zur Zukunft des Herrn“, das heißt heute: Widerstehen und Vorwegnehmen.

Jürgen Moltmann (1926), ev. Theologe*

1. Geben Sie den Inhalt des Textes wieder.
2. Interpretieren Sie das Bild und setzen Sie es in Beziehung zum Text.
3. Nehmen Sie begründet Stellung zur These: „Warten und Eilen sind sinnvoll und nötig“.
4. Entwerfen Sie für eine Obdachlosen-Zeitschrift einen Aufruf an die Kirchen und deren Antwort.

Team-Aufgaben

1. Entwerfen Sie in Gruppen Texte zum Thema: Mein Beitrag zur Zukunftsgestaltung … Stellen Sie die Texte in einem „Kursbuch zur Zukunftsgestaltung“ zusammen.
2. Gestalten Sie zu den Texten dieses Teilkapitels ein Portfolio mit religiösen (oder allgemeinen) Haltungen (linke Seite) und damit in Zusammenhang stehenden Einstellungen zum Leben und zur Zukunft (rechte Seite).
3. Gestalten Sie mit Bildern des Buches eine Ausstellung mit Katalog mit Erläuterungen zum Thema *Aus Hoffnung leben und handeln.*
4. Nehmen Sie zu einem im Teilkapitel genannten Beispiel Ihrer Wahl Stellung aus biblisch-theologischer Perspektive.

Wie entsteht Neues?

Engagement für Veränderung

Die Zeit, auf den Kurs der Nachhaltigkeit zu gelangen, drängt. Selbst wo sich erste Erfolge eingestellt haben, bleiben sie ungenügend – und die anhaltenden Misserfolge können sie noch nicht annähernd aufwiegen. [...]
Der Kirche kommt in diesem Kairos [= günstigen Zeitpunkt] der Transformation eine eigene und besondere Chance zu: Wie wenige andere gesellschaftliche Akteure vermag sie ‚Mahnerin, Mittlerin und zugleich Motor' zu sein. Das Gerechtigkeitsprojekt einer nachhaltigen Entwicklung ist tief verankert in der christlichen Botschaft [...]. Aus dieser Kraft erwächst den Kirchen eine besondere Rolle in der öffentlichen Debatte. Kirchen und ihre Teilorganisationen sind Orte, an denen nachhaltige Entwicklung erprobt und umgesetzt werden kann. [...] Kirchen und Werke, Gemeinden und Gemeindemitglieder müssen sich den Herausforderungen einer nachhaltigen Entwicklung stellen. Nur so sind sie selber als Motor, Mittler und Mahner authentisch und stark. Gerade in der Verbindung dieser drei Funktionen liegt die besondere Chance und Verantwortung von Kirche. [...]
Der Text ermutigt deshalb die Kirchen ausdrücklich, sich selbst ehrgeizige Ziele für nachhaltige Veränderungsprozesse zu setzen. [...] Je mehr Kirche hier erreicht, umso glaubwürdiger wird sie in ihren Mahnungen und Forderungen an andere. Die Kraft, die Verheißungen und die Visionen des Glaubens sind wichtig für große, langfristige und ehrliche Transformationsprozesse. [...]
In unserem Dienst für die Zukunft dieses Sterns, Gottes wunderschöner Erde, und in der gestundeten Zeit, die uns gegeben ist, wissen wir uns doch getragen und ermutigt durch Gottes Geist, der die Zukunft offenhält – wie es in der dritten Strophe dieses Liedes heißt: „Gebrauche deine Kraft, denn wer was Neues schafft, der lässt uns hoffen, vertraue auf den Geist, der in die Zukunft weist, Gott hält sie offen."

EKD-Text „Geliehen ist der Stern, auf dem wir leben", 2018

... um die Heilung der Menschen kämpfen

Ich habe eine große Hoffnung auf die Zukunft [...]. Ich hoffe darauf, dass Frauen um die Heilung der Menschen kämpfen werden, dass sie Widerstand leisten, dass sie stören werden, dass sie einen langen Atem haben werden. Selbstverständlich hoffe ich, dass auch Männer diese Zukunftsarbeit mittragen werden. Es wird nur wichtig sein, dass Männer begreifen, dass der Sexismus aus dem Widerstand nicht ausgeklammert werden darf, sondern als erster Feind bekämpft werden muss. [...]
Feministische Christinnen haben sich die Visionen bisher nicht ausreden lassen. Sie haben Visionen als Lebensmittel begriffen, als Brot und Wasser in der Wüste des Patriarchats. Für mich sind diese Visionen unlösbar mit der Gottheit der Bibel und mit Jesus verbunden. Die Gegenwart erschlägt meine Hoffnung täglich. Die Resignation schleicht überall herum. Ich gewinne Kraft und Hoffnung, wenn ich höre, dass der Glaube die Kraft des Senfkorns hat, dass der Glaube Berge versetzen kann und das Gottesreich so subversiv ist wie Sauerteig. Die Tränen, die Gott abwischen wird, sind die Tränen, die heute über die menschengemachte Gewalt geweint werden. Gott wird sie abwischen, sie werden nicht von der Gleichgültigkeit weggewischt und unsichtbar gemacht werden.
Es gibt noch so viel zu tun für feministische Christinnen: Kämpfe, Analysen und die Stärkung der Visionen eines Lebens auf dieser Erde in Gerechtigkeit. Ich hoffe also auf Feministische Theologien der Zukunft, die sich nicht an der Langeweile und Herrschaftsvergötzung in der mainstream (oder malestream) Theologie orientieren, sondern an dieser Arbeit für die Befreiung.

Luise Schottroff (1934-2015), ev. Theologin

i

Nachhaltigkeit ist ein Handlungsprinzip zur Ressourcen-Nutzung, bei dem die Bewahrung der Stabilität und der natürlichen Regenerationsfähigkeit im Vordergrund steht.

Kirche als Mahnerin → S. 215
Nachhaltiger Lebensstil → S. 47

1. Zeigen Sie auf, wie die Kirchen – und andere gesellschaftliche Akteure – „Mahnerin, Mittlerin und Motor" einer „Großen Transformation" sein können.
2. Erläutern Sie den Begriff der Nachhaltigkeit und nennen Sie anschauliche Beispiele.
3. Zeigen Sie auf, was Frauen und was Männer zur „Arbeit für die Befreiung" beitragen können.
4. Arbeiten Sie an einer biblischen oder theologischen Aussage deren „befreienden" und „nachhaltigen" Gehalt heraus. Gestalten Sie damit eine Kurzansprache an ein Publikum Ihrer Wahl.

Wie gehen wir miteinander um?

Umgang miteinander: Die Kunst der Feindschaft

„Liebet Eure Feinde!“ [Mt 5,44] Geht's noch? Den Schuft, der mir Böses will? Den Idioten, der mich beleidigt, mich verfolgt [... in sozialen Netzwerken]? Den gewalttätigen Neonazi oder Islamisten oder Vergewaltiger, dem ich doch Einhalt gebieten soll? Alle umarmen im Namen des gütigen Kuschelgottes?

Wenn es um die Feindesliebe geht, ist die Heuchelei nicht weit. [...].

Dabei heißt Feindesliebe zuerst einmal zu akzeptieren, dass man das überhaupt hat: Feinde und Feindschaften. „Ich habe keine Feinde“ – das ist das Konstrukt des perfekt funktionierenden und überall beliebten Wesens mit tendenziell unendlich vielen [... Social-Media-]Freundschaften. Dabei sind Feindschaften unvermeidlich. Wer entscheidet, wählt das eine und verwirft das andere; wer unterscheidet, benennt Richtig und Falsch. [...] Immer gibt es eine Gegnerschaft und oft die harte Form dieser Gegnerschaft: die Feindschaft. Sie kann aus Missverständnissen und Kommunikations-Pannen entstehen. Sie kann aber auch christlich geboten sein. Es gibt Taten, Haltungen und Meinungen, die der Botschaft Jesu feind sind, Jesus selber hat das so gesagt.

Feindesliebe heißt: Einen Feind zu haben, einer Feindschaft nicht auszuweichen – und doch den Feind als Mensch zu achten, seine Würde zu schützen, auch in der härtesten Auseinandersetzung eine Tür offen zu halten [...]. Es ist eine Kunst der Feindschaft ohne Hass, die von zwei Seiten bedroht ist: von der harmonieseligen Unfähigkeit zu Konflikt und Unterscheidung und vom Willen zur Delegitimierung und Vernichtung des Andersdenkenden [...]. Die Feindesliebe lässt einen herabsteigen vom Ross der höheren Moral auf die Augenhöhe des Feindes: Feinde sind wir beide, in dieser Hinsicht ist keiner besser als der Andere. [...] Sie relativiert den eigenen Wahrheitsanspruch und sieht die Wahrheit des Anderen.

Kein Mensch kann das immer, jeden Tag und gegenüber Jedermann. Die Feindesliebe trägt strukturell die Überforderung in sich. Aber man könnte ja mal üben, ein bisschen.

Matthias Drobinski (1964), Journalist*

Hate Speech und Spiritual Care

Wir Menschen und Christen müssen zeitnah Anstrengungen unternehmen, um zu begreifen [...], woher der Hass kommt und die Wut und die Lust, den Mitmenschen übel nachzureden, sie zu beobachten, zu kommentieren oder sie gar mit ‚Scheiße-Stürmen‘ [Shit Storms] zu überziehen. [...]

Die Hassrede [Hate Speech] zielt [...] auf Ausgrenzung von anderen, auch Einschüchterung, Dominanz und Deutungshoheit, sowie Spaß und Nervenkitzel. [...]

Selbstbestimmt will ich als heutiger Bürger und Christin sein. Selbstbestimmt und selbstnavigierend. Die neuere Sprachentwicklung in der praktischen Theologie spricht schon vorsichtshalber gut amerikanisch von ‚spiritual care‘, wobei dieses Wort, stärker als das deutsche Wort ‚Seelsorge‘ die Selbstsorge einschließt. [...]

Eine Grunderzählung des christlichen Glaubens ist die Exoduserzählung: das Narrativ von dem Volk, das aus seiner Sklaverei auszieht und lernen muss, die Freiheit auszuhalten, und das dann einzieht in ein neues Land [...].

Diese Grunderzählung der jüdisch-christlichen-Kultur begrüßt die neue Welt, das ‚Neuland‘, erkundet sie, macht sie zu der eigenen und ordnet sie nach den Bedürfnissen der Seele des Einzelnen und der Gesellschaften. Lasst uns also öffentliche Seelsorge betreiben, indem wir uns einmischen in den Umgang mit der vermessenen Anderswelt!

Wie aber wird dieser neue Mensch aussehen, der sich im Gegenüber zur künstlichen Intelligenz nicht mehr nur auf seine Vernunft und sein Wissen berufen kann, sondern auf seine Seele?

Spielerisch? Ja. [...] Sprunghaft und vielfach vernetzt? Ja. Empathisch, weil man sich in viele andere hineinversetzen muss? Ja.

Und am Ende ist es vielleicht der Glaube, der uns signifikant vom Computer unterscheidet. Wir Menschen können glauben, hoffen und lieben, das ist eine andere Logik als die Logik des Computergehirns. [...] Vielleicht wird es am Ende Glaube, Hoffnung und Liebe sein, die wir in die neue, die andere Welt hinüberretten dürfen.

*Johanna Haberer (*1956), ev. Theologin und Publizistin*

1. Entfalten Sie Beispiele problematischer Kommunikation im Netz.
2. Prüfen Sie, wie aus Ihrer eigenen und aus biblischer bzw. christlicher Sicht die Kommunikation im Netz sein sollte und wie sie sich verbessern ließe.
3. Nehmen Sie begründet Stellung zu Drobinskis Interpretation der „Feindesliebe“.
4. Entwerfen Sie einen Regelkatalog zum „Umgang miteinander“ im Netz sowie ein Verfahren zur Gewährleistung der Einhaltung der Regeln.

Wie retten wir die Welt?

Umgang mit der Welt: Ein unterirdischer Wald

Anfang der 1980er Jahre war Tony Rinaudo von seiner Mission ‚Serving in Mission' (SIM) in den Niger geschickt worden: Dort sollte er den Vormarsch der Wüste mit dem Pflanzen neuer Bäume stoppen. Mehrere Jahre lang ging der Australier als Don Quichotte der Setzlinge gegen die alles verheerenden Sandmühlen vor: Kaum 10 % seiner Bäumchen hätten nach dem Einpflanzen die Hitze und die staubigen Stürme überstanden, erinnert er sich. Und falls einer der Setzlinge mal durchkam, wurde er später von Ziegen gefressen oder noch später zu Brennholz zerhackt. Schließlich hätte Rinaudo mit seiner Geduld auch fast noch den Glauben verloren: „Hol mich hier raus", haderte er wie einst Hiob mit seinem Gott.

In der Wahrnehmung des ehemaligen Missionars ging seine Geschichte in Maradi auch biblisch weiter. Eines Tages, als Rinaudo gerade Luft an den Reifen seines Geländewagens herausließ, um besser durch die trostlose Sandlandschaft zukommen, fiel es ihm wie Schuppen von den Augen. Bei den grünen Trieben, die überall um ihn herum aus dem Sand sprossen, handelte es sich mitnichten – wie er bislang immer angenommen hatte – um nutzloses Kraut: Sie stellten sich bei genauerer Betrachtung vielmehr als Baumtriebe heraus. Wenn diese jedoch mitten im Sand wachsen konnten, musste sich unter ihnen ein noch intaktes Wurzelwerk befinden, folgerte Rinaudo. Und weil dasselbe Phänomen überall in der Region zu beobachten war, durfte man von einem riesigen Wurzel-Netzwerk unter dem Sand der Sahelzone ausgehen. Bäume, die gewissermaßen verkehrt herum im Wüstenboden stecken, schwante dem Agrarexperten: ein unterirdischer Wald.

Sein Damaskus-Erlebnis stellte Rinaudos Welt vom Kopf auf die Füße. Wenn man den grünen Trieben im Sand nur eine Chance gäbe, würden sie ganz von selbst zu Bäumen heranwachsen, mutmaßte er. Sein verzweifeltes Pflanzen neuer Bäume war womöglich völlig überflüssig. Alles, was man zur Regeneration der verheerten Landschaft brauchte, war ein Taschenmesser, das Rinaudo ständig mit sich trägt: Damit pflegt er die zum Verbuschen neigenden Triebe der Bäumchen zu beschneiden. Weil die Sprösslinge auf die noch im Wurzelwerk gelagerten Nährstoffe, vor allem Zucker, zurückgreifen können, wachsen sie meist in atemberaubendem Tempo zu ausgewachsenen Bäumen heran. Er habe schon oft beobachtet, wie aus einem kümmerlichen Stämmchen innerhalb von drei Jahren ein fünf Meter hoher Baum geworden sei, sagt der Australier.

Johannes Dieterich (1957)*
Bericht über den australischen Agrarfachmann und Missionar Tony Rinaudo, der für seine Methode der Wiederaufforstung in der Sahelzone den Alternativen Nobelpreis erhielt

Hiob → S. 94
Biblischer Herrschaftsauftrag → S. 61

1. Fassen Sie den Inhalt des Textes zusammen.
2. Interpretieren Sie das Bild und setzen Sie es in Beziehung zum Text.
3. Wenden Sie Moltmanns Aussage vom „Warten und Eilen" (S. 316) auf Rinaudos Erfahrungen an.
4. Gestalten Sie in Gruppen einen Internetauftritt „Musterbeispiele für Weltrettung".

Wo gehen wir hin?

Hans-Georg Hofmann (1957): Garden of Eden, 2019*

Zukunft erwarten und gestalten

Wo wollen wir hin? Die Gesellschaft der Zukunft ist eine Gesellschaft freier, selbstbestimmter Menschen. Eine Gesellschaft von Menschen, die sich an den vielen kleinen Dingen des Lebens erfreuen und ihnen Sinn abgewinnen […] – das Leben bietet mehr Würde, mehr Freiheit und Entfaltungsmöglichkeiten, als es das heute tut. Gelebt von verantwortungsvollen Menschen, die ihre echten Bedürfnisse von eingeredetem Bedarf unterscheiden können und die alles tun, um nicht auf Kosten zukünftiger Generationen zu leben. Die Medizin hat sich weiter verbessert, die Lebenserwartung steigt, der stinkende Verkehr in den Städten ist einem lautlosen Gleiten gewichen. Mehr Pflanzen, mehr Grün, mehr Ruhe, Stille und Kontemplation haben Einzug in diese Lebenswelt gehalten, während im Hintergrund nimmermüde intelligente Maschinen den Volkswohlstand erwirtschaften.

Richard David Precht (1964),*
Philosoph und Bestsellerautor

Wir müssen Verantwortung übernehmen

Als in diesem Jahr [2018] im August die Schule wieder anfing, habe ich mich daher vor dem schwedischen Parlament auf den Boden gesetzt. Ich bin für das Klima in den Schulstreik getreten. […]
Und warum sollte ich für eine Zukunft lernen, die es vielleicht schon bald gar nicht mehr gibt, wenn niemand etwas unternimmt, um diese Zukunft zu retten? Und welchen Sinn hat es, Fakten zu lernen, wenn die wichtigsten Fakten unserer Gesellschaft eindeutig nichts bedeuten? […]
Die Menschen werden sich der Herausforderung stellen müssen. Und da unsere Regierungen sich benehmen wie Kinder, müssen wir die Verantwortung übernehmen, die sie schon längst hätten übernehmen sollen. […]

[…] Wir werden niemals aufhören, für diesen Planeten und für uns selbst, unsere Zukunft und die Zukunft unserer Kinder und Enkel zu kämpfen.

Greta Thunberg (2003),*
Klimaaktivistin

Greta Thunberg → S. 260f.
Klimawandel → S. 46f.

Die Utopie

Die Utopie, sie steht am Horizont.
Ich bewege mich zwei Schritte auf sie zu
und sie entfernt sich um zwei Schritte.
Ich gehe weitere zehn Schritte
und sie entfernt sich um zehn Schritte.
Wofür ist sie also da, die Utopie?
Dafür ist sie da:
Um zu gehen!

Eduardo Galeano (1940-2015),
Journalist und Schriftsteller aus Uruguay

1. Skizzieren Sie drei spontane Einfälle zum Bild. Setzen Sie diese dann in Beziehung zu den Texten.
2. Beschreiben und bewerten Sie Prechts Vision einer „Gesellschaft der Zukunft". Erstellen Sie einen tabellarischen Vergleich von „echten Bedürfnissen" und „eingeredetem Bedarf" und nehmen Sie dazu Stellung aus der Sicht unterschiedlicher Personengruppen.
3. Nehmen Sie Stellung zu Greta Thunbergs Entscheidung, Klimaaktivistin zu werden, und erstellen Sie ein Portfolio ihres Lebens und Wirkens.
4. Beschreiben Sie den Sinn einer Utopie nach Galeano.
5. Entwerfen Sie einen Internetauftritt einer (realen oder fingierten) Person bzw. Gruppe: „Mein Einsatz für diesen Planeten, uns selbst, unsere Zukunft und die Zukunft unserer Kinder".

Check-out

Wiederholen – Zusammenfassen – Sichern

- Entwerfen Sie ein Vorher-Nachher-Bild: Mein Bild von der Zukunft zu Beginn der Auseinandersetzung mit dem Thema Zukunft – mein Bild danach.
- Benennen Sie ein Bild aus dem Kapitel, das Ihre Sicht der Zukunft nach der Auseinandersetzung mit dem Thema Zukunft bestimmt, und entwerfen Sie dazu einen Kommentar.
- Erläutern Sie die Begriffe Utopie und Dystopie sowie die Begriffe Eschatologie und Apokalyptik.
- Gestalten Sie eine Kurzrede (→ S. 334) zum Thema „Christliche Zukunftsbilder“.

Anwenden – Verknüpfen

- Formulieren Sie zu diesem Bild vom Schlaraffenland eine Beurteilung aus einer säkularen und einer religiösen Perspektive.
- Bewerten Sie noch einmal den Vorschlag von Harari, ein großes Internet-Unternehmen wählen zu lassen (S. 291), sowie den Song Armageddon (S. 290).
- Benennen Sie Leitfragen für einen interreligiösen Dialog zwischen Christen, Juden und Muslimen zum Thema Zukunft.
- Überprüfen Sie die These, dass die christliche Hoffnung am ehesten der Vorstellung einer großen Transformation entspricht.

Einschätzung des Lerngewinns und des Lernprozesses

- Benennen Sie, was für Sie in der Auseinandersetzung mit dem Thema Zukunft irritierend, ermutigend, überraschend, hilfreich, unklar und unnötig war.
- Überprüfen Sie Ihre Antworten auf die eingangs genannten Fragen (S. 289).
- Formulieren Sie Fragen, die sich für Sie jetzt stellen.
- Benennen Sie Details, Themenbereiche, Gedankengänge, Ideen, die Sie weiterverfolgen, nochmals bearbeiten, wiederholen wollen.

Feedback

- Formulieren Sie Ihre Fortsetzung der folgenden Open-End-Sätze:
  „Bei diesem Thema hat mir besonders gut gefallen, dass …“
  „Bei diesem Thema hat mir nicht gut gefallen, dass …“
  „In der Auseinandersetzung mit diesem Thema sollte künftig beachtet werden, dass …“
- Bewerten Sie das Erreichen der Kompetenzziele (S. 290) mit Punkten von 0 bis 5.

Methoden

Vorwissen, Voreinstellungen und Lerninteressen formulieren

Lernen beginnt nie an einen Nullpunkt. Auf der „Festplatte" ist immer etwas gespeichert. Dazu gehören Kenntnisse, zum Beispiel über Jesus oder andere Religionen, sowie Einstellungen (interessant/langweilig, wichtig/unwichtig). Dazu gehören aber auch Fähigkeiten wie zum Beispiel die Lesekompetenz, die Urteilsfähigkeit oder die Beherrschung digitaler Tools.
Die einzelnen Kapitel dieses Schulbuches geben am Anfang mit den Bildern auf der Auftakt-Doppelseite jedes Mal Raum, um das Vorwissen, die Voreinstellungen und die Lerninteressen, aber auch offene Fragen und besondere Interessen zu formulieren. Mit diesem Schritt und auf diesem Hintergrund wird es möglich sein, den Unterricht mitzugestalten und am Ende den eigenen Lernzuwachs einzuschätzen.

Folgende Methoden eignen sich, um Vorwissen, Vorurteile und Lerninteressen zu entfalten:

- Eine Mindmap mit Assoziationen zu dem Kursthema gestalten, u.U. mit einem digitalen Programm wie dem kostenlosen plattformunabhängigen mind.map-online oder dem plattformübergreifende Freeplane.
- Eigene Gedanken zu den Bildern auf der Auftakt-Doppelseite notieren, in Tandems austauschen und gemeinsam auswerten (Think – Pair – Share).
- Fragen zu dem Thema formulieren, die für einen unbedingt wichtig sind. Diese dann sammeln, evtl. mit den Kollaborations- und Brainstorming-Tools von den plattformunabhängigen oncoo.de oder Flinga.fi
- Voreinstellungen und Vorwissen zu dem Thema mit dem digitalen Programm AnswerGarden.ch oder mit einer Lernplattform wie Kahoot! erheben.
- Individuelle Bearbeitung eines Selbsteinschätzungsbogens (siehe unten).
- Anlage eines digitalen Fotoalbums mit Vorwissen und Voreinstellungen, z.B. mit der kostenlosen App „Steller".
- Schriftliche Bearbeitung einer selbst gewählten Anforderungssituation, die es zu jedem Kapitel gibt (Check-in). Gemeinsame Auswertung und Formulierung von Themen, auf die unbedingt eingegangen werden sollte. Das Ergebnis kann am Ende eines Kurses oder eines Lernschrittes noch einmal bedacht werden.
- Reflexion ausgewählter Leitfragen auf den Auftaktseiten, anschließend Definition weiterer Fragen und wichtiger Themen, die im Kurs bedacht werden sollen.
- Zu einem vorgegebenen Thema (z.B. Gott, Kirche, Islam …) aus der Sammlung von symbolischen Zeichen oder Bildern werden jene ausgewählt, die dem eigenen Empfinden, den eigenen Auffassungen, Einstellungen oder Sichtweisen am meisten entsprechen.

Trainingsaufgabe Selbsteinschätzungsbogen

	Items	+	+/-	-
1	Ich kann das Wesentliche des christlichen Glaubens erläutern.			
2	Ich kann den Unterschied von Islam und Christentum erklären.			
3	Ich kann die Bedeutung Jesu für den christlichen Glauben benennen.			
4	Ich kann die Sicht der Welt als Gottes Schöpfung teilen.			
5	Es ist gut, dass es die christliche Kirche gibt.			
6	Religion ist ein wichtiges Thema.			

Recherchieren im Internet

Durch das Internet stehen jederzeit eine Fülle von Informationen zur Verfügung, die eine Recherche ermöglichen. Mithilfe eines Suchbegriffes können Sie sich

- einen ersten Überblick über ein Thema verschaffen;
- historische Hintergründe und Zusammenhänge erschließen;
- unterschiedliche und widerstreitende Meinungen erfassen;
- bedeutende Vertreter und Positionen kennenlernen;
- angrenzende Themen und Links entdecken.

Infrage kommen Interviews, Presseartikel, Fachliteratur, lexikalische Artikel, Blogs und vor allem auch Erklärvideos. Sinnvoll ist folgendes Vorgehen:

1. Formulierung der Recherchefrage sowie gezielter Teilfragen;
2. gezielte, eingegrenzte Suche bei verlässlichen Adressen;
3. Prüfung des Informationswerts der Quelle (Alter, Aktualität, Wissenschaftlichkeit, private Meinung, verbunden mit Werbung, Primär- oder Sekundärquelle);
4. Speichern der Informationen mit den Fundorten und des Funddatums;
5. Anlage einer strukturierenden Mindmap mit den unterschiedlichen Informationen;
6. Auswertung der Recherche im Blick auf die Eingangsfrage.

Für den Religionsunterricht an der Sek II gibt es verschiedene Plattformen, die Informationen in Form von Texten, aber auch von Videos anbieten, die Zugänge eröffnen und Zusammenhänge aufzeigen können.

Hilfreiche Adressen für eine Internetrecherche sind:

- evangelisch.de mit dem evangelischen Blick auf Lebensfragen und den evangelischen Glauben;
- katholisch.de mit Informationen aus der katholischen Kirche
- kathpedia.de, eine Enzyklopädie mit Verlautbarungen aus der katholischen Kirche
- ekd.de: u.a. Denkschriften und Grundlagentexte sowie Videos
- bibelwissenschaft.de/wibilex: wissenschaftliches Bibellexikon
- rpi-virtuell.de: u.a. Onlinelexikon, Bilder, Materialien
- die-Bibel.de (Dt. Bibelwerk) mit Onlinebibeln, Bibellexikon und Bibelkunde
- planet-wissen.de: u.a. Informationen und Videos zu den Weltreligionen sowie zur Geschichte
- ard-Alpha: Bildungskanal der ARD u.a. mit Sendungen zu aktuellen Fragen wie Digitalisierung, Religion und Orientierung
- Unter orbis.stanford.edu findet man digitale Landkarten aus der antiken Welt.
- wissen2go: Erklärvideos zu aktuellen Themen und Fragen von Schülerinnen und Schülern, z.B.: Was wäre, wenn Hitler den Krieg gewonnen hätte? Oder: Wie Muslime zu Deutschland gehören.

Bei jeder Internetrecherche geht es darum, die gefundenen Informationen zu prüfen. Dazu dient vor allem der Vergleich verschiedener Quellen mit ihrer jeweiligen Argumentation, dann aber auch der Blick auf das Impressum und den Kontakt, auf Bewertungen anderer, auf die Sprache oder auf den Gebrauch von Werbeanzeigen.
Bei der Überprüfung, ob es sich um Fake-News handelt, helfen Seiten wie correctiv.org, von einem Recherchezentrum unabhängiger Journalisten, oder mimikama.at, ein Verein zur Aufdeckung von Internetmissbrauch oder Faktenfinder von tagesschau.de.
Für das Verhalten im Web gibt es Leitlinien, die beachtet werden sollten. So finden sich zum Beispiel bei juuuport.de zehn Gebote der digitalen Ethik.
Eine Handreichung zum Urheberrecht in der Schule findet man auf der Seite des Bundesministeriums für Bildung und Forschung: www.bfbf.de.

Trainingsaufgaben

1. Recherchieren Sie in Erklärvideos biografische und geschichtliche Hintergründe von Thomas Hobbes' Leviathan und Rousseaus Contrat social.
2. Informieren Sie sich über das Buch Hiob bei wibilex, bei EKD/Glauben/Basiswissen und in einem Erklärvideo. Bewerten Sie dann, was für Sie hilfreicher ist.
3. Formulieren Sie fünf Regeln für den Gebrauch des Internets bei Recherchen.

Thomas Hobbes (1588-1679), Jean-Jacques Rousseau (1712-1778)

Selbstorganisiertes Lernen

Die einzelnen Teilkapitel werden in der Regel durch die sog. Basics eröffnet. Sie geben einen Überblick über die folgenden Inhalte. Zu den Basics gehören immer vielfältige Team-Aufgaben für selbstorganisiertes Lernen. Damit können Sie sich wesentliche Aspekte des Themas individuell oder in Teams, interessenbezogen und eigenverantwortlich aneignen.

Schritte selbstorganisierten Lernens (mit Lernen durch Lehren)

1. Gemeinsame Erarbeitung der Basics-Seite(n). Visualisierung des Inhalts auf einer Lernlandkarte, in einer Mindmap o.a.;
2. Auswahl einer Aufgabe und Teambildung;
3. Festlegen der Quellen, Materialien, Medien, Bilder, Videos sowie anderer Seiten im Buch, die für die Bearbeitung der Aufgabe in Frage kommen und zur Verfügung stehen;
4. Entwurf eines Arbeitsplans mit der Festlegung der Einzelarbeitsschritte einschl. Zeitangaben. Hier ist eine Absprache mit der Lehrkraft empfehlenswert;
5. Gemeinsame Erarbeitung der Aufgabe;
6. Präsentation des Ergebnisses mit Moderation des Gesprächs;
7. Evaluation des eigenen Lernprozesses und Lernergebnisses. Was ist uns gut gelungen? Was ist weniger gut gelungen? Woran lag das?

Lernlandkarten erstellen

Eine Lernlandkarte ist eine anschauliche Darstellung eines komplexen Inhalts unter Anreicherung mit Fragen, Symbolen, Zeichnungen, Einschätzungen, Bewertungen, weiteren Aufgaben und vor allem auch unter Hervorhebung von Zusammenhängen mittels Pfeilen o.Ä. Lernlandkarten werden individuell angefertigt, in einer Vernissage vorgestellt und gemeinsam reflektiert.

Internetrecherche mit Web-Quest

Die plattformunabhängige Web-Quest meint Spurensuche im Internet und besteht in einer problembezogenen, handlungsorientierten, internetbasierten Erarbeitung eines Themas. Folgende Schritte werden dabei gegangen:

1. Darstellung einer anschaulichen und konkreten Situation, die zu einer Aufgabe führt;
2. Formulierung der Aufgabe;
3. Festlegung einer begrenzten Zahl von Links, aber auch Literaturangaben und Materialien, die für die Lösung der Aufgabe herangezogen werden sollen;
4. Erarbeitung auf der Grundlage eines Arbeitsplans mit Zeitvorgaben;
5. Reflexion des eigenen Lernprozesses;
6. Präsentation des Arbeitsproduktes.

Trainingsaufgaben

1. Situation: In deutschen Städten taucht ein Bus auf, mit dem für ein Leben ohne Gott geworben wird. Auf diesem steht: „Es gibt (mit an Sicherheit grenzender Wahrscheinlichkeit) keinen Gott. Ein erfülltes Leben braucht keinen Glauben." Die Busaktion wurde von dem Religionskritiker Richard Dawkins und der britischen Humanistischen Union unterstützt. In Deutschland wurde sie u.a. von der Giordano Bruno Stiftung gefördert.
2. Aufgabe: Entwerfen Sie einen Flyer für diese Busaktion von der Giordano Bruno Stiftung, der dort verteilt werden soll. Der Flyer sollte die Aktion kurz erläutern, die Überzeugungen der Giordano Bruno Stiftung aufzeigen und Antworten auf zwei Gegenargumente enthalten.
3. Dazu sollen folgende Quellen herangezogen werden: der Wikipedia-Artikel Atheist Bus Campaign, Homepage der Giordano Bruno Stiftung mit ihrem Leitbild, Wikipedia-Artikel zu Philipp Möller.
4. Erarbeiten Sie den Flyer in einem Team.
5. Evaluation des Ergebnisses und des Prozesses: Haben wir die Aufgabe erfüllt? Was fiel schwer? Was war leicht? Warum?
6. Präsentation → S. 334.

Über elementare Fragen nachdenken (Philosophieren/Theologisieren)

Die einzelnen Seiten von *Kursbuch Religion Sekundarstufe II* werden stets durch eine elementare Frage eröffnet. Diese beansprucht, von allen ohne weitere Recherche beantwortet werden zu können, und fordert heraus, darüber offen nachzudenken. Damit soll ein Horizont eröffnet werden, in dem die Auseinandersetzung mit dem Inhalt der Seite zu stehen kommt.

Schritte für das Nachdenken über elementare Fragen

1. Sich persönlich Gedanken machen und diese schriftlich festhalten;
2. In einem Tandem die eigenen Gedanken austauschen und ergänzen;
3. Gemeinsames Nachdenken im Plenum – wobei zunächst Raum gegeben wird, verschiedene Antworten darzustellen, danach diese zu vergleichen, einzelne Sichtweisen zu prüfen sowie im Blick auf Begründungen und Konsequenzen zu bewerten;
4. Festhalten von Ergebnissen, u.a. auch Fragen;
5. Evaluation: Reflexion des Ergebnisses und des Lernprozesses.

Das gemeinsame Nachdenken kann in einem Philosophieren oder Theologisieren bestehen. Beide Male geht es um ein suchendes Gespräch in einem geschützten Rahmen.

Philosophieren konzentriert sich vor allem auf die Klärung von Begriffen und Vorstellungen und achtet auf ein strukturierendes Vorgehen, das verschiedene Denkansätze verbindet. Gott ist dabei durchaus ein Thema, jedoch eine Hypothese, über die nachgedacht werden kann. Schritte sind:

1. Ausgang von alltäglichen Erfahrungen, Beobachtungen und Erfahrungen;
2. Verschiedene Deutungen erzeugen;
3. Zentrale Begriffe und Argumente definieren und klären;
4. Verschiedene Positionen gegeneinander abwägen;
5. Einfälle spielerisch erproben.

Beim **Theologisieren** geht es ebenfalls um die Klärung von Sachverhalten, aber letztlich um grundlegende Gewissheiten. Dabei kommt es im gemeinsamen Nachdenken (Theologie mit) zu einer Verschränkung der religiösen Vorstellungen der Teilnehmerinnen und Teilnehmer (Theologie von) mit den Vorstellungen des christlichen Glaubens, aber auch anderer Religionen und Weltanschauungen (Theologie für). Gott wird dabei als selbstverständlich angesehen, die Bibel wird als bedeutsam betrachtet. Bewusst werden auch alternative Sichtweisen sowie Anfragen und Kritik einbezogen. Am Ende sollte immer noch einmal über den Lernertrag nachgedacht werden.

Trainingsaufgabe

1. Klären Sie im Sinne des Philosophierens eine der folgenden Fragen:
   - Was ist Glück?
   - Was ist Angst?
   - Was ist Anerkennung?
   - Was ist ein Gott?
   - Was ist Sünde?
   - Was ist Freiheit?
   - Was ist Glaube?
2. Klären Sie im Sinne des Theologisierens eine der folgenden Fragen:
   - Wie möchte ich einmal beurteilt werden?
   - Wann bin ich wirklich frei?
   - Wer steht zu mir, wenn ich nicht weiterkomme?
   - Was kann ich gegen Ängste machen?
   - Worauf kann ich mich wirklich verlassen?

Texte erarbeiten

Im Religionsunterricht der Oberstufe geht es immer um die Auseinandersetzung mit Texten verschiedener Art. Dabei stellt sich die Aufgabe einer sorgfältigen Textanalyse.

Fünf-Schritte-Methode

1. Den Text überfliegen: Was sagt mir die äußere Gestalt des Textes, die Überschrift, der Autor über den Inhalt? Um welches Thema geht es? Was weiß ich schon darüber?
2. Fragen an den Text stellen: Was interessiert mich bei diesem Thema? Was erwarte ich von dem Text? Welche Fragen habe ich an den Text?
3. Genaues Lesen: Welches sind die wichtigsten Begriffe und die zentralen Aussagen? Wie ist der Text aufgebaut und gegliedert? Wie ist die gedankliche Struktur des Textes?
4. Zusammenfassen: Wie kann man die einzelnen Abschnitte kurz zusammenfassen? Welche Überschrift passt jeweils dazu? Welche Absicht verfolgt der Text? Wie lässt sich die Gesamtaussage des Textes formulieren?
5. Rückblick und Beurteilung: Wie werden meine Fragen beantwortet? Welche Fragen bleiben offen? Was spricht für und gegen den Text?

Eine Zusammenfassung formulieren

Eine Zusammenfassung hält die wichtigsten Punkte eines Textes fest. Folgende Schritte bieten sich an:

1. Text in Sinnabschnitte aufteilen, indem man sich zu jedem Abschnitt ein Bild vorstellt. Mit dem Bildwechsel entsteht ein neuer Sinnabschnitt.
2. Einleitung schreiben: Titel des Textes, Verfasser (Wer?), Adressaten (Wem?), Erscheinungskontext und -zeit (Wann?), Textsorte (Wie?)
3. Hauptteil schreiben: Beantwortung von W-Fragen (Was? Warum?). Vermeiden von Aussagen, die nicht wesentlich sind.
4. Schluss formulieren: Absichten des Verfassers (Wozu?), eigene Meinung zu dem Text – und das alles knapp, sachlich, im Präsens und mit eigenen Worten.

Weitere Methoden

- Den Textanfang lesen und überlegen, wie es weitergeht, anschl. Vergleich mit dem Text.
- Das Textende lesen und überlegen, wie der Verfasser dazu kommt, anschl. Vergleich mit dem Text.
- Digitale Textanalyse mit einem kostenlosen Programm.
- Texte grafisieren durch die Darstellung von Positionen samt ihren Beziehungen und Argumenten: in einem Schaubild, einer Mindmap, mit visuellen Notizen oder digital mit einer kostenlosen Flussdiagramm-Software.
- Den Text als SMS schreiben.

Trainingsaufgabe

Wenden Sie die fünf Schritte der Textanalyse auf den Text von Wilfried Härle an oder entwerfen Sie eine Zusammenfassung.

Der geschichtliche Ursprung des christlichen Glaubens

Christlicher Glaube verdankt seine Entstehung einem geschichtlichen Impuls. Dies gilt zunächst für jeden einzelnen Menschen, der mit dem christlichen Glauben in seiner Lebensgeschichte durch andere Menschen in Berührung kommt. Das gilt aber nur deshalb für jeden einzelnen Menschen, weil es zuvor und grundsätzlich für das Entstehen des christlichen Glaubens in der Menschheitsgeschichte galt und gilt. Jeder einzelne geschichtliche Impuls weist zurück auf den geschichtlichen Urimpuls, von dem er letztlich selbst herkommt. Freilich verweist auch dieser Urimpuls zurück auf (s)eine *Vor*geschichte, die ihn beeinflusst hat und auf ihn zugelaufen ist. Der Urimpuls hat also auch Anteil an der Geschichte. Dieser Urimpuls ist gegeben in der Person, dem Wirken und Geschick Jesu Christi als der heilvollen Offenbarung Gottes, die als solche zugleich die Offenbarung der Bestimmung der Welt und des Menschen ist. *In diesem Urimpuls ist deshalb alles enthalten, was das Wesen des christlichen Glaubens ausmacht.* Und deswegen besteht die Erkenntnis des Wesens des christlichen Glaubens in nichts anderem als darin, diesen Urimpuls immer genauer und vollständiger zu erfassen und immer reiner darzustellen.

[…] Die Bestimmung der Welt und des Menschen ist in Jesus Christus als der Offenbarung Gottes bereits *vollständig* gegeben. Und insofern kann man scheinbar paradox formulieren, dass der christliche Glaube *vom Ziel her* unterwegs ist. Aber dieses Bestimmungsziel, das im Ursprung des Glaubens enthalten ist, wird von Anfang an und immer wieder durch menschliche Deutungsversuche auch missverstanden und verkannt […]. *Wilfried Härle*

Texte kreativ bearbeiten

In den Texten dieses Schulbuches geht es neben sachlichen Erläuterungen meist um die Sinndeutung religiöser Phänomene (Gott, Jesus Christus, die Welt als Ganzes, Zukunft, die Kirche, Mensch, das Glück, ethisches Handeln). Das Verstehen solcher Sinndeutungen setzt eine Texterarbeitung voraus (S. 326). Das Verstehen wird jedoch intensiviert und lebendiger, wenn der Sinngehalt des Textes kreativ gestaltet und so interpretiert wird.

Folgende Methoden bieten sich an:

- Den Text in ein Bekenntnis, Predigt, Gedicht, Interview transformieren, in Dialekt umformen, als Rap gestalten → **Bibel S. 179ff.**
- In den digitalisierten Text Kommentare und Bemerkungen mit Emojis eintragen.
- Den Text in eine Wortwolke umwandeln mithilfe von wortwolken.com oder wordle.net.
- Zu den einzelnen Aussagen des Textes das Gegenteil formulieren.
- Den Text pantomimisch oder als Standbild darstellen.
- Zu dem Text eine Hörszene entwerfen.
- Den Text wie ein Schauspieler oder eine Schauspielerin sprechen.
- Mit dem Text ein Texttheater gestalten: Aussagen auswählen, diese in eine eigene Reihenfolge bringen, mit verschiedenen Personen szenisch, chorisch und/oder mit Requisiten sprechen – ohne jedoch eigene Aussagen einzufügen.
- Zu einem Text Bilder, Texte und Zeichnungen auswählen und eine Text-Bild-Collage entwerfen.
- Zu einem Text Musik auswählen und vorspielen (mit Smartphone und Bluetooth-Box).
- Autoren-Interview: Eine Kleingruppe identifiziert sich mit dem Text, die anderen formulieren Fragen und führen so ein Interview durch.
- Das eigene Textverständnis mit einem Erklärvideo vergleichen.
- Zum Thema des Textes ein Elfchen entwerfen. Ein Elfchen hat 5 Zeilen und 11 Wörter. In der 1. Zeile steht ein Wort, das das Thema angibt. Die 2. Zeile enthält zwei Wörter. Hier steht, worauf sich der Begriff bezieht. In der 3. Zeile stehen drei Wörter mit weiteren Aspekten. Die 4. Zeile enthält vier Wörter mit freiem Thema. Die 5. Zeile fasst das Ganze in einem Wort zusammen.
- Andere Formen „verdichtendenden Schreibens" sind ein Akrostichon, in dem zu den einzelnen Buchstaben eines Wortes z.B. H-O-F-F-N-U-N-G je ein Gedanke oder Gefühl geschrieben werden, das achtzeilige Rondell, in dem die Zeilen 1, 4, 7 gleich sind, dann 2 und 8 mit einem anderen Inhalt, die Zeilen 3, 5, 6 sind frei. Ein Haiku mit 3 Zeilen mit 5, 7 und dann wieder 5 Silben. Oder ein fünfzeiliger Limerick mit dem Reimschema AABBA, bei dem die Zeilen 1, 2, 5 acht oder neun Silben haben, Zeile 3 und 4 fünf oder sechs.

Trainingsaufgabe

1. Entwerfen Sie zum Vaterunser eine digitale Wortwolke.
2. Bearbeiten Sie den Text von Fulbert Steffensky mit einer der genannten Methoden.

Glaubensbekenntnis

Ich liebe das Glaubensbekenntnis, weil es eine Ansammlung von frechen Unsäglichkeiten ist: Ich glaube an Gott – gegen alle Erfahrung der Absurdität des Lebens. Ich glaube an den Gott, der in Jesus Christus unser Menschenschicksal teilt; eine größere Unmöglichkeit kann man sich nicht ausdenken. Ich sage „geboren aus der Jungfrau Maria", und ich behaupte damit, dass die Rettung des Menschen mehr ist als das Resultat menschlicher Möglichkeiten. Die frechste Bemerkung: Ich glaube an die Auferstehung von den Toten, weil ich keinen verkommen lassen will. Das Glaubensbekenntnis ist von rotzfrecher Schönheit. Natürlich spreche ich auch andere und neue Bekenntnisse gern. Grässlich finde ich, wenn Bekenntnisse in Sagbarkeiten ersticken; wenn sie nicht mehr sagen, als zu sagen ist, wenn sie die große, bis ins Land des Glücks ausgreifende Sprache nicht mehr wagen; wenn sie nicht mehr bieten als eine heroische Moral. Und in der Tat habe ich manchmal den Verdacht, dass die Gegner des Bekenntnisses sich der Torheit schämen, die die Rettung von Gedemütigten und das Leben der Toten verlangt. Was sagbar ist, sagen viele. Die Kirche soll die Unsäglichkeiten retten.

Fulbert Steffensky

Bilder erschließen

In diesem Buch spielen neben den Texten Bilder eine wesentliche Rolle. Das hat mit der großen Bedeutung visueller Kommunikation zu tun, aber auch mit dem Sachverhalt, dass zu den religiösen Phänomenen in besonderer Weise auch Bilder, Skulpturen, Zeichnungen, Grafiken sowie Symbole und Zeichen gehören. Man denke an das Kreuz! Zu der visuellen Kommunikation gehören aber auch Fotos, Plakate, Grafiken, Diagramme, Videos, Comics und Karikaturen.

Schritte einer Bildbetrachtung

1. Spontane Wahrnehmung
- Was sehe ich?
- Welche Assoziationen, Erinnerungen, Empfindungen löst das Bild bei mir aus?
- Würde ich das Bild bei mir im Zimmer aufhängen?

2. Bildbeschreibung
- Was kann ich auf dem Bild entdecken?
- Welche Gegenstände, Personen, Handlungen, Räume, Symbole, Gesten sind zu unterscheiden? Was zeichnet diese aus?
- Welcher Bildinhalt ist dargestellt?
- Welche Farben sind gewählt?
- Was weiß ich von dem Künstler, der Entstehungszeit und den Lebensumständen?

3. Analyse der formalen Struktur
- Wie ist das Bild gestaltet?
- Wie ist das Bild aufgebaut (Richtungen, Schwerpunkte, Strukturen)?
- Was steht im Vordergrund, was im Hintergrund?
- Welche Linien und Formen sind zu erkennen?
- Wie steht es mit dem Licht?
- Um welche Art Bild handelt es sich (Gemälde, Aquarell, Holzschnitt, Grafik, Fresko, Altar- oder Andachtsbild, Landschaftsbild, Porträt, Stillleben)?
- Wie fügen sich die Einzelteile zu einem Ganzen?
- Wie hängen Komposition und Wirkung zusammen?

4. Bilddeutung
- Worum geht es in diesem Bild? Worauf spielt das Bild an?
- Welche Botschaft, Aussage, Überzeugung vermittelt das Bild?
- Wenn die Personen auf dem Bild sprechen könnten, was würden sie sagen?
- Was spricht mich an? Womit habe ich Schwierigkeiten? Wo finde ich mich wieder?

5. Kreative Aneignung
Jetzt kann man dem Bild Zitate oder Sprechblasen zuordnen, es abzeichnen, einen Bildausschnitt anfertigen, die Szene pantomimisch darstellen, eine Meditation entwerfen, das Bild digital bearbeiten usw.

Bilder digital bearbeiten
Bilder aus der Kunst kann man wie eigene Fotos bearbeiten, wenn man sie abfotografiert und dann mit einem Bildbearbeitungsprogramm wie z.B. dem kostenlosen Fotoworks XL, GIMP oder einfacher in einer Präsentations-Folie bearbeitet. So kann die Bildaussage herausgestellt, vertieft oder verändert werden.

Trainingsaufgabe
Wenden Sie die Schritte der Bilderschließung auf dieses Bild an.

Hugo van der Goes (1435/1440-1482): Portinari-Altar, 1476

Karikaturen erschließen

Karikaturen (von lat. carrus = Karren, hier in der Bedeutung „überladen“) sind nicht immer leicht zu verstehen. Sie bezeichnen eine überspitzte oder verzerrte Darstellung von Menschen oder Zuständen. Karikaturen wollen durch den Kontrast zur Realität den Betrachter herausfordern und zum Nachdenken bewegen. Ihre Erschließung trägt zur Wahrnehmungs-, Deutungs- und Urteilsfähigkeit bei.

Schritte der Erschließung

1. Genaues Beschreiben
- Was wird dargestellt?
- Wie ist das Bild aufgebaut? Was ist Zentrum, was ist Hintergrund?
- Welche zeichnerischen Mittel werden eingesetzt (Farbe, Schattierungen, Verzerrungen)?

2. Einzelne Bildteile deuten
- Welche Personen, Ereignisse oder Umstände sind zu erkennen?
- Was sollen diese darstellen?
- Was fällt besonders auf?

3. Aussageabsicht erfassen
- Was soll mit der Karikatur ausgesagt werden?
- Was will die Karikatur bewirken?
- Welche Informationen enthalten die Über- oder Unterschriften sowie die eingefügten Dialoge?
- Welche versteckten Aussagen lassen sich erkennen?
- Wer oder was wird angegriffen?

4. Beurteilung
- Wie wirkt die Karikatur auf mich?
- Kann ich der Aussage zustimmen?
- Ist diese Sichtweise berechtigt?
- Was ist übertrieben oder verharmlosend?
- Evtl. einen eigenen Comic entwerfen (u.U. mithilfe dem Onlinetool canva.com, bei dem man sich anmelden muss)

Trainingsaufgabe

Wählen Sie eine der beiden Karikaturen aus und erschließen Sie sich diese. Was erfahren Sie über das Christentum und seine Bewertung?

Gerhard Mester

Spottkruzifixus aus Rom, 1. Hälfte des 3. Jh. Alexamenos sebete theon = Alexamenos betet seinen Gott an

Sakralräume erschließen

Zu den religiösen Phänomenen gehören auch Gebäude und Räume wie Kirchen, Synagogen und Moscheen. Sie wurden für den Vollzug religiöser Riten errichtet und verweisen durch ihre äußere Gestalt und ihre Einrichtung auf die entscheidenden Inhalte und das Selbstverständnis einer Religion. Eine erste Ahnung bekommt man, wenn man einen Sakralraum betritt, ihn betrachtet und spürt.

Virtuelle Führungen in Sakralräumen
Einen gewissen Eindruck bekommt man durch eine virtuelle Führung in einer Kirche, Moschee oder Synagoge, wie sie im Internet zu finden sind. Beispiele sind dom360.wdr.de; https://lorenzkirche.de/kirche-glaube-geschichte/lorenzkirche/virtueller-rundgang/; http://www.heimatverein-obrigheim.de/VR-Kirche-Obrigheim/index.html; Moschee: https://sultanqaboosgrandmosque.com/; http://cami-ehingen.de/de/mihrab.html

Kirchenpädagogische Erschließung eines Sakralraumes

1. Vorbereitung
- Sammeln von Vorverständnis und Vorurteilen sowie Erfahrungen mit einem Sakralraum.
- Klärung, was für einen selbst heilige Orte und heilige Räume sind.
- Auf der Homepage des jeweiligen Raumes recherchieren und Fragen generieren.

2. Begegnung mit dem Sakralraum
2.1 Umrunden und von außen betrachten: Lage im Ort, Eigenart des Baus, Baustil, Bauzeit, Selbstverständnis der religiösen Gemeinschaft im öffentlichen Leben wahrnehmen und deuten.

2.2 Von innen erschließen:
- Den Raum mit verschiedenen Sinnen wahrnehmen: „Lieblingsplatz“ einnehmen, an dem man sich wohlfühlt, und erläutern, warum man da sitzt; den Raum blind ertasten; die Raumgestalt körperlich nachahmen; Klänge erzeugen und Akustik verspüren; Bilder nachstellen; ein Fenster sprechen lassen; ein Detail zeichnen.
- Den Raum erkunden: Fragezeichen auf Kärtchen auslegen; Grundriss beschriften; fotografierte Details im Raum entdecken; Bibeltexte zuordnen; geheimnisvolle Orte aufsuchen (Sakristei, Dachstuhl, Orgelgehäuse, Glockenstuhl); sich den Raum durch Expertinnen oder Experten erklären lassen.
- Den Raum probeweise in Gebrauch nehmen: bei Musik den Raum auf verschiedene Weise begehen; von der Kanzel einen Bibeltext vortragen und begründen, warum man diesen ausgewählt hat; am Taufstein über die (eigene) Taufe sprechen; am Altar einen Segen erleben und darüber sprechen; über Erfahrungen mit dem Abendmahl nachdenken; auf der Kniebank knien; verschiedene Gebetshaltungen einnehmen; eine Gebetskerze entzünden, ein Fenster meditieren; ausgewählte Bibeltexte an verschiedenen Orten im Raum inszenieren und die Inszenierung erläutern u.a.m.

3. Auswertung
- Empfindungen, Erlebnisse und Bewertungen austauschen; offene Fragen klären; Vorverständnis und Vorurteile überprüfen.
- Vergleich mit einem anderen Sakralraum: evangelisch – katholisch; christlich – jüdisch; christlich – muslimisch.

Trainingsaufgabe
1. Beschriften Sie das Röntgenbild einer Kirche und erläutern Sie die Bedeutung der Einzelraumelemente.

2. Begehen Sie zwei unterschiedliche Sakralräume virtuell und vergleichen Sie sie (z.B. Frauenkirche Dresden, Kölner Dom; Moschee). Halten Sie in einer Tabelle Eigenart, Merkmale und Einrichtungsgegenstände sowie Glaubensverständnis fest.

Einen eigenen Standpunkt einnehmen

In religiösen und ethischen Lernprozessen geht es immer auch um die Bildung der Urteilskompetenz und damit um die Fähigkeit, in religiösen und ethischen Fragen begründet zu urteilen, einen eigenen Standpunkt einzunehmen und diesen argumentativ zu vertreten.

PMI
Zu einer Frage werden Pluspunkte (P), Minuspunkte (M) und interessante Frage (I) in Spalten notiert. Darüber wird anschließend diskutiert.

Ethische Urteilsbildung
→ S. 246f.

Eine Stellungnahme verfassen
Gesellschaftspolitische, ethische, theologische sowie existenzielle Themen und Fragen fordern zu einer begründeten Position heraus, die als Diskussionsbeitrag, als Beschwerde, als Leserbrief, Behördenbrief, Antrag, Resolution o.a. zum Ausdruck gebracht werden. Dabei kann man folgende Schritte gehen:
1. Einführung des Themas und Wahl der Position, die man einnehmen möchte;
2. Sammlung von Informationen;
3. Bedenken der Adressaten und des Kontextes;
4. Festlegen der Form;
5. Sammeln und Gewichten von Pro- und Kontra-Argumenten von schwach nach stark;
5. Text schreiben mit Einleitung: Thema, Autor, Anlass, Anliegen, These; Hauptteil: aufsteigende Darlegung der Argumente; Schluss: Zusammenfassung der Argumente, Formulierung des Standpunktes, evtl. Vorschläge für die Weiterarbeit.
6. Formulierungen überprüfen, Rechtschreibung, Grammatik kontrollieren.

Einen Kommentar verfassen
Als Kommentar bezeichnet man eine meinungsbildende und journalistische Textsorte mit einem erkennbaren Aufbau:
- Kurze, prägnante, reißerische Überschrift, die den Leser zum Lesen animiert;
- These, um Kontakt zum Leser aufzubauen;
- Knappe Zusammenfassung der Nachricht oder des Sachverhalts, auf die sich der Kommentar bezieht;
- Standpunkt des Autors mit Argumenten;
- Widerlegung gegnerischer Argumente;
- Schluss, wobei die anfängliche These aufgegriffen wird und Folgerungen, Forderungen oder Mahnungen dargelegt werden;
- Angabe des Namens des Kommentators.

Eine Kontroverse darstellen
Um andere für ein gemeinsames Nachdenken und eine persönliche Stellungnahme zu gewinnen, kann die Darstellung einer Kontroverse hilfreich sein. Diese besteht aus drei Teilen.
1. Einleitung: Darstellung der Frage, des Problems oder Themas. Darlegung von Fakten und Formulierung von Fragen. Aufzeigen der besonderen Relevanz;
2. Hauptteil: neutrale Darstellung unterschiedlicher Positionen mit ihren Argumenten;
3. Schluss: Zusammenfassung, Formulierung der eigenen Position, Aufforderung an andere, Stellung zu beziehen.

Eine Debatte führen
Eine Debatte ist eine regelgeleitete Diskussion, in der zu einer Streitfrage Positionen vorgetragen werden mit dem Ziel einer Entscheidungsfindung. Folgendes Vorgehen ist möglich:
1. Einführung in das Streitthema;
2. Beschreibung unterschiedlicher Positionen;
3. Erste Abstimmung, geleitet durch ein Präsidium, das das Folgende leitet;
4. Verteilung der Positionen an Debattenredner durch Los oder Wahl;
5. Vorbereitung der Statements (ca. 15 Minuten);
6. Vortragen der einzelnen Statements mit fester Redezeit von 7 Minuten an einem Rednerpult. Von der 2. bis zur 6. Minute sind Zwischenfragen erlaubt;
7. Bewertung der Positionen im Plenum;
8. Zweite Abstimmung.

Trainingsaufgabe
Wählen Sie aus den folgenden Fragen ein Thema und skizzieren Sie eine Stellungnahme in Form eines Leserbriefes:
- Sollte man an Karfreitag Fußballspiele und Tanzveranstaltungen durchführen können?
- Kann man als Biologe auch an Gott glauben?
- Ist die Skulptur des deutschen Künstlers Martin Kippenberger (1953-1997) „Zuerst die Füße“ von 1990, die einen gekreuzigten Frosch darstellt, eine Gotteslästerung? S.121

Miteinander kommunizieren

Die Kommunikation (lat. communicare = mitteilen, teilnehmen lassen, gemeinsam machen) über religiöse und ethische Themen und Fragen trägt zu einem besseren Verständnis der Inhalte sowie zu einem besseren Verständnis untereinander bei. Man lernt dabei immer auch sich selbst und andere besser kennen. Folgende Methoden können die Kommunikation untereinander unterstützen:

Kooperatives Lesen
Vier Schülerinnen und Schüler (A, B, C, D) arbeiten zusammen. Zuerst wird ein Textabschnitt von allen leise gelesen. A stellt dann den Abschnitt den anderen vor und stellt ihnen Fragen zum Text. B fasst den Inhalt des Abschnittes mündlich kurz zusammen. C stellt Fragen zu schwierigen Textstellen und Begriffen, die gemeinsam geklärt werden. D stellt Vermutungen an, wie der Text weitergehen könnte. Beim nächsten Textabschnitt werden die Rollen getauscht.

Gemeinsam einen Text digital erarbeiten
Mithilfe von kostenlosen Programmen können mehrere Personen gleichzeitig auf ihrem Tablett einen Text erarbeiten – ähnlich wie in einem Schreibgespräch. Alle Änderungen werden bei allen sofort sichtbar und farblich unterschieden. In der Seitenleiste befindet sich ein Chat-Fenster, über das Kommunikation möglich ist.

Miteinander chatten
Es kann ein kostenloser und datenschutzkonformer Messengerdienst (als Alternative zum Marktführer) genutzt werden. Der Kurs hat die Möglichkeit eines Gruppen-Chat mit eingebauter Dateiablage.

Arbeit mit einer digitalen Pinnwand
Es gibt im Netz kostenlose Programme, um eine digitale Pinnwand zu entwerfen, auf der Texte, Fragen, Aufgaben und Ergebnisse, Kommentare sowie Links, Erklärvideos, Audiodateien und Webseiten festgehalten sind. Sie haben über das Tablet zeit- und ortsunabhängig Zugang, können sich daran orientieren und nach Zulassung durch den Administrator ihrerseits Fragen, Ergebnisse Links usw. einstellen.

Dialog-Regeln erläutern
Ein offener Dialog braucht Regeln, an die sich alle halten und deren Einhaltung immer wieder bedacht wird. Solche Regeln sind:
1. Die Teilnehmer denken miteinander.
2. Es wird wirklich zugehört.
3. Die Meinungen stehen für sich.
4. Die Meinungen sind nur momentane Sichtweisen.
5. Das Nachfragen ist ein konstruktiver Bestandteil.
6. Jeder bekommt Gelegenheit zu sprechen.
7. Gegenseitiges Einfühlen ist eine Bedingung.

Trainingsaufgabe
1. Prüfen Sie die hier genannten Plattformen auf ihre Tauglichkeit für den Kurs.
2. Formulieren Sie zu den Regeln für einen offenen Dialog Begründungen.
3. Wenden Sie das kooperative Lesen auf den Text von Sabine Pemsel-Maier an.

Eine Beziehungskommune
Als Christin glaube ich nicht zuerst an den einen Gott, der dann auch noch, gewissermaßen zusätzlich oder nachträglich, sich als ein Gott in drei Personen erweist, sondern ich glaube an den einen Gott, der in seiner Göttlichkeit von Anfang an eine Beziehung von dreien ist und darum konsequenterweise als Beziehungsgeflecht gedacht werden muss. Vater, Sohn und Geist existieren nicht für sich, sondern immer nur in der Beziehung zueinander. Oder wie der Schweizer Pfarrer und Schriftsteller Kurt Marti es mit unverwechselbarem Schweizer Zungenschlag zum Ausdruck bringt: „Gottes Sein blüht gesellig […], als Gemeinschaft, vibrierend, lebendig, beziehungsreich […]. Kein einsamer Autokrat jedenfalls, schon gar nicht Götze oder Tyrann. Eine Beziehungskommune vielmehr, einer für den andern […].“ Eine anregende Vorstellung: Gott tritt nicht als in sich abgeschlossene Größe mit anderen in Beziehung, sondern er ist in sich Beziehung, Austausch, dynamische Gemeinschaft. Die Überzeugung des Neuen Testaments, dass Gott die Liebe ist (Johannes 1,4), wird damit präzisiert: Gott ist nicht nur einer, der die Menschen liebt, sondern er ist in sich Liebe. *Sabine Pemsel-Meier*

Theologisch argumentieren

Grundlegend für jedes Argumentieren ist das Modell B-B-B: Behaupten – Begründen – Belegen. Ziel ist es, strittige Fragen zu klären.

Voraussetzung einer theologischen Argumentation ist zum einen die Annahme, dass das, was der christliche Glaube sagt, wahr ist und demgemäß einen Wahrheitsanspruch erhebt, zum anderen, dass dieser Wahrheitsanspruch der Begründung bedarf, weil er entweder unklar oder strittig ist. Aufgabe theologischen Argumentierens ist deshalb die rationale Begründung des Wahrheitsanspruchs des christlichen Glaubens angesichts von Uneinigkeit, Zweifel oder Ablehnung sowohl innerhalb des Christentums als auch in der öffentlichen Diskussion. Ziel ist, einen Dissens in einen Konsens bzw. Kompromiss zu überführen.

Theologisches Argumentieren in fünf Schritten

1. Formulieren einer These: Worin besteht die christliche Glaubensüberzeugung?
2. Erläuterung der These unter Beachtung der Adressaten: Was ist damit gemeint? Was besagt das Gegenteil?
3. Biblisch-theologische Begründung der These: Was sagen dazu die biblischen Schriften? Was sagen dazu autoritative christliche Texte wie z.B. das Glaubensbekenntnis?
4. Vergleich mit der Alltagserfahrung, mit den Erkenntnissen der Natur- und Sozialwissenschaften sowie der Philosophie: Welche Wissenschaften beschäftigen sich mit diesem Thema? Was sagen diese dazu? Was sagen sie nicht? Worin zeigen sich Konvergenzen? Worin zeigen sich Divergenzen? Wie müssen die Erkenntnisse eingeschätzt werden?
5. Konsequenzen: Wie kann und muss die christliche Glaubensüberzeugung (die These) neu oder genauer formuliert werden? Was trägt diese zu einem sinnvollen Leben bei?

Trainingsaufgabe

Arbeiten Sie heraus, wie der Verfasser argumentiert, und vergleichen Sie diese Argumentation mit den genannten Schritten. Bewerten Sie abschließend die „Wahrheit" der Aussagen.

Partnerschaft

Das grundlegendste sexualethische Kriterium im Blick auf eine Partnerschaft ist nach christlichem Verständnis das Kriterium gegenseitiger Rücksichtnahme. In dieser Hinsicht ist christliches Ethos in der Tat ein Ethos der Gegenseitigkeit. Das kommt besonders deutlich zum Ausdruck bei Paulus in 1. Kor 7,3 ff., ähnlich in Aussagen der Deuteropaulinen: Kol 3,18 f. und Eph 5,29 32 in der (für uns heute durchaus problematischen) Sprache der damaligen Zeit. Diese Aussagen lassen sich auf zweierlei Weise lesen: als *Anspruch* an den Partner bzw. die Partnerin oder als *Verpflichtung* ihm bzw. ihr gegenüber. Ihrer biblischen Form nach sind sie eindeutig Letzteres und damit Aufruf zur geschuldeten Rücksichtnahme, nicht zu deren *Einforderung*. Gerade das entspricht genau dem Wesen der Agape, die nichts für sich will, sondern alles für den Anderen. Sowie das jedoch umkippt und zum Anspruch – gar zum *Rechts*anspruch – wird, wird freilich die Liebe verdorben oder ist es vermutlich bereits. Die geschuldete Rücksichtnahme entspricht jedoch dem Anrecht auf Achtung, in dem die *Würde* des Menschen besteht, das (auch) in diesem Fall von uns als den Würdeadressaten zu achten und wo möglich zu schützen ist. Aber dem ist doch ausdrücklich noch zweierlei hinzuzufügen:

- Einem Anspruch auf erotische Liebe muss man sich in einer erotischen Beziehung, in einer Partnerschaft oder Ehe nicht in jedem Fall beugen, sondern darf und sollte ihn freundlich, aber bestimmt zurückweisen. Das kann der Beziehung sogar guttun.
- Einem Anspruch auf erotische Liebe kann man sich in einer erotischen Beziehung, einer Partnerschaft oder Ehe nicht immer beugen, sondern es gibt lebensgeschichtliche und gefühlsmäßige Grenzen, deren Beachtung wichtig ist, auch um der Beziehung willen.

Auch in guten erotischen Partnerschaften gibt es Situationen, in denen die erotischen und sexuellen Wünsche, Interessen und Möglichkeiten der Partnerin und des Partners ungleich stark sind. Die Liebe ignoriert oder überrennt das nicht, sie klagt dann auch nicht das eigene Recht ein, sondern sucht gemeinsam nach einem gangbaren Weg. Wie der aussieht, lässt sich nicht von außen bestimmen oder vorschreiben. *Wilfried Härle*

Präsentieren

Präsentieren meint die mediengestützte und adressatenbezogene mündliche Darstellung von Sachzusammenhängen durch Einzelne oder Kleingruppen. Entscheidend ist eine klare Strukturierung, eine ansprechende Visualisierung, sachliche Richtigkeit, eine lebendige Sprache, eine knappe und konzentrierte Darstellung, Einbezug der Adressaten mit Blickkontakt sowie ein gelassenes Auftreten (was gar nicht so einfach ist). Als Medien eignen sich Tafel oder Whiteboard, Beamer, Plakate, Flipchart sowie Handout.

Ein Plakat erstellen

Voraussetzung für ein übersichtliches, klar strukturiertes, gut lesbares und ansprechendes Plakat ist das geklärte Verständnis der Sache und ein bedachtes Ziel. Zu dem Text gehören Bilder, Tabellen, Zeichen, Pfeile usw. Bei der Herstellung eines Plakates helfen kostenlose Grafikdesignprogramme, die man im Netz findet.

Einen Comic zeichnen

Präsentationen wie z.B. „Meine Sicht der Kirche" können auch als Comic gestaltet werden. Dazu können kostenlose Zeichenprogramme aus dem Internet genutzt werden.

Audio- oder Videodatei erstellen

Eine persönliche Bewertung, die Antwort auf eine Frage, die Stellungnahme zu einem Problem kann auch als Audiodatei produziert und vorgestellt werden. Ein Audio Editor lässt sich leicht finden. Wer zur eigenen Sichtweise oder den eigenen Einsichten ein Erklärvideo erstellen will, kann dies mit dem Tablet oder dem Smartphone angehen. Eine Alternative ist ein Video mit handgemachten Zeichnungen oder Legematerial (Tisch- oder Legevideo). Ansprechend ist ein Brick-Video, das mit handelsüblichen Bausteinen und Spielfiguren arbeitet. Entscheidend ist ein Drehbuch mit Szenen, die nach der Aufnahme geschnitten, mit Texten versehen und auch mit Musik unterlegt werden können. Dazu gibt es Erklärvideos sowie kostenlose Videoschnittprogramme.

Eine Kurzrede halten

Die Kurzrede besteht in einem Dreischritt:

1. *Exposition*: Sagen Sie, was Sie mitteilen wollen, warum Sie darüber sprechen und was Sie damit zu tun haben.
2. *Redekern*: Teilen Sie Ihre Inhalte mit. Achten Sie darauf, wie Ihre Äußerungen ankommen.
3. *Schluss*: Fassen Sie die Ergebnisse knapp zusammen. Gestalten Sie einen prägnanten allerletzten Satz, der im Gedächtnis bleibt.

Trainingsaufgabe

Entwerfen Sie zu dem Text von Hans Küng ein Lernplakat, ein Legevideo oder eine Audiodatei.

Gemeinsamkeiten: Judentum, Christentum, Islam

Deshalb ist vor aller Herausarbeitung des spezifisch Christlichen die große Gemeinsamkeit des Christentums mit Judentum und Islam herauszustellen: Gemeinsam ist

- der Glaube an den einen und selben Gott Abrahams, des Stammvaters aller drei Religionen, der nach allen drei Überlieferungen der große Zeuge dieses einen wahren lebendigen Gottes ist, der in Klage, Lobpreis und Bitte angeredet werden darf. Es geht bei allen dreien um Glaubensreligionen;
- eine nicht in kosmischen Zyklen denkende, sondern zielgerichtete Schau der Geschichte: Sie hat ihren Anfang in Gottes Schöpfung, erfährt ihre Bestätigung durch Gottes Handeln und rettende Zeichen in der Zeit und ist ausgerichtet auf ein Ende durch Gottes Vollendung: Es geht um geschichtlich denkende Religionen;
- die immer neue Verkündigung des Wortes und Willens Gottes durch eine ganze Reihe prophetischer Gestalten: Es geht nicht um mystisch, sondern um prophetisch geprägte Religionen;
- die Niederlegung einer ein für allemal gegebenen und bleibend normativen Offenbarung Gottes an den Menschen in Gestalt einer Offenbarungsschrift: Es geht um Religionen des Wortes und des Buches;
- schließlich das in des einen Gottes Willen begründete Grundethos einer elementaren Humanität: die Zehn (oder ihnen entsprechende) Gebote Gottes („Dekalog"). Es geht um ethisch ausgerichtete Religionen.

Hans Küng

Ergebnisse sichern

Lernen braucht Sicherung durch Zusammenfassung, Bewertung, Reflexion und Anwendung. Vorschläge dazu finden sich immer wieder am Ende der Großkapitel auf den Evaluations-Seiten (Check-out). Folgende Methoden seien zusätzlich hervorgehoben:

Erstellen eines E-Book
Der persönliche Ertrag einer Lernsequenz kann in Form eines E-Book mit Text und Bild, eventuell auch mit Fotos, Grafiken, Musik dokumentiert werden. Auf das Copyright ist zu achten. Denkbar ist die Erarbeitung in Tandems oder Kleingruppen. Die Erstellung setzt in der Regel den Entwurf eines Scripts voraus. Es gibt im Internet verschiedene Programme für die Erstellung eines solchen E-Books. Von einem summativen (abschließenden) E-Book kann man ein formatives (fortwährendes) unterscheiden, das während des Verlaufes entsteht und immer wieder auch in den Unterricht einbezogen wird.

Lernergebnisse digital darstellen
Lernergebnisse können als Plakat, als Audiodatei oder als Video mit Legematerial dargestellt werden. Jedes Mal ist eine vorherige Klärung des Inhalts notwendig.

Portfolio anlegen
Ein Portfolio ist eine Art Sammelmappe, mit der während eines Kurses Texte, Bilder, eigene Notizen und Funde eingefügt werden. Immer mehr kommen dabei netzbasierte Portfolios zur Anwendung. Solche eröffnen auch die Möglichkeit, die Inhalte innerhalb der Lerngruppe zu teilen und wechselseitig zu kommunizieren.

Lerntagebuch
Von einem Portfolio ist ein Lerntagebuch zu unterscheiden, das vor allem auf die persönliche Reflexion des Lernens abhebt. Es wird kontinuierlich geführt und kann mit folgenden Impulsen arbeiten:
- Um welches Thema geht es?
- Was hat mich am meisten angesprochen?
- Woran lag das?
- Was habe ich neu dazugelernt?
- Welche Fragen stellen sich jetzt?
- Wie ist das gemeinsame Lernen zu beurteilen?

Neben dem herkömmlichen Lerntagebuch gibt es die Möglichkeit eines Online-Lerntagebuchs.

Feedback geben
Feedbacks tragen zur Nachhaltigkeit des Lernens bei, kann doch damit das Lernklima bedacht, bewertet und gemeinsam entwickelt werden. Eine Möglichkeit, ein Feedback zu geben, ist das Stimmungsbarometer. Die Lernenden, aber auch die Lehrenden wählen sich ein Smiley und erläutern ihre Wahl.

Eine andere Möglichkeit bietet eine digitale Lernplattform.

Textquellen

Hinweis: Texte ohne Nennung eines Urhebers / einer Urheberin stammen von den Autorinnen und Autoren des Kursbuchs Religion Sekundarstufe II.

WIRKLICHKEIT

Seite

19 Gedanken und Gefühle ... Richard Dawkins: Der Gotteswahn. Übersetzt von Sebastian Vogel. Ullstein Taschenbuch Verlag Berlin, 6. Aufl. 2009, S. 25f.

20 Werner H. Ritter: Artikel „Weltbilder". In: Religion in Geschichte und Gegenwart. Mohr Siebeck, Tübingen, 4. Aufl. Bd. 8, Sp.1430f.
Friedrich Nietzsche: Die fröhliche Wissenschaft. Fünftes Buch, Aphorismus 344, zitiert nach der Schlechta-Ausgabe. Wissenschaftliche Buchgesellschaft, Darmstadt, S. 206ff.

21 Robert Musil: Der Mann ohne Eigenschaften. Neuausgabe 1978. Rowohlt, 2. Aufl. 1987, Band I, S. 16.

22 Bibeltext aus: Die Bibel. Nach Martin Luthers Übersetzung. Lutherbibel revidiert 2017. © Deutsche Bibelgesellschaft, Stuttgart 2016.
Beate Ego, in: Calwer Bibellexikon. Hg. von Otto Betz u.a. Calwer Verlag, Stuttgart 2003, Bd. 2. S. 1450.

23 Sigmund Freud: Vorlesungen zur Einführung in die Psychoanalyse (1916/17). Studienausgabe Bd. I. S. Fischer Verlag, Frankfurt/M. 12. Aufl. 1994, S. 283f.
Christoph Helferich: Geschichte der Philosophie. Von den Anfängen bis zur Gegenwart und Östliches Denken. © dtv Verlagsgesellschaft, München 3. Aufl. 1999, S. 373-375.

24 Jonathan B. Losos: Glücksfall Mensch. Ist Evolution vorhersagbar? Übers. von Sigrid Schmid und Renate Weitbrecht. Hanser, München 2018, S. 351f.
Yuval Noah Harari: Homo Deus. Eine Geschichte von morgen. Übers. von Andreas Wirthensohn. C.H. Beck, München 2016, S. 312-315

25 Kai Anderson, Bettina Volkens: Die Idee einer menschlichen Digitalisierung. Wie wir das digitale Zeitalter prägen – und nicht umgekehrt. In: Bettina Volkens, Kai Anderson (Hg.): Digital Human: Der Mensch im Mittelpunkt der Digitalisierung. Campus-Verlag, Frankfurt am Main 2018, S.15f.
10 Kernfragen: VDW-Positionspapier zur Jahrestagung 2019 Die Ambivalenzen des Digitalen. Mensch und Technik zwischen neuen Möglichkeits(t)räumen und (un) bemerkbaren Verlusten. Herausgegeben von der Vereinigung Deutscher Wissenschaftler e.V., https://vdw-ev.de/wp-content/uploads/2019/09/VDW-Positionspapier-Digitalisierung-Jahrestagung-2019.pdf (Zugriff 30.3.2020).

26 Walter Nagl, Franz M. Wuketis: Gentechnologie und Grenzen der Biologie. In: Walter Nagl; Franz M. Wuketis: Dimensionen der modernen Biologie. Sonderausgabe Wiss. Buchgesellschaft, Darmstadt 1995, S. 13-15.

27 Monika Betzler: Objektivität als epistemische Norm feministischer Erkenntnistheorie. In: Deutsche Zeitschrift für Philosophie. De Gruyter, Berlin 46, 1998, 5, S. 783-796, hier zitiert: S. 783, 796.

28 René Descartes: Meditationen. Hg. und übersetzt von Artur Buchenau. Philosophische Bibliothek Meiner, Hamburg. Unveränderter Nachdruck 1972, S. 11-18.
Kasimir Malewitsch: Suprematismus. Die gegenstandslose Welt. Übersetzt von Hans von Riesen. DuMont Schauberg, Köln 1962, S. 200.
Christoph Helferich: Geschichte der Philosophie. Von den Anfängen bis zur Gegenwart und Östliches Denken. © dtv Verlagsgesellschaft, München 3. Aufl. 1999 S. 175.

29 Markus Gabriel: https://www.nzz.ch/feuilleton/fuenf-jahre-neuer-realismus-wider-die-postmoderne-flucht-vor-den-tatsachen-ld.89931 (Zugriff 10.03.2020).

30 Dan Brown: Illuminati. Übersetzt von Axel Merz. Bastei Lübbe, Bergisch-Gladbach 44. Auflage 2009, S. 475ff.

31 Gunda Schneider-Flume: Grundkurs Dogmatik. Vandenhoeck & Ruprecht, Göttingen 2. durchgesehene Auflage, 2008, S. 20-22.

32 Bibeltext aus: Die Bibel. Nach Martin Luthers Übersetzung. Lutherbibel revidiert 2017. © Deutsche Bibelgesellschaft, Stuttgart 2016.
Wilfried Härle: Dogmatik. De Gruyter, Berlin/New York 1995, S. 10f.
Martin Luther, in: Luther deutsch. Die Werke Martin Luthers in neuer Auswahl für die Gegenwart. Hg. von Kurt Aland. Band 9: Tischreden. Vandenhoeck und Ruprecht, Göttingen 4. Aufl. 1983, S. 32.

33 Joachim Vette: http://www.bibelwissenschaft.de/nc/wibilex/das-bibellexikon/details/quelle/WIBI/referenz/40706/cache/13c038aa173ee043ab71e7b26d778761/ (Zugriff 9.3.2013).
Annemarie Ohler, in: dtv-Atlas Bibel. © dtv Verlagsgesellschaft, München 5., korr. Auflage 2011, S. 231.

34f. Christine Axt-Piscalar: Was ist Theologie? Klassische Entwürfe von Paulus bis zur Gegenwart. Mohr Siebeck, Tübingen 2013, S. 9-10.

35 Hans-Martin Barth: Dogmatik. Evangelischer Glaube im Kontext der Weltreligionen. Gütersloher Verlagshaus, Gütersloh, 3., akt. u. erg. Aufl. 2008, S. 70-72.

36 Hans Küng: Christ sein. Piper Verlag, München 1974, S. 405f.

37 Hansjörg Hemminger, Wolfgang Hemminger: Jenseits der Weltbilder. Naturwissenschaft. Evolution. Schöpfung. Quell Verlag, Stuttgart 1991, S. 77-78.
Martin Leiner: Mythos – Begriffsdefinitionen eines unscharfen Begriffs. In: Volker Hörner, Martin Leiner (Hg.): Die Wirklichkeit des Mythos. Eine theologische Spurensuche. Chr. Kaiser/ Gütersloher Verlagshaus, Gütersloh 1998, S. 30-56, 41f.

38 Obwohl die Bibel ... Einleitung zu „Schöpfung und Urgeschichte" (1. Buch Mose) in der Stuttgarter Erklärungsbibel. Hg. von der Ev. Kirche in Deutschland. Deutsche Bibelgesellschaft, Stuttgart 2005, S. 7.
Fulbert Steffensky: Schwarzbrot-Spiritualität. Radius-Verlag, Stuttgart 2005, S. 145f.

39 Helmut Kremers: Überlegungen zum Gespräch zwischen Biologie und Theologie. In: zeitzeichen 11/2002, S. 21.

40 Stephen Hawking: Der große Entwurf. Übersetzt von Hainer Kober. Rowohlt, Hamburg 2011, S. 11-13.

41 Studiengemeinschaft Wort und Wissen, http://www.wort-und-wissen.de/index2.php?artikel=presse/main.php&n=Presse.P05-1 (Zugriff 3.3.2013).

42 Janine Griese: Was haben Schmetterlinge im Bauch mit der biblischen Schöpfungsgeschichte zu tun? In: Veit-Jakobus Dieterich u.a.: Jahrbuch für Jugendtheologie Bd 2, „Der Urknall ist immerhin, würde ich sagen, auch nur eine Theorie". Schöpfung und Jugendtheologie. Calwer Verlag, Stuttgart 2013, S. 109.
Klaus Michael Meyer-Abich: Artikel „Komplementarität".

In: Historisches Wörterbuch der Philosophie. Hg. von Joachim Ritter und Karlfried Gründer. Wissenschaftliche Buchgesellschaft Darmstadt 1976, Bd. 4, S. 933f.

42f. Evangelische Akademikerschaft in Deutschland e.V. : https://kernfragen-des-glaubens.de/4-naturwissenschaft-und-glaube/ (Zugriff 24.2.2020).

43 Wolfgang Bange: Schöpfung oder Evolution – ein unzeitgemäßer Konflikt. In: Praxis der Naturwissenschaft, Biologie 8/38, 1989, S. 40f.

44 „Einen Sinn musste …" Marilen Feichtinger, in: Organspende?! – Ich habe mich entschieden. Eine Information der Bundeszentrale für gesundheitliche Aufklärung (BZgA), S. 25 (Auflage 1.2.05.14).
Fast jeden Morgen …: http://docplayer.org/32786127-Wie-ein-zweites-leben-informationen-der-bundeszentrale-fuer-gesundheitliche-aufklaerung-bzga-zur-organ-und-gewebespende.html (Zugriff 1.3.2020).
Es war im Sommer …: https://www.organspende-info.de/erfahrungen-und-meinungen/erfahrungsberichte/julia-speyer.html (Zugriff 1.3.2020).
Ging es vorher … Elisabeth Wellendorf: Mit dem Herzen eines anderen leben? Die seelischen Folgen der Organtransplantation. Kreuz Verlag, Zürich 1993, S. 9,13.
Nikolaus Schneider: https://www.ekd.de/geistliches_wort_zur_organspende.htm (Zugriff 1.3.2020)

44f. Innerhalb der Ärzteschaft … Christian Schüle: https://www.zeit.de/2012/15/M-Hirntod/seite-2 (Zugriff 1.3.2020).

45 Susanne Krahe: http://organspende-entscheide-ich.de/wp-content/uploads/2015/05/Mein-angeknuepftes-Leben_Krahe1.pdf (Zugriff 6.4.2020).

46 Umweltbundesamt: https://www.umweltbundesamt.de/themen/earth-overshoot-day-2019-ressourcenbudget (Zugriff 3.3.2020).
Greta Thunberg: https://www.tagesspiegel.de/berlin/klimaaktivistin-greta-thunberg-15-mein-appell-an-die-welt/23779892.html (Zugriff 13.5.2020).

47 Claus Leggewie, Harald Welzer: Das Ende der Welt, wie wir sie kannten. Klima, Zukunft und die Chancen der Demokratie. Fischer-Taschenbuch-Verlag, Frankfurt/M. 2011, S. 10, 13f.
Das Leben auf unserem Planeten … „Geliehen ist der Stern, auf dem wir leben" – Die Agenda 2030 als Herausforderung für die Kirchen. Ein Impulspapier der Kammer der EKD für nachhaltige Entwicklung. EKD-Texte 130, 2018, https://www.ekd.de/ekd-texte-130-1-was-uns-traegt-37357.htm (Zugriff 3.3.2020).

48 Wuppertaler Erklärung: The Wuppertal Call in German: Kairos für die Schöpfung – Hoffnungsbekenntnis für die Erde. Die Wuppertaler Erklärung, S. 317-321, https://www.ekd.de/nachhaltigkeit-verlautbarungen-der-ekd-32368.htm (Zugriff 3.3.2020).

MENSCH

Seite

52 Martha Nussbaum: Das Königreich der Angst. Übers. von Manfred Weltecke. Wissenschaftliche Buchgesellschaft, Darmstadt 2019, S. 31f. (leicht verändert).

53 Gisela Friedrichsen in: zeitzeichen, Heft 2/2011, S. 36f.

54 Georg Eifert im Interview mit Birgit Schönberger. In: Psychologie-heute 7/2015. Zitiert nach: https://www.psychologie-heute.de/leben/39287-eigentlich-meint-es-die-angst-gut-mit-uns.html (Zugriff 12.4.2019).
Eckart von Hirschhausen: Glück geht vorbei – zum Glück! In: GEO kompakt, Nr. 58. Gruner & Jahr, Hamburg 2019, S. 150-153.

55 Stefan Piasecki: „Schubs mich nicht!" Nudging als politisches Gestaltungsmittel. https://www.bpb.de/lernen/digitale-bildung/werkstatt/258946/schubs-mich-nicht-nudging-als-politisches-gestaltungsmittel (Zugriff 31.1.2020).

56f. Wilfried Härle: Ethik. De Gruyter, Berlin/New York 2011, S. 141-151.

58 Christoph Schwöbel, in: Pharmazeutische Zeitung. Die Zeitschrift der deutschen Apotheker Nr. 44/1997, zitiert nach https://www.pharmazeutische-zeitung.de/inhalt-44-1997/titel-44-1997/ (Zugriff 31.1.2020).
Martin Luther: Der Kleine Katechismus, Gütersloher Verlagshaus Gert Mohn. Gütersloher Verlagshaus, Gütersloh, 1982, S. 8.
Ingo Baldermann: Ich werde nicht sterben, sondern leben. Psalmen als Gebrauchstexte. Neukirchener Verlag, Neukirchen-Vluyn 1990, S. 70.

59 Wolfgang Huber: Der christliche Glaube: Eine evangelische Orientierung. Gütersloher Verlagshaus, Gütersloh 2008, S. 38-40.

60 Hanne Köhler: Die Erdkreatur. In: Eva Renate Schmidt u.a. (Hg.): Feministisch gelesen. 32 Bibeltexte für Gruppen, Gemeinde und Gottesdienste. Band 1, Kreuz Verlag, Stuttgart 1988, S. 17-23, hier S. 18.
Frank Surall: Ethik der Lebensformen. In: Wolfgang Huber u.a. (Hg.): Handbuch der Evangelischen Ethik. C.H. Beck, München 2015, S. 451-516, 454f., 459f.

61 Michael Welker: Schöpfung in den kanonischen biblischen Überlieferungen und in der Programmatik eines Lehrplans. In: Hartmut Rupp, Heinz Schmidt (Hg.): Lebensorientierung oder Verharmlosung. Theologische Kritik der Lehrplanentwicklung im Religionsunterricht. Calwer Verlag, Stuttgart 2001, S. 22-30, 25f.

62 Wilfried Härle: Ethik. De Gruyter, Berlin/New York 2011, S. 242-244, 258f.
Wolfgang Huber: Rechtsethik. In: Ders. u.a. (Hg.): Handbuch der Evangelischen Ethik, C.H. Beck, München 2015, S. 125-194, 156f.

63 Jürgen Kegler: Sünde im Alten Testament: Christofer Frey u.a. (Hg.): Glauben und Lernen 2/2005, S. 108-118, hier 109f.
Hilge Landweer: Die Macht der Scham. In: entwurf 3/2016, Friedrich Verlag, Seelze, S. 6-11.

64 Jürgen Kegler: Sünde im Alten Testament. In: Christofer Frey u.a. (Hg.): Glauben und Lernen 2/2005, S. 108-118, hier S. 109f.
Wolfhart Pannenberg: Anthropologie in theologischer Perspektive. Vandenhoeck & Ruprecht, Göttingen 1983, S. 114f.

65 Carsten Gennerich: Empirische Dogmatik des Jugendalters. Werte und Einstellungen Heranwachsender als Bezugsgrößen für religionsdidaktische Reflexionen. Kohlhammer Verlag, Stuttgart 2010, S. 176-181.

66 Kathrin Göring-Eckardt: Aus: Evangelische Freiheit – wie viel Freiheit darf's denn sein? Vortrag der Präses der EKD-Synode an der Evangelisch-Lutherischen Landes-

kirche in Braunschweig 2.2.2011. Zitiert nach https://www.ekd.de/20110202_goering_eckardt_evangelische_freiheit_braunschweig.htm (Zugriff 5.11.2019).

67 Wolfgang Huber: Kirche in der Zeitenwende. Gütersloher Verlagshaus, Gütersloh 1998, S. 180-186.

68 Christiane Tietz, in: Sonntag, 1. Mai 2016, Nr. 18 NK GLAUBEN UND WISSEN. Glaubenskurs Reformation der Evangelischen Kirchenzeitungen im Norden, Folge 18. Teil 3: Auseinandersetzungen. Evangelischer Presseverlag Nord, Kiel.
Die wahre Freiheit ... aus: 2. Vatikanisches Konzil, Die pastorale Konstitution über die Kirche in der Welt von heute, Gaudium et spes Art. 17.: http://www.vatican.va/archive/hist_councils/ii_vatican_council/documents/vat-ii_const_19651207_gaudium-et-spes_ge.html (Zugriff 24.2.2020).

69 Hans-Richard Reuter: Grundlagen und Methoden der Ethik. In: Wolfgang Huber u.a. (Hg.): Handbuch der christlichen Ethik. C.H.Beck, München 2015, S. 9-124, 77-79.
Katechismus der katholischen Kirche, R. Oldenbourg Verlag, München 1993, S. 1777.

71 Walter Schulz: Philosophie in der veränderten Welt. Neske Verlag, Pfullingen 1972, S. 341f.
Giovanni Pico della Mirandola: De hominis dignitate, Über die Würde des Menschen, Latein - Deutsch. Übersetzt und hg. von Gerd von der Gönna. Reclam jun. Verlag, Stuttgart 1997, S. 7-9.

72 Thomas Hobbes, Leviathan. In: Walter Schätzel: Der Staat. Carl Schünemann Verlag, Bremen 1956, S. 143-152 (kein Übersetzer angegeben).
Jean-Jacques Rousseau: Abhandlung über die Ungleichheit und Contrat social, in: Walter Schätzel: Der Staat, Carl Schünemann Verlag, Bremen 1956, S. 217-219, 210 (kein Übersetzer angegeben).

73 Der atheistische ...: Jean-Paul Sartre: Ist der Existenzialismus ein Humanismus? Drei Essays, übersetzt von Vincent Wroblewski. Ullstein, Frankfurt a.M. 1989, S. 11f.
Die wesentliche Konsequenz ...: Jean-Paul Sartre: Das Sein und das Nichts. Versuch einer phänomenologischen Ontologie. Hg. von Traugott König, Rowohlt Verlag, Reinbek, Neuausgabe 1993, S. 950f.
Axel Honneth: Das Gewebe der Gerechtigkeit. Über die Grenzen zeitgenössischen Prozeduralismus. In: Ders., Das Ich im Wir. Studien zur Anerkennungstheorie. Suhrkamp, Berlin 2010, S. 51-77, hier S. 60f.

74 Gerhard Roth, in: Information Philosophie 5/2004. Claudia Moser Verlag, Lörrach S. 14-24.
Benjamin Libet: Haben wir einen freien Willen? In: Christian Geyer (Hg.): Hirnforschung und Willensfreiheit. Zur Deutung der neuesten Experimente. Suhrkamp, Frankfurt a.M. 2004, S. 268-290, 277ff, 282f.

75 Francis Fukuyama: Identität. Wie der Verlust der Würde unsere Demokratie gefährdet. Übersetzt von Bernd Rullkötter. Hoffman und Campe, Hamburg 2019, S. 29-32.

76 Matthias Glaubrecht, in: GEO kompakt Nr. 4, 2005, S. 36f.
Christian Vogel, Volker Sommer: Drum prüfe, wer sich ewig bindet. Mann und Frau in evolutionsbiologischer Sicht. In: Deutsches Institut für Fernstudien (HG.): Funkkolleg Der Mensch, STE 8, Studienbrief 3. Tübingen 1992, S. 20f., 77.

77 Hansjörg Hemminger, Wolfgang Hemminger: Jenseits der Weltbilder. Naturwissenschaft, Evolution, Schöpfung. Quell Verlag, Stuttgart 1991, S. 26f.
Manfred Fischer: Niedergefahren zur Erde. Biblische Texte zum Glaubensbekenntnis – weitergeschrieben in unsere Zeit. Quell Verlag, Stuttgart 1976, S. 14.

78 Hans-Martin Barth: Dogmatik. Evangelischer Glaube im Kontext der Weltreligionen. Ein Lehrbuch. Christian Kaiser/Gütersloher Verlagshaus, Gütersloh 2001, S. 505-507, 519.

79 Friedrich Nietzsche: Also sprach Zarathustra. Reclam, Stuttgart 1978, S. 6f.

80 Aus einer Anzeige: fiktiv.
EKD Stellungnahme: Aus: Kammer für Öffentliche Verantwortung der EKD: Nicht-Invasive Pränataldiagnostik. Ein evangelischer Beitrag zur ethischen Urteilsbildung und zur politischen Gestaltung. Hannover 2018, S. 23-25, 29, zitiert nach https://www.ekd.de/nichtinvasive-praenataldiagnostik-37971.htm (Zugriff 24.2.2020).

81 Walter Däpp: Zum Tode entschlossen. In: DIE ZEIT Nr. 48, 24.11.2011.
Ulrich Eibach: Beihilfe zur Selbsttötung. Eine ethische und seelsorgerliche Beurteilung. In: Deutsches Pfarrerblatt 1/2012, S. 15-19.

82 Marina Lordick: https://www.zukunftsinstitut.de/artikel/transhumanismus-die-cyborgisierung-des-menschen/ (Zugriff 8.11.2019).
Julian Nida-Rümelin, Nathalie Weidenfeld: Digitaler Humanismus. Eine Ethik für das Zeitalter der Künstlichen Intelligenz. Piper, München 2018, S. 193f.

GOTT

Seite

86 In seinem Roadmovie ... www.undvornehilftderliebegott.de (Zugriff 01.10.2019).

87 Atheismus: www.buskampagne.de (Zugriff 9.1.2013).
Gott – Allah: www.wikipedia.de (Zugriff 9.12.2019).

88f. Evangelischer Erwachsenenkatechismus: suchen – glauben – leben. Im Auftrag der Kirchenleitung der VELKD hg. von Andreas Brummer u.a. Gütersloher Verlagshaus, Gütersloh, 8., neu bearb. und erg. Aufl. 2010, S. 41-43, 51, 54-56.

90 Sabine Rückert, in: DIE ZEIT, Nr. 53, 22. Dez. 2004, S. 49.
Sophia Fritz: Gott hat mir nie das Du angeboten. Herder, Freiburg/Basel/Wien, 2019, S. 11, 16f.

91 Mein Name ist Lisa ... in: Oliver Demont, Dominik Schenker: Ansichten vom Göttlichen. 22 Jugendliche. Salis Verlag, Zürich 2009, S. 65-67.
Martin Luther, Erklärung zum Ersten Gebot im „Großen Katechismus".
Ina Praetorius: Ich glaube an Gott und so weiter ... Eine Auslegung des Glaubensbekenntnisses, Gütersloher Verlagshaus, Gütersloh 2011, S. 35.

92 André Comte-Sponville: Woran glaubt ein Atheist? Spiritualität ohne Gott. Aus dem Franz. von Brigitte Große. Diogenes, Zürich 2008, S. 120f.
Margot Käßmann: Im Zweifel glauben. Worauf wir uns verlassen können. Aktualisierte Neuausgabe. Herder, Freiburg/Basel/Wien 2018, S. 33.
Meister Eckhart: Meister Eckharts mystische Schriften. In unsere Sprache übertragen von Gustav Landauer. Schnabel, Berlin 1920.
Mechthild von Magdeburg: Das fließende Licht der Gottheit. Aus dem Mittelhochdeutschen übers. und hg. von Gisela Vollmann-Profe. Verlag der Weltreligionen, Berlin 2010, S. 231.

93 Martin Luther: Vom unfreien Willen, 1525, WA 18, 685, 3-6; dt. Fassung zit. nach: Oswald Bayer: Martin Luthers Theologie: eine Vergegenwärtigung. Mohr Siebeck, Tübingen 4. Aufl. 2016, S. 178.
Oswald Bayer: Martin Luthers Theologie: eine Vergegenwärtigung. Mohr Siebeck, Tübingen 4. Aufl. 2016, S. 178f., 182-184.
Katholischer Erwachsenen-Katechismus, Bd. 1: Das Glaubensbekenntnis der Kirche. Hg. von der Deutschen Bischofskonferenz. Butzon & Bercker, Kevelaer, 1985, S. 33-35.

94 Epikur: Von der Überwindung der Furcht.
Aus: Fragmente über die Götter. Übers. von Olof Gigon. Artemis, Zürich 1949, S. 80.
Elie Wiesel: Die Nacht. Erinnerung und Zeugnis. Aus dem Franz. von Curt Meyer-Clason. Herder, Freiburg/Basel/Wien 4. Aufl. der Neuausg. 2011, S. 94f.

95 Bibeltexte aus: Die Bibel. Nach Martin Luthers Übersetzung. Lutherbibel revidiert 2017. © Deutsche Bibelgesellschaft, Stuttgart 2016.
Dorothee Sölle: Stellvertretung. Ein Kapitel Theologie nach dem „Tode Gottes". Kreuz-Verlag, Stuttgart, Berlin 6. Aufl. 1970, S. 202, 204f.

96 Schülerduden Religion und Ethik. Hg. von der Redaktion Schule und Lernen. Duden Verlag, Mannheim u.a. 2., völlig neu bearb. Aufl. 2008, S. 132.
Kleiner Evangelischer Erwachsenenkatechismus. Im Auftrag der Kirchenleitung der Vereinigten Evangelisch-Lutherischen Kirche Deutschlands (VELKD) herausgegeben von Martin Rothgangel, Michael Kuch, Georg Raatz; unter Mitarbeit von Wiebke Bähnk u.a. Gütersloher Verlagshaus, Gütersloh 2015, S. 20-22.

97 Gerhard Sauter: Art. „Gott". In: Evangelische Glaubensfibel. Grundwissen der evangelischen Christen. Hg. von Norbert Dennerlein und Michael Meyer-Blanck. Gütersloher Verlagshaus, Gütersloh 2006, S. 53-55.
Susanne Scholz: Exodus. In: Luise Schottroff u.a. (Hg.): Kompendium feministische Bibelauslegung. Kaiser/Gütersloher Verlagshaus Gütersloh 1998, S. 31.

98 Richard Rohr: Der wilde Mann. Geistliche Reden zur Männerbefreiung. Claudius, München, 15. Aufl. 1992, S. 93-96.
Fulbert Steffensky: Schöne Aussichten. Einlassungen auf biblische Texte. Radius-Verlag, Stuttgart 2006, S. 115-117.

99 Bibeltext aus: Die Bibel. Nach Martin Luthers Übersetzung. Lutherbibel revidiert 2017. © Deutsche Bibelgesellschaft, Stuttgart 2016.
Gott – die gebärende … Carter Heyward, übers. von Dorothee Sölle. In: Sölle, Dorothee: lieben und arbeiten. Eine Theologie der Schöpfung. Kreuz Verlag, Stuttgart 1985, S. 34. Originalquelle: Carter Heyward: Our passion for Justice. Images of Power, Sexuality and Liberation. Pilgrim Press New York, 1984.
Ina Praetorius: Ich glaube an Gott und so weiter … Eine Auslegung des Glaubensbekenntnisses. Gütersloher Verlagshaus, Gütersloh 2011, S. 62f.
Silvia Strahm Bernet, Doris Strahm: Art. Gott / Göttin – Systematische Theologie. In: Wörterbuch der feministischen Theologie. Hg. von Elisabeth Gössmann u.a., Red. Beate Wehn. Gütersloher Verlagshaus, Gütersloh, 2., vollst. überarb. und grundlegend erw. Aufl., 2002, S. 246.

100 Als Kind habe ich … Lisa, in: Oliver Demont, Dominik Schenker: Ansichten vom Göttlichen. 22 Jugendliche. Salis Verlag, Zürich 2009, S. 65-69, hier S. 66f.
Herlinde Pissarek-Hudelist, Helga Kohler-Spiegel: Art. Gott / Göttin – Praktische Theologie. In: Wörterbuch der feministischen Theologie. Hg. von Elisabeth Gössmann u.a., Red. Beate Wehn. Gütersloher Verlagshaus, Gütersloh, 2., vollst. überarb. und grundlegend erw. Aufl., 2002, S. 248f.

101 Bibeltexte aus: Die Bibel. Nach Martin Luthers Übersetzung. Lutherbibel revidiert 2017. © Deutsche Bibelgesellschaft, Stuttgart 2016.
Dietrich Bonhoeffer: Werke. Hg. von Eberhard Bethge u.a., Bd. 6: Ethik. Hg. von Ilse Tödt. Kaiser, München 1992, S. 70-72.

102 Wilfried Härle: Dogmatik. De Gruyter, Berlin/New York, 3., überarb. Aufl. 2007, S. 236-238, 243.
Paul Tillich: In der Tiefe ist Wahrheit. Religiöse Reden, 1. Folge. Evangelisches Verlagswerk Stuttgart, 7. Aufl. 1978, S. 54f.
Ivone Gebara: Die dunkle Seite Gottes: Wie Frauen das Böse erfahren. Herder, Freiburg/Basel/Wien 2000, S. 213f.

103 Christiane Tietz: Problematisch, fraglich, zudringlich, unverzichtbar – Überlegungen zum Reden von Gott heute. In: Kerygma und Dogma. Zeitschrift für theologische Forschung und kirchliche Lehre. Vandenhoeck & Ruprecht, Göttingen, Bd. 63 (2017), 3, S. 227-236.

104 David Foster Wallace: Das hier ist Wasser / This is Water. Anstiftung zum Denken. Zweisprachige Ausgabe, übersetzt von Ulrich Blumenbach. Kiepenheuer & Witsch, Köln 21. Aufl., 2018, S. 30-34.
Martin Luther: Aus der Erklärung zum Ersten Gebot im „Großen Katechismus".

105 Yuval Noah Harari: Homo deus. Eine Geschichte von Morgen. Aus dem Englischen übersetzt von Andreas Wirthensohn. C.H. Beck, München 2017, S. 69f, 244, 365.
Volker Jung: Digital Mensch bleiben. Claudius, München 2018, S. 35-44.

106 Friederike und Clemens Ladenburger: Interview mit der Frankfurter Rundschau, 12. März 2019, S. 20f.

107 Jutta Flatters: Wir „schauen" Gott mit unseren Körpern. Behinderung und Gottesfrage. In: Andreas Benk, Martin Weyer-Menkhoff (Hg.): Gesucht: Glaubwürdige Gottesrede. Fundorte vor unserer Haustür. Patmos-Verlag der Schwabenverlag AG, Ostfildern 2012, S. 68-82, hier S. 79f.
Manfred Köhnlein, in: Andreas Benk, Martin Weyer-Menkhoff (Hg.): Gesucht: Glaubwürdige Gottesrede. Fundorte vor unserer Haustür. Patmos-Verlag der Schwabenverlag AG, Ostfildern 2012, S. 39f.

108 Evangelischer Erwachsenenkatechismus: suchen – glauben – leben. Im Auftrag der Kirchenleitung der VELKD hg. von Andreas Brummer u.a. Gütersloher Verlagshaus, Gütersloh, 8., neu bearb. und erg. Aufl. 2010, S. 169-173, 176f.

109 Katechismus-Text: https://kathleben.de/wp-content/uploads/2016/06/Katechismus-der-Katholischen-Kirche-Kompendium.pdf, (Zugriff 18.12.2019).
Margot Käßmann: Im Zweifel glauben. Worauf wir uns verlassen können. Aktualisierte Neuausgabe, Herder Freiburg/Basel/Wien 2018, S. 31f.

110 Ludwig Feuerbach: Das Wesen des Christentums, 1849 (1841). Philipp Reclam jun. Verlag, Stuttgart 1978, S. 52f., 54f., 60f., 80, 400f.
Margot Käßmann: Im Zweifel glauben. Worauf wir uns

verlassen können, aktualisierte Neuausgabe, Herder, Freiburg/Basel/Wien 2018, S. 32f.

111 Heinz Zahrnt: Stammt Gott vom Menschen ab? Theologische Meditationen. Benziger Verlag, Zürich u.a. 1979, S. 25ff.

112 Richard Dawkins: Der Gotteswahn. Aus dem Engl. von Sebastian Vogel. Ullstein, Berlin 2007, S. 222f.
Ulrich Eibach: Schöpfung ohne Schöpfer oder Gott als „intelligenter Designer"? Zur theologischen Bedeutung des Streits um Darwins Evolutionstheorie. In: Deutsches Pfarrerblatt, 5, 2009, S. 239-243.

113 E-Mail-Diskussion, zit. nach: Veit-Jakobus Dieterich: Theologisieren mit Jugendlichen. In: Jahrbuch für Kindertheologie 6. Hg. von Anton A. Bucher u.a. Calwer Verlag, Stuttgart 2007, S. 132f.
Andre Wilkens: Analog ist das neue Bio: Eine Navigationshilfe durch unsere digitale Welt. Überarb. Ausg., Fischer, Frankfurt/Main 2017, S. 90f.

114 Hans-Martin Barth: Dogmatik. Evangelischer Glaube im Kontext der Weltreligionen. Gütersloher Verlagshaus, Gütersloh, 3., akt. u. erg. Aufl. 2008, S. 238-241, 243-246, 272.

115 Koranzitate: Der Koran. Übersetzt von Rudi Paret. Kohlhammer, Stuttgart 11. Aufl. 2012.
Mouhanad Khorchide: Islam ist Barmherzigkeit. Grundzüge einer modernen Religion. Herder, Freiburg/ Basel/Wien, Taschenbuchausgabe 2015, S. 37f.
Wolfgang Pfüller: Ein Gott – eine Religion – eine Menschheit. Visionen und Illusionen einer modernen Weltreligion. Verlag Traugott Bautz, Nordhausen 2017, S. 151f.

116 Wilfried Härle: Warum Gott? Für Menschen, die mehr wissen wollen. Evang. Verlagsanstalt, Leipzig 2013, S. 201.
Dorothee Sölle: Credo (Glaubensbekenntnis), 1969. In: Gesammelte Werke. Hg. von Ursula Baltz-Otto und Fulbert Steffensky, Bd. 8: Das Brot der Ermutigung. Gedichte. Kreuz Verlag, Stuttgart 2008, S. 34f.

JESUS CHRISTUS

Seite

120 Ein Pfarrer fragt …: in: Opfer? Deutungen des Todes Jesu. Eine Handreichung zu Karfreitag 2012, EKHN, S. 3, http://www.karfreitag.de/pdf/handreichung.pdf (Zugriff 27.3.2020, leicht verändert).

122f. Jens Schröter: Annäherungen an Jesus aus exegetisch-historischer Perspektive. Online-Texte der Evangelischen Akademie Bad Boll, www.ev-akademie-boll.de, 2010, S. 3-5 (Zugriff 12.2.2013, leicht verändert).

124 Der Wert … Gerd Theißen, Annette Merz: Der historische Jesus. Ein Lehrbuch. Vandenhoeck & Ruprecht, Göttingen 2. Aufl. 1996, S. 91f.
Ein Überblick … Gerd Theißen, Annette Merz: Der historische Jesus. Ein Lehrbuch. Vandenhoeck & Ruprecht, Göttingen 2. Aufl. 1996, S. 70.

125 Wolfgang Pauly: Der befreite Jesus. Unterwegs zum erwachsenen Christusglauben. Publik Forum, Oberursel 2013, S. 17.
John S. Kloppenborg, in: Jesus Handbuch. Hg. von Jens Schröter und Christine Jacobi. Mohr/Siebeck, Tübingen 2017, S. 131f.

126 Gerd Theißen: Die Religion der ersten Christen. Kaiser/ Gütersloher Verlagshaus, Gütersloh 2. Aufl. 2001, S. 62f.
Daniel Boyarin: Die jüdischen Evangelien. Die Geschichte des jüdischen Christus. Übersetzt von Armin Wolf. Ergon Verlag, Würzburg 2015, S. 29f.

127 Bibeltext aus: Die Bibel. Nach Martin Luthers Übersetzung. Lutherbibel revidiert 2017. © Deutsche Bibelgesellschaft, Stuttgart 2016.
Craig A. Evans, Jeremiah J. Johnston, in: Jesus Handbuch. Hg. von Jens Schröter, Christine Jacobi, Lena Nogossek. Mohr/Siebeck, Tübingen 2017, S. 373 (leicht verändert).
Gerd Theißen: Der Schatten des Galiläers. Kaiser/ Gütersloher Verlagshaus, Gütersloh 2. Aufl. 1987, S. 195f.

128 Gerd Theißen: Zur Bibel motivieren: Aufgaben, Inhalte und Methoden einer offenen Bibeldidaktik. Gütersloher Verlagshaus, Gütersloh 2014, S. 143-145.

129 Hartmut Rupp: Jesus – das Reich Gottes in Person. In: Rudolf Englert, Friedrich Schweitzer (Hg.): Jesus als Christus im Religionsunterrichts. Neukirchener Verlag, Neukirchen 2017, S. 86-87 (leicht verändert).

130 Text: Ulrich Luz: Die Jesusgeschichte des Matthäus. Neukirchener Verlag, Neukirchen-Vluyn 1993, S. 57-63 (verändert).
Grafik: Ulrich Luz: Evangelisch-Katholischer Kommentar zum Neuen Testament (EKK), Bd.1/3: Das Evangelium nach Matthäus: Teilband I/3. Neukirchener Verlag, Neukirchen-Vluyn 5. Aufl. 2012, S. 254 (verändert).

131 Anselm Grün: Das Buch der Antworten zu den großen Fragen des Lebens. Herder, Freiburg 2. Aufl. 2011, S. 198.
Hanns Dieter Hüsch: Den möchte ich seh'n. Satire Verlag, Köln 1978, ohne Seitenangabe.

132 Bibeltext aus: Die Bibel. Nach Martin Luthers Übersetzung. Lutherbibel revidiert 2017. © Deutsche Bibelgesellschaft, Stuttgart 2016.
Jana Highholder: Text notiert nach: https://www.youtube.com/watch?v=rq-x_YHGHCU (Zugriff 17.1.2020).

133 Heiner Geißler: Was würde Jesus heute sagen? Rowohlt, Berlin, 6. Aufl. 2003, S. 153f.

134f. Christian Butt: Passion und Auferstehung, bibeldidaktisch, Grundschule: https://www.bibelwissenschaft.de/stichwort/100040/ (Zugriff 26.2.2020).

136 Eric-Emmanuel Schmitt: Oscar und die Dame in Rosa. Übersetzt von Annette und Paul Bäcker. Diogenes, Zürich 2003, S. 63f.

137 Text: Thomas Assheuer: René Girard: Die Politik der starken Männer, ZEIT ONLINE: https://www.zeit.de/2019/06/rene-girard-religionsphilosoph-antrieb-politiker-weltkonflikte (Zugriff 18.10.2019).
Schaubild: Ruben Zimmermann: Deuten heißt erzählen und übertragen. In: Jörg Frey, Jens Schröter (Hg.): Deutungen des Todes Jesu im Neuen Testament. Mohr Siebeck, Tübingen 2005, S. 367 (leicht verändert).

138 Andreas Eschbach: Das Jesus Video. Bastei-Lübbe, Augsburg 10. Aufl. 2001, S. 283-285.
Hans-Martin Barth: Dogmatik. Evangelischer Glaube im Kontext der Weltreligionen. Kaiser/Gütersloher Verlagshaus, Gütersloh 2. Aufl. 2002, S. 358f.

139 Markus Eisele, in: https://lehrerfortbildung-bw.de/u_gewi/religion-rk/gym/bp2004/fb3/3_aufg/kurs/1_christ4/jesuschristus4_kursstufe.pdf (Zugriff 26.2.2020).
Wolfhart Pannenberg: Grundzüge der Christologie. Gütersloher Verlagshaus, Gütersloh 1964, S. 95-97.

140 Michael Weinrich, in: RU intern. Informationen für evangelische Religionslehrerinnen und -lehrer in Westfalen und

Lippe. Hg. vom Evangelischen Presseverband für Westfalen und Lippe e.V., Bielefeld. Heft 1/2011, 40. Jahrgang, S. 3f.

141 Interview mit Heinrich Bedford-Strohm in: http://www.spiegel.de/spiegel/print/d-150556802.html (Zugriff 28.2.2020).

142 Sabine Pemsel-Maier: Art. „Christus/Christologie". In: WiReLex: https://www.bibelwissenschaft.de/stichwort/100057/ (Zugriff 27.2.2020).
Schaubilder: Hubert Frankemölle: Jesus von Nazareth, Matthias Grünewald Verlag, Mainz 1976, S. 35f. (leicht verändert).

143 Wolfgang Pauly: Der befreite Jesus. Unterwegs zum erwachsenen Christusglauben. Verlag Publik Forum, Oberursel 2013, S. 140, 157.
Als nun Josef ... Markus Brauer, in Stuttgarter Zeitung 19.12.2019: https://www.stuttgarter-zeitung.de/inhalt.weihnachtsgeschichte-was-es-mit-den-biblischen-zeichen-und-gestalten-auf-sich-hat-page10.2790a246-d1b4-444e-b0a0-c6c6d11788fe.html (Zugriff 27.2.2020).

144 Joh 1 in der Übersetzung von Walter Jens: Am Anfang das Wort. Das Johannes-Evangelium. Radius-Verlag, Stuttgart 1993.
Burkhard Weitz: Gott wird Mensch – Wie soll man sich das vorstellen? In: Eduard Kopp, Burkhard Weitz (Hg.): Wofür sind die Engel da? Edition Chrismon, Frankfurt/M. 2015, S. 53-55.

145 Der Himmel ist ... Jürgen Moltmann: Der Weg Jesu Christi. Kaiser Verlag, München 1989, S. 357f.
Ist es vorstellbar ... Jürgen Moltmann: Der Weg Jesu Christi. Kaiser Verlag, München 1989, S. 362f.

146 Jens Schröter: Jesus von Nazareth. Evangelische Verlagsanstalt, Leipzig 5. Aufl. 2013, S. 266-268.

147 Thomas Gerlach: https://www.evangelischer-glaubenskurs.de/start/christi-zwei-naturen/ (Zugriff 27.2.2020, verändert).

148 Hubert Frankemölle: Schwerpunkte und Schwachpunkte im jüdisch-christlichen Dialog, zitiert nach: COMPASS-Infodienst für christlich-jüdische und deutsch-israelische Tagesthemen im Web: ONLINE-EXTRA Nr. 29, April 2006, https://www.compass-infodienst.de/Hubert-Frankemoelle-Schwerpunkte-und-Schwachpunkte-im-juedisch-christlichen-Dia.967.0.html (Zugriff 2.3.2020, verändert).
Koran Sure 4: Stefan J. Wimmer, Stephan Leimgruber: Von Adam bis Muhammad. Verlag Katholisches Bibelwerk, Stuttgart 2005, S. 210f.

149 Yann Martel: Schiffbruch mit Tiger. Übersetzt von Manfred Allié und Gabriele Kempf-Allié. S. Fischer, Frankfurt 2003, S. 74-80.

150 Interview mit Jan-Heiner Tück, in: https://www.erzdioezese-wien.at/site/glaubenfeiern/christ/unserglaube/article/45210.html (Zugriff 28.2.2020).

BIBEL

Seite

154 Susi Neunmalklug: Ganz am Schluss ...
Michael Schmidt-Salomon, Helge Nyncke: Susi Neunmalklug erklärt die Evolution. Alibri Verlag, Aschaffenburg 2009, ohne Pagina.

155 Erik Flügge: Die Lücke schließen. In: zeitzeichen 5, 2019, S. 21.

156 Frank Crüsemann: Altes Testament. Hebräische Bibel. In: Ulrike Bail u.a. (Hg.): Bibel in gerechter Sprache. Gütersloher Verlagshaus, Gütersloh 2006, S. 27f.
Luise Schottroff: Neues Testament. In: Ulrike Bail u.a. (Hg.): Bibel in gerechter Sprache. Gütersloher Verlagshaus, Gütersloh 2006, S. 1382f.

157 Ingolf U. Dalferth: Wirkendes Wort. Bibel, Schrift und Evangelium im Leben der Kirche und im Denken der Theologie. Ev. Verlagsanstalt, Leipzig 2018, S. 358.
Tina Arnold, in: Christiane Rösel (Hg.): Momente, 13 Erfahrungen mit Gott. Deutsche Bibelgesellschaft in Kooperation mit dem Evangelischen Gemeinschaftsverband Württemberg e.V., Stuttgart 2018, S. 16.

158 Georg Plasger: Glauben heute mit dem Heidelberger Katechismus. Vandenhoeck & Ruprecht, Göttingen 2012, S. 27-40.

159 Jörg Barthel: Formen und Gattungen. In: Calwer Bibellexikon. Hg. von Otto Betz u.a. Stuttgart 2003, Bd. 1, S. 368-370 (verändert).

160 Erich Zenger,: Urgeschichten. In: Zeitschrift „Bibel und Kirche" 58 (1/2003), S. 2-5.
Gerd Theißen: Die Religion der ersten Christen. Eine Theologie des Urchristentums. Gütersloher Verlagshaus, Gütersloh 2001, S. 50f.

161 Ingo Baldermann: Die Bibel – Buch des Lernens. Vandenhoeck & Ruprecht, Göttingen 1980, S. 28-33, 29f.
Bernd Schröder: Der Dekalog. In: Mirjam Zimmermann, Ruben Zimmermann (Hg.): Handbuch der Bibeldidaktik. Mohr Siebeck, Tübingen 2018, S. 131-138, hier S. 133 (leicht verändert).
Joshua Roy Porter: Jesus Christus. Übers. von Martina Bauer. Taschen GmbH, Köln 2007, S. 142f.

162 Zitat Thunberg: https://www.merkur.de/politik/greta-thunberg-rede-un-klimagipfel-new-york-deutsch-zr-13031691.html (Zugriff 11.5.2020).
Bibeltext aus: Die Bibel. Nach Martin Luthers Übersetzung. Lutherbibel revidiert 2017. © Deutsche Bibelgesellschaft, Stuttgart 2016.
Heinz-Dieter Neef, Otto Betz, Sabine Nägele, in: Calwer Bibellexikon. Hg. von Otto Betz u.a. Stuttgart 2010, Bd. 2, S. 1082-1088 (leicht verändert).

163 Kurt Erlemann u.a.: Gleichnisse – Fabeln – Parabeln. A. Francke, Tübingen 2014, S. 43-47.
Ruben Zimmermann: Jenseits von Historie und Kerygma. In: Rudolf Englert u.a.: Christologie. Ein religionspädagogischer Reader. Comenius Institut, Münster 2015, S. 33-34.

164 Ruben Zimmermann: Die Gleichnisse Jesu. Eine Leseanleitung zum Kompendium. In: Ders. (Hg.): Kompendium der Gleichnisse Jesu. Gütersloher Verlagshaus Gütersloh 2007, S. 3-48 (verändert).
Mirjam Zimmermann, Ruben Zimmermann: Der barmherzige Wirt. Anstöße zur Gmeindeentwicklung und Kirchenreform. In: Arnd Götzelmann (Hg.): Diakonische Kirche. Festschrift für Theodor Strohm zum 70. Geburtstag. Universitätsverlag Winter, Heidelberg 2003, S. 44-60, hier S. 55.

165 Klaus-Michael Bull: Bibelkunde des Neuen Testaments. Die kanonischen Schriften und die Apostolischen Väter. Überblicke – Themakapitel – Glossar. Vandenhoeck & Ruprecht, Göttingen 8. Aufl. 2018.
Ingolf U. Dalferth: Wirkendes Wort. Evangelische Verlagsanstalt Leipzig, 2018, S. 50.

166f. Jörg Barthel: Bibelauslegung. In: Calwer Bibellexikon. Hg. von Otto Betz u.a. Stuttgart 2003, Bd. 1, S. 186-192 (verändert).

167 Peter Müller: Grundprobleme theologischer Hermeneutik. In: Peter Müller, Heidrun Dierk, Anita Müller-Friese: Verstehen lernen. Ein Arbeitsbuch zur Hermeneutik. Calwer Verlag Stuttgart 2005, S. 20-41, hier S. 34f.

169 Bibeltexte aus: Die Bibel. Nach Martin Luthers Übersetzung. Lutherbibel revidiert 2017. © Deutsche Bibelgesellschaft, Stuttgart 2016.
Gilgamesch-Epos: Albert Schott: Das Gilgamesch-Epos, neu übersetzt und mit Anmerkungen versehen. Reclam, Stuttgart 1974, S. 86-87, 89, 91-92.

170f. Gerhard Liedke: Im Bauch des Fisches. Kreuz Verlag Stuttgart 1979, S. 110-119 (verändert).

172 Gudrun Guttenberger: Das Markusevangelium. Züricher Bibelkommentare. Neues Testament Bd. 2. Theologischer Verlag Zürich, Zürich 2018, S. 21f.

172f. Martin Ebner: Evangelium contra Evangelium. Das Markusevangelium und der Aufstieg der Flavier. In: Biblische Notizen 116 (2003), S. 28-42, hier S. 38f., 40f.

174 Theologischer Ausschuss der Arnoldshainer Konferenz (Hg.): Das Buch Gottes. Elf Zugänge zur Bibel. Neukirchner Verlag, Neukirchen-Vluyn 1992, S. 54-56.
Gerrit Hohage: https://www.bibelundbekenntnis.de/biblische-lehre/sagt-die-bibel-etwas-zu-heutiger-homosexualitaet/ (Zugriff 3.4.2020, leicht verändert).
Jochen Cornelius-Bundschuh: https://www.ekiba.de/html/aktuell/aktuell_u.html?&m=16515&cataktuell=&m=19431&artikel=7697&stichwort_aktuell=&default=true (Zugriff 3.4.2020).

175 Joachim Vette: Art. Bibelauslegung, christliche, in: https://www.bibelwissenschaft.de/stichwort/40706/ (Zugriff 04.04.2020).
Sigmund Freud: Die Traumdeutung. In: Freud-Studienausgabe. Hg. von Alexander Mitscherlich u.a., Bd. II. Fischer, Frankfurt a.M. 1972, S. 255f.

176 Theologischer Ausschuss der Arnoldshainer Konferenz (Hg.): Das Buch Gottes – Elf Zugänge zur Bibel.: Neukirchener Verlag, Neukirchen-Vluyn 1992, S. 65-68.
Michael Walzer: Exodus und Revolution. Übers. von Bernd Rullkötter. Rotbuch-Verlag, Berlin 1988, S. 56f.

177 Evelina Volkmann: Art. Feministische Bibelauslegung. In: Calwer Bibellexikon. Hg. von Otto Betz u.a. Calwer Verlag, Stuttgart, 6., völlige Neubearb. 2003, S. 354.
Bibeltext aus: Bibel in gerechter Sprache. Hg. von Ulrike Bail u.a., Gütersloher Verlagshaus, Gütersloh, 3. Aufl. 2007, S. 33f.
Dorothee Sölle: Und ist noch nicht erschienen, was wir sein werden. Stationen feministischer Theologie. © dtv Verlagsgesellschaft, München 1987, S. 7f.

178 Ulrich Kropač: Bibelarbeit als Dekonstruktion: Neue Perspektiven für das biblische Lernen. In: Katechetische Blätter, 128, 2003, S. 369-374.

179 Aleida Assmann: Einführung in die Kulturwissenschaft. Grundbegriffe, Themen, Fragestellungen. Erich Schmidt Verlag, Berlin 4. Aufl. 2017, S. 79.
Juli Zeh: Treideln. btb Verlag, Frankfurt a.M. 2015, S. 18f.

180 Gershom Scholem: Die jüdische Mystik in ihren Hauptströmungen. Metzner, Frankfurt a.M. 1957, S. 384.
Mirjam Zimmermann: Kreatives Schreiben. In: Handbuch Bibeldidaktik. Hg. von Mirjam Zimmermann und Ruben Zimmermann, unter Mitarb. von Susanne Luther und
Julian Enners. Mohr Siebeck, Tübingen 2013, S. 503-505.

181 Ulla Hahn: Das verborgene Wort. Deutsche Verlagsanstalt München, 2001, S. 301.
Pablo Neruda: Liebesgedichte, spanisch – deutsch. Übersetzt von Fritz Vogelgsang. Luchterhand, Darmstadt/Neuwied:, 7. Aufl. 1981, S. 17.
Bibeltexte aus: Die Bibel. Nach Martin Luthers Übersetzung. Lutherbibel revidiert 2017. © Deutsche Bibelgesellschaft, Stuttgart 2016.

182 Erving Goffman: Wir alle spielen Theater: die Selbstdarstellung im Alltag. Aus dem Amerikanischen von Peter Weber-Schäfer. Piper, München; Zürich 17. Aufl. 2017, S. 230f.
Eleonore Reuter: Art. Bibliodrama, in: https://www.bibelwissenschaft.de/stichwort/15309/; erstellt: Sept. 2006; (Zugriff 04.04.2020).
Uta Pohl-Patalong: Bibliolog. In: Handbuch Bibeldidaktik. Hg. von Mirjam Zimmermann und Ruben Zimmermann, unter Mitarb. von Susanne Luther und Julian Enners. Mohr Siebeck, Tübingen 2013, S. 516f, 521.

183 Hanna, in: art. Kunstmagazin. Gruner + jahr GmbH, Oktober 2015, S. 146.
Wolfram Pichler, Ralph Ubl: Bildtheorie zur Einführung. Junius Verlag, Hamburg, 3. Aufl. 2018, S. 18f.

184 Lambert Wiesing: Artifizielle Präsenz: Studien zur Philosophie des Bildes. Suhrkamp, Frankfurt a.M. 2005, S. 120f.
Hanna Roose: „Petrus wurde durch ein Wunder Gottes zur Rechtfertigung aus dem Gefängnis herausgeführt" – Überlegungen zu einer konstruktivistischen Bibeldidaktik am Beispiel der Erzählung von der Befreiung des Petrus (Apg 12,1-23). In: Gerhard Büttner (Hg.): Lernwege im Religionsunterricht. Konstruktivistische Perspektiven. Calwer Verlag, Stuttgart 2006, S. 89.

185 Koransure 42,52: Der Koran. Aus dem Arabischen von Max Henning. Reclam, Stuttgart 1960, S. 461.

KIRCHE

Seite

190 Holger Schwarzer: http://www.elkg-paf.de/kirche/gb/2006_02/GB6218.pdf (Zugriff 22.10.2012).

191 Reinhard Hempelmann: http://www.ezw-berlin.de/html/3_9685.php (Zugriff 10.3.2020).
Burkhard Weitz: https://chrismon.evangelisch.de/print/47630 (Zugriff 10.3.2020).

192 Fulbert Steffensky: Das Haus, das die Träume verwaltet. Echter, Würzburg, 8. Auflage 2004, S. 18-27.
Kristin Merle: Verlag Feinschwarz, Wien, 27.3.2017. http://www.feinschwarz.net/kein-neuland-mehr-wer-wissen-will-was-menschen-beschaeftigt-kann-im-netz-nachlesen/ (Zugriff 29.12.2019, verändert).

193 Hape Kerkeling: Ich bin dann mal weg. Meine Reise auf dem Jakobsweg. Piper, 55. Auflage 2007, S. 186.
Susanne Niemeyer: https://www.freudenwort.de/aktuell/ (Zugriff 10.3.2020).

194 Hans-Martin Lübking: Kursbuch christlicher Glaube. Evangelische Perspektiven. Gütersloher Verlagshaus, Gütersloh 2009, S. 106-108.

195 Manfred Kock: http://www.predigten.de/predigt_pdf.php?id=6586 (Zugriff 26.10.2012).

196 Helmut Schwier: http://www.theologie.uni-heidelberg.de/universitaetsgottesdienste/1210_ws09.html (Zugriff 10.3.2020).

197 Reinhard Mawick: http://chrismon.evangelisch.de/

artikel/2008/was-ist-ein-sakrament-1223 (Zugriff 10.3.2020).

198 Annette Kurschus: https://www.kirchentag.de/index.php?id=17858&sessionId=383245101&manuscriptId=13245||1 (Zugriff 10.3.2020).

199 1996 Das Klosterleben ...: http://www.filmdesmonats.de/sites/default/files/pdf/FdM_Dezember_2010.pdf (Zugriff 27.10.2012).
Abschiedsbrief: http://vonmenschenundgoettern-derfilm.de/mobile/abschiedsbrief.html (Zugriff 31.12.2019).

200 Confessio Augustana VII: http://www.ekd.de/glauben/bekenntnisse/augsburger_bekenntnis.html (Zugriff 27.11.2012).
Lumen Gentium: http://www.vatican.va/archive/hist_councils/ii_vatican_council/documents/vat-ii_const_19641121_lumen-gentium_ge.html (Zugriff 10.3.2020).
Burckhard Weitz: http://chrismon.evangelisch.de/spezial/was-bedeutet-reformation (Zugriff 10.3.2020).

201 Christiane Rösener: http://www.rpi-loccum.de/roeski.html#Download (Zugriff 31.10.2012).

202f. Andreas Rössler: Evangelisch - katholisch. Quell Verlag, Stuttgart 2004, S. 12f., 24-26.

204 Hans-Martin Lübking: Kursbuch christlicher Glaube. Evangelische Perspektiven. Gütersloher Verlagshaus, Gütersloh 2009, S. 131f.
Die römisch-katholische Kirche: http://www.katholisch.de/aktuelles/aktuelle-artikel/alle-wege-fuhren-nach-rom (Zugriff 21.5.2018).

205 Irmgard Schwaetzer: https://chrismon.evangelisch.de/kolumnen/auf-ein-wort/39905/vollversammlung-des-oekumenischen-rates-der-kirchen-2021-karlsruhe (Zugriff 10.3.2020).

206 Kirsten Dietrich im Gespräch mit Micha Brumlik: http://www.dradio.de/dkultur/ sendungen/religionen/1699220/ (Zugriff 10.3.2020).

207 Thomas Staubli: http://www.jungekirche.de/2012/0212/staubli.pdf (Zugriff 10.3.2020).

208 Christoph Schwöbel: Toleranz als Ausgangsbasis des interreligiösen Dialogs. Evangelische Pointe – wer den eigenen Glauben als Geschenk erfährt, kann den Glauben anderer tolerieren. In: Andreas Guthmann, Annette Stepputat (Hg.): Von Nachbarschaft zu Partnerschaft. Christen und Muslime in Baden. Ein Arbeitsbuch für Gemeinden und Dialoggruppen. Evangelische Landeskirche in Baden, Karlsruhe 2014, S. 87.

209 Leonard Swidler (Übersetzung: Ulrike Wiethaus): https://www.ev-jugend-westfalen.de/fileadmin/inhalte/handlungsfelder/Glaube_und_Leben/Interkultureller_Dialog/Dialog-Dekalog.pdf (Zugriff 10.3.2020).

209 Definition Toleranz: http://chrismon.evangelisch.de/artikel/2013/wer-hat-die-toleranz-erfunden-16735 (Zugriff 2.2.2013).

210 Wolfgang Huber: Kirche. Kaiser, München 1988, S. 145-149.

211 Ernst-Wolfgang Böckenförde: Recht, Staat, Freiheit. Studien zur Rechtsphilosophie, Staatstheorie und Verfassungsgeschichte, erweiterte Ausgabe. Suhrkamp, Frankfurt 2006, S. 112-114.
Eilert Herms: Kirche in der Gesellschaft. Mohr Siebeck, Tübingen, 2011, S. 92f. (verändert).

212 Jörg Winter: https://www.bibelwissenschaft.de/fileadmin/buh_bibelmodul/media/wirelex/pdf/Kirche_Staat__2018-09-20_06_20.pdf (Zugriff 31.1.2020).

213 Martin Luther: Von welltlicher Uberkeytt, wie weyt man yhr gehorsam schuldig sey. In: Ders.: Werke: Weimarer Ausgabe der Werke D. Martin Luthers. Kritische Gesamtausgabe. Abt. Schriften Bd. 11, Weimar 1900, S. 245-280.
Jörg Antoine: https://www.gemeinde-schlachtensee.de/fileadmin/ekbo/mandant/gemeinde-schlachtensee.de/pdf/PredigtAntoineLutherZweiRegimentenLehre.pdf (Zugriff 31.1.2020).

214 Barmer Theologische Erklärung: http://www.ekd.de/glauben/bekenntnisse/barmer_theologische_erklaerung.html (Zugriff 15.1.2013).

215 Zitat Christian Führer: aus einem Interview mit der Neuen Deutschen Welle, 6.1.2009.
Sebastian Pranz in: FROH! Magazin, Nummer 1. Köln 2009, S. 22-24.
Renate Meinhof: https://www.sueddeutsche.de/politik/mauerfall-brief-ddr-diktatur-schueler-verfolgung-1.4669372?reduced=true (Zugriff 8.3.2020).

216 Die Religionsfreiheit ...: https://www.juraforum.de/lexikon/religionsfreiheit (Zugriff 10.3.2020).
Artikel 4 GG ...: Kirchenkanzlei der EKD (Hg.): Die evangelische Kirche und die Bildungsplanung. Gütersloher Verlagshaus, Gütersloh 1972, S. 120-127, hier S. 120f.

217 Margot Käßmann: https://margotkaessmann.de/wp-content/uploads/predigt-in-bucc88chel-07-juli-2019-margot-kacc88ssmann.pdf (Zugriff 8.3.2020).

218 Interview mit Wolfgang Thierse: http://www.zeit.de/2012/49/Streitgespraech-Religion-Vizepraesident-Bundestag-Wolfgang-Thierse (Zugriff 10.3.2020).

ETHIK

Seite

222 Der stellvertretende Frankfurter Polizeipräsident ...: © dpa Deutsche Presse-Agentur GmbH.

224 Stefan Gruden, in: Johannes Fischer u.a.: Grundkurs Ethik. Kohlhammer, Stuttgart 2. Aufl. 2008, S. 167f.
Johannes Fischer: Grundkurs Ethik. Kohlhammer, Stuttgart 2008, S. 23.

226 Ernst Tugendhat: Vorlesungen über Ethik. Suhrkamp, Frankfurt 2003, S. 11-16.
Norbert Hoerster: Ethik und Moral. In: Dieter Birnbacher, Norbert Hoerster (Hg.): Texte zur Ethik. © dtv, Verlagsgesellschaft, München 1987, S. 9ff.

227 John Rawls: Eine Theorie der Gerechtigkeit. Übersetzt von Hermann Vetter. Suhrkamp, Frankfurt 2008, S. 19f., 27-29, 336f.

228 Gerald J. Erion, Joseph A. Zeccardi: Marges moralische Motivation. In: Die Simpsons und die Philosophie. Hg. v. William Irwin u.a. Übersetzt von Nikolaus de Paléziex. Piper, München 2009, S. 75-78.

229 Gerald J. Erion, Joseph A. Zeccardi: Marges moralische Motivation. In: Die Simpsons und die Philosophie. Hg. v. William Irwin u.a. Übersetzt von Nikolaus de Paléziex. Piper, München 2009, S. 71-75.
Günther Keil: Philosophiegeschichte I. Kohlhammer, Stuttgart 1985, S. 79f.

230 Immanuel Kant: Grundlegung zur Metaphysik der Sitten. Hg. von Karl Vorländer. Meiner, Leipzig 1947, S. 10, 20-22.
Michael Wittschier: Abenteuer Philosophie. Piper, München 2. Aufl. 2003, S. 168f.

231 James M. Lawler: Die moralische Welt der Familie Simpson – Eine kantische Perspektive. In: Die Simpsons und die Philosophie. Übersetzt von Nikolaus de Palézieux.

Hg. von William Irwin u.a. Piper, München 2009, S. 115-128.
232 Johannes Fischer: Grundkurs Ethik. Kohlhammer, Stuttgart 2008, S. 114f.
John Stuart Mill: Der Utilitarismus. Übersetzt von Dieter Birnbacher. Reclam Stuttgart 2002, S. 13.
232f. Kurt Wuchterl: Lehrbuch der Philosophie. Haupt Verlag, Bern 4. Auf. 1992, S. 165f.
233 Stefan Gruden, in: Johannes Fischer u.a.: Grundkurs Ethik. Kohlhammer, Stuttgart 2. Aufl. 2008, S. 172.
234 Max Weber: Politik als Beruf. In: Ders.: Gesammelte politische Schriften. Mohr, Tübingen 1958, S. 551-559.
Hans Jonas: Prinzip Verantwortung. In: Thomas Meyer, Susanne Miller (Hg.): Zukunftsethik und Industriegesellschaft. Schweitzer Verlag, München 1986, S. 3ff.
235 Albert Schweitzer: Kultur und Ethik. Beck, München 1960, S. 230-232.
237 [D]ie Erfahrung des Einzelnen ... Charles Sanders Peirce: Über die Klarheit unserer Gedanken. Eingeleitet und übersetzt von Klaus Oehler. Klostermann Verlag, Frankfurt/M. 3. Aufl. 1985, S. 65.
[W]ir können sehen ... Charles Sanders Peirce: Über die Klarheit unserer Gedanken. Eingeleitet und übersetzt von Klaus Oehler. Klostermann Verlag, Frankfurt/M. 3. Aufl. 1985, S. 63.
Bibeltext aus: Die Bibel. Nach Martin Luthers Übersetzung. Lutherbibel revidiert 2017. © Deutsche Bibelgesellschaft, Stuttgart 2016.
238f. Heinz Eduard Tödt: Kriterien evangelisch-ethischer Urteilsbildung. In: Ders.: Der Spielraum des Menschen. Theologische Orientierung in den Umstellungskrisen der modernen Welt. Gütersloher Verlag, Gütersloh 1979, S. 31-80, 53-58.
239 Johannes Fischer: Grundkurs Ethik. Kohlhammer, Stuttgart 2008, S. 121, 232f., 241.
240 Wolfgang Huber: Ethik. Die Grundfragen des Lebens von der Geburt bis zum Tod. C.H. Beck, München 2006, S. 7.
Johannes Fischer: Theologische Ethik. Kohlhammer, Stuttgart 2002, S. 57.
So wie sich im Protestantismus ... Autorentext.
Ulrich H.J. Körtner: Evangelische Sozialethik: Grundlagen und Themenfelder. Vandenhoeck & Ruprecht, Göttingen 1999, S. 45f.
Der Mensch ist ... Alle müssen ... Jedwede Gesellschaftstätigkeit ... in: Heinrich Denzinger, Peter Hünermann (Hg.): Kompendium der Glaubensbekenntnisse und kirchlichen Lehrentscheidungen. 40. verb. und erw. Aufl.: Herder, Freiburg 2005, S. 1280, 1296, 1028.
241 Henning Hupe: Autorentext.
242 Wolfgang Huber: Der christliche Glaube. Eine evangelische Orientierung. Gütersloher Verlagshaus, Gütersloh 2008, S. 248-256, 265.
Johannes Fischer: Grundkurs Ethik. Kohlhammer, Stuttgart 2008, S. 65.
243 Michael Welker: Predigt 4. Juli 2004 „Wahre Gerechtigkeit" in der Peterskirche Heidelberg. http://www.rzuser.uni-heidelberg.de/~d04/predigten/040704.pdf (Zugriff 18.3.2013).
Zedakah: Autorentext.
In der vorrangigen ...: Gerechte Teilhabe. Befähigung zu Eigenverantwortung und Solidarität. Mit einer Kundgebung der Synode der EKD. Eine Denkschrift des Rates der Evangelischen Kirche in Deutschland. Gütherloher Verlagshaus, Gütersloh 2006, S. 45f.
244 Matthias Albani, Martin Rösel: Altes Testament. Calwer Verlag, Stuttgart 2002, S. 123-126.
Wilfried Härle: Predigt 2. Mai 2004 „Gerechtigkeit oder Güte", Peterskirche Heidelberg. http://www.rzuser.uni-heidelberg.de/~d04/predigten/040502.pdf (Zugriff 18.3.2013).
245 Frank Crüsemann: Das biblische Verständnis von Arbeit - exegetische Einsichten und sozialethische Perspektiven. Vortrag auf Einladung der Karl und Louise Müller-Stiftung auf dem 4. Seminartag zur Konfirmandenarbeit, 26.11.2003, Hannover. www.evlka.de/karl_louise_mueller/intern/getBin.php3?id=1042 (Zugriff 18.3.2013).
Stefan Gruden, in: Johannes Fischer u.a.: Grundkurs Ethik. Kohlhammer, Stuttgart 2. Aufl. 2008, S. 192f.
246 Henning Franzen: Fallanalysen im Ethikunterricht. In: Matthias Maring (Hg.): Fallstudien zur Ethik in Wissenschaft, Wirtschaft, Technik und Gesellschaft, Schriftenreihe des Zentrums für Technik- und Wirtschaftsethik am Karlsruher Institut für Technologie Band 4, KIT Scientific Publishing 2011, S. 20-27.
248 Peter Singer: Die Ethik der Embryonenforschung. Veröffentlicht in: Aufklärung & Kritik, Sonderheft Nr. 1/1995, Schwerpunkt Peter Singer, S. 83-87.
249 Stefan Niggemeier: https://www.faz.net/aktuell/feuilleton/medien/youtube-videos-prank-oder-krank-13962984.html (Zugriff 27.4.2020).
250 Johnny Erling: https://www.welt.de/wirtschaft/article192029849/Social-Scoring-So-absurd-ausgefeilt-ist-Chinas-Ueberwachungssystem.html (Zugriff 27.4.2020).
251 Jan-Bernd Meyer: https://www.computerwoche.de/a/menschheit-uninteressant-fuer-kuenstliche-intelligenz,3313026 (Zugriff 27.4.2020).
252 Nutztier und Mitgeschöpf! Tierwohl, Ernährungsethik und Nachhaltigkeit aus evangelischer Sicht. Ein Impulspapier der Kammer der EKD für nachhaltige Entwicklung. Hg. von der Evangelischen Kirche in Deutschland (EKD Texte 133), 2019, S. 7-28.

RELIGION UND RELIGIONEN

Seite
257 Die geltende Beschneidungserlaubnis ... Jochen Bittner in: https://www.zeit.de/2018/12/religionsfreiheit-beschneidung-grundgesetz-debatte (Zugriff 10.2.2020).
258 Christoph Auffarth, Hubert Mohr: Art. Religion. In: Christoph Auffahrt u.a.: Metzler Lexikon Band 3. Verlag Metzler, Stuttgart/Weimar 2005, S. 164f.
259 Hartmut Rupp: Handbuch der Kirchenpädagogik Bd. 1. Calwer Verlag Stuttgart 2006, S. 24.
Andreas Koch: Sakralisierte Orte. Raum als (religiöser) Sinnstifter und Medium der Exklusion in postsäkularer Zeit. In: Franz Gmaier Pranzl, Sigrid Rettenbacher: Religion in postsäkularer Gesellschaft. Edition Peter Lang, Frankfurt 2013, S. 46-47.
260 Christoph Auffarth: Art. Heiliger/Heilige. In: Christoph Auffarth, Hans G. Kippenberg u.a. (Hg.): Wörterbuch der Religionen. Kröner Verlag, Stuttgart 2006, S. 207.
Ulrich H.J. Körtner: https://www.evangelisch.de/inhalte/160825/30-09-2019/klimapolitik-die-religion-der-zukunft (Zugriff 6.1.2021).
260f. Interview mit Hans Joas durch Anna Sauerbrey: https://

www.tagesspiegel.de/kultur/fridays-for-future-als-religion-ist-die-begeisterung-bei-strassenprotesten-eine-form-der-transzendenz-herr-joas/24238760-2.html (Zugriff 12.2.2020).
262 Düsseldorf ... https://rp-online.de/nrw/werden-beschlagnahmte-korane-in-wueste-begraben_aid-21172585 (Zugriff 12.2.2020).
Neil MacGregor: Leben mit den Göttern. Übersetzt von Andreas Wirthensohn und Annabel Zabel. C.H. Beck, München 2018, S. 336.
263 Bekir Alboga: Hinführung zum Qur'an. In: Hans-Bernhard Peterman (Hg.): Islam-Erbe und Herausforderung. Mattes-Verlag, Heidelberg 2004, S. 67-75.
264 Kai Hafez: Die Macht der Medien und die Religionen: https://www.uni-erfurt.de/fileadmin/user-docs/philfak/kommunikationswissenschaft/files_publikationen/hafez/Die_Macht_der_Medien_und_die_Religionen.pdf (Zugriff: 12.2.2020).
265 Robert Gugutzer: Sakralisierung des Profanen. In: Ders. u.a.: Körper, Sport und Religion. Springer Verlag, Wiesbaden 2012, S. 292-298.
Markus Götting: https://www.focus.de/magazin/archiv/politik-fitness-ist-die-neue-religion_id_10779163.html (Zugriff 12.2.2020, leicht verändert).
266 https://www.kostüme.com/blog/kostueme/holi-festival-das-bunteste-festival-der-welt/ (Zugriff 13.2.2020).
267 Christian Lehnert: Der Gott in einer Nussschale. Suhrkamp, Frankfurt 2017, S. 109.
268 Autorentext.
269 William James: Die Vielfalt religiöser Erfahrung. Aus dem Amerikan. übers. von Eilert Herms und Christian Stahlhut. Insel Verlag, Frankfurt a.M./Leipzig 1997, S. 61-67.
Immanuel Kant: Über Pädagogik (1803), zitiert nach: Jens Schlieter (Hg.): Was ist Religion? Texte von Cicero bis Luhmann. Reclam, Stuttgart 2010, S. 73f.
Gerhard Ebeling: Dogmatik des christlichen Glaubens, Band I. Verlag Mohr Siebeck, Tübingen 1979, S. 117-119.
Hans-Peter Hasenfratz: Religion – was ist das? Herder, Freiburg 2002, S. 9f.
270 Alexander Grau, Gerson Raabe (Hg.): Religion. Facetten eines umstrittenen Begriffs. Evangelische Verlagsanstalt, Leipzig 2014, S. 15.
270f. Charles Taylor: Ein säkulares Zeitalter. Übers. von Joachim Schulte. Suhrkamp, Frankfurt, 2009, S. 13-15.
272 Karl Jaspers: Psychologie der Weltanschauung. Springer Verlag Berlin 1919, S. 1.
Peter Steinacker: „Alles, was ist, endet!" Richard Wagners Weg von der Weltanschauung zur Religion in: Deutsches Pfarrerblatt 5/2013; hier zitiert nach: http://www.pfarrerverband.de/pfarrerblatt//index.php?a=show&id=3382 (Zugriff 8.2.2020).
273f. Tami Ensinger, in: Broschüre: Weltbild Antisemitismus; zitiert nach: https://www.bs-anne-frank.de/fileadmin/user_upload/Slider/Publikationen/Broschuere_Weltbild_Antisemitismus.pdf (Zugriff 14.2.2020).
Michael Blume: https://www.deutschlandfunk.de/religionswissenschaftler-michael-blume-antisemitismus.886.de.html?dram:article_id=450943 (Zugriff 24.2.2020).
274 Jens Schlieter, in: Ders. (Hg.): Was ist Religion? Texte von Cicero bis Luhmann. Reclam Verlag, Stuttgart 2010, S. 251-252.
Axel Michaels: Art. Hinduismus. In: Christoph Auffarth (Hg.).: Wörterbuch der Religionen. Wiss. Buchgesellschaft, Darmstadt 2006, S. 219-220.
Karlo Meyer: Grundlagen interreligiösen Lernens. Vandenhoeck & Ruprecht, Göttingen 2019, S. 39.
275 Volkhard Krech: Artikel Gewalt. In: Christoph Auffahrt u.a. (Hg.): Wörterbuch der Religionen. Kröner Verlag Stuttgart 2006, S. 181.
276 Hadayatullah Hübsch: Fanatische Krieger im Namen Allahs. Diederichs Verlag, Kreuzlingen/München, S. 91-93, 121.
277 Dirk Ansorge: Gewalt im Namen des Christentums? https://www.herder.de/stz/hefte/archiv/142-2017/1-2017/gewalt-im-namen-des-christentums/ (Zugriff 14.2.2020).
278 Wahrheit kann unterschiedlich ...: Autorentext.
Wahrheit aus der Perspektive ... Thorsten Knauth: Die Wahrheitsfrage als Herausforderung interreligiösen Lernens. In: Zeitschrift für Pädagogik und Theologie (Verlag de Guyter), Bd. 68/1, 2016, S. 85-97.
279 Israel M. Lau: Wie Juden leben. Glaube, Alltag, Feste. Gütersloher Verlagshaus, Gütersloh 2005, S. 3ff. (Talmud-Zitat im Original).
Kaufmann Kohler: Die Thora. In: Frederick R. Lachmann: Die jüdische Religion. Aloys Henn Verlag, Kastellaun, 1977, S. 83.
280 Thomas Möbius: Erläuterungen zu Gotthold Ephraim Lessing, Nathan der Weise. C. Bange-Verlag, Hollfeld 2000, S. 37-38.
Christoph Schwöbel: Sendemanuskript SWR2 Zum Pfingstmontag (28.5.2012) „O komm, du Geist der Wahrheit" – Wahrheitsanspruch und Dialogfähigkeit des christlichen Glaubens Dr. Karoline Rittberger-Klas im Gespräch mit Prof. Christoph Schwöbel, Tübingen. Zitiert nach: http://www.ekiba.de/2216_17476.php, Textausschnitt dort S. 5-6 (Zugriff 19.2.2013).
281 Matthias Müller: Christliche Theologie im Angesicht des Judentums. Kohlhammer, Stuttgart 2009, S. 158-160.
282f. Ulrich Dehn: Einleitung: Der (inter-)religiöse Dialog und die Theologie der Religionen. In: Ders. u.a. (Hg.): Handbuch Theologie der Religionen. Texte zur religiösen Vielfalt. Herder, Freiburg 2017, S. 13-20.
283 Wilfried Härle: Christlicher Glaube und die Religionen in: BERLINER DIALOG 15, 4-1998 – Epiphanias; zitiert nach dem Download: https://www.religio.de/dialog/498/15_03-06.htm (Zugriff 19.2.2020).
284f. Frank-Walter Steinmeier: http://www.bundespraesident.de/SharedDocs/Reden/DE/Frank-Walter-Steinmeier/Reden/2019/08/190820-Religions-for-Peace.html;jsessionid=3FCDA1D1CCC38FFF9849D1747F492C03.1_cid362 (Zugriff 18.2.2020).
285 Mareike Enghusen: Tief verankerte gemeinsame Werte. In: Stiftung Friedensdialog der Religionen, Lindau (Hg.): Weltreligionen für den Frieden. Tempus Corporate GmbH, Berlin 2019, S. 6.
286 Wolfgang Thierse: https://www.zeit.de/2014/02/toleranz-respekt-gewalt-neujahrsrede/komplettansicht (Zugriff 14.2.2020).

ZUKUNFT

Seite

290 Freunde, dass der Mandelzweig: Text: Schalom Ben Chorin. © Hänssler Verlag, Holzgerlingen.
Armageddon: Textdichter: Metaphysics / Xavier Naidoo. © Angora 2000 Musikverlag / Edition Wort Mannheims Hanseactic Musikverlag, GmbH & Co. KG, Hamburg.

291 Youval Noah Harari: Homo Deus. C.H. Beck, München 2018, S. 520f.
Sascha Lobo: Realitätsschock. Zehn Lehren aus der Gegenwart. Kiepenheuer & Witsch, Köln 2019, S. 45.
292 Bundesministerium für Umwelt, Naturschutz und nukleare Sicherheit: Zukunft? Jugend fragen! Nachhaltigkeit, Politik und Engagement. Eine Studie zu Einstellungen und Alltag junger Menschen, Berlin, 2018, S. 18-20.
293 Klaus Wilhelm: Einsicht ins Ich. In: Psychologie heute 12/2015, S. 31.
Martha Nussbaum: Königreich der Angst. Gedanken zur aktuellen politischen Krise. Übersetzt von Manfred Weltecke. wbg Theiss, Darmstadt 2019, S. 238-257 (leicht verändert).
294f. Alva Gehrmann: http://www.fluter.de/was-ist-eine-utopie (Zugriff 22.10.2019).
296 Stephan Lessenich: Ein Rückblick auf den Wachstumsstaat. Nach dem Zweiten Weltkrieg begann in Europa die Ära des Wohlstandes. In: Le Monde diplomatique, Atlas der Globalisierung. Weniger wird mehr. taz Verlags- und VertriebsGmbH, Berlin, 2015, S. 14f.
Matthias Schmelzer, Andrea Vetter: Degrowth/Postwachstum zur Einführung. Junius, Hamburg 2019, S. 18-21.
297 Wissenschaftlicher Beirat der Bundesregierung Globale Umweltveränderungen (WBGU), Hauptgutachten 2011: Welt im Wandel Gesellschaftsvertrag für eine Große Transformation, S. 1f.
https://www.wbgu.de/fileadmin/user_upload/wbgu/publikationen/hauptgutachten/hg2011/pdf/wbgu_jg2011.pdf, (Zugriff 26.3.2020).
Interview aus: Ein Kursbuch für Veränderungen. Uwe Schneidewind im Gespräch mit Tom Jost: https://www.ews-schoenau.de/energiewende-magazin/zur-sache/ein-kursbuch-fuer-veraenderungen/ (Zugriff 26.3.2020).
298 Richard David Precht: Jäger, Hirten, Kritiker. Eine Utopie für die digitale Gesellschaft. Goldmann, München, 2018, S. 59f.
Ray Kurzweil: Die Intelligenz der Evolution. Wenn Menschen und Computer verschmelzen. Aus dem Amerikanischen von Helmut Dierlamm, Enrico Heinemann, Ute Mihr, Thomas Pfeiffer, Reiner Pfleiderer. Kiepenheuer & Witsch, Köln 2016, S. 8f.
Michio Kaku: Die Physik der Zukunft. Unser Leben in 100 Jahren. Übers. von Monika Niehaus. Rowohlt, Reinbek, 6. Aufl. 2013, S. 24f.
299 Xifan Yang: Artikel: China: Wir sehen dich! 9. Januar 2019, 16:48 Uhr Editiert am 10. Januar 2019, 9:31 Uhr. DIE ZEIT Nr. 3/2019, 10. Januar 2019. S. 13-14.
Byung-Chul Han: Im Schwarm. Ansichten des Digitalen. Matthes & Seitz, Berlin 2013, S. 91f.; 96.
Richard David Precht: Jäger, Hirten, Kritiker. Eine Utopie für die digitale Gesellschaft, Goldmann, München, 2018, S. 60f.
300 Katja Kipping, in: Soziale Zukunft. Das bedingungslose Grundeinkommen: die Debatte. Herausgegeben von Philip Kovce. Verlag Freies Geistesleben, Stuttgart, 2017, S. 87-89.
Kolja Rudzio, in: DIE ZEIT 16, 12.04.2007.
Julian Nida-Rümelin: Integration statt Ausstieg. Ein bedingungsloses Grundeinkommen würde unsere Gesellschaft noch weiter spalten. In: Frankfurter Rundschau, 5. Juni 2008, S. 36 (verändert).
301 Maryam Zaree: Redeauszug, in: Frankfurter Rundschau, 21.10.2019, S. 31.
Naika Foroutan: Zeitungsinterview, in: Frankfurter Rundschau, 02.10. 2019, S. 32f.
302 Monika Jakobs: Eschatologie. In: WiReLex: Das Wissenschaftlich-Religionspädagogische Lexikon im Internet: https://www.bibelwissenschaft.de/wirelex/das-wissenschaftlich-religionspaedagogische-lexikon-im-internet/sachwort/anzeigen/details/eschatologie/ch/d652197854946f7dae4bada24f8ca471/ (Zugriff 6.11.2019).
303 Klaus Koenen: Eschatologie: https://www.bibelwissenschaft.de/stichwort/20917/ (Zugriff 6.11.2019).
304 Rainer Oberthür: Das Buch der Symbole. Auf Entdeckungsreise durch die Welt der Religion. Kösel, München 2011, 163-169, hier S. 165f.
305 Bibeltext aus: Die Bibel. Nach Martin Luthers Übersetzung. Lutherbibel revidiert 2017. © Deutsche Bibelgesellschaft, Stuttgart 2016.
Ulrich H.J. Körtner: Evangelische Sozialethik. Vandenhoeck & Ruprecht, Göttingen 1999, 178-188, hier S. 178f.
306 Wolfgang Huber: Der christliche Glaube. Eine evangelische Orientierung, Gütersloher Verlagshaus, Gütersloh 2008, S. 232-234.
307 Novemberrot : Text: Dominik Plangger. © 41065 Musikverlag Die Artwert GmbH, Neustadt bei Coburg.
Votum des Theol. Ausschusses der Union Evangelischer Kirchen in der EKD: Unsere Hoffnung auf das ewige Leben. Neukirchener Verlagshaus, Neukirchen-Vluyn 2006, S. 58, 61f.,113f. (leicht verändert).
308 Fulbert Steffensky: Jüngstes Gericht. In: Ders.: Gewagter Glaube. Radius Verlag, Stuttgart 2012, S. 31-35.
309 Elisabeth Schüssler Fiorenza: Das Buch der Offenbarung. Vision einer gerechten Welt. Übersetzt von Melanie Graffam-Minkus. Kohlhammer, Stuttgart 1994, S. 137f.
310 Karl Rahner: Einmal wird, was sein soll. In: Albert Raffelt (Hg.): Von der Unbegreiflichkeit Gottes. Herder, Freiburg 2006, S. 59-61.
Marie-Luise Kaschnitz: Ein Leben nach dem Tode. Gesammelte Werke in sieben Bänden. Insel Verlag, Frankfurt 1981, 5. Band, S. 504f.
311 Hans-Martin Barth: Dogmatik. Evangelischer Glaube im Kontext der Weltreligionen. Gütersloher Verlagshaus, Gütersloh 2008, S. 727f.
312 Julien Chaim Soussan: Eine jüdische Stimme. In: Rudolf Englert u.a. (Hg.): Was letztlich zählt - Eschatologie. Jahrbuch der Religionspädagogik 26, Neukirchener Verlag, Neukirchen-Vluyn 2010, S. 171-177.
313 Rabeya Müller: Eine muslimische Stimme. In: Rudolf Englert u.a. (Hg.): Was letztlich zählt - Eschatologie. Jahrbuch der Religionspädagogik 26, Neukirchener Verlag, Neukirchen-Vluyn 2010, 178-181, hier 178f.
314 Heinrich von Stietencron, Hans Küng: Hinduistische Perspektiven. In: Hans Küng, Heinrich von Stietencron: Christentum und Weltreligionen: Hinduismus. Gütersloher Verlagshaus, Gütersloh 1987, S. 128-130, 137, 89f. (leicht verändert).
315 Heinrich von Stietencron, Hans Küng: Buddhistische Perspektiven. In: Hans Küng, Heinrich von Stietencron: Christentum und Weltreligionen: Buddhismus. Gütersloher Verlagshaus, Gütersloh 1988, S. 31-39 (leicht verändert).
316 Jürgen Moltmann: Ethik der Hoffnung. Gütersloher Verlagshaus, Gütersloh 2010, S. 24-26.

317 „Geliehen ist der Stern, auf dem wir leben". Die Agenda 2030 als Herausforderung für die Kirchen. Ein Impulspapier der Kammer der EKD für nachhaltige Entwicklung. Herausgegeben von der Evangelischen Kirche in Deutschland (EKD), September 2018, S. 71-73, zitiert nach: https://www.ekd.de/ekd_de/ds_doc/ekd_texte_130_2018.pdf (Zugriff 26.3.2020).
Luise Schottroff, in: Wörterbuch der feministischen Theologie. Hg. von Elisabeth Gössmann u.a. Gütersloher Verlagshaus, Gütersloh, 1991, S. 446.
318 Matthias Drobinski: https://www.ekd.de/friedensbibel-die-kunst-der-feindschaft-50713.htm (Zugriff 06.12.2019).
Johanna Haberer: Leben in der Anderswelt. Ein spiritueller Ratgeber durch das Netz. Kreuz Verlag, Freiburg im Breisgau 2019, S. 8, 103, 114, 124f.
319 Johannes Dieterich (Hg.): Tony Rinaudo. Der Waldmacher. rüffer & rub sachbuchverlag, Zürich 2018, S. 15f.
320 Richard David Precht: Jäger, Hirten, Kritiker. Eine Utopie für die digitale Gesellschaft. Goldmann, München, 2018, S. 241.
Als in diesem Jahr ... Greta Thunberg: Ich will, dass ihr in Panik geratet! Meine Reden zum Klimaschutz. Aus dem Englischen von Ulrike Bischoff. Fischer, Frankfurt a.M. 2018, S. 41f.
Wir werden niemals aufhören ... aus: Thunberg im April 2019 in London: https://www.zeit.de/gesellschaft/zeitgeschehen/2019-04/klimaschutz-greta-thunberg-london (Zugriff 26.3.2020).
Eduardo Galeano, zit. nach: Matthias Schmelzer, Andrea Vetter: Degrowth/Postwachstum zur Einführung. Junius-Verlag, Hamburg 2019, S. 235.

METHODEN

Seite
326 Wilfried Härle: Dogmatik. De Gruyter, Berlin/New York 1995, S. 72.
327 Fulbert Steffensky: Gewagter Glaube. Radius Verlag, Stuttgart 2012, S. 39f.
332 Sabine Pemsel-Maier: Eine Beziehungskommune. In: zeitzeichen 5, 2008, S. 27f.
333 Wilfried Härle: Ethik. De Gruyter, Berlin/New York 2011, S. 340f.
334 Hans Küng: Christ sein. Piper, München/Zürich, 1995, S. 54.

Bildquellen

|akg-images GmbH, Berlin: 22.1, 32.1, 34.1, 50.1, 63.1, 65.1, 84.1, 126.1, 128.1, 143.1, 151.2, 153.6, 181.1, 244.1, 286.1, 309.1, 321.1; (c) Salvador Dalí, Fundació Gala-© Salvador Dalí, Fundació Gala-Salvador Dali / VG Bild-Kunst, Bonn 2020 29.1; Album / Jesus of Montreal / Denys Arcand / Lothaire Bluteau / Cineplex Odeon Films Orion Classics / 1989 151.1; Babey, Maurice 59.1; Becker, Elizaveta 278.1; Bildarchiv Steffens 255.3; Bregenz, Vorarlberger Landesmuseum 164.1; Cameraphoto 17.5; De Agostini Pict.Lib. 232.1; Delacroix, Eugène 166.1; Erich Lessing 60.1, 136.1, 328.1; Göpel, Justus 27.1; Held, André 129.1; Heritage Images 138.1; Hervé Champollion 147.1; Lessing, Erich 139.1; Musée National d'Art Moderne / © VG Bild-Kunst, Bonn 2020 97.1; Musée National d'Art Moderne / © VG Bild-Kunst, Bonn 2020 176.1; Petersburg, Staatl. Russisches Museum 170.1; Rabatti - Domingie 116.1; Science Photo Library 56.1; Science Source 323.2; Solomon R Guggenheim Museum 183.1; Sputnik 255.5; © VG Bild-Kunst, Bonn 2020 99.1. |Alamy Stock Photo, Abingdon/Oxfordshire: Art Collection 2 148.1; Boethling, Joerg 255.2; Dagnall, Ian 64.1; Godong 186.1; Heritage Image Partnership Ltd 273.1; HH30RK 55.1; Icom Images 172.1; imageBROKER 187.1, 201.1; KELLERMAN, JOHN 187.5; Lang, Kevin 149.1; Marianthi Lainas Titel; Niday Picture Library 140.1; PAINTING 153.2; Sergio Azenha 265.1; SuperStock / © VG Bild-Kunst, Bonn 2020 153.4. |Alamy Stock Photo (RMB), Abingdon/Oxfordshire: Dagnall, Ian 51.2; FineArt 308.1; © Blend Images 62.1. |Alibri Verlag GmbH, Aschaffenburg: 154.1. |Artothek, Spardorf: ALINARI 197.1; Blauel/Gnamm / Bernhard, Till Schargorodsky 294.1; Borghans, Svenja 208.1; Domingie & Rabatti - La Collection 124.1; H. Maertens 217.1; Städel Museum, Frankfurt am Main 153.3; Tosi, Paolo 183.2; von der Mülbe 277.1. |Baaske Cartoons, Müllheim: Mester, Gerhard 223.1, 329.1; Plaßmann 30.1. |Bartelke, Dr. Wolfgang, Alzey: © VG Bild-Kunst, Bonn 2020 93.1. |Benediktinerabtei Admont, Admont: (JPM) 101.1. |Berghahn, Matthias, Bielefeld: 253.1. |bpk-Bildagentur, Berlin: Bayerische Staatsgemäldesammlungen 212.1; Gemäldegalerie, SMB/Schmidt, Christoph 173.1; RMN - Grand Palais/ Blot, Gérard / © VG Bild-Kunst, Bonn 2020 293.1; The Art Institute of Chicago / Art Resource, NY / © VG Bild-Kunst, Bonn 2020 206.1. |Bridgeman Images, Berlin: 58.1, 90.1, 94.1, 118.1, 119.3, 119.4, 152.1, 313.1; G. Dagli Orti /De Agostini Picture Library 119.2; Gemäldegalerie, Berlin 122.1; Granger 151.3; National Gallery of Art, Washington DC, USA 288.1; Paul, Sylvia 192.1; Photo©Christie\'s Images / © VG Bild-Kunst, Bonn 2020 185.2; Private Collection 85.2; Tarker 307.1; © Christie's Images / © VG Bild-Kunst, Bonn 2020 146.1. |Bundeszentrale für gesundheitliche Aufklärung (BZgA), Köln: 18.1. |Bux, Barbara, Frankfurt/Main: 207.1. |Calwer Verlag GmbH, Stuttgart: Illustratorin: Angelika Guckes 330.1. |Crepaz, Peter Paul, San Candido (BZ): 168.1. |ddp images GmbH, Hamburg: 199.1; Gottschalk, Michael 287.1; interTOPICS/Picturelux 229.1. |Deparade, Prof. Henri, Dresden: 209.1. |DER SPIEGEL, Hamburg: © DER SPIEGEL1672017 141.1. |Deutsche Bibelgesellschaft, Stuttgart: 155.2. |DFB, Frankfurt: 301.1. |Dr. Stephan Schlensog - Stiftung Weltethos, Tübingen: © Dr. S. Schlensog, Rottenburg 107.1. |epd-bild, Frankfurt/M.: akg-images GmbH 214.1; Fernkorn, Bertold 121.2; Gustavo Alabiso 51.3; Hauptstock, Oliver 150.1; Hilbig, Dethard 155.1; Jörn Neumann 258.1; Koch, Harald 188.1; Krüper, Werner 185.1; Neetz, Norbert 157.1;

Neumann, Joern 132.1; Oettel, Rainer 145.1; Philipp Reiss 189.2; Sven Janssen 219.1; Vatican Media/Romano Siciliani 133.1. |fotolia.com, New York: Dollars 266.1; glascage 69.1; Jan Engel 335.1; milicanistoran 78.1; rcfotostock 51.7. |Fowid.de: 202.1. |Fukuda, Shigeo, Tokyo: 16.1. |Getty Images, München: Peter Wafzig 51.5; Rafael Ben-Ari 255.6. |Gudehus, Juli, Berlin: 38.1. |Hofmann, Hans-Georg, Stuttgart: © VG Bild-Kunst, Bonn 2020 21.1, 103.1, 320.1. |Imkampe, Matthias, Schwäbisch Hall: 42.1. |Interfoto, München: A. Koch 228.1; Friedrich 305.1; IMAGNO 171.1. |iStockphoto.com, Calgary: Jan Will 289.2; Simon Bradfield 257.1. |Kadel, David, Aachen: Gerth Medien 86.1. |Kadow, Jürgen, Niedernberg: 144.1. |KNA - Katholische Nachrichten-Agentur, Bonn: Archivio/Romano Siciliani 119.1; Oppitz, Harald 267.1; Oppitz, Harald / DRK e.V. 134.1; © KNA-Bild / Harald Oppitz 88.1. |Lankowski, Dirk, Paderborn: 187.4. |Levy Galerie, Hamburg: Wainer Vaccari, Courtesy: LEVY Galerie, Hamburg 175.1. |Löffler, Ulrich Dr., Wiesloch: 256.1, 268.1, 269.1, 276.1, 280.1. |mauritius images GmbH, Mittenwald: Alamy / Tweedie, Penny 85.3; dieKleinert / Privitzer, Wolfgang 19.1; Gilbert, Jeff 191.1; imagebroker/Thomas Frey 115.1. |Mayr, Johann, München: 274.1. |Meißner, Dr. Stefan, Minfeld: 131.1. |MVG Medienproduktion und Vertriebsgesellschaft mbH, Aachen: © 1990, Hungertuch 1990 Biblische Frauengestalten" von Lucy D'Souza-Krone 178.1. |Oberfränkischer Ansichtskartenverlag Bouillon GmbH, Bayreuth: 98.1. |Obernier, Ralf, Dortmund: 187.2. |OKAPIA KG - Michael Grzimek & Co., Frankfurt/M.: XYZ PICTURES / imageBROKER 315.1. |Ökumenischer Rat der Kirchen, Genf: 95.1, 205.1. |PantherMedia GmbH (panthermedia.net), München: 221.3. |Philipp Heinisch - Kunst und Justiz, Berlin: www.kunstundjustiz.de 67.1. |Picture-Alliance GmbH, Frankfurt/M.: 51.4, 76.1; AAPimages/Timm/PETA/Rehbeck, Marc 220.1; akg images/ Joseph Martin 36.1; akg-images 17.1, 46.1, 230.1, 329.2; Anspach, Uwe 198.1; AP Photo 222.1; AP Photo/ Palacios, Santi 289.1; AP Photo/Decrow, Jason 162.1; Bildagentur Huber / Reinhard Schmid 312.1; Boris Roessler 121.3; Costa/Leemage 323.1; dieKLEINERT.de / Maurer, Leopold 233.1; dieKLEINERT.de/ Möller, Christian 299.1; dieKLEINERT.de/ Koufogiorgos, Kostas 239.1; dieKLEINERT.de/Möller, Christian 251.1; dieKLEINERT.de/Schröder, Niels 221.6; dieKLEINERT.de/ Sedlaczek, André 252.1; dpa 100.1, 153.5; dpa / Abaca Motte 120.1; dpa / Kahnert, Sebastian 254.1; dpa / Saeed Khan 275.1; dpa / Steffen, Peter 174.1; dpa / Wolfgang Weihs 221.1; dpa /epa Keystone / Trezzini, Martial 17.4; dpa-Film-Warner / Herr der Ringe, Die Rückkehr des Königs, Regie: Peter Jackson, Darsteller: Ian McKellen, New Line Cinema 2003 160.1; dpa/ Gißibl, Carolin 284.1; dpa/ Kastl, Wolfram 262.1; dpa/ Kiefer, Stefan 264.1; dpa/ Messara, Mohamed 289.5; dpa/ Talatene, Mohammed 255.4; dpa/dpaweb / © Estate of Martin Kippenberger, Galerie, Gisela Capitain, Cologne 121.1; EPA/ Abed Al Hafiz Hashlamoun 282.1; Fine Art Images 119.5; Fine Art Images/Heritage-Image/ Edward Hopper: Room in New York, 1932 / © Heirs of Josephine N. Hopper / VAGA at ARS, NY / VG Bild-Kunst, Bonn 2020 68.1; Godong 87.1; Godong / P. Deliss 281.1; Kappeler, Michael 218.1; Keystone/ Alessandro della Bella 46.2; picture alliance/CHROMORANGE/ Ohde, Christian 221.7; picture alliance/dieKLEINERT.de/Möller, Christian 250.1; picture alliance/dpa/Pilick, Stephanie 245.1; picture alliance/Grimm, Martin 241.1; picture alliance/imageBROKER/Schöfmann, Karl F. 221.4; picture-alliance/dieKLEINERT.de/Schuppler, Rudolf 224.1; R4200 51.6; Rabatti-Domingie 153.1; Reuters 296.1; Reuters / Ints Kalnins 82.1; Reuters / Jasso, Carlos 249.1; Roessler, Boris 52.1; Schackow, Bodo 187.3; www.bildagentur-online.com 85.4; ZB / Kluge, Wolfgang 272.1; ZB / Matthias Hiekel 279.1; ZB/Kalaene, Jens 221.5; ZUMAPRESS.com / Birchhall, Ben 53.1. |Plaßmann, Thomas, Essen: 189.1. |Pletz, Markus, Berlin: 112.1. |Schmid, Sebastian, Wernau a.N.: 200.1. |Schreiter, Johannes, Langen: 17.2. |Science Photo Library, München: SPL/Dr. Robert Friedland 109.1. |ScienceCartoonsPlus.com, New Haven, CT 06521: 40.1. |Shutterstock.com, New York: anahtiris 259.1; Denness, Stephen 85.1; Kotin 290.1; Kwangmoozaa 291.1; mwreck 290.2; mypokcik 125.1; narokzaad 83.2; Nomad_Soul 25.1; phloxii 110.1; Rawpixel.com 289.4; rodwey2004 270.1; Sudowoodo 83.1; Zamfir, Cristian 289.6. |Shutterstock.com (RM), New York: 20th Century Fox/Kobal 303.1; Gg Filmz/Kobal 243.1. |Spring, Max, Bern: 235.1. |Stiftung Willy Fries, Wattwil: 306.1. |Stimme für Mukoviszidose e.V., Weiden i.d. OPf.: studio fotozon - René Oertel 45.1. |stock.adobe.com, Dublin: Alexstar 221.2; fgnopporn 163.1; Freesurf 304.1; FS-Stock 263.1; ipopba 61.1; Loocid GmbH 86.2; Menzl, Günter 289.3; Smith, Kelsey 165.1; zadorozhna 51.1. |Strumbel, Stefan: © VG Bild-Kunst, Bonn 2020 193.1. |thom bahr GRAFIK, Mainz: 49.1, 49.2, 49.3, 49.4, 49.5, 225.1, 236.1. |Thrin, Sarah, Gernsheim: 85.5. |toonpool.com, Berlin, Castrop-Rauxel: Gerd Bauer 227.1; Mandzel 105.1. |ullstein bild, Berlin: Camera 4 Fotoagentur 154.2; Frederic 222.2; Mang, Christian 261.1; Meißner, Peter 324.1; Müller-Stauffenberg 255.1; Rieckhoff 319.1. |Verlagshaus Jacoby & Stuart GmbH, Berlin: Covergrafik Studio Nippoldt 48.1. |VG BILD-KUNST, Bonn: Ludwig Forum Aachen; © Foto: Carl Brunn / © VG Bild-Kunst, Bonn 2020 75.1; © VG Bild-Kunst, Bonn 2020 17.3. |von der Heide, Julia, Berlin: 194.1. |Xuan Nguyen: Unsplash.com 316.1. |© dtv Verlagsgesellschaft mbH & Co. KG, München: „mit freundlicher Genehmigung" / Peter Kunzmann: dtv-Atlas Philosophie, S. 42 u. 71.1.

Operatoren

Die Lernaufgaben im Schülerbuch verwenden immer wieder Begriffe, die die Tätigkeit und die Erwartung bezeichnen, mit der ein Lerngegenstand erschlossen werden soll. Welche Tätigkeiten im Einzelnen gemeint sind, lässt sich der folgenden Liste entnehmen.

Anforderungsbereich I: Reproduktion
Nennen / Benennen: ausgewählte Elemente, Aspekte, Merkmale, Begriffe, Personen etc. unkommentiert angeben
Skizzieren: einen bekannten oder erkannten Sachverhalt oder Gedankengang in seinen Grundzügen ausdrücken
Formulieren / Darstellen / Aufzeigen: den Gedankengang oder die Hauptaussage eines Textes oder einer Position mit eigenen Worten darlegen
Wiedergeben: einen bekannten oder erkannten Sachverhalt oder den Inhalt eines Textes unter Verwendung der Fachsprache mit eigenen Worten ausdrücken
Beschreiben: die Merkmale eines Bildes oder eines anderen Materials mit Worten in Einzelheiten schildern
Zusammenfassen: die Kernaussagen eines Textes komprimiert und strukturiert darlegen

Anforderungsbereich II: Reorganisation und Transfer
Einordnen / Zuordnen: einen bekannten oder erkannten Sachverhalt in einen neuen oder anderen Zusammenhang stellen oder die Position eines Verfassers bezüglich einer bestimmten Religion, Konfession, Denkrichtung etc. unter Verweis auf Textstellen und in Verbindung mit Vorwissen bestimmen
Anwenden: einen bekannten Sachverhalt oder eine bekannte Methode auf etwas Neues beziehen
Belegen / Nachweisen: Aussagen durch Textstellen oder bekannte Sachverhalte stützen
Begründen: Aussagen durch Argumente stützen
Erläutern / Erklären / Entfalten: einen Sachverhalt, eine These etc. ggf. mit zusätzlichen Informationen und Beispielen nachvollziehbar veranschaulichen
Herausarbeiten: aus Aussagen eines Textes einen Sachverhalt oder eine Position erkennen und darstellen
Vergleichen: nach vorgegebenen oder selbst gewählten Gesichtspunkten Gemeinsamkeiten, Ähnlichkeiten und Unterschiede ermitteln und darstellen
Analysieren / Untersuchen: unter gezielter Fragestellung Elemente, Strukturmerkmale und Zusammenhänge systematisch erschließen und darstellen
In Beziehung setzen: Zusammenhänge unter vorgegebenen oder selbst gewählten Gesichtspunkten begründet herstellen

Anforderungsbereich III: Problemlösung und eigene Urteilsbildung
Sich auseinandersetzen mit: ein begründetes eigenes Urteil zu einer Position oder einem dargestellten Sachverhalt entwickeln
Beurteilen / Bewerten / Stellung nehmen/einen begründeten Standpunkt einnehmen: zu einem Sachverhalt unter Verwendung von Fachwissen und Fachmethoden sich begründet positionieren (Sach- bzw. Werturteil)
Erörtern: die Vielschichtigkeit eines Beurteilungsproblems erkennen und darstellen, dazu Thesen erfassen bzw. aufstellen, Argumente formulieren, nachvollziehbare Zusammenhänge herstellen und dabei eine begründete Schlussfolgerung erarbeiten (dialektische Erörterung)
Prüfen / Überprüfen: eine Meinung, Aussage, These, Argumentation nachvollziehen, kritisch befragen und auf der Grundlage erworbener Fachkenntnisse begründet beurteilen
Interpretieren: einen Text oder ein anderes Material (z.B. Bild, Karikatur, Tondokument, Film) sachgemäß analysieren und auf der Basis methodisch reflektierten Deutens zu einer schlüssigen Gesamtauslegung gelangen
Gestalten / Entwerfen: sich textbezogen mit einer Fragestellung kreativ auseinandersetzen
Stellung nehmen aus der Sicht von … / eine Erwiderung formulieren aus der Sicht von …: eine unbekannte Position, Argumentation oder Theorie aus der Perspektive einer bekannten Position beleuchten oder in Frage stellen und ein begründetes Urteil abgeben
Konsequenzen aufzeigen / Perspektiven entwickeln: Schlussfolgerungen ziehen; Perspektiven, Modelle, Handlungsmöglichkeiten, Konzepte u.a. entfalten

Einheitliche Prüfungsanforderungen (EPA) der KMK

Register